山右叢書·二編

十

山右歷史文化研究院　編

上海古籍出版社

目　録

國史紀聞

〔明〕張　銓　撰　張道濬　訂　徐揚先　校
田同旭　趙建斌　馬　艷　點校

國史紀聞

〔明〕張　銓　撰　張道濬　訂　徐揚先　校
田同旭　趙建斌　馬　艷　點校

點校説明

《國史紀聞》十二卷，又名《皇明國史紀聞》，明張銓撰。

張銓，《張忠烈公存集》已著録。事迹具《明史·忠義傳》與光緒《沁水縣志》卷八《人物》。

《國史紀聞》成書於萬曆三十八年庚戌，至天啓四年甲子始刊行。原書藏揚州圖書館，收入《四庫全書存目叢書》，1997 年齊魯書社影印。

《國史紀聞》之紀年，起於元朝末帝元順帝之"壬辰，元至正十二年，高皇帝起兵濠州"，迄於明武宗末年之"辛巳，正德十六年春正月，上還京"。此年三月丙寅，明武宗駕崩，"夏四月，興世子至京，即皇帝位"，即嘉靖皇帝繼位，凡一百六十九年。但據張銓之子張道濬《續國史紀聞》序："先忠烈昔候臺命，作《國史紀聞》，蓋自開國訖武廟止矣。其永陵以來，覲揚之概，業屬艸，以殉遼難，失去。余念鴻業之代興，傷遺緒之中佚。於是搜廣牒，翻邸報，合五朝，凡百有六年，以續其後。"因知張銓《國史紀聞》，在正德朝之後的嘉靖朝還有記載。因張銓死於遼東，其書稿遺失未傳。張道濬繼承父志，"先忠烈初命筆，寧簡毋贅，寧覈毋誕，余守此義，不敢廢焉"。遂從嘉靖朝寫起，共四十六年，再隆慶朝七年，再萬曆朝四十八年，再泰昌朝一個月（以一年計），至天啓四年，"合五朝，凡百有六年，以續其後"，遂成《續國史紀聞》。

《國史紀聞》與《續國史紀聞》幾乎涵蓋了明朝全部歷史，"是則二祖、列聖培植之餘澤，以光於五朝，傳諸信史者也"。可惜《續國史紀聞》未見傳世，不成全璧，誠爲遺憾。

本次整理即以《四庫全書存目叢書》影印天啓四年刊本爲底本。各卷卷首所題“巡按江西監察御史沁水臣張銓輯”、“男錦衣衛指揮同知臣張道濬訂”、“門人巡按山西監察御史江寧臣徐揚先較”等，今皆删去。

序張忠烈《國史紀聞》

臣揚先昔令劍江，忠烈適持斧而臨，望之則豐頤廣額，赤顔漆髯，屹然巨人也。是秋，典文闈，臣以往歲分較辭。迄武闈，臣佐較閲，獲親接謦[一]咳，大都貞嚴凝肅之中，寓肫懇煦就之意，一時激揚，稱名直指。而臣奉職無狀，受知最深，謬以卓異荷留，遂于忠烈稱門下士。

方忠烈之感慨東事，新置大帥也，抗疏非之。未幾，一一如所云，舉朝神其識。神祖命往監軍事，忠烈不以臺資謝，單騎受代。于今上初年，臣已忝同臺。尺一纔通，而遼潰之報旋至，忠烈之慘旋聞。臣痛心欲絶，設位而哭而奠。首疏乞旌恤，奉有"查確議行"之旨。今被聖主恩顧至隆，凡天下知與不知，無不仰之爲忠且烈，而不知蓬萊山人之夢謫爲朝廷忠臣，則天而忠者也。大司馬早有隱德，大廷尉揚歷中外，懷冰茹蘗，猷遠功高，則又世而忠者也。即以忠烈一身，而上谷明恕，共戴祥刑，則忠于理；番商剔蠹，西隅晏安，則忠于役。立朝條上機宜，大指要先察吏。生平不喜黨附，加意表章名賢，則又忠于廟社，忠于人才。而當其應召闕下也，有限之居諸，或付之無窮之馳逐；即無詟之株守，亦安寄其有用之精神？而忠烈一片忠肝，不忍清時虚擲，乘兹討論舊章，紀聞國史，芟稗官之浮夸，削野史之蕪陋，備尚書之記載，省諸家之龐雜，非剽時耳以爲目，非信群吻以爲筆。惜無餘暇，輯及世廟而後，然凡祖宗謨烈，朝政得失，士品端邪，邊計安危，一按牘而班班可考。此其忠已在萬世。殆得涑水、新安之遺意，而直欲接麟經之一脉者歟？後有修馬班業者，能不取材于斯也？

語云："惟其有之，是以似之。"睢陽之齒，可以吞賊，故應有不三復之記誦、不立稿之文章。常山之舌，可以舐血，故應有偉而重之碑頌，穎而厚之記銘。忠烈之處心積慮，莫非忠也。宜其所著詩與文，皆忠君愛國之淋漓，而忠臣烈士之梗概也，矧是紀也乎哉？然又非獨此也。大廷尉神明矍鑠，鼎譽蔚蒸，樞衡轉瞬耳。一旦以歸寧予告，南中相顧失倚。金吾文采翩翩，憤不共天，請師滅奴，請使屬國，請除戎器。諸季讀父書，俱綽有父風。

臣嘗歷沁陽，見其千巖插天，一泓亘地，氣鬱而蒼，景秀以文，嘆曰："非地靈，不有人傑。"頃以病依子舍，緣門墻。世講嘗侍大廷尉杖屨，一步一趨，又嘆曰："非是父，不有是子。有是子，又應有若孫。忠孝萃于一門，從古亦不數得。"臣故不爲國史贅而于紀之者三致意，以爲後世臣子取則焉。

天啓四年甲子季夏朔，門人巡按山西監察御史江寧臣徐揚先謹撰

校勘記

〔一〕"罄"，當作"謦"。

《國史紀聞》序[一]

夫有一代之興，必有一代之史，所以述世紀迹、彰往信來也。古者有左、右史，朝夕人主之前，記言記動，孅惡必書。春秋時，若晋之董狐、齊之太史氏，直書無隱，不畏强御，猶有三代之遺焉。秦漢而下，稱良史者，必推龍門、扶風二家，皆世習其業，纂集舊聞，爲力頗易。然而是非之公，已不能愜當世之口，則信乎史之難已。降是，史失其職，非諛則誣，著述愈煩，直道愈晦，惟涑水、紫陽可接麟經之脉。炎宋以後，史益蕪穢，觀者病之。

我太祖高皇帝建國之初，倥偬戎馬即設“起居注”，又命史臣直書，傳信後來，大公至正之心同符三代，度越季世遠矣。歷代相沿，珥筆之官，寖失初意，虛負編摩之名，未見紀注[二]之實。即纂修實録，藏在天府，外廷之臣無繇得窺，是以野史雜出，自國初以迨嘉、隆，無慮數十家。然或誕而失真，或略而不備，或錯亂而無章。惟先臣鄭曉《吾學編》，事核言簡，鑒裁精密，庶幾乎一代之良。惟時有避忌，“方技”、“佞幸”諸傳廢而不録，未免有掛漏之憾，而體非編年，于兼總條貫之義，猶若謙讓未遑焉。

臣生長僻鄉，目不睹金匱石室之藏，耳不聆鴻儒耆碩之論，徵文徵獻，無所取衷。庚戌歲，以上谷理官被徵，候命闕下，閑居無事，因得討論國朝舊章。悉取諸書，置之几案，參校異同，披沙揀金，聚狐擇腋，更歷寒暑始竣。雖識鑒未當，謭淺少文，而是是非非，不敢違匹夫匹婦之公。其于二祖列聖[三]之睿謨鴻烈、懿德豐功，頗能揚厲其萬一。至國家之大經大法，名臣之嘉謀嘉猷，以及夫政事之張弛，人品之邪正，民生之休瘁，世道之淳澆，土宇之版章〔四〕侵削，亦皆識其梗概。手録成帙，藏之篋笥，以備遺忘，名之曰《國史紀聞》者，蓋得之傳述，而不敢據以〔五〕爲信也。語曰："百聞不如一見。"倘諸臣以聞悮臣，而併使臣以聞悮後人，則臣懼滋甚。若夫兼擅三長，網羅百氏，勒成一代之信史，耑俟〔六〕夫後之作者，是編也，幸比于不賢之識小，以備采擇，此則區區纂集之意乎。

旹萬曆四十八禩孟夏中旬，巡按江西監察御史臣張銓謹識

校勘記

〔一〕此文又見張銓《張忠烈公存集》卷二十七。

〔二〕"紀注"，同前作"經注"。

〔三〕"二祖列聖"，同前作"聖祖神宗"。

〔四〕"版章"，同前作"昄章"。

〔五〕"據以"，同前作"遽以"。

〔六〕"耑俟"，同前作"崇俟"。

國史紀聞卷一

壬辰，元至正十二年，高皇帝起兵濠州。

高皇帝之先，江東句容人。宋季時，大父徙居泗，父又徙鍾離之東鄉。母陳氏，生四子，上最少。生之夕，赤光燭天，里中競呼："朱家火起。"相率救之，及至，無有也。年十七，值旱疫，父母俱喪，乃入皇覺寺。逾月，僧乏食，散遣其徒，游四方。上西遊合淝，歷光、固、汝、潁〔一〕，凡三年，復還皇覺寺。時元政不綱，四方兵起。潁州劉福通、蕭縣李二、羅田徐壽輝等，各擁衆數萬，剽掠郡縣。定遠人郭子興與其黨孫德崖等，攻陷濠城，據之。元將徹里不花率兵欲復城，憚不敢進，惟日掠良民爲盜以徼賞。百姓皆恟恟，相煽動，不自安。上乃入濠城，門者疑以爲諜，執見子興。子興見上狀貌異常，遂留置帳下，以所育馬公女妻之，日益親信。

十二月，趙均用入濠州，據之。

李二爲元丞相脱脱所敗，遁去。其將趙均用、彭早住率餘衆奔濠。二人本以窮蹙來歸，子興反屈己下之，事皆稟命，遂爲所制。脱脱命賈魯追均用等，圍濠城。均用與子興極力拒守，會魯死，兵解去。均用、早住遂據濠州。

癸巳五月，張士誠起兵，據高郵。

士誠，白駒場亭民，及弟士德、士信舉兵，陷泰州，殺參政趙璉，遂據高郵，自稱誠王。

高皇帝取滁陽。

濠城，自元兵退，軍士多死傷。上乃歸鄉里，募兵得七百人。鳳陽人徐達，沉雄有智略，與耿再成、郭英等皆來歸。時，彭、趙二人馭下無道，所部暴横。高皇帝察其無成，乃與徐達等二十四人南略定遠，以計取驢牌寨民兵，得壯士三千人。率之而東，襲破元知院老張于横澗山，降其民兵七萬。南略滁陽，道遇定遠人李善長來謁。與語，悦之，留置幕下掌書記。遂與俱攻滁陽，下之。趙均用遣人邀帝，使守盱泗，辭不往。未幾，早住死。均用獨據濠州，子興乃率所部歸滁。

乙未正月，取和陽。

滁城乏糧。高皇帝謂子興曰："固守孤城，非計。今欲謀所向，惟和陽可圖。然其城小而堅，可以計取，難以力勝。"遂命張天祐將兵前行，聲言盧州兵送使者入和陽犒軍。耿再成將兵繼後，相距十餘里，俟天祐兵薄城，舉火爲應，再成即鼓行而前，天祐兵從他道就食，誤前約。再成候之，過期，率衆直抵城下。元平章也先帖木兒迎戰。再成不利，中矢走，衆潰。會日暮，天祐始至，急擊之，追至門，奪橋而上，登城大呼。也先帖木兒夜遁，天祐遂據其城。子興聞再成敗，急屬帝將兵，率徐達等進至和陽，始知天祐已破城矣。帝入，撫定城中，悉還所掠婦女，和人大悦。子興屬帝守和陽。適有讒帝于子興者，子興亦忌上威名日著，自滁來，欲奪其軍。未幾，遂卒。上俱統其衆，常遇春、鄧愈等皆來歸。

六月，攻太平路。

高皇帝謀渡江，患無舟檝。時，俞通海、廖永忠各擁衆據巢湖，張德勝亦結水寨自保，皆間道來附，上喜曰："吾事濟矣。"遂帥舟師，攻元蠻子海牙于峪溪口，大敗之。諸將欲直趨金陵，上曰："采石，南北襟喉。得采石，金陵乃可圖也。"乃引舟渡江。廖永安請所向，上曰："采石大鎮，其備必固。牛渚磯，前臨大江，彼難爲御，攻之必克。"乃引帆向牛渚，及岸，常遇春奮戈先登，諸軍繼之，鎮兵驚潰，遂拔之。緣江諸壘，望風迎附。即率衆向太平橋，急攻，拔之。總管靳義赴水死，完者不花等遁去。耆儒李習、陶安等，率父老出迎。安見上，謂習曰："龍姿鳳質，非常人也，我輩有主矣。"上之發采石也，先令李善長爲戒戢軍士榜，比入城，即張之。士卒欲剽掠，見榜揭通衢，皆愕然不敢動。一卒違令，即斬以徇，城中肅然。

上召陶安、李習與語時事。安曰："方今四海鼎沸，豪傑並争。攻城屠邑，互相雄長。然其志皆在子女、玉帛，非有撥亂救民、安天下之心。明公率衆渡江，神武不殺，人心悦服。以此順天應人，而行吊伐，天下不足平也。"上曰："吾欲取金陵，何如?"安曰："金陵，古帝王之都，龍蟠虎踞，限以長江之險。若取而有之，據其形勝，出兵以臨四方，何向不克?"帝大悦，由是禮遇安甚厚，參幕府事。改太平路爲太平府，以李習知府事。分兵攻溧陽、蕪湖，皆下之。

十二月，我師攻集慶路，不利。

初，元蠻子海牙以巨舟截采石江，閉姑熟口。而方山寨民兵元帥陳野先，以衆數萬來攻太平。上遣徐達等迎戰，復命别將潛師出其後夾擊之。野先腹背受敵，遂被擒。上釋不殺，命以書招其部曲皆來降。野先復欲脱歸，有以其謀告者。上曰："吾久知其不誠。然殺之，恐失豪傑心。"乃召，謂曰："人各有心，從元從我，任汝所適。不相强也。"縱之還。野先既歸，收餘衆屯板橋，陰與元福壽合。時，上將攻集慶。野先謬爲報，曰："集慶城三面據水，地勢險阻，不利步戰。莫若進兵，南據溧陽，東擣鎮江，據險阻，絶糧道，可不攻而下也。"上知其詐，報之曰："歷代之克江南者，晋之殘吴，隋之平陳，曹彬之取南唐，皆以長江天塹限隔南北，故須會集舟師，始克成功。今吾渡江，據其上游，彼之嚥喉，我已扼之，正宜乘時進取，奈何舍全勝之策，爲迂迴之計耶?”野先得書，知其計不行，遂叛，與元福壽合兵，拒戰于秦淮水上。我師失利，張天祐戰死。野先追襲我軍于漢陽，經葛山鄉，鄉寨民兵百户盧德茂惡其反覆，以計襲殺之。

丙申二月，我師攻蠻子海牙於采石，大敗走之。

蠻子海牙復率舟師扼采石，阻絶南北，欲伺間攻太平。上率常遇春等擊之。時，元舟聯絡江上，勢甚盛。乃令遇春設疑兵，以分其勢，而以大兵薄之。戰既合，遇春率舟師衝其中，敵分爲二，我師左右縱擊。自辰至午，敵大敗，俘獲萬計，盡得其舟艦。蠻子海牙以餘衆走集慶。

三月，克金陵，元行臺御史大夫福壽死之。

陳野先既死，其子兆先統其衆，屯方山，與蠻子海牙相犄角。上命廖永安、馮國用攻兆先，擒之，盡降其衆。擇壯士五百人，置麾下，多疑懼，不自安。上覺其意，至暮，令入衛，屏舊人于外，獨留馮國用卧榻旁，酣寢達旦。五百人者感上推誠，皆願效死。進兵集慶，馮國用率麾下先登陷陣，敗敵于蔣山，直抵城下，拔栅兢進。福壽督兵力戰。或勸之遁，壽叱而射之，搏戰不已，遂爲亂兵所殺。平章阿魯灰、參政伯家奴皆戰死。獲其御史王稷等三百餘人。蠻子海牙走投張士誠。元帥康茂才等各率衆降。上入城，召父老，諭之曰：“元失其政，兵戈並起，生民塗炭。吾率衆至此，爲民除亂耳。宜各安職業，毋懷疑懼。賢人君子有能相從立功業者，吾禮用之。舊政不便者，吾爲汝除之。”於是，城中軍民更相慶慰。乃改集慶路爲應天府。録用儒士夏煜、孫炎、楊憲等十餘人。嘉福壽之忠，以禮葬之。

克鎮江。

上命徐達將兵取鎮江，戒之曰：“吾自起兵以來，未嘗妄殺。汝當體吾心，戒戢將士，城下之日，毋焚掠，毋殺戮，犯者處以軍法；縱之者，罰無赦。”達頓首受命。進攻鎮江，克之。號令嚴肅，城中宴然。遂分兵下丹陽、金壇諸縣。改鎮江路爲江淮府，以達與湯和守之。

六月，克廣德路。

鄧愈等攻廣德路，克之，改爲廣興府，以愈鎮守。

七月，高皇帝自立爲吴國公。

以元御史臺爲公府，置江南行中書省，以李善長爲參議，湯和攝樞密院事。

我師攻常州，獲張士德，斬之。

初，上遣儒士楊憲通好于張士誠。士誠拘留，不遣，尋以舟師攻鎮江。徐達等敗之于龍潭。上使諭達曰：“士誠起于負販，譎詐多端。當速出軍，攻毗陵，先發制之。”于是，達帥師攻常州，進薄其壘。士誠遣其弟士德以數萬衆來援。達謂諸將曰：“士德狡而善鬬，使其勝，勢不可當，當以計取之。”乃去城十八里設伏，以待命。趙均用率鐵騎爲奇兵，達親督師與戰。鋒既交，均用鐵騎横衝其陣，陣亂。士德走，遇伏，馬蹶，爲先鋒刁國寶所執。士德梟鷙有謀，既被擒，士誠氣沮。上欲留士德以誘致士誠，士德間遺書其兄，使降元，乃斬之。

十一月，張士誠援常州，徐達等擊敗之。

士德被擒，士誠懼，遣其下孫君壽奉書請和，願歲輸糧二十萬石、黄金五百兩、白金三百斤。上復書，數其開釁召兵之罪。士誠得書，不報。徐達圍常州，久不下。上復益兵二萬圍之。會義兵元帥鄭僉院叛降士誠，士誠挾鄭僉院攻徐達壘。達勒兵與戰，常遇春、廖永安、胡大海來援，内外夾擊，大破之。擒其將張德，餘軍奔入城。士誠復遣其將吕珍馳入常州，拒守。達進師，圍之。城中益困。

丁酉二月，取長興。

三月，克常州。

初，常州兵少食足，故堅拒不下。及叛兵入城，軍衆糧少，不能自存。我師攻之益急，吕珍宵遁，遂克之。改爲常州府。

夏四月，克寧國路。

徐達、常遇春率兵攻寧國。元守臣别不華、楊仲英等拒守，久不下。遇春中矢，裹創與戰。上親往督師，命造飛車，編竹爲蔽，數道並進。仲英不能支，開門降。百户張文貴殺妻子，自刎死。擒其元帥朱亮祖，得軍士十餘萬。于是，太平、旌德、南陵、涇縣、青陽相繼皆下。

六月，取江陰。

上命趙繼祖等取江陰。張士誠兵據秦望山，以扼我師。繼祖引兵攻之。會大風雨，士誠兵潰，我師據其山。翌日，進攻城西門，克之。江陰去姑蘇僅百餘里，控扼要害，自失江陰，士誠舟師不敢泝大江而上矣。

七月，取宜興、常熟、績溪。

取徽州。

胡大海等進兵徽州。元守將八思爾不花及萬户吴訥等拒戰，大海擊敗之，遂拔其城。訥等退走，欲守遂安。大海追及白鶴嶺，復擊敗之，訥自殺。大海進攻婺源。元將楊完者率兵十萬，欲復徽州。大海還師與戰，敗之。婺源帥汪同、黟縣尹葉茂、祁門帥馬國寶俱以城降。

九月，取武康。

徐壽輝將陳友諒襲殺倪文俊，并其軍。

友諒，沔陽漁人子，嘗爲縣吏，不樂。壽輝兵起，仗劍從之，爲簿書掾〔二〕。尋領兵爲元帥。見倪文俊專恣，心不能平。

至是，文俊謀殺壽輝，不果，奔黄州。友諒因襲殺之，并其軍，自稱平章，壽輝不能制。

十一月，克池州。

常遇春率廖永安等，自銅陵進攻池州，帥舟師直抵城下。自辰至巳，破其北門，遂克之。

克揚州。

初，張明鑑聚衆淮西爲亂，逐元鎮南王孛羅普化，據揚州，日屠城中居民爲食。上命廖大亨攻之，明鑑等不能支，遂降。得其衆數萬。改爲淮海府，以耿再成守之。籍城中居民，僅餘十八家。

十二月，徐壽輝將明玉珍據成都。

玉珍，隨州人。初聞徐壽輝兵起，集鄉兵，結栅自固。未幾，降于壽輝。及倪文俊陷川蜀，令玉珍守之。至是，文俊死，玉珍遂據成都，蜀中郡縣皆附之。

戊戌正月，克婺源州。

二月，以康茂才爲營田使。

諭之曰："比因兵亂，隄防頽圮，民廢耕耨，故設營田司，專掌水利。今軍務殷煩，用度爲急。理財之道，莫先于農，故命爾分巡各處，俾高無患乾，卑不病澇，務在蓄洩得宜。大抵設官爲民，非以病民。若但使有司增飾館舍，迎送奔走，所至紛擾，無益于民，而反害之，非副任使之意。"

三月，克建德路。

鄧愈等攻建德，元參政不花棄城走，父老何良輔等率衆降。楊完者遣兵來攻，愈復敗之。

六月，取浦江。

九月，元江浙同僉員成來降。

初，元苗帥楊完者恃功驕横，達識帖木兒苦其逼，陰約張士誠攻之。完者倉卒不及備，自縊死，其衆皆潰。至是，其部將員成等欲爲復仇，來請降。上命朱文忠往撫之，成遂率李福等以兵三萬來降。文忠使元帥夏子實統其衆，送員成于建康。

十月，取蘭溪。

克宜興。

徐達攻宜興，久不下。上遣使謂達曰："宜興，城小而堅，猝未易拔。聞其城西通太湖口，士誠餉道所出。若以兵斷之，彼軍食乏，破之必矣。"達等乃分兵絶太湖口，并力急攻，遂拔之。廖永安率舟師擊士誠衆于太湖，乘勝深入。遇吕珍，與戰不利，遂爲所執。士誠欲降之，永安不屈，以囚死。

十一月，練民兵。

上諭行中書省臣曰："古者寓兵于農，有事則戰，無事則耕，暇則講武。今民間豈無武勇之材？宜精加簡拔，編緝爲伍，立民兵萬户府領之。俾農時則耕，閒則練習，有事則用之，事平，有功者升擢，無功者令還爲民，庶幾寓兵于農之意。"

十二月，克婺州。

胡大海攻婺，久不下。上自帥師十萬，往征之。元參知政事石抹宜孫守處州，聞大軍攻婺，與參謀胡深、章溢議，爲守備，造戰車數百輛，以弟厚孫守婺，令深等將車師爲援。深至松溪，觀望，不敢進。上謂諸將曰："婺倚石抹宜孫，故未肯即下。聞彼以戰車來援，此豈知變者？松溪山多路狹，車不可行。今以精兵遏之，其勢必破。既破，則城中絶望，可不勞而下也。"乃命胡濟誘其兵于梅花門外，縱擊，大敗之，深等遁去。城中勢益孤，于是，樞密院同僉甯安慶等開門納兵。上入城，下令禁戢剽掠，有知印取民財，即斬以徇，民皆安堵。改爲寧越府，以儒士王宗顯爲知府。開郡學，延儒士葉儀[三]、宋濂爲五經師，戴良爲學正，吴沉、徐原等爲訓導。時喪亂之餘，學校久廢，至是始聞弦誦之聲，無不欣悦。

上既撫定寧越，欲遂取浙東，集諸將諭之曰："克城雖以武，而安民必以仁。吾每聞諸將下一城，得一郡，不妄殺人，輒喜不自勝。蓋師旅之行，勢如烈火，火烈則人必避之。爲將者能以不殺爲心，非惟利國家，己亦蒙其福。爾等從吾言，則大功可成矣。"

己亥春正月，取諸暨。

三月，方國珍來降。

先是，上遣使招方國珍。國珍與其下謀曰："方今元運將終，豪傑並起。惟江左號令嚴明，所向莫敵，恐不能與抗。況與我爲敵者，西有張士誠，南有陳友諒。莫若姑示順從，藉爲聲援，以觀其變。"遂遣使奉書幣，以温、台、慶元三郡來獻，且以子關爲質。上曰："古者慮人不從則爲盟誓，盟誓變而爲交質，皆由未能相信故也。今既誠信來歸，便當推誠相與，何以質爲？"厚賜關而遣之。

五月，以胡大海守寧越。

將還建康，召大海諭之曰："寧越爲浙東重地，故特命爾守之，進取之宜，悉以付爾。宋伯顔不花在衢，多智術。石抹宜孫守處州，善用士。紹興爲張士誠將吕珍所據。此三人皆勍敵，不可忽也。"

七月，取無爲州。

克潛山。

徐達、張德勝率兵自無爲登陸，夜至浮山寨，擊走趙普勝部將胡總管于青山。追至潛山界，陳友諒參政郭泰引兵渡沙河，迎戰。德勝復大破之，斬泰，遂克潛山。

九月，陳友諒殺其部將趙普勝。

初，友諒陷安慶，令趙普勝守之。上命俞通海率兵攻之，不克。諸將患之，上曰："普勝勇而寡謀，友諒挾主以令衆，彼此心懷疑貳。用計以離之，易耳。"時，普勝有門客，通數術，嘗爲普勝畫策。乃使人陽與客交，而陰間之。又置書與客，故誤達普勝所。普勝果疑客，客懼，不自安，遂來歸。於是，盡得普勝情實。復以金幣資客，潛往友諒所，間普勝。普勝不之覺，見友諒使者，輒自言其功，悻悻有德色，友諒由是忌之。及潛山之敗，友諒益欲殺普勝，乃詐以會軍爲期，自至安慶，圖之。普勝不虞友諒圖己，迎于雁汊。友諒就，執殺之，併其軍。

克衢州。

常遇春圍衢州，兩月餘，攻擊無虚日，城中悉力備御。元樞密院判張斌密遣其下與遇春約降，乘夜開小西門，引大軍入城。宋伯顔不花不知，猶督兵拒戰，俄頃，城中舉火，衆潰，被擒。總管馮浩赴水死。

十一月，克處州。

初，既定婺州，即命耿再成駐兵縉雲之黄龍山，謀取處州。石抹宜孫遣元帥胡深等分屯桃花嶺、葛渡、樊嶺以拒我師。久之，將士怠弛，無鬭志。胡深間道來降，且言處州兵弱，易取。大海即出軍抵樊嶺，與再成合攻之，大敗其兵，連拔桃花嶺、葛渡二岩，遂薄城下。石抹宜孫戰敗，棄城走建寧。于是，處州七邑皆下。

十二月，陳友諒幽其主徐壽輝于江州，自稱漢王。

初，友諒破龍興，壽輝欲徙都之。友諒恐不利于己，不從。至是，壽輝引兵發漢陽，南下江州。友諒出迎，而伏兵于城西。

壽輝入，門閉，伏發，盡殺其部屬，惟存壽輝，以江州爲都，居之。遂自稱漢王，立王府，置官屬，事權一歸友諒，壽輝惟擁虚位而已。

庚子二月，元福建行省參政袁天禄以福寧州來歸。

三月，徵劉基、宋濂、章溢、葉琛至建康。

基，青田人。自幼聰警絶人，長務理學，能文章，尤精于天文、兵法。至正初，舉進士，授高安丞。揭奚斯見而奇之，曰："此魏徵之流，而英特過之，濟時器也。"江西行省辟掾吏，議不合，去。嘗遊西湖，有異雲起西北，光映湖水。時同遊者魯道原、宇文公諒皆以爲慶雲，將分韵賦詩。基獨縱飲不顧，曰："此天子氣，應在金陵。十年後，有王者起其下，我當輔之。"時，杭城猶全盛，諸人大駭，以爲狂。方國珍反海上，省憲舉基爲行省都事。基建議，以爲方氏首亂，宜捕斬。省請于朝。時相納方氏賂，准招安，授國珍官，乃駁基擅作威福，羈管紹興。是後，方氏遂横，莫能制。未幾，行省復起基，用之。以時不可爲，乃棄官歸田里。客或説基："今天下擾擾，以公才略，下括蒼，併金華，胡越可折簡而定。因畫江守之，此勾踐之業也。"基曰："吾平生忿方國珍、張士誠輩所爲，且天命將有歸，姑待之。"會上定括蒼，基指乾象，謂所親曰："此天命也，豈人力耶?"時，上延攬豪傑，有以基及宋濂、章溢、葉琛薦者。上以書幣徵，詣建康，入見。上賜坐，從容問曰："四海分争，何時而定?"章溢對曰："天道無常，惟德是輔，惟不嗜殺人者能一之。"上稱善。上問陶安："四人之才，何如?"安對曰："陶，謀略不及基，學問不及濂，治民之才不如章溢、葉琛。"上然之。未幾，以濂爲江南儒學提舉，世子受經。以溢、琛並爲營田司僉事。基留帷幄，預機密謀議。基陳時務十八策，上悉嘉納。

五月，陳友諒攻池州，我師擊敗之。

友諒有窺池州之意，上察知之，使謂徐達、常遇春曰："友諒兵旦暮且至，當以五千人守城，遣萬人伏九華山下，俟彼臨城，城上揚旗鳴鼓，伏兵絶其後，破之必矣。"至是，友諒兵果至，鋒甚鋭，直造城下。城上鼓聲起，伏兵悉發，絶其歸路，城中出兵夾擊，大破之，斬首萬餘級。

閏五月，陳友諒陷太平，守將花雲死之。

友諒率舟師攻太平，雲悉力拒戰。友諒攻三日，不得入，乃引巨舟泊城西南隅，士卒緣舟尾攀堞而登城，遂陷。雲被執，罵曰："賊奴，爾縛吾，吾主必滅爾，斮爾爲鱠。"遂奮躍大呼，縛皆絶，奪守者刀，殺五六人。友諒大怒，縛雲于檣，叢射之。雲至死，罵不絶口。院判王鼎、知府許瑗俱爲友諒所執，皆抗罵不屈而死。雲妻郜氏，生子煒始三歲。戰方急，郜氏抱兒，謂家人曰："城且破，吾夫必死。夫死，吾寧獨生？然花氏惟此一兒，爲我善護之。"及雲被執，郜氏赴水死。婢孫氏抱兒欲逃，爲陳兵所虜，至九江軍中，惡兒啼，孫以簪珥付漁家嫗鞠之。及陳氏敗，孫氏脱身，負兒而逃，將渡江，適潰卒還，争舟，捽于水，附木，得入蘆渚中。取蓮實餡兒，凡七日，得不死。忽夜半，一老父呼之，令與俱行，得達上所。抱兒拜，且泣。上亦泣，置兒膝上曰："將種也。"命賜老父衣，忽不見，衆以爲神云。煒既長，命爲指揮僉事。

陳友諒弑其主壽輝，自稱帝。

友諒使人弑壽輝于采石舟中，遂稱帝，國號漢，改元大義。以鄒普勝爲太師，張必先爲左相，張定邊爲太尉。

陳友諒犯建康。我師大破走之，遂取安慶，復太平。

友諒舟師數萬東下，建康震動。議者或言降，或云鍾山有王氣，宜奔據之。劉基獨不言。上召基入内，基曰：“先斬主降議及奔鍾山者，乃可破賊。”上曰：“計將安出？”基曰：“莫若傾府庫，開至誠，以固士心。且天道後舉者勝，伏兵俟隙擊之。取威制敵，以成王業，在此時也。”上然之。時，友諒潛遣人約張士誠。上恐二虜合力，不能敵，欲速其來。以康茂才與友諒有舊，乃令茂才爲書誘友諒，約爲内應。友諒得書，不疑，即引兵下。上曰：“虜落吾彀中矣。”乃命馮國勝、常遇春率帳前軍三萬人伏于石灰山側，徐達軍南門外，楊璟駐兵大勝港，張德勝、朱虎帥舟師出龍江關外，上總大軍于盧龍山。令持幟者偃黄幟于山之左，赤幟于山之右，戒曰：“寇至則舉赤幟[四]，陣合舉黄幟，黄幟舉則伏兵皆起。各嚴師以待。”友諒至，大勝港楊璟整兵御之。友諒以路狹，遽引退，出大江，向龍灣，遣萬人登崖立栅，勢鋭甚。衆欲戰。上曰：“天將雨，諸軍且就食，當乘雨擊之。”時，天無雲，衆莫信。忽雲起東北，須臾雨大注，赤幟舉，下令拔栅。友諒麾軍來争，戰方合，黄幟舉，伏兵四起，内外合擊。友諒軍披靡不能支，遂大敗。潰兵走趨舟，值潮退舟膠，殺溺死者無算，俘其卒二萬餘人。其將張志雄等皆降，獲巨艦百餘艘。上命徐達等追友諒，及于慈湖，縱火焚其舟。馮國勝又敗之于采石。友諒棄太平，遁去，我師復取之。

取安慶。

張志雄，故趙普勝部將，怨友諒殺普勝，故龍灣之戰無鬭志。及降，言于上曰：“友諒既敗，安慶無守，可取也。”上命余元帥將兵取安慶，守之。

克信州。

初，友諒入龍江，上命胡大海出兵擣廣信，以牽制之。大海遣部將葛俊往，過衢州，都事王愷止俊，馳至金華，謂大海曰：

“廣信爲友諒門户，彼既傾國入寇，寧不以重兵防守？非大將統軍以臨之，不能克也。今出偏師，萬一衄敗，非獨廣信不可下，衢先繹騷矣。”大海悟，乃親率兵攻信州，遂克之。改爲廣信府。

辛丑三月，元泗州守將薛顯以城降。

方國珍遣使，以金玉飾馬鞍來獻，却之。

上曰：“吾方有事四方，所需者文武材能，所用者穀粟布帛，其他寳玩，非所好也。”却其獻。

七月，僞漢知院張定邊陷安慶。

守將余元帥等戰敗，奔還建康。

八月，克浮梁、樂平。

上帥師伐陳友諒，復取安慶，大破之于江州。友諒走武昌。

先是，陳友諒將李明道寇信州，胡大海獲之，送建康。上問：“陳氏何如？”明道具言：“友諒自殺壽輝，將士離心，政令不一，雖有衆，不足用也。”上遂决意伐之。召諸將，諭之曰：“陳友諒弑主僭號，天人所不容。乃不度德量力，犯我建康。既自取敗，不知悔悟，又陷安慶。觀其所爲，不滅不已。爾等各勵士卒以從。”徐達進曰：“師直爲壯。今我直彼曲，焉有不克？”劉基言：“昨觀天象，金星在前，火星在後，此勝師之兆。願順天應人，早行吊伐。”上遂帥徐達等發龍灣，泝流而上。友諒沿江斥堠望風奔遁。至安慶，敵固守不戰。乃以陸兵疑之，敵陣動，遂命廖永忠、張志雄以舟師破其水寨，遂克安慶。長驅至小孤，友諒守將傅友德及丁普郎迎降。師次湖口，遇友諒舟出江偵邏，常遇春擊之，敵舟退走，乘勝追至江州。友諒親率兵督戰。上分舟師爲兩翼，夾擊，大破之，獲其舟百餘艘。友諒窮蹙，夜半挈妻子走武昌。我師入江州，獲糧數十萬。

克南康、蘄黄，興國、沔陽來降。

陳友諒平章吴宏以饒州降。

九月，陳友諒平章王溥以建昌降。

克德興。

十月，張士誠遣其將李伯昇攻長興。常遇春率兵援之，伯昇遁去。

士誠遣李伯昇率衆十萬攻長興。城中兵僅七千，耿炳文嬰城拒守，副元帥劉成出西門迎敵，敗之。追至東門，敵反兵力鬬，成戰死。伯昇攻城益急。上在江州，聞報，命常遇春往救之。遇春兵至長興，伯昇棄營遁。遇春追擊之，俘斬五千餘人。

克撫州。

吴宏等率兵取撫州，友諒右丞鄧克明拒守，宏遣人招之。克明意欲緩師，聞鄧愈駐兵臨川，乃遣人詣愈降。愈知其詐，即間道夜襲之。黎明，入其城。克明倉卒，單騎走，遂克之。愈號令嚴，秋毫無犯，民獻牛酒，悉却不受。

壬寅正月，上如龍興。

上發九江，如龍興。胡廷瑞等迎謁，上慰勞之。入城，先謁孔子廟，存恤孤寡，放友諒豢鹿于西山。召父老，諭之曰："陳氏據此，爾民甚苦之。今吾悉反其弊，軍需供億，俱不以相勞。爾等各事本業，爲吾良民，"士民大悦。乃改爲洪都府，以葉琛知府事。

寧州土豪陳龍以衆降。

初，徐壽輝破寧州，龍集衆結堡自固，旬日間，州境響應，衆至萬餘。至是，聞上至龍興，遣其弟良平率分寧、奉新、通州城、靖安、德安、武寧六縣民兵二萬來降。

僞漢平章彭時中以龍泉降。

二月，金華苗軍元帥蔣英等叛，殺守臣胡大海、郎中王愷、嚴州守將朱文忠，尋撫定之。

初，大海下嚴州，苗帥蔣英、劉震等自桐廬來降。大海喜其勇，留置麾下，待之不疑。震等謀作亂，以大海遇之厚，未忍發。其黨李福曰："舉大事，寧顧私恩乎?"衆從之，遂約衢處苗帥李祐之等，同日舉兵。蔣英陽請大海八咏樓下觀弩，袖鐵槌擊殺之。執郎中王愷，愷正色曰："吾職居郎署，同守此土，義當死，寧從賊耶?"劉震欲全之，賊黨吴得直與愷有隙，遂殺愷及其子寅。掾史章誠亦死之。典史李斌懷省印，縋城走嚴州，告變于朱文忠。英等大掠城中子女，西走，降于張士誠。文忠率將士馳至金華，鎮撫其民，人情乃安。

處州苗軍帥李祐之等作亂，殺守臣耿再成。

李祐之、賀仁得聞蔣英已殺胡大海，遂作亂。再成方與客飲，聞變，即上馬收兵，不滿二十人，迎賊，罵曰："俘奴，國家何負汝，乃敢反?速解甲，不然斮汝萬段。"揮劍連斷數槊，兵不繼賊刺再成，中頸死。執分省部事孫炎，幽之空室，脅使降，炎不屈。賀仁得以斗酒饋炎，炎不受，曰："今日乃爲鼠輩所困，然我死，死爲主。反覆賊死，犬且不食其餘。"守卒怒，拔劍叱炎解衣。炎曰："此紫綺裘，乃上所賜，吾當服以死。"遂被害。知府王道同[五]，亦不屈而死。上聞處州亂，命平章邵榮率兵討之。

張士誠遣弟士信率兵攻諸全，我師擊敗之。

士誠乘蔣英之亂，遣士信率兵萬餘圍諸全。守將謝再興告急于朱文忠，文忠遣胡德濟援之。再興以兵少，請益。是時，金華初定，而嚴州逼敵境，處州又爲叛苗所據。文忠自度兵少，不能應援，聞邵榮率兵討處州，將至，與都事史炳謀曰："兵法先聲而後實。諸全被圍日久，寇勢益張，而我軍少，非謀不足以制之。今邵平章來取處州，宜借以張聲勢，亦一奇也。"炳曰："善。"乃揚言右丞徐達、平章邵榮領大軍至嚴州，剋日進擊，使諜者揭榜于義烏之古朴嶺。士信兵見之，果驚，謀夜遁。德濟覘知之，密與再興謀，發壯士夜半開門出擊，鼓譟從之。寇兵亂走，自相蹂踐，溺死者甚衆。

復處州。

邵榮攻處州，燒其東北門以入。李祐之自殺。賀仁得走縉雲，耕者縛之，檻送，伏誅。

上還建康。

上以洪都舊城西南臨水，不利守御，移入三十步。東南空曠，復展二里。留鄧愈守之，遂還建康。

四月，祝宗、康泰叛，陷洪都。右丞徐達尋復之。

初，洪都之降，非二人本意。上將還建康，胡廷瑞恐其爲變，微言于上。上令二人將所部兵，從徐達征湖廣。二人遂叛，反兵劫洪都，攻破新城門。鄧愈聞變，倉卒以數十騎走還建康。都事萬思誠、知府葉琛皆死于難。上命徐達還討之。達師抵城下，宗、泰分兵拒守，達攻破之。泰走康信，爲追兵所獲，送建康。泰，廷瑞之甥。上以廷瑞故，特宥之。宗走新淦，依鄧志明，後爲志明所殺。

五月，置禮賢館。

上聘諸名儒集建康，與論經史，及咨以時事，甚見尊寵。復命有司，即所居之西，創禮賢館處之，陶安、夏煜、劉基、章溢、宋濂、蘇伯衡等皆在館中。時，朱文忠守金華，復薦王禕、許元、王天錫至，上皆優禮之。

八月，陳友諒將熊天瑞陷吉安。大都督朱文正尋復之。

癸卯春正月，明玉珍稱帝于蜀。

三月，張士誠將吕珍陷安豐，我師擊走之。

先是，劉福通以安豐來附，士誠遣吕珍攻破其城，殺福通。上率徐達等擊之，三戰三勝，珍遁去。

四月，陳友諒圍洪都。

友諒忿疆埸日蹙，乃作大艦，攻洪都。艦高數丈，上下三級，置艫其中，自爲必勝之計，載家屬、百官，空國而來，其氣甚勝。朱文正與諸將分城拒守。友諒攻撫州門，城壞三十餘丈，鄧愈以火銃擊退其兵。文正督諸將死戰，且戰且築，通夕復完。友諒復攻新城門，薛顯將鋭卒開門突戰，斬其平章劉震照，敵兵乃退。友諒增修攻具，攻水關，欲破栅以入。文正使壯士以長槊從栅内刺之，敵奪槊更進。文正命煅鐵戟，穿栅更刺，敵手灼爛不得進。友諒盡攻擊之術，城中隨方應之，相持兩月餘，元帥趙德勝、牛海龍等皆戰死。

秋七月，上率兵救洪都，與友諒大戰于鄱陽湖，友諒敗死。

洪都被圍日久，内外阻絶。文正遣千户張子明告急于建康。子明取小漁舟，夜從水關潛出，夜行晝伏，半月始達。上問："友諒兵勢何如?"對曰："友諒兵雖盛，而戰死者亦多。今江水日涸，巨艦將不利。若援兵至，可破也。"上曰："歸語文正，但堅守一月，吾當自取之。"子明還至湖口，爲友諒所獲。友諒謂曰："若能誘城降，非但不死，且得富貴。"子明僞許之，至城下，大呼曰："大軍且至，但固守以待。"友諒怒，殺之。

上自將救洪都舟師二十萬，發建康。友諒聞之，即解圍，東出鄱湖迎戰。上謂諸將曰："友諒退兵逆戰，勢必死鬭。諸公當有進無退，翦滅此虜，正在今日。"丁亥，遇于康郎山，友諒將張定邊直犯上舟。舟適膠，勢甚危。牙將韓成曰："事急矣，臣不敢愛死。"乃服上冠服，投水中。敵信之，攻少緩。常遇春從旁射中定邊，敵始却，上舟得脱。既而，遇春舟亦膠，俄有敗舟順流而下，觸遇春舟，舟亦脱。會日暮，收軍。命徐達還守建康。己丑，復戰。友諒以巨舟連鎖爲陣，旌旗樓櫓，望之如山。我軍舟小，怯于仰攻，往往退縮，斬隊長十餘人，猶不能止。張志雄、丁普郎、余昶、陳弼、徐公輔皆戰死。

上不懌，郭興侍側，進曰："舟大小不敵，非諸將不用命也。臣以爲非火攻不可。"至晡，東北風起。上命以七舟載荻葦，置火藥其中，束草爲人，飾以甲冑，令敢死士操之，備走舸于後，將迫敵舟，乘風縱火，風急火烈，焚敵舟數百艘，熢烟漲天，湖水盡赤，死者大半。友諒弟友仁、友貴及其平章陳普略等皆焚死。友仁眇一目，有智數，梟勇善戰，至是死，友諒爲之喪氣。辛卯，復聯舟大戰，俞通海、廖永忠、張興祖、趙庸以六舟深入搏擊，望無所見，意已陷没。有頃，旋繞敵舟而出。我師見之，合戰益力，呼聲動天地，波濤起立，日爲之晦。自辰至午，敵兵大敗，棄旗鼓器仗，浮蔽湖面。張定邊欲挾友谅退保鞋山，扼不得出，乃歛舟自守。通海等還，上勞之曰："今日之捷，諸公之力也。"諸將議欲退師，少休士卒。上曰："兩軍相持，我先退，敵乘之，非計也。必移舟出湖，乃可無失。"至夜，銜尾而渡，泊於左蠡。友諒亦移舟泊渚磯。

上命舟師横截湖口，邀其歸路。又令立栅于岸，控湖口。旬有五日，友諒不敢出，食盡，欲奔武昌，乃率樓船百餘艘，突出湖口。上麾諸將邀擊之，友諒中流矢死，衆潰，擒其太子善兒、平章姚天祥等，降士卒五萬餘人。張定邊乘夜載友諒屍及其子理奔還武昌，復立理爲帝，改元德壽。

九月，張士誠自稱吴王。

士誠令所部頌功，求王爵。元達識帖睦邇爲請于朝，不報。士誠遂自立爲吴王，立官屬。元遣使徵糧，士誠不奉命。

上還建康。

上至建康，論功行賞，賜諸將金幣有差。

上率常遇春等親征陳理于武昌。

上至武昌，命諸將立栅圍之，分兵徇漢陽、德安州郡，皆下。

十二月，上至建康。

上發武昌，命常遇春督諸將守營栅，諭之曰："彼猶豕處牢中，久當自服。若來衝突，慎勿與戰，但堅守營栅以困之，不患城不下也。"

甲辰春正月，上稱吴王。

李善長、徐達等以上功德日隆，屢表勸進。上曰："戎馬未息，天命難知。俟天下大定，行之未晚。"群臣固請不已，乃即吴王位，置中書省官屬。以李善長爲右相國、徐達爲左相國，常遇春、俞通海爲平章政事，諭之曰："卿等爲生民計推戴予，然建國之初，當先正紀綱。元氏昏亂，紀綱不立，威福下移，人心涣散，遂致天下騷亂。今將相大臣，當鑒其失，協心以成功業，毋苟且因循，徒取充位而已。"

二月，上復往武昌視師。陳理降，湖廣、江西悉平。

上以諸將圍武昌久不下，復親往視師。僞相張必先以岳州兵入援，去城二十里而軍。上命常遇春率精鋭五千，乘其衆未集擊之，擒必先。城東南有高冠山，下瞰城中。上顧諸將："誰能奪此者?"傅友德請行，率帳下數百人，一鼓奪之。上遣友諒舊臣羅復仁諭陳理曰："理來，當不失富貴。"復仁入城，與理相持，痛哭，諭以上意。遂銜璧肉袒，率張定邊等出降。理至軍門，戰慄，不敢仰視。上見其稚弱，掔其手曰："吾不爾罪，勿懼也。"凡府庫儲蓄，令理自取。士卒無敢入城，市井晏然。城中民饑困，上命給米賑之。于是，漢、沔、利〔六〕、岳郡縣相繼降。立湖廣行中書省，以楊璟爲參政守之。未幾，友諒兄友才亦以潭州來降。

三月，上至建康，封陳理歸爲德侯。

江西行省進鏤金牀，毀之。

江西行省以陳友諒鏤金牀進，上曰："此與孟昶七寶溺器何異？以一牀工巧若此，其餘可知。陳氏父子窮奢極欲，焉得不亡？"即命毀之。

建忠臣祠於康郎山。

鄱湖死事之臣丁普郎、張志雄、韓成、宋貴〔七〕、陳兆先、余旭、昌文貴、王勝、李信、陳弼、劉羲、徐公輔、李志高、王咬住、姜潤、石明、王德、朱鼎、王清、常德勝、王鳳顯、丁宇、王仁、汪澤、王理、陳冲、裴幹、王喜仙、袁華、史德勝、常推德、曹信、逯德山、鄭興、羅世榮等三十五人，封贈勛爵有差，令有司歲時祭之。

建忠臣祠於南昌府。

祠趙德勝、李繼先、劉齊、許圭濳、牛海龍、張子明、張德山、夏茂成、葉思誠、葉琛、趙天麟凡十四人。

七月，克廬州。

廬州被圍久，城中饑困，守將張渙開門降。改爲府，以俞通海守之。

八月，復吉安。

常遇春討江西未附州郡，平麻嶺諸寨，執鄧志明。進次吉安，饒鼎臣棄城，走安福，遂復吉安，引兵趨贛。

九月，取江陵。

徐達師逼江陵，守將故僞漢平章姜珏詣達降，曰："當死者，珏耳，百姓無辜。"達善其言，下令安輯。列郡聞之，望風歸附。尋改江陵爲荆州府。已而，夷陵守將楊以德、歸州守將楊興各以城降。

十一月，張士信攻長興，湯和擊敗之。

士信以兵侵長興，耿炳文破之，獲其帥宋興祖。士信怒，益兵圍長興。上命湯和援之，大破士信，虜甲士八千人。

十二月，克辰州，遂克衡州。

乙巳春正月，克贛州。

常遇春至贛，熊天瑞困固守，不下。上命汪廣洋至軍中，諭遇春曰："天瑞處孤城，若籠禽阱獸，豈能遁逸？但恐城破之日，殺傷過多，當保全生民，爲未附者勸。"遇春乃浚濠立栅以困之。天瑞子元震竊出覘兵，遇春從數騎出，猝與遇，遣騎擊之。元震奮鐵撾，且鬬且却。遇春曰："壯士也。"釋之。至是，天瑞糧盡出降。

克寶慶路。

徐達克寶慶，元守將唐隆道遁去。于是，靖州軍民安撫司皆來降，湖湘遂平。

故僞漢韶州守將張秉彝、南雄守將孫榮祖來降。

朱文正有罪，安置桐城。

文正，上兄南昌王子。少孤，上撫之如己子。既長，勇敢，有才略。然深狡，人莫敢犯。守江西，淫暴僭侈，奪民婦女。上遣使詰讓，文正慚懼，謀叛降張士誠，按察使李飲冰奏之。上曰："此子不才如此，非吾自行不可。"即日登舟至南昌，泊城下，詔文正。文正倉卒出迎。上泣，謂曰："汝何乃至是?"載與俱歸。群臣交章劾之，請寘于法。上曰："文正固有罪，然吾兄止有是子，不忍加誅。"止免官，安置桐城。召其子鐵柱，語之曰："爾父不率吾教，以貽吾憂。爾長，吾封爾，不以父廢也。"後文正卒，封鐵柱爲靖江王，改名守謙。

二月，元福建行省平章陳友定侵處州，參軍胡深擊走之。

張士誠將李伯昇攻諸全，右丞朱文忠大敗之。

士誠憤諸全之敗，集兵二十萬，遣李伯昇攻新城。守將胡德濟告急于嚴州，朱文忠率朱亮祖等馳赴之，且檄處州守將以兵來會。德濟遣使言："衆寡不敵，請濟師。"文忠曰："以衆，則我非彼敵；以謀，則彼非我敵。昔謝玄以兵八千破苻堅百萬，兵在精不在多也。"集諸將，戒曰："敵甚衆，當盡死力擊之。不如令者，斬。"旦日合戰，文忠從數騎，横槊躍馬，衝其中堅，敵衆披靡，諸軍乘之，敵大潰，棄兵甲走，自相蹂踐，死者以數萬，溪水盡赤。

四月，胡深取松溪，獲守將張子玉而還。

命常遇春率師取湖廣、襄漢諸郡。

上嘗與徐達、常遇春論襄漢形勢，曰："安陸、襄陽跨連荆、蜀，乃南北喉襟，英雄所必争之地，不取將貽後憂。況沔陽新附，城中人民多陳氏舊卒，壤地相鄰，易於煽動。宜增兵守沔，而出師取安陸、襄陽，庶幾不失其宜。"遂命遇春將兵以往。

五月，常遇春克安陸，遂克襄陽。

遇春至安陸，守將任亮拒戰，擊敗之，執亮，遂克其城。進攻襄陽，守將棄城遁。遇春追擊之，俘其衆五千。元僉院張德山、羅明以穀城降。

克安福。

克樂清。

胡海攻下樂清，擒方國珍鎮撫周清。

胡深克崇安，進攻建寧，爲敵所執，死之。

胡深請發廣信、建昌兵攻崇安，因窺八閩。上命朱亮祖、王溥會深進兵，克崇安。進攻建寧，陳友定將阮德柔嬰城固守。師次城下，亮祖即欲攻之。深視氛祲不利，謂亮祖曰："天時未協，將必有灾，未可與戰。"亮祖曰："參軍何得以灾爲解？師已至此，庸可緩乎？且天道玄遠，山澤之氣變態無常，何足徵也？"迫深進兵。深不獲已，遂進攻，破其二門。德柔悉精鋭扼深，圍之數重。深欲突圍出，馬蹶被執。送友定所，被害。深有文武才，上深悼之。

以儒士滕毅、楊訓文爲起居注。

上命毅、訓文集古無道之君行事以進，曰："往古人君所行善惡，可爲龜鑑。吾所以觀此者，欲知喪亂之由，以爲戒耳。"

七月，設太史監，以劉基爲太史令。

元平章余思志以竹山降。

九月，明玉珍遣使來聘。

玉珍遣參政江儼來通好，遣都事孫養浩報之。

十月，遣左相國徐達等帥師伐張士誠，克泰州。

徐達圍泰州，擊敗士誠湖北援兵。淮安兵來援，常遇春又擊敗之，遂克泰州。海安、通州以次俱下。

閏十月，湯和克永新。

初，周安據永新。陳友諒亡，安來附，命仍守永新。及我師討饒鼎臣，安疑復叛，與諸山寨相結，拒命。湯和進兵攻之，克其十七寨，遂圍永新。上遣使招之，安猶豫不决。至是，克其城，執安，送建康，斬之。

十一月，張士誠遣兵攻宜興，徐達擊敗之。

十二月，張士誠遣兵攻吉安，守將費子賢擊却之。

丙午春正月，定按察事宜。

上命按察僉事周禎等條議按察事宜，諭之曰："風憲紀綱之司當存，大體有可言者，勿緘默；不可言者，勿沽名。苟察察爲名，下必不堪，非吾所望也。"

三月，蜀明玉珍卒，子昇嗣。

昇年始十歲，母彭氏同聽政，改元開禧。

克高郵。

先是，徐達援宜興，令馮國勝圍高郵。士誠將俞同僉詐降，約推女墻爲應。國勝信之，夜遣康泰率五千人逾城而入，皆爲所殺。上聞之，怒責國勝。達自宜興還，力攻，拔之。

夏四月，克淮安，遂克興化。

高郵捷至，上命徐達乘勝取淮安。達襲破徐義軍于馬騾港，俘院判錢富等。進薄城下，守將梅思祖籍軍馬、府庫出降。達宿兵城上，民皆安堵。以指揮華雲龍守之。遂取興化，淮地悉平。

我師圍濠州，李濟降。

李濟據濠州，名爲張士誠守，實懷觀望。上命李善長以書招之，曰："順逆者，成敗之勢也；去就者，禍福之機也。審勢察機，惟豪傑能之，若竇融之于漢、李勣之于唐是也。足下若去逆就順，轉禍爲福，舉城來歸，則功不在二子下矣。如遷延疑貳，大軍一下，必有以足下圖富貴者，身爲俘虜，妻子僇辱，甚爲足下憂之。"濟得書，不報。乃命平章韓政將兵伐之。政至濠，雲梯炮石，四面並攻。濟度不能支，乃降。元樞密同知亦以徐、宿二州來降。

上如濠州。

上至濠州，省陵墓，欲改葬，恐洩山川靈氣，乃止，但增土培其封。濠州父老經濟等上謁。上與宴，慰之曰："吾去此久，念父老遭罹兵難，未遂生息，吾甚憫焉。故鄉，墳墓所在，豈能忘之？然不得久留此。父老歸，宜教子孫爲善，各厚自愛，以樂高年。"濟等頓首謝，歡醉而罷。

克安豐。

徐達圍安豐，分兵扼其四門，晝夜攻之，不下。乃穿龍尾壩，隳其城二十餘丈，遂克之。守將忻都、竹昌、左君弼皆出走。我師追奔四十餘里，獲忻都昌、君弼走汴。晡時，元將竹貞引兵來援，復大敗之。

五月，上還自濠州。

購求遺書。

上命有司訪求古今書籍，藏之秘府，以資覽閱。因謂侍臣詹同等曰："三皇五帝之書不盡傳于世，故後世鮮知其行事。漢武購求遺書，六經始出，唐虞三代之治，始可得而見。武帝雄才大略，後世罕及，至表章六經，開闡聖學，大有功于後世。吾每宫中無事，取孔子之言觀之，如'節用愛人，使民以時'，真治國之良規。孔子，誠萬世之師也。"博士許存仁進講《洪範篇》至休徵、咎徵之應，上曰："天道微妙難知，人事感通易見。君能修德，則七政順度，雨暘應期；不能修德，則三辰失行，乖異迭見，其應如響。箕子以是告武王，爲君人者之警戒。然爲臣者，亦宜修省，以輔其君。上下交修，斯爲格天之本。"

上御白虎殿，閱《漢書》。侍臣宋濂、孔克仁等在側，上顧謂曰："漢治不及三代，其故何也？"克仁對曰："王霸雜故也。"

帝曰：“咎在誰？”克仁曰：“責在高祖。”帝曰：“高祖遭秦滅之後，干戈甫息，斯民憔悴，禮樂之事固所未講。孝文爲漢令主，正當制禮作樂，以復三代之舊，乃謙讓未遑，遂使漢業不光。夫賢如孝文，而猶不爲，誰當爲者？帝王之道，貴不違時。有其時而不爲，與無其時而爲之者，皆過。三代之主，蓋有其時而能爲，漢文有其時而不爲，周世宗則無其時而爲之者也。”

八月，拓建康城。

建康舊城，西北控大江，東盡白下門，外距鍾山既闊遠，而舊内在城中，因元南臺爲宫，稍湫隘。上乃卜地，作新宫于鍾山之陽。在東白下門外二里許，增築新城，盡鍾山之麓，周迴五十餘里，規制雄壯，山川形勝，包括無遺。

以徐達爲大將軍、常遇春爲副將軍，帥師伐張士誠。

上議伐張士誠。李善長曰：“張氏兵力未衰，恐難猝拔，宜俟隙而動。”上曰：“今不除，終爲後患。且長、淮東北皆爲我有，以勝師臨之，何憂不拔？”徐達進曰：“張氏驕横暴殄，此天亡之時也。其居中用事者，黄、葉、蔡三參軍，皆白面書生，不知大計。臣奉威德聲罪致討，三吴可計日而定。”上喜，顧達曰：“諸人局於所見，獨汝合吾意，事必濟矣。”遂以達爲大將軍，遇春副之，帥師二十萬伐士誠。上集將佐，諭之曰：“自大亂以來，豪傑並起，陳友諒、張士誠皆連地千里，擁衆數萬。吾介二人之間，與相抗者十餘年。觀其所爲，豈在救民？不過貪富貴，苟且目前而已。友諒敗滅，士誠恃其强力，數侵我疆埸。賴諸將戮力，克取兩淮，惟浙西、姑蘇尚未下。故命卿等討之，宜戒飭士卒，毋擄掠，毋妄殺。聞士誠母葬姑蘇城外，慎毋侵毁其墓。汝等無忘吾言。”諸將再拜受命。將發，上問：“用兵孰先？”遇春曰：“逐梟者必覆其巢，去鼠者必熏其穴，當直擣姑蘇。姑蘇破，餘郡可不勞而下。”上曰：“不然。士誠與張天騏、潘原明相爲手足。士誠窮蹙，天騏輩必併力來援，難以取勝。莫若先攻湖州，翦其羽翼，然後移兵姑蘇，取之必矣。”遇春猶執前議，上作色，曰：“攻湖失利，吾自任之。若攻姑蘇失利，不汝貸也。”遇春乃不敢復言。

徐達等大敗張士誠兵于湖州。

達等師至太湖，連敗士誠兵，擒其將尹義、石清。張士信駐軍湖上，望風而遁。至湖州三里橋，張天騏分兵三路以扼我師。常遇春奮前，擊敗之。士誠遣李伯昇來援，由荻港潛入，我軍四面圍之。士誠悉發境内兵，號三十萬，屯于舊館，出我師之背。遇春以奇兵由大全港入，結營于東阡，復出敵背，以絶舊館之援。士誠見事急，親率兵來援。達等與戰于皂林之野，又敗之。

九月，明昇遣使來聘。

冬十一月，克湖州。

士誠遣右丞徐義援舊館，常遇春襲破之，縱火焚其舟，軍資俱燼。舊館兵援絶，多降。達復攻昇山水寨，五太子盛兵來援，戰甚力，遇春稍却。薛顯率舟師直前奮擊，敵大潰。五太子及朱暹、吕珍等以舊館降，得兵六萬人。遇春謂薛顯曰：“今日之捷，將軍之力，吾不如也。”五太子者，士誠養子，短小精悍，能平地躍起丈餘。暹、珍亦善戰，士誠倚之。及三人降，士誠奪氣。徐達以吕珍等徇城下，語李伯昇出降。伯昇曰：“張太尉待我厚，不忍背之。”抽刀欲自殺，左右抱持，得不死，乃與張天騏以城降。士誠遁去。

朱文忠攻杭州，潘原明降。

先是，徐達圍湖州。上命文忠攻杭州，以牽制士誠。文忠攻破餘杭，進次杭州。潘原明懼，遣方彝詣軍門納款。文忠引入卧内，命條畫入城次第，遣還。原明封府庫，籍兵餉，執蔣英、劉震出降，伏謁道左，以女樂前導。文忠叱去之，宿城上。下令：擅入民居者，斬。一卒借民釜，即戮以徇。城中晏然。未幾，紹興守將李思忠、嘉興守將宋興各以城降。

我師圍蘇州。

徐達既下湖州，直抵姑蘇，四面築長圍，架木塔，與城中浮屠等。築臺三層，下瞰城中，設襄陽礮其上，礮所着，人皆死。城中大震。無錫莫天祐與士誠爲聲援，其部將楊茂善没水，天祐潛遣爲偵，邏卒獲之。達釋其縛，待以腹心，令茂出入往來，因得其書，由是盡知城中虚實。

十二月，以朱文忠爲浙江等處行中書省平章政事，復姓李氏。

文忠，上甥也，自幼育之，賜以姓。至是，命復李姓。

建廟社，立宫闕。

上命有司建圜丘于鍾山之陽，祀上帝；方澤於鍾山之陰，祀地祇；及建廟社，立宫闕。主者以宫室圖進，上見有雕琢奇麗者，即去之。謂中書省臣曰："宫室取完固而已，何必雕琢？昔帝堯茅茨土階，可謂極陋。然千古稱盛德者，必以堯爲首。後世競爲奢侈，極宫室、苑囿之娱，窮輿馬、珠玉之玩，欲心一縱，亂由是起。吾謂珠玉非寶，節儉爲寶。諸所締搆，一以朴素，不必極雕琢，殫民力也。"

禁箋文頌美之辭。

上謂中書省臣曰："古人頌祝其君，皆寓警戒之意。邇來箋文，頌美過多，規戒未見，殊非古君臣相戒之道。今後勿以虚詞爲美。"

我師圍沅州，故陳友諒守將李興祖出降。

韓林兒卒。

先是，林兒爲張士誠所逼，上迎之金陵，欲奉爲主，劉基不可，乃止。居邸舍三年。至是，遷之楊州，至瓜步，覆舟而死。

丁未，吴元年。

二月，元兵侵徐州，指揮傅友德擊敗之。

擴廓帖木兒遣其將李二侵徐州，兵駐陵子村。參政熊聚令友德御之。友德率兵三千，泝舟至吕梁，伺其出掠，即舍舟登陸擊之。李二遣裨將韓一迎戰，友德奮槊刺一，墜馬，餘衆敗走。友德度二必益兵來鬬，趨還，陣城外，令士皆卧鎗以待，聞鼓聲即起。有頃，二果率衆至，友德命鳴鼓，我師奮起衝其前鋒，敵大潰，多溺死，遂擒二。

三月，定文、武科取士。

先是，令有司每歲舉賢才及武勇、謀略通曉之士。至是，復下令曰："帝王創業之際，用武以安天下，至于經綸撫治，則在文臣，二者不可偏用也。兹上稽古制，設文、武二科，廣求天下之賢。應文舉者，察之言行，以觀其德；考之經術，以觀其業；策以時務，以觀其政事。應武舉者，先謀略，次武藝。俱求實效，不尚虚文。有司預爲勸諭民間秀士及智勇之人，及時勉學，俟開舉之歲，充貢京師。其科目等第，各出身有差。"

命國史直書。

上諭起居注詹同等曰："昔唐太宗觀史，命直書建成之事，是欲以公天下也。予平日言行，是非善惡皆不可隱，當明白直書，庶後世觀之，不失其實。"

夏五月，置翰林院。

六月，免徐宿、濠、泗等郡税糧三年。

九月，命朱亮祖帥師討方國珍。

方國珍既入貢，復陰通擴廓，交陳友定。王師討姑蘇，國珍擁兵觀望。上以國珍反覆，貽書數其十二罪，不報，乃命亮祖討之。

太廟成。

四祖各爲一廟，德祖居中，懿祖居左，熙祖居右，仁祖居懿祖之左。

我師克姑蘇，執張士誠以歸。

徐達圍姑蘇，久不下。上貽書士誠，招之，不報。士誠欲背城一戰，覘城左方陣嚴，不敢犯。轉至閶門，奔常遇春營，戰良久，不决。士誠益兵助之，鬬甚力。遇春撫王弼背，曰："軍中號爾爲猛將，能爲我取此乎？"弼揮雙刀，馳入其陣，敵衆却，遇春乘之。士誠大敗，馬逸墮水，幾被獲，肩輿入城，計無所出。李伯昇遣客説之，使降。士誠猶豫不决，復率兵突出胥門，遇春御之，兵稍却。士信忽于城上大呼，曰："士疲矣。且休。"遽鳴金收軍。遇春因乘勢奮擊，大破之。諸將攻城益急，士信中飛礮死。熊天瑞教敵作叢礮，擊我師，亦多中傷。城中木石俱盡，拆祠宇、民居爲礮具。徐達令軍中架若木屋，伏承以竹笆，伏軍其下，載以攻城，矢石不得傷，遂破葑門。常遇春亦破閶門。士誠將唐傑、周仁、徐義、潘元紹等皆投兵降。士誠猶收餘兵巷戰，復敗，倉惶歸，距户自經，不死，被執。

初，士誠將敗，謂其妻劉氏曰："我敗且死，若何爲？"氏曰："君勿憂，妾必不負君。"乃積薪齊雲樓下。及城破，驅群妾登樓，趣使自盡，令養子縱火焚之，氏自縊。達令潘元紹勸諭士誠，反覆數四，士誠瞑目不言。乃舁至舟中，并所部官校及流寓二十餘萬，皆送建康。士誠至，上欲全之，使李善長諭意，士誠出言不遜，竟自縊死。磔叛將熊天瑞于市。

克通州。

莫天祐以無錫降。

姑蘇捷至，上即命胡廷瑞帥師取無錫，天祐窘促，出降。

克台州。

朱亮祖師至台州，方國瑛拒戰，大敗，乃以巨艦載妻子走黄巖，遂拔其城。

新宫成。

正殿曰奉天殿，其後曰華蓋，又後曰謹身。殿左右文、武二樓。宫曰乾清，曰乾寧，六宫以次而列。周以皇城，城門南曰午門，東曰東華，西曰西華，北曰玄武，制皆朴素，不爲雕飾。命博士熊鼎類古人行事可爲鑒戒者，書于壁。又命侍臣書《大學衍義》于兩廡，上曰："前代宫室，多施繪畫。予書此，以備朝夕觀覽。豈不愈于丹青乎?"有言瑞州出文石，可甃地者，上曰："爾不能以節儉之道事予，乃導以侈麗乎?遠取文石，能不厲民?"言者慚而退。

十月，克黄巖。

置御史臺，以湯和、鄧愈爲左、右御史大夫，劉基、章溢爲御史中丞。

上諭之曰："國家新立，惟三大府總天下之政。中書政本，都督府掌軍旅，御史臺司糾察，朝廷紀綱盡繫于此。而臺、察之任，實爲清要，當正己以率下，忠勤以事上。毋委靡以縱奸，毋挾私以害人。詩云：'剛亦不吐，柔亦不茹。'大臣之體也，卿等勉之。"

置大理寺。

定律令。

上以唐、宋斷獄皆有成律，惟元不倣古制，取一時行事爲條格，胥吏易爲奸弊。乃命李善長、劉基、陶安等詳定律令，諭之曰："立法貴簡明，使人易曉。若條緒繁多，或一事而兩端、可輕可重，奸貪之吏得夤緣爲奸，非良法也。夫網密則水無巨魚，法密則國無全民。宜盡心參究，吾與卿等而議斟酌之，庶可爲久遠之法。"

以湯和爲征南將軍，帥師討方國珍。

以徐達爲征虜大將軍，常遇春爲征虜副將軍，帥師北伐。

上將命諸將北伐，謂徐達等曰："自元失其政，兵戈四興，生民塗炭。予與諸公，仗義而起，率衆渡江，與群雄相角，遂平陳友諒，滅張士誠。尚念中原擾攘，人民離散，今欲命諸公北伐，計將安出？"遇春對曰："今南方已定，兵力有餘，直擣元都。以我百戰之師，敵彼久逸之卒，可不勞而下也。都城既克，乘勝長驅，勢若破竹矣。"上曰："元建都百年，城守必固。若懸師深入，頓于堅城之下，饋餉不繼，援兵四集，此敗道也。莫若先取山東，撤其屏蔽，還收河南，西拔潼關，天下形勢入我掌握。然後進兵元都，彼勢孤援絶，不戰可克。既克都城，鼓行而西，秦晋可席卷而下。"諸將皆曰："善。"于是，命達爲征虜大將軍，遇春副之，率甲士二十五萬，由淮入河，北取中原。復召諸將，諭之曰："征伐，所以奉行天討，平禍亂安生民，故命將出師，必在得人。今諸將非不健鬭，然能持重，師有紀律，戰勝攻取，得爲將之體者，莫如大將軍達；當百萬之衆，勇敢先登，摧鋒陷陣，所向無前，莫如副將軍遇春。然吾不患遇春不能戰，但患其輕敵耳。切宜戒之。"臨發，復諭將士曰："此行，非必略地攻城而已，要在削平禍亂，以安生民。所經之處，及城下之日，勿妄殺人，勿奪民財、毁民居、掠人子女，此陰隲事，好共爲之。”因檄諭中原之民曰：“自古帝王臨御天下，中國居内，以制夷狄；夷狄居外，以奉中國。未聞以夷狄居中國治天下者也。自宋祚傾移，元以北狄入主中國，四海内外，罔不臣服，此豈人力？實乃天授。然達人志士，有冠履倒置之羞。及其後嗣荒淫，宰相專權，有司毒虐，于是人心離叛，天下兵起，使我中國之民，死者肝腦塗地，生者骨肉不相保，此天厭其德而棄之之時也。古云：‘胡虜無百年之運。’驗之今日，信乎不謬。予本淮右布衣，因天下亂爲衆所推，率師渡江，居金陵形勝之地，十有三年。西抵巴蜀，東連滄海，南控閩越，湖湘、漢沔、兩淮、徐邳皆入版圖。視我中原之民久無所主，深用疚心，方欲遣兵，北逐群虜，拯生民之塗炭，復漢官之威儀。民人未知，反爲我讐，挈家北走，陷溺尤深。故先諭告：兵至，民人勿避，予號令嚴肅，無秋毫之犯，歸我者永安于中華，背我者自竄于塞外，蓋我中國之民，天必命中國之人以安之，夷狄何得而治哉？爾民其體之。”

以胡廷瑞爲征南將軍，何文輝爲副將軍，率師取福建。

命湖廣平章楊璟率師取廣西。

十一月，徐達克沂州。

初，元興化人王宣爲司農掾，會河決，元以宣爲淮南北元帥府都事，募丁夫治河。功成，命爲招討使，宣與子信乘亂遂據沂州。徐達師至淮，宣遣人約降，陰持兩端，使信潛出，募兵爲備御計。上遣徐唐臣招之，宣以兵劫唐臣，欲杀之，衆亂，唐臣得脱。達怒，遂進兵，急攻其城。宣待信援不至，乃降。於是，嶧、莒、海三州，及沭陽、日照、贛榆諸縣皆相繼降。達以宣反覆，斬之。

朱亮祖克温州。

湯和克慶元。

和兵次餘姚，降知州李樞及上虞尹沈煜。遂進兵慶元城下，府判徐善等率耆老出降。方國珍驅部下乘海走，和追之，國珍逆戰，大敗，遁入海。和徇下定海、慈溪等縣。

方國珍來降。

國珍見勢窘促，遣其子明完奉表乞降，上許之。國珍乃與弟國瑛等率所部詣湯和降。和送國珍至建康。上赦其罪，以爲廣西行省左丞，居京師。

圜丘成。

上問起居注熊鼎曰："此與古制合否？"對曰："小異。"上曰："古人郊，掃地而祭，器用匏陶，以示儉朴。周有明堂，其禮始備。予創立斯壇，雖不盡合古制，但一念事天之誠，不敢頃刻怠耳。"

頒《戊申大統曆》。

劉基、高翼所定也。本元郭守敬之法，稍增減之，至是成，命頒行之。

徐達克益都。

徐達兵略滕州，守將楊瓊遁去。進至益都，元平章老保等城守，不下。達曰："彼所恃者，河上援兵耳。吾已分兵扼黄河，斷其右臂，彼尚爲釜魚之計耶？"督兵急攻，拔之。執老保與白知院等，平章普顔不花不屈死。遂徇下壽光、臨淄、昌樂、高苑等縣，及濰、膠、博、興等州，令指揮葉國珍守之。

十二月，律令成。

凡爲令一百四十五條。律准唐舊而增損之，計二百八十五條。

汪興祖克東平。

興祖師至東平，元平章馬德棄城遁。至東阿，元參政陳壁以所部五萬人降。

封孔希學爲衍聖公。

希學，孔子五十六世孫也。聞大軍至，率曲阜縣尹孔希舉等，迎見汪興祖於軍門，興祖禮之。上以希學襲封衍聖公。

徐達下濟南。

達軍至濟南，元平章達朶兒只進巴等以城降。

胡廷瑞克邵武。

汪興祖克濟寧。

胡廷瑞克建陽。

命征南將軍湯和、副將軍廖永忠帥舟師自海道取福州。

廣信衛指揮沐英克崇安。

傅友德取萊陽。

湯和克福州。

陳友定聞我師入杉關，留同僉賴正孫守福州，自率精鋭據延平以待。湯和率舟師自明州徑抵福州城下。平章曲出拒戰，指揮謝得成擊敗之，衆潰入城。參政袁仁遣人納款，我師蟻附登城，遂克之。正孫、曲出皆懷印綬，挈妻子，遁去。參政尹克仁赴水死。僉樞柏鐵木兒聞大將軍攻城急，曰："戰守非我得爲，無以報國。"乃積薪樓下，殺其妻妾及兩女，縱火焚之，遂自剄。湯和入省署，撫輯軍民，分兵徇未下諸郡。

校勘記

〔一〕"穎"，原訛作"潁"。以下徑改，不再一一出校。

〔二〕“掾”，原訛作“椽”。以下徑改，不再一一出校。

〔三〕“葉儀”，底本作“禁儀”，據《明史》卷一百四十《王宗顯傳》、卷二百八十二《范祖幹傳》，（清）谷應泰《明史紀事本末》卷二，當作“葉儀”。

〔四〕“赤幟”，底本無。據《大明太祖高皇帝實録》卷之八、（清）谷應泰《明史紀事本末》卷二、（清）徐乾學《資治通鑑後編》卷一百七十九，當有“赤幟”二字。

〔五〕“同”，底本無。據《明史》卷一《太祖本紀》、卷二百八十九《孫炎傳》，（清）徐乾學《資治通鑑後編》卷一百八十，（清）谷應泰《明史紀事本末》卷二，當作“王道同”。

〔六〕“利”，當作“荆”。

〔七〕“宋貴”，底本作“朱貴”，據《明史》卷一百三十三《趙德勝傳》、（清）谷應泰《明史紀事本末》卷三、（清）徐乾學《資治通鑑後編》卷一百八十二，當作“宋貴”。

國史紀聞卷二

戊申，洪武元年春正月乙亥，太祖高皇帝即皇帝位。

先是，李善長等屢表勸進，上未之許。至是，善長等復請曰："主上起濠梁，不階尺土，遂成大業。四方群雄芟除殆盡，遠近莫不歸心，天命所在，願早正位號，以慰民望。"上曰："自古帝王天命已歸，猶且謙讓未遑，以俟有德。吾嘗笑陳友諒，初得一隅，妄自稱尊，志驕氣盈，卒至覆滅。豈得自蹈之?"善長等請益力。上曰："中原未平，軍旅未息，吾意天下太定，然後議此。而卿等屢請不已，此大事，當斟酌禮儀而行。"翼日，善長率群臣以即位禮儀進。上允之，遂于是月乙亥，祀天地于南郊，即帝位，建國號曰大明，建元洪武。

追尊四代祖考。

尊皇高祖考曰玄皇帝，廟號德祖，妣曰玄皇后。皇曾祖考曰恒皇帝，廟號懿祖，妣曰恒皇后。皇祖考曰祐皇帝，廟號熙祖，妣曰祐皇后。皇考曰淳皇帝，廟號仁祖，皇妣陳氏曰淳皇后。

立妃馬氏爲皇后，世子標爲皇太子。

製太廟祭器。

上曰："今之不可爲古，猶古之不可爲今，禮順人情，可以義起。近世泥古，好用籩豆之屬以祭其先，生既不用，死而用之，似亦無謂。孔子曰：'事死如事生，事亡如事存。'其製廟器，皆如事生之儀。"于是，盤盂壺盞之類皆用時器。

宴群臣于奉天殿。

宴罷，諭群臣曰："朕以布衣，賴諸將輔佐，尊居天位。念天下之廣，生民之衆，萬幾方殷，朕中夜寢不安枕，憂懸于心。"

劉基對曰："往者，四方未定，勞煩聖慮。今四海一家，宜少紓其憂。"上曰："堯舜處無爲之世，尚猶憂之，矧天下方脱創殘，其得無憂乎？"又曰："忠臣愛君，有過必諫。比來朕每發言，百官但唯諾而已，雖有不善，無由得聞。自今宜盡忠讜，以匡朕不逮。"

興化州民李子成率衆降。

元守將葉萬户聞福州不守，遁去，子成等詣湯和納款。和遣都指揮俞良輔守之。于是，莆田等十二縣皆來附。

居新宫。

以李善長、徐達爲左右丞相，章溢、劉基爲中丞。

以廷臣兼東宫官。

時，中書省議倣元制設中書令，以太子爲之。上曰："元胡人事不師古，豈可取法？且太子年未長，學未充，更事未多，宜尊禮師傅，講習經史，博古通今，識達機宜。他日軍國重務，皆令啓聞。何必作中書令乎？"禮部尚書陶凱請選東宫官屬，上曰："朕嘗見廷臣與東宫官屬有不相能，遂生嫌隙，離間骨肉。若江充事，可爲明鑒。今令臺省等官兼東宫官贊輔之，父子一體，君臣一心，庶無相搆之患。"乃以善長等皆兼東宫官。未幾，復選國子生周琦等十人，侍太子講讀。

定中書省官制。

初，設左右相國，今改左右丞相各一人，左右丞各一人，參知政事二人；其屬左右司郎中各一人，員外郎各一人，都事各一人，中書舍人二十餘人。

戒諭群臣。

帝諭省府諸大臣曰："古之君臣，居安不忘警戒，兢兢業業，日慎一日，故能始終相保。至承平之後，舊臣多獲罪者，由事主之心日驕，富貴之志日侈，以至于敗耳。宜慎之。”

上御東閣，與陶安等論前代興亡事，曰：“喪亂之源，由于驕佚。大抵居高者易驕，處佚者易侈。驕則善言不入而過不聞，侈則善道不立而行不顧。如此者，未有不亡。”

上朝罷，從容謂劉基、章溢曰：“朕思戰陣之際横罹鋒鏑者，多常惻然于懷。今民脱喪亂，猶出膏火之中，當寬恤以惠養之。”基對曰：“自元氏法度縱弛，上下相蒙，遂至于亂。今當維新之治，非振以法不可。”上曰：“不然。夫亂民思治，猶饑渴之望飲食。體養生息，猶恐未蘇。若更毆以法，譬以鴆療疾，將欲救之，乃反害之。”溢頓首曰：“陛下深知民隱，天下蒼生之福也。”

上謂宰臣曰：“朕每燕居，思天下之事，未嘗一刻自安。蓋治天下，猶治絲，一絲不理，則衆緒棼亂。故凡事必精思而後行，惟恐不當，致生奸弊，以殃吾民。至于刑法，尤所關心，然此非一人所能獨理。卿等皆須究心，庶人無冤抑，刑獄清省。漢宣帝言：‘獄者，所以禁暴止奸，養育群生。’甚得用法之意，宜體之，毋忽也。”

上與陶安論學術邪正，曰：“邪説害道，猶美色眩目，鮮不爲惑，自非豪傑不能决去之。夫邪説不去，則正道不行，天下安得而治？”安曰：“陛下所言，深探其本。”

天下官來朝。

來朝官陛辭，上諭之曰：“天下初定，百姓財力俱瘅，要在休養生息之而已。惟廉者能約已而利人，貪者必朘人而厚己。爾等當深戒之。”

遣周鑄等覈浙西田。

上慮兵革之餘，版籍多亡，田賦不無增損，征斂失中，乃使周鑄等一百六十餘行郡縣，覈實田畝，定其賦税。諭之曰：“爾經理第以實聞，無踵襲前弊，妄有增損，以病吾民。否則，國有常憲。”各賜衣冠，遣之。

胡廷美克建寧。

廷美師至建寧，元參政陳子琦爲守將，達里麻畫策固守，以老我師。廷美等數挑戰，不出，督兵急攻之。達里麻不能支，夜潛至副將軍何文輝營納款。廷美怒不詣己，欲屠其城。文輝止曰：“吾與公受命至此，爲安百姓耳。以私忿殺人，可乎？”廷美止。乃整軍入，申嚴號令，秋毫無犯。執子琦，送京師。以指揮費子賢守之。廷美即廷瑞，以避御字改名。

湯和克延年，執元守將陳友定。

先是，上遣使招友定。友定大會諸將，殺使者，誓衆死守。湯和軍至，友定欲持久，以困我師。部將劉守仁請戰，不許，數請，友定疑守仁有二心，收其兵。守仁懼禍，來奔，士卒多逾城降。友定見勢急，乃與副樞謝英輔訣曰：“大事已去，吾無以報國，惟有死耳。”乃仰藥飲之。英輔自縊死。賴正孫等開門納我師。友定氣未絶，械送京師。上詰責之，曰：“元綱不振，海内土崩，豈人力所能爲？爾負固逆命，殺吾使者，意欲何爲？”對曰：“事敗身亡，惟有一死，尚何言？”遂斬之。

彗星見於茆畢。

二月朔，定郊社宗廟。

上諭禮官曰：“自昔聖帝明王，莫嚴于祭祀。朕誕膺天命，首崇祀事，顧草創之初，典禮未備，何以交神明、致靈貺？其酌古今之宜，定議以聞。”于是，李善長等奏：“有國大祀，曰圜丘、方丘、宗廟、社稷。”各具沿革以進。

圜丘説曰：天子之禮，莫大于祀天，故有虞、夏、商皆郊天配祖，其來尚矣。《周官·大司樂》："冬至，祀天于地之圜丘。"《大宗伯》："以禋祀祀昊天上帝。"《孝經》曰："郊祀后稷以配天；宗祀文王于明堂，以配上帝。"皆所以重報本反始之義，見于遺經者可考也。秦仍西戎之俗，立四畤以祀白、青、黄、赤四帝。漢高因之，又增北畤，兼祀黑帝。至武帝，有雍五畤之祠，又有渭陽五帝之祠、甘泉太乙之祠，而昊天上帝之祠則未嘗舉行。元帝祀[一]，合祭天地。光武，祀太乙，遵元始之制，而先王之禮變易盡矣。魏晋以來，郊丘之説互有異同。宗鄭玄者，以爲天有六名，歲凡九祭。六天者，北辰曜魄寶、蒼帝威靈仰、赤帝赤熛怒、黄帝含樞紐、白帝白招拒、黑帝協光祀是也[二]。九祭者，冬至，祭昊天上帝于圜丘；立春、立夏、季夏、立秋、立冬，祭五帝于四郊；王者各禀五帝之精而主天下，謂之"感生帝"，于夏正之月，祭于南郊；四月，龍見而雩，總祭五帝于南郊；季秋，大享于明堂是也。宗王肅者，則以天體惟一，安得有六？一歲二祭，安得有九？大抵多參二家之説行之。至唐武德、貞觀間，用六天之義。永徽中，從長孫無忌等議，廢鄭玄説，用王肅説。乾封中，復從鄭玄議。宋乾德元年，冬至，合祭天地于圜丘。元豐中，罷合祭。紹聖、政和間，或分或合。南渡以後，惟用合祭之禮。元初，用其國俗，拜天于日月山。大德六年，建壇，合祭天地、五方帝；九年，始立南郊，專祀昊天上帝。泰定中，又合祭。然皆不親郊。文宗至順以後，親郊者凡四，惟祀昊天上帝。今當遵古制，分祭天、地于南郊。冬至，則祭昊天上帝于圜丘，以大明、夜明、星[三]、太歲從祀。

方丘説曰：按三代祭地之禮見于經傳者，夏以五月，商以六月，周以夏至。蓋王者事天明，事地察，故冬至報天，夏至報地，所以順陰陽之義也。祭天于南郊之圜丘，祭地于北郊之方澤，所以順陰陽之位也。然《禮》曰：享帝于郊，祀社于國。

又曰：郊所以明天道，社所以明地道。又曰：郊社，所以祀上帝。又曰：明郊社之禮。或以社對帝，則祭祀所乃所以親地也〔四〕。《書》曰敢昭告于皇天后土，《左氏》曰戴皇天履后土，則古者亦命帝祇爲后土矣，曰地祇、曰后土、曰社，皆祭地也。自鄭玄惑于緯書，而謂夏至于方丘之中〔五〕，祭昆侖之祇；七月，于泰圻之壇，祭神州之祇。析而二之，後世宗焉，一歲二祭。漢武用祠官寬舒義，立后土祠於汾陰，禮如祀天。而後世又宗之於北郊之外，仍祠后土。元始間，王莽奏罷甘泉泰畤，復長安南北郊，以正月上辛若丁，天子親合祀天地於南郊，而後世又因之多合祭焉。蓋由漢歷唐千餘年間，祀北郊者，惟魏文帝之太和、周武帝之建德、隋高祖之開皇、唐玄宗之開元四祭而已。宋元豐中，議專祭北郊，故正和中，專祭者凡四。元皇慶間，議夏至專祭地，未及施行。今當以經爲正，夏至日祭方丘，以五嶽、五鎮、四海、四瀆從祀。

宗廟説曰：《傳》云：萬物本乎天，人本乎祖。故爲之宗廟，以享祖考，而致報本之意也。德有厚薄，故制有隆殺。自天子至官師，其制不同。周制天子七廟，而《尚書·伊尹》曰“七世之廟，可以觀德”，則知天子七廟，自古有之，不獨周爲然也。太祖百世不遷，三昭三穆，以世次比，至親盡而遷焉，此有天下之常禮也。周穆王時文王親盡當祧，共王時武王親盡當祧，以其有功當宗，故皆别立一廟，而謂之“世室”，亦皆百世不遷。漢高承秦之弊，未嘗立七廟。至太上皇崩，始詔郡國立廟，而皇祖以上無聞焉。惠帝詔有司立原廟，又以沛宫爲高祖廟，又以陵傍立寢園廟。自後每帝輒立一廟，不序昭穆。景帝尊高帝爲太祖，文帝爲太宗，宣帝又尊武帝爲世宗，皆世世不毁。至元帝，始罷郡國廟及寢園廟。光武于洛陽立高廟，祀高祖，及文、武、宣、元五帝，天子親奉祀。于長安故高廟祀成、哀、平三帝，京兆尹侍祀，又别立四親廟于南陽舂陵，祀父南頓君、祖鉅鹿都尉、曾祖鬱林太守、高祖舂陵節侯，皆歲時郡縣侍祀。至明帝，遺詔藏主于光烈皇后更衣别室，後帝相承，皆藏主于世祖文廟。由是，同堂異室之制至于元，莫之能改。唐高祖追尊高曾祖考，立四廟于長安。太宗議立七廟，虚太祖之室。玄宗創制，立九室，祀八世。文宗開成中，禮官以景帝受封于唐高祖，太宗創業受命，有功之主，百代不遷。親盡之主，禮合祧遷，至禘祫，則合食如常。其後，以敬、文、武三宗爲一代，故終唐之世，常爲九世十一室。宋太祖追尊僖、順、翼、宣四祖，每遇禘，則以昭穆相對，而虚東向之位。神宗熙寧中，奉僖祖爲太廟始祖。至徽宗時，增太廟爲十室，而不祧者五宗。崇寧中，主王肅説，謂二祧在七世之外，乃建九廟。至寧宗時，始别建四祖殿，而正太祖東向之位。元世祖初建宗廟，以太祖居中，爲不遷之祖。至泰定中，爲七世十室。今擬四代各爲一廟，廟皆南向，以四時孟月及歲除，則合祭于高廟。

社稷説曰：周制，少宗伯掌建國之神位，右社稷，左宗廟。社稷之祀，壇而不屋，必受霜露風雨以達天地之氣。凡起大事、動大衆，必先告于社而後出，其禮可謂重矣。蓋古天子，社以祭五土之祇，稷以祭五穀之神，其制在中門之外、朝門之内，尊而親之，與先祖等，人非土不立、非穀不食，以其同功均利以養人，故祭社必及稷，所以爲天下祈福報功也。然天子有三社，焉〔六〕群姓而立者曰“大社”，其自爲立者曰“王社”，又有所謂“勝國之社”，屋之不受天陽，國雖亡而存之以重神也。後世天子之禮，惟立大社、大稷以祀之，社皆配以勾龍，稷皆配以周棄。漢立官，大社、大稷一歲各再祀。光武立大社稷於洛陽，在宗廟之右，春、秋二仲月及臘，一歲三祀。唐因隋制，並建社稷于含光門之右，仲春、仲秋二時戊日祭之。玄宗升社稷爲大祀，仍以四時致祭。宋制，每歲以春、秋二仲月及臘日祭之。元世祖營社稷于和義門内少南，以春、秋二仲月上戊日致祭。今宜祀以春、秋二仲月上戊日。

上皆從之。

元漳州總制陳馬兒以城降。

湯和傳檄至漳州。元達魯花赤迭理迷實北面再拜，自刎死。總制陳馬兒以城降。

以廖永忠爲征南將軍，朱亮祖副之，帥師取廣東。

元汀州守將陳國珍來降。

祀孔子以太牢。

以太牢祀孔子于國學，仍遣使詣曲阜致祭。

禁胡服、胡語。

常遇春克東昌。

楊璟克寶慶。

定役法。

上恐經營興作，役及貧民。中書省議：田一頃出夫一人；不及頃者，以别田足之。應天十八州郡、及江西饒、江、康三府，計田三十五萬七千二百六十九頃，出夫如田之數。遇有興作，于農隙徵發。上曰："民力有限，徭役無窮，當節其力，無重困之。凡有興作不獲已者，暫借其力；其不急之役，悉罷。"

定祭禮冕服。

陶安等奏：古者天子祭天地、宗廟、社稷諸神，有五冕。上曰："五冕太繁。今祭天地、宗廟則服衮冕，社稷等祀則服通天冠、絳紗袍，餘不用。"

命臺臣直言。

上諭侍御史文原吉等曰："比來臺臣久無諫諍，豈朝廷庶務盡善？抑朕不能聽受，故爾嘿嘿乎？夫君有過舉，而臣不言，是臣負君；臣能直言，而君不納，是君負臣。朕嘗思，一介之士，于萬乘之尊，其勢懸絶，臨對之際，或畏怯不能盡其詞，或倉卒不能盡其意，故常霽色納之，惟恐其不盡言也。至于言無實者，亦略而不究。爾等以言爲職，當使忠言日聞，以匡朕闕失。"原吉對曰："陛下此心，即大禹拜善言、成湯不吝改過之心也。無實者不究，尤見天地之量。"上曰："有其實而人言之，則當益勉于善；無其實而人言之，則當益戒于不善。何庸究？"

三月，命修《女戒》。

上謂學士朱昇等曰："治天下者，修身爲本，正家爲先。正家之道，始于謹夫婦。后妃雖母儀天下，然不可使預政事。至嬪嬙之屬，不過備職事，侍巾櫛。若寵之太過，則驕恣犯分，上下失序。觀歷代宫闈，政由内出，鮮有不亂者。夫内嬖惑人，甚于鴆毒，惟明主能察之。卿等纂修《女戒》，爲後世法。"

克全州。

元左丞何真以廣東來降。

真，東莞人。少英偉，好書劍，仕爲河源務副使。嶺海騷動，棄官，歸鄉里，集衆自保。邑人王成、陳仲玉搆亂，真請于行省，舉義兵除之，擒仲玉。成築砦自守，圍之，久不下。真募人能縛成者，予鈔十千。成奴縛成以獻，真笑謂成曰："公奈何養虎爲害？"成慚謝。奴求賞，真如數與之。使人具湯鑊，駕車上。成懼，爲將烹己也。真乃縛奴于上，促烹之，使數人鳴鼓推車，號于衆曰："四境有如奴縛主者，視此。"于是，人服其賞罰有章，競歸之。遂併有循、惠二州，嶺表民賴以安。元授以江西分省左丞，或勸爲尉陀計者，輒斥絶之。永忠等師至潮州，真遣其都事劉克佐上其印章，併籍所部郡縣户口、兵糧，奉表歸附。

蘄州進竹簟，却之。

上謂省臣曰："古者方物之貢，惟服食器用，無耳目之翫。竹簟，固爲用物。但未命而獻，若受之，天下聞風争進奇巧，勞民傷財，自此始矣。"却之。仍令四方非朝廷所需，毋得妄進。

廖永忠擊破邵宗愚，斬之，廣州平。

陸仲亨略定英德、清遠、連州、肇慶等郡縣，進攻德慶，守將張鵬程棄城遁。仲亨遂引兵與永忠會，至廣州元將盧左丞降，得海舟五百艘、甲士三千人。邵宗愚據三山寨，遣使約降，實覘兵勢。永忠謂之曰："欲降，即來，毋虚言以相款也。"宗愚竟遷延不至。永忠乃乘夜率兵，直抵其寨。詰旦，破之，擒宗愚及其徒，皆戮于市。新會土豪黄彬、何源、曹文昌等聚衆作亂，復捕斬之。廣州遂平。進兵，取廣西。

楊璟攻武岡州，元守將曾權以城降。

鄧愈取南陽。

徐達略汴梁，左君弼以城降。

先是，君弼自杭州走安豐。安豐破，復走汴，守將李克彝使守陳州。上以書招之，君弼猶豫不决。上歸其母于陳州，始感激，欲來附。及徐達師至陳橋，李克彝授以兵，使拒達。君弼曰："南軍鋒不可當，況徐相國善用兵，所向克捷，君弼安敢受命?"克彝計無所出，乃夜驅軍民，奔河南。君弼與竹昌等率所部降。上命都督僉事陳德守之。達等進取河南。

彗出昴北。

編《存心録》。

上以祭祀國家大事，儆戒或怠，則無以交神明，乃命禮官及諸儒臣編集郊祀、宗廟、山川等儀及歷代帝王祭祀、感應、祥異可爲鑒戒者，爲書以進。

夏四月，命繪古孝行及身所歷艱難戰伐圖。

上曰："富貴易驕，艱難易忽，久遠易忘。後世子孫，生長深宫，惟見富貴，習于奢侈，不知祖宗積累之難。故繪此示之，使朝夕覽觀，庶有所警。"

徐達克河南，遂取嵩州。

達師自虎牢入，元將脱因帖木兒以兵五萬逆戰，陣洛水北。常遇春單騎突入其陣，敵二十騎攢槊刺之，遇春一笑，殪其前鋒，敵兵奪氣。達揮衆乘之，俘斬無算。脱因帖木兒將散卒，走陝州。元梁王阿魯温以城降，達使左丞趙庸守之。遇春下嵩州，鈞、許、鞏、陝〔七〕，次第皆附。

禁宦官預政典兵。

上謂待臣曰："吾觀史傳，漢唐末季，皆爲宦官敗蠹，不可救拯，未嘗不爲惋嘆。此輩止可使供灑掃、給使□而已〔八〕，豈宜預政典兵？漢唐之禍，亦人主寵愛使然。向使不得典兵預政，雖欲爲亂，其可得乎？"

楊璟克永州。

璟圍永州，元右丞鄧祖勝固守，不下。璟環城築壘，示以必克。祖勝食盡力窮，仰藥死，參政張子賢等猶率衆拒守。璟急攻之，城破。子賢巷戰，衆潰，與元帥鄧思誠等皆被執。于是，耒陽等州皆遣人降。

馮宗異取陝州。

上如汴梁。

時，言者皆謂宜都中土，汴梁，宋故都，勸上往觀其形勝，且會大將軍，謀取元都。車駕遂發京師。

馮宗異入潼關，徐達遣僉事郭興守之。宗異還軍河南。

宗異進兵，攻潼關，李思齊、張良弼遁，其部將張德、欽穆拒戰。宗異先登，擊敗之，遂入關。引兵西至華州，守將望風奔潰。宗異請于達曰："潼關，三秦門户，當益兵戍守。"達遣郭興與指揮于光、金興旺守之。宗異還軍河南。

廖永忠等克梧、藤。

永忠、朱亮祖兵至梧州，元達魯花赤拜住率父老迎降。時，元吏部尚書普顏帖木兒、張翔方駐藤州，伺永忠兵至，募兵欲迎戰，無應之者。既聞守將吴鏞出降，乃率所部百餘人走鬱林。亮祖勒兵追之，普颜帖木兒战死，張翔赴水死。于是，潯、容、貴、横、鬱林等州郡以次皆降。

上至汴梁。

徐達、常遇春、馮宗異至行在，謁見。上慰勞之，因問取元都計，達曰："臣平齊魯，下河洛。王保保逡巡太原，擁兵觀望。今入潼關，良弼、思齊失志西竄。元之聲援已絶，乘勢搏其孤城，克之必矣。"上據圖指示曰："卿言固是。然北土平曠，利于騎戰，不可無備。宜選偏裨提精兵爲前鋒，將軍督水陸之師繼其後，下山東之粟以給饋餉，轉臨清而北，直擣元都。彼外援不及，内自驚潰，可不戰而下。"達頓首受命。

元海南、海北道元帥羅福等遣使來降。

楊璟克靖江。

璟、朱亮祖與周德興、張彬合兵攻靖江，元平章也而吉尼堅守，不下。璟曰："彼所恃者，濠水耳。"乃攻殺其守堤卒，潰堤，濠水涸，因築壘逼之。相持凡兩閲月，攻圍益力。也而吉尼勢窮蹙，其部將張榮夜遣麾下裴觀見璟，備言城中食竭，人無鬬志，約爲内應。璟慰而遣之。至期，璟率衆登城。也而吉尼聞變，倉卒走，追于東門，執之。其都事趙元龍等七人皆自殺。張彬始攻城，爲守者所詬，恚曰：“城破之日，悉屠之。”比克城，璟恐彬縱殺，令曰：“殺人、傷人及剽掠者，死。”彬乃止，衆心遂安。廖永忠進至南寧，元屯田千户宋真執其守將平章咬住降。于是，土官黄英衍、岑伯顔等，各遣使齎印章詣楊璟納款。元平章阿思蘭保保象州〔九〕，亦率所部詣永忠降，廣西悉平。

陳友定故將金子隆陷將樂。命平章李文忠將兵擊之。

陳友定既敗，其將金子隆、馮谷保等糾合散卒，攻將樂，勢甚猖獗。守御千户宋國成棄城遁。子隆等遂陷將樂，殺知縣馮源，乘勝攻延平。指揮蔡玉、羅德聚大敗其衆，追至沙縣之青雲寨，子隆等負險拒守。上乃命文忠率兵討之。

七月，徵賢才爲守令。

上語省臣曰：“治國家以得賢爲先，然布衣之士新授以政，必有以養其廉耻，然後可責其成功。”乃敕諭之曰：“新附之邦，生民凋瘵，不有休養，將復流離，宜體朕意，善撫循之。”厚賜遣之。

遣使賑恤中原。

上謂省臣曰：“中原兵難之後，孤貧者多失所，宜遣人賑恤之。”省臣以“國用不足”對，上曰：“得天下者，得民心也。豈可置其困窮而不之恤？且不患無財，惟患無心，能推是心，何憂不足？宜速行之。”

康茂才兵至河北，安、夏縣降。

上還京，命右副將軍馮宗異守汴梁。

上將發汴，大將軍達等入辭，上諭之曰：“朕與卿等率衆渡江，誓除禍亂以安天下。今士卒戰鬬于矢石之間，百死一生，久未休息。朕每愓然，非得已也。中原之民，久爲群雄所苦，死亡流離，徧于道路。天監在兹，朕不敢忘，故命爾等帥師北征，廓清中原，拯民艱苦。昔元起沙漠，其祖宗有德，入主中國，將及百年。今其子孫怠荒，罔恤民艱，天厭棄之。君則有罪，民復何辜？前代革命之際，兵戈相加，視如仇讐，肆行屠戮，違天虐民。朕實不忍，爾諸將當以爲戒。克城之日，毋擄掠，毋焚蕩，毋妄殺人，必使市不易肆，民安其生。元之宗人，皆善待之。庶幾上合天心，下慰人望，以成朕伐罪救民之志。有不恭命，必罰無赦。”諸將受命而退，車駕遂還京師，命馮宗異留守。徐達乃檄都督同知張興祖、平章韓政、都督副使孫興祖、指揮高顯等益都、濟寧、徐州之師會于東昌。

閏七月，徐達兵進河北，攻下衛輝、彰德、廣平諸郡，進次直沽。

達遣右丞薛顯、參政傅友德取衛輝，元將平章龍二棄城走。進攻彰德、廣平，皆下。師次臨清，韓政、孫興祖皆以師來會。達遣友德開道，以通步騎；顧時浚閘，以通舟師。至德州，常遇春、張興祖、高顯等俱會。至長蘆，元守將左僉院遁去，達命指揮費子賢守之。至直沽，作浮橋以濟師。元丞相也速等捍御海口，望風奔遁，元都大震。

何真入朝，以爲江西行省參政。

上諭之曰：“頃者，師臨閩越，卿即輸誠來降，不煩一旅之兵，兵不血刃，民庶安堵，可謂識時變矣。夫能不賈禍于生民者，必世享其澤。嘉卿忠誠，授江西行省參政，以表來歸之誠。古云：‘令名，德之輿也。’卿令名已著，尚懋修厥德以輔我國家。”真頓首謝。

李文忠破清流諸寨，擒金子俊，斬之，閩地悉平。

以張正常爲真人。

上諭群臣曰："至尊惟天，豈有師也？以此爲號，褻瀆甚矣。"命去其天師之稱，止稱真人。

壬戌，白虹貫日。乙丑，白虹復貫日。

大將軍達大敗元師于河西務，遂入通州，元主北走開平。

達等師至河西務，元平章俺普達朶兒只進巴迎戰。我師大敗之，進次通州，與副將軍夾河而營。衆欲速攻之，指揮郭英曰："吾師遠來，敵以逸待勞，攻城非我利也，宜出其不意破之。"翼日，大霧。英以千人伏道傍，率精騎三千直抵城下。元將五十八國公率敢死士萬餘，張兩翼而出，與戰良久。英佯敗，敵乘勝來追，伏兵中起，截其軍爲兩道，斬首數千級，擒元宗室梁王孛羅，遂克通州。元主聞報，大懼，與后妃、太子同議，避兵北行。遲明，召群臣會議端明殿，門開，忽有二狐自殿上出，元主嘆曰："宮禁嚴密，此物何得至此？殆天所以告朕，朕其可留哉？"左丞相失烈門等勸固守京城，不聽。命淮王帖木兒不花監國，丞相慶童同留守燕京。夜半，遂開建德北遁。

八月，詔以金陵爲南京，大梁爲北京。

大將軍徐達克元都。

徐達兵至齊化門，命將士填濠登城而入。執淮王帖木兒不花及丞相慶童、張康伯等，戮之。并獲宣府、鎮南、威順諸王子六人及玉印二、玉璽一，封府庫及圖籍寶物，令指揮張焕以兵守宮門。宮人、妃主，令其宦寺護視，號令嚴肅士卒，無敢侵暴，人民安堵。

詔群臣議便民事宜。

上語中書省臣曰："近京師火，四方水旱相仍，朕夙夜不遑寧處，其形罰失中，兵戈未息，徭役屢興，賦斂不時，以致陰陽乖戾而然耶？宜輔朕修省，以消天譴。”參政傅瓛對曰：“古人有言，天心仁愛人君，必出灾異以譴告之，使知自省。人君遇灾而懼，則天變可彌。今陛下修德省愆，憂形于色，居高聽卑，天實鑒之。臣等待罪宰輔，有乖調燮，咎在臣等。”上曰：“君臣一體，苟知戒懼，天心可回。卿等其盡心以匡朕不逮。”于是，詔中書省議便民事宜以聞。上謂宋濂曰：“秦皇、漢武好神仙，以求長生，疲精勞神，卒無所得。使移此以圖治，天下安有不理？以朕觀之，人君能清心寡欲，勤于政事，功業垂于簡策，聲名流于後世，此即長生不死也。”濂對曰：“陛下斯言，足破千古之惑。”

始置六部官。

先是，中書省惟設四部，掌錢穀、禮儀、刑名、營造，外有司農、大理二司。至是，始置吏、户、禮、兵、刑、工六部，分理庶務；各設尚書、侍郎、郎中、員外、主事。以滕毅爲吏部尚書，楊思義爲户部尚書，錢用任爲禮部尚書，陳亮爲兵部尚書，周禎爲刑部尚書，張仁爲工部尚書，皆隸中書省，革去司農、大理二司。毅等入見，上諭之曰：“國家之事總之者中書，分之者六部，至爲要職。凡諸政務，須竭心經理，或有乖謬，則貽患于天下，不可不慎。”

改太史院爲司天監。

御史中丞劉基致仕。

上之北巡，李善長及基留守。基素剛嚴，凡中書僚吏，有犯即捕治之，人皆側足。中書都史李彬，素附善長，竊弄威權，有發其奸狀者，善長托基緩其事。基不許，遣人馳奏，請誅彬，上可其奏。時大旱，方請禱，誅彬報適至。善長曰：“今禱雨，可殺人乎?”基曰:“誅彬,天必雨。”遂斬彬,善長銜之。及上還,怨基者多訴于上。善長亦譖其專恣,上不從。會基以妻喪,告歸,許之。

大赦天下。

放元宫人。

命大將軍徐達、副將軍常遇春帥師取山西。

帝以元都既克,命達及遇春帥師取山西。留兵三萬人,令孫興祖、華雲龍統之,守北平。以湯和爲偏將軍,與馮宗異、楊璟,各帥師以從。

徐達遣傅友德、薛顯將兵略大同。

下詔求賢。

詔略曰:天下之廣,非一人所能治,必得天下之賢共理之。朕雖賴一時輔佐匡定大業,然懷才抱德之士,隱于岩穴者尚多,豈朕寡德,不足以致賢歟?抑在位者壅蔽,使不得上達歟?不然,賢士大夫,幼學壯行,思欲堯舜君民者,豈固没世而已哉?今天下甫定,願與諸儒講明治道,啓沃朕心,以臻至治。有能以賢輔我以德濟民者,有司禮遣之,朕將擢用焉。

上謂省臣曰:“任人之道,因材而授職,如良工之于木,小大曲直,各當其用,則無棄材。夫騂騮能歷險致遠,若使攫兔,不如韓盧。故國家用人,當因其材,不可一律也。不然,則人材不得盡其用,而朝廷有乏人之患矣。”

常遇春下保定、中山,遂帥師趨真定。

徐達下河間。

馮宗異、湯和下懷慶,遂取澤潞。

以元都平,詔天下。

徐達克雄州。

毁元水晶刻漏。

司天監進元主所製水晶刻漏，備極工巧，中設二木偶人，能按時自擊鉦鼓。上覽之，謂侍臣曰："廢萬幾之務，而用心于此，所謂作無益害有益也。使移此心以治天下，豈至滅亡。"立命碎之。

定正旦朝會禮。

十一月，定諸祀典。

禮臣奏：天子親祀圜丘、方澤、宗廟、社稷，若三皇、孔子、風、雲、雷、雨、聖帝明王、忠臣烈士、先賢等祀，則遣官。郡縣立社稷，有司春秋致祭。庶人祭里社、土谷之神，載諸祀典。餘不當祀者，禁止。

遣詹同等分行天下，訪求賢才。

上諭之曰："天生人才，必爲世用。然人之材器不同，明鋭者，或輕剽；敦厚者，或迂緩；辯給者，行多不逮；沉默者，德必有餘。宜加精鑒，不患無賢，患知人之難耳。苟所舉非所用，爲害甚大，其慎之。"

建大本堂。

堂成，命取古今圖籍充其中，延四方名儒，以教太子、諸王，分番夜直，仍選才俊之士伴讀。上謂皇太子曰："天子之子，與公卿士庶人之子不同。公卿士庶人之子係一家盛衰，天子之子係天下安危。公卿士庶人之子不能修身齊家，敗止于一身一家；若天子不能正身修德，將宗廟社稷不保，天下生民受殃，可不懼哉？"

上嘗退朝，太子、諸王侍，上指宫中隙地，謂曰："此非不可起臺榭，爲遊觀之所，今但令種蔬，誠不忍傷民財、勞民力耳。昔商紂崇飾宫室，不恤民怨，身死國亡。漢文帝欲作露臺，而惜百金之費。致民安國富，奢儉不同，治亂懸絶。爾等記吾言。”

上御文樓，太子侍，因問：“近與儒臣講何史？”對曰：“漢七國事。”上問：“曲直安在？”對曰：“曲在七國。”上曰：“此講官一偏之説。景帝爲太子時，以博局殺吴世子。及爲帝，又輕聽鼂錯，黜削諸侯。七國之變，實由于此。若爲諸子講此，則當言藩王當上尊天子，無撓天下公法。如此，則爲太子者，知隆親親之恩；爲諸子者，知夾輔王室，以盡君臣之義。”

又諭太子賓客王儀等曰：“範金礱玉，所以成器，尊師重傅，所以成德。朕命卿等輔導太子，必先養其德性，使進于高明，于帝王之道、禮樂之教及往古成敗之迹、民間稼穡之事，朝夕與之論説，日聞讜言，積久以化，異日爲政，自然合道。卿等勉之。”

封孔希學爲衍聖公，以孔希大爲曲阜知縣，皆世襲。

希學，孔子五十六代孫也，命襲衍聖公。又立孔、顔、孟三氏教授司，及立尼山、洙泗二書院，各復其家。

徐達克趙州。

詔御史中丞劉基入朝。

定冠服之制。

十二月，徐達等襲破元擴廓帖木兒兵，遂克太原。

擴廓帖木兒率兵出雁門，將復北平。徐達謂諸將曰：“擴廓帖木兒率師遠出，太原必虚。北平孫都督總六衛之師，足以御之。我乘其不備，直抵太原，傾其巢穴，此兵法所謂批亢擣虚也。若彼還軍自救，進退失利，必成擒矣。”皆曰：“善。”遂引兵徑進。擴廓帖木兒至保安州，聞之，果還，其鋒甚鋭。常遇春謀于達曰：“我騎兵雖集，而步兵未至，未可與戰。莫若夜襲其營，其衆可亂，主將可縛。”達然之。于是，遣精兵夜襲之。擴廓帖木兒方燃燭帳中觀書，聞變，亟納靴未竟，跣一足，乘驏馬從十八騎遁去。其部將豁鼻馬以太原降。得兵四萬人、馬四萬餘匹。擴廓帖木兒奔大同，遇春以兵追之，不及，遂走甘肅。

定喪服之制。

御史高原侃上言：京師人民習元氏舊俗，凡有喪葬，宴會、娱樂，無哀戚之情，乞禁止，以厚風俗。上是其言，及令禮官定喪服之制。

馮宗異克平陽、絳州。

使諭高麗、安南。

以即位語也。

立功臣廟于雞鳴山。

徐達、常遇春、李文忠、鄧愈、湯和、沐英、胡大海、馮國用、張德勝、吴良、吴禎、曹良臣、康茂才、吴復、茅成、孫興祖等，凡二十一人，死者塑像祀之，仍虚生者之位。

定太廟功臣侑享。

廖永安、俞通海、張德勝、辛世傑〔一〇〕、耿再成、胡大海、趙德勝，凡七人。後罷永安，而徐、常、李、鄧、湯、沐六人，候其卒，進侑。

建元右臣余闕、總管李黼祠。

以周禎爲刑部尚書。

置長蘆、河東都轉鹽運使司。

己酉，二年春正月〔一一〕。

免山東、北平、山西、河南田租、税糧。

詔諭四夷君長。

遣使以即位詔諭日本、占城、爪哇、西洋諸國。

常遇春師至大同，元守竹真棄城走。

二月，詔修《元史》。

以李善長監修，宋濂、王禕爲總裁，徵山林隱逸之士汪克寬等一十六人同纂修，開局于天界寺，取元十三朝《實録》及《經世大典》諸書，以資參考。

享先農，遂耕籍田于南郊。

徐達克河中，遂取陝西。

以詹同爲侍講學士，秦裕伯爲待制。

裕伯，仕元，爲福建行省郎中，會世亂，避地松江。張士誠據姑蘇，招之，不赴。士誠平，上命中書遣使徵之。裕伯對使者曰："裕伯食元禄二十餘年，背之，是不忠也。母喪未終，忘哀而出，是不孝也。不忠不孝之人，何益于國？"乃上書與中書，固辭。洪武元年，省臣復檄起之。裕伯稱疾，不出。上手書諭之，乃入朝，以爲待制。

上謂詹同曰："以仁義定天下，雖遲而長久；以詐力取天下，雖易而速亡。鑑于周、秦可見矣。若漢、唐、宋之政，亦互有得失。但當取其所長，而舍其所短，可也。"又曰："古人爲文章，或以明道德，或以經世務，如典謨之言，皆明白簡易，無深怪險僻之語。近世文士不究道德之本，不達當世之務，辭雖艱深，意實淺近，即使過于相如、揚雄，何俾實用？自今翰林爲文，但取通道理、明世務者，無事浮藻。"

上與裕伯論學曰："爲學之道，志不可滿，量不可陋，意不可矜。滿則盈，陋則驕，矜則小。故聖人之學，以天爲準；聖賢之學，以聖爲則。苟局于小而拘于近，豈能充廣聖學哉？"裕伯對曰："誠如聖言。"

上與儒臣論《易》，至“天地養萬物，聖人養賢以及萬民。”上曰：“人主，職在養民，但能養賢與之共治，則民皆得所養。然知人最難，若所養果賢則民獲實惠；苟所養非賢，反以厲民。故養賢非難，知賢爲難。”

上與侍臣論待大臣之禮，劉基曰：“古者公卿有罪，盤水加劍，詣請室自裁，未嘗鄙辱之，存待大臣之體也。”時，詹同侍坐，因取《大戴禮》及賈誼疏以進，且曰：“古者刑不上大夫，所以勵廉耻，而君臣之恩義兩盡也。”上深然之。

上讀《叔孫通傳》，至“魯兩生不肯行”，因謂侍臣曰：“叔孫通雖云‘竊禮樂之糠秕’，然創禮儀于煨燼之餘，成一代之制，亦可謂難矣。如兩生之言，不無迂耶？若禮樂必待百年而後可興，當時朝廷之禮廢矣。”

徐達克奉元。

達遣郭興輕騎擣奉元，自率大軍繼進。至三陵坡，父老千餘迎降。達按兵，令左丞周凱入城撫諭。明日，整師入。改奉元路爲西安府，以夏德潤署府事。元西臺御史桑哥失里、郎中王可、檢校阿失不花皆不屈死。三原尹朱春謂其妻曰：“吾其以死報國。”妻曰：“卿能盡忠，妾不能盡節耶?”俱投崖死。時關中飢，上聞之，命户給米三石，民大悦。

常遇春克鳳翔，李思齊奔臨洮。

傅友德克鳳州。

夏四月，徐達克秦隴。

達至鳳翔，會諸將議師所向。諸將咸以張思道才略不如李思齊，欲先取慶陽，後攻臨洮。達曰：“不然。思道城險而兵〔一二〕，未易猝拔。臨洮，則西通番夷，北界河湟，其人足以備戰鬭，其土足以供軍儲。今以大軍蹙之，思齊不西走胡，則束手就降矣。

臨洮既克，旁郡自下。”諸將然之。乃留湯和守輜重，金興旺、余思明等守鳳翔。遂趨隴州，克之。進至秦州，獲元守將吕德、張義，遂克其城。

編《祖訓録》。

定封建制。

鞏昌守將梁於中降。

顧時克蘭州。

李思齊以臨洮來降。

初，思齊奔鳳翔，上以書諭之，思齊有降意。其養子趙琦紿與西入吐蕃，思齊信之，遂奔臨洮。琦私竊珍貨婦女，匿山谷間，思齊窘促。及馮宗異師至，遂降。琦等亦相繼來降。臨洮捷至，上遣使諭達曰："思齊納款。慶陽、寧夏攻取如何？張思道譎詐多端，若其來降，宜審處之，勿墮其計也。"思齊入見，命爲江西行省左丞，食禄京師。

遣使詔吐蕃。

五月，徐達出蕭關，遂下涇涼、鄜延。

張良臣以慶陽降，尋叛。

張思道聞王師克臨洮，懼，走寧夏，使弟良臣守慶陽。思道至寧夏，爲擴廓帖木兒所執。徐達遣人招良臣，良臣以其兄被執，僞降。達遣右丞薛顯將兵萬人赴慶陽，良臣出迎，蒲伏，佯示卑順。逮暮，以兵劫營，我兵亂潰，指揮張焕被執，顯被傷走。達聞，謂諸將曰："上明見萬里，今日之事果如前論。然良臣之叛，衹取滅亡耳，當與諸公戮力剪之。"馮宗異、傅友德、湯和聞張良臣叛，各率所部來會。達恐其黨與相扇爲聲援，分兵抄絶其出入之路。

署福建行省，以蔡哲爲參政，以福、汀、漳、泉、建寧、邵武、興化、延平八府隸之。

御史中丞章溢卒。

溢，有文武才。涖官，每臨大事，議論不爲詭隨，必折衷于理。凡有諍論，上委曲從之。至是，居母喪，悲戚過度，感疾而卒。上憫悼，親製文祭之。

常遇春克開平，元主北走。

遇春與李文忠率步騎十萬，自北平進取開平，敗故元將江文靖于錦川。次全寧，復敗其丞相也速。至大興州，文忠度元兵必遁，分兵伏其歸路。虜果夜遁，遇伏大敗。進攻開平，元主先已北奔，追數百里，俘其宗王慶生及平章鼎住等，斬之。凡得將士萬人、車萬輛、牛馬八萬餘，薊悉平。

以宋濂爲翰林院學士。

安南遣使入貢。

安南國王陳日煃遣使來，朝貢方物，因請封爵。詔封日煃爲安南國王，賜以金印。

七月，征虜將軍中書平章鄂國公常遇春卒于軍，詔李文忠代領其衆。

遇春，長材偉貌，膂力絶人，軍中稱“萬人敵”。每戰，必奮槊先登，所至人馬辟易。未嘗學古兵法，而決策致勝，屢建奇功。從大將軍，謹聽約束，及秉鉞專征，節制諸將，無不用命。生平謙謹不伐，在上前又能直言。渡江開拓之功，十居七八。卒年四十三。喪至龍江，上親迎哭。贈開平王，謚忠武，侑享太廟。

元王保保部將韓札兒陷原州。

保保欲爲張良臣聲援，遣其將韓札兒攻破原州，指揮陳壽陷没。馮宗異移軍驛馬關，以扼其衝，徐達然之。宗異遂引兵西去慶陽三十里而軍，札兒復陷涇州。宗異馳赴之，札兒遁走。

蜀主明昇遣使來貢。

關西既定，蜀人震恐。戴壽謂昇曰："明師所向無敵，以王保保、李思齊之强，尚莫能御，况蜀乎?"因勸昇修好，以援□〔一三〕我師。昇從其言，復遣使入貢。上賜璽書答之。

元兵攻大同，李文忠擊敗之，擒其將脱伯列。

元主使脱伯列以重兵攻大同，將圖恢復。李文忠受詔援慶陽，至太原，聞大同急，謂諸將曰："閫外之事，有利于國者，專之可也。今大同甚急，若俟進止，豈不失機?"遂由代出雁門，至馬邑。元游騎數千奄至，擊敗之，擒平章劉帖木。進次白揚門，又擒四大王。時，天雨雪，文忠疑有伏，引數騎入山覘虜。前軍去敵五十里，文忠至，遽令前徙五里，阻水爲營。脱伯列果悉鋭來攻，文忠令將士抹〔一四〕馬蓐食，堅壁不動。先以兩營餌敵，令死戰。自寅至辰，度其飢疲，乃分軍爲左右翼，自爲前鋒奮擊，大敗之。生擒脱伯列，降其衆萬餘。進兵東勝州，不見虜而還。

八月，定内侍諸官制。

上諭吏部曰："朕觀《周禮》所記，内侍不及百人，後世至逾數千，卒爲大患。今雖未能復古，亦當爲防微之計。可斟酌其宜，毋令過多。"又顧謂侍臣曰："此輩良善者，百不一見，用以爲耳目，即耳目蔽；以爲腹心，即腹心病。但當使之畏法，不可使之有功。有功則驕恣，畏法則檢束，檢束則不敢爲非也。"乃定置監局、司庫、東宫、各門，共一百六十餘人。

《元史》成。

遣使封高麗。

遣符寶郎偰斯齎詔及金印、誥文，封朝鮮王顓爲高麗國王。

徐達克慶陽，執張良臣，誅之。

初，良臣之叛，自以其城險兵精，與王保保爲聲援，欲拒守以圖大功。及被圍久，數出戰，不利。遣人赴寧夏求援，皆被執。糧絶，至煮人汁丸泥食之。平章姚暉等知事不濟，開門納降。達勒兵入，良臣投井中，引出，斬之。誅其黨二百餘人。

元將賀宗哲攻蘭州，馮宗異擊走之。

九月，詔儒臣纂修《禮書》。

大將軍徐達還京，以右副將軍馮宗異總制軍事。

立中都。

上問諸臣以建都所宜，或言關中險固，天府之國；或言洛陽天地之中，四方朝貢，道理適均；或言北平宫室完備，因之可省民力。上曰："長安、洛陽，實從古建國之地，但平定之初，民未蘇息，若建都于彼，供給力役，悉資江南，重勞民力。若就北平，宫室不能無更，亦未易也。建業，長江天塹，龍蟠虎踞，形勝之地，真足以立國。臨濠前江、後淮，以險可恃，以水可漕，朕欲以爲中都，何如？"群臣稱善，乃命有司建城池、宫闕，如京師之制。

製鐵券賜功臣。

上欲封功臣，議爲鐵券，而未有定制。有言台州民錢允一吴越王鏐之裔，家藏唐昭宗所賜券，遂遣使取之。準其式，稍加損益，第爲七等：公二等，侯三等，伯二等。其製如瓦，外刻履歷、恩數之詳，以記其功；中鎸免罪、減禄之數，以防其過。剖而爲二，一賜功臣，一藏内府，有故則合之以取信。

吐蕃寇臨洮，指揮韋正擊敗之，遂來降。

征南將軍廖永忠、參政朱亮祖等率師還。

甘露降于鍾山。

群臣稱賀。上曰："休咎之徵，雖以類應，朕凉德，烏足以致此？"翰林睢稼對曰："聖人之德，上及太清，下及太寧，中及萬靈，則膏露降。陛下恭敬天地，輯和人民，故嘉祥顯著。"起居注魏觀曰："帝王恩及于物，順于人而甘露降。陛下寬租賦，減徭役，百姓歡豫，神應之至，以此故也。宜告宗廟，頒示史館。"上曰："卿等援引載籍，言非無徵。然朕存心謹惕，惟恐不至。一或忘戒而生驕逸，安知嘉祥不爲灾異之兆乎？告諸宗廟，頒之史館，非所以垂示于天下、後世也。"

詔郡縣立學校。

上諭省臣曰："治國之要，教化爲先。教化之道，學校爲本。今京師雖有太學，而天下學校未興。宜令郡縣皆立學，禮延師儒，教授生徒，講明聖道，使人日漸月化，以革污染之習。"

遂詔天下郡縣并建學校，府學，設教授一，訓導四，生員四十人。州學，學正一，訓導三，生員三十人。縣學，教諭一，訓導二，生員二十人。學者專治一經，以禮、樂、射、御、詩、數設科分教，務求實才，頑不率者黜之。

思州蠻作亂，總兵丘廣討平之。

十一月，大將軍徐達振旅而還。

馮宗異還京師。

宗異以關陝既平，不請命，輒引還。上責之曰："將軍鎮撫關中，所托非輕。不俟命輒還，閫外之事，將誰任之？"宗異頓首拜。上念其功，姑置之。

遣使諭安南。

占城遣使來，言安南侵擾。上命編修羅復仁齎詔諭之。二國聽命，罷兵。

封阿答阿者爲占城國王。

大賞平定中原及征南將士于奉天殿。

十二月，元王保保圍蘭州，鞏昌指揮于光來被執，死之。

保保偵知大軍還，遂襲蘭州，圍城數重，守將張文堅守不戰。于光守鞏昌，聞變來援，至馬蘭灘，卒遇保保兵，戰敗被執。至蘭州城下，使呼文出降。光大呼曰："我不幸被執。公等堅守，大將軍且至矣。"敵怒，批其頰，遂遇害。城中守益堅，保保進攻不利，乃引去。

庚戌，三年春正月，以徐達爲征虜大將軍，李文忠、馮勝、鄧愈、湯和爲左右副將軍，率師北伐。

上以王保保爲西北患，復命右丞相達爲征虜大將軍，李文忠、鄧愈爲左副將軍，馮勝、湯和爲右副將軍，統兵北伐。上問計諸將，皆曰："保保寇邊不已，以元主尚在也。若直取元主，則保保可不戰而降。"上曰："保保方擾邊，乃忘近而趨遠，失緩急之宜。吾意欲分兵二道：一令大將軍出西安，擣定西，以取王保保；一令左副將軍出居庸，入沙漠，以追元主。使彼此自救不暇，取之必矣。事有一舉而兩得者，此是也。"諸將皆曰："善。"

定朝日、夕月禮。

築朝日壇于東郊，夕月壇于西郊。祭朝日以春分，夕月以秋分。星辰，則附祭于月壇。

關中饑，遣使賑之。

西安、鳳翔飢。上欲賑之，户部請運粟。上曰："民旦暮待食，若須運粟，死且多矣。"即命户部主事李亨馳驛發倉賑之，户給粟一石。

以胡惟庸爲中書省參知政事。

二月，令群臣親老者，許歸養。

上行後苑，見巢鵲卵翼之苦勞，嘆曰：“禽鳥劬勞如是，況人父母之恩乎?”乃令，群臣有親老者，許歸養。

追封郭子興爲滁陽王。

立廟滁州，命有司致祭。

金朝興取東勝州。

三月，免南京、河南、山東、北平田租。

鄭州知州蘇琦上言時事。

琦上言三事：其一，謂關輔、薊遼與虜相接，一有警息，調兵轉粟，事難卒辦。請屯田、積粟，以爲長久之計。其二，謂宜選股肱重臣，分鎮要害，統制諸番。若其來歸，懷之以德。其叛也，示之以威。勿啓釁，以疑遠人；勿連兵，以勞中國。至沙漠之地，當毁其城郭，徙人民于内地。其三，謂自中原兵起，天下騷然，耕桑之地，變爲草莽。當責守令，召誘流移，官給牛種，開墾荒蕪，責以成效。若田不加闢，民不加多，則覈其罪。如此，則中原漸實，省轉運之勞。流移人民，亦得永安田野矣。

書奏上，謂省臣曰：“屯田以守要害，此馭夷長策。李牧、趙充國用此道，故能有功。至于墾田實地，亦王政之本。但喪亂以來，中原之民久失其業，誠得良守，令勸誘耕桑，休養生息，數年之後，可望其成。琦言有可采者，其酌行之。”

置秘書監。

置南寧、柳州二衛，改慶遠安撫司爲慶遠府。

廣西行省官上言：廣西地接交趾、雲南，所治皆溪洞苗蠻，叛服不常。府衛之兵遠在静江數百里外，率有警急，難相爲援。請于南寧、柳州立衛以鎮之。又言：慶遠，故府地，今爲軍民安撫司，統地十有七州，皆深山廣野。同知莫天護庸懦不能御衆，其宗族強者，動肆跋扈，至與諸蠻相扇爲亂，恐貽禍將來。乞罷安撫司，復設府，宿重兵以守其地，此久安之道也。奏至，皆從之。

汪興祖克武、朔二州。

置察言司。

掌受四方章奏。

遣使詔諭日本。

倭寇登萊，轉掠沿海諸郡。上乃遣萊州同知趙秩持詔諭日本國王良懷，令毋出没海濱爲患。

夏四月，封建諸王。

樉爲秦王，棡爲晋王，棣爲燕王，橚爲吴王，楨爲楚王，榑爲齊王，梓爲潭王，杞爲趙王，檀爲魯王，從孫守謙靖江王，皆設置相傅官屬。

徐達及王保保戰于沈兒峪，大敗之，保保遁走和林。

達等師出安南定〔一五〕，駐沈兒峪口，與王保保隔澗而壘。保保潛遣兵由間道劫東南壘，一壘皆驚。左丞胡德濟倉卒不知所爲。達親率兵，急擊之，乃退，斬將校數人以徇，軍中股慄。明日，整衆出，諸將争奮力戰，遂大敗保保兵，擒元郯王、平章韓札兒等官一千八百餘人、將士八萬，輜重無算。保保與其妻子從數騎渡河，北走和林。郭英追至寧夏，不及而還。達以德濟失律，械送京師。上念其舊勞，特宥之。遣使諭達曰："德濟臨事畏縮，將軍不以軍法從事，乃械送京師，必欲朝廷治之。將軍欲效衛青不斬蘇建，獨不見穰苴之待莊賈乎？且失律者悉歸之朝廷，則威玩而令不行矣。正當就軍中戮之，足以警衆，若至朝廷，必議其功過，非閫外之比矣。彼嘗有救信州、守諸暨之勞，故不忍加誅，是用遣使即軍中諭意。自今務威克厥愛，毋事姑息。”

遣使封陳日熞爲安南國王。

安南國王日熞卒，遣使來告。上遣吏部主事林唐臣賚詔，封日熞爲王。

置弘文館。

以胡鉉爲學士，劉基、危素、任本中、睢賈[一六]皆兼學士。上以素老賜小車，免朝謁。一日，上御東閣，聞履聲橐橐，詰之，素卒應曰："老臣危素。"上不懌，曰："吾以爲文天祥也。"未幾，御史王著等劾素亡國之臣，不宜居侍從，乃謫居和州。

慈利蠻亂，命湖廣行省平章楊璟帥兵討之。

慈利土酋覃垕搆諸蠻作亂，上命璟討之。因敕諭璟曰："蠻恃山溪險阻，出没無常。若根誅其黨，必深入山谷，傷損士馬，所得不足償所費。但擊之，使遠去，不擾郡邑可也，不必窮其巢穴。"璟攻覃垕，擊敗之，乘勢追至其寨。山勢陡峻，三面巖險，一俯江水，一徑纔可通人，官軍不能上。垕遣人詐降，璟信之，使部將黄永謙往報，爲垕所執，盡知我軍虚實，堅守不下。璟欲持久，請餉于朝。上遣使讓之，限以月日平賊。璟懼，督將士力攻之。賊遁入溪洞，官軍乃還。

元主妥歡睦邇殂于應昌，其子愛猷識理達臘嗣立。

五月，遣使訪歷代帝王陵寢。

遣翰林編修蔡玄等往四方求之。仍令各行省之臣，同詣所在審視，若有廟祀，并具圖以聞。

復置司農司。

上以中原多荒蕪，命省臣議，計民授田，設官領之，復設司農掌其事。

著宫闈令典。

上以元末宫闈淫瀆，禮法蕩然，深戒其失，遂著令爲俾世守之。皇后止治宫中，不得預外事。諸嬪御所需，皆自尚宫奏之，内使監覆奏，方赴部關領。違者皆論死。私通外人者，罪亦如之。群臣、命婦自慶節止朝見外，無故不得入宫中。至于外臣請謁、寺觀祈禳之類，禁例尤嚴。

詔天下守令舉有學識篤行之士。

李文忠敗元太尉蠻子等于駱駝山，進次開平，元平章上都罕等降。

都督孫興祖及元兵戰于五郎口，敗没。

孫興祖率指揮平定、龐禋兵，至三不剌川，遇元兵，力戰皆死。指揮孫虎亦戰死落馬河。

設科取士。

詔以是年八月爲始，特設科舉，以起懷抱道德之士，務在經明行修、博古通今、文質得宜、名實相稱。其中選者，親策于廷，第其高下，任之以官。非科舉者，毋得倖進。

徐達取漢沔，興元守將劉思忠降。

李文忠克應昌，獲元世孫買的里八剌，愛猷識理達臘北走。

文忠聞元主殂，兼程趨應昌，圍其城，克之。獲元主嫡孫買的里八剌并后妃、宫人及玉璽。愛猷識理達臘與數騎遁去。文忠追至北慶州，不及而還。捷奏，上命嘗仕元者不許稱賀。

行大射禮。

頒儀式于天下。

改司天監爲欽天監。

考定服色。

禮部奏：歷代服色異尚。今國家承元之後，尚赤爲宜。從之。

免蘇州逋税。

户部奏：蘇州多逋税，官吏當論如法。上曰："蘇州歸附之初，軍府多賴其力，逋積至二年，民困可知，悉免之。"

寶雞縣獻瑞麥。

一莖五穗者、一本三穗者、一本二穗者十餘本。上曰："鳳翔飢饉，朕遣人賑恤，爲時幾何？遽以瑞麥來獻，使民未粒食，雖有瑞麥何益？苟民皆得養，雖無瑞麥何傷？但使時和歲豐，家給人足，此足爲瑞麥。特一物之微，非天下之瑞也。"

謚故元主爲順帝，封買的里八剌爲崇禮侯。

上以元主知天命，遁居沙漠，追謚曰順。買的里八剌至京，省臣請獻俘。上曰："元雖夷狄入主中國，百年之内，家給人足，朕先世亦享其太平。雖古有獻俘之禮，不忍加之。"止令服本俗衣冠以朝，朝畢，賜以冠服第宅，封爲崇禮侯。

頒《平胡詔》于天下。

出右丞相汪廣洋于高郵。

募民輸粟中鹽。

山西行省言：大同饋餉不給，請令商人入粟中鹽，大同倉米一石、太原倉米一石三斗，給長蘆淮鹽各一引，引二百斤，則轉輸之費省，而軍儲充矣。從之。

吐蕃宣慰使何瑣南普率所部來歸。

七月，以陶凱爲禮部尚書。

蜀寇興元，守將金興旺擊之。

蜀將吴友仁攻興元，金興旺出兵擊却之。明日，友仁復來攻，興旺與戰，面中流矢，拔矢力戰，斬數百級。時，城中守兵纔三千，友仁兵三萬。興旺以衆寡不敵，斂兵入城。遣使間道走寶雞求援。友仁攻城益急。徐達在西安得報，即令傅友德領兵馳赴之。友德至斗山巖下，令軍中人持十炬燃于山上。友仁見列炬起，大驚，乘夜遁去。

中書左丞楊憲有罪死。

憲，陰險忌才，市權要寵。上即位初，嘗上書頌功德，勸行督責之政。上不聽。比入中書，欲盡變省中事，舊吏一切罷出，更用親信。喜翰林編修陳極〔一七〕諂諛，奏爲侍制。陰令御史劉炳誣奏侍郎左安。上下炳獄，炳引憲。劉基并發其奸私，按問，具伏，與炳并誅。

禮官請以樂侑膳，不許。

陶凱等請進膳舉樂。上曰："天下雖定，人民未蘇，北征將士尚在暴露之中。朕宵旰憂勤之不暇，豈有自爲快樂哉。"不許。

定宗廟祭期。

祭用四時孟月及歲除、清明等節，各以時物薦享。

瘗遺骸。

上謂省臣曰："往者，四方戰鬬，民不得其死者多矣。聞中原骸骨徧野，朕心惻然，宜遣人悉收瘗之。"

八月，初開鄉試。

初場，經義、四書義各一道；二場論、三場策，各一道。中试者，後十日，復試騎、射、書、算、律。直隸額取百人，大省四十，小省二十人。人材众多者，不拘額。

定朝會、燕享舞樂曲。

樂九奏，皆按月律。前三奏和緩，中四奏壯烈，後二奏舒長。第一《起臨濠之曲》，名《飛龍引》；次《開太平之曲》，名《風雲會》；次《安建業之曲》，名《慶皇都》；次《削群雄之曲》，名《喜昇平》；次《平幽都之曲》，名《賀聖明》；次《撫四夷之曲》，名《龍池宴》；次《定封賞之曲》，名《九重歡》；次《大一統之曲》，名《鳳皇吟》；次《守承平之曲》，名《萬年春》。其武舞曲名《清海宇》，文舞曲名《泰階平》。

《大明集禮》成。

先是，命儒臣集禮書。至是，成。其綱十有一曰：吉、凶、軍、賓、嘉、冠服、車輅、儀仗、鹵簿、字學、樂。吉禮十四，嘉禮五，賓禮二，軍禮三，凶禮二，冠服、車輅、儀仗、鹵簿、字學各一，樂三。制度名數，纖悉備具，共五十卷。詔頒行之。

以指揮韋正守河州。

正上言：西邊軍餉，轉輸甚勞，而布茶可以易粟。乞給軍士，令自相貿易，庶省西民之勞。詔從其言。正初至時，城邑空虚，白骨山積，將士咸欲棄去。正曰："正率若等出鎮邊陲，當致死以報國。今無故棄去，一旦戎狄寇邊，則吾與若等不知死所，何如死于王事乎？"于是，衆咸感激。正撫循其民，俾各居河州，遂爲樂土。

遣使致書于元太子愛猷識理達剌。

命征南將軍周德興討慈利蠻。

十一月，大將軍徐達、左副將李文忠班師還京，上勞于龍江。

大封功臣。

上御奉天殿，詔諸將，諭之曰："自起兵以來，諸將從朕被堅執鋭，征討四方，戰勝攻取。今天下既定，是用報以爵賞，皆朕自定，至公無私。如湯和者，結髮相從，屢建功迹，然嗜酒妄殺，不由法度。趙庸，從李文忠取應昌，其功不細，乃私其奴婢，廢壞國法；廖永安，戰鄱陽時，奮勇忘身，可謂奇男子，然使所善窺朕意嚮以邀封爵。郭興，不守紀律，功不掩過。此四人，止封爲侯。左丞相善長，雖無汗馬之勞，然事朕最久，供給軍食，未嘗缺乏。右丞相達，與朕同鄉里，起兵之時，即從征討，摧强撫順，勞勩居多。此二人者，已列公爵，宜進封大國，以示褒嘉。餘悉據功定封，如爵不稱德，賞不酬勞，卿等宜在廷正論之，毋得退有後言。”諸將咸頓首，遂班爵行賞。

封公者六人：韓國李善長，魏國徐達，鄭國開平王遇春子茂，宋國馮勝，曹國李文忠，衛國鄧愈。封侯者二十有八人：湯和中山，唐勝宗延平〔一八〕，陸仲亨吉安，周德興江夏，華雲龍淮安，顧時濟寧，耿炳文長興，陳德臨江，郭興鞏昌，王宗原六安，鄭遇春滎陽，費聚平涼，吴良江陰，吴禎靖海，趙庸南雄，廖永忠德慶，俞通源南安，華高廣德，楊璟滎陽〔一九〕，康鐸蘄春，朱亮祖永嘉，傅友德潁川，胡廷美豫章，韓正東平，黄彬宜春，曹良臣宣寧，梅思祖汝南，陸聚河南。食禄、賜帛各有差，並賜誥命、鐵券。

宴功臣于奉天殿。

宴罷，上曰：“創業之際，朕與卿等艱難多矣。今朕日理萬幾，不敢自逸，誠思天下大業，以艱難得之，必當以艱難守之。卿等安享爵位，亦不可以忘艱難之時。人情每謹于憂患，而忽于晏安，不知憂患之來，常始于宴安也。大抵人處富貴，欲不可縱，欲縱則奢；情不可佚，情佚則淫。奢淫之至，憂危乘之矣。”明日，諸將詣闕謝。

上退，御華蓋殿，賜達等坐，從容燕語。上曰：“曩與卿等初起鄉土，本圖自全，非有意于天下。及渡江以來，觀群雄所爲，暴横荒淫，迷于子女、貨賄，徒爲生民之患。朕惟不嗜殺人，與卿等一心共濟，故來者如歸。嚮與二寇相持，有勸朕先擊士誠者，不知友諒剽而輕，士誠狡而懦；友諒之志驕，士誠之器小。志驕則妄生事，器小則無遠圖。故鄱陽之役，與戰宜速，吾知士誠必不能逾姑蘇一步，以爲之援也。向若先攻士誠，姑蘇堅守，友諒空國而來，何以應之？朕取二寇，固自有先後也。二寇既除，兵力有餘，鼓行中原，宜無不下。或勸朕盪平群寇，乃取元都，若等又欲直走元都，兼舉隴蜀，皆未合朕意。朕所以命卿等先取山東，次及河洛者，先聲既震，幽薊自傾。且張思道、李思齊、王保保皆百戰之餘，未肯遽降。若未平元都，先與角力，彼人望未絶，困獸猶鬬，聲勢相聞，勝負未可知也。事勢與友諒、士誠又相反。至于閩、廣傳檄而定，區區巴蜀恃其險遠，此特餘事，可少解甲冑之勞矣。”達等皆頓首謝。

上一日朝罷，退坐東閣，召諸武臣，問之曰：“爾等退朝之暇，亦嘗親近儒生乎？往在戰陣之間，提兵御敵，以勇敢爲先。今閑居無事，勇力無所施，當與儒生講求古名將成功立業之故，事君有禮、謙恭不伐、能全功名者何人？驕淫暴横、不能保全終始者何人，嘗以爲鑑戒，擇其善者而從之，則可以與古之賢將並矣。”

祭戰没功臣。

上念諸將存者得膺爵賞，死者不可復見，乃設壇親祭之，且禄其子孫。又祭戰没軍士，優恤其家。將士莫不感動。

覈天下户口之數。

封汪廣洋爲忠勤伯，劉基爲誠意伯。

十二月，設陝西鹽課提舉司。

以宋濂爲國子司業。

《大明志》成。

先是，命儒士魏俊民等編類天下地理形勢爲書，至是成。凡行省十二、府一百二十、州一百八、縣八百八十七、安撫司三、長官司一。命梓行之。

建奉先殿。

上謂禮臣陶凱曰："古云：'事死如事生。'朕祖考陟遐已久，不能致生事之誠，然于追遠之道，豈敢怠忽？今歲時致享，則于太廟。至于晨昏謁見，節序告奠，古必有其制。爾考議以聞。"凱請于乾清宫左别建奉先殿，以奉神御。每日焚香，朔望薦新，節序及生辰皆祭于此。用常饌，行家人禮。上從之。

封薛顯爲永成侯，謫居海南。

顯勇冠三軍，累著奇績。破慶陽，戰王保保、賀宗哲，功尤多。然性剛，妄殺。上屢戒之，不悛。利千户吴富俘獲，殺而奪之，爲富妻子所訴。上集諸將曰："朕欲加顯極刑，恐人言天下甫定，即殺將帥；欲宥之，則死者何辜？今仍論功封侯，謫居海南。分其禄爲三，二贍富及所殺馬卒家，一養其老母妻子，庶功過不相掩，而國法不廢也。"

定厲祭。

上以兵革之餘，死而無後者，靈無所依，命議祭禮。禮官奏：按《祭法》，王祭泰厲，諸侯祭公厲，大夫祭族厲。泰厲，古帝王之無後者；公厲，古諸侯之無後者；族厲，古大夫之無後者。《春秋傳》曰："鬼有所歸，乃不爲厲。"後世以爲非禮之正，遂不舉行。今宜于國都、王國、各府州縣及里社皆祀之，使鬼有祭享，禍厲不興，亦除民害之一也。上從之。

詔廷臣言得失。

上以日中有黑子，詔廷臣言得失。起居注萬鎰言："日者，陽之精也。日有黑子，是陰奸乎陽也。其在人事，德爲陽，刑爲陰；君子爲陽，小人爲陰。此刑勝德、小人勝君子之象。臣請凡法當死者，皆三覆奏，毋輒置之刑。小人而奸君子之位者黜之，庶天象可回。”吏部尚書郎本忠言：“日者，君之象。在陛下修德以禳之，君德修則天變自消。昔宋景一言，熒惑退舍。陛下誠加修省，何天變不可回哉？”上皆嘉納其言。

享太廟。

享畢。上論陶凱曰：“經言‘鬼神無常享，享于克誠’，心僅方寸，而能格神明，由至誠也。然人心操舍無常，必有所警，而後無所放爲。朕鑄銅人，手執簡，曰齋戒三日。齋期，置朕前，庶幾心有所警而不敢放也。”又諭李善長曰：“人心極難點檢。起兵後，血氣方剛，若不自省察，任情行事，誰能奈我？因思心爲身之主帥，若一事不合理，則百事皆廢。所以常自點檢，此身與心如兩敵，然時自相争戰。凡諸事爲必求至當，以此肇成大業耳。每遇祭祀齋戒之時，以爲當整飭心志，對越神明，而此心不能不爲事物所動，檢持甚難。蓋防閑此身，使不妄動，則自信可能；若防閑此心，使不妄動，尚難能也。”凱頓首曰：“陛下所言，乃聖賢治心之道。心治，天下無難治矣。”

辛亥，四年春正月，左丞相李善長致仕。以汪廣洋爲右丞相，胡惟庸爲左丞相。

命征西將軍湯和、征虜前將軍傅友德帥師分道伐蜀。

先是，上遣楊璟招論明昇。璟至蜀，諭以禍福，使入朝。昇牽于群議，不能决。及吴友仁寇興元，上曰：“朕以明玉珍常修事大之禮，故憫明昇穉弱，不忍加兵，數加開諭，冀其覺悟。昇反犯吾興元，不可不討。”乃以湯和爲征西將軍，周德興、廖永忠副之，楊璟、葉昇率舟師由瞿塘趨重慶。傅友德爲征虜前將軍，顧時副之，率步騎由秦隴趨成都。

頒《憲綱》。

御史臺進憲綱四十條。上親加删定，詔刊行頒給。因謂臺臣曰："元時任官，貴本族，輕中國，南人至不得入風憲。朕用人，惟才是使，無間南北。風憲，作朕耳目，任得其人，自無壅蔽之患。"侍御史唐録對曰："臣聞元時遣使宣撫百姓，初出之日，四方驚動，及至，略無所爲。百姓爲之語曰：'奉使宣撫，問民疾苦。來若雷霆，去如敗鼓。'至今傳以爲笑。今陛下任官惟賢明，立法度，所以安百姓、興大平，臣等敢不仰承聖意？"

給守邊士冬衣。

上視朝，謂省臣曰："今日寒甚于冬，京師尚爾。况北邊荒漠之地，冰厚雪深，守邊將士其何以堪？其出庫布帛製棉衣，運給各邊將士。"省臣對曰："將士冬衣，歲有常供。"上曰："朕固知之，特天寒異常，故命加給耳。古人匹夫不獲，引咎在躬，况守邊將士，尤朕所深念者，其給之勿緩。"

以劉惟謙爲刑部尚書。

上諭之曰："膏粱所以充飢，藥石所以療病。使無病之人舍膏粱而餌藥石，適足以害身。仁義者，養民之膏粱；刑罰者，懲惡之藥石。若舍仁義而專務刑罰，是以藥石毒民，非善治之道也。卿爲刑官之長，當體古人欽恤之意，則張釋之、于定國皆可爲矣。"

奉天殿成。

故元遼陽守將劉益以遼東諸郡來歸。

益籍兵馬、錢糧之數并地圖，遣使奉表來降。詔置遼東衛指揮使司，以益爲指揮同知。

策士于奉天殿，賜吴伯宗等及第出身有差。

定武官襲職之令。

武官亡，嫡長子孫襲職，有故則次嫡承襲，無次嫡則庶長子孫，無庶長子孫則弟侄應繼者襲。應襲職者，必試以騎射。若幼則優以半俸，俟長襲職。

詔有司祭歷代帝王陵寢。

禮部奏："前代帝王，自唐以來，皆祭于陵寢。玄宗嘗立三皇廟于郡縣，春秋通祀，而以醫藥主之。"上曰："三皇繼天立極，以開萬世教化之源，而汨于醫師可乎？命郡縣毋得褻[二〇]祀。止命有司祭于陵寢。及歷代帝王曾主中原、安人民者，皆春秋祭祀。"凡三十五：

在河南者十，陳州祀伏羲、商高宗，孟津祀漢光武，洛陽漢明帝、章帝，鄭州祀周世宗，鞏縣祀宋太祖、太宗、真宗、仁宗。

在山西者一，滎河祀商湯。在山東者二，須成祀唐堯，曲阜祀少昊。在北平者三，内黄祀商中宗，滑縣祀顓頊、高辛。在湖廣者二，酃[二一]縣祀神農，寧遠祀虞舜。在浙江者二，會稽祀夏禹、宋孝宗。在陝西者十五，中部祀黄帝，咸陽祀周文王、武王、成王、宣王、漢高帝、文帝、景帝，興平祀漢武帝，長安祀漢宣帝，三原祀唐高祖，醴泉祀唐太宗，蒲城祀唐憲宗，涇陽祀唐宣宗。

復命陵寢所在，禁民樵采。

閏三月，定宦官品秩、禁令。

自監令正五品至從七品有差，但令月給廪米，不得食俸。上謂侍臣曰："古宦竪不過司晨昏、供灑掃而已。自漢鄧太后以女主稱制，不接公卿，乃以閹人爲常侍、小黄門通命。自此以來，權傾人主，其爲患如城狐、社鼠，不可驅除。朕謂此輩但當服事宫禁，豈可假以權勢？吾所以防之極嚴，犯法者必斥戒，履堅冰之意也。"

楊璟進次瞿塘，不利。

蜀人以瞿塘天險，遣平章莫仁壽守之，以鐵索橫斷關口。及聞我師臨境，又遣左丞相戴壽、平章鄒興、副樞飛天張益兵固守于鐵索外，北倚羊角山，南倚南城寨，鑿兩岸壁，引纜爲飛橋三，平以木板，置炮石其上，以拒我師。璟遣指揮韋權率兵出赤甲山，逼夔州；遣別將出白鹽山，攻南城寨；璟出大溪口，攻瞿塘。戰不利，赤甲、白鹽之師亦退還歸州。

夏四月，傅友德克階州，遂克文州。

先是，友德陛辭，上密諭之曰："蜀人聞西伐，必悉精鋭東守瞿塘，北阻金牛。若出其不意，直擣階文，門户既墮，腹心自潰。兵貴神速，但患不勇耳。"友德受命，馳至陝，集諸道兵，揚言出金牛，而引兵趨陳倉。選精鋭五千爲前鋒，攀緣山谷，晝夜兼行，大軍繼之，直抵階州，蜀守將丁世真拒戰，友德擊走之，遂拔其城，進至文州。世真復集兵據險，汪興祖躍馬直前，中飛石死。友德怒，奮兵急攻，破之。世真以數騎遁去。

湯和平慈利蠻。

先是，周德興討覃垕，久未平。和師至歸州，攻烽火山寨，克之。分遣趙榮取桑植容美洞。及會德興，合攻茅岡。覃垕走，死。夷其寨，諸蠻悉平。

傅友德克綿州。

友德徇下江油、彰明，遂趨綿州。蜀將向大亨拒守，友德遣藍玉夜襲其壘，蜀軍驚擾達旦。友德麾兵乘之，大敗其衆，遂克綿州。大亨走保漢州。

五月，免江西、浙江田租。

六月，傅友德大敗蜀兵于漢州，遂克之。

友德兵至漢州，造戰艦，將渡，欲以軍中消息達湯和，而山川懸隔。適江水暴漲，乃以木牌數千，書克階、文、綿日月，投漢江，順流而下。蜀人見之，解體。戴壽聞階、文破，乃分瞿塘兵，與太尉吴友仁還援漢州。未至，而友德師已薄城下，向大亨悉衆逆戰，友德擊敗之。壽等至，友德下令曰："彼勞師遠來，聞大亨敗，必洶洶，可一戰走也。"乃提驍騎迎擊，大敗之，遂拔漢州。壽與大亨走成都，友仁走古城。友德使顧時守漢州，自將擊古城，友仁又走保寧。

廖永忠大破蜀兵，遂克夔州。

湯和以江水漲駐師大溪口，欲候水平進師。上聞之，遣使讓和曰："傅將軍冒險深入，克階、文諸州。蜀人無險可恃，當水陸並進，使彼首尾受敵，疲于奔命。平蜀之機，正在今日。若候水退，失機誤事，何怯之甚也？"廖永忠聞命，即率所部先自白鹽山伐木開道，至舊夔州，鄒興拒戰。永忠分軍爲前後陣，前軍既接，出後軍兩翼擊之，興大敗。進次瞿塘，山峻水急，鐵索飛橋，横據關口，舟不得進。永忠乃密遣壯士數百人，舁小舟，逾山度關，出其上流。山多草木，將士皆衣青簑衣，魚貫岩石間，蜀人不之覺也。度已至，乃率精鋭，分爲兩道，乘夜以一軍攻其陸寨，一軍攻其水寨。攻水寨將士皆以鐵裹船頭，置火器而前。蜀人盡鋭來拒舟師，永忠已破其陸寨矣。既而，舁舟上流者，揚旗鼓譟而下，蜀人大駭。下流之師競進，夾擊，大破之。鄒興中火箭死。乃焚橋斷索，擒八十餘人，殺溺死者無算。永忠遂入夔州。明日，湯和乃至，永忠與和分道而進。和率步騎，永忠帥舟師，會于重慶。

丁世真陷文州，守將朱顯忠死之。

初，傅友德克文州，以指揮朱顯忠守之。丁世真率兵數萬來攻，城中食且盡，外援不至，部下勸顯忠棄城走。顯忠厲聲曰："城存與存，城亡與亡。豈有求活將軍耶？"世真攻圍益急，顯忠裹瘡力戰，不支，城破，爲亂兵所殺。千户王均諒被執，不屈，蜀人磔之。初，顯忠領士卒七百餘人，及城破僅二百人。既而，友德遣兵來援。世真棄兵遁去，復寇秦州，五旬不能下，援兵擊走之，逃竄山谷，爲帳下所殺。

以李信、詹同爲吏部尚書。

上諭之曰："政事之得失，在庶官；任官之賢否，由吏部。卿等持衡秉鑑，宜公平以辨賢否，毋但庸庸充位而已。"

上嘗謂詹同曰："卿，儒者，宜知先古帝王爲治之道。"同對曰："帝王之治無過于唐虞、三代，可以爲法。"上曰："三代而上，治本于心；三代而下，治由乎法。本于心者，道德仁義，其用無窮；由乎法者，權謀術數，其用有時而窮。爲治者違乎此，必入彼。擇術不可不慎也。"

廖永忠師至重慶，蜀主明昇降。

永忠自夔州乘勝直抵重慶，蜀主昇大懼，其右丞劉仁勸昇奔成都。昇母彭氏泣曰："大軍入蜀，勢如破竹，縱往成都，不過延旦夕命耳，何益？不如早降，免生靈于鋒鏑。"昇遂遣使詣永忠納款。永忠以湯和未至，故不受。及和至，昇面縛銜璧，與母彭氏率官屬詣軍門降。和、永忠承制撫慰。下令，禁將士侵掠。遣使送昇于京師。

以故元右丞張良佐、左丞房暠爲遼東衛指揮。

先是，劉益來降。未幾，爲故元平章洪保保、馬彦翚所殺。良佐等擒彦翚，殺之，保保走吶哈出營。衆因推良佐與暠權衛事，以其事聞。上命良佐、暠爲指揮僉事，與吴立共守遼東。

《宴享樂》成。

上厭前代樂章多用諛詞，或鄙陋不雅。乃命陶凱等製《宴享九奏樂章》，至是成，上之。其曲一曰《本大初》，二曰《仰大明》，三曰《民初生》，四曰《品物亨》，五曰《御六龍》，六曰《泰階平》，七曰《君德成》，八曰《聖道成》，九曰《樂清寧》。

上命奏之，謂侍臣曰："禮以道敬，樂以宣和，不敬不和，何以爲治？元時古樂俱廢，惟淫詞艷曲更唱迭和，又使胡音與正聲相雜，甚非所以導中和、崇治體也。今所製樂音頗協音律，有和平廣大之意。自今一切諠譊淫褻之樂，悉屏去之。"

秋七月，《存心録》成。

上謂侍臣曰："歷代聖王事神之道，罔不祗肅。故百靈效祉，休徵類應。衰世違天慢神，感召灾譴，禍亂因之。朕爲是懼，每祭必誠必敬，惟恐未至，故命卿等編此書，欲示鑒戒，俾子孫以爲法守。"

置遼東都指揮使司。

以馬雲、葉旺爲都指揮使，吴泉、馮祥爲同知，王德爲僉事，總轄遼東諸衛軍馬。

傅友德克成都。

友德圍成都，戴壽、向大亨出戰，以象載甲士列陣前。友德命以火器衝之，象却走，躪藉其陣，死者甚衆。及聞明昇降，室家無恙，乃藉府庫，遣子納款。友德按兵入城，得士馬三萬。分兵徇州縣未附者，悉平之。

立元御史大夫福壽祠。

上嘉福壽死節，謂省臣曰："壽仗義守職，以身徇國，臨難不避，可謂忠臣。宜立祠，令有司歲時致祭。"

謫祭酒魏觀、司業宋濂。

濂上言：世之言禮者，咸取法于孔子，不以古禮祀孔子，褻祀也。古者木主棲神，無像設之事。今摶土而肖像焉，失神而明之之義矣。古者灌鬯焫蕭，求神于陰陽也。今用熏薌代之。古者祭饗，皆設廷燎，司烜共之，示嚴敬也。今以秉炬當之，非簡且瀆乎？且以荀況之言性惡，揚雄之事王莽，王弼之宗莊、老，賈逵之忽細行，杜預之建短喪，馬融之黨附勢家，亦得從祀，不知其何説也。子雖齊聖，不先父食。故禹不先鯀，湯不先契，文王不先不窋。今回、參、伋坐饗堂上，而其父列食於廡間，顛倒彝倫，莫此爲甚。他如廟制之非宜，冕服之無章，器用雜乎雅俗，升降眛乎左右，雖更僕不可盡。乞釐正之。

上不喜，謫濂安遠知縣。魏觀亦以考禮稽緩，并謫龍南知縣。未幾，皆召還，爲禮部主事。

占城遣使來朝。

封明昇爲歸義侯。

賜第京師。

八月，浡泥國遣使入貢。

周德興克保寧，執吴友仁以歸。

吴友仁據保寧，久不下。上遣使讓湯和曰："爲將貴守機而重料敵。友仁偷旦夕之命，乘機取之，宜無不克。將軍徘徊不進，何也?"和聞詔，即遣周德興會友德兵克其城，執友仁，械送京師。蜀地悉平。

高州海寇羅子仁作亂，雷州衛千户黄青討平之。

九月庚戌朔，日有食之。

三佛齊國入貢。

冬十月，令奏灾異。

上謂省臣曰："祥瑞灾異，皆上天垂象。然人情聞禎祥則有驕心，聞灾異則有懼心。其諭天下，遇有灾異，即以實上聞。"

日本入貢。

先是，遣趙秩諭日本。秩至，其國王良懷疑，欲殺秩。秩盛稱天子威德，以讋服之。良懷乃遣其臣僧祖奉表稱臣，隨秩入貢。

著官吏犯贓令。

元末，仕進者貪黷成風，至州縣小吏，非財賂不得進。上深鑒其弊，命官吏犯贓者，法無赦。

征西諸將班師還京。

賞平蜀將士。

上以平蜀之役，傅友德功最大，予上賞。顧時、陳德、何文輝、金朝興等各賞有差。湯和、楊璟、趙庸、朱亮祖皆不與賞。

逮漢中知府費震至京，釋之。

震在漢中多善政。時大饑，鄉民群聚爲盜，震即發倉儲十餘萬賑之，後聞，上嘉嘆。至是，以他事被逮。上曰："震，良吏也。釋之，爲民牧者勸。"震後累官至户部尚書。

十一月，江西参政陶安卒。

初，上用安江西，曰："朕初渡江，卿首率父老見軍門，陳王道，深合朕心。朝夕左右，啓益良多。江西都會上游，非卿不可。"安頓首謝，恐付托不效。既至，威惠甚著。疾革，猶草上時務十二事。卒，贈姑熟公。

壬子，洪武五年春正月，置親王護衛。

瑣里國入京。

遣翰林侍制王褘詔諭雲南。

褘，義烏人，博學能文章，有大志，隱居青巖。上渡江初，徵爲中書省掾，商略機務，每稱子充而不名。上嘗謂曰："吾固知江西有二儒者，卿與宋濂耳。學問之博，卿不如濂；才思之雄，濂不如卿。"累遷起居注，出同知南康府，披荆榛，撫瘡夷，郡以大治。召議即位禮，忤旨，謫通判漳州。尋上疏曰：

臣聞帝王祈天永命，以爲萬世無疆之計，在乎修德而已。修德之要有二：忠厚以存心，寬大以爲政，其大端也。是故，周家以忠厚開國，垂八百年之基。漢室以寬大爲政，成四百載之業。陛下艱難十載，大業已成。今日急務，宜法天道，順人心。夫上天以生物爲心，春夏以長養之，秋冬以收藏之，皆所以生物也。即雷霆霜雪，有時而搏擊焉，有時而肅殺焉，然皆暫也而不常。向使雷霆霜雪，無時而不有，則上天生物之心息矣。人君爲天之子，當體上天生物之心，一動一静，務合乎天，天眷自永。不然，天必示之變異，以儆戒之。臣願陛下法天道者，此也。夫民恃君以爲生，故人君視民之休戚，若己之休戚，以君民同一體耳。古者藏富于民，取之有節，故民生遂而得其所。近發德音，減茶課，免軍需，民心咸悦，庶幾得遂有生之樂。然浙西既平，租税既廣，科斂之當減，猶有可議者。臣願陛下順人心者，此也。法天道，順人心，則存于心者自然忠厚，施於政者自然寬大，祈天永命之道，未有越此者。

上嘉納之。二年，召修《元史》，爲總裁官。書成，拜翰林待制。時，元宋梁王把都據雲南，恃險遠，不肯内附。上以褘有辨才，乃遣諭之。

遣使者詔諭琉球。

徙陳理、明昇于高麗。

陳理、明昇居常鬱鬱，頗出怨言。上聞之曰："此童儒〔二二〕輩言語小過，不足問。但恐爲小人蠱惑，不能保其始終。"于是，徙之高麗，仍令高麗王善待之。

命魏國公徐達、曹國公李文忠、宋國公馮勝分道伐虜。

上以王保保屢爲邊患，乃令徐達爲征虜大將軍，出中路，由雁門趨和林；文忠爲左副將軍，出東路，由居庸出應昌；馮勝爲征西將軍，出西路，由金蘭取甘肅，帥師十五萬，分道北伐。

命衛國公鄧愈、江夏侯周德興、江陰侯吴良帥師討廣西蠻，平之。

古田澧州諸蠻作亂，上命愈等討之。愈至，誅其首惡，撫其餘黨，凡平二百六十餘洞，籍其民一萬五千。

二月，安南陳叔明弑其主而自立，遣使入貢，却之。

叔明逼死其主日熞，遣其臣阮汝霖來朝，貢馴象，覘朝廷意。上却其貢。

定四川茶鹽法。

茶每十株，官取其一，歲計得茶一萬九千二百八十斤，貯之官，與西番易馬。鹽井一千四百五十六處，計軍民歲食及市馬歲額之數煎辨。設茶鹽都轉運司。之後，茶運司言：碉門、永寧、筠連諸處，産茶粗惡，惟番夷用之，非巴茶比。宜别立茶局，徵税貿易，可資國用。其居民所收之茶，亦宜給引販賣，公私便之。乃設茶局五，各以什一徵之。

高麗王顓請遣子弟入太學，許之。

三月，都督藍玉敗王保保于土剌河。

夏四月，宣化盗起，廣西官軍討平之。

南寧指揮左君弼覈民無籍者爲軍，又縱部卒入山伐木，民驚擾，遂相率爲盗。詔發官兵討平之。命都督府治君弼罪。

詔天下行鄉飲禮。

上以海内宴安，思化民復古，乃令禮部取《儀禮》及唐宋之制，參定鄉飲禮儀，頒行之。

徐達及虜戰于嶺北，敗績。

五月，祭地祇于方丘。

不雨。

上因旱，令宫中皆蔬食。是夜大雨，詰旦，水深尺餘。

六月，定内宫女職。

禮部準漢唐制擬定内官局，應用數百人。上以爲多，乃定設六局一司，局曰尚宫、尚儀、尚服、尚食、尚寢、尚功，司曰宫正。尚寶局〔二三〕，則總行六局之事。凡官七十五人，女使十八人。

馮勝、傅友德取甘肅。

勝等師次蘭州，友德先率驍騎五千，直趨西凉，遇元失剌罕兵，敗之。至永昌，又敗元太尉朶兒只巴。至掃林山，勝師亦至，共擊走元兵，降其太尉鎖納兒加。上都驢知大軍至，率所部吏民迎降。勝等留兵守之。進至亦集乃路，守將卜顔帖木兒舉城降。至别篤山，元岐王朶兒只班遁去，追獲其平章長加奴等，及馬駝、牛羊十餘萬。友德復引兵至瓜、沙州，擒獲無算。

定六部職掌。

吏部，掌官吏黜陟之政。其屬曰“總部”，主銓選；曰“司勛”，主官制；曰“考功”，主考覈。

户部，掌貢賦、經費之政。其屬曰“總部”，掌户口、田土；曰“度支”，掌賞賜、禄秩；曰“全部”，掌庫倉、税課、茶鹽；曰“倉部”，掌漕運、軍儲、出納。

禮部，掌禮儀、祭享、貢舉之政。其屬曰“總部”，掌祠祭、喪葬；曰“膳部”，掌燕享；曰“主客”，掌朝貢、賞賚。

兵部，掌武備之政。其屬曰“總部”，掌軍務、符驗。曰“職方”，掌城池、郵置、烽堠、夷情；曰“駕部”，掌鹵簿、車馬、兵器。

刑部，掌刑罰之政。其屬曰“總部”，掌律令、盗賊；曰“都官”，掌徒流、審决；曰“比部”，掌贓罰；曰“司門”，掌門禁。

工部，掌百工、山澤之政。其屬曰“總部”，掌城垣、將作；曰“虞衡”，掌捕獵、冶鑄；曰“水部”，掌水利、橋梁、舟車；曰“屯田”，掌屯務。

各部設郎中、員外郎、主事，分理其事，而以尚書、侍郎總之。歲終考覈，以行黜陟。

李文忠帥師深入，及虜大戰于阿魯渾河，破走之。

文忠兵至口温，虜棄營遁。進次臚朐河，文忠謂將士曰：“兵貴神速，千里襲人，難以重負。”乃令部將韓政守輜重。命士卒各持二十日糧，兼程而進。至土剌河，虜將蠻子哈剌章列陣以待，擊却之。遂至阿魯渾河，虜益衆。文忠督兵轉戰，馬中流矢，急下馬，持短兵接戰。帳下卒劉義挺戈奮擊，以身蔽文忠。指揮李榮見事急，以所乘馬授文忠，自奪虜騎乘之。文忠策馬横槊，麾衆更進。士卒皆殊死戰，虜大敗，獲人馬以萬計。追至青海，虜衆復集。文忠勒兵據險，椎牛享士，縱所獲馬畜于野，示以閑暇。居三日，虜疑有伏，不敢逼，乃引去。軍還，失故道。至桑歌兒麻地，乏水，士卒多渴死。文忠默禱于天，忽所乘馬跑地長鳴，泉水涌出，軍得不困。顧時與文忠分道入沙漠，迷失道，糧且盡，遇虜兵，士卒疲乏，不能戰。時獨引麾下數百人，躍馬大呼，衝擊，虜兵敗走之，掠其輜重以還，軍復振。曹良臣孤軍深入，戰没。事聞，上痛悼之。

句容縣獻嘉瓜。

句容民獻二瓜同蒂，中書率百官賀。陶凱言：“句容，陛下祖鄉。雙瓜連蒂之祥，獨見於此，實爲上瑞。”上曰：“朕否德，何敢當？且草木之祥，生于其土，亦惟其土人應之，于朕何預？若盡天地間，時，和歲豐，乃爲上瑞。不在微物也。”賜其民而遣之。

作《鐵榜》誡勛戚。

上慮勛戚之家冒犯國典，乃作《鐵榜》戒之，若藏匿罪人，私役官軍，强占民田之類，凡九款。

秋七月，湯和及虜戰于斷頭山，敗績。

高麗請發兵討耽羅國，不許。

高麗遣使貢方物，言：“耽羅恃其險遠，不奉朝貢，及元人多留居其國，逋逃所聚，恐爲後患。乞發兵討之。”上不許。

八月，太原地震，空中有聲如雷。

九月，詔聖壽節免賀。

前一日，中書請行慶贺禮。上命自今萬壽節及東宫千秋節，俱免慶賀。

周德興平鳳泗諸蠻。

免雜犯發臨濠輸作。

時，營中都，恐力役妨民，乃命凡雜犯死罪可矜者，免死，發中都輸作。

冬十月，遣使諭高麗。

上以高麗貢獻，往來煩數，涉海艱險，諭令三年一聘。并諭占城、安南等國，皆如高麗。

蠲應天等府田租。

北征諸將班師還京。

靖海侯吴禎還京。

先是，禎督餉遼東，因繕城池，練士卒，盡收未附之地。至是還。上曰："海外悉歸版圖，可喜，亦可懼。"禎曰："陛下威德加于四海，復何懼？"上曰："元之天下，地非不廣，及末世荒淫，國祚遂滅，可不慎乎？"

十二月，定有司考課法。

令有司考課，必書農桑、學校之績，以爲殿最。

命類編日録。

陶凱言："漢、唐、宋皆有《會要》，紀載時政。今起居注紀言紀事，藏之金匱，是爲實録。凡日行政事，可垂法後世者，宜編類爲書，使有所考。"從之。

以宋濂爲贊善。

縱内府禽獸。

内宦請增肉飼虎。上曰："養牛以耕，養馬以乘。養虎將何爲？而以肉飼之，是率獸食人也。"命以虎送光禄，他禽獸悉縱之。

癸丑，六年春正月，增置備倭舟師。

廖永忠上言："倭夷竄伏海島，時出剽掠，來若奔豚，去如驚鳥，不易剪捕。請廣洋、江陰、横海水軍四衛，多造輕舸，無事則沿海巡徼，以備不虞。若入寇，則逐之，使不得爲患。"上善其言，從之。

遣徐達、李文忠、湯和、鄧愈、馮勝分道備虜。

上以山西、北平與虜相鄰，乃遣達等分道守御。戒之曰："御戎之道，來則拒之，去則勿追，斯爲上策。若窮兵深入，朕所不取，卿等慎之。"

謫右相汪廣洋爲廣東參政。

以其柔巽怠政也。

安南陳叔明請封，不許。

二月戊子，改群牧監爲太僕寺，定養馬法。罷科舉，舉賢良。

先是，開科取士，行之三年，未見得人。上諭省臣曰："朕設科求賢，務得經明行修、文質相稱之士，以資任用。今有司多取後生少年，能以所學措諸行事者甚寡。朕實心求賢，而天下以虚文應之，非朕本意，宜暫停罷。令有司察舉賢才，以德爲本，文藝次之，庶學者知所嚮風。"又曰："鴻鵠之能遠舉者，爲其有羽翼也；蛟龍之能騰躍者，爲其有鱗鬣也；人君之能致治者，爲其有賢人爲之輔也。今山林中豈無德行文藝之士？宜令有司采舉，禮送至京，朕將任用之。"

三月，《昭鑒録》成。

先是，命陶凱等采摭漢唐以來藩王善惡可爲勸戒者爲書，名曰《昭鑒録》，頒賜諸王。

五月，《祖訓録》成。

其目十有三：曰箴戒，曰持守，曰嚴祭祀，曰謹出入，曰慎國政，曰禮儀，曰法律，曰内令，曰内官，曰職制，曰兵衛，曰營繕，曰供用。上親叙之，揭于壁，仍頒賜諸王。

命天下上《山川險易圖》。

上以薄海内外幅員數萬里，欲觀山川形勢、關徼扼塞及道里遠近，命各繪圖以獻。

六月，虜寇武朔，徐達擊却之。

秋七月，以胡惟庸爲右丞相。

八月，以桂彦良爲太子正字。

彦良，慈溪人。被薦，召爲太子正字，入侍大本堂。上詔以治道，彦良對曰："道在正心。心不正則好惡頗，好惡頗則賞罰差，太平未有期也。"時，上懲元氏寬縱，立法甚嚴，有犯必誅。

上謂彦良曰："法數行而數犯，奈何?"對曰："用德則逸，用法則勞。法以靖民，則民勞而弗靖；德以靖民，則民靖于德矣。"

以宋濂爲翰林院侍講學士。

建歷代帝王廟于京師。

上從御史答禄與權言，命禮官考歷代帝王開基創業、有功于民者，立廟祀之。廟制，同堂異室，祀三皇五帝、三王及漢高祖、光武、唐高祖、太宗、宋太祖、元世祖六帝。

禁四六文辭。

上諭群臣曰："典謨、訓誥之辭，質實不華，可爲萬世法。漢、魏間，猶近古。晉、宋以來，文體日衰，駢儷綺靡，古法蕩然。唐、宋名儒輩出，卒未能變。近代制詔章表，仍蹈舊習。朕嘗厭其雕琢，且使事實爲浮文所蔽。自今表箋奏疏，毋用四六，悉從典雅。"

虜寇河州，陳德擊敗之。

九月，設六科給事中。

修《日曆》。

更定《大明律》。

上命刑部尚書劉惟謙更定律令，皆准于唐，笞刑五，杖刑五，徒刑五，流刑三，死刑二。采用舊律二百八十八條，舊令改律三十六條，因事制律三十一條，掇唐律以補遺一百二十三條。其間損益，務合輕重之宜。每成一篇，即繕寫以進。上命揭于兩廡，親加裁定。及成，頒行天下。

上嘗與廷臣論刑法，御史中丞陳寧曰："法重則人不輕犯，吏察則下無遁情。"上曰："不然，法重則刑濫，吏察則政苛。鉗制下民，犯者益衆。鉤索下情，巧僞益滋。唐虞畫衣冠、異章服以爲戮，而民不犯。秦有鑿指、抽脅之刑，而囹圄成市，天下怨叛。今施重刑而又委之察吏，則民無所措其手足矣。朕聞帝王平刑緩獄而天下服，未聞用商韓之法可致堯舜之治也。”寧慚而退。

潞州貢人參，却之。

潞州貢人參。上曰：“朕聞人參得之甚艱，豈不勞民？今後不必進。”因謂省臣曰：“往年金華貢香米，朕止之。遂于苑中種數畝，每耕耔刈穫之，躬親往觀之，計所入，亦足供用。朕飲無幾，太原歲進葡萄酒，亦令勿進。國家以養民爲務，豈宜以口腹累人？嘗聞宋太祖家法，子孫不得于遠方取珍味，甚得貽謀之道。”

徐達擊王保保兵于懷柔，敗之。

十二月，雲南殺使臣王禕。

禕初至雲南，謂梁王曰：“主上神聖，天人所歸。惟爾僻處西南，久沮聲教，故遣使者來諭意。亟奉版圖歸職方，身命俱全，不然天討且至。”梁王不聽，館別室。數日，又説之曰：“朝廷以雲南百萬生靈，不忍殲于鋒刃。爾乃恃險遠，拒明命，龍驤鷁艦，會戰昆明，悔無及矣。”梁王意動，爲改館。會元使脱脱至，覘知梁王有二心，欲追杀朝使，以固其意。梁王持兩可，匿禕民間。脱脱聞之，誚梁王。梁王不得已，出禕相見。脱脱欲屈禕，禕駡曰：“天訖汝元，我朝代之。汝如爝火餘燼，尚欲與日月争光耶？我將命遠來，豈爲虜屈？有死而已。”顧梁王曰：“汝殺我，大兵旦夕至矣。”竟被害，年五十二。

併寺觀，禁女子爲尼。

時，崇尚釋老，徒衆日盛。上惡其惑世蠹民，乃令郡縣止存寺觀一所，併其徒處之。女子非四十以上者，不得爲尼姑、女冠，著爲令。

甲寅，七年春正月。李文忠敗虜于白登。

二月丁酉朔，日食。

免山西田租。

以兵部尚書劉仁爲廣東參政。

仁陛辭，上諭之曰："嶺海去京師數千里，方面之寄必得重臣，特命卿往。凡政事之施，宜恩威兼濟，若一于恩則寬而無制，一于威則嚴而不親。惟恩不流于姑息，威不傷于刻暴，斯政事舉，而民生遂矣。"仁頓首謝。

吐蕃寇蘭州。

蘭州民郭買的叛，入吐蕃，誘之入寇。詔懸賞購捕之。蘭州衛遣其兄著沙與其弟火石歹往招之，買的不從，著沙兄弟斬其首以歸。本衛奏聞請賞。上曰："買的罪固當死，然爲兄弟者，手自刃之，有乖天倫。若賞之，非所以令天下。但以其所獲牛馬給之。"

方國珍卒。

命修闕里。

孔子廟廓、祭器、樂器、法服俱新製，仍設孔、顔、孟三氏子孫教授，訓其族人。

轉漕粟于陝西。

夏四月，都督藍玉敗虜于興和。

桂陽蠻亂，命金吾衛指揮陸齡討平之。

命宋國公馮勝、衛國公鄧愈、中山侯湯和、鞏昌侯郭興分鎮北邊。

召廣東參政汪廣洋爲左御史大夫。

五月，《大明日曆》成。

自上起兵至即位六年，凡征伐次第、禮樂、刑政之類，莫不具載，合一百卷。藏之金櫃，副藏秘書監。宋濂請更輯聖政爲書，傳于天下。從之。于是分四十類，釐爲五卷，名曰《皇明寶訓》，命是後史官日紀録之，隨類增入。

日本國入貢，却之。

時，日本國持明與良懷争立，使者齎其國臣書達中書省，而無表文。上却其貢。

六月，汰北方郡縣官。

上謂：北方郡縣，有民稀事簡者，設官與煩劇同，禄入供給未免病民。乃命吏部減三百餘人。

七月，李文忠破虜于大石崖。

西番獻葡萄酒，却之。

上謂省臣曰："元時進葡萄酒，使者相望于途，勞民甚矣。豈宜效之？却之，使無復進。"

遣故元威順王伯伯諭雲南。

八月，李文忠破虜于豐州。

擒答俊海、把都、勿都等十二人、部衆百餘人，斬虜〔二四〕王，獲其妃及其金印。

九月，遣崇禮侯買的里八剌北還。

謂廷臣曰："草木無心，遇春而茂盛，遇秋而零落，氣之所感，猶知榮悴，況于人乎？買的里八剌南來五載，能無父母鄉土之情？宜遣之還。"乃厚禮而歸之。復遺其父愛猷識理達臘綺錦衣各一襲，爲書諭之。

十月己未，皇長孫雄英生。

徙江南民，實中都。

上以濠州兵革之後，人民稀少，田土荒蕪，乃移江南民十四萬于鳳陽，官給牛種，使開墾荒田。以李善長總之。

冬十一月，《孝慈録》成。

先是，貴妃孫氏薨，敕禮部定喪服之制。尚書牛諒上言："《周禮》：父在，爲母服期年，庶母無服。"上曰："父母之恩一也，而低昂若是，不近人情。"乃命宋濂等考定喪禮。濂奏："古人論服母喪者，凡四十二人。願服三年者二十八人，服期者十四人。"上曰："三年之喪，天下之通喪。觀願服三年比期年者加倍，豈非天理人情之所安乎？"乃定爲服制：子爲父母、庶子爲其母皆三年，嫡子、衆子爲庶母皆期年。仍命以五服喪制著爲書，使内外有所遵守，名曰《孝慈録》，上親序，頒行之。

甘露降于鍾山。

洪武四年、五年至今，凡三降。劉基作《頌》以獻。

十二月，《御注道德經》成。

上以《道德經》"五色令人目盲，五音令人耳聾"與"聖人去甚、去奢、去泰"之類，有裨于養生治國之道，乃自注之。

监察御史答禄與權請行禘禮，不報。

與權言："古之王天下者，既立始祖之廟，又推始祖所自出之帝，祀之于始祖之廟，而以始祖配之，故曰禘。禘，王者之大祭也。周祭太王爲始祖，推本后稷以爲自出之帝。今皇上受命已七年矣，而禘祭未舉，宜命群臣参酌古今而行之，以成一代之典祀。"

下禮部、太常寺、翰林院議，以爲虞夏、商周世系明白，其始祖所從出可得而推，故禘可行。漢唐以來，世系無考，莫能明其始祖所自出。當時所謂禘祭，不過袷祀祧主，序昭穆而祭之，乃古之大袷，非禘也。宋神宗嘗曰："禘者，所以禘祖之所自出。莫知祖之所自出，禘禮不可行也。"今國家既已追尊四廟，而始祖之所自出者未有所考，則于禘祭之禮似難舉行。

上是其議。

遣吴禎籍方氏故兵。

時，遣靖海侯禎往浙東，收籍方氏台、温、明三郡故兵。禎至，無賴惡少挾私逞怨，妄引平民富室爲兵，瀕海大擾。寧海知縣王士弘曰："吾寧獲死，不可誣良民爲兵。"即上封事，辭甚懇切。上即詔罷之。

詔天下存恤煢獨。

詔鄧愈、湯和還京。

校勘記

〔一〕"祀"，(明) 俞汝楫《禮部志稿》卷八十一作"時"。

〔二〕"祀"，同前作"紀"。

〔三〕"星"，同前作"星辰"。

〔四〕"或以社對帝，則祭祀所乃所以親地也"，同前作"或以社對郊，則祭社乃所以親地也"。

〔五〕"中"，同前作"上"。

〔六〕"焉"，同前作"爲"。

〔七〕"陜"，當作"陳"。(清) 谷應泰《明史紀事本末》卷八："壬子，副將軍常遇春率兵至嵩州，守將李知院迎降。甲寅，入其城。分兵下未附諸山寨。戊子，元鞏縣孟夏寨參政李成降。庚申，元福昌知院張興、鈞州守將哈喇婁、許州右丞謝李、陳州知院楊崇，各遣人詣大將軍降。"

〔八〕"給使□而已"，(明) 王世貞《弇山堂别集》卷九十一、(清) 谷應泰《明史紀事本末》卷十四作"給使令而已"。

〔九〕"元平章阿思蘭保保象州"，疑衍一"保"字。(清) 谷應泰《明史紀事本末》卷七："元平章阿思蘭自全州之敗，率餘衆退保象州。"

〔一〇〕"辛世傑"，《明史》卷五十二《禮志六》、(明) 俞汝楫《禮部志稿》卷八十三作"桑世傑"。

〔一一〕“己酉，二年春正月”，底本闕。據清《御定資治通鑑綱目三編》卷一、清《御批歷代通鑑輯覽》卷一百補。參閲（明）丘濬《大學衍義補》卷二十二《治國平天下之要·制國用·貢賦之常》、（明）湛若水《格物通》卷九十四《蠲租》。

〔一二〕“思道城險而兵”，（清）谷應泰《明史紀事本末》卷九作“思道城險而兵悍”。

〔一三〕□，底本中“援”字旁有一字，漶漫不清。

〔一四〕“抹”，當作“秣”。

〔一五〕“安南定”，疑衍一“南”字。

〔一六〕“任本中、睢賈”，《明史》卷七十三《職官志》、清《欽定續文獻通考》卷五十四、清《欽定續通典》卷二十五作“王本中、睢稼”。

〔一七〕“陳極”，《山西通志》卷一百七《人物·楊憲傳》作“陳桱”。

〔一八〕“唐勝宗延平”，當作“唐勝宗延安”，《明史》卷一百三十一《唐勝宗傳》：“洪武三年冬封延安侯”。

〔一九〕“楊璟滎陽”，當作“楊璟營陽”，《明史》卷一百二十九《楊璟傳》：“（洪武）三年，大封功臣，封璟營陽侯。”

〔二〇〕“襲”，（明）俞汝楫《禮部志稿》卷八十五上作“褻”。

〔二一〕“鄂”，（清）谷應泰《明史紀事本末》卷十四、（明）俞汝楫《禮部志稿》卷八十五上作“酃”。

〔二二〕“儒”，當作“孺”。

〔二三〕“尚寶局”，《明史》卷七十四《職官志三》、（明）俞汝楫《禮部志稿》卷六十一作“尚官局”。

〔二四〕“虜”，《明史》卷一百二十六《李文忠傳》、清《御批歷代通鑑輯覽》卷一百作“魯”。

國史紀聞卷三

乙卯，洪武八年春正月，以鄭州知州梁敏爲工部侍郎。

時，守令來朝。上以敏治行第一，擢爲工部侍郎。濟寧知府方克勤亦多善政，賜宴於禮部，以寵異之。

置中都國子學。

戒備邊諸將。

時，北邊諸將顧時、藍玉等高會酣飲，不恤軍士。上奪其俸，仍遣使敕諭徐達等，使詳察之。

遣鄧愈、湯和督兵屯田。

愈往陝西，和往河北。又遣指揮馮俊等於北平等處，各屯田。

命天下立社學。

詔存恤煢獨。

上諭省臣曰："天下一家，民猶一體，有不獲其所者，當思所以安養之。昔朕在民間，目擊鰥寡孤獨、饑寒困踣之徒，常自厭生，恨不即死，心常惻然。今代天理物，已十餘年，若天下之民有流離失所者，朕之過也。其令有司體訪以聞，月給衣糧。"

二月，《御製資世通訓》成。

上謂侍臣曰："朕統一寰宇，晝夜弗遑，思以化民成俗，復古之道，乃著是書，以示訓戒耳。"書凡十四章，其一君道十八事，次臣道十七事，又次士、民、工、商十二章，皆申戒士庶之意，詔刊之。

帝耕籍田於南郊。

申明馬政。

上謂刑部尚書劉惟謙曰："馬政，國家所重。近設太僕寺，俾畿民養馬，期於蕃息。恐所司牧養失宜，行當告戒之。昔漢初，一馬值百金，天子不能具鈞駟。及武帝時，衆庶街巷有馬，阡陌成群，遂能北伐强胡，威服戎狄。唐初，纔得隋三千，及張萬福爲太僕，至七十餘萬。此非官得其人，馬政修舉故耶？爾爲朕申明馬政，嚴督有司，盡心芻牧。有不如令者，罪之。"

三月，造寶鈔。

時，中外皆置局鑄錢。有司責民出銅，民間皆毁銅器輸官，鼓鑄甚勞，而奸民多盗鑄。商賈轉易，錢重道遠，不便。上以宋有交會法，而元時亦嘗造交鈔，易於流轉，可去盗鑄之害，遂詔中書省造之。

選國子生分教北方。

上以北方喪亂之餘，人鮮知學，乃選太學林伯雲等三百六十六人，遣使分教北方。

立張巡、許遠廟於歸州。

命有司歲時致祭。

《洪武正韵》成。

上以舊韵起於江左，多失正韵，乃命學士樂韶鳳等更正之。書成，名《洪武正韵》，頒行之。

大將軍徐達還自北平。

夏四月，帝如中都，尋還京。

誠意伯劉基卒。

初，上欲相胡惟庸，以問基，基不可，曰："此小犢，將僨轅。"後惟庸竟相。基謂人曰："使吾言不驗，蒼生之福也。"惟庸聞而銜之。甌括間，有隙地號淡洋。元末奸民負販私鹽，因致亂。基請設巡檢司，處豪吏持郡縣事，匿不以聞。基令子璉奏之。豪因誣言，地有王氣，基欲得之，有異圖。事下政府，胡惟庸修夙憾，坐基死。上以基舊勛，弗問，但移書責基。基懼，詣闕請罪，遂留京師，不敢歸。無何，疾作。惟庸以醫來視，基飲其藥，悆篤，有物如卷石積腹中。賜告歸，抵家，卒，年六十五。且卒，緘《天文書》，授子璉，曰："服闋，即上之。勿令後人習也。"又曰："胡惟庸必敗。主上當思我，若有問，但奏：'先臣基，願陛下修德省刑，爲政寬猛，當如循環耳。'"基剛毅慷慨，智慮絶人。每遇急難，計畫立就，人莫能測其機。上任以心膂，常曰："卿吾子房也。"基感知遇，知無不言。上芟削群雄，戡定天下，基帷幄之功居多。家居，飲酒奕棋，口不言功。又以文章爲當代首稱云。

五月，遣宦者趙成市馬西番。

西番不通泉貨，自更錢幣，馬至者少。乃命成以綺帛并巴茶往市之。成宣諭德意，番酋感悦，争以馬來售。

遣朱亮祖、傅友德北平備邊。

謫禮部員外吴伯宗於鳳陽，尋召還。

時，胡惟庸專横，伯宗剛直不屈。惟庸銜之，坐事，出之鳳陽。伯宗上疏，論時政，因指斥惟庸罪狀，不宜獨任，辭甚切直。上覽其奏，即召還。

秋七月己未朔，日有食之。

定五祀禮。

孟春祀司户，孟夏祀司竈，季夏祀中霤，孟秋祀司門，孟冬祀司井。

免江南北田租。

八月己亥，故元王保保卒。

保保自定西敗走和林，愛猷識理達臘復任以事。後徙金山之北。至是，卒。其妻毛氏，亦自經死。

京師大旱。

開登萊河。

宴儒臣於内殿。

上爲《秋水賦》，召翰林諸臣觀之，令各撰一篇。宋濂率同列次第獻賦。上覽畢，賜坐，敕大官設饌，内臣行觴。濂不能飲，上强之，立盡一觴，面赬，行不成步。上笑曰："卿宜自述一詩，朕亦爲卿賦《醉歌》。"上賦成，賜濂，濂頓首謝。上仍命群臣各賦《醉學士歌》，見一時君臣同樂之意云。

九月，遣湖廣參政吴雲使雲南，未達，死之。

上謂雲曰："今四夷賓服，獨雲南一隅未奉正朔，卿能爲朕作陸賈乎？"雲對曰："臣奉陛下威德，曉以禍福，彼必附順。若冥頑不從，興師未晚。"遂遣雲行。時，梁王使其臣鐵知院等使漠北，爲徐達所獲，送京師。上釋之，命與雲偕行。至雲南沙糖口，鐵知院等謀曰："吾屬奉使不達，罪必不免。"於是，共説雲，令胡服，詐爲元使，逼令改易制書紿梁王。雲不從，以死自誓。鐵知院知不可奪，遂殺之。

吴禎率舟師，自海道還京。

冬十月壬子，命皇太子諸王講武中都。

十一月，甘露降於南郊。

群臣稱賀。上曰："人情好祥惡妖，然天道幽微莫測。若恃祥不戒，祥未必吉；睹妖能懲，妖未必凶。朕德不逮，惟圖修省不暇，豈敢以此爲己所致哉？"

十二月，虜吶哈出寇遼東，守將馬雲、葉旺擊敗之。

先是，上敕遼東都司曰："天寒冰結，虜必入寇，宜堅壁清野，以待之。伏兵險阻，扼其歸路，必成擒矣。”至是，吶哈出果入寇。馬雲覘其將至，使蓋州衛指揮吴立嚴兵城守。虜至，知有備，不敢攻，徑趨金州。時，金州城垣未完，指揮韋富、王勝等勵士卒，登城御之。吶哈出裨將乃剌吾恃勇率數百騎，徑抵城下，中弩被獲，虜勢大沮。吶哈出慮援兵且至，遂引去。葉旺策其將退，先引兵趨柞河，緣河叠冰爲墻，以水沐之，經宿，皆凝沍，隱然如城。藏釘板於沙中，設陷馬穽於平地，伏兵以待之。命老弱卷旗，登兩山間，戒以聞炮即竪旗鳴鼓。虜至，炮發，伏兵四起，兩山旌旗蔽空，鼓聲雷動，矢石如雨。吶哈出倉皇北奔，趨連雲島，遇冰城，馬不能前，皆陷穽中，遂大潰。馬雲於城中亦出兵夾擊，追至畢栗河，斬獲無算，吶哈出僅以身免。

丙辰，九年春正月，命湯和、傅友德備邊延安。

時，伯顔帖木兒數爲邊患，上命和等帥師備之。和至延安，伯顔帖木兒乞降。上聞之，召諸將還，獨留傅友德屯邊。密戒曰：“無事而請降，兵法所戒，其慎之。”伯顔帖木兒果入寇，友德大破之，俘其衆。故元平章兀納歹遂執伯顔以降。

二月，定諸王公主歲禄。

三月，太白晝見。

免南畿、山西、陝西、河南、福建、江西、浙江、北平、湖廣田租。

夏四月，日本國入貢。

先是，倭屢入寇，上命中書省移文責之。至是，遣使謝罪，并貢方物。

安南入貢。

六月，以宋濂爲翰林學士承旨。

上謂濂曰：“朕以布衣爲天子，卿亦起草萊，列侍從，爲開國文臣之首。俾世世與國同休，不亦美乎?”官其子璲爲中書舍人，孫慎爲序班。以濂艱于行步，選良馬以賜之。上親作《良馬歌》，以示寵異。

改行中書省爲承宣布政使司。

初，設行中書省，六部尚書往往出爲參知政事。至是，改爲承宣布政使司，設左右布政使各一人，左右參政各一人，左右參議各一人。

以監察御史殷敏爲饒州知府。

敏爲治廉明，有惠愛。樂平民詣闕，訴大姓五十餘家謀逆，詔指揮率兵捕之。兵至饒，敏驚曰:“樂平民素淳朴，未必有此。吾爲郡守，不可使死于無辜，請先往察之。”比至，民耕牧如常時。敏得告者，乃無賴少年，以假貸不得，怨諸大姓，故誣之，冀獲賞耳。於是，力辨其誣，妄告者竟伏誅。

更定《大明律》。

上覽《大明律》，有未當者，謂胡惟庸等曰:“昔蕭何作《漢律》九章，甚爲簡便，張湯猶得以私意亂之。况始未盡善，其能久無弊乎?可詳議更定以聞。”於是，惟庸等復加考訂釐正，凡十有三條。

西戎叛，岐寧衛經歷熊鼎死之。

先是，西戎朶兒只班率其部落來附。上以刑部主事熊鼎有才略，改岐寧衛經歷鎮撫之。鼎至，覺戎有二心，密疏以聞。上遣中使趙成召還，行至西凉，戎果叛，遣其酋長脅鼎還，鼎責以大義，遂與趙成俱被害。上悼惜之。

秋七月癸丑朔，日有食之。

八月，李善長有罪，宥之。

上以善長元勛，禮遇甚渥。子祺尚臨安長公主。上疾，旬日不視朝。善長父子不一至闕。起居汪廣洋等交章劾其負恩失禮，請付法司正罪。上以小過，不問。

閏九月，詔求直言。

時，以五星紊度，日月相刑，下詔求言。於是，山東布政吴印、御史孫化、刑部主事茹太素、海州學正曾秉正各應詔陳言。上多采納。

逮平遥訓導葉居昇下獄。

居昇聞下詔求言，謂人曰："今天下有三事，其二易見而患小，其一難知而禍大。此三者，積於吾心久矣。縱上不求言，猶將言之，况有明詔乎？"遂慷慨上疏，其略曰：

> 臣觀當今大事過者有三：曰分封太侈也，用刑太繁也，求治太速也。
>
> 《傳》曰："都城過百雉，國之害也。先王之制，大都不過三國之一，中五之一，小九之一。"使上下各有定制，所以强幹弱枝，遏亂原也。國家分封諸王，以樹藩屏，蓋懲宋、元孤立之弊。然而秦、晋、燕、齊諸國，各盡其地而封之，都城之制亞於天子，賜以甲兵衛士之盛。臣恐數世之後，尾大不掉，如漢之七國、晋之諸王，緣間而起，防之無及。昔賈誼勸漢文帝，早分諸國之地，空之以待諸王子孫，謂力少則易使以義，國小而無邪心，使文帝盡從誼言，必無七國之禍。願及諸王未國之先，節其都邑之制，減其衛兵，限其疆里，亦以待其子孫，然後可以與國同休，世世無窮矣。
>
> 臣又觀歷代開國之君，未有不以尚德緩刑而結民心，亦未有不以專事刑罰而失民心，國祚長短，悉由於此。宋、元中葉之後，紀綱不振，專事姑息，賞罰無章，以致亡滅。主

上痛懲其弊，故制不宥之刑，權神變之法，使人知懼而莫測其端。夫刑罰貴乎得中，過與不及，皆非天討有罪之意也。笞、杖、徒、流、死，今之五刑也。用之既無假貸，一出乎大公至正可也。而用刑之際，多出聖衷，致使治獄之吏務從深刻以趨上意，深刻者多獲功，平允者多獲罪。或至以贓罪多寡爲殿最，欲求治獄之平允，豈易得哉？故必有罪疑惟輕之意，而後好生之德洽於民心，必有王三宥然後刑之政，而後有囹圄空虚之效，此非可以淺淺致也。古之爲士者，以登仕版爲榮，以削籍爲辱。今之爲士者，以混迹無聞爲福，以受玷不録爲幸，以屯田工役爲必獲之罪，以鞭笞捶楚爲尋常之辱。其始也，朝廷取天下之士，網羅無遺。有司催迫上道，如捕重囚。比至京師，而除官多以貌選，故所學或非其所聞，而所用或非其所學。洎乎居官，言動一跌於法，苟免誅僇，則必屯田工役之科。所謂取之盡錙銖，用之如泥沙，率是爲常，少不顧惜，此豈人主樂爲之？欲人之懼而不敢犯法。切〔一〕見數年以來，誅殺亦可謂不細矣，而犯者日月相踵，豈下人之不懼法哉？良由激濁揚清之不明，善惡賢愚之無别，以致人不自厲，而爲善者怠耳。今之居位者，多無廉耻。當未仕之時，則修身畏慎，動遵律法，一入於官，則以禁網嚴密，朝不謀夕，遂棄廉耻，或事掊剋，以修屯田工役之資者，率皆是也。若是非用刑之煩者乎？漢之世，嘗徙大族於山陵矣，未聞實以罪人也。今鳳陽皇陵所在，龍興之地，而率以罪人居之，以怨嗟愁苦之聲充斥園邑，殆非所以恭承宗廟意也。近令願入軍籍者聽之，免罪復官者宥之，而猶聞拘其餘丁、家小。夫有罪之家長，既赦而任以政矣，餘丁、家小復何罪哉？凡此皆臣所謂大過而足以召灾異者也，未見其可以結民心，而延國祚也。晋郭璞有言：“陰陽錯繆，皆煩刑所致。”臣願自今朝廷宜録大體，赦小過，明詔天下，修舉“八議”之法，嚴禁深刻之吏，斷獄平允者遷之，苛刻聚斂者罷之。如此，則足以隆好生之德，樹國祚長久之福，而兆民自安，天變自消矣。

昔者，周自文武至於成康，而後教化大行；漢自高帝至於文景，而後號稱富庶。文、武、高帝非不能使教化行致富庶也，蓋天下之治亂，氣化之轉移，人心之趨向，皆非一朝一夕之故，致治之道，固不可驟。今國家紀元九年，於兹偃兵息民，天下大定，綱紀正，法令行，亦可謂安矣。而主上切切以民俗澆漓，人不知懼，法出而奸生，令下而詐起。故或朝誅而暮犯者，有之；昨日所進，今日被戮者，有之。乃致令下而尋改，已赦而復收，天下臣民莫之適從，而不能相安者，甚不稱主上求治之心也。愚臣謂天下趨於治也，猶堅冰之將泮也。冰之堅，非太陽一日之光能消之也。陽氣發生，土脉微動，然後能使之融釋。聖人之治天下，亦猶是也。刑以威之，禮以導之，漸以仁，摩以義，而後其化熙熙。孔子曰：“如有王者，必世而後仁。”此非空言也。

求治之道，莫先於正風俗；正風俗之道，莫先於使守令知所務；使守令知所務，莫先於使風憲知所重；使風憲知所重，莫先於朝廷知所尚，則必以簿書、期會、獄訟、錢穀之不報爲可恕，而俗流失、世敗壞爲不可不問，而後正風俗之道得矣。風俗既正，天下其有不治者乎？郡守、縣令爲民師帥，以善導民，使化成俗美者也。今之守令以户口、錢糧、簿書、獄訟爲急務，至於農桑、學校，王政之本，乃視爲虚文，置之不問。小民不知孝弟、忠信爲何物，争鬬之俗成，奸詐之風熾，而禮義廉耻掃地矣。此守令未知所務之失也。風紀之司，所以代朝廷宣導風化。今專以訟獄爲要務，以獲贓多者爲稱職，以事績少者爲闒茸。但知去一贓吏，决一獄訟爲治，而不知勸民成俗、使民遷善遠罪，爲治之大者也。此風憲未知所重之失也。

《王制》：論秀於鄉，升於司徒，曰選士；司徒論其秀士，而升於太學，曰俊士；太學又論造士之秀，升諸司馬，曰進士；司馬辯論官材，論定，然後官之。任官，然後爵之。其考之詳如此。今天下郡邑，生員考於禮部，升於太學，或未數月，遽選入官者，間亦有之。臣恐此輩未諳時政，未熟朝廷禮法，不能宣導德化，上乖德政，下困黎民。雖曰國家養育之仁，然世間奇才罕有。開國以來，選舉不爲不多，選任不爲不重，賢者能有幾乎？凡此皆臣所謂求治太速之過也。

疏入，上怒其離間骨肉，逮繫詔獄，竟死獄中。

冬十月，更建太廟，成。

前正殿，後寢殿。寢殿九室，主皆南向，時享。正殿，則德祖南向。懿祖以下皆東西向。

十二月，送故元臣蔡子英出塞。

子英，河南永寧人，元季舉進士，爲擴廓帖木兒所知，累官顯要。定西之敗，子英單騎走關中，匿南山。有司以形求得之，械送京師。至江濱，復亡去。又捕得之，械過洛陽，遇湯和，不爲禮。和怒，燃其鬚，懾之，終不屈。其妻寓洛陽，欲見之，子英避，不與見。至京，上命釋之，授以官，不受。退而上書，曰："陛下以萬乘之尊，全匹夫之節，易其冠裳，授以名爵。臣感恩無極，非不欲竭犬馬，報覆載之仁。但以名義所在，不敢改其初志。自惟家本韋布，遭值亂離，操戈行伍，過蒙主將知薦，仕至七命，躍馬食肉，十有五年，愧無尺寸之功，以報國士之遇。及國家板蕩，又復失節，何面目見天下士？所以寧死不敢有他志。蓋臣之事君，猶女之適人，一與之醮，終身不改。管子曰：‘禮義廉耻，國之四維。四維不張，國乃滅亡。’陛下創業垂統，正當提挈大經大法，以昭示子孫。不宜以無禮義廉耻之俘虜厠於維新之朝、賢士大夫之列也。臣自被獲以來，日夜所思，惟追咎昔之不死，以爲今日惟死可以塞責。陛下若察臣之愚，全臣之志，禁錮海南，以終薤露之命，則雖死於炎瘴，亦感恩極矣。”上覽奏，益重之，命館於儀曹。忽一夜大哭不止。人問其故，子英曰：“思舊主耳。”語聞，上知其志不可奪，敕有司送出塞外。

丁巳，十年春正月，翰林承旨宋濂致仕。

濂瀕行，上深眷念，曰：“卿去，何時復來？姑徐徐行。”由是，朝夕左右者累日。賜楮幣、文綺，遣使護行。濂感上恩，請歲一來朝。時，詔言事，有上疏萬餘言者。上厭其迂衍，欲罪之。群臣有阿意者，指其疏曰：“此不敬，此誣謗。罪當誅。”上笞之，而怒猶未解。濂曰：“彼應詔上疏，其心爲國家耳，烏可深罪？”已而，上覽疏，中有足采者，召阿意者，詬曰：“吾怒時，若不能諫，乃激吾誅之，何異以膏沃火？向非宋景濂之言，不幾誤罪言者耶？”

高麗請謚其故主顓，不許。

顓被弑已久，始來請謚。上曰：“是將假朝命，鎮服其民，且以掩弑逆之惡。”不許。

給銓選官道里費。

上謂省臣曰：“昔元時選官淹滯，資用既乏，流爲醫卜，使賢者喪其所守，非朝廷待士之道也。今聽選者，早與銓注，皆與道理費，給舟車遣之。”

免官員徭役。

上謂侍臣曰："執役者，庶民之事。若賢人君子，既貴其身，復役其家，則君子、野人無所分别，非勸士待賢之道。自今悉免其徭役，著爲令。"

三月，白虹貫日〔二〕。

夏四月，命征西將軍鄧愈、副將軍沐英率師討吐蕃，破之。

先是，吐番邀殺烏思藏使者，掠其輜重。上命愈等討之。愈等分兵三道，深入其地，追至昆侖山，俘斬萬計，沿邊置戍而還。

五月，户部主事趙乾棄市。

先是，荆蘄被水，命乾往賑。乾遷延半載，始發粟，民饑死者甚衆。上怒其不恤民艱，戮之。

六月，詔言事者實封直進。

上慮耳目壅蔽，下情不能上達，微賤之人敢言，而不得言；疏遠之士欲言，而恐不見信。乃令天下臣民，凡言事者，實封直達御前。上嘗諭侍臣曰："舍己從人，改過不吝，帝王之美事。朕屢敕廷臣直言無諱，至今少有啓沃朕心者。"侍臣對曰："陛下聰明天縱，事無缺失，群臣無可言者。"上曰："朕日總萬幾，安能盡善？所望者，左右之臣盡忠補過耳。如卿所言，非朕所望也。"

命皇太子處分軍國事。

上欲皇太子練習幾務，乃令百司，政事先啓太子處分，然後奏聞。諭之曰："人主日有萬幾，一事得，天下蒙其利；一事失，天下受其害。自古惟創業之君，歷涉勤勞，達於人情、物理，故處事鮮有過當。守成之君，生長富貴，若非平昔練達，臨政少有不謬者。故吾特命爾日臨群臣，聽斷諸司啓事，以練習國政。惟仁則不失於躁暴，惟明則不惑於邪佞，惟勤則不溺於安逸，惟斷則不牽於文法。凡此皆以一心爲之權度，苟無權度，未有不失其當者，如悔而改，亦已晚矣。吾自有天下以來，未嘗暇逸，於諸事務惟恐毫髮失當，以負上天付托之意。戴星而朝，夜分而寢，日未有善，寢亦不安，此爾所親見也。爾能體而行之，天下之福。吾無憂矣。”

斥宦官言事者。

中官有供事内庭、從容言及政事者，上即逐之。謂群臣曰：“自古明君，凡有政事，必與公卿大夫謀諸朝廷，未聞近習得與政者。閹寺之人，朝夕在人主左右，其小善小信，足以固結君心。一爲所惑，將假威福、竊權勢，爲禍不小。此宦者雖事朕日久，决然去之，所以懲將來也。”

秋七月，設通政使司。

以曾秉正爲通政使。

乙巳，遣監察御史巡按州縣。

八月，改建大祀殿于南郊。

上以分祭天地，於心未安，欲舉合祀之典，乃命即圜丘舊址建大祀殿。

改建社稷壇於闕右。

暹羅國入貢。

以胡惟庸、汪廣洋爲左、右丞相，陳寧、丁玉爲左、右御史大夫。

宋濂來朝。

九月，江浙大水，免今歲田租。

冬十月，觀心亭成。

時，宋濂來朝。上召濂語之曰："人心易放，操存爲難。朕日酬庶務，罔敢暇逸。况有事郊廟、社稷，尤用祗惕。故作此亭，名曰觀心，卿爲朕記之。"

熒惑犯輿鬼。

封沐英爲西平侯。

遣使立麻那者巫里爲三佛齊國王。

大内宫殿成。

上見宫殿制度不侈，甚喜。謂侍臣曰："人主嗜好，所繫甚重，節儉足以養性，侈靡必至喪德。朕富有四海，何求不遂，然惟恐驕盈。凡有興作，必量度再三，不獲已，而後爲之，未嘗過度。皇后亦能儉以率下，躬服浣濯，非故爲矯飾，恐暴殄天物，剥傷民財，不敢不謹耳。"

十一月，皇孫允炆生。

衛國公鄧愈卒。

愈自河州班師，至壽春，以疾卒。訃聞，上哀慟，追封寧河王，謚武順。車駕臨奠，命配享太廟，仍肖像祀於功臣廟。愈器量宏偉，沉毅謙恭，臨大敵而不懼，建大功而不矜，禮賢下士，寬惠愛人。所歷八郡之民，皆懷其德。

合祀天地於奉天殿。

都督濮真征高麗，被執，不屈死之。

真被執，高麗王愛其勇，欲降之。真大駡曰："吾爲天朝大臣，豈降夷虜？爾不知大丈夫有赤心，肯汝屈耶？"即抽刀剖心而死。王初意止欲脅真，不虞其死。真死，王大懼，遣使謝罪，并歸真從行軍士。上曰："真當危難，秉義不屈，忠節可嘉。"追封樂浪公，謚忠襄。子璵方在襁褓，封爲西梁侯。

松番蠻作亂，遣御史大夫丁玉討之。
十二月丁巳朔，日有食之。
録用死事諸臣子孫。
凡五百十一人。
復靖江王守謙爵，徙雲南，尋安置鳳陽。
戊午，十一年春正月，進封中山侯湯和爲信國公。
改封吴王爲周王。
二月，減邊商鹽價。
鹽價太重，商人輸粟者少。上命量地遠近，各減價有差。
命皇太子詣中都祀皇陵，中書右丞相汪廣洋從。
二月，祭大社大稷，奉仁祖配。
三月，命吏部課考績官。
河間知府楊冀安等考績來朝。上命吏部曰："考績之法，所以旌别賢否，以示勸懲。宜課其殿最，第爲三等：稱職無過者爲上，賜坐而宴；有過稱職者爲中，宴而不坐；有過不稱職者爲下，不預宴，序立於門，宴者出，然後退。"上又謂吏部曰："朝廷懸爵禄以待士，資格爲常流設耳。若有異才，豈拘常例？庶官有才能，伏下位，當不次擢用之。"由是，李文焕以西安知府、費震以寶鈔提舉俱擢爲户部侍郎。
禁奏事關白中書。
夏四月，以朱夢炎爲禮部尚書。
五月，元嗣君愛猷失理達臘殂，子脱古思帖木兒立。
選武臣子讀書國子監。
六月壬子，遣使祭故元嗣君。
八月，詔免南畿、河南、陝西、廣東、湖廣田租，蘇松、楊台海溢。

西番入寇，命西平侯沐英爲征西將軍，率兵征之。

英率藍玉、王弼等征西番，首取甘朵，降其萬户乞失迦，夷其部落，俘獲無算。洮州十八族番鬼三副使汪舒朵酋只、阿烏卜商等據納鄰七站之地，英進兵擊之。

九月，有星孛於天井。

追封劉繼祖爲義惠侯。

冬十月，大祀殿成。

十二月，宋濂來朝。

己未，十二年春正月，合祀天地於南郊。

松州土酋作亂，御史大夫丁玉討平之。

二月，遣曹國公李文忠督理河、岷、臨、鞏軍務。

置洮州衛。

英等兵至洮州，阿卜商等遁去，追擊，敗之。遂於東籠山南川，度地勢築城戍守，遣使告捷，且請城守事宜。上曰："洮州，西番門户。築城戍守，是扼其咽喉也。"遂命置洮州衛。李文忠言："官軍守洮州，饋運甚艱。"上諭之曰："洮州，西控番戎，東蔽湟隴，西邊之要地。今若棄之，數年後，番人將復爲邊患矣。慮小費而生大患，非計。令將士慎守，無憂饋運也。"

遣信國公湯和練兵臨清。

三月，以樂韶鳳爲國子祭酒，尋致仕。

夏四月，免北平田租。

以久不雨也。

置松州衛。

五月，靖海侯吴禎卒。

追封海國公。

六月，高麗龍州鄭白等來降。

白等率妻子來降，遼東守將潘敬以聞。上敕敬曰："人情安土重遷，豈有舍桑梓而歸異鄉者？此必示弱於我，當諭令還，以破其奸。《春秋》云：'毋納逋逃。'不然，邊患由此啓矣。"

命都督馬雲率兵征大寧。

秋七月，御史大夫丁玉討蜀寇等，平之。

初，彭普貴等作亂，焚掠郡縣。官兵討之，不克。至是，玉盡殲其衆。上敕勞之。

九月，征西將軍沐英班師還。

以丁玉爲左御史大夫。

冬十月，以吴沉爲翰林待制。

上觀《漢武帝紀》，謂沉曰："人君理財之道，當視國如家，一家之内，父子異貲，家必隳。君民，猶父子也。若損民以益君，民貧而君獨富，寧有是理？"上又謂沉曰："人當無所不謹，事雖微而必慮，行雖小而必防。不慮於微，終貽大患；不防於小，終虧大德。常人且然，況人主乎？"

十一月，封征西諸將。

藍玉，永昌侯。王弼，定遠侯。張龍，鳳翔侯。吴福，安陸侯。葉昇，靖寧侯。曹震，景川侯。謝成，永平侯。張温，會寧侯。曹興，懷遠侯。周武，雄武侯。金朝興，宣德侯。仇成，安慶侯。並世襲。

十二月，宋濂來朝。

安置右丞相汪廣洋於海南，道卒。

廣洋與胡惟庸同居相位。惟庸所爲不法，廣洋浮沉，無所矯正，又耽酒色，荒於政事。上責令省改，廣洋内不自安。會御史中丞凃節言，劉基遇毒死，廣洋知狀。上問廣洋，廣洋以不知對。上怒其欺罔，遂貶海南。舟次太平，復敕書切責之。廣洋懼，遂自經死。

安南入貢。

徵天下博學老成之士。

庚申，十三年春正月，誅左丞相胡惟庸、御史大夫陳寧、中丞凃節。

自楊憲誅，惟庸總中書政，招權納賄，專肆威福。諸司封事有病己者，輒匿不聞。徐達嫉其奸，從容言於上。惟庸忌之，誘達閽者福壽圖達，爲福壽所發。惟庸兄女妻李善長弟太僕丞存義子佑，因與善長深相結，過從甚密。時，吉安侯陸仲亨、平凉侯費聚皆以事被譴。惟庸陰結之，欲爲用事，未發。會惟庸子馳馬於市，馬奔，入輓輅中，傷死。惟庸殺輓輅者。上怒，命償其死。惟庸請給以金帛，不許。惟庸乃謀起事。凃節上告變，上曰："朕不負惟庸，何得至是？"命群臣更訊惟庸，具伏。於是，賜惟庸、陳寧死。以凃節本與謀，見事不成，始上變，并殺節。餘黨皆連坐。群臣又請誅善長、陸仲亨等。上曰："朕初起兵時，善長來謁軍門，曰：'有天有日矣。'是時，朕年二十七，善長年四十一。所言多合吾意，遂命掌簿書，贊計畫。功成，爵以上公。陸仲亨，年十七，父母俱亡。恐爲亂兵所掠，持一升麥藏草間。朕見之，呼曰：'來'，遂從朕。長育成就，以功封侯。此皆吾初起時腹心、股肱，吾不忍罪之，其勿問。"

以偰斯爲吏部尚書，鄭九成爲禮部尚書。罷中書省，更六部官秩。改大都督府爲五軍都督府。

胡惟庸誅。上諭群臣曰："朕圖任大臣，期相輔佐，故立中書省以總文治，都督府以總武事，御史臺以振紀綱。豈意奸臣竊持國柄，謀危社稷？賴神發其奸，皆就殄滅。今欲革去中書省，升六部，倣古六卿之制，俾各司所事。更置五軍都督府，以分領軍衛。如此，則權不專一，事不壅蔽。卿等以爲何如？”監察御史許士廉上言：“陛下日應萬幾，勞神太過。臣愚以爲，宜設三公府，以勛舊大臣爲之，總率百僚庶務，其大政，如封建、發兵、銓選、制禮、作樂之類，則奏請裁決。其餘循制奉行，庶幾下絶奸權之患，上無煩劇之勞。”上然之，乃罷中書省，升六部，改大都督府爲五軍都督府，布告天下。

二月，以薛祥爲工部尚書。

李善長罷。

詔舉孝弟力田、賢良方正、文學之士。

虜火脱赤寇邊，遣西平侯沐英征之，獲其全部以歸。

時，故元國公火脱赤、知院愛足屯衆和林爲邊患。上命沐英率關中兵討之。由亦集乃路渡黄河，歷賀蘭山，涉流沙，至其境。去虜營五十里，英令分軍爲四，一襲其背，二掩其左右，英率驍騎當其前，夜銜枚以進，合圍之。火脱赤等駭惑，不知所措，皆被擒，獲其全部以歸。

三月，減蘇、松、嘉、湖四府田租。

初，張士誠平。上怒蘇民爲死守，令取諸豪族佃簿，付有司如數徵税。松、嘉、湖次之。至是，乃令減其舊額。

成祖之國北平。

夏四月，令群臣各舉所知。

命都督張赫、朱壽率舟師海運。

五月，雷震謹身殿。大赦。

免天下田租。

吏部尚書劉崧、禮部尚書偰斯致仕。

六月，以蘇恭讓爲漢陽知府。

恭讓爲治嚴明不苛。漢陽徭役倍於他郡，恭讓每遇徵發，必詣上官申理，民賴以安。時有趙廷蘭者，知漢陽，有惠政。朝廷遣使取陳氏散卒，他縣多以民丁應數，廷蘭獨爲民辨明，得不擾。漢陽民言郡守則稱恭讓，言縣令則稱廷蘭云。

罷御史臺及提刑按察司。

《臣戒録》成。

上因胡惟庸謀叛，乃命儒臣纂録歷代諸侯王、宗戚、宦官悖逆不道者，凡二百十二人，類其行事，名曰《臣戒録》，頒告中外。

九月丙午，置四輔官，以王本、杜佑、龔斆爲春官，杜斆、趙民望、吴源爲夏官。

先是，徵儒士王本等至京，上召見武英殿，命爲四輔官，諭以竭忠勤職，感格天心。後本犯極刑，餘皆以罪黜，此官遂廢。

冬十月，爪哇國入貢。

詔求真才。

十二月，安置致仕翰林學士承旨宋濂於茂州。

濂孫慎坐胡黨，被刑，籍其家，械濂至京。上怒甚，欲誅之。后諫曰："民間延一師，尚全始終。濂教太子、諸王，豈宜若是耶？況濂致仕居家，必不知情。"上意解，濂得發茂州安置。

辛酉，十四年春正月戊子，虜朶兒不花入寇，遣征虜大將軍徐達、左右副將軍湯和、傅友德率師討之。

丁未，斥言利近臣。

近臣有言當理財，以紓國用者。上曰："人君制財，與庶人不同。庶人爲一家計，則積財於一家；人君爲天下主，當貯財於天下。昔漢武帝用桑、孔聚斂之臣，海内苦之。宋神宗用王安石，小人競進，天下騷然。此可爲戒。”言者愧悚。

以李叔正爲禮部尚書。

編賦役黄册。

以百一十户爲一里，丁、糧多者十人爲長，餘百户分爲十甲，歲役里長一人管攝里事。城中曰坊，近城曰厢，鄉都曰里。十年一週。每里編爲一册，册首總爲一圖。鰥寡孤獨不任役者，則附於一十户之外，名曰“畸零”。册成，一本進户部，各布政司及府州縣各存一本。十年一造，遂爲定制。

二月，以鄭湜爲福建參議。

湜，浦江人，綺八世孫。家素以孝義聞。時，胡惟庸敗，凡仇告者指爲胡黨，率坐重獄，有訴鄭氏交通惟庸者。湜兄弟六人，吏捕之急，諸兄争行。湜曰：“弟在，忍使諸兄罹刑辟乎？”獨詣吏。仲兄濂，先有事京師。聞湜至，迎謂曰：“吾家長，當任罪，弟何與？”湜曰：“兄老，吾往辯之。萬一不直，弟當服辜。”二人争入獄。上聞之，召至廷，勞勉之。顧近臣曰：“有人如此，而肯從人爲非耶？”即宥之，詔賜酒食，擢爲參議。

三月，命馮勝節制河南。

大將軍達率諸將出塞，至黄河，擊虜，破之，遂班師。

傅友德至北黄河，虜騎駭遁。友德選輕騎夜襲灰山，克之，獲其部落人畜甚衆。沐英略公主山長寨，殲其戍卒，獲全寧四部以歸。

五月，五溪蠻作亂，命江夏侯周德興討平之。

五溪蠻亂，議出師討之。德興請行。上以其老，不許。德興請益力，且示矍鑠狀。上壯而遣之。師至，蠻悉竄匿，不敢復出。會四川水盡諸洞蠻亦作亂，復命德興移兵討之，次第悉平。

故學士承旨宋濂卒於夔州。

濂既貶，行次夔州而卒。濂性體温粹，學問該博，德行、文章爲一時冠，四夷莫不知名。每貢使至，必問："宋先生安否?"侍上久，知遇最渥。燕見召對，若家人父子，而深密不洩禁中語。有奏，輒焚草。嘗大書"温樹"二字室中。論道上前，授經太子，未嘗不言仁義，至問人才臧否，則第言其善者。上方稽古制，治郊廟、山川，祀祭、律曆、禮樂及朝貢諸禮皆濂裁定。上嘗欲使參大政，濂曰："臣無他長，徒以文墨議論事，恐負陛下。"頓首力辭。居家，篤於倫品，與人交和易任真，汲引後學如恐不及。自少至老，未嘗一日去書。常曰："古人爲學，使心正身修，措之行事，俯仰無愧而已。煩詞復説，道之敝也。"臨財廉，不取非義。日本使奉敕請文，獻百金，却不受。上以問濂，對曰："天朝侍從，受小夷金，非所以崇國體。"平居，布衣蔬食，無異貧士。或勸爲子孫計，曰："富貴，豈一家物哉?吾乃所以貽之也?"卒年七十三。

六月，安南陳煒遣使入貢，却之。

時，安南與思明府相攻，各訴於朝。至是，安南來入貢。上惡其啓釁搆怨，命還其貢，以書詰責之。

秋七月，日本入貢，却之。

八月，河決原武。

九月，以潁川侯傅友德爲征南將軍，永昌侯藍玉、西平侯沐英爲左、右副將軍，帥師征雲南。

上以雲南恃遠梗化，戕殺使臣，乃命友德等帥師三十萬討之。上諭之曰："雲南僻在遐荒，行師之際，當知其山川險易，以規進取。朕嘗覽輿圖，咨詢於衆，得其阨塞。取之之計，當自永寧别遣驍將率一軍向烏撒，大軍繼自辰沅，入普定。分據要害，乃進兵曲靖，此雲南喉襟，彼必併力以拒。出奇取勝，正在於此。既下曲靖，三將軍以一人提勁兵趨烏撒，應永寧之師，大軍直擣雲南，使其彼此牽制，疲於奔命，克之必矣。雲南既克，分兵徑趨大理，先聲已振，勢將瓦解。其餘部落，可遣人詔諭，不必苦煩兵也。”

冬十月壬子朔，日有食之。

遣監察御史林願等分道慮囚。

上恐天下刑獄失平，乃分遣御史四出按治，伸冤理枉。凡罪重者，械送京師，下大理寺，詳議讞决。

浙寇作亂，遣延安侯唐勝宗討平之。

定考課殿最法。

潮州海陽縣民作亂，遣南雄侯趙庸討平之。

十二月，征南將軍傅友德等克貴州。

友德至湖廣，分遣都督胡海洋帥兵五萬，由永寧趨烏撒。友德與藍玉、沐英率大軍，由辰沅趨貴州，進攻普安、普定，下之，留兵戍守，進兵曲靖。

征南將軍傅友德、右副將軍沐英，擊敗雲南將達里麻於白石江，獲之，遂克曲靖。

梁王聞王師下普定，遣其僞平章達里麻，將精兵十萬屯曲靖，以備我師。英謂友德曰：“彼不虞我師深入，若倍道疾趨，出其不意，破之必矣。”友德然之，遂進師。未至曲靖數里，忽大霧四塞，銜霧而行，至白石江，霧霽。達里麻見之，大驚。友德即欲濟師，英曰：“我軍遠來，形既露，固利速戰。然亟濟，恐爲所犯。”乃整師臨流若欲濟者，達里麻果擁精鋭扼水。英别遣數十人，從下流潛渡，出其後，吹角樹幟。達里麻見之，急撤衆以御，衆亂。英乃拔劍督衆濟江，以勇而善泅者先之，長矛蒙盾，鋒甚鋭。達里麻却數里而陣。我師畢濟，友德麾兵進戰，矢石齊發，呼聲動天地。戰數合，英縱鐵騎衝其中堅，敵披靡，遂大敗，死者不可勝計，横屍十餘里。生擒達里麻，俘其衆萬餘，友德悉撫而縱之，使各歸田里，夷人大喜。遂克曲靖，留兵守之。友德率衆數萬擣烏撒，遣英與藍玉率師趨雲南。

左副將軍藍玉、右副將軍沐英進兵雲南，梁王把匝剌瓦爾密棄城走滇池，赴水死，遂克雲南。

梁王聞曲靖兵敗，乃挈妻奴走滇池島中，先縊其妃，自投水死。藍玉、沐英至板橋，其右丞觀音保等出降。玉等整師入城，戒戢軍士，秋毫無犯。分遣曹震、王弼等分道取臨安諸路，悉下之。

征南將軍傅友德克烏撒。

友德循格孤山而南，通永寧之兵。時，元右丞實卜聚兵赤水河以拒胡海洋，及聞大軍繼至，皆遁去。友德令諸軍築城，板鍤方具，蠻復大集。友德屯兵山岡，持重以待之。諸將欲戰，友德故弗許，士卒皆奮勇思致死。友德度其可用，下令曰：“我軍深入，有進無退，彼既遁而復合，心必不一，併力蹙之，破之必矣。若使據險自固，未易克也。”遂麾軍鼓譟而前，戰十餘合，其酋長多死，蠻衆不支，大潰，斬首三千級，實卜遁去，遂城烏撒。得七星關以通畢節，又克可渡河。於是，東川、烏蒙、芒部諸蠻皆望風降附。

壬戌，十五年春正月〔三〕，白虹貫日。

始置諸司勘合。

命天下朝覲官各舉所知一人。

置貴州都指揮使司。

置雲南布政使司，以汝南侯梅思祖掌布政司事，張紞爲左參政。

改國子學爲國子監。

閏二月，左副將軍藍玉、右副將軍沐英進師大理，克之。

大理城倚點蒼山，西臨洱河爲固。土酋段世聞王師且至，聚衆扼下關。下關者，南詔皮羅閣所築龍尾關也，勢極險峻。玉遣王弼以兵由洱水東趨上關，爲犄角勢。自率衆抵下關，造攻具。别遣胡海洋將一軍，夜從間道渡河，繞出點蒼山後，攀木援岸而上，立我旗幟。遲明，酋衆見之，驚亂。英身先士卒，策馬渡河，水没馬腹，將士隨之，莫敢後，遂斬關而入。山上軍亦下攻之，酋腹背受敵，遂潰，拔其城，擒段世。乃分兵略鶴慶、麗江、石門、金齒，皆下之。車里、平緬等處相率來降，諸夷悉平。

彗星見。

三月，以趙俊爲工部尚書，李信爲吏部尚書。

夏四月，詔天下通祀孔子。

上諭禮部尚書劉仲質曰："孔子明道以教後世，其功參於天地。今天下郡縣廟學並建而報祀之，禮止行於京師，豈非闕典？卿與儒臣定釋奠禮儀，頒之天下。"學校，令每歲春秋仲月，通祀孔子。又命學田租入官者，悉歸於學，俾供祭祀及師生俸廪。

免南畿、浙江、江西、河南、山東田租。

罷都尉府，置錦衣衛指揮使司。

烏撒諸夷叛。

上敕諭征南將曰："烏撒諸蠻伺官軍散處，大勢不合，故有此變。且留大軍屯聚，蕩除諸蠻，戮其酋長，使之畏威，方可分兵守御。"

以吴顒爲國子監祭酒。

旌遼東節婦。

故元臣名祖自遼東來歸，言遼有高希鳳者，兵亂被殺。妻劉氏被虜，駡不絶口，遂被害。希鳳弟藥師奴亦死於亂，妻李氏，携子與侄避難，度難兩全，以子差長，棄之，獨携侄行。及亂定復業，訪得其子，同歸。希鳳季弟伯顔不花爲吶哈出所殺，妻郭氏，自縊死。希鳳從子高塔失丁被讐誣陷死，妻金氏與姑邢氏同縊死。上爲動容，稱嘆，即詔有司，旌表希鳳家爲五節媍之門。

五月，上幸國子監，謁先師孔子。

國學新成，上將釋菜，令諸儒議禮。議者言："孔子雖聖，人臣也。禮宜一奠再拜。"上謂禮部尚書劉仲賢曰："孔子明道以教後世，豈可以職位論？昔周太祖如孔子祠，將拜，左右曰：'孔子陪臣，不宜拜。'周太祖曰：'百世帝王之師，敢不拜？'朕深嘉其明。今朕於先師之禮宜加尊崇。"及釋菜禮成，退御講筵。祭酒吴顒等以次講畢，上復命取《尚書·大禹》《皋陶謨》《洪範》親爲講説。賜宴，竟日而還。

以宋訥爲翰林學士。

時，有廣東儒士上《治平策》者，上覽之，顧謂訥曰："此人不識道理，豈有論治數千言，而不及用賢者？天下之大，欲朕一人獨理之乎？"訥對曰："誠如聖諭。但賢才在天下，人主豈能周知？必賴群臣薦舉。得賢與否，係夫舉之者何如耳。"上又謂訥曰："朕每觀《尚書》，至'敬授人時'，嘗嘆敬天之事後世中主猶能知之，敬民之事則鮮有知者，蓋爲視民輕也。視民輕，則畔涣離散，不難矣。”

五月，遣求經明行修之士。

秋七月，沐英自大理還軍，會傅友德，擊烏撒叛夷，大破之。

以開濟爲試刑部尚書。

詔設科取士。

三年一試，著爲定例。

八月丙戌，皇后馬氏崩。

后性恭儉，既貴，服浣濯之衣，衾裯雖敝，不忍易。每製衣服，餘帛緝爲巾褥。織工治絲，有荒纇遺棄者，亦令緝而織之，以賜諸王妃、公主，曰：“生長富貴，當知蚕桑之不易，爲天地惜物也。”后初未有子。育上兄子文正、姊子李文忠及沐英等數人，愛如己出，及太子、諸王生，恩無替焉。御妃嬪有恩，有子者待之加厚。勉太子、諸王力學，諄切懇至。有以服玩相尚者，必切責之。上以威嚴爲治，后濟以寬仁。上每前殿决事，后必潛聽察之。如聞震怒，還宫必詢：“今日處何事？怒何人？”因泣諫曰：“主上貴極爲天子，正當積德，不可縱殺，致死者含冤，乃子孫之福，國祚亦長久。”上納之。文正鎮江西，荒淫無度。上誅其左右，取文正還，欲罪之。后諫曰：“文正雖驕縱，自渡江以來，累立戰功。及堅守江西，陳氏强兵不能克，皆其智勇也。况骨肉懿親，縱有罪，亦當宥之。”上曰：“后言是也。”後文正復出怨言，上欲廢之，后又極諫而止。吴興民沈萬三巨富，上因事欲殺之，后曰：“彼固富可敵國，然未嘗爲不法，奈何疑而殺之？”遂得流雲南。上幸太學還，后聞太學諸生有携妻孥者，無所仰給，勸上賜以月糧，給其家，遂爲定制。至是，病劇，不肯服藥。上强之，終不肯，曰：“死生有命，雖扁鵲何益？使妾服藥而不瘳，陛下寧不以愛妾之故殺諸醫乎？妾不忍其無罪而就死地也。”上曰：“第服之，縱萬一無效，當爲汝貸之。”后終不服，崩，年五十一。上痛悼之，終身不復立后。

以秀才曾泰爲户部尚書。

泰，江夏人，有學行，故不次用之。

九月，雲南諸夷叛，右副將軍沐英討平之。

先是，傅友德等既平雲南，即分兵四出，討諸蠻寨未服者，雲南城守者少，諸夷因相煽爲叛謀。有土官楊苴，尤桀黠，紿其下曰：“大軍還矣，雲南可圖也。”糾衆二十餘萬來攻。時，城中食少，士卒多病，都督謝熊、馮誠等嬰城固守，旋施樓櫓，備戰具，多置强弩於陴上，至輒射之，往往應弦而斃。伺賊少怠，則出勁兵擊之。賊不能攻，設長圍，爲困城計。時，沐英駐兵烏撒，聞之，即選驍騎一萬還救。至曲靖，遣卒潛入報城中，爲賊所得，紿之曰：“沐將軍領三十萬衆至矣。”賊驚愕，遂拔營宵遁，走安寧、羅衣等處，據險樹栅，謀再舉。英分調將士，盡剿除之，諸部悉定。

晋府長史桂彦良上《太平治要》。

彦良上《太平治要》，凡十二條：一曰法天道，二曰廣地利，三曰順人心，四曰養聖德，五曰培國脉，六曰開經筵，七曰精選舉，八曰審刑罰，九曰敦教化，十曰馭戎狄，十一曰搜才俊，十二曰廣咨訪。上曰：“彦良所陳，通達事理，有裨於治。世謂儒者泥古而不通今，若彦良，可謂通儒矣。”

冬十月，置都察院。

廣東盗起，遣南雄侯趙庸討平之。

庸帥兵討廣東諸盗，擒僞官百餘、賊衆萬餘，斬首三千級，招降復業民五千餘户，蠻寇盡平，乃班師。

十一月，置殿閣學士。以劉仲質爲華蓋殿大學士，宋訥爲文淵閣大學士，吴伯宗爲武英殿大學士。

徵耆儒鮑恂、余銓、張長年爲文華殿大學士，辭，不拜。

禮部主事劉庸舉恂等三人，皆明經宿學，通達治體，可備顧問。遣使召至。上賜坐，勞問，命爲文華殿大學士，輔導東宫。恂等以老疾固辭。尋賜還鄉里。

以監察御史任昂爲禮部尚書。

癸亥，十六年春正月戊申，白虹貫日。

國子監祭酒吴顒罷，以文淵閣大學士宋訥爲國子祭酒。

上以顒寬縱，不能檢束武臣子弟，故罷，以訥代之。

旌安平縣烈婦張氏。

張氏，國子生翟德妻也。德盗同舍生衣物。事覺，張氏耻之曰："夫者非但仰望以終身，將冀其力學成名，以顯榮父母也。今若此，我何面目見鄉里乎?"遂縊死。事聞，上以其素承父母之教，命於其父母家旌之。

二月，《精誠録》成。

先是，上謂沉曰："朕閲古聖賢書，垂訓立教，大要有三：曰敬天，曰忠君，曰孝親。君能敬天，臣能忠君，子能孝親，則人道立矣。然其言散在經傳，未易會其要領。爾等以類編輯爲書，庶便觀覽。"至是成。上覽而善之，賜名《精誠録》。

上觀唐太宗《帝範》，謂侍臣曰："此雖非帝王精微之道，然語意備至，曲盡物情。使其子孫克守此言，亦足爲訓。自後女主竊柄，有乖君體；骨肉少恩，有乖建親；諂諛並進，有乖求賢。忠諫者忌之，讒佞者悦之，驕奢縱佚，罔知戒懼，賞罰政令不行於天下，閹竪小人朋比於國中，卒召藩鎮之禍，而唐祚遂衰。有國家者，其可不守祖宗之法乎？"

上與侍臣論歷代創業及國祚修短，侍臣皆曰："前代祚運之長，莫如成周，其次莫如漢。"諫議大夫唐鐸進曰："三代以後，起布衣有天下者，咸稱漢高帝及陛下而已。以臣觀之，漢高除秦苛法，雜伯而不純。陛下革胡元弊政，一復先王之舊，所謂撥亂世反之正。漢高不事詩書，陛下留心聖學，親灑宸翰，制諭萬方，卓然與典、謨、訓、誥相表裏，豈漢高所能及哉？"上曰："此不足論。周家自公劉、后稷，奕世積德，文王以服事殷，武王遂一戎衣而有天下。若使其後君非成康，臣非周召，益修厥德，則文武之祚何能至八百之久？《書》曰：'皇天無親，惟德是輔。'使吾後世子孫能如成康，輔弼之臣能如周召，則可以祈天永命，國祚愈昌矣。"

上謂侍臣曰："人君不能無好尚，要當慎之。好功則貪名者進，好財則言利者進，好術則遊談者進，好諛則巧佞者進。夫好得其正，未有不治，好失其正，未有不亂，不可不慎也。"

三月，詔征南將軍傅友德、左副將軍藍玉班師，留西平侯沐英鎮守雲南。

夏五月戊午，定文武封贈、廕叙之制。

廣東都指揮狄崇、王臻言："嫡妻没，請封次妻。"下廷臣議。禮部議曰："禮莫大於分，分莫大於名。昔魯莊公妾成風，僖公母也，稱爲夫人。《春秋》非之。襄公庶子制〔四〕之母嬖，將以爲夫人，使宗人釁〔五〕夏獻其禮，對曰：'無之。'蓋古者夫人殁，貴妾攝家事，不得稱夫人。若庶子貴，得推恩于母，亦不得稱夫人，使並嫡也。今崇、臻任私意，廢大禮，亂嫡妾之分，不可許。”上從之。遂命禮部及翰林儒臣定封贈及廕叙之例，頒示中外。

封贈例十一：

其一，文官一品至七品，止封贈散官職事。其應封一代者，父與子同，妻從夫貴。應封二代者，祖降父一級。應封三代者，曾祖降祖一級。父見任者，不封。已致仕及亡殁者，封之。其在任棄職就封者，聽。

其二，應封父母者，嫡母在，所生之母不得封。嫡母亡，得並封。若所生母未封，不得先封其妻。

其三，父母有兩子，當封。媍人因其子受封，而夫與子兩有官者，俱從其高品。父祖原有官，既殁而因其子孫封贈者，進一階。

其四，應封妻，止封正妻。繼室，止封一人。

其五，命媍因子孫封者，加“太”字。若已殁，及曾祖父母在者，不加。

其六，自從七品以上至正一品，升一品者，封贈一次。

其七，曾祖父母、祖父母、父母曾犯十惡、奸盜、除名等罪，其妻非禮聘正室，或再醮及倡優婢妾，並不許申請。

其八，封贈之後，但犯贓私者，並追奪。

其九，凡媍因夫貴、母因子貴，受封不許再醮。違者治之如律。

其十，京官四品以上試職、實授，頒給誥命，取自上裁。已受誥命者，亦須一考滿秩，方許封贈。五品以下官，試職一年考覈稱職者，實授，頒給誥敕；不稱職者，黜降；其已授誥敕者，亦須一考，方許封贈。

其十一，凡在外，三年爲一考，稱職者，頒給誥敕；再考稱職，聽請封贈。其有才能卓異、出自特恩者，不在此例。

廕叙之例五：

其一，用廕以嫡長子，殘廢則嫡長子之孫〔六〕，以逮曾玄。無則嫡長之同母弟，以逮曾玄。又無則繼室及諸妾所生者，又無則傍廕其親兄弟子孫，又無則傍廕其伯叔子孫。

其二，用廕者孫降子，孫孫降孫〔七〕；傍廕者，皆於廕叙品第降一級。

其三，正一品官，廕其子於正五品用；從一品子，則從五品用；正二品子，則正六品用；從二品子，則從六品用；正三品子，則正七品用；從三品子，則從七品用；正四品子，則正八品用；從四品子，則從八品用；正五品子，則正九品用；從五品子，則從九品用；正六品子，則於未入流上等職内叙用，如行人、巡檢、司獄之類。從六品子，則於未入流中等職内叙用，如各關倉庫、税課、司局、批驗、鐵冶所官之類；正從七品子，則於未入流下等職内叙用，如遞運所、驛丞、閘壩官之類。

其四，凡職官子孫，許廕一人，年二十五以上、能通經史大義者叙用；其不通者，發還習學。

其五，應叙之人，各於原籍附近布政使司所屬地方銓注。

詔皆從之。

免南畿田租。

秋八月壬申朔，日有食之。

九月，命申國公鄧鎮、臨江侯陳鏞、濟寧侯顧敬率兵討龍泉、永新山寇，平之。

冬十月，高麗入貢，却之。

以其非時也。

十一月，定祀歷代名臣。

禮部奏請：蜀守秦李冰、漢文翁、宋張咏宜同祠。鈞州有黄霸，密縣有卓茂，松江有陸遜及子抗、從子覬，彭澤有狄仁傑，建州有謝夷甫，各舊祠宜令有司修葺。江州李黼祠，宜增祀其侄秉昭。安慶余闕祠，增祠萬户李宗可。詔皆從之。

殺刑部尚書開濟。

濟初爲國子助教，與丞相胡惟庸善，以疾罷歸，訓徒里中。御史大夫安然薦其才，召拜刑部尚書，上信用之。濟深刻，好以法中傷人，上嘗戒之。濟又請以戒僚屬，榜揭於文華殿示衆。上曰："爾告戒僚屬之言，欲張之殿廷，豈人臣禮耶？"濟慚謝。獄中有禁死者，濟不問。嘗受一囚賄，以獄中死囚代而脱之，爲獄官所發，上召詰之。濟與侍郎王希哲、主事王叔徵，執獄官於獄，扼其吭而殺之。上怒，乃下濟獄，并執希哲、叔徵，令廷臣訊之。具服，并伏誅。

十二月，初令儒學歲貢生員。

每學歲一人。

甲子，十七年春正月，命魏國公徐達出鎮北平。

以信國公湯和巡視海道，築山東、江南北、浙東西海上諸城。

更定都察院官，以詹徽爲左都御史。

定設左右都御史、左右副都御史、左右僉都御史，其屬十三道監察御史，職掌風紀，凡大臣奸邪、小人搆黨、作威福、亂朝政，及百官猥茸、貪冒，皆許糾劾，權始重矣。

三月，頒行科舉式。

凡三年大比，子、午、卯、酉年鄉試，辰、戌、丑、未年會試。舉人不拘額數，從實充貢。初場，試四書義三道、經義四道，每道三百字以上。未能者，許各試一道。二場，試論一道，三百字以上；判語五條；詔、誥、章、表内科一道。三場，試經史五道，未能者，減其二，俱三百字以上。會試與鄉試同。

令來朝官上土地人民圖。

上覽輿地圖，侍臣有言，輿地之廣，古所未有。上曰："地廣，則教化難周；人衆，則撫摩難徧。此正當戒慎，天命人心，惟德是視。紂以天下而亡，湯以七十里而興，豈在地之大小乎？"

曹國公李文忠卒。

文忠有疾。上與東宫臨幸其第。卒年四十六。上慟悼，輟朝。親製文，遣使致祭。追封岐陽王，謚武靖。賜葬鍾山，配太廟。文忠器量沉閎，人莫測其際。臨陣蹈厲奮發，遇勁敵，膽氣益壯，故每戰必勝，東征西討，建立殊勛。性好學，釋兵家居，恂恂若儒生，嘗師金華胡翰講明性理之學。出爲詩詞，皆雄壯可觀。上嘗命兼領國子監事，可謂文武全才矣。子景隆，襲封。

夏四月，論平雲南功。

傅友德進封潁國公，藍玉、仇成、王弼先已封侯，令爵及子孫。封陳桓普定侯，胡海東川侯，郭英武定侯，張翼鶴慶侯，俱世襲，賜鐵券。其餘將校，升賞有差。

更定内使官品職。

尚宫、尚儀、尚服、尚寢、尚食、尚功及宫正，俱正五品。内官監，令通掌内史名籍，總督各職，正六品。神宫、尚寶、尚衣、尚膳、司設、司禮、御馬、直殿八監，俱令正七品。宫門承制、奉御、守門、門正，俱正八品。内承運、司鑰二庫，巾帽、針工、織染、顔料、司苑、司牧六局，各大使俱正九品。

六月，頒大成樂器於天下儒學。

秋七月，禁宦官與群臣交通。

上謂侍臣曰："爲政，必先謹内外之防，絶黨比之私，後朝廷清明〔八〕，紀綱振肅。前代人君，縱宦侍與外臣交通，覘視動静，夤緣爲奸，假竊威權，以亂國家。間有奮發欲去之者，勢不得行，反受其禍，延及善類。漢唐之事，深可嘆也。智者見於未形，朕爲此禁，所以戒未然耳。”

遣國子助教楊盤徵糧於安南。

上以雲南兵多民少，糧餉不給。安南壤地，去臨安甚近，乃命盤使安南，徵糧以佐兵餉。盤至，陳煒即輸糧五千石，運至臨安。且遺盤以金帛，盤却不受。

八月，平緬宣慰使思倫發遣使來貢。

平緬，在西南夷稍遠，自雲南大理越金齒至其地，所謂百夷是也，前代未嘗通中國。元時遣使招諭，始入貢。王師下雲南，思倫發懼，乃遣使貢方物，并上故元所授宣慰司印。

盱眙人獻天書，伏誅。

欽天監進《大統曆》。

欽天監博士元統上言：“曆法，其來尚矣。今曆雖以《大統》爲名，而積分猶授時之數，授曆〔九〕法以至元辛巳爲曆元，至今洪武甲子積一百四年，以曆法推之，得三亿七千六百一十九萬九千七百七十五分。經云：大約七十年而差一度，每歲差一分五十杪〔一〇〕，辛巳至今，年遠數盈，漸差天度，擬合修改。蓋天道無端，惟數可以推其機；天道至妙，因數可以明其理。是理因數顯，數從理出，可相倚而不可相違也。”書奏，上是其言。

後監副李德芳言：“故元至元辛巳爲曆元，上推往古，每百年消一日，永久不可易也。今元統改作洪武甲子曆元，不用消長之法。考得《春秋》晋獻公十五年戊寅歲，距至元辛巳二千一百六十三年。以辛巳爲曆元，推得天正，冬至在甲寅日夜子初三刻，與當時實測數相合。洪武甲子元正，止〔一一〕距獻公戊寅歲二千二百六十一年。推得天正，冬至在己未日午正三刻，比辛巳爲元，差四日六時五刻。當仍用至元辛巳爲元，及消長之法，方合天道。”疏奏，元統復争之。

上曰：“二説皆難憑，只驗七政交會行度無差者爲是。”自是欽天監造曆，以洪武甲子爲曆元，仍依舊法推算，不用捷法。

先是，朝廷懸侯爵訪求通曉曆數者。監生周敬心奏言：“國祚長短，在德厚薄，非曆數可定。三代而下，如漢高之寬仁，唐太宗力行仁義，是以有道之長。國祚最短者，莫如秦、隋。始皇之酷虐，煬帝之苛暴，是皆人事所致，豈在曆數？皇上神武過於漢高，而寬仁不及；賢明過於太宗，而忠厚不及。是以御宇以來，政教未敷，四方未治，惟願效漢高之寬仁，同太宗之忠厚，則帝王之祚可傳萬世。又何必問諸小技之人耶？”

九月，處士陳遇卒。

遇，字中行，金陵人。御史秦元之薦於上。召語，大悦，遂日侍帷幄，多所獻納。車駕再幸其第，命爲翰林學士、禮部侍郎，進禮部尚書，皆固辭。凈澹恬退，始終一致。上時加存問，眷待之厚，隆於勛戚。

閏十月，《天文分野書》成。

以十二分野、星次分配天下郡縣，之下又詳載古今建置沿革之由，通爲二十四卷，頒賜諸王。

旌山陰孝子徐允讓門。

元末兵亂，允讓與妻潘氏奉父安避兵山谷間。遇寇斫安頸，流血。允讓抱安，大呼曰：“寧殺我，勿殺吾父。”寇即舍安，殺允讓，將辱潘，潘紿曰：“我夫死，從汝必矣。若能焚吾夫，則無憾也。”寇信之，縱潘聚薪焚其夫。火方熾，潘即投火中死，寇驚嘆而去，安得不死。至是，有司以聞，上以允讓能捐生以救父死，潘氏能全節以盡婦道，詔旌其門。

十一月，詔遼東立學校。

上謂禮臣曰："近命遼東立學校，或言邊境不必建學。夫聖人之教猶天然，天有風雨、霜露，無所不施，聖人之教亦無往不行。昔箕子居朝鮮，施八條之約，故男遵禮儀，女尚貞信。管寧居遼東，講詩書，明禮讓，而民化其德。曾謂邊境之民不可以化誨乎？"

十二月，弛世婚之禁。

翰林待詔朱善言："臣見民間婚姻之訟甚多，非舅姑之子若女，即兩姨之子若女，蓋於法不當爲婚，故爲讐家。所訟，或已聘而見絶，或既婚而復離，冤憤抑鬱，無所控訴。臣竊憫之，議律不精，其害乃至於此。按律，尊屬卑幼相與爲婚者有禁。若姑舅、兩姨之子女，是無尊卑之嫌，古人未嘗以爲非也。成周之時，王朝所以爲婚者，不過齊、宋、陳、杞數國，故當時稱異姓大國曰'伯舅'，小國曰'叔舅'，其世爲婚姻可知也。至於列國之君臣，亦各自爲甥舅之國。降及後世，如晋之王、謝，唐之崔、盧，潘、楊之睦，朱、陳之好，無不以世婚爲重。其顯然可證者，如温嶠之玉鏡臺，此以舅之子而娶姑之女也。吕榮公夫人張氏乃待制張昷之女，而待制夫人即榮公母申國夫人之姊，又非以小姨之子娶大姨之女乎？今一概禁之，獄訟繁興，風俗凋弊。願以臣所奏下群臣議，弛其禁，庶幾刑清訟簡，而風可厚也。"上從之。

乙丑，十八年春正月，命吏部考察朝覲官。

稱職，升。平常者，復其職。不稱職者，降。貪汙者，赴法司罪之。闒茸者，免爲民。

以儒士劉三吾爲翰林學士。

高麗入貢。

以陶垕仲爲福建按察使。

垕仲初以國子生擢御史，彈擊不避權勢。上重之，升爲福建按察使。時，福建多滯獄，吏貪緣爲奸。垕仲至，治贓吏數十人，盡革宿弊。又興學勸士，撫恤軍民。自奉儉薄，有餘悉施貧者。時，布政薛大方貪暴，垕仲劾奏之。大方訶連垕仲。至京，事白，還職。後卒於官。

二月，詔求直言。

上以久雨，陰晦不解，雷雹間作，乃詔中外，凡軍民利病、政事得失盡言無諱。國子監祭酒宋訥獻《守邊策》曰：

> 今海内既安，蠻夷奉貢。惟胡虜未遵聲教，若置之不治，則恐歲久爲患。若窮追遠擊，又恐勞師萬里，饋運艱難。陛下欲爲萬世之計，不過謹備邊之策耳。備邊，固在乎足兵；實兵，又在乎屯田。漢本始中，匈奴十餘萬欲爲寇，趙充國將士萬騎，分屯緣邊九郡。單于聞之，引去。夫以四萬騎分屯九郡，而充國統制其間，則當時之籌畫區分概可想見。諸將中豈無如充國者，宜選有智勇者數人，每將以東西五百里爲制，隨其高下立法分屯，布列緣邊，遠近相望。耕作以時，訓練有法，遇敵則戰，寇去則耕。此長久安邊之策也。

上嘉納之。

上與侍臣論漢諸帝，有言：“明帝亦聰明之主。”上曰：“人主不以獨見爲明，而以兼聽爲明。若屑屑於細故，則未免苛察。上苛察則下急迫，反有累於聰明也。”

上謂侍臣曰：“朕夙興視朝，日高始退，至午復出，迨暮乃罷。日間所決事，恒默坐審思，有未當者，雖終夜不寐，籌慮得當，然後就寢。”侍臣對曰：“陛下勵精圖治，天下蒼生之福。

但聖體過勞。”上曰：“吾豈好勞而惡安？向者天下未寧，吾饑不暇食，倦不暇寢。今天下已安，四方無事，高居宴樂，亦豈不願？顧自古國家未有不以勤而興，以怠而衰者。天命去留，人心向背，皆決於此，甚可畏也。安敢暇逸？”

上又嘗謂侍臣曰：“前代庸君，莫不以無爲借口，諛佞小人又逢以主逸臣勞之説，不知治天下無逸，若以怠荒爲無爲，舜何爲曰耄期倦於勤？禹何以惜寸陰？文王何以日昃不食？朕未旦臨朝，夜卧不能安席，或仰觀天象，一星失次，即爲憂惕，量度民事，當速行者，待旦發遣，非不欲暫安，祇畏天命不得不爾。朕言及此者，恐群臣以天下無事，便欲逸樂。股肱既惰，元首叢挫，民何所賴？《書》云：‘功崇惟志，業廣惟勤。’爾群臣但能以此爲勉，朕無憂矣。”

上諭户部侍臣曰：“人皆言：農桑，衣食之本。然棄本逐末，鮮有救其弊者。先王之世，野無不耕之民，室無不蠶之女，水旱無虞，饑寒不至。什一之塗開，奇巧之技作〔一二〕，而後農桑之業廢。一農執耒，百家待食；一女事織，百夫待衣。欲人無貧，得乎？朕思足食在於禁末作，足衣在於禁華靡。庶幾可以絶其弊也。”

己巳初昏，五星並見。

己未，魏國公徐達卒。

達病瘡愈，上以璽書勞之，尋卒。上自起兵濠梁，托達爲心膂，戮力行陣，四征群醜，驅逐胡元，重開華夏。方其在軍中，日延禮儒士，説古兵法及將帥行事，親折其是非成敗，莫不心服。至料敵制勝，與漢唐名將等，而忠謹仁厚過之。故能輔成帝業，爲開國功臣第一。上以達薨，輟朝，愴然不樂，曰：“今邊胡未殄，朕方倚任爲萬里長城，而太陰屢犯上將，不意遽殞其命。朕思盡心國家，安得復有斯人？”

三月，策士於奉天殿，賜丁顯等及第出身有差。

命宋國公馮勝、潁國公傅友德、永昌侯藍玉等備邊北平。

吏部尚書余熂以罪伏誅。

國子祭酒宋訥以嚴厲爲衆所嫉，助教金文徵與熂同里，謀逐之，移文，令訥致仕。訥陛辭，上驚，問故。鞫，得實。上怒熂專擅，并文徵誅之。

以翰林院待詔朱善爲文淵閣大學士。

定翰林官制。

正官，學士一人，秩正五品。侍讀、侍講學士，各二人，從五品。侍讀、侍講，正六品。五經博士，八品。

夏四月，思州苗叛。命信國公湯和、江夏侯周德興討平之。

五月，令天下官三年一朝。

八月，遣公、侯、伯還鄉里。

九月，五開蠻叛，命信國公湯和從楚王楨討之。

蠻吴面兒等寇古州，殺掠甚慘。上乃命和從楚王討之。

太白經天。

彗星見。

以翰林院檢討茹太素爲户部尚書。

文淵閣大學士朱善卒。

先是，上御華蓋殿，朱善進《讀心箴》畢，上曰：“人心、道心，有倚伏之幾。仁愛之心生，則忮害之心息；正直之心存，則邪詖之心消；羞惡之心形，則貪鄙之心絶；忠慤之心萌，則巧僞之心伏。人常持此心，不爲情欲所蔽，則至公無私，自無物欲之累矣。”

上嘗與言及治天下之道，善進曰：“人主致治，重在任人。任衆賢爲耳目，則視聽周；任衆智爲計慮，則利澤廣。”上曰：“然任人之道，當嚴於簡擇，專於任使。簡擇嚴，則庸鄙之人不進；任使專，則苟且之意不行。然必賢者，乃可以專任之。非賢而專任，必生奸矣。”

上又嘗命善講《周易》，至“家人”，上曰：“齊家、治國，其理無二。使一家之間，長幼、内外各盡其分，事事循理，則一家治矣。一家既治，達之國與天下亦舉而措之耳。”至是，善以疾賜歸，卒於家。

冬十月，彗星見。

頒御製《大誥》於天下。

上以中外臣民染元遺俗，作奸犯法者衆，欲倣成周《大誥》之制訓化之。乃取當世善惡可爲法戒者，著爲《大誥》，頒示天下。

詔天下盡革有司爲民害者，論罪輸作。

有朱季用者，台州人，知福州，僅五月亦坐罪。築城，工役嚴迫，日費錢數十緡。季用又病，謂其子煦曰：“吾貲力豈足堪此？吾旦夕死矣，汝收吾骨歸葬爾。”煦惶懼，不敢離左右，季用不得死。時，告枉甚衆，令益嚴，謫戍雲南者三人，被極刑者四人。煦謂其父友曰：“吾無術以脱吾父，訴不訴皆死。萬一吾父由訴獲免，雖戮，死無憾。”遂陳詞於通政司，通政司以聞。上憫其情，赦季用，復其官。同時復者，十有四人，皆拜煦父，謝曰：“非君有孝子，吾儕爲城下土矣。”已而，煦感疾死，季用傷煦死，病益甚，亦死。時人莫不哀傷之。王叔英爲作《孝子傳》。

湯和平五開蠻。

和進兵古州，分遣將士討上諳洞，以計誘擒吴面兒，械送京師，誅之。諸洞悉平，俘獲四萬餘人。

十二月，詔舉孝廉。

丙寅，洪武十九年春二月，雲南蠻叛，命潁國公傅友德率師討平之。

三月，《省躬録》成。

初，上命翰林儒士編集歷代帝王祭祀、祥異感應可爲鑒戒者爲書，名曰《存心録》。後復命贊善劉三吾編類漢唐以來灾異之應於臣下者，别爲一書，名曰《省躬録》。至是成，頒行之。

白虹貫日〔一三〕。

夏四月，熒惑留南斗。

河南大水。

詔贖民鬻子。

五月，召進士魏安仁等還京。

先是，安仁等六人以過謫爲吏。至是，上謂吏部曰："國家人才，非一日所能造。安仁等被謫已久，恐爲小人所侮，則終身喪志，雖欲改過自新，不可得矣。其召還，用之。"

遣使勞常州知府范好古。

好古上言："行人王良至郡，奉職不謹，黷貨無厭。"上曰："好古，能守邦憲以尊朝廷，發奸貪以安黎庶，可稱良吏矣。"遣人齎醴勞之，械良至京，論罪。

安置日本使僧於雲南。

六月，詔天下行養老之政。

凡耆老，年八十以上，鄉黨稱善、貧無恒産者，月給米肉；九十以上，加帛絮；富民，賜冠帶，免徭役。有司歲一存問，著爲令。

秋七月，詔舉經明行修之士。

三辰星見。

九月，置雲南屯田。

沐英奏："雲南地廣，而荒蕪甚多，宜置屯田，以備儲蓄。"上曰："屯田可以紓民力，足兵食。然地久榛莽，用力實難，以緩責歲輸，使樂於耕作，數年後徵之，可也。"

十二月癸未朔，日有食之。

丁卯，二十年春正月，命宋國公馮勝爲征虜大將軍，潁國公傅友德、永昌侯藍玉爲左、右副將軍，率師討納哈出。

納哈出據金山，屢爲邊患。上命勝等帥師三十萬討之，戒之曰："虜情詭詐，未易得其虚實，慎無輕進。先以輕騎掩襲慶州。慶州下，大軍徑擣金山，出其不意，納哈出必成擒矣。"復遣降夷乃剌吾北還，以書諭納哈出。

焚錦衣衛刑具。

官民有犯罪被逮者，間繫錦衣衛鞫審，因以非法凌虐。上聞之怒，取其刑具，悉焚之。以所繫囚送刑部。

詔修闕里。

置兩浙防倭衛所。

祀天地於南郊。

禮成，上謂侍臣曰："敬天不獨以文，當有其實。天以子民之任付於君，爲君者欲事天，必先恤民。恤民者，事天之實也。"

又曰："爲君者，父母天地，子萬民。祀天地，非祈福於己，實爲天下蒼生耳。"

躬耕籍田。

禁采銀礦。

老校丁成言："陝州産銀礦，前代嘗采取，歲收其課。今錮閉已久，采之可資國用。"上謂侍臣曰："君子好義，小人好利。凡言利之人，皆戕民之賊也。嘗聞故元時，豐城民告官采金。其初，歲額猶足取辦。經久，民力消耗，一州受害。蓋土産有時而窮，歲課徵取無已。有司貪爲己功，而不肯言。朝廷縱有恤民之心，而不能知。此可以戒，豈宜效之？"

巡檢王德亨上言："家本階州，界於西戎，有水銀坑冶及青緑紫泥，願以其兵取其地。"上謂户部曰："盡力求利，商賈之所爲；開邊啓釁，帝王之深戒。今珍奇之産，中國豈無？朕悉閉絶之，恐此途一開，小人規利，勞民傷財，爲害甚大。況控制邊境，貴於安静。苟用兵争利，擾攘不休，後雖悔之，不可追矣。此人但知趨利，不知有害，豈可聽也？"

廣平府吏王允道言："磁州産鐵，元時嘗置鐵冶爐，丁萬五千户，歲收鐵百餘萬斤。請如舊置之。"上曰："朕聞治世，天下無遺賢，不聞天下無遺利。且利不在官則在民。民得其利，則利源通，而有益於官；官專其利，則利源塞，而必損於民。今各冶鐵數尚多，軍索不乏，而民生業已定。若復設此，必重擾之，是又欲驅萬五千家於鐵冶之中也。"杖之，流海外。

二月，大將軍馮勝襲破虜於慶州。

勝兵至通州，遣邏騎出松亭關，偵知虜屯慶州。乃遣藍玉乘大雪將軍騎襲之，大敗其衆。

魚鱗册成。

先是，上命户部覈實天下土田。兩浙富民畏避徭役，往往以田詭寄親鄰及佃僕，上下相蒙，奸弊百出。於是富者愈富，貧者愈貧。上聞之，遣國子生武淳等分往各郡，履畝量度，圖其田之方圓丈尺，悉書主名，編類爲册。以圖所繪狀若魚鱗，然故號“魚鱗册”。

《御注洪範》成。

上嘗命儒臣書《洪範》揭於座右，朝夕觀覽，因自注之。

上嘗閲《漢書》，謂侍臣曰：“漢文恭儉則有之，至用人尚未盡善。自代邸入即位，首拜宋昌爲衛將軍，張武爲郎中令，而不及將相大臣，非所以示公也。有一賈誼而不能用，使憂鬱憤懣而死。欲相竇廣國，以后弟而止，曰：‘恐天下以吾私廣國。’夫以廣國之賢，其才可任爲相，何避私嫌乎？”

上覽《宋史》，至“太宗改封樁庫”，顧謂侍臣曰：“人君以四海爲家，因天下之財，供天下之用，何有公私之别？太宗，宋之賢君，亦復如此。如漢靈帝之西園，唐德宗之瓊林、大盈，不必深責也。宋自乾德以來，有司計度支所缺者，貸於内藏，候課賦有餘則償之。夫有司用度，乃國家經費，何以貸爲？缺而貸，貸復償，是猶爲商賈者，自與其家較量出入，及内藏既盈，乃以牙籤别其名物，參驗帳籍，晚年出籤，示真宗，曰：‘善保此足矣。’貽謀如此，何足爲訓？《書》曰：‘慎厥終惟其始。’太宗首開私財之端，及其後世，困于兵革，三司財帛耗竭，而内藏積而不發，皆由太宗不能善始故也。”

上又謂侍臣曰：“人君一心，不爲物誘，則如明鏡止水，可以鑒照萬物。一爲物誘，則如鏡之受垢水之有滓，豈能照物乎？”

上御華蓋殿，侍臣進講，因論善惡感召，有不得其常者。上曰：“爲惡或免於禍，然理無可爲之惡；爲善或未蒙福，然理無不可爲之善。人惟修其在己者，禍福之來，則聽於天。彼爲善而無福，爲惡而無禍者，特時有未至耳。”

三月，大將軍馮勝等率師出松亭關，城大寧。

夏四月，命江夏侯周德興備倭海上。

籍福、興、泉、漳四府民，三丁取一，爲緣海戍兵，凡萬五千餘人，築城一十六。增置巡司四十五，分隸諸衛。

六月，臨江侯陳鏞陷虜，死。

鏞與大將異道相失，遇虜，陷歿。

大將軍馮勝進兵金山，納哈出降，遂班師。

勝等率師逾金山，納哈出部將觀童降。勝進逼其營，乃刺吾勸之降，納哈出猶豫未决。勝遣馬指揮往諭，納哈出遣使，陽納款，實覘兵勢。勝遣藍玉往受降，納哈出指天曰：“天不復與我有此衆矣。”遂率數百騎詣玉，玉大喜，與飲，甚歡。納哈出酌酒酬玉，玉解衣衣之，曰：“請服此，而後飲。”納哈出不肯服，玉持酒不飲，争讓久之。納哈出取酒澆地，顧其下咄咄語，將脱去。時，鄭國公常茂在坐，其麾下趙指揮解胡語，語茂。茂直前縛之，納哈出驚起，欲就馬。茂拔刀砍之，傷其臂，不得去。都督耿忠擁之見勝。納哈出所部、妻子、將士凡十餘萬屯松花河北，聞納哈出被傷，大驚潰。勝遣觀童往諭之，衆悉降。納哈出有二侄，不肯降。勝復遣諭再三，乃折弓矢擲地，來降。勝禮遇納哈出，令耿忠與同寢食。遣使奏捷，并劾常茂驚潰虜衆，遂班師。以都督濮英將三千騎爲殿，遇虜伏，被執死。

太白經天。

秋七月，以太公從祀帝王廟。

禮部請如前代故事，立武學，用武舉，仍祀太公，建武成王廟。上曰：“太公，周之臣。若以王祀之，則與周天子並矣。加之非號，必不享也。至于建武學，用武舉，是岐文、武二途，輕天下無全才矣。三代之士，文武兼備。以太公之鷹揚而授丹書，仲山甫之賦政而式古訓，召虎之經營而陳文德，豈若後世，專習干戈，不聞俎豆，拘于一藝之陋哉？今又欲循舊用武舉，立廟學，甚無謂也。太公止宜從祀帝王廟。”命去王號，罷其舊祀。

定親王歲禄。

每歲五萬石。

真臘國、暹羅國各入貢。

八月，逮常茂至京，召馮勝還，以藍玉代領其衆。

茂，勝之婿也。勝每於衆中，卑折之，茂不能堪，出不遜語，勝銜之。及納哈出降，虜衆驚潰，勝欲自解，故歸咎於茂。上命械茂送京。茂至，陳降納哈出始末，并訐勝軍中不法事。上曰：“如此，勝亦不得無罪。”遂切責之，命收其印，召還。令藍玉領其衆。

九月，封納哈出爲海西侯。

安置鄭國公常茂於龍州。

以永昌侯藍玉爲征虜大將軍，延安侯唐勝宗、武定侯郭英爲左右副將軍，率師討虜。

冬十月，封朱壽爲舳艫侯，張赫爲航海侯，置北平都指揮使司於大寧。

宋國公馮勝罷歸鳳陽。

十一月，命普定侯陳桓、靖寧侯葉昇總制雲南諸軍。

十二月，大誥武臣。

上以武臣出自戎伍，罔知憲典，故所爲多不法，乃製《大誥》三十二篇，以訓之。

晋府長史桂彦良卒。

上嘗訪彦良以治道，對曰："治道在心，心不正，則好惡頗；好惡頗，則賞罰失當；賞罰失當，則無以致治，故爲治在正心。正心之要，又在懲忿窒欲。"上善其言。又嘗從登内城，上曰："比來善善惡惡，何如?"彦良曰："惟人君至公無私，則好惡自得其當。故孔子曰：'惟仁者能好人，能惡人。'"上即書其語，揭於便殿。十一年，授晋王府傅，盡輔導之職。十八年以疾賜歸。至是，卒。

戊辰，二十一年春正月，以御史凌漢爲右副都御史。

漢，鞫獄平恕。有德漢者，遇諸途，厚報以金，漢曰："子罪當爾，非我私子。"固却不受。上聞而嘉之，故有是擢。

以歷代名臣從祠帝王廟。

風后、力牧、皋陶、夔、龍、伯夷、伯益、伊尹、傅説、周公旦、召公奭、太公望、召虎、方叔、張良、蕭何、曹參、陳平、周勃、鄧禹、馮異、諸葛亮、房玄齡、杜如晦、李靖、李晟、郭子儀、曹彬、潘美、韓世忠、岳飛、張浚、木華黎、傅爾忽、傅爾木〔一四〕、赤老温、伯顔，凡三十七人。

三月，策士於奉天殿，賜任亨泰等及第出身有差。

百夷思倫發叛，西平侯沐英討平之。

先是，緬蠻叛，結砦于摩沙勒。英遣都指揮甯正擊破之。至是，思倫發率衆三十萬寇定邊，欲報摩沙勒之役。英選驍騎三萬，晝夜兼行，凡十五日抵賊營。先出輕騎三百挑之，賊逆戰，敗還。英曰："賊所恃者，象耳。吾知其無能爲也。"乃下令，軍中置火銃、神機箭，分爲三隊，俟象近，以次而發，象皆披甲負戰樓，若闌楯衝突而前，我軍矢石俱發，象股栗而奔。我軍乘勝直擣其寨，縱火焚之，烟焰漲天。賊有昔剌者，最驍勇，率衆死戰。英乘高望，見左軍小却，下令斬左帥首。左帥遥見一人拔刀，馳下，麾衆復前，奮呼突陣，諸軍乘之，賊衆大敗，斬首三萬級，俘萬餘人，思倫發遁去。

夏四月，大將軍藍玉襲虜主脱古思帖木兒於捕魚兒海，大破走之。

玉聞虜主脱古思帖木兒住捕魚兒，從間道兼程而進，至百眼井，去其地尚四十餘里，不見虜，欲引還。定遠侯王弼曰："吾輩提十餘萬衆深入虜地，無所得遽班師。勞師費財，何以復命?"玉然之，戒諸軍穴地而爨，毋令虜望見烟火。乘夜至海南，偵知虜主營在海東北八十里。玉以弼爲前鋒，直簿其營。虜始謂我軍乏水草，不能深入，不設備。又大風揚沙，晝晦。軍行，虜不知覺。虜主方欲北行，忽大軍至，遂合戰，殺其大將，虜衆潰敗。脱古思帖木兒與其子天保奴、丞相失烈門等數十騎遁去。追之不及，獲其次子地保奴及故太子必里秃妃、并公主等五十九人。搜林莽，降獲官酋、男、娘八萬，得寶璽金印圖書，及馬、駝、牛、羊十五萬。遣人奏捷，乃班師。

五月甲戌朔，日有食之。

乙酉，五色雲見。

學士劉三吾進曰："雲物之祥，徵乎治世。舜之時，形於詩歌；宋之時，以爲賢人之符。此實聖德所致，國家之慶。"上曰："天降灾祥，在德。誠使吾德靡悔，灾亦可彌。苟爽其德，雖祥無福。國家之慶，不專在此也。"

東川蠻叛。命傅友德爲征南將軍、沐英爲左副將軍、陳桓爲右副將軍，帥師討之。

六月，信國公湯和歸鳳陽。

先是，和以年老乞歸。上念之，俾建第於鳳陽。仍命和巡視閩海，築城數十處而歸。至是，新第成，賜歸。

秋七月，贈故金山侯濮英爲樂浪公，封其子璵爲西凉侯。

海西侯納哈出卒，封其子察罕爲潘陽侯。

遷澤潞民於河南、北。

户部郎中劉九臯言："河北諸處，兵亂後，田蕪民稀，山東、西民生齒日繁，宜令分丁徙田寬閒之地。"上謂："山東地廣，不必遷。"乃遷山西澤、潞二州民無田者於彰德、真定、臨清、歸德、太康諸處，閑曠之地。令自便屯種，免賦役三年，仍户給鈔二十定。

遣地保奴居琉球。

藍玉送地保奴及后妃、公主至京。上命給第宅，居京師。既有言玉私元妃事。上怒曰："玉無禮如此，豈大將所爲？"妃聞之，慚懼，自盡。地保奴於是有怨言。上聞之，曰："朕初以元世祖主中國時，有恩及民，不可無後，欲封地保奴，以盡待亡國之禮。彼乃怨望若此，豈可久居内地？"於是，遣使送居琉球，仍厚遺之。

八月，北征諸將班師，還京。

上謂藍玉："爾北征功最大，然虜妃來降，不能遇之以禮，縱欲汙亂。又遣人入朝覘伺動静，兹憫爾勞，特屈法宥爾。"自玉以下，賜白金、文绮有差。

九月，越州土酋阿資叛，穎國公傅友德討平之。

阿資者，土官龍海之地〔一五〕，世據越州。沐英征南時，駐兵其地，招降之。詔以龍海爲知州尋叛，英以計擒之，徙居遼東，至益州病死。阿資繼其職，益桀鶩。至是叛，率衆寇普安，焚府治，大肆剽掠。因屯普安，倚崖壁爲寨。友德會沐英，以精兵蹙之，蠻衆緣壁攀崖，墜死者不可勝數。生擒千餘人。阿資遁還越州。友德追敗之，阿資勢窮，乃降之。

景川侯曹震、靖寧侯葉昇討東川叛蠻，平之。

更定歲貢生員例。

府學歲一人，州學二歲一人，縣學三歲一人。

冬十月，封永昌侯藍玉爲涼國公。

以卓敬爲給事中。

敬性剛直，論事無所顧避，上器重之。時，諸王在宫中，服飾有擬太子者，敬乘間言於上曰："宫中，朝廷視效，紀綱所先。今陛下於諸王不早辨等威，使服飾與太子埒，嫡庶相亂，尊卑無序，何以令天下乎？"上笑曰："卿言是，吾慮未及此耳。"

十二月，安南國相黎季犛弒其主煒，立日焜主國事。

己巳，二十二年春正月，改大宗正院爲宗人府，以秦王爲宗人令。

二月，禁武臣預民事。

庶吉士解縉上封事。

縉，吉水人，以進士選爲中書庶吉士。上封事萬餘言，論時政甚剴切。其略曰：

臣惟：令出惟行，不宜數改。刑期於無刑，寧失不經。令數改，則民疑，疑則不信；刑太繁，則民玩，玩則不清。國初至今，將二十載，無幾時無變之法，無一日無過之人，良由誠信有間，用刑太繁也。臣見陛下好觀《説苑》、《韵府》與《道德》、《心經》，臣竊謂甚非所宜。《説苑》出於劉向，向之學不純，溺於妄誕，所取不經，且多而[一六]戰國縱横之論，壞人心術，莫此爲甚。《韵府》出元之陰氏，鄙猥細儒，學孤識陋，抄緝穢蕪，略無可采。陛下若喜其便於檢閲，則願集一二志士儒英，臣請執筆而隨其後，上泝唐虞，下及濂洛，根究精明，隨時類别，删其無益，勒成一書，豈非太平製作之一端歟？今六經殘闕，而《禮記》出於漢儒，駁雜尤〔一七〕，宜今時删改。訪求審樂之儒，删樂書一經，以惠萬世。若夫配天宜復掃地之規，尊祖宜備七廟之制。奉天不宜爲筵宴之所，文淵未備夫館閣之隆。太常非俗樂之可肆，官妓非人道之所爲。禁絶娼優，俾於變之民，不遷於婬巧；易置寺閹，俾天子之貴，不近於刑人。執戟陛墀，皆爲吉士；虎賁趣馬，悉用俊良。雖門户掃除之役，命公卿子弟之賢，任諸侯王以衆職，定久任法而加封。土木之工勿起，四夷之地勿貪。釋老之壯者驅之，俾復於人倫；經咒之妄者火之，俾絶其欺誑。絶鬼巫，破淫祀，省冗員，減細縣，痛懲法外之威刑，永革京城之工役。流三千而聽復，杖八十以無加。婦女非帷簿不修，毋令逮繫；大臣有過惡當誅，不宜加辱。治曆明時，授民作事，但伸播植之宜，何用建除之謬？方向煞神，事甚無謂；孤虚宜忌，亦且不經。臣料唐虞之曆，必無此也。陛下拳拳于畏天畏鬼神，而所謂畏民者，則未至也；孳孳于治民治强暴，而所以治心者，猶未純也。祭祀之時，儀文之備，此畏天畏鬼神之末事也；簿書之期，刑獄之斷，此治民治强暴之支流也。近年以來，臺綱不肅，以刑名輕重爲能事，以問囚多寡爲勛勞，甚非所以勵清要、長風采也。夫人自救過之不給，何暇劾人之過？自以言爲諱，何能有諫争〔一八〕之言？御史糾彈，皆承密旨，未聞舉善，但曰除奸。蓋入人之罪，或謂無私；而出人之罪，必疑受賄。逢迎甚易，而或蒙褒；營救甚難，而多得禍。禍不止於一身，刑必延于親友，誰肯舍父母、妻子而犯天怒哉？陛下進人不擇於賢否，受職不量於重輕。建不爲君用之法，所謂取之盡錙銖；置朋奸倚法之條，所謂用之如泥沙。監生進士，經明行修，而多困於下僚；孝廉人才，冥蹈瞽趨，而或布於朝省。椎埋、闒茸之輩，朝擲刀鑷，暮擁冠裳；左棄筐篋，右綰組符。剔履之賤，袞綉巍峨；負販之傭，輿馬赫奕。雖曰立賢無方，亦盍忱恂有德？故以貪婪苟免爲得計，以廉潔受刑爲飾詞。是有無錢工役無盤纏之諺，翦膀官人没商量之謡。出於吏部者，無賢否之分；入於刑部者無枉直之判。天下皆謂：陛下任意喜怒爲生殺，而不知臣下乏忠良也。古者鄉鄰，善惡必計。今雖有申明旌善之舉，而無黨庠鄉學之規。臣欲取古人治家之禮、睦鄰之法，若古藍田吕氏之《鄉約》，今義門鄭氏之家範，布之天下，爲民表率。不可視爲迂闊而不切當，今之急務也。地有盛衰，物有虚盈。而商税之徵，率皆定額。盈也，奸黠得以侵欺；歉也，良善困於補納。夏税一也，而茶椒有糧，枲絲有税。既税於所産之地，又税於所過之津，何奪民之利如此之密也？且多貧下之家，不免抛荒之咎。或疾病、死喪、逃亡、棄失，今日之土地無前日之生植，而今日之徵聚有前日之糧税。里胥不爲呈，州縣不爲理，或賣産以供税，産去而税存；或賠辦以當役，役重而民困。又土田之高下不均，而起科之輕重無别，或膏腴而税反輕，瘠鹵而税反重。欲拯其困而革其弊，莫若行受田均田之法〔一九〕，兼行常平義倉，積之以漸，至有九年之食無難者。王公設險以守其國，故小邑必有城隍，重門擊柝，以待暴客，聖人之制也。近世狃於晏安，墮名城，銷鋒鏑，禁兵諱武，爲太平〔二〇〕。一旦有不測之虞，連郡至望風而靡，良平不暇謀，賁育不暇鬬，武備隳之過也。及今修治，不宜動衆，但敕有司以時整葺〔二一〕，兼教民兵。開武舉，以收天下之英雄；廣鄉校，以延天下之俊義。古時多有書院遺基，學田舊業，皆宜興復，而廣益之。夫罪人不孥，罰弗及嗣。連坐起於秦法，孥戮本於僞書。今之爲善者，妻子未必蒙榮；有過者，里胥必陷其罪。唐虞之世，四凶止於流竄，故殛鯀而相禹，舜不以爲嫌。況律以人倫爲重，而有給配婦女之條。縱之於不義，則又何取夫節義哉？孔子曰："名不正則言不順。"故賈生欲易服色，而定官名。今尚書、侍郎、内侍也，而以加於六卿；郎中、員外，何〔二二〕職也，而以名於六屬。御史詞臣，所以居寵臺閣；郡守縣令，不應回避鄉邦。同寅協恭，相倡以禮。而令内外百司捶楚屬官，甚於奴隸。是致柔懦之徒，蕩無廉耻之節。一爲下官，肌膚不保，甚非所以長孝行、勵節義也。臣但知罄竭愚衷，急於陳獻，不暇組織成文。惟陛下垂鑒焉。

書奏留中，上奇之。

諸大臣忌縉少年得上意。兵部尚書沈縉請改縉爲御史，使遠上。縉在臺爲夏長文草疏，劾御史袁泰。泰恨縉，以他事中傷，得罪，且不測。上憐縉，召至便殿，慰諭曰："大器終晚成，汝歸，且讀書。十年來朝，大用未晚也。"賜鏹，遣之。

九溪蠻作亂，東川侯胡海等帥師討平之。

三月，命征南將軍傅友德率二十四將軍分屯湖、川，防西南諸夷。

夏四月，置詹事院，以兵部尚書唐鐸兼詹事。

上以鐸謹厚，有德量，使兼詹事，輔導太子。

五月，置泰寧、福餘、朵顔三衛于兀良哈。

兀良哈，即古奚、契丹地。時，大軍北征朵顔等酋，各遣人來朝，願爲外藩。詔以其地置三衛，自全寧抵喜峰近宣府，曰朵顔；自錦義歷廣寧至遼河，曰泰寧；自黄泥窪逾瀋陽鐵嶺至開原，曰福餘。以其酋爲指揮等官，各統所部。自是每歲朝貢。

征南將軍傅友德等還京。

秋七月，也速迭兒弒其主脱古思帖木兒，而立坤帖木兒。

八月，更定《大明律》。

九月丙寅朔，日有食之。

冬十月，西平侯沐英來朝。

尋遣還鎮。

十二月，思倫發來降。

思倫發既敗，乃遣人至雲南，乞貸其罪，願輸貢賦。守臣以聞，上遣通政司經歷楊大用，賫敕往諭之。

安南黎季犛弒其主陳日焜。

高麗幽其主禑，立子昌。

庚午，二十三年春正月，熒惑入南斗。

詔晉、燕二王分道伐虜。

高麗復廢其主昌，立王瑶權國事。

二月，國子祭酒宋訥卒。

命賻祭，遣使護其柩，歸葬。

三月，定官民服飾。

癸巳，燕王師至迤都，故元大尉〔二三〕乃兒不花、丞相咬住忽哥赤、知院阿魯帖木兒等皆降。

王師出古北口，偵知乃兒不花等駐牧迤都，遂進兵。適大雪，諸將欲止。王曰："大雪，虜必不虞我至。速進可擒也。"比抵迤都，隔一磧，虜尚不知，乃先遣指揮觀童詣虜營。觀童與乃兒不花有舊，至即相持而泣。倉卒之頃，我師已壓虜營。虜大驚，乃兒不花等欲上馬走，觀童諭以王威德，引之來見。王降辭色待之，賜酒食，慰諭，遣還。虜大喜過望，遂無遁意。將至營，又復召來，如是者三。於是，悉收其部落而還。

閏四月，安南入貢。

五月，遣公侯還鄉。

賜黄金文綺有差。

以逆黨播告天下。

李善長、胡美、唐勝宗、陸仲亨、費聚、顧時、陳德、華雲龍、王志、楊璟、朱亮祖、梅思祖、陸聚、金朝興、黄彬、毛讓〔二四〕、薛顯、陳萬亮、耿忠、於琥，凡二十人，播告天下。

賜太師、韓國公李善長死。

先是，善長坐他累，削既禄。又有以胡惟庸黨事爲言者，會有星變，其占爲大臣灾，上遂賜善長死。虞部郎中王國用上言："善長與陛下，同一心，出萬死，以得天下，爲勛臣第一。男尚公主，人臣之分極矣。若謂其自圖不軌，尚未可知，而今謂其欲佐胡惟庸，揆之事理，大謬。不然，人情之愛其子，必甚于愛其兄弟之子。安享萬全之富貴者，豈肯僥倖萬一之富貴？善長於惟庸，則侄之親耳；於陛下，則子之親也。豈肯舍其子而從其侄哉？使善長佐惟庸成事，亦不過勛臣第一而已，國公封王而已，尚主納妃而已，豈復有加於今日之富貴乎？且若謂天象告變，大臣當灾，則殺人以應天象，夫豈上天之意？今不幸已失刑，而臣愬惻爲之憂，願陛下作戒於將來也。天下孰不曰：功如李善長，竟何如哉？臣恐四方之解體也。"疏入，不報。

都勻蠻作亂，涼國公藍玉遣兵討平之。

秋七月，召涼國公藍玉還京，尋遣還鄉。

九月庚寅朔，日有食之。

十月，以劉基孫劉薦襲封誠意伯。

增禄二百六十石，共食禄五百石，子孫世襲。

詔死囚輸粟北邊。

惟犯十惡并殺人者論死，餘皆令輸粟自贖；力不及者，或二三人併力輸運。

辛未，二十四年春正月。

築浙東海堤。

二月，改封豫王爲代王，漢王爲肅王，衛王爲遼王。

三月戊子朔，日有食之。

策士於奉天殿，賜許觀等及第出身有差。

故元遼王阿札失里寇邊，命傅友德率師討之，大獲而還。

友德至哈者舍利王，遽下令班師。虜聞之，以爲然。越二日，復趨師深入，至洮兒河，獲人口、馬匹甚衆。還至金鞍子山，復征黑嶺、寨山，至磨鎌子海，打蘭尖山，追虜酋札都，遂至黑松林北野人所居熊皮山，追達達兀剌罕，掩襲虜衆，大獲而還。

四月，鑄渾天儀。

彗星入紫微垣。

五月，頒書籍於北方學校。

詔漢、衛、谷、慶、寧、岷六王練兵臨清。

六月，清理釋、道。

上以釋、道二教汙俗敗行，乃命天下郡縣，但存寬大寺觀各一所，併而居之，毋令與民雜處。有制立庵院者，悉毀之。

河決原武，入淮。

七月，徙富民實京師。

秋八月乙丑，命皇太子巡撫陝西。

上以南方卑濕，有遷都意。乃命皇太子巡視陝、洛，諭之曰："天下山川，惟關中險固。汝可以遊，以省覽風俗，慰勞秦民。"於是，擇文武之臣扈從，皆給道理費，仍命經過府縣以宿頓聞。

哈密寇邊，命都督宋晟、劉真率師征之。

九月，都督宋晟擊哈密，大破之。

倭寇廣東。

七月〔二五〕，北平、河南大水，免其田租。

以馮堅爲都察院左僉都御史。

堅爲南豐典史，上言九事：一曰：頤养聖躬。願清心省事，勿預細務。二曰：慎擇老成。願王府官正色直言，匡救闕失。三曰：攘夷狄。願務農、講武、屯戍邊圉，以逸待勞。四曰：選有司。願擇廉正之士，任以方面，俾察所屬。五曰：崇祀典。願於忠臣烈士有功於民者，量加封謚。六曰：減省宦官。願鑑諸史籍，裁擇冗員，勿令干政，以防異日弄權之患。七曰：調易邊將。凡守邊之將，必察其可托心腹，然後假以兵權，必時遷歲調，不使久任。八曰：采訪廉能，以懲貪墨。願廣布耳目之臣，公聽並觀，明黜陟。九曰：增置關防，以革奸弊。願諸司設勘合，差遣事畢，隨即繳報。書奏，上嘉納，故不次擢用之。

十一月，宋國公馮勝、涼國公藍玉等請討西番，不許。

皇太子自陝西還，上《洛陽圖》。

阿資復叛，平羌將軍都督何福率兵討之，阿資降。

壬申，二十五年春正月，河決武陽。

二月，高麗李成桂幽其主瑤而自立。

三月，命宋國公馮勝等練兵各邊。

命舳艫侯朱壽督舟師海運。

夏四月，命涼國公藍玉率師征罕東。

丙子，皇太子薨。

太子自關中還，即病。至是，卒。太子仁孝，中外歸心。上哭之慟，謂廷臣曰："朕老矣，太子不幸，遂至於此，命也。"命謚懿文。

命都督聶緯率兵討建昌酋月魯帖木兒。

五月，涼國公藍玉移師建昌。

玉至罕東，欲縱兵深入，將佐多言其不可。玉不聽，遣宋晟等率兵徇附真川，土酋吟咎等懼，遁去。又襲逃寇祈者孫，弗及。既有詔，命玉討月魯帖木兒。玉又欲深入番地，取道松疊，以達建昌。會霖雨積旬，河水泛急，玉悉驅將士渡河。麾下知非上意，多相率道亡。玉不得已，乃由隴石抵建昌。

戊子，封俞通淵爲越嶲侯。

六月，西平侯沐英卒。

英聞皇太子薨，號慟不輟，遂感疾，卒，年四十八。上哭之慟，追封黔寧王，謚昭靖，侑享太廟。英，寬洪沉毅，謀慮深遠。臨事果斷，賞罰明信。凡得上賜，悉分給士卒，故能得其死力。其鎮雲南也，簡官僚，剔奸蠹，撫農興學，墾田治水，通鹽井，來商旅，恩威並施，教化大行，雲南遂爲樂土。

秋七月，四川都指揮使瞿能討月魯帖木兒，大破走之。

能率各衛兵討月魯帖木兒，攻破雙狼寨，其衆大潰。月魯帖木兒遁去，能追之，轉戰而前，破數寨，又敗之，先後俘殺千八百餘人。月魯帖木兒遁入柏興州。

琉球中山王察度遣子弟學於國子監。

八月，頒《醒貪録》於群臣。

庚寅，立皇孫允炆爲皇太孫。

九月，以方孝孺爲漢中教授。

孝孺，寧海人。父克勤，洪武初，知濟南府，有異政，詿誤，死獄中。孝孺聰穎絶倫，讀書一目十行俱下。年二十，持所爲文謁宋濂，願受業，濂大賞異，謂孝孺曰："吾閲天下士多矣，未有如子者。顧肯從我遊耶？"吴沉薦，詔徵至京。上見其舉止莊嚴，謂皇太子曰："此端士也。當老其才以輔汝。"慰諭，遣還。孝孺歸，杜門著述。會仇家得罪，辭連孝孺，械赴闕下，上立命釋之。至是，復徵至。上謂左右曰："今非用孝孺時。"乃除漢中府教授。

冬十月，以沐英子春襲封西平侯，鎮雲南。

藍玉誘月魯帖木兒，降之，遂班師。

玉兵次柏興州，遣百户毛海以計誘致月魯帖木兒，遂降其衆。械帖木兒至京，伏誅。玉因奏："四川地廣山險，控扼西番。連歲蠻夷梗化，由軍衛少而備御寡也，宜增置屯衛。順慶府鎮御巴梁、大竹諸縣，其保寧千户所，北通秦隴，宜改爲衛。漢州、灌縣西連松、茂、碉、黎，當土番出入之衝；眉州控制馬湖、建昌、嘉定，接山、都長、九寨，俱爲要地，皆宜增置軍衛。"下群臣議。玉又奏："蜀兵少，請籍民爲軍。"上報玉曰："蜀民連年供輸煩擾，又以壯者爲兵，其何以堪？况凶渠已獲，人知順命，雖獷猂者，可漸革其習。戍守軍士皆有成規，何用增益，重困吾民乎？"玉遂班師。

閏十二月，更高麗爲朝鮮。

高麗權知國事李成桂欲更其國號，遣使來請命。上曰："東夷之號，惟朝鮮最美，且其來遠矣。"遂更其國爲朝鮮。

劉三吾罷。

三吾婿户部尚書趙免坐法當死。三吾因自陳請免，遂罷。

癸酉，二十六年春正月，以致仕兵部尚書唐鐸、刑部尚書楊靖兼太子賓客。

靖嘗逮一武弁，將鞫之，門卒檢其身，得一大珠，持白靖。靖曰："安有如許大珠？此必僞物。"命碎之。帝聞之，嘉嘆曰："千金之珠，卒然至前，略不動意，乃以爲僞物而碎之，靖有過人之識、應變之才矣。"未幾，遂有是命。

二月，命馮勝、傅友德北平備邊，聽燕王節制。

三月，誅涼國公藍玉。

玉恃功驕横，莊奴、假子數千，嘗奪民田，民訴之御史。玉執御史，捶而逐之。北征還，度喜峰關，關吏以夜不即納，玉毁門而入。上聞之，怒。會有訐玉出塞陰事者，上詰之，玉應對不謹。上以玉有功，忍未發。征西歸，意望進爵，及加太傅，攘袂曰："我顧不當爲太師乎？"及奏事，上又不從。玉退曰："上疑我矣。"乃錦衣衛士蔣獻上變，告玉謀反，下獄。集群臣廷訊，玉展轉攀辨，不肯服。吏部尚書詹徽叱玉，令吐實，無妄株連。玉太呼曰："徽即吾黨。"遂并徽殺之。簿録玉家，凡有片紙者并逮獄，連坐死者：鶴慶侯張翼、普定侯陳桓、舳艫侯朱壽、吉安侯陸仲亨、南雄侯趙庸、靖寧侯葉昇及翰林典籍孫蕡等，凡數萬人。徽素刻薄，嘗陷李善長，又惡解縉爲王朝用草疏救善長，并欲中以危法。徽嘗與懿文太子録囚，太子欲開釋，徽輒文附重法。太子爲白上，上先入徽言，謂太子曰："徽執者法也。"太子因言："立國以仁厚爲本。"上笑曰："汝遂欲爲皇帝也。"太子懼，因感疾卒，謂皇太孫曰："殺我者詹徽也。"至是，太孫録藍獄，命先斷徽手足，後戮於市。

夏四月，太白經天。

京師旱，詔求直言。

絶安南朝貢。

詔有司：歲饑，先賑後聞。

時，孝感縣奏：民饑，請發倉貸民。上命行人馳往賑濟，諭户部曰："朕嘗捐内帑付天下耆民，糴粟儲蓄，正欲備荒歉、濟饑民也。若歲荒民饑，必候奏請，道途往返，動經數月，則民之饑死者多矣。"

六月，越嶲候俞通淵有罪，削爵，放還鄉里。

秋七月朔，日有食之。

九月，復以劉三吾爲翰林學士。

上一日退朝，謂三吾曰："朕歷年久而益懼者，恐爲治之心懈也。懈心一生，百事皆廢，生民休戚繫焉，故日慎一日，惟恐弗及。如是，而治效猶未臻。甚矣！爲治之難也。"三吾頓首曰："陛下言及此，天地神人之福也。"

以鄭濟爲左春坊左庶子，王勤爲右春坊右庶子。

上以東宫官屬久闕，命廷臣各舉孝弟節行之士。廷臣以浦江鄭氏對，上曰："鄭氏，朕素知聞。其里人王氏亦倣鄭氏家法，皆宜選用，以風勵天下。"乃徵兩家子弟，年三十以上者詣闕。既至，令自推舉，鄭氏舉濟，王氏舉勤。餘皆給道理費，遣還。

赦胡黨、藍黨。

冬十一月，封皇子楩爲岷王，橞爲谷王。

《永鑒録》成，頒賜諸王。

輯歷代宗室爲悖逆者，直叙其事，頒賜諸王，以爲鑒戒。

東莞叛寇何迪伏誅。

迪，東莞伯真之弟也。真次子宏，以罪誅。迪自疑禍及，遂聚徒作亂，拒殺官軍，遁入海島。廣東都指揮使司發兵追擊，敗之。械迪送京師，伏誅。

甲戌，二十七年春正月，賑饑民。

二月，倭寇浙東。

三月，策士於奉天殿，賜張信等及第出身有差。

命魏國公徐輝祖、安陸侯吴傑海上防倭。

命韓王、瀋王分道省視秦、晋、燕、周、齊王。

上以二王年少，欲其遊觀諸國，以敦友弟之情，故有是命。

命天下種桑棗。

五月，安南入貢，却之。

七月，以任亨泰爲禮部尚書。

八月，命安陸侯吴傑、永定侯張金廣東備倭。

九月，定旌表孝行例。

日照縣民江伯兒，以母病，割股肉食之不愈，乃禱於岱嶽祠，誓云："母病愈，則殺子以祀。"既而，母病愈，竟殺其三歲子祭之。有司以聞。上怒曰："父子天倫至重，《禮》：'父爲長子三年服。'今伯兒無故殺子，絶滅倫理，宜亟捕之，勿使傷壞風化。"遂逮伯兒，杖一百，謫戍海南。下禮部議，其議："以卧冰、割股，前古所無，若割肝殘害尤甚。如父母止有一子，割肝、割股或至喪生，使父母無依，宗祀永絶，反爲不孝之大者。違道傷生，莫此爲甚。自今人子遇父母有病，醫治弗愈，無所控訴，不得已，而割股、卧冰，亦聽其所爲，不在旌表之例。"詔從之。

《寰宇通志》成。

方隅之目有八：東距遼東都司，東北至三萬衛，西極四川松藩衛，西南距雲南金齒，南逾廣東崖州，東南至福建漳州府，北暨北平大寧，西北至陝西甘肅。縱一萬九百里，横一萬一千五百里。

定正蔡氏《書傳》成。

上觀蔡氏《書傳》，日、月、五星運行，與朱子《詩傳》不同；及其他注説，與鄱陽鄒季友所論，間有未妥者。遂詔徵儒臣錢宰等定正之，且語之曰："爾等知天象乎?"皆對不知。上曰："朕每觀天象，自洪武初，有黑氣凝於奎壁〔二六〕。奎壁，乃文章之府。朕甚異焉。今年春暮，黑氣始消，文運興矣。爾等宜攷古正今，慎述作，以稱朕意。"於是，命翰林院學士劉三吾總其事，開局翰林院。至是，書成。凡《蔡氏集傳》得者存之，失者正之。又集諸家之説，足其未備。三吾等率諸儒者上進，賜名曰《書傳會選》，頒行天下。

上與群臣論天與日、月、五星之行，皆以蔡氏左旋之説爲對。上曰："天左旋，日、月、五星右旋，蓋二十八宿，經也，附天體而不動，日、月、五星緯乎天者也。朕自起兵以來，與善推步者仰觀天象二十餘年，嘗於天氣清爽之夜，指一宿爲主，太陰居是宿之西，相去丈許，盡一夜則太陰漸過而東。由此觀之，則是右旋。曆家亦嘗論之。蔡氏謂爲左旋，此儒家之説。爾等不析而論之，豈格物致知之學乎。"

十二月，潁國公傅友德暴卒。

乙亥，二十八年春正月。

命都督周興爲總兵，宋晟、劉真副之，帥師捕野人。

阿資復叛，西平侯沐春討斬之。

先是，阿資叛，朝廷命將率兵數萬，征之，無功，自後無敢議伐者。阿資益肆猖獗。春議討之，衆以爲難。春曰："歷年不獲此寇者，彼恃其地多險阻，及土酋皆其姻婭，得以亡匿。今調土酋悉從征，設謀覊靮，俾不能通。復多置營堡，相犄角，制其出入，授首必矣。"乃進兵，至赤窩，果獲阿資，斬以殉，并誅同惡三百餘人，蠻夷震服。

六月，禁黥、刺、剕、劓、宫刑。

上諭群臣曰："朕自起兵至今，四十餘年。人情善惡、真僞，無不涉歷。其中奸頑狡詐之徒，情犯深重者，特令法外加刑，使人知懼。然此特權宜處置，頓挫奸頑，非守成之君所宜用。以後嗣君統理天下，止守律與《大誥》，並不許用黥、刺、剕、劓、閹割之刑。蓋嗣君生長深宫，人情善惡，未能周知，恐一時所施不當，誤傷良善。臣下敢有奏用此刑者，文武群臣，即時劾奏，處以重辟。"

八月，信國公湯和卒。

先是，和既歸鳳陽，暮年多疾。上眷念之，每歲必一召入覲，賜以安車，入殿廷，宴賚備至，相對叙舊勞，撫摩感泣。至是，卒。上嗟悼，輟朝，親爲文，授使者以祭。追封東甌王，謚襄武。塑像功臣廟，復配享太廟。

以楊文爲征南將軍，韓觀、宋晟爲左、右副將軍，率師討龍州叛蠻。

龍州土官趙宗壽伏罪，來朝。詔楊文移兵討奉議諸蠻。

九月，免山東、應天田租。

《皇明祖訓》成，頒示中外。

上諭禮部曰："自古國家建立法制，皆在受命之君。以後子孫不過遵守成法，以安天下。蓋創業之君，起自側微，備歷世故艱難，周知人情善惡，恐後世守成之君，生長深宫，未諳世故。奸臣徇權利，作聰明，上不能察，而信任之，變更祖法，以敗亂國家，貽害天下。故日夜精思，立法垂後，求爲不刊之典。昔漢高祖刑白馬，盟曰：'非劉氏者，不王。'以後諸吕用事，盡改其法，遂至國家大亂，劉氏幾亡，此可爲深戒者。朕少遭亂離，賴皇天眷命，剪除群雄，混一天下。即位以來，勞神焦思，定制立法，革胡元弊政。至於開導後世，復爲《祖訓》一編，以立爲家法，俾子孫世世守之。後世敢有言改更祖法者，即以奸臣論，無赦。"

閏九月，更定親王歲禄。

上謂户部尚書郁新等曰："朕今子孫衆盛，天下官吏、軍士亦多，俸給彌廣。其斟酌古制，量减各王歲給，以資軍國之用。"至是，户部議，更定：親王歲給禄米萬石，郡王二千石，鎮國將軍一千石，輔國將軍八百石，奉國將軍六百石，鎮國中尉四百石，輔國中尉三百石，奉國中尉二百石，公主及駙馬二千石，郡主及儀賓八百石，縣主及儀賓六百石，郡君及儀賓四百石，縣君及儀賓三百石，鄉君及儀賓二百石。

冬十月，册馬氏爲皇太孫妃。

楊文等平奉議蠻。

文至奉議州，賊焚廬舍，入山谷，立栅自守。文督將士攻破之，賊衆潰散。遂分兵追討，破蓮花、大藤峽等寨，斬賊首黄世鐵，并其黨一萬八千餘人；招降復業者六百餘户，徙置象州、武仙縣。蠻寇遂平。

十一月，書《尚書·無逸篇》於殿壁。

《禮制集要》成。

上謂學士劉三吾等曰："朕自即位以來，累命儒臣歷考舊章。自朝廷〔二七〕，下至臣庶，冠婚喪祭之儀、服舍器用之制各有等差，著爲條格，俾知上下之分。而奸臣胡惟庸等，越禮犯分，帳幙器服，飾以金龍，僭亂如此，殺身亡家。宜重加考定，以官民服舍器用等編類成書，申明禁制，使各遵守。違者，必寘之法。"至是，書成，頒布中外。

丙子，二十九年春正月壬戌，以杜澤爲吏部尚書，門克新爲禮部尚書。

上罷朝，從容問民間事，克新對曰："聖澤深廣，天下之民，各安其業，幸蒙至治。"上曰："雖堯舜在上，不能保天下無窮民。若謂民安其業，朕恐未然，何得遽言至治？"

朝鮮國王旦遣使請印誥，不許。

二月，征虜前將軍胡冕討郴桂、潭源、平川諸蠻，平之。

三月，以董仲舒從祀孔子廟，庭罷楊雄從祀。

行人司副楊砥言："孔子廟庭從祀諸賢，皆有功世教。若漢楊雄仕莽，忝列從祀。以董仲舒之賢，反不與焉？事干名教，甚爲乖錯。宜出雄，進仲舒。"上納其言。

秋八月，免太平等五府田租。

頒表箋文武式於天下。

先是，諸司所進表箋，多務奇麗。上厭之，乃命劉三吾、王俊華撰慶賀、謝恩表箋成式，頒於天下。

十月，皇曾孫文㷆生。

上以十月數終，又生於晦日，命内庭勿賀。

十二月丙午，復永州知府余彦誠等官。

初，彦誠與齊東知縣鄭敏，定遠知縣高斗南，儀真知縣康彦民，岳池知縣王佐，安肅知縣范志遠，當塗知縣孟廉，縣丞趙森，懷寧縣丞蘇益等，先後坐事，逮獄。至是，其民俱列各官善政，詣闕以請。上嘉之，賜彦誠等襲衣，遣還。仍給耆民道里費。

詔外官三年一朝覲。

丁丑，三十年春正月，命長興侯耿炳文、武定侯郭英巡西北邊，備虜。

漢沔盗起，耿炳文、郭英討平之。

漢中沔縣吏高福興、民人田九成、僧李普治謀作亂，殺知縣吕昌，敗官軍。命炳文等發陝西兵討之，悉就擒。

二月，白虹亘天貫日。

朝鮮遣使入貢。

三月，策士於奉天殿，賜陳郊等及第出身有差。

古州蠻林寬作亂。

禁私茶。

先是，西番諸國以馬易茶，禁例甚嚴。後邊民射利，私相貿易。茶日益賤，馬之入中國者漸少。上乃諭蜀王使嚴禁私販，毋使出境。

夏四月，以張思恭爲刑部右侍郎。

思恭爲刑科給事中，有暮夜以金遺者。思恭却而不受，其人委金而去。詰旦，思恭言於朝。上嘉其守，遂有是命。

五月壬子朔，日有食之。

命楚王楨率師征古州洞蠻，湘王柏副之。

庚申夜，有星孛於天厨。

命晋、燕、代、遼、寧、谷六王，勒兵備虜。

以修撰張信爲侍讀，編修戴彝爲侍講。

上謂信、彝曰："官翰林者，雖以論思爲職，然既列近侍，旦夕在朕左右，凡政治得失、生民利病，當知無不言。昔唐陸贄、崔群、李絳在翰林，皆能正言，補益當時，顯聞後世。爾等當以古人自期，毋負朕擢用之意。"

上謂侍臣曰："人主之聰明，不可使有壅蔽。苟有壅蔽，則耳目聾瞽，天下之事俱無所達矣。"劉三吾對曰："人君惟博集衆論，任用賢能，則視聽廣，而聰明無所蔽。若信任憸邪，隔絶賢路，則視聽偏，聰明塞矣。"上曰："人主以天下之耳目爲視聽，乃能是非無所隱，而賢否自見。昔唐玄宗内惑於聲色，外蔽於權奸，以養成安史之亂。及京師失守，倉惶出幸，雖田夫野老，皆能爲言其必有今日者。玄宗雖恍然悔悟，亦已晚矣。夫以田夫野老皆知之，而玄宗不知，其蔽於聰明，甚矣。使其能廣視聽，任用賢能，不爲邪妄所惑，則亂從何生耶？"

六月辛巳，復策士於奉天殿，賜韓克忠等及第出身有差。

先是，禮部中式者三十八人，北方止北平一人，於是群議譁起。上疑之，乃下考官劉三吾等於獄。復命翰林儒臣重閱落卷，中得文理優長者六十一人。至是，復視之，擢克忠爲第一，皆北人，南方無與者。

翰林院學士劉三吾暴卒。

駙馬都尉歐陽倫有罪，賜死。

倫奉使西域，載私茶出境貿易，所至騷擾藩閫。大臣皆奉順，不敢違。倫僕周保者，尤暴横。藍縣河橋巡檢司吏被捶，不堪，以其事聞。上大怒，賜倫死，保等皆坐誅，茶没官。以吏能不避權貴，遣使齎敕勞之。

八月，以鄭沂爲禮部尚書。

以左軍都督楊文爲征虜前將軍，討古州蠻，平之。

先是，都指揮齊讓討古州蠻，久無功。乃命文代之。

冬十月，停遼東海運。

上以遼東餉有餘，遂停海運，止令本處軍屯田自給。

十一月，平緬蠻刁斡孟逐宣慰使思倫發。命西平侯沐春討之。

思倫發奔至京師，上憫之。命沐春等率雲南、四川諸衛官軍往討刁斡孟。仍遣思倫發同行，以觀夷人向背。

十二月癸未，上不豫。

戊寅，三十一年。

三月，琉球入貢。

夏四月，享太廟。

享畢。上步出廟門，徘徊顧立，指桐梓謂太常寺臣曰："往年種此。"因感愴泣下。又曰："昔太廟始成，遷主就室。禮畢，朕退而休息，夢皇考呼曰：'西南有警。'覺即視朝，果得邊報。祖考神明，照臨在上，無時不存。爾等祭祀，宜加敬慎。旦暮中使供洒掃，奉神主恐有不虔，當以時省視，務令齋潔，以安神靈。"

以暴昭爲左都御史。

以言事稱旨也。

五月，西平侯沐春卒於軍。都督何福擒刁斡孟，思倫發復還平緬。

沐春進兵擊平緬，先以兵送思倫發於金齒。使人諭刁斡孟，不從。乃遣何福、瞿能等將兵五千，往討之。福等躋高良公山，直擣南甸，大破之，殺其酋刁名孟，斬獲甚衆。回兵擊景罕寨，寨乘高據險，堅守不下。官軍糧械俱盡，賊勢益張。福使告急於春，春率五百騎，往救之。乘夜至怒江。詰旦，徑渡，令馳騎揚塵。賊望見塵起蔽天，不意大軍卒至，驚懼，遂降。春乘勝復擊崆峒寨，賊夜潰走。刁斡孟，乃遣人乞降，春以聞。上以其誕詐，令春俟變取之。春後病卒，刁斡孟竟不降。何福進討擒刁斡孟以歸，思倫發始得還平緬，逾年卒。

甲寅，上不豫。

乙亥，命燕王總率諸王備虜。

上敕諭燕王曰："朕觀成周之時，天下治矣。周公猶告成王曰：'詰爾戎兵，安不忘危之道也。'今雖海内無事，然天象示戒，夷狄之患豈可不防？朕之諸子，汝獨才知，秦、晋已薨，汝實爲長。攘外安内，非汝而誰？已命北平總兵楊文、遼東總兵郭英，悉聽爾節制。爾其總率諸王，相機度勢，用防邊患，乂安黎庶，以副吾托付之意。"

以齊泰爲兵部尚書。

上嘗詔泰問邊將姓名，泰歷數無遺。又問諸圖籍，泰出袖中手册進，簡要詳密。上大奇之。

乙酉，上崩於西宫。

上天縱神明，起自田間，不階尺土，盪滌群雄，混一天下。即位之初，稽古考文，制禮作樂，修明典章，表章經籍；正百神之號，嚴祭祀之典；建學校，定封建，議法律，推曆數。汲汲求治，昧爽臨朝，日昃忘食。退朝之暇，即延接儒臣，講論經典。

取古之帝王嘉言善行，書寘殿廡，出入省覽。珍奇異物，泊然無所嗜好，敦行儉朴，爲天下先。凡詔誥、命令，皆出自裁。家法尤嚴，謹宫壼之政，嚴宦寺之防，杜外戚之謁，著爲令典，垂戒後世。尤惘念黎元，語及稼穡艱難，每爲涕泣。勸農桑，蠲逋負，宥死刑，專務德化。獨於貪吏不少假借，輕則遣戍，重則刑戮。一時居官者，皆凛凛奉法，吏稱其職，民安其業。邊防有警，終夕不寐，命將出師，殆無虚歲。是以三十餘年，海内大安，四夷率服。升遐之日，天下哀慕，如喪考妣。

上嘗謂唐鐸曰："帝王體天道、順人心以爲治，則國家自然久安。朕每思前代亂亡之故，未有不由於違天逆人所致也。天愛民，故立君以治之。君能安民，乃可以保承天眷。卿與朕共事日久，資弼良多，凡朕事天有弗至，卿即以爲言，使有所警。"鐸頓首曰："陛下敬天恤民之心拳拳如此，臣雖老悖，敢不盡心?"

上嘗燕間與侍臣論事，上曰："昔楚莊王謀事而當，群臣莫能逮，朝而有憂色。魏武侯謀事而當，群臣莫能逮，朝而有喜色。以此見武侯之不如楚莊也。夫喜者矜其所長，憂者憂其所不足。矜則志滿，滿則驕，驕則淫佚，敗日至矣。憂則志下，下必能虚心而受人，則人孰不樂告以善。故莊王卒伯諸侯，武侯之世魏業日衰。以此觀之，人君當遜志納善，人臣當以道事君。君臣之間，各盡其道，則天下事無不濟矣。"

上又嘗諭群臣曰："凡人所爲，不能無過。但平心以觀，其心本公，而所爲或繆，此則識見未至，故有過差。若緣私意而所行繆戾者，此乃故爲耳。君子、小人於此可見。然君子之過，雖微必彰；小人之過，雖大弗形。蓋君子直道而行，故無所回互；小人巧於修飾，故多所隱蔽。人君苟不察其微，則君子小人莫辨。"又曰："朕觀往昔議論於廷，有忤人主之意者，必君子也。其順從人主之意者，必小人也。以忤己而怒之，以順己而悦之，故小人得幸而君子見斥。人主權衡在心，當審察衆論，不可以一時之喜怒爲進退也。”

上觀《唐書》，至“宦者魚朝恩恃功驕玩”，謂侍臣曰：“當時不當使此曹掌兵，故恣肆若此。然其時，李輔國、程元振及朝恩輩勢甚强横，代宗一旦去之，如孤雛腐鼠。小人竊柄，苟决意驅除，亦有何難？但在斷不斷爾。”

上又嘗謂侍臣曰：“毁譽之言，不可不辨。人固有卓然自立，不同於俗而得毁者，亦有闒媚狎昵，同乎流俗而得譽。毁者未必不肖，譽者未必賢也，第所遇幸不幸爾。”

上嘗問元舊臣政事得失，馮翼對曰：“元有天下，寬以得之，亦寬以失之。”上曰：“以寬得，則聞之矣，以失則未之聞也。夫步急則躓，弦急則絶，民急則亂。居上之道，正當用寬，但云寬則得衆，不云寬之失也。元季君臣，耽于逸樂，至淪亡，其失在於縱弛耳，非寬也。大抵聖王之道，寬而有制，不以廢弛爲寬；簡而有節，不以慢易爲簡。施之適中，則無弊矣。”

上嘗觀《大學衍義》，至“晁錯謂人情莫不欲壽，三王生之而不傷”，真德秀釋之曰：“人君不窮兵黷武，則能生之而不傷。”顧謂侍臣曰：“錯言所該者廣，真氏所見者切。古人云：兵者凶器，聖人不得已而用之。朕每臨戰陣，觀兩軍出没於鋒鏑之下，呼吸之間，創殘已甚，心甚不忍。嘗思爲君恤民，所重兵與刑耳。濫刑者陷人於無辜，黷兵者驅人於死地。有國者所當深戒。”

上謂詹同曰：“聲色，乃伐性斧斤。前代人君，以此敗亡者不少。蓋爲君居天下之尊，享四海之奉，何求不得？苟不知遠之，則小人乘間，誘納淫邪，易爲迷惑。况創業之君，爲子孫之所法，尤不可不謹。”

上與侍臣論及古女寵、宦官、外戚、權臣、藩鎮、夷狄之禍，曰："木必蠹而後風折之，體必虚而後病乘之。若不惑於聲色，嚴宫闈之禁，貴賤有體，恩不掩義，女寵之禍，何自而生？不牽於私愛，惟賢是用，苟于政典，裁以至公，外戚之禍，何由而作？閹寺職在掃除，不假兵柄，則無宦寺之禍。上下相維，大小相制，防耳目之壅蔽，謹威福之下移，則無權臣之患。財歸有司，兵必合符而調，藩鎮豈有跋扈之憂？至於御夷狄，則修武備，謹邊防，來則御之，去不窮追，豈有侵暴之虞？此數事，嘗欲著書，示後世子孫，亦社稷無窮之利也。"

上御東閣，謂侍臣朱善曰："人君以天下之好惡爲好惡，則公；以天下之智識爲智識，則明。"又曰："人情多矜己能，好言人過。君子則揚人之善，不矜己之善；貸人之過，不貸己之過。"善等皆悚服。

上與侍臣論治道，曰："治民猶治水。治水者，順其性；治民者，順其情。人情莫不好生惡死，好佚惡勞。當省刑罰，簡興作，以安之。若使之不以時，用之不以道，但迫以威力，强其服從，猶激水過顙，終非其性也。"

有軍人犯罪，當杖。其人常兩得罪，宥免。法司請并論前罪，誅之。上曰："既宥而復論之，則不信矣。用刑而不信，使人何所措手足？且其罪至死而縱之，則爲縱惡；不至死而誅之，則爲濫刑。今罪未至於死而輒殺，非恤刑之仁也。"杖而遣之。

上嘗與侍臣論及守成之道。上曰："人常慮危乃不蹈危，常慮患乃不及患。車行於峻坂而覆於康莊者，慎於難而忽於易也。保天下亦如御車，雖治平何可不慎？"

上嘗御奉天門，見散騎舍人衣極鮮麗，問："制用幾何？"曰："五百貫。"責之曰："農夫寒耕暑耘，蚤作夜息，蠶婦繅絲、緝麻，縷績手成，其勞既已甚矣。及登場下機，公私逋索交至，竟不能爲己有，食惟粗糲，衣惟垢敝而已。今汝席父兄之庇，生長膏粱紈綺之中，農桑勤苦，邈無聞知。一衣制及五百貫，此農夫數口之家一歲之資也，而爾費之於一衣。驕奢若此，豈不暴殄？自今切宜戒之。”

校勘記

〔一〕“切”，（明）黄訓《名臣經濟録》卷一葉居昇《上高皇帝封事》、（明）程敏政《明文衡》卷六、（清）谷應泰《明史紀事本末》卷十四引均作“竊”。

〔二〕“三月，白虹貫日”，《明史》卷二十七《天文志三》：“暈適：洪武十年正月己巳，白虹貫日。”

〔三〕“十五年春正月”，同前作“十五年正月丁未”。

〔四〕“制”，《左傳・哀公二十四年》作“荆”。

〔五〕“亹”，同前作“舋”。

〔六〕“殘廢則嫡長子之孫”，此處似脱一“子”字，《萬曆野獲編》卷十三《禮部一》《國初廕敘》：“若嫡長子殘廢，則嫡長之子孫。”

〔七〕“孫孫降孫”，疑當作“曾孫”，《萬曆野獲編》卷十三《禮部一》《國初廕敘》：“曾孫降孫”。

〔八〕“後朝廷清明”，（明）湛若水《格物通》卷三十九、（明）王世貞《弇山堂别集》卷九十一作“庶得朝廷清明”。

〔九〕“授曆”，（清）谷應泰《明史紀事本末》卷七十三、《明史》卷三十一《曆志一》作“授時”。

〔一〇〕“杪”，（清）谷應泰《明史紀事本末》卷七十三、《明史》卷三十一《曆志一》作“秒”。

〔一一〕“止”，（明）邢雲路《古今律曆考》卷六十三、（清）谷應泰《明史紀事本末》卷七十三作“上”。

〔一二〕“什一之塗開，奇巧之技作”，（明）湛若水《格物通》卷八十、《欽定授時通考》卷四十三作“自什一之制湮，奇巧之技作”。

〔一三〕“白虹貫日”，同〔二〕作：“暈適：十四年正月壬子，日有珥，白虹貫之。九月甲辰，白虹貫日。十五年正月丁未，十九年三月己巳，二十二年十二月戊午，並如之。”

〔一四〕“傅爾忽、傅爾木”，《明史》卷五十《禮志四》、（清）秦蕙田《五禮通考》卷一百十六：作“博爾忽，博爾朮”。

〔一五〕“土官龍海之地”，《明史》卷三百十三《雲南土司傳·曲靖》作“土官龍海之子也”，清《御批歷代通鑑輯覽》卷一百一：“越州土酋阿資，故知州龍海子也。”

〔一六〕“而”，衍字。

〔一七〕“駁雜尤”，《明史》卷一百四十七《解縉傳》、（明）黄訓《名臣經濟録》卷一解縉《大庖西上封事》作“踳駁尤甚”。

〔一八〕“争”，當爲“諍”。

〔一九〕“受田均田之法”，同前作“莫若行授田均田之法”。

〔二〇〕“爲太平”，同前作“以爲太平”。

〔二一〕“茸”，當作“葺”。

〔二二〕“何”，當作“内”。

〔二三〕“大尉”，《明史》卷三《太祖本紀三》作“太尉”。

〔二四〕“毛讓”，（清）谷應泰《明史紀事本末》卷十三作“毛驤”。

〔二五〕“七月”，據上下文當作“十月”。

〔二六〕“璧”，當作“壁”。

〔二七〕“自朝廷”，據後文當作“上自朝廷”。

國史紀聞卷四

建文皇帝

戊寅，洪武三十一年五月辛卯，皇太孫即位。

詔：以明年爲建文元年，大赦天下。

上大行皇帝謚曰“高皇帝”，廟號“太祖”，孝慈皇后曰“高皇后”。

葬孝陵。

遵遺詔，儀物一以儉素，不用金玉。

以兵部尚書齊泰、太常寺卿黄子澄預參國事。

泰受顧命，草遺詔，令諸王臨邸中，毋奔喪。王國吏民，悉聽朝廷節制。詔下，諸王不悦，曰：“此齊尚書疏間我也。”子澄，初爲東宫伴讀。帝爲太孫時，密謂子澄曰：“諸王尊屬，擁重兵，奈何?”對曰：“諸王護兵，僅足自守。萬一有變，以六師臨之，自不能支。漢七國非不强，卒亡滅者，强弱之勢不同，而順逆之理異也。”上喜。及即位，倚任之。子澄遂與泰議，削奪諸王兵權。

革冗員，併郡縣。

六月，以方孝孺爲翰林侍講學士。

孝孺在漢中，蜀獻王聞其賢，聘爲世子師。每見陳説道德，王甚喜。上即位，廷臣交薦，召爲翰林侍講，尋進學士。

以蹇義爲吏部右侍郎，夏原吉爲户部右侍郎。

秋七月，逮周王橚至京，廢爲庶人。

橚，初封吴國錢塘，後改封周國開封。洪武二十二年，棄國，來鳳陽，遷之雲南，未行，願還國。至是，人告櫹反。上命曹國公李景隆即訊之。景隆大索金寶，櫹不能應，竟坐反，逮至京。竄雲南，諸子並流放。已，召還南京。

八月，以雲南布政張紞爲吏部尚書。

紞在滇數年，凡土地貢賦、法令條格、經費程度，皆爲裁定，夷民悦服。洪武中，入覲，治行爲天下第一，賜璽書褒美。至是，召爲吏部尚書，滇人如失父母。

以陳迪爲禮部尚書。

九月，長星隕，有聲如雷。

冬十月，熒惑守心。

十一月，謫前監察御史解縉於河州。

太祖崩，縉來奔喪，有司劾其違詔，謫河州衛吏。

逮岳池訓導程濟于獄。

濟通術數，上書言："北方兵起，期在明年。"朝議以濟妄言，繫至京，將殺之。濟大呼曰："陛下且囚臣，至期無兵，殺臣未晚。"乃下于獄。

以刑部侍郎張昺掌北平布政司事，謝貴、張信爲北平都指揮使。

諸大臣言："藩王相繼告變，藩國所在，宜簡精强謀略有威望者，爲守臣彈壓。"乃命昺與貴往北平，伺察燕王。時，廷臣耑務削奪親藩，諸王皆不自安。于是，都督府斷事高巍上疏曰：

今欲弱矦王，定經制，臣請借漢爲喻。漢高大封同姓，分王天下之半，卒遺文帝〔一〕不治之痼疾。故賈誼脛腰、指股之喻，痛哭流涕之談，無非欲削奪六國之意也。賴文帝寬仁，吴王几杖之賜，折其不臣之心。迨厲王謀反，僅廢處蜀郡，已不免有尺布斗粟之謡。景帝寬厚不如文帝，又晁錯輔以刻深，徑削諸侯，遂挑六國之禍。非文帝付托得人，民心輔漢，幾危社稷，晁錯不能辭其責矣。我太祖高皇帝有文王純一之德，太行皇后有后妃不妬之行，則百斯男宜君宜王，故本宗百世爲天子，支庶百世爲諸侯，體三代之封建，分茅胙土，各居形勢之地，比之前古，雖分封過制，而高皇帝之聖謨神慮，無非欲護中國而屏四夷也。今親王固多驕逸，不削則朝廷綱紀不立，削之則傷親親之恩，此皇上所難處也。以臣愚見，不當聽晁錯削奪之策，當行主父偃推恩之令。秦、晋、燕、蜀四府子弟，分王于齊、兖、楚、湘；齊、兖、楚、湘子弟，分王于秦、晋、燕、蜀，其寧、遼、谷、代、慶、肅等府，類比而分王之。少其力而分其地，則藩王之權不削，而自弱矣。臣又願皇上待親王盡親親之禮，其賢如河間、東平者，下詔褒賞之。其驕逸不法，如淮南、濟北者，初犯則容之，再犯則赦之，三犯而不改者，然後合親王告太廟，削其地而廢處之，豈有不順服哉？

疏入，上奇之，然不能用也。

十二月，以王叔英爲翰林修撰。

叔英，黄巖人，篤志力學。洪武中，徵至京，辭還。已，用薦爲仙居訓導，遷漢陽令。時，方孝孺欲復井田，叔英貽書阻之，略曰：

天下事固有行于古而亦可行于今者，亦有行于古而難行于今者。夏時、周冕之類，此行于古而亦可行于今者也；井田、封建之類，可行于古而難行于今者也。可行者行之，則人從之也易。難行者行之，則人從之也難。從之易則民樂其利，從之難則民受其患。此君子用世，貴得時措之宜也。

召爲翰林修撰，上《資治八策》曰務學問，謹好惡，辨邪正，納諫諍，審才否，慎刑賞，明利害，定法制，皆援古證今，可見諸行事。又曰："太祖除奸剔穢，抑强鋤梗，如醫去病，如農去草。去病急或傷體膚，去草嚴或傷禾稼。故病去則宜調變其元氣，草去則宜培養其根苗。"深有補于時云。

以董倫爲禮部侍郎。

倫初爲左春坊，事懿文太子。太子薨，出爲河南參議。嘗上封事數千言，皆稱旨。尋以詿誤免官。上即位，眷念舊臣，召至京師，遂有是擢。賜書"順老堂"三字，及髹几、玉鳩各一。

以王紳爲國子監博士。

紳，禕之子也。禕被害雲南，紳甫十三，事母盡孝。母卒，哀毀逾禮，煢煢憂患中，篤學不輟。宋濂一見，器之，曰："子充有後矣。"蜀王聞其賢，聘教授蜀郡。紳痛父遺骼未返，行至雲南，訪求不獲，即死所哀奠，號慟幾絶，道路悲之。至是，給事中徐誠等薦之，遂有是命。

頒監察御史尹昌隆疏于天下。

時，上視朝稍晏，昌隆諫曰："昔高皇帝雞鳴而起，昧爽而朝。百官戒懼，故庶績咸舉，天下乂安。陛下嗣守太〔二〕業，正宜追繩祖武，兢業萬幾，未明求衣，日旰求食。今乃日宴臨朝，曠廢天工，上下懈弛，臣恐非社稷之福也。"上嘉納之，詔："禮部頒行天下，使知朕過。"

以宋懌爲翰林侍書。

懌，濂之孫也。

以王鈍爲户部尚書，鄭賜爲工部尚書。

己卯，建文元年春正月，大祀天地于南郊，奉太祖高皇帝配。

修《太祖高皇帝實録》。

禮部侍郎兼學士董倫、王景彰爲總裁官，翰林修撰李貫、國子博士王紳、齊府審理副楊士奇等爲纂修官。

以周是修爲衡府紀善。

是修，太和人，少孤力學，舉明經，爲霍丘訓導。入見，高皇帝問："居家何爲?"曰："教子弟孝弟，力田。"高皇帝喜，擢爲周府奉祠正。逾年，升紀善。建文初，周王有過，盡逮府吏詔獄。是修以嘗諫諍，得免。改衡府紀善。是時，衡王未之國，是修留京，預翰林纂修。數陳國家大計，及指斥用事者誤國。衆怒，共挫折之。是修屹不爲動。

更定官制。

升六部尚書正一品，設左、右侍中各一人，位侍郎上。改户部十二司爲民、度支、金帛、倉庾四司。刑部十二司爲詳憲、比議、職門、都官四司。六部諸司，去"清吏"字。罷左、右都御史，設都御史一人，副僉都御史各一人。改通政司爲寺，通政使爲通政卿，通政參議爲少卿、寺丞，增置左、右補缺，左、右拾遺各一人。復置大理寺，改爲司，卿爲大理卿，左、右寺正爲都評事，寺副爲副都評事，司務爲都典簿。改太常寺卿爲太常卿、少卿，寺丞分左、右。又改天壇祠祭署爲南郊祠祭署，泗州祠祭署爲泗濱祠祭署，宿州祠祭署爲新豐祠祭署，又增鍾山祠祭署及司圃所。改光禄寺卿爲光禄卿、少卿，寺丞分左、右，而升少卿從四品，省署丞二人，增監事二人。改太僕寺卿爲太僕卿，增典廐、典牧二署，設驌驦十五群，遂生三群，分隸二署，增少卿、寺丞各一人。詹事府增少卿、寺丞各一人，賓客二人。又置資德院，設資德一人，資善二人，其屬贊禮、贊書、著作郎各二人，掌籍、典簿各一人。國子監升監丞爲堂上官，增司業二人，省博士、學正、學録，增助教十七人。改鴻臚寺卿爲鴻臚卿，分少卿、寺丞爲左、右，而併行人司于鴻臚寺。翰林院增承旨一人，學士一人，文學博士二人，省侍講、侍讀、學士。置文翰、文史二館，文翰館設侍書，而改中書舍人爲侍書。文史館設修撰、編修、檢討。改謹身殿爲正心殿，設學士一人。罷華蓋、文華、武英三殿，文淵、東閣大學士，各設學士一人。文淵閣設典籍二人。革六科左、右給事中。改五城兵馬指揮司爲五城兵馬司，指揮、副指揮爲兵馬、副兵馬。始置京衛武學教授一人，啓忠等齋各訓導二人。布政司革左、右布政使，設布政使一人，堂上官各升一級。改按察司爲十三道肅政按察司。改廣東鹽課司爲都轉鹽運使司。革五軍斷事官及稽仁、稽義、稽禮、稽智、稽信五司官。增親王官賓輔二人，正三品，伴講、伴讀、伴書各一人，長史一人，左、右長史各一人。審理正、典膳正、奉祠正、良醫正、典寶正，並去"正"字。審理副等改爲副審理等。郡王賓友二人，正四品，教授二人，記室二人，直史一人，左、右直史各一人，吏目一人，典印、典祠、典禮三署，典印、典祠、典禮各一人。典饌、典藥二署，典饌、典藥各二人。典禮署，引禮舍人二人，儀仗司吏目一人。賓輔、三伴、賓友、教授，進對侍坐，稱名不稱臣，見禮如賓師。

燕王來朝，行御道登陛，不拜。

監察御史曾鳳韶劾王不敬。帝曰："王，朕叔父，至親，勿問。"户部侍郎卓敬密奏曰："燕王智慮絶人，酷類先帝。夫北平者，强幹之地，金元所由興也。宜徙燕封南昌，以絶禍本。夫萌而未動者，幾也。量時而爲者，勢也。勢非至勁莫能斷，幾非至明莫能察。"帝覽奏，大驚。翼日，語敬曰："燕王，骨肉至親，何得及此?"敬曰："楊廣、隋文，非父子耶?"上默然良久，曰："卿休矣。"事竟寢。

二月，追尊皇考懿文皇太子爲興宗孝康皇帝，皇妣懿文皇太子妃爲孝康皇后。

立妃馬氏爲皇后，子文炷爲皇太子。

封弟允熥爲吴王，允熞爲衡王，允熙爲徐王。

詔薦賢，養老，墾田，興學，察吏，旌孝，賑貧，掩骼，贖鬻子，減田租。

令親王不得節制文武吏士。

三月，上祀先師，幸太學。

燕王還國，燕世子及其弟高煦、高燧留京師，尋遣還北平。

齊泰欲先收三人，黄子澄曰："不可，事覺，彼先發有名，且得爲備。莫若遣歸，使坦懷無疑也。"世子兄弟皆魏國公輝祖甥。輝祖察高煦異常，密奏曰："臣觀三子中，獨高煦勇悍無賴，自倚騎射，非惟不忠，抑且叛父，他日必爲大患。請留之。"上以問輝祖弟都督增壽與駙馬王寧，皆力保無他。上乃遣之歸國。瀕行，高煦竊入輝祖厩中，取其良馬，馳去。比追之，已渡江矣。世子等既還，得京師動静甚悉。燕王喜曰："吾父子相聚，此天贊我也。吾事濟矣。"及燕兵起，高煦宣力爲多，上始悔不用輝祖之言。

逮北平按察司陳瑛，安置廣西。

僉事湯宗奏："瑛密受燕府金錢，有異謀。"遂逮之。燕山左護衛百户倪諒亦上變告，逮府中官旗于諒、周鐸等，伏誅。

遣都督宋忠將兵屯開平。

時，燕、齊皆有告變者，黄子澄上言："燕王久稱病，而日練軍士，招異人、術士，反形已露，討之不可不亟。"上曰："燕王素善用兵，討之，計將安出?"齊泰曰："今邊報北虜聲息，但以防邊爲名，發軍戍開平。燕府護衛精鋭悉調出塞，剪其羽翼，無能爲矣。不乘此時圖之，噬臍無及也。”上頷之，乃遣宋忠率兵三萬及燕府護衛健卒屯開平，名備胡，實以圖燕。

遣都督徐凱練兵臨清，耿瓛練兵山海關。

遣采訪使巡行天下，問民疾苦。

遣都御史暴昭、侍郎夏原吉、給事中徐思勉等二十四人。

京師地震，求直言。貶監察御史尹昌隆爲福寧知縣。

昌隆疏言：“奸人專政，陰盛陽微，謫見于天。”執政大怒，斥之。未幾，中使誣昌隆詛詋，下獄。事白，得釋。

四月，湘王柏自殺。

王好學，能文章，武勇絶人。或告王反，遣使召訊。王懼，縱火自焚，妃從之，闔户皆死。

召齊王榑至京，廢爲庶人。

府人曾名深上變告王反，召至，拘留京師，與周王同繫，誅護衛指揮柴真等。

幽代王桂於大同，廢爲庶人。

縶岷王楩於雲南，廢爲庶人。

五月，選補儒學官。

六月，召解縉爲翰林院待詔。

秋七月，燕兵起，號“靖難”。北平掌布政司事侍郎張昺、都指揮使謝貴、燕府長史葛誠、伴讀余逢辰皆死之。

昺、貴至燕，察知異，集兵部署，守王城，柵斷九門，防備嚴密。燕府長史葛誠、伴讀余逢辰亦知其謀，諫，不聽。誠密疏以聞。文皇佯稱病篤，大暑圍爐，摇頭曰：“寒甚，寒甚。”宫中亦杖而行。朝廷稍不爲意，誠、逢辰密告昺、貴曰："殿下本無恙，公等勿解防，恐一旦不可測。"初，昺以吏李友直機警，寄心腹，令詗府中事。友直輒泄昺謀，以故府中得爲備。時，蘇州僧姚廣孝在燕邸中，日夜爲文皇畫策，贊出師北平。都指揮張信與昺、貴同受密旨，使圖文皇，日以爲憂。其母疑而問之，信以實對。母驚曰："不可。汝父每言王氣在燕，王者不死，非汝所能圖也。毋妄爲，禍家族。"信乃乘婦人輿，密造府，見文皇，拜床下。時，文皇稱病，不言久矣。信曰："殿下無恙，何不以情語臣？今朝廷敕信執殿下，若無他，幸從臣歸命京師；即有意，宜告臣。"文皇見其誠，乃遂告以密謀。立召廣孝及燕山護衛指揮張玉、千户朱能，定計起兵。文皇曰："昺、貴已先防，非計擒二人不可。"會朝廷遣人逮府中官校。文皇盡縛官校，至庭中，召昺、貴入，與械去。昺意文皇見兵大集，窘不得已，縛府中人獻朝廷，不妄，遂與謝貴俱入。至端禮門，伏兵起，縛昺、貴。文皇擲杖起，曰："我何病爲？爾輩所逼耳。"昺、貴不服，皆被害。北平都指揮彭二聞變，急跨馬，大呼市中，集兵得千餘人，欲入端禮門。健卒龐來興、丁勝，文皇遣格殺，二兵亦散。文皇大恨葛誠，遂殺誠，族其家。余逢辰泣諫，并殺逢辰。朱能、張玉遂焚諸栅，奪九門，撫綏城内外，三日悉定。都指揮使余瑱走居庸，馬宣巷戰，不勝，走薊州。宋忠自開平率兵三萬，至居庸關，不敢進，退保懷來。

文皇上書言：

皇考高皇帝艱難百戰，萬死一生，定天下，成帝業。傳之萬世，封建諸子，鞏固宗社，爲磐石安。不幸皇考賓天，陛下嗣承大寶。而奸臣齊泰、黄子澄輩，包蓄禍心，悠讒奮毒。假陛下之威權，剪皇家之枝葉。橚、榑、柏、桂、楩五弟，不數年間，並見削奪。雖有愆過，未聞不軌，輒削爵奪土，轉徙流離，行路矜惻。柏尤可憫，闔室自焚。聖仁在上，胡寧忍此？此非陛下之心，皆奸臣所爲也。心尚未足，又以加臣。臣守藩于燕，二十餘年，寅畏小心，奉法循分。陛下嗣統以來，臣事君之誠，明于皎日，誠以君臣大分，骨肉至親，恒思加慎，爲諸王先。而奸臣蔽陛下之聰明，誣直爲枉，加禍無辜，執臣奏事人，箠楚刺爇，備極苦毒，迫言臣謀不軌。遂分布宋忠、謝貴、張昺等，于北平城内外圍守臣府。大小凛凛，如臨湯火。已而，護衛人執貴、昺，始詢知奸臣之謀，號地呼天，擗踊無訴。竊念臣於懿文皇太子同父母兄弟也，今事陛下如事天也。權奸之心，不止害臣，譬伐大木，先剪附枝，親藩夷滅，朝廷孤立，奸臣得志，社稷危矣。伏望陛下廓日月之明，奮雷霆之斷，去此凶慝，以肅清朝廷，永安宗社。臣又竊計奸黨蟠結深固，恐陛下未易除之。伏睹《祖訓》有云："如朝無正臣，内有奸惡，則親王訓兵待命，天子密詔諸王統領鎮兵討平之。"臣謹俯伏俟命。惟陛下念之。

通州衛指揮房勝以城降燕。

都指揮使馬宣起兵薊州，攻北平，不克，死之。

宣至薊州起兵，西，將攻北平。遇張玉，戰不利，退守薊州。玉環城攻之，宣率衆出戰，又敗，被執，駡不絶口而死。指揮毛遂，以城降燕。

遵化指揮蔣玉、密雲指揮鄭亨皆以城降燕。

靖難兵攻懷來，錦衣衛指揮宋忠、北平都指揮使余瑱、彭聚、孫泰戰敗，皆死之。

余瑱守居庸關，簡卒得數千人，將攻北平。文皇曰："居庸險隘，北平之咽喉。必得此，後可無北顧憂。"乃令指揮徐安、鍾祥等擊瑱。瑱且守且戰，援兵不至。棄關走懷來，依宋忠。文皇曰："宋忠必争居庸，宜乘其未至，擊之。"遂出精兵八千，卷甲倍道，趨懷來。獲諜者，言忠謂諸將士，家在北平者，並爲燕府誅滅，激使努力復讐。文皇急令其家人張故旗幟，爲先鋒，呼其父子兄弟，相問勞。將士知室家無恙，遂無鬭志。忠倉卒列陣未成。文皇一麾，渡河大戰。都指揮孫泰慷慨先登，頗有斬獲。文皇擇善射者並射，泰中矢，流血被甲，裹血力戰，奮呼陷陣，死之。都指揮彭聚亦力戰而死。忠敗走，入城，余瑱同被執，皆不屈死。

永平指揮趙彝、郭亮以城降燕。

大寧守將卜萬引兵進攻燕，爲其部將陳亨所執。

都指揮卜萬，與其部將陳亨、劉貞引大寧兵，號十萬，出松亭關，將攻遵化。萬素有威名，陳亨陰欲輸款于燕，畏萬，不敢發。文皇知之，乃貽萬書，盛稱萬而極詆毁亨，緘識牢密，召所獲大寧卒，解縛，厚賞之，置書衣中，俾歸密與萬，故使同獲卒見之。尋遣與俱，而不與賞，卒大恚，至即發其事。陳亨、劉貞搜賞卒衣，得與萬書，遂縛萬下獄，聞于朝，籍其家。

以長興侯耿炳文爲征虜大將軍，駙馬都尉李堅、都督甯忠爲左、右副將軍，帥師進攻北平。

時，上方鋭意文治，日與方孝孺等討論周官法度，以燕兵不足憂。黄子澄謂："北兵素强，不早御之，恐河北遂失。請急發兵。"遂遣炳文等總大軍，安陸侯吴傑，江陰侯吴高，都督盛庸、顧成、平安等，各率偏師步騎，號百萬，分道並進，直擣北平。檄山東、河南、山西三省，給軍餉。

置平燕布政使司于真定，以刑部尚書暴昭掌布政司事。

八月，靖難兵攻破雄縣，執都督潘忠、楊松。

時，兵分三道，耿炳文駐真定，徐凱駐河間，潘忠、楊松駐鄚州。張玉謂文皇曰："鄚州兵阸吾南路，宜先擒之。"文皇遂命玉爲先鋒，率衆渡白溝河，圍雄縣，破其東門，盡殺守陴卒。潘忠、楊松率兵渡月樣橋逆戰，遇伏，大敗，被執。

靖難兵至真定，耿炳文逆戰，敗績。李堅、甯忠、顧成皆被執，顧成降。

鄚州之敗，炳文部將張保降燕。保言："炳文兵十三萬，分營滹沱河南北。"文皇厚撫保，遣還，令言雄、鄚敗狀，燕兵旦夕且至。諸將言："今間道掩其不備，奈何告之？"文皇曰："吾固使知之，則河南兵必北移，併力拒我，可一舉而盡敗。不然，縱能破其北岸兵，南岸之軍乘吾疲勞，渡河接戰，勝負難必矣。"炳文聞保言，果移南營過河。文皇至真定，炳文出城逆戰。文皇使張玉、朱能等接戰，自率奇兵出其背，循城夾擊，横衝陣中。炳文大敗，急奔入城。敗卒争門，相蹈藉，死者甚衆。李堅、甯忠、顧成皆被執。文皇謂："成，先朝舊人。"解其縶，遣人護送北平，令輔世子居守。炳文闔門自守，燕兵攻三日，不能下，文皇還北平。炳文老將善戰，至是敗，帝始有憂色。

以曹國公李景隆爲征虜大將軍，北進，召耿炳文還。

上聞炳文敗，謂黄子澄曰："奈何？"子澄對曰："勝敗兵家常事，無足慮。今天下全盛，士馬精强，糧餉充足，區區一隅，豈足當天下之力。調兵五十萬，四面攻之，衆寡不敵，必成擒矣。"上曰："孰堪將者？"子澄曰："景隆文武全才，可以當之。前不用炳文而用景隆，豈有此失？"遂遣景隆代炳文，命高巍參贊軍務。御史韓郁上書曰："諸王親則太祖遺體，貴則孝康皇帝手足，尊則陛下叔父。使二帝在天之靈，子孫爲天子，而弟與子遭殘戮，其心安乎？臣每念至此，未嘗不流涕也。夫唇亡齒寒，人人自危，周王既廢，湘王自焚，代府被摧，而齊又告王反矣。爲計者必曰：‘兵不舉則禍必加。’是朝廷執政激之使然。燕舉兵兩月矣，前後調兵不下五十餘萬，而一矢無獲，謂之國有謀臣乎？經營已久，軍需輒乏，將不效謀，士不效力，徒使中原無辜赤子困于轉輸，命〔三〕不聊生，日甚一日。九重之憂方深，而出入帷幄與國事者，方且洋洋自得。彼其勸陛下削藩國者，果何心哉？諺曰：‘親者割之不斷，疏者續之不堅。’殊有理也。陛下不察，不待十年，悔無及矣。願釋代王之囚，封湘王之墓，還周王于京師，迎楚、蜀爲周公，俾各命其世子持書勸燕罷兵守藩，以慰宗廟之靈。宗社幸甚。”不聽。

谷王橞還京師。

召遼王植、寧王權還京。遼王至，徙封荆州。寧王不至，削其護衛。

九月，江陰侯吴高、都指揮耿瓛、楊文帥遼東兵圍永平。

李景隆師次河間。

文皇聞景隆代將，語諸將曰：“李九江紈袴子，寡謀而驕矜，色厲而中餒，忌刻而自用，未嘗習兵見戰，而輒以五十萬付之，是自坑也。趙括之敗，可待矣。”復偵知景隆軍中事，笑曰：“兵法有五敗，景隆皆蹈之。政令不修，紀律不整，上下異心，死生離志，一也；北平早寒，南卒裘褐不足，披冒霜雪，手足皸瘃，又士無贏糧，馬無宿藁，二也；不量險易，深入趨利，三也；貪而不治，威令不行，三軍易撓，四也；好諛喜佞，專任小人，五也。五敗悉備，必無能爲。然吾在此，彼不敢至。今須往援永平，彼知我出，必來攻城。回師擊之，堅城在前，大軍在後，必成擒矣。”

靖難兵援永平，吴高退保山海關。

諸將聞李景隆且至，勸守北平，恐出援永平非利。文皇曰：“城中之衆，以戰則不足，以守則有餘。且世子推誠任人，足辨御敵。若全軍在城，祇自示弱，彼得專攻，非策之善。兵出在外，奇變隨用，内外犄角，破敵必矣。吾出非專爲永平，直欲誘九江來就擒耳。吴高怯，不能戰，聞我至，必走。是我一舉解永平圍，而破九江也。”高聞文皇且至，果退屯山海。

吴傑兵潰于真定，遁還京，謫爲南寧衛指揮使。

冬十月，靖難兵襲破大寧，執寧王權以歸，守將朱鑑死之。

文皇欲襲大寧，謂諸將曰：“曩予巡塞上，見大寧朶顔諸夷驍勇善戰，戍卒皆閭左罪謫思歸之士。吾取大寧，斷遼東，得胡騎助戰，率戍卒而南，吾事濟矣。”諸將請先破景隆，後攻大寧。文皇曰：“今劉家口徑趨大寧，不數日可達。大寧將士悉聚松亭關，老弱居守，師至，不日可拔。城破之日，撫綏其家屬，松亭之衆，不降則潰。北平深溝高壘，守備完固，縱有百萬之衆，未易以窺吾。正欲使其頓兵堅城之下，還兵擊之，而拉朽耳。諸公第從予行，毋憂也。”遂率鋭卒千人，倍道趨大寧。遺書寧王，言窮蹙求救。寧王邀文皇單騎入城，執手大慟，言：“不得已至此。南兵百萬，旦夕且破北平，非吾弟表奏，吾死矣。”寧王信之，爲草表請赦。居數日，款洽，不爲備。文皇鋭兵出伏城外，諸親密吏士稍稍得入城，遂陰結諸胡酋長及戍士，皆喜，定約。文皇辭去，寧王餞郊外，伏兵起，執寧王，諸胡、士卒一呼皆集。都指揮朱鑑力戰不支，被縛，罵不絶口死。都指揮房寬遂降。劉貞、陳亨自松亭關來援，亨襲破貞營，降燕。貞夜負敕印，浮海還京師。

十一月，李景隆攻北平。靖難兵以胡騎還援，景隆逆戰，大敗，奔德州。

景隆聞文皇攻大寧，遂引衆攻北平，築壘九門，又結九營于鄭壩村，以遏文皇歸路，令壘營人各爲戰，非受令不得輕動。景隆攻麗正門，幾破。城中婦女並乘城擲瓦石，景隆令不嚴，軍忽退。都督瞿能與其二子帥精騎千餘，奪張掖門而入，燕衆披靡，不敢當，顧後軍不繼，乃勒兵以待。景隆忌能成功，使人止之，候大軍同進，能乃還。城中於是夜汲水灌城，天寒冰結，不可登矣。文皇盡拔大寧，諸軍及兀良哈三衛胡騎馳援北平。景隆遣都督陳暉渡白河，遇文皇，戰敗。僅以身免。文皇乃悉精鋭攻一營，盡殲之，莫有救者，連破七營，遂逼景隆營。張玉等列陣而前，城中亦出兵，内外夾擊。景隆不能支，宵遁。翌日，九壘猶固守，燕兵次第破其四壘，諸軍始聞景隆走，委棄兵糧，晨夜南奔。景隆遂還德州。

文皇再上書言：

竊聞朝廷論臣不軌之事八，謹陳其詳，惟陛下裁察。其一，謂臣護衛逾額。《祖訓》："王府官軍不拘數目。"此奸臣枉臣一也。二謂不當無事操練人馬。《祖訓》："親王不時教練軍士。"此奸臣枉臣二也。其三，謂臣不當于各衛選用官軍。《祖訓》："王府千、百户官，從王于所部軍職内選用開奏。"此奸臣枉臣三也。其四，謂臣私養韃靼健卒。本洪武中歸附，處于北平。皇考命于護衛，歲給衣糧，備虜。此奸臣枉臣四也。其五，謂臣招致異人、術士，養于府中，日夕論議爲非，竟無主名。此奸臣枉臣五也。其六，謂臣府中四門不當僭擬皇城守御之制，更番甚嚴。《祖訓》："凡王府守御，宿衛、護衛均番。”此奸臣枉臣六也。其七，謂臣宫室僭侈。此皇考所賜，因元之舊，非臣僭越。此奸臣枉臣七也。其八，謂臣子高煦過涿州，擅笞驛官。此臣失教，然笞一驛官，遂指爲臣不軌之迹，冤濫已甚，何以服天下後世？此奸臣枉臣八也。陛下與臣骨肉至親，奸臣猶得誣以極惡，則疏遠小臣、天下細民，欲寘死地，可望雪理耶？其不濁亂天下、傾危宗社不已也。蓋今諸王之中，臣序爲長，周、齊、湘、代、岷五府已去，獨臣未去。臣去，則楚、蜀、秦、晋諸國不難去矣。譬諸人身，手足皆去，身能全乎？伏望陛下鑒臣愚誠，思宗社大計，斷然不惑，去此奸慝。

又罪狀在廷齊、黄諸臣，傳檄天下。

十二月，廣昌守將楊宗叛，降燕。

薊州鎮撫曾濬起兵攻北平，不克，死之。

罷齊泰、黄子澄。

以燕府表二人之罪，陽罷之，陰留居京師籌畫。

復以茹瑺爲兵部尚書。

加李景隆太子太師。

景隆敗，子澄等匿不以聞。帝一日問子澄：“外間傳軍中不利，何如？”子澄對曰：“聞交戰數勝，但天寒士卒不堪，今暫回德州，待來春更進。”景隆復以扼退燕師聞，故有是命。且遣使賫貂裘、文幣、白金、珍醖賜之。

省躬殿成。

殿在乾清、坤寧二宫間，爲退朝燕息之所，置古經、聖訓其中，以尚父丹書之旨，《夏書》聲色、宫室之戒，命方孝孺爲銘。

徙肅王楧于蘭縣。

参贊軍務高巍使北平。

巍上言："臣願使燕，披忠膽，陳大義，曉以禍福及親親之誼。"遂遣往燕，上書文皇，其詞曰：

志慕仲連，善與人排難解紛，名世不朽。我太祖升遐，遺詔内外臣民同心輔政。聖天子嗣登寶位，誕布維新之政，下養老之詔，天下感戴，奚啻考妣？朝野皆曰："内有聖明君王，外有骨肉藩翰，帝王之治可待。"不意大王與朝廷有隙，張皇三軍，抗御六師，竟不知其意何出？在朝諸臣執言仗義，以順討逆。臣以爲動干戈孰若和解，使帝者復帝，王者復王，君臣之義大明，骨肉之親愈厚。臣所以得奉明詔，置死度外，來見大王，欲盡一言，求頸血污地者，稱臣宿許太祖"生當殞首，死當結草"之願也。

昔周公聞流言，即避位居東。若大王始知謀逆者，擒送京師，或戮而奏聞，或請解護衛，釋骨肉猜忌之疑，塞讒賊離間之口，不與周公比隆哉？慮不及此，遂檄遠邇，大興甲兵，任事者得藉口，以爲殿下欲效漢吴王倡七國，以誅晁錯爲名。家必自毁，然後人毁之。恐奸雄乘釁突起而横擊之，萬一有失，大王獲罪先帝矣。

今大王據北平，取密雲，下永平，襲雄縣，掩真定，易若建瓴。但自興兵以來，經今數月，尚不能出區區一隅之地，較以天下十五而未有一焉，大王將士殆亦疲矣。大王同心之士大約不過三十萬。大王與聖天子義則君臣，親則骨肉，尚生離間之疑，况三十萬異姓之士可保終身困迫而死於殿下乎？

大王信臣言，上表謝罪，按甲休兵，朝廷寬宥，再修親好，天意順，人心和，太祖在天之靈亦安矣。不然，執迷不回，僥倖悖事，幸而兵勝得成，後世公論謂何？倘有蹉跌，取譏萬世，于是時也，追復臣言可得乎？

巍白髮書生，蜉蝣微命，生死不懼者，但久蒙太祖教養，無能補報。洪武中，旌表愚臣孝行。臣竊自負，既爲孝子，當爲忠臣，死忠死孝，臣至願也。

書再上，不報。

庚辰，二年春正月，靖難兵攻蔚州，守將王忠、李遠以城降。

二月，靖難兵攻大同。

改都察院爲御史府，以都御史景清爲御史大夫。

虜可汗坤帖木兒及瓦剌王猛哥帖木兒納款于燕。

李景隆率兵援大同。

保定知府雒僉叛降于燕。

三月丙寅朔，日有食之。

賜進士胡靖等及第出身有差。

初，取王艮第一。上以艮貌不及靖，且靖策有“親藩陸梁，人心摇動”之語稱旨，遂首擢。靖，初名廣，上易其名曰靖。後艮死靖難，靖于永樂中入閣，復疏名廣。

以胡靖爲翰林修撰，楊榮、楊溥爲翰林編修，金幼孜爲户科給事中，胡濙爲兵科給事中。

賜李景隆璽書、斧鉞。

先是，遣中官賜景隆璽書及斧鉞，渡江，遇暴風破舟，盡沉諸江。復命再賜之，景隆益專恣，諸將玩之。

夏四月，李景隆及靖難兵大戰于白溝河，敗績，走德州。

景隆與郭英等約日合兵進攻北平，至河間。文皇渡白溝河來御，平安伏精兵萬騎，邀擊之。文皇曰："平安豎子，嘗從吾出塞，識吾用兵，故敢爲先鋒。今日當破之，使心膽俱喪。"安驍勇善戰，互有勝負。日已瞑，戰猶未已，夜深始各收軍。文皇從三騎殿後，迷失道，下馬伏地，視河流，辨東西，始知營在上流，倉卒渡河而北。翼日，復率衆渡河。景隆督諸軍進戰，平安橫槊先登，瞿能佐之，遂破文皇後軍，房寬狼狽走。張玉見寬敗，有懼色。文皇曰："勝敗兵家常事，不過日中，保爲公破之。"麾衆復戰。景隆使騎兵乘其後，文皇見陣後塵起，曰："敵繞出我後矣。"馳騎赴之，戰甚力。左右曰："敵衆我寡，難與持久，宜退就張玉等併力。"景隆等呼噪益進，矢石如雨。文皇馬三易，三被創，矢三服並射盡，乃持劍奮擊，劍又缺折，急走登隄，佯麾鞭，若招後繼者。景隆等疑有伏兵，不敢上隄。高煦見事急，帥精騎馳衛文皇。瞿能大呼"滅燕"，搏戰不已，斬百餘人。會旋風起，折大將旗，陣動。文皇率勁騎馳入，軍大亂，瞿能父子皆戰死。文皇乘風縱火，燔諸營。郭英等潰而西，景隆潰而南，委棄輜重、器械，不可勝計。景隆璽書、斧鉞盡爲燕兵所獲，殺溺死者二十萬人。文皇復追至月樣橋，降十萬餘人。景隆單騎走德州。

五月，靖難兵攻德州，李景隆奔濟南。

景隆聞燕兵至，遂自德州奔濟南。燕將陳亨、張信入德州，奪軍餉百萬，轉掠濟陽。儒學教諭王省爲游兵所執，從容引譬，詞義慷慨，衆乃得釋。省歸坐明倫堂，伐鼓聚衆生，謂曰："此堂何爲名明倫？今且論君臣之義，何如？"遂大哭，諸生亦哭。省以頭觸柱而死。

靖難兵圍濟南，參政鐵鉉、參軍高巍，御却之。

文皇率衆趨濟南，李景隆出戰，敗績，奔入城。文皇圍濟南急，鉉與巍悉力防御，屢挫燕兵。文皇乃提水灌城，城中人大懼，鉉曰："無恐，計且破之，不三日遁矣。"令登陴者皆哭呼，曰："旦日且降。"盡輟守具，出千人城外，伏地請降。又請退兵十里，無驚動城中人。文皇大喜。是時，文皇在軍逾年，往來争戰甚苦，僅得永平、保定及北平三府，諸府縣旋破旋堅守，不肯降。至是，聞濟南降，曰："濟南中原要會，得濟南，斷南北。即不下金陵，畫中原自守，徐圖江淮，未晚也。"遂下令退軍，受降。鉉懸鐵板城門上，伏壯士闉堵中，約文皇入城，呼"萬歲"，即下鐵板，拔橋。文皇從勁騎數人，渡橋直至城下，方入門，門中人即呼"萬歲"，鐵板亟下，傷文皇馬首。文皇棄馬，取從馬走。走至橋，橋下伏兵發，斷橋，橋不可動。文皇得渡，還營，大怒，復合兵圍城。鉉令守陴者大駡，燕軍攻益急，以礮擊城。鉉書"高皇帝"牌數十面，懸城上，師不敢擊。又間出死士，累破燕兵。

都督僉事朱榮棄師還京，伏誅。

六月，遣尚寶司丞李得成使燕，議罷兵，不報。

八月，濟南圍解。

燕軍圍濟南凡三月餘，鐵鉉、盛庸隨機應敵，夜出劫戰，晝憑城防禦。文皇百方攻之，不能克。姚廣孝曰："師老矣。"文皇乃解去。帝即軍中升鉉兵部尚書，封庸歷城侯。宋參軍説鉉曰："北兵南去，其留守北平者皆老弱，且永平、保定雖叛，諸郡堅守者尚多。公能出奇兵，陸行抵真定，諸將潰逸者稍稍收合，不數日，可至北平。其間豪傑有聞義而起者，公便宜部署招徠之，北平可破也。北平破，北兵回顧家室，必散歸。徐沛間，素稱驍悍，公檄諸守臣，倡義集勇，候北兵歸，合南兵征進者，晝夜躡之。公館穀北平，休養士馬，迎其至，擊之。彼背腹受敵，大難旦夕平耳。”鉉以軍餉盡于德州，城守五月，士卒困甚，而南將皆駑材，無足恃，莫若固守濟南，牽率北兵，使江淮有備，北兵不能越淮，歸必道濟，吾邀而擊之，以逸待勞，全勝計也。遂不從。

盛庸進兵德州，燕將陳旭遁歸北平。

承天門災，詔求直言。

九月，靖難兵還北平。

詔：諸將毋使朕負殺叔父名。

十月，清遠戍卒羅義上書，下獄。

義詣闕，上書乞息兵講和。又上文皇書，言：“殿下聰明英武，今之周公也。宜謹守燕土，以法周公輔成王之義。自古聖賢欲成天下之事，必先明順逆之理、成敗之勢、禍福之機。又得天道之宜、人心之安，然後可。殿下今以藩國敵朝廷，即遂其願，尤爲不可。況萬難無一易哉？乞早息兵歸國。”書上，下義獄。

平安及靖難兵戰于鏵山，斬其將陳亨。

靖難兵襲破滄州，獲守將徐凱，凱遂降燕。

文皇將襲滄州，下令陽征遼東，將士聞之，頗不樂。行至通州，張玉、朱能請曰：“今密邇敵境，而勒師遠征。況遼地早寒，士卒難堪。此行恐不利。”文皇屏左右，密語之曰：“今南將吴傑、平安守定州，盛庸屯德州，徐凱、陶銘築滄州，欲爲犄角之勢。德州、定州城守堅固，猝未易圖，惟滄州土城隤圮，天寒雨雪，修之未易便葺。今佯言征遼，示無南意，以怠其心，因其不備，偃旗捲甲，由間道直擣城下，破之必矣。機事貴密，故未令衆知者，慮洩也。”玉等稱善。徐凱諜知燕兵征遼，果不爲備。燕兵過直沽，晝夜行三百里，掩至城下。凱等乃覺，亟命分守城堞，衆皆股栗，仓皇無暇擐甲。燕兵四面急攻，文皇麾壯士，由城東北内薄而登，逾時城破。凱及都督程暹、指揮俞琪、趙滸、胡元等皆被擒，悉降于燕。

召李景隆還京，赦，不誅。

黄子澄曰："景隆出師觀望，懷二心，不亟誅，何以厲將士?"御史大夫練子寧亦執景隆于朝，數其罪，請誅之。不聽。

以盛庸爲平燕將軍，陳暉、平安爲左、右副總兵，鐵鉉參贊軍務，督諸兵北進。

十二月，盛庸大破靖難兵于東昌，斬其將張玉。

文皇率衆循河而南，盛庸、鐵鉉躡其後，至東昌，平安軍亦會，遂合戰。庸背城而陣，燕兵擊其左翼，不動，退而衝其中堅。庸麾兵圍文皇數重，文皇易服躍馬突出，得免。燕兵爲火器所乘，大敗。諸軍大呼奮擊，斬燕大將張玉，燕士卒奔潰。庸乘之，殺傷無算。文皇退駐館陶，北平震動。庸飛檄真定、滄、德諸將，水陸犄角，邀文皇歸路。

詔舉優通文學之士。

辛巳，三年春正月。

靖難兵還北平。

二月，靖難兵南出，至保定。

初，燕兵起，僧道衍每云：師行必克，但費兩日耳。及敗于東昌，成祖北還，問之。道衍曰："前固已言之，費兩日乃'昌'字也。自此全勝矣。"與朱能力勸前進。

三月，盛庸及靖難兵戰于夾河，斬其將譚淵，復戰，敗績，走德州。

庸將攻北平，兵次單家橋，營于夾河。文皇率衆至，直薄庸陣。陣堅，不能動，庸麾諸軍力戰，斬其大將譚淵。文皇復以勁騎掩庸陣後，庸軍火器不及發，戰盾又中鐵欑，相牽率，不能先後，遂却。都指揮莊得陷陣，没。驍將楚智、皂旗張皆戰死。是夕，戰酣，薄暮，各斂兵入營。文皇以十餘騎逼庸營，野宿。明日，引馬鳴角，穿營而去，諸將相顧，莫敢發一矢，以帝嘗有詔“無使負殺叔父名也”。文皇既還營，復嚴陣約戰。文皇軍東北，庸軍西南，自辰至未，兩軍互相勝負，屢退屢進，將士皆疲，少息復戰，相持甚急。忽東北風大起，塵埃漲天，沙礫擊面，庸軍中昏暗，不辨咫尺。燕兵乘風縱左右翼横擊，庸軍大敗。文皇追奔至滹沱河，庸走還德州。庸恃東昌之捷，謂此舉必破北平，將士咸携金銀器、錦繡衣，曰：“破北平，張筵痛飲。”至是，盡爲燕兵所獲。

平安敗靖難兵于單家橋，擒其將薛禄。

罷齊泰、黄子澄。

帝因燕兵日至，不得已，罷泰與子澄，且密使募兵，而以竄齊、黄，使告燕罷兵。

閏三月，吴傑、平安及靖難兵戰于藁城，敗績。

傑等營藁城。文皇亦至，戊戌合戰，互有勝負。己亥，傑、安列方陣西南，燕攻其東北。文皇以驍騎循河出軍後，大戰。傑、安發火器、大弩射文皇，下如雨，矢集王旗，如蝟毛。安陣間縛樓，高數丈，登樓望，見戰勝，大喜，麾諸軍力戰。文皇見安登樓，率精騎直趨攻樓。安急下樓，墜而走。會大風，發屋拔樹，傑軍亦敗。都指揮鄧戩、陳鵬皆被執。安、傑還真定。燕兵自白溝、夾河至藁城，三捷，戰皆前敗後勝，有風助之異云。

靖難兵掠順德、廣平、大名。

遣大理少卿薛嵓使燕軍。

先是，以罷斥齊、黄貽書文皇，使罷兵。文皇因上書，請召諸將還。帝得書，與方孝孺議之。孝孺曰："今諸軍大集，燕兵久羈大名，暑雨爲沴，不戰自罷。急令遼東諸將入山海關，攻永平、真定，諸將渡盧溝橋，擣北平。彼顧巢穴歸援，我以大軍躡其後，必成擒矣。我固欲緩，彼奏適至，宜且與報書，往返逾月，彼心解而衆離，我謀定而勢合。"帝曰："善。"立命孝孺草詔言罷兵，遣大理少卿薛嵓持報文皇。又爲榜諭數千言，刻印萬張，授嵓，令至燕軍中，密散諸將士。嵓見，文皇問："帝意云何？"嵓曰："朝廷言殿下旦釋甲，暮即旋師。"文皇怒曰："是紿我也。"嵓惶懼，不能對。燕將士譁，欲殺嵓。嵓戰慄流汗，伏地。文皇令護嵓南還。嵓還，言："燕軍强盛。"孝孺惡之曰："此爲燕游説也。"文皇復遣武勝上書，求罷兵。帝曰："燕王，皇考母弟，于朕爲叔父，奈何必用兵爲？"召孝孺諭意，孝孺對曰："陛下即欲罷兵，兵一散則難復聚。彼長驅犯闕，何以御之？今軍聲大振，不日有捷書聞。願陛下毋惑甘言。"遂下勝于獄。

六月，靖難將李遠率兵至濟沛，焚漕糧，都督袁宇御之，敗績。

秋七月，靖難兵掠彰德，都督趙清御之，敗績。

遣錦衣衛千户張安遺書于燕世子。

方孝孺門人林嘉猷，嘗被文皇召至北平，居邸中，久知高煦及三郡王與世子不睦，屢讒于父。閹黄儼素奸險，世子惡之，儼曲事三郡王。三郡王與世子守北平。高煦從文皇軍中，時時傾世子。孝孺言于上曰："兵家貴間，燕父子、兄弟可間而離也。"上問："云何？"孝孺言其故。上曰："奈何間之？"孝孺曰："世子見疑，必北歸，而吾餉道通矣。"上曰："善。"立命孝孺草書，貽世子，令歸朝，且許王燕地。世子得書，不啓封，并安致文皇所。三郡王及儼先已馳使告文皇："世子且反。"文皇疑之，問高煦，高煦曰：“世子故與太孫善厚。”語未竟，世子書至，文皇曰：“嗟乎！幾殺吾子。”

大同守將房昭率兵掠保定，靖難兵還援。

限僧道田，人五畝。

十月，真定守將花英等援房昭，與靖難兵戰，敗績。

十一月，遼東總兵楊文圍永平，不克，與燕將劉江戰于昌黎，敗績。

平安敗靖難將李彬于楊村。

十二月，以駙馬都尉梅殷守淮安。

殷，尚寧國公主，恭謹有謀，能騎射。高皇甚愛之，嘗受密命輔帝。至是，充總兵官，守淮安，悉心防御。

虜可汗坤帖木兒死，鬼力赤爲可汗。

禁内臣出使侵陵吏民。

《高皇帝實録》成。

壬午，四年春正月，平安率兵復通州，不克。靖難兵破東平，指揮詹璟被執，吏目鄭華死之。

靖難兵攻沛縣，指揮王顯以城降，知縣顔伯瑋死之。

伯瑋聞北兵且至，集民兵備御，以死自誓，遣其子有爲還家，戒之曰：“汝歸，白大人，吾不能盡子職矣。”及城破，伯瑋冠帶升堂，南面再拜，慟哭曰：“臣無以報國矣。”遂自縊死。其子不忍去，復還，見父屍，亦自刎。主簿唐清、典史黄謙亦不屈死。

二月，靖難兵攻徐州。

三月，平安及靖難兵戰于淝河，敗績。

文皇自徐州進攻宿州，平安追躡文皇，至淝河，遇伏，戰敗。胡騎指揮使火耳灰、哈三帖木兒皆被執。安兵駐宿州。

靖難兵破蕭縣，知縣陳恕死之。

以蘇州府知府姚善参贊軍事，督蘇、松、常、鎮、嘉興五郡兵入援。

善，湖廣安陸人，志行淳實愷悌。初，朝廷以吴民薰染夷俗，僭侈違式，繩以重法。嚚者或更持短長，訟蜂起，難理。善洞達政體，周悉人情，張弛寬密，各協事宜，數造請群賢，考求治道。由是吏民回心向義，轉稱大治，爲列郡最。隱士王賓獨居陋巷，善往候見，舍車，躬詣門。賓問："爲誰？"應曰："姚善。"乃開門延語。賓報謁，及門，再拜而返。善自邀還，辭曰："非公事，不敢入也。"又將候韓奕，奕避入太湖，善嘆曰："韓先生可謂名可得聞，而不可得見也。"錢芹自守甚高，善願見，不可得。有俞貞木者，以明經見重于善，月朔望必延至學宫，講經書以訓士。一日，饋米于貞木，誤送芹所，芹受之。吏覺其誤，詣貞木以告。貞木曰："錢先生不苟取與，今受米不辭，必仰府公之賢耳。"善聞之，欲往候，乃先使道意。芹對使者曰："芹誠願見明公。然芹民也，禮不可往見于庭。苟明公弘下士之風，請俟月朔相會于學宫。"善如期至，逆芹置上座，質經義。芹曰："此士子之務耳。公今有官守，何不談時務而及此耶？"善益起敬，請問今日急務。芹出一簡以授善，竟不及一言而去。視之，則守御制勝之策也。善大悦。及是，薦芹爲行軍司馬。

夏四月，平安敗靖難兵于小河，斬其將陳文、王真。

安營小河，亘十餘里，張左右翼，緣河而東。遇文皇騎兵，合戰，斬其將陳文。再戰，又勝，斬其驍將王真。文皇督戰急，幾爲安槊所及。安馬蹶，弗得前。燕番將王麒躍馬入陣援，文皇得脱，裨將丁良、朱彬被執。是役也，燕軍大震，謀還北平。

徐輝祖令諸將及靖難兵，大戰于齊眉山，敗之。召輝祖還。

平安諸軍營小河南，燕兵據河北。甲戌，大戰齊眉山，自午至酉，燕兵敗退，還營，掘塹以自固。時，燕諸將欲還北平，不敢顯言，輒請退屯小河東就麥，觀隙而動。文皇不聽，朱能、鄭亨又力言："渡河非計，諸將不肯從。"文皇曰："欲渡者左，不欲渡者右。"諸將多左，文皇大怒曰："任汝所之。"諸將始不敢言。何福引兵會平安，燕軍亦懼，文皇數日不解甲矣。

何福、平安等及靖難兵大戰于靈壁，敗績。何福遁，平安、陳暉〔四〕、馬溥、徐真等皆被執。

時，文皇遣朱榮、劉江率輕騎邀截餉道，又令遊騎擾樵采，何福乃移營靈壁。平安率軍護糧運將至，文皇覘知之，分壯士萬人遮援兵，而令高煦伏兵林間，戒俟敵戰疲，即出擊。于是，躬率師逆戰，以騎兵爲兩翼。安引軍突至，殺燕兵千餘，矢下如雨。何福復出壁來援，與安合擊，殺傷甚衆。北兵引却，高煦窺見南軍疲，即率衆突出，擊之。王還兵掩擊其後，福等大敗，俘斬萬餘人，盡獲其糧餉。福等以餘衆走入營。是夜，福下令："旦聞炮聲三，即突圍出，師就糧于淮河。"詰旦，燕兵攻營，三震炮，諸軍誤以爲己炮，急趨門走，門塞，不得出。營中紛擾，人馬墜壕塹，皆滿。燕軍急擊之，營遂破。陳暉、平安、馬溥、徐真等及禮部侍郎陳性善、大理寺卿彭與明皆被執，何福單騎走。文皇縱性善、與明南歸。性善衣朝服，入水死；與明裂衣冠，變姓名，逃。

五月，靖難兵至泗州，守將周景初降。

靖難兵渡淮，盛庸棄師走。

盛庸率馬步兵數萬。戰艦數千列淮南岸，燕兵列北岸。文皇令丘福、朱能等將驍騎數百，西行二十里，以小舟潛濟。南軍初不知覺，及漸近營，舉炮，兩軍駭愕，福等衝突其陣，南軍棄戈甲而走。庸股慄，不能上馬，其下掖之登舟，遂單舸脱走。北兵盡獲其船艦，遂濟淮駐南岸。是日，遂攻下盱眙，會諸將，圖所向，或謂宜先取鳳陽，徑趨滁、和，集船渡江；或欲先取淮安，自高郵以達真、揚，即渡江可無後顧之虞。文皇曰："不然。鳳陽樓櫓堅完，所守既固，非攻不下，恐震驚皇陵。淮安高城深池，積粟既富，人馬尚多，若攻之不下，曠日持久，屈威挫鋭，援兵既集，非我之利。今乘勝鼓行，直至揚州、儀真，兩城軍弱，可招而下。既得真、揚，則淮安、鳳陽人心自懈。我耀兵江上，聚舟渡江，京城震駭，必有内變，可指日收效也。"諸將皆頓首，稱善。

靖難兵至揚州，指揮王禮以城降，守將崇剛、監察御史王彬死之。

時，諸將分屯鳳陽、淮安以遏燕兵。文皇欲從淮安取道渡江，遣使駙馬梅殷。殷割使者耳鼻，授詞答文皇曰："留汝口，與殿下言君父恩義。"文皇竟不得道淮安，欲從靈璧出鳳陽渡河。鳳陽知府徐安諜知，拆浮橋，絶舟楫，拒守，亦不得渡。文皇遂竟趨揚州。時，御史王彬巡江淮，駐揚州，倚任指揮崇剛，練兵繕城，爲守御計。剛聞燕兵至，晝夜不解甲。指揮王禮欲降燕，彬知之，執禮及其黨繫獄。有力士能舉千斤，彬常以自隨。燕兵飛書城中："有縛王御史降者，官三品。"左右憚力士，莫敢發。禮弟宗厚賂力士母，誘其子出，會彬解甲浴，爲千户徐政、張勝所縛，舁至城上，投燕兵中，不屈，死之。政遂出禮等于獄，與江都知縣張本開門降。剛亦不屈而死。

詔天下勤王。

詔曰："燕兵勢將犯闕，中外臣民坐視予之困苦，而不予救乎？凡文武吏士，宜即日勤王，共除大難。宗社再安，予不敢忘報。"詔下，京城内外，臣民慟哭。

遣禮部侍郎黄觀、翰林修撰王叔英等，分道徵兵入援。

蘇州知府姚善、寧波知府王璡率兵勤王。

遣慶城郡主使燕軍，議割地罷兵，不聽。

北兵漸迫，方孝孺曰："事急矣，宜以計稍緩之。遣人許以割地，稽延數日，東南召募丁壯當畢集，北軍不長于舟楫，相與決戰江上，成敗未可知。"上善其言，乃以太后命，遣郡主往，以割地、分南北爲請。文皇曰："此特欲緩我師耳。行將與諸弟姊相見，無多言也。"

命刑部尚書侯太轉餉淮安。

六月，盛庸敗靖難兵于浦子口，復戰，庸大敗。陳瑄以舟師降燕。

盛庸、徐輝祖等帥舟師駐江上，北兵近岸，庸擊敗之。文皇欲且議和，北還。適高煦引胡騎至，文皇大喜，撫其背曰："吾力疲矣，兒當努力。世子多疾，天下若定，吾以汝爲太子。"于是，高煦殊死戰。文皇麾精騎數百直衝之，庸軍小却。上急遣陳瑄帥舟師援庸，瑄乃釋甲降，庸兵遂敗。

靖難兵渡江，盛庸逆戰于高資港，敗走鎮江，守將童俊降。

靖難兵至龍潭，復遣李景隆、王佐、茹瑺議割地罷兵，不聽。

景隆等見文皇，伏地納款，頓首稱臣，以割地講和爲請。文皇曰："公等爲説客耶？割地何名？何爲聽奸臣計？"景隆等不敢對，歸，言文皇必欲得泰、子澄輩。上令景隆偕諸王再往，言："諸臣皆竄逐外郡，俟執至遣來。"文皇曰："勿多言，不得奸臣，吾必不已。"諸王歸。上會群臣慟哭。或勸上且幸浙，或曰不若幸湖湘。方孝孺曰："今城中勁兵尚二十萬，城高池深，糧食充足，足以固守，以待援兵至。内外夾擊，決死一戰，可以成功。萬一不利，車駕他幸，未晚。"上然之。太常少卿廖昇聞茹瑺等還，遂慟哭，與家人訣，自縊死。翰林編修王艮，初聞燕兵起，輒憂憤不食，至是，亦仰藥死。

遣諸王分守京城諸門。

靖難兵至金川門，都給事中龔泰死之。

文皇渡江。龔泰與妻傅氏訣曰："事至此，我自分死。爾携幼穉歸，否則俱溺井，無辱。"文皇師駐金川門，泰知不可爲，遂投城下死。高巍亦自縊于驛舍。時，有議開門迎納者，大理寺丞鄒瑾、監察御史魏冕即殿前毆之，幾死。其日以兵亂輟朝，瑾及冕皆自盡。

谷王橞開金川門，納燕兵，文皇遂入城。宫中火發，上遜。

文皇入城。上手誅徐增壽于左順門。方燕兵起，增壽兄輝祖議督兵北進，增壽獨以百口保文皇無他，故誅之。又欲誅李景隆，不果。急召程濟入，問計，濟曰："天數已定，惟可走出免難耳。"初，太祖臨崩，付上一小篋，封鑰甚密，戒以急難乃啓。至是，啓視之，乃度牒及披剃具。上遂落髮易服，從地道出。須臾，宫中火發。傳言上崩。程濟從上，每遇厄，濟輒以術脱去。後濟不知所終。

文皇謁孝陵，遂即皇帝位。

文皇入，蹇義、夏原吉、劉俊、薛嵓、楊溥、胡濙、楊榮等，皆迎戴馬首，曰："殿下先謁陵乎？先入廟乎？"上曰："固當先謁陵，非若言幾誤。"茹瑺首率群臣勸進。文皇遂御奉天殿即位。瑺入賀，文皇呼謂之曰："瑺，吾今日得罪于天地、祖宗，奈何？"瑺叩首曰："陛下應天順人，何謂得罪？"文皇大悦，進忠誠伯。

召文學博士方孝孺草詔，不屈，死之。

初，文皇發燕，姚廣孝送道旁，言："江南有方孝孺者，有學行，即不肯降，幸勿殺。"至是，以廣孝言召用之。孝孺不肯屈，繫獄，一日遣人諭再三，終不從。又召孝孺草詔，孝孺斬縗而見，悲慟徹殿陛。文皇降榻勞之，曰："先生無自苦，余欲法周公輔成王耳。"孝孺曰："成王安在？"文皇曰："渠自焚死。"孝孺曰："何不立成王之子？"文皇曰："國賴長君。"孝孺曰："何不立成王之弟？"文皇又曰："先生無過勞苦。"命左右授筆札，曰："詔天下，非先生草不可。"孝孺大批數字，投笔于地，又大哭，且駡曰："死即死，詔不可草。"文皇大怒，磔諸市。孝孺慨然就戮，爲絶命詞曰："天降亂離兮孰知其由？奸臣得計兮謀國用猷。忠臣發憤兮血淚交流，以此殉君兮抑又何求？嗚呼哀哉！庶不我尤。"時年四十六。復詔收其妻鄭，鄭先已經死，宗族坐死者八百七十三人。長洲舉人劉政聞孝孺死，痛哭不食而死。孝孺和粹貞亮，事親孝，處師友，篤恩義。父克勤守濟寧，被誣謫戍，上書乞以身代。師宋濂死夔州，數百里走哭之。所友皆一時名士，以道義相切磋，居恒常以明聖道、闢異端爲己任。又纂古王政，欲見之行事，以故多紛更，卒無成算。其文章大類蘇氏，而正論過之。所著有《宗儀》、《深慮論》、《釋統》及《遜志齋集》、《周禮考次》、《大易枝辭》、《武王戒書注》、《帝王基命録》、《文統》、《宋史要言》諸書，逸不傳。至成化初，遺文始行于世。

揭奸臣榜于朝堂。

黄子澄、齊泰、方孝孺、陳迪、練子寧、黄觀、胡閏、王鈍、張紞、鄒瑾、郭任、盧迥、侯泰、暴昭、毛泰、鄭賜、黄福、卓敬、王叔英、陳繼之、董鏞、曾鳳韶、王度、謝昇、尹昌隆、宋徵、廖昇、巨敬、高翔、徐輝祖、鐵鉉、姚善、甘霖、鄭公智、葉仲惠、王璡、黄希范、陳彦回、劉璟、程通、戴德彝、王艮、盧原質、茅大芳、胡子昭、韓永、葉希賢、林嘉猷、蔡運、盧振、牛景光、周璿等五十餘人，仍頒示中外。有軍民執至者，賞以官爵。户部尚書王鈍、工部尚書鄭賜、侍郎黄福自陳爲奸臣所累，乞宥罪，令復其官。

革建文年號，仍以洪武紀年。

復周王橚、齊王榑爵。

葬建文帝。

初，宫中火起，皇后馬氏赴火死。及上入宫，詰問建文帝所在，内侍指后屍應，乃出屍于煨燼中，哭之曰："小子無知，乃至此乎?"召翰林侍講王景問："葬禮當何如?"景對曰："當葬以天子之禮。"上從之。

贈徐增壽爲武陽侯，禁錮魏國公徐輝祖。

時，武臣悉歸附，惟輝祖不屈。上召問，輝祖不出一語。法司迫取供招，輝祖默操筆，惟書其父開國功勞，子孫免死而已。上大怒，欲殺之，以勛戚故中止，勒歸私第，革其禄米。

遷興宗孝康皇帝主于陵，仍稱懿文皇太子。

殺兵部尚書齊泰、太僕寺卿黄子澄。

初，靖難兵南下，建文帝不得已，逐齊泰、黄子澄于外。及兵抵江干，蘇州知府姚善言："子澄文武才，足捍國難，顧屏諸遠以快敵人，胡失計至此？”乃急召子澄，未至城陷。文皇執子澄，責問，不服，族其家。

齊泰聞上遜去，追至廣德，欲往他郡，起兵興復，被執，亦不屈死之。

執禮部尚書陳迪、刑部尚書侯泰〔五〕、暴昭、御史大夫練子寧、户部侍郎卓敬，皆不屈，死之。

陳迪在外督軍餉，過家不入，聞變，即赴京師。文皇責問，迪嫚罵不屈，與子鳳山等六人同就戮。將刑，鳳山呼曰：“父累我。”迪叱之，罵不絶口，割其子鼻舌，炙食迪，迪唾，益指斥，俱凌遲死。既死，于衣帶中得詩，有曰：“三受天王顧命新，山河帶礪此絲綸。千秋公論明于日，照徹區區不二心。”又有《五噫詞》，並悲烈。

侯泰總餉淮安，至高郵，被執，不屈，下錦衣獄死。

暴昭，初掌平燕布政司事，平安兵敗，召歸京師。靖難兵入城，昭出亡，被執。既見，抗罵不屈，去齒，截手足，至死罵不絶口。

文皇召卓敬，責其不奉迎乘輿，敬厲聲不遜。文皇憐其才，繫獄。或以管仲、魏徵事諷之，不聽。姚廣孝忌敬，必欲殺敬。敬臨刑，從容嘆曰：“變起宗親，略無經畫，死有餘罪。”神色凜然。夷三族。

文皇縛練子寧于廷，語不遜，斷其舌，曰：“吾欲效周公輔成王。”子寧手探舌血，大書地上：“成王安在？”遂族其家，姻戚逮戍邊者百五十一人。

一時同死者，户部侍郎郭任、盧迥，禮部侍郎黄魁，刑部侍郎胡子昭，都御史茅大芳，大理少卿胡閏，太常少卿盧原質，左拾遺戴德彝，給事中陳繼之、韓永，監察御史王度、甘霖、高翔，户部主事巨敬，宗人經歷宋徵，皆以召見不屈死。

監察御史董鏞、葉希賢、鄭公智，河南左參政鄭居貞，陝西按察僉事林嘉猷，知府葉仲惠、黄希范、陳彦回，遼府長史程通，賓州知州蔡運，俱以逆黨，械至論死。

漳州府學教授陳思賢，靖難詔至，慟哭曰："明倫之義，正在今日。"遂堅卧不出迎，率其徒伍性原、陳應宗、林珏、鄒君默、曾廷瑞、吕賢，即明倫堂爲舊君〔六〕，哭臨如禮。郡人執送京師，思賢暨六生咸以身殉。

殺御史大夫景清，夷其族。

清，建文初曾爲北平參議，上遇之厚。及建文出亡，乃詣上，自歸，上喜曰："吾故人也。"仍其官，清恒伏利劍衽中，委蛇侍朝，人疑焉。是日，早朝，清衣新緋入。先是，星官奏文曲星犯帝座，甚急。至是，見清衣緋，上命收之，得所佩劍。清知志不遂，乃躍起奮立，嫚駡。上大怒，命抉其齒，且抉且駡，含血近前，噴沁御衣。上愈怒，剥其皮，實以草，械繫長安門示百官，而磔其骨肉。自是精英叠見，屢入殿廷爲厲。詔赤清族，抄及親鄰，真寧一邑幾徧，蔓延于鄰郡縣云。

禮部侍郎黄觀、翰林修撰王叔英、周是修皆自殺。

觀與叔英俱奉詔募兵。觀至安慶，聞變，謂人曰："吾妻翁氏有志節，必不辱。"招魂葬之江上。明日，家人自京奔至，言翁夫人暨二女同被執，有象奴得之，索釵釧出市酒殽，夫人急携二女率家屬十人，投維清橋下死。觀慟哭，至李陽河，聞建文帝避〔七〕位，朝服東向再拜，投湍流中死。

叔英至廣德，聞變慟哭，沐浴，衣冠，書絶命詞藏裾間，自經玄妙觀銀杏樹下。其後治奸黨，妻金繫獄死，二女赴井死。

初，胡廣、胡儼、黄淮、金幼孜、解縉、楊士奇、周是修相約同死，已而皆負約。惟是修具衣冠，詣應天府學，拜宣聖畢，自爲贊繫于衣帶，縊東廡下。後縉爲誌，士奇爲傳，謂其子曰："當時吾亦同死，誰與爾父作傳？"士論笑之。

召淮南總兵駙馬梅殷還京。

時，殷尚擁兵淮上。上迫寧國公主，招殷。公主嚙指血爲書，招之。殷得書慟哭，問使者建文帝所在，曰："去矣。"殷曰："君存與存，君亡與亡。吾姑忍俟之。"乃罷兵入見。上慰之曰："都尉在軍，無乃勞乎？"殷對曰："勞而無功，徒自愧耳。"

執蘇州知府姚善至京，不屈死之。給事中黄鉞自殺。

初，黄鉞以外艱還，方孝孺屏左右，問曰："北兵日南，蘇、常、鎮，京師左輔，君吴人，宜有以教我。"鉞曰："三郡惟鎮江最要害，守非其人，是自撤藩籬也。鎮江指揮童俊，狡不可測。蘇州知府姚善，忠義激烈，有國士風，能當一面，但仁慈有餘，而御下大寬。此治郡之良才，恐不足定亂。然國家大勢，不在江南，戎馬至此，而御之晚矣。"孝孺因附書善，勉以忠孝，期勠力王室。善得書，與鉞對哭，以死自誓。鉞就父殯，居廬，足迹不入城邑。靖難兵至江上，善受詔勤王，以書招鉞。鉞即日營葬畢，遂至善所。童俊果以鎮江降。文皇即位，捕善急。善麾下許百户，素權詐，得親于善，遂縛善邀賞。文皇詰善曰："若一郡守，乃敢舉兵抗我耶？"善厲聲不遜，死之，時年四十三。鉞聞之，慟哭，遂絶食閉目三日。或告鉞曰："善款服，已得宥。"鉞復瞠目曰："吾知善决無二心。吾少俟善事定，獨死未晚。"及善死報至，鉞起，登琴川橋，西南再拜，祀善，慟哭曰："吾與君同受國恩，國有難，義同許身。君今死國，吾忍獨生乎？"祀畢，入水死。

執兵部尚書鐵鉉至京，不屈死之。

時，鉉尚擁残兵，駐淮南。被執，至，不肯屈。令一顧，終不可得。割其耳鼻，竟不肯顧，碎其體，至死，駡不絶聲，時年三十七。子福安戍河池。

召御史魯鳳韶、浙江按察使王良，不至，皆自殺。

召鳳韶，復其官，不至。尋加侍郎召，又不至。刺血，書憤詞于襟，遂自殺。

良聞召，集臬司諸印私第，躊躇未能决。妻問故，曰："我分應死，未知所以處汝耳。"妻曰："我何難？君爲男子，乃爲婦人謀乎？"遂自投池死。良殮妻畢，列薪于尸，以幼子屬妾，使匿友家，舉火合室自焚。事聞，文皇曰："死，良分也。毁印，不得無罪。"徙其家于邊。

執谷王府長史劉璟，下獄，自殺。

璟，誠意伯基仲子也。少負奇氣，博通經史，喜談兵。嘗同兄璉侍父入朝，太祖奇之曰："璉明秀，璟凝重，伯温有子矣。"既而，基與璉繼卒。詔璟襲爵，以讓兄子薦。璟偉貌，豐髯，論説英侃。太祖愛之，欲令在左右，倣宋制授璟閤門使，且金書"除奸摘佞"四字于鐵簡，賜之，令糾正不法。時，都御史袁泰奏事忤旨，璟當大廷擊其項，舉朝憚之。咸欲其遠去，共薦授谷王長史，之國宣府。璟嘗至燕，與文皇弈，璟勝。文皇曰："卿獨不少讓我耶？"璟正色曰："可讓處，不敢不讓；不可讓處，亦不敢讓也。"靖難兵起，璟隨谷王還朝，獻十六策，不能用。令參李景隆軍事，又不見信。景隆敗，璟陷冰幾死，奔還養病。上既登極，璟卧家不起。上欲用之，罪以逃叛親王，逮繫之。臨别，姻親餞之，或曰："主上神武，何遜唐文皇，公爲魏徵可也。"璟瞪目曰："爾謂我學魏徵耶？吾死生之分决矣。"至京，授以官，不受。對上語，猶稱殿下，且云：“殿下百世後，逃不得一個‘叛’字。”遂下獄。一夕，辮髮，自經死。

宥前御史尹昌隆，以爲北平按察司知事。

初，靖難兵南下，昌隆上言：“今事勢日去，而北來章奏有‘周公輔成王’語，不若罷兵，許其入朝。彼既欲伸大義于天下，不應便相違戾。設有蹉跌，舉位讓之，猶不失爲藩王。若沉吟不斷，禍至無日，雖求爲丹徒布衣，不可得矣。”不報。及是，按名捕治奸黨，昌隆將刑，當陛大呼曰：“臣曾上章，勸以位讓陛下。奏牘尚存，可覆案也”上命停刑，閱其奏，流涕曰：“火燒頭，若早從此言，南北生靈可免酷禍，朕亦無此勞苦也。”詔貸其死。

焚建文時章奏。

上以建文時群臣封事千通，命解縉等檢閱，凡言兵食事宜者留覽，其詞涉干犯者悉焚不問。因從容問縉等曰：“爾等宜皆有之。”衆未對，修撰李貫獨頓首曰：“臣貫實無。”上曰：“爾以無爲美耶？食其禄，當任其事。國家危急，官近待者，無一言可乎？”後貫坐累，繫獄十年死。

王鈍罷，張紞自殺。

上召户部尚書王鈍曰：“爾向輔建文，間朕骨肉，今何顔耶？”鈍頓首謝，遂命致仕。

上臨朝，詰問建文中變亂官制，顧侍臣太息曰：“只爲群臣散官一事，前代沿襲，行之已久，何關利害？亦欲改易，且陵土未乾，何忍紛紛爲此？”紞懼，退而自經。

以陳瑛爲副都御史。

時，窮治建文諸臣，瑛恨湯宗，首論死。

丁丑，作奉天殿。

舊殿爲建文所焚。至是，改作殿之西。

七月，大祀天地于南郊。

大赦。

降封允熥爲廣澤王，允熞爲懷恩王，允熈爲敷惠王。

幽建文帝少子文圭于中都。後不知所終。

八月，命歷城侯盛庸安戢山東，都督劉貞鎮守遼東，征虜前將軍都督何福鎮守陝西，都督韓觀練兵江西，西平侯沐晟鎮守雲南。

以蹇義爲吏部尚書，夏原吉爲户部尚書，黄福爲工部尚書。

初建内閣，以解縉、胡靖爲侍講，編修楊榮爲修撰，黄淮、楊士奇爲編修，金幼孜、胡儼爲檢討，並直文淵閣。

直文淵閣者，入内閣預機務，出納帝命，奉陳規誨，獻告謨猷，檢點題奏，擬批答〔八〕，以備顧問。不得專制九卿事，九卿奏事亦不得相關白。

九月，大封靖難功臣。

丘福淇國公，朱能成國公，張武成陽侯，陳圭泰寧侯，鄭亨武安侯，孟善保定侯，火真保安侯，顧成鎮遠侯，王忠靖安侯，王聰武城侯，徐忠永康侯，張信隆平侯，李遠安平侯，房寬思恩侯，徐祥興安伯，徐理武康伯，李濬襄成伯，張輔信安伯，唐雲新昌伯，譚忠新寧伯，徐嚴應成伯，房勝富昌伯，趙彝忻城伯，陳旭雲陽伯，劉才廣恩伯，加曹國公李景隆禄一千石，王佐順昌伯，陳瑄平江伯，其餘將士論功升賞有差。

追封故都督張玉榮國公，故都督僉事陳亨涇國公，故指揮使譚淵崇安侯，皆世襲。

詔諭四夷。

贈前燕山右護衛百户王真金鄉侯。

徙封谷王橞于長沙。

廢廣澤王允熥、懷恩王允熞爲庶人。

冬十月，寧王權來朝，改封南昌。

寧王入朝，相見甚歡。因請改南土，初欲得蘇州，上以圻内不許。又欲杭州，上曰："五弟初封錢塘，皇考不可，改開封。建文無道，封其弟允熥，竟不克享。建寧、荆州、重慶、東昌皆善地，惟弟擇焉。"寧王得書，遂出飛旗，令有司治馳道。上大怒，王不自安，屏從兵，從五六老中官，走南昌，稱病卧城樓，乞封南昌。上不得已，即藩司爲府，封王南昌。

重修《高皇帝實録》。

以僧道衍爲左善世。

十一月，新作奉天殿成。

立妃徐氏爲皇后。

以北平布政使郭資爲户部尚書，保定知府雒僉爲刑部尚書，仍各掌司府事。

陳瑛請追論建文死事諸臣，不許。

瑛疏：建文死事諸臣，未經逮繫誅戮者，請追治之。上曰："彼食其禄，當盡其心，勿問。"又曰："諸臣盡忠于太祖，故盡忠于建文，但惡其導誘建文變亂成法耳。"

十二月，以李至剛爲禮部尚書。

時，月當食不食，至剛請率百官賀。上曰："王者能修德行政，任賢去邪，然後日月當食不食。適以陰雨不見，豈果不食耶？勿賀。”

校勘記

〔一〕“遺文帝”，（明）徐紘《明名臣琬琰録》卷十一《參贊軍務高巍傳》作“遺文景”。

〔二〕“太”，當作“大”。

〔三〕“命”，當作“民”。

〔四〕“暉”，底本作“輝”，據後文、《明史》卷一百四十四《平安傳》、（清）谷應泰《明史紀事本末》卷十六改。

〔五〕“泰”，底本作“太”。據前文、《明史》卷一百四十二《暴昭傳》、（清）谷應泰《明史紀事本末》卷十八改。後不出校。

〔六〕即明倫堂爲舊君：《明史》卷一百四十三《陳思賢傳》作“即明倫堂爲舊君位”。

〔七〕“避”，（清）谷應泰《明史紀事本末》卷十八作“遜”。

〔八〕“擬批答”，疑當作“擬議批答”。（明）章潢《圖書編》卷八十四：“直文淵閣，入内閣預機務，出納帝命，奉陳規誨，獻告謀猷，點檢題奏，擬議批答，以備顧問。”

國史紀聞卷五

成祖文皇帝

癸未，永樂元年春正月，以陳瑛爲左都御史。

復周、齊、代、岷王封爵。

群臣請立皇太子，不允。

二月，以北平爲北京。

革都、布、按三司，置北京刑部及行後軍都督府，以郭資、雒僉爲刑部尚書，平安爲行都督僉事，尋改北平府爲順天府。

遣使貽書鬼力赤可汗通好，不報。

設北平國子監。

遣監察御史分巡天下。

諭之曰："朕居深宫，下情不能周知。爾等爲朝廷耳目，其用心咨訪，利有當興、弊有當革者，悉以聞。"

命皇子高煦率兵開平備邊。

三月，徙大寧都司於保定，以大寧地畀虜。

朶顏、福餘、大寧三衛，故兀良哈地，在烏龍江南，漁陽塞北，即春秋時山戎地，元爲大寧路。國初，割錦、義、建、利諸州隸遼東，而於古會州設北平行都司，領興營等二十餘衛所。洪武十四年，封皇子權於大寧，爲寧王。二十二年，分兀良哈爲朶顏、福餘、大寧三衛，以處降胡，而以阿札失里等爲三衛指揮同知，爲我藩籬。靖難兵起，首劫大寧，諸酋長率胡騎力戰，有功。寧王移封南昌，乃改北平行都司爲大寧都司，徙之保定，散布興營諸衛於畿輔，而以大寧地盡畀三衛。東起廣寧前屯，歷喜峰，近宣府，爲朶顔；自黄泥窪，逾瀋陽、鐵嶺至開原，爲福餘；由錦義渡遼河，至白雲山，爲大寧。皆逐水草，無恒居。三衛朶顔最强，分地又最險。自是遼東、宣府聲援隔絶，諸夷列我險阻，遂爲門庭之寇矣。

夏四月，命户部尚書夏原吉治水江南。

時，嘉興、蘇、松頻罹水患，屢敕有司治之，無功，乃命原吉往。原吉循覽水勢，上言：

> 浙西諸郡，蘇、松最居下流，常、嘉、湖三郡，土田高多下少，環以太湖，綿五百里，納杭、湖、宣、歙諸山水，注澱山諸湖，入三泖。頃浦港湮塞，匯流漲溢，傷害苗稼。拯治之法，宜浚吴淞諸浦港，洩其壅淤，以入於海。吴淞江袤二百餘里，廣百五十餘丈，西接太湖，東通海，前代屢疏，以當潮汐，沙泥淤積，旋疏旋塞。自吴江長橋至下界浦，約百二十餘里，雖稍通流，多有淺窄。又自下界浦抵上海南倉浦口，可百三十餘里，潮汐壅障，茭蘆叢生，已成平陸。欲即開浚，工費浩大，且灩沙淤泥，浮泛動盪，難以施工。臣相視得，嘉定劉家港，即古婁江，徑通大海，常熟白茆港徑入大江，皆廣川浚流。宜疏吴淞江南北兩峰、安平等浦港，引太湖諸水入劉家、白茆二港，使直注海。松江大黄浦乃通吴淞要道，下流壅塞，難即疏浚。傍有范家浜，至南倉浦口，可徑達海，宜浚，令深闊，上接大黄浦，以達茆湖之水。此即禹貢“三江入海”之迹。俟既開通，相度地勢，各置石閘，以時啓閉。每歲水涸時，修圩岸，以御暴流。

上從之。役夫凡十餘萬，原吉布衣徒步，日夜經畫，盛暑揮蓋去，曰：“衆赤體暴日中，吾何忍？”於是水洩，農田大利。

太白出昴北。

禁金銀交易。

洪武中，鈔法初行，每鈔一貫折銅錢一千文、銀一兩，鈔四貫易金一兩。禁民間不得以金銀交易，違者治罪。鈔昏爛者，入行用庫换易，收工墨值。然鈔楮易於昏爛，雖有倒换之令，收受艱難，法雖嚴而竟不行。

五月，上皇考妣號謚。

皇考曰“太祖聖神文武欽明啓運峻德成功統天大孝高皇帝”，皇妣曰“孝慈昭憲至仁文德承天順聖高皇后”。

遼東都指揮沈永有罪，伏誅。

先是，虜寇遼東三萬衛，永不能御，又匿不以聞。上以欺蔽，誅之。

殺右副都御史黄信。

李至剛妻父有犯，都察院逮問，當處重刑，至剛乞免於上。上曰：“法司鞫獄，情之輕重，外人何以知之?”對曰：“此黄信與臣言。”上怒，命錦衣衛鞫之，有實狀，遂殺信。

六月，《高皇帝實録》成。

定轉輸北京事宜。

先是，瀋陽中屯衛卒唐順上言：“衛河之源，出衛輝府輝縣西北大行山下，其流自縣治北經衛輝城下，抵直沽入海，南距河陸路五十餘里。若開衛河，距黄河百步置倉廒，受南方運糧，轉衛河交運，公私兩便。”上是其策，下廷臣議。至是，户部尚書郁新言：“淮河至黄河多淺溜，饋運艱阻。請自淮安用船可載三百石以上者運入淮河、沙河，至陳州潁岐口跌坡下，復以淺船可載二百石以上者運至跌坡上，别以大船載入黄河，至八柳樹等處，令河南車夫運赴衛河，轉輸北京。”從之。

秋八月，命平江伯陳瑄總督海運。

九月，歷城侯盛庸暴卒。

庸，安戢山東。千户王欽告庸不法事，升指揮同知，賞百金。陳瑛復劾："庸有怨言，心懷異圖，請誅庸。"遂削庸爵，下獄死。

詔舉賢才。

冬十月，長興侯耿炳文自殺。

陳瑛劾炳文："衣服、器皿，僭飾龍鳳。"上曰："炳文，先朝老臣，亦爲此乎？"炳文懼，遂自殺。長子璿，尚懿文長公主。上即位，杜門稱疾，竟坐罪死。公主亦以憂卒。次瓛，建文時守山海關，嘗請楊文攻永平，以動北平。至是，亦論死。

以金忠爲兵部尚書。

置三大營。

曰五軍營，兼馬步，專教陣法；曰神機營，皆步兵，習火器；曰三千營，皆馬隊，專扈從出入。每營以勛臣二人爲總兵官統之。

十一月，詔郡縣考績官言事。

上欲聞民間疾苦，命郡縣官考滿至京。吏部選其識達治體者，令於六科辦事，俾各言所治郡縣事，卒無言者。上諭給事中朱原貞等曰："郡邑之間，豈盡無一事可言？今在朕左右，尚猶默默，况遠在千萬里外乎？爾等以朕意諭之，何利當興，何弊當革，皆勿隱。若今不言，有他人言之，則不能逃罪矣。"

閏十一月，封黎蒼爲安南國王，李芳遠爲朝鮮國王。

十二月，徙富民實北京。

天下户口之數。

是歲，天下户千一百四十一萬五千八百二十九，口六千六百五十九萬八千三百三十七，賦役糧三千一百二十九萬九千七百四石。

甲申，二年春正月，賜進士曾棨等及第出身有差。

召高煦還京。

三月，改封敷惠王允熞爲甌寧王，奉懿文皇太子祀。

遣通政趙居任使日本。

日本遣人來貢。上遣居任報之，賜國王冠服、文綺。令十年一貢，每貢毋過二百人。若貢非期，人船逾數，挾兵器，並以寇論。

命科臣直言。

上諭六科給事中曰："朕日臨百官庶務，或有失中，宜直言無隱。"又顧解縉等曰："敢爲之臣易求，敢言之臣難得，所以王魏之風世不多見。使進言者無所畏，聽言者無所忤，天下何患不治？朕與爾等勉之。"

以國子監祭酒徐旭爲翰林修撰。

禮部言旭書奏不謹，當罰。上問蹇義："旭何如人？"義曰："有學守而於人寡合。"上曰："持守之人，固當寡合。蓋其中有主，不能脂韋依阿，況兼有文學，宜置之近侍。"遂命爲翰林修撰。

夏四月，立世子高某爲皇太子。

簡東宫官，以蹇義兼詹事，解縉兼右春坊太學士，楊淮、胡廣左右庶子，胡儼、楊榮左右諭德，楊士奇左中允。

封高煦爲漢王，高燧爲趙王。

靖難兵起時，世子居守。高煦扈從有戰功，上愛之。及是，議建儲，藩府舊臣丘福等皆善高煦，時時稱煦功高，請立煦。獨金忠以爲不可。上猶豫未定。一日，密詢之解縉，縉言："世子仁孝，天下歸心。自古以寵奪嫡，必致禍亂。"上不應，縉頓首曰：“好聖孫。”上頷之。已復問黄淮、尹昌隆，對與縉同。上意乃决，立世子爲太子。封高煦漢王，國雲南；高燧趙王，國彰德。高煦怏怏曰：“我何罪？斥我天末？”改青州，又不肯行，曰：“我何罪，置我瘠土？”上不悦。太子力解，得留京師〔一〕。高煦請得天策衛爲護衛，曰：“唐太宗天策上將，吾得之豈偶然？且我英武，豈不類秦王世民乎？”

以僧録司左善世道衍爲太子少師，賜名廣孝。

册張氏爲皇太子妃。

《文華寶鑑》成。

先是，命侍臣輯古嘉言善行可爲法者爲書，以授太子。至是成，名《文華寶鑑》。上御奉天殿門，召太子授之，曰：“修己、治人之要，具於此書。帝王之道，貴乎知要，知要便足爲治。爾其勉之。”皇太子拜受而退。上顧解縉等曰：“昔秦始皇教太子以法律，晋元帝授太子以韓非。帝王之書，道廢而不講，所以亂亡。朕此書，皆大經大法。卿等輔東宫，從容閒暇，當爲講説，庶幾成其德業，他日不失爲守成令主。”

六月，封哈密安克帖木兒爲忠順王。

哈密，古伊吾廬地，在嘉峪關外千五百里，西鄰土魯番，爲羌胡往來要衝。即其地設七衛，以處諸胡内附者，爲肅州藩籬，曰哈密，曰安定，曰阿端，曰赤斤蒙古，曰曲先，曰罕東，曰罕東左。封安克帖木兒爲忠順王，以頭目馬哈麻火只等爲指揮等官，分其衆，居苦峪城。

命姚廣孝等賑濟蘇、湖。

上諭之曰：“人君一衣一食，皆取之民。民窮，君豈可不恤？君，父也；民，子也。爲子當孝，爲父當慈，各盡其道。爾往，體朕心，不可爲國惜費。”

時，山東郡縣有野蠶成繭，李至剛請賀。上曰："野蠶成繭，不過衣被一方。必天下之民皆飽暖而無饑寒，方可爲朕賀也。"不許。

七月，布衣朱季友進書，斥還，詔焚其書。

季友，鄱陽人，年七十餘。詣闕上所著書，專斥濂洛、關閩之説，肆其醜詆。上覽之，怒甚，曰："此儒之賊也。"李至剛、解縉請寘於法，楊士奇曰："當毁所著書，庶幾不誤後學。"上即敕行人押季友還，鳴其罪，杖之，悉焚所著書。

八月，安南故王孫陳天平來朝。

天平自言，爲前安南王恒孫、日煃之弟。黎民篡弑，天平出走。間行，達老撾，間關萬里，得至天朝，請兵興復。上憐之，館穀京師。已而安南使者至。上命出天平見之，皆錯愕，下拜。上謂侍臣曰："初安南胡奎請封時，云陳氏已絶。朕固疑之，孰知其弑主篡位，欺天虐人乃爾？此天地所不容也，不可不問。"

九月，周王橚來朝，獻騶虞。

周王橚來朝，且獻騶虞，百官稱賀。上曰："祥瑞之來，易令人驕。是以古之明王皆遇祥自警，未嘗因祥自怠。警與怠，安危繫焉。騶虞若果爲祥，在朕更當加慎。"

時，御馬監索穀食象，上曰："象何用？乃奪民食食之？此古人所謂率獸食人也。"不聽。

冬十月，戒諭甘肅總兵宋晟。

時，有御史言："晟擅竊威權，事多專制。"上謂侍臣曰："任不專，則不能成功。况大將受邊寄，豈可盡拘文法？今當明與晟言，使之釋疑。"乃敕晟曰："前者，御史言卿專擅，此言官欲舉其職。夫爲將不專，則功不立。朕既付卿以閫外之寄，事有便宜，即行而後聞。自古明君任將，率用此道。忠臣事主，亦在竭誠。但盡心邊務，以副朕懷。"

十一月，設天津衛。

上以直沽海運往來之衝，且海口田土膏腴，便於屯守，乃設衛。

虜酋鬼赤力馬哈木入貢。

先是，遣使以書諭鬼力赤馬哈木通好，皆不報。屢爲邊患，已而互相讎殺。至是，皆遣人入貢，而寇邊如故。

禁錮李景隆。

周王言："景隆，建文時至邸，即訊索賂。"群臣又劾景隆與弟增收匿亡命，謀不軌。命革爵，没其家，錮獄中。

分女直地，置都司衛所。

海西女直野人頭目來朝，設建州、毛憐、必里、兀者、赤不罕等衛，封其頭目爲都督、都指揮、千百户、鎮撫等官，賜印誥，各統其屬，以時朝貢。自後東瀕海，北至奴兒干，皆來歸附。自開原以北，用其部族，建置奴兒干都司一，衛三百八十四，千户所二十四。

乙酉，三年春正月，免順天、永平、保定田租二年。

選進士，就文淵閣進學。

上命解縉等選新進士英敏者，俾就文淵閣進學。縉等選修撰曾棨，編修周述、周孟簡，庶吉士楊相、劉子欽、彭汝器、王英、王直、余鼎、章敞、王訓、柴廣敬、王道、熊直、陳敬宗、沈升、洪順、章朴、余學夔、羅汝敬、盧翰、湯流、李時勉、段民、倪維哲、袁添禄、吴紳、楊勉二十八人。周忱自陳年少，亦願進學。上喜曰："志士也。"命增忱，爲二十九人。

遣使詰責安南。

遣御史李椅〔二〕、行人王樞，詰問安南胡奎篡弑陳氏之故。

二月，刑部尚書雒僉伏誅。

陳瑛劾奏："僉貪婪暴虐，擅作威福，縱其妻索所部郡縣財物。"遂並論死。

改黄福爲北京刑部尚書，宋禮工部尚書。

陳瑛劾福不恤工匠，故改刑部，而以禮代之。

三月，哈密安克帖木兒卒，封脱脱爲忠順王。

安克帖木兒卒，無子。兄子脱脱，俘羈京師。朝議：哈密爲西域入貢孔道，宜釋脱脱，令嗣王。乃賜印誥，遣還。令察諸番向背，凡諸番貢物表文，譯上之。

夏四月，遣僉都御史俞士吉册封日本國王。

六月，安南黎蒼請陳天平歸國。

李棓至安南，蒼上表謝罪，請陳天平歸國。

賑江東饑民。

秋八月，户部尚書郁新卒，命夏原吉還掌部事。

九月，禮部尚書李至剛罷，改刑部尚書鄭賜爲禮部尚書，升真定知府吕震爲刑部尚書。

冬十月，駙馬都尉梅殷暴卒。

先是，陳瑛劾殷招藏亡命，私匿胡人，與女秀才劉氏朋邪詛説，幾得罪。至是，殷入朝，讐家都督譚深、指揮趙曦令人擠殷，死笪橋下，誣殷自投水死。都督許成發其事。上怒，罪深、曦，對曰："上命也，奈何殺臣？"上大怒，立命力士以金瓜落二人齒，斬之。謚殷曰榮定。公主牽上衣大哭，問："駙馬安在？"上笑曰："爲公主迹踪賊，無自苦。"殷二子順昌、景福。以順昌爲中府都督，景福旗手衛指揮僉事，賜手書曰："朕不念爾母，爾安得有今日？"後改孝陵衛指揮使。

下茹瑺於獄，除名。

十一月，殺庶吉士章朴。

先是，禁收藏方孝孺詩文，令榜諭天下，盡毁之，藏者罪。時，朴偶詿誤，與序班楊善同坐事。朴與善言："家有孝孺《文集》。"善即借觀，密以奏聞。上怒，逮朴戮於市，而復善官。

十二月，遣使送陳天平歸國。

黎蒼復遣阮景真請天平歸國。上遣行人聶聰送之，仍以兵五千屬征南將軍吕毅、黄中護天平，以防不虞。

丙戌，四年春正月，南陽盜起，命豐城侯李彬、新城侯張輔討平之。

二月，命趙王高燧居守北京。

三月，視太學，謁先師。

賜進士林環等及第出身有差。二百一十九人。

安南季犛弒其故主天平於芹站，及使臣聶聰。

黄中等送陳天平至丘温，蒼遣陪臣黄晦卿以牛酒犒師。中問："蒼何不至？"晦卿以疾對。中使晦卿還促蒼，且遣騎覘之，無所見，而迎者壺漿相望。中不逆其詐，遂徑進，度雞陵關，將至芹站，伏發，殺天平，行人聶聰〔三〕亦遇害。中等亟整兵擊之，橋已斷，不得前。乃引還，奏聞。上大怒，謂朱能等曰："蕞爾小醜，罪惡滔天。猶敢潛伏奸謀，肆毒如此。朕推誠容納，乃爲所欺。此而不誅，兵則何用？"遂決意興師。

夏四月，求遺書。

五月，廢齊王榑爲庶人，安置廬州。

齊王榑之國，上戒之曰："無忘患難時。"榑至國，復驕縱，陰蓄亡命，爲詛説，輒用護衛兵守青州北門，守吏不得登城巡徼。李拱等上變告。上賜榑書，諭使改過。榑來朝謝，廷臣劾榑罪，請論如法。榑厲聲曰："奸臣喋喋，復欲效建文時事耶？會當斮此輩。"上聞之，大怒，留榑京邸，奪其護衛，誅指揮柴真等，罷斥齊府官僚。召其諸子至京，並奪爵，廢爲庶人，安置盧州。

六月己未朔，日有食之。

回回結牙思進玉碗，卻之。

上曰："朕朝夕用惟磁器，潔素瑩然，甚適於心，不必此也。況夷人貪而詭，今受之，必應厚賚之，將有奇異於此者繼踵而至矣，何益國事哉？"

秋七月，以成國公朱能爲征夷大將軍，西平侯沐晟、新城侯張輔爲左、右副將軍，帥師討安南。

朱能率張輔等二十五將軍，以兩京、荆湖、閩浙、兩廣兵出廣西，馮祥、沐晟率李彬等，以巴蜀、建昌、雲貴兵出雲南蒙自，共八十萬人。兵部尚書劉俊參贊戎務，刑部尚書黄福、大理卿陳洽督軍餉。上幸龍江禡祭，誓衆曰："黎賊父子，必獲無赦。脅從者，釋之，毋養亂，毋玩寇，毋擄掠，毋殺降。有一於此，雖功不宥。罪人既得，即擇陳氏子孫賢者立之，以安此一方民，諸將勉之。"

命平江伯陳瑄兼理江淮轉運。

永樂初，北京軍儲不足，以瑄充總兵官，帥舟師海運歲米百萬石，建倉於直沽受之，城天津衛，籍兵萬人戍守。至是，令江南糧一由海運，一由淮河入黄河，至陽武，陸運抵衛輝，仍由衛河入白河，至通州，以瑄兼督之。

以朱濬爲刑部尚書。

閏七月，建北京宫殿。

九月，設陝西、甘肅苑馬寺。

冬十月，征夷大將軍、總兵官成國公朱能卒於軍。

以張輔爲征夷大將軍，率師進討。

輔兵渡坡壘關，傳檄數黎賊二十罪，遂入雞陵關，進次沱江，與沐晟兵合。賊沿江樹栅，於險處築城，城栅相望，綿亘九百餘里，守備甚嚴，欲老我師。

平江伯陳瑄擊倭於沙門，敗之。

十二月，甌寧王允熙暴卒。

邸中忽火起，驚仆，卒。

張輔破安南兵於多邦城。

輔、晟進兵，逼多邦城。城浚重濠，守具嚴備。輔下令曰："賊所恃者此城耳。丈夫報國立功，正在此日。先登者，不次賞。"將士皆踴躍用命，都督黄中夜銜枚，舁攻具，薄城下。裨將蔡福先登，諸軍繼之，賊倉皇失措，矢石不得發，皆散走，我軍遂入城。賊又驅象巷戰，輔以畫獅蒙馬，火銃翼而前，象奔，反蹂其衆，賊大潰。官軍乘之，死者不可勝計。追至金圖山，西都賊聞之，焚宫室、倉庫，逃入海。於是，三江路宣江、洮江等州縣次第皆降。

迎番僧尚師哈立麻至京師。

上在藩邸，聞烏思藏有尚師哈立麻者，異僧也。及即位，遣中官侯顯齎書幣往迎，五歷寒暑乃至。車駕躬往視之，不拜，合掌而已。

丁亥，五年春正月。

張輔、沐晟大敗安南兵於木丸江。

輔牒知季犛父子聚舟泊黄江，距交州不遠，遂領軍次木丸江。晟及李彬率步騎、戰船由富良江進次魯江，與賊遇，水陸夾擊之。都督柳升奮前力戰，賊舟膠，遂大敗，斬首萬餘級，溺死者不可勝計。

二月，出解縉爲廣西參議。

上最寵信縉，賞賚與六卿等，而議儲事頗聞於外。丘福等遂譖縉洩禁中語。高煦大恨，欲殺縉。及用兵交趾，縉力言：“交趾，古羈縻國，通正朔、時賓貢而已。得其地，不足郡縣。”上遂疏縉，出爲廣西參議。

汰僧徒。

諸郡私披剃者千八百人，上悉令籍爲軍，發戍遼東、甘肅。

三月，封尚師哈立麻爲大寶法王。

其徒孛隆逋瓦桑兒加等爲大國師。

張輔、沐晟敗安南兵於富良江。

初，輔等追賊至富良江，賊悉鋭逆戰，聯舟亘十餘里，横截江中，而用划船載木立栅，以拒官軍。輔乘栅未備，督將士力戰，升以舟師横擊之，賊大敗，殺其將卒數萬，江水爲赤。季犛父子以數小舟遁去。

四月，皇太孫出閣就學。

太孫生九年矣。上使姚廣孝等侍講，諭之曰：“朕長孫天資明睿，宜盡心開導。凡經史所載孝弟仁義與夫帝王大訓，可以經綸天下者，日與講解，不必如儒生繹章句、工文詞也。”

五月，張輔、沐晟追黎蒼于海口，獲之，及其父季犛，檻送京師，安南平。

黎季犛敗，遁入海。輔、晟乘勝追之，至其羅海口，賊敗。卒王柴胡等擒季犛及其子澄，安南人武如卿等擒蒼及其子芮，俱檻送京師。

六月，置交趾都、布、按三司，以都督吕毅掌都司事，尚書黄福兼管布、按二司事。

安南平，詔求陳氏後，國人言："黎賊殘陳氏無類。"遂郡縣其地，立三司，分十七府，曰交趾、北江、諒江、三江、建平、新安、建昌、奉化、清化、宣化、大原、鎮蠻、諒山、新平、乂安、順化、升華，四十七州，一百五十七縣，衛十一，所三，市舶一，户三百一十二萬。

徵用交趾人才。

七月，西寧侯宋晟卒。

晟久鎮甘凉，威惠甚著，番夷畏服。至是，卒，上深悼之。

皇后徐氏崩。

九月，黎季犛、黎蒼至京，下獄。

張輔遣柳升賫露布，檻送黎季犛、黎蒼等至。上御奉天門，受之。詔季犛父子及其僞將相悉付獄，赦其子孫澄、芮等，令有司給衣食。

冬十月辛巳朔，日有食之。

十一月，《永樂大典》書成。

上以古今事物散載諸書，篇帙浩繁，不易檢閲，乃命詞臣，自書契以來，經史百家之言及稗官方技，類輯爲書，統之以韵，以便考索。至是成，凡二萬二千九百卷，一萬一千一百本，命名《永樂大典》，上親序之。

十二月，命給事中胡濙訪求異人。

以訪張仙爲名，實爲建文也，終莫知所之。

徐輝祖卒，以其子欽嗣魏國公。

輝祖卒。上曰："輝祖與齊太輩罪同，宜論死。念中山平定天下有大功，朕曲赦之。今輝祖死，中山不可無後，以其長子欽襲爵。"欽乞守墓，上怒，謫居中都。

戊子，六年春二月，定巡狩禮。

三月，遣使諭虜酋本雅失里，不報。

是時，鬼力赤衰，虜迎本雅失里北行。上遣鴻臚寺丞劉帖木兒不花等以書諭之，使歸順，不報。

夏四月己卯朔，日有食之。

六月，征夷諸將班師還京。

輔等旋師至京，上交趾地圖，東西相距千七百六十里，南北二千八百里。上嘉勞之，賜宴士卒，人賜鈔五錠。

禮部尚書鄭賜卒，改吕震爲禮部尚書，以都御史劉寬爲刑部尚書。

旱。

上御奉天門，顧廷臣曰："近日郡縣數奏水旱，朕甚不寧。"右通政馬麟對曰："水旱乃天數，堯湯之世，所不能免。"上曰："爾此言，不學故也。《洪範》'恒雨''恒暘'，皆本於人事不修。"顧尚書方賓等曰："朕與卿等皆當修省，更須擇賢守令。賢則下民安，民安於下，則天應於上。麟言豈識天人感應之理？"麟慚而退。

七月，論平交趾功，張輔等封爵、升職有差。

輔進封英國公，沐晟進封黔國公，清遠伯王友進封清遠侯，都督僉事柳升封安遠伯，都督僉事高士文追贈建平伯，俱世襲。朱榮以下，各升賞有差。

初，上問夏原吉："升賞孰便？"原吉對曰："賞，費於一時，有限。升，費於後日，無窮。"上從之。

八月，交趾簡定反，以沐晟爲征夷將軍，帥師討之。

詔明年巡幸北京。

九月，滿剌加入貢。

滿剌加，前代未嘗通中國。至是，入貢。詔封其西利兒速剌爲國王。

冬十月乙亥朔，日有食之。

楊榮歸葬。

榮先有父喪，以經略甘肅，奪情起復。至是，復有母喪，乞終制，又不允，命歸葬還京。

十一月，浡泥國王麻那惹加加那來朝，卒。

十二月，沐晟及簡定戰於生厥江，敗績。尚書劉儁、都督吕毅、交趾參政劉昱死之。

遣英國公張輔帥師討簡定。

瓦剌攻破鬼力赤阿魯台，立本雅失里爲可汗。

己丑，七年春正月，遣宦者鄭和航海，通西南夷。

時，有傳建文帝浮海者，乃分遣鄭和數輩，泛海下西洋，名册封滿剌加國王，實踪迹建文也。

楊榮起復。

賜皇太子《聖學心法》。

上於萬幾之暇，采聖賢之言切於修齊治平者爲一書，名曰《聖學心法》，以賜東宫。因謂黄淮、楊士奇曰："東宫侍側，朕問：'講何書?'對曰：'《論語》君子小人和同章'。因問：'何以君子難進易退，小人易進難退?'對曰：'小人逞才而無耻，君子守道而無欲。'又問：'何以小人之勢常勝?'對曰：'此係上人之好惡，如明主在上，必君子勝矣。'又問：'明主在上，盡不用小人乎?'曰：'小人果有才，亦不可盡棄，須常警飭之，不使有過可也。'朕甚喜其學問進益，爾等其盡心輔之。"

二月，逮茹瑺下獄，死。

先是，瑺既以罪除名。既而，其家人告瑺不法事，逮至京。久之，釋還，道經長沙，不朝谷王，王以爲言。陳瑛奏："瑺違祖訓，當寘重典。"復逮之，下錦衣衛獄。瑺知不免，服毒死。

帝發京師，命皇太子監國。

上命蹇義、楊士奇、黄淮輔太子監國。惟文武除拜、四夷朝貢、邊境調發上請行在，餘悉啓聞處分。遂發京師，以夏原吉、胡廣、楊榮、金幼孜扈從。

三月，帝至北京。

平安自殺。

初，平安被執，諸將請殺之。上愛其才勇，簡統〔四〕卒護送北平，已授行後府都督僉事。至是，上忽問左右曰："平安尚無恙耶?"安懼，遂自經死。

江淮饑。

都御史虞謙、給事中杜欽巡視兩淮，啓："軍民缺食，請發廩賑貸。"皇太子遣人馳諭之，曰："軍民困乏，嗷嗷待哺。尚從容啓請待報，視汲黯何如?急發廩賑之，勿緩。"

夏四月，遣給事中郭驥諭本雅失里，不屈，死之。

閏四月，以方賓爲兵部尚書。

五月，作壽陵於昌平。

簡定僭稱上皇，立陳季擴爲越帝。

封虜瓦剌哈木爲順寧王，太平賢義王，把禿索羅安樂王。

六月，遣御史考察守令。

秋七月，以淇國公丘福爲征虜大將軍，武城侯王聰、同安侯火真爲左、右副將軍，靖安侯王忠、安平侯李遠爲左、右參將，率師征本雅失里。

命右庶子楊榮經畫甘肅軍務。

甘肅總兵何福奏："韃靼脱脱不花等各率所部來歸，駐亦集乃地。"上命楊榮敕諭福曰："脱脱不花止邊外，恐遲回生變。爾可與榮計，斟酌權宜處之，務在得當。"

八月，張輔敗賊於鹹子關。

斬首數千，溺死無算，生擒僞監門衛將軍潘坻等二百餘人。賊酋阮世美、鄧景異脱身逃。

征虜兵至臚朐河，丘福等五將皆敗殁。

丘福出塞，率千餘人先進至臚朐河南，遇虜遊兵，與戰，敗之。遂乘勝渡河，獲虜諜，福飲以酒，問本雅失里所在，諜詐言："本雅失里聞兵來，北遁，去此未遠。"福大喜曰："當疾馳擒此虜。"時，諸軍未集，衆皆曰："虜誘我，不可信。當遣騎偵之，徐議進擊，否則墜虜計。"福不從，令諜爲鄉導，率衆直薄虜營。相持二日，每戰，虜輒佯敗，福鋭意乘之。李遠曰："將軍輕信諜者，孤軍深入，進必不利。莫若結營自固，俟大軍畢至，擊之，必捷。否，亦可全師而還。"王聰亦力言不可，福皆不從。欲遣火真使虜，詐求和，而率精騎劫虜營。真猶豫未決，福厲聲曰："違命者斬。"即上馬先馳，麾士卒，控馬者皆泣下。諸將見福去，不得已，俱行。不數里，伏兵四起，環我師。遠、聰率五百騎突虜陣，斬數百人，聰戰死，遠馬蹶，與福、真、忠皆被執，没虜中。上聞敗大怒，遂决意親征。

封何福爲寧遠侯。

以撫定亦集乃諸酋也。

十月，封陳懋爲寧陽侯。

懋鎮寧夏，虜寇邊，敗之境外，故有是命。

西域火州、哈烈國入貢。

火州，漢車師地，唐之高昌，去肅州三千里。哈烈，即漢大宛，去肅州萬餘里。

冬十二月，張輔獲簡定，檻送京師，伏誅。

輔又敗賊於太平海口。季擴稱故王後，請封，不聽。進兵至清化，獲簡定，檻送至京師，伏誅。

庚寅，永樂八年正月戊辰朔。

張輔敗交趾賊阮師檜於潮州。

初，師檜僞稱王，據安老縣，有衆二萬，時，出海口爲寇，以應簡定。至是，輔以兵圍之，斬首四千餘級，生擒二千餘人，皆斬之，築爲京觀。

召張輔還，命沐晟節制諸軍，雲陽伯陳旭副之，討陳季擴。

二月，帝親征本雅失里。皇長孫留守北京，夏原吉兼理行在部院事。

三月，大閱於鳴鑾戍。

軍陣綿亘數十里，師徒甚盛，瓦剌使者望之，駭愕曰："天兵如此，孰敢嬰其鋒者。"上聞之，顧謂胡廣等曰："國家無所用兵，乃善，朕久厭之矣。今日此舉，非得已也。"

車駕次凌霄峰。

上顧胡廣等曰："元盛時，此皆民居，今萬里蕭條，惟見黄沙野草耳。虜衰微若此，尚敢逆命?"因問廣曰："諸將此來，不聞進一言，何也?"對曰："成算在上，星火之輝，何能仰裨日月?"上曰："是何言也? 聖人詢於蒭蕘，何况君臣之間? 古稱好問則裕，自用則小。朕舉事，必謀於衆，曷嘗專任以掩群策？”時乏水，忽大雪尺餘，軍得不困。

永昌韃官叛，都督費瓛討平之。

交趾副總兵、雲陽伯陳旭卒於軍。

夏五月，上追虜至斡灘河，擊敗之，本雅失里遁。

上至飲馬河，偵知虜在兀古兒札河，遂自將輕騎追及之。虜列陣逆戰，上麾前鋒，一鼓敗之。本雅失里棄輜重，遁去。

沐晟敗陳季擴於虞江。

上班師。

上謂方賓等曰：“朕爲天下計，遠征逆虜，冀一勞永逸。今首惡遠遁，餘衆潰散，朕當旋師，休甲兵，嚴守備，更務屯田，使兵精餉實，殄滅此虜易易耳。”賓對曰：“宗社生民之福也。”遂班師。初，上之北征也，以金幼孜、楊榮、胡廣扈行，途次，時召帳殿，語移時，或夜分始出。經歷山川、古迹必指示記之。登野狐嶺曰：“至此看山，盡在下矣。”至興和，曰：“此陰山脊也。若因山爲壘，因壑爲池，得人守之，雖鐵騎千群，能飛度耶？”至鳴鑾戍，曰：“此大伯顔山，西北有小伯顔山，由此東去開平不遠。”至環瓊圃，指塞北山川，曰：“古交河，在今哈剌火州，兩河相交，水嚙沙出，唐碑尚在。”至長清塞，曰：“南望北斗矣。”經闊欒海，曰：“此周千餘里，斡灘、臚朐七河注其中。”賜名“玄冥池”。駐蹕玄石坡、擒胡山、清流泉，皆有銘。《玄石銘》曰：“維日月明，維天地壽。玄石勒銘，與之悠久。”《擒胡銘》曰：“瀚海爲鐔，天山爲鍔。一掃胡塵，永清沙漠。”《清流銘》曰：“於鑠王師，用殲醜虜。山高水清，永彰我武。”

六月，上歸至飛雲壑，阿魯台逆戰，敗走。上追擊，破之。

上次飲馬河，分步兵先還，獨以騎兵躡虜，東北行半月餘，至飛雲壑，與虜遇。虜初遣人詐降，而以精騎逆戰。上麾宿衛兵摧敗之，追奔十餘里，獲輜重無算。

秋七月，上至北京。

有星孛於西南。

八月，寧遠侯何福自殺。

福從征沙漠，數違節度。上念舊人，不問。已而，有怨言，陳瑛劾之。福懼，自經死。追削其爵。

長沙妖民季法良作亂。皇太子命豐城侯李彬討平之。

河决。

黄河泛漲，壞開封舊城，民被患者，萬四千餘户，没田七千五百餘頃。遣使安撫之。

九月，車駕幸天壽山。

以番僧綿思吉等爲國師。

冬十月，周王請祀太祖於國中，不許。

上賜周王書曰："《禮》：支子不祭，皇祖王國廟祀肇於始封。太祖之祀，朝廷自有宗廟。王祀於國中，僭矣。孔子曰：'祀之以禮。'若不得爲而爲之，不可爲孝，王其審禮而行。"

上發北京。

贖民鬻子。

太白晝見。

十一月，上還京。

倭寇福建。

倭入寇，攻破大金、定海二所，羅原等縣，殺傷民軍。攻圍平海衛，百户繆真戰死。福建都指揮童俊逗遛，不救援。事聞，皇太子命法司鞫之。

十二月，敕風憲官不得用吏。

上諭蹇義曰："御史，國之司直，必有學識、達治體乃可。嚮以刀筆吏爲之，貪污刻薄，不知大體。其悉罷之，繼今勿復。"

陳季擴請降，以爲交趾右布政使，尋復反。

以顧佐爲應天府尹。

佐，河南太康人，剛毅不撓，吏民畏服，勛戚斂手，議者方之包拯云。

辛卯，九年春正月，遣征虜將軍張輔，會沐晟討陳季擴。

大祀天地於南郊。

二月，置開元馬市〔五〕。

開會通河。

會通河，故元運河也，歲久淤塞。至是，濟寧州同知潘叔正建言："河長四百五十餘里，淤塞者止三之一，浚而通之，非惟山東之民免遞運之勞，實國家無窮之利。"朝廷從之。命工部尚書宋禮相視。禮還，奏浚之便。遂命禮同刑部侍郎金純、都督周長，發山東丁夫三十餘萬開浚。禮用老人白瑛計，築壩於汶上縣之戴村，横亘五里，障汶水，使不得東，盡入漕河。至南旺，分爲二派，南接徐、沛，北達臨清，相地勢高下，增修水閘，以時啓閉，便蓄洩。自是，輓漕北京，罷海運，公私便之。

三月，賜進士蕭時中等及第出身有差。

八十四人。

陳瑛伏誅。

初，建文中，瑛受金錢，爲異謀。湯宗上變告，安置廣西。及上即位，召爲副都御史，甚親信之。瑛恃寵逢迎上指，恣意羅織，凡建文諸臣得罪深重，瑛實贊之。上北巡，給事中耿通等交劾其罪，皇太子宥之。上還，聞之，下獄死。

夏四月，琉球國入貢。

五月，倭寇浙東。

六月，宦者鄭和襲執錫蘭王亞烈苦奈兒以歸。

苦奈兒貪暴，不睦鄰國，數邀劫其往來使臣，諸番苦之。和奉使歸，經其國，苦奈兒索賂，不與，僭發兵數萬劫和舟，而伐木絶和歸路，使不得相援。和語其下曰："賊大衆既出，國中必虚，出其不意攻之，可以得志。"率兵由間道急攻王城，破之，生擒苦奈兒，俘至京。上釋之，而立其族人耶巴乃巴爲王，遣還國。

逮交阯右參議解縉下獄。

縉出廣西。李至剛奏縉怨望，改交阯。八年，入奏事。會上北征，見東宫，辭去。高煦密疏言："縉瞰上出塞輒遠，覲儲君，徑歸，無人臣禮。"上怒，逮縉并至剛下獄。

秋七月，張輔、沐晟敗賊黨阮帥於月常江。

詔建文時上書，有干犯者，勿論。

黄巖縣民告豪民持建文時士人包彝古《進楚王書》，衆聚觀，書中有干犯語。通政司請治之，上曰："此必與豪民有怨，而欲報之。朕初即位，命百司凡建文中上書有干犯者悉毁之，有告者勿行。今復行之，是號令不信矣。況天下之主豈念舊惡？如唐之王、魏，太宗棄宿憾而信任之，卒相與成功。帝王之度，如海納百川，無所不容，故能成其大。豈可一一追咎往事耶？"

冬十月，重修《太祖高皇帝實録》。

哈密忠順王脱脱卒，封免力帖木兒爲忠義王，尋卒。封孛羅帖木兒爲忠順王。

十一月，封皇長孫爲皇太孫。

十二月，令百官各舉所知。

令在内七品以上，在外五品以上及縣正官，各舉賢能、廉幹一人，吏部考驗擢用。所舉非才者，連坐。

閏十二月，阿魯台納款，請併女直、吐蕃諸部，不許。

虜酋阿魯台遣使納款，且請女直、吐蕃諸部，屬其約束。上以問侍臣，多請許之。黄淮獨曰："此虜狼子野心，使各爲心則易制。若併爲一，則難圖矣。勿許便。"上顧左右曰："淮如立高岡，無遠不見。諸人惟見目前耳。"遂不許。

滿剌加國王拜里迷蘇剌來朝。

壬辰，十年春正月。

封右軍左都督吴允誠爲恭順伯。

詔朝覲官各上政務。

上命朝覲官各言民瘼，言者止百餘人。上曰："一郡一縣，未必無一事可言、無一民不安，須盡言。緘默者罪。"於是，各官悉上所言。上令六部議，便民者行之。

大祀天地於南郊。

禁差守令。

諭吏部曰："守令，郡邑之長，牧守之寄甚重。聞諸司造作、雜務，輒遣經營。此不識大體，其禁止之。"

賑隴州饑民。

二月，詔免山西、河南逋租。

削遼王護衛。

三月，賜進士馬鐸等一百六人及第出身有差。

甲午夜，月犯軒轅大星。

蠲北京田租。

夏六月，詔郡縣官不言民艱者，罪之。

敕户部曰："朕爲天下主，務安民而已。故每歲遣人巡行郡邑，欲周知歲之豐歛[六]，民生休戚。近河南饑，有司不以聞，且有言豐稔者，欺罔若此，獲罪於天，亦朕任非其人之過。其速發粟賑之。自今凡郡縣及朝廷遣官，目擊民艱不言者，悉逮下獄。"

湖廣、浙江大水。

湖廣、荆州等府大水，没民廬舍、田禾。事聞，遣使撫綏之。浙江按察司亦奏："浙西水潦，通政趙居住匿不以聞，逼民輸税。"命户部遣人覆視，但田禾壞於水者，蠲其税；民被水甚者，官給粟，賑之。

八月，選民間勇健。

上以皇太孫英敏，有大略，使學問之暇兼講武事。乃遣人於南畿及山東、山西、陜西、河南、四川、湖廣境内選民間子弟，年十七至二十，勇健有才藝者，給道里費，送京師，俾充隨從。

張輔破賊於神投海口。

九月，瓦剌馬哈木攻破本雅失里，立答里巴爲可汗。

以藺芳爲工部右侍郎。

初，芳爲吉安知府，有善政，坐事謫爲辦事官，專治河渠，以通漕運，累有建明，即還授都水清吏司主事。至是，尚書宋禮薦其才，故有是命。

冬十月，命皇太孫演武於方山。

張輔破賊於西心江。

令囚輸作贖罪。

諭法司曰："古人不得已而用刑，故存欽恤。後世以治刑爲能，必流於刻，爲朝廷斂怨。卿等不宜效之。"

乙丑夜，月掩犯昴宿。

十一月，命楊榮經略甘肅軍務，老的罕來降。

甘肅守臣宋琥言："老的罕叛，數入赤斤蒙古衛爲寇。"上以榮曉暢軍旅，命至陝西，會豐城侯彬議進兵方略。榮還言："出嘉谷[七]關，千里險阨，乏水草，餉道弗通，又沍寒，士馬疲瘠。不可輒用兵，罷中國。彼小醜，當自來歸。"上從之，未幾，老的罕復降。

十二月，殺浙江按察使周新。

新，南海人，由鄉舉爲御史，彈劾不避權貴，時謂之"冷面鐵寒公"。遷雲南按察使，尋改浙江，屢有異政，名震一時。錦衣指揮紀綱怙寵，差千户緝事浙中，作威索賂，新捕之，千户遁入京。綱訴於上，逮新至陛前。新抗聲曰："在内都察院，在外按察司，朝廷法官也。臣奉法捕惡，奈何罪臣?"上怒，命殺之。臨刑大呼曰："生爲直臣，死爲直鬼，臣無憾矣。"上尋悟其冤，惜之。

癸巳，十一年春正月辛巳朔，日有食之，免朝賀。

先是，鴻臚寺奏習正旦賀儀。上詔禮部翰林官問曰："正旦日食，百官賀禮可行乎?"尚書吕震對曰："日食與朝賀之時先後，不相妨。"侍郎儀智曰："終是同日，免賀爲當。"楊士奇曰："日食，天變之大者。前代元正日食，多不受賀。宋仁宗時，元旦日食。富弼請罷宴、徹樂。吕夷簡不從。弼曰：'萬一契丹行之，爲中國羞。'後有自契丹回者，言虜是日罷宴。仁宗深悔。今免賀誠是。"上從之。

宥建文諸臣姻黨。

翰林庶吉士錢習禮，吉水人，與練子寧有姻。先是，逮治奸黨，習禮偶獲免，而恒爲鄉人所持。習禮不自安，以告學士楊榮。榮乘間言於上，上曰："使練子寧在，朕固當用之，況習禮乎？"即日下令，凡建文諸臣姻婭悉貸之，告者勿問。於是，黨禁漸解。

二月，上巡幸北京，皇太孫從。命蹇義、黄淮、楊士奇、楊溥，輔皇太子監國。

始設貴州布政使司，以工部侍郎蔣廷瓚爲左布政使。

洪武中，止設貴州、思南、思州諸宣慰司及都指揮使司守其地。既而，兩宣慰使田宗鼎、田琛數相攻殺，抗拒朝命。遣鎮遠侯顧成帥兵擒誅之。乃以思州所轄二十二長官司，分設思州、新化、黎平、石阡四府，思南所轄十七長官司，分設思南、鎮遠、銅仁、烏羅四府，而於貴州設布政使司總之。

夏五月五日，上幸東苑觀擊毬、射柳。

時，文武百官、四夷朝使及在京耆老聚觀。自皇太孫而下，諸王、大臣以次擊射。皇太孫擊射，連發皆中。上喜，命儒官賦詩，賜群臣宴，盡歡而罷。

曹縣獻騶虞，禮官請賀，不許。

曹縣獻騶虞，吕震請賀。上曰："百穀豐登，雨暘時若，家給人足，此爲上瑞。騶虞何與民事？不必賀。"震固請。上曰："大臣當以道事君，汝能效李沆則善矣。"震退，上顧侍臣曰："震可謂不學無術。"

命禮部侍郎儀智輔皇太孫講學。

上命吏部簡老成人侍皇太孫，蹇義舉智，上曰："得之矣。此人雖老，識大體，能直言。向元旦日食，吕震欲行賀，惟此老與楊士奇力言不可。智可用。"遂令侍太孫授經。智温重端慤，爲太孫陳説，不少阿附。既而，智以年老，薦其同鄉訓導戴綸，即擢爲吏科給事中，侍從授經。

秋七月，封虜阿魯台爲和寧王。

阿魯台爲瓦剌攻敗，窮蹙，以其部落南竄保塞外，遣使奉表入貢。上曰："虜性黠詐，勢窮來歸，非其本心。然天地覆育，豈有所擇?"納其貢，使封爲和寧王，賜金帛，俾仍居漠北。

八月，遣吏部員外陳誠使西域。

冬十一月，瓦剌馬哈木、太平、把禿孛羅叛，寇邊。

十二月，張輔大敗賊於愛子江，擒陳季擴，檻送京師。

輔等進兵順州，賊屯愛子江，設象伏以待，輔戒。先驅象來衝，一矢落象奴，再矢披象鼻，象奔還，蹂賊陣，官軍乘之，賊大敗。季擴走，追擒之，餘黨悉降，交趾復平。

甲午，十二年春正月丙子朔，日有食之，免朝賀。

二月，詔親征瓦剌。

瓦剌馬哈木等聞朝廷封阿魯台爲王，皆怨朝貢不至。上遂議親征，命安遠侯柳昇統大營，武安侯鄭亨領中軍，寧陽侯陳懋、豐城侯李彬領左右哨，成山侯王通、都督譚清領左右掖，都督劉江、朱榮等爲前鋒，官軍共五十萬。

三月，上發北京，皇太孫從行。

上謂侍臣曰："朕長孫聰明英睿，勇智過人，今肅清沙漠，令侍行，俾知用兵之法，亦使躬歷行陣，見將士勞苦征伐不易。然文事、武備不可偏廢。每日營中閒暇，爾等即以經史講説於前，庶幾有益。”

五月，上閲武於楊林戍。

上閲武畢，皇太孫侍，語及創業、守成之難，上曰：“前代帝王，多有生長深宫，狃於富貴安逸，不通古今，不識民艱，經國之務懵然弗究，而至於亡者，朕嘗以之爲戒。汝將來有嗣統之責，須勉力學問。天下之事不可不周知，人之艱難不可不涉歷。聞見廣而涉歷多，心胸開豁，萬幾之來，處之自不差矣。”

六月丙寅朔，日有食之。

前鋒都督劉江敗虜於三峽口。

上至土剌河，答里巴及其三酋逆戰，大敗走之，遂班師。

上至土剌河，答里巴同馬哈木、太平、把禿孛羅以三萬騎來迎，列陣高山上。上躬擐甲胄，麾諸軍與戰，虜且戰且却。薄暮，上以鐵騎數百突前，皆奮勇力戰，無不一當百，虜大敗，殺其王子十餘人，斬首數千餘級，衆皆號痛而遁，遂班師。

上駐蹕三峰山，和寧王阿魯台遣使來朝。

秋八月，上至北京。

陳季擴伏誅。

九月，榜葛剌國獻麒麟，禮部請賀，不許。

閏九月，逮黄淮、楊士奇、楊溥下獄，尋釋士奇。

時，高煦日夜謀奪嫡，造飛語，動摇監國，并中傷淮等。上北征還，以東宫遣使奉迎遲，遂逮淮等下獄。士奇後至，上問東宫事，士奇叩首曰：“殿下仁孝誠敬，凡有稽遲，皆臣等之罪。”上宥之。淮在獄中，有《省愆集》，溥勵志讀書不輟。獄中人止之曰：“性命叵測，無徒勞苦。”溥應曰：“朝聞道，夕死可矣。”

十月，江陰侯吴高有罪，免爲庶人。

高守大同，多不法。上北征還，高稱疾不朝。召回京，又擅以邊軍百餘人自隨，所過騷擾。御史成務劾之，免爲庶人。

十一月甲午朔，日有食之。

降晋王濟熺爲庶人，封其弟濟熿爲晋王。

濟熿素狼戾，失愛於父，憾濟熺不爲解，乃嗾諸郡王及府中官校日訴濟熺過於朝。上信之，竟奪濟熺爵，使與其子美圭守恭王園，而以濟熿嗣王。

命湖廣楊榮、金幼孜纂修《五經四書性理大全》。

上諭廣等曰："五經、四書皆聖賢精議要道，傳注之外，諸儒議論有發明餘藴者，采其切當之言，增附於下，其周、程、張、朱諸君子性理之言，如《太極通書》、《西銘》、《正蒙》之類，皆六經羽翼。然各自爲書，未有統會，亦類聚成編，務極精備，庶可垂後。"

乙未，十三年春正月，解縉暴卒於獄。

縉卒於獄，復籍其家，妻子徙遼東。縉結髮讀書，留心經濟，任事直前，風生電發，遭遇聖明，名動天下。然而豪放自喜，闊略細故，卒罹讒搆，以及於禍。生平重義輕利，喜引拔士類，襟宇洞達，絶崖岸。文雄勁奇古，詩豪宕。其教學者，恒曰："寧爲有瑕玉，勿作無瑕石。"書小楷精絶，行草皆佳云。

三月，賜進士陳循等三百五十人及第出身有差。

禮官請賀大巖山呼"萬歲"，不許。

貴州布政使蔣廷瓚言："去年北征，詔至思南府，大巖山有聲呼'萬歲'者三。皇上恩威遠加山川，效靈若此。"吕震請賀，上曰："呼躁山谷，空虚之聲相應，理或有之。布政使不察，以爲祥。爾爲國大臣，不能辨其非，又欲進表媚朕，非君子事君之道也。”震慚而退。

夏四月，命英國公張輔鎮守交趾。

五月，陳瑄開清江浦，罷海運。

漕運至淮安，過壩渡淮以達清河，輓運甚勞。故老爲瑄言：“淮安城西有管家湖，至淮河鴨陳口，僅二十里，與清河口適相值。宜鑿河，引湖水入河，以通漕舟。”瑄上其策，詔發丁夫浚之，河成，舟行甚便。又浚儀真、瓜州通潮〔八〕，鑿吕梁、百步二洪石平水勢。開泰州白河通大江，築高郵湖堤，堤内鑿渠，亘四十里。淮濱作常盈倉五十區，貯江南輸税。徐州、濟寧、臨清、德州皆建倉，使轉輸。議以蘇州、并山東兗州運糧，交濟寧倉，河南、山東交臨清倉，浙江直隸官軍於淮安運至徐州，京衛官軍於徐州運至德州，山東、河南官軍於德州運至通州，名爲支運，一年四次。河浅膠舟處，濱河置舍五百六十八所，舍淺夫，俾導舟。其可行處，緣河堤鑿井樹木，以便人行。又增置淺船三千餘艘，海運始罷。

秋七月，戒貪殘守令。

九月，昌平壽陵成。

《五經四書性理大全》成。

十月，吏部員外郎陳誠使西域還，上《西域記》。

誠出嘉峪關，歷哈密、土魯番，至火州、亦力把力、於闐、撒馬兒罕、哈烈，以至八答商、柳陳城、迭里迷、渴石、養夷、塞藍、連藍矢於、海鹿海牙，凡十餘國，宣布威德。諸國各遣使，隨誠等詣闕謝，往還凡三歷寒暑。誠回。備録其所歷山川、人物、風俗之異，爲《西域記》上之，詔付史館。

瓦剌馬哈木遣使貢馬，謝罪。

十一月，麻禄國進麒麟，禮部請賀，不許。

兵部尚書陳洽請發兵討占巴的賴，不許。

洽言：“討陳季擴時，占巴的賴雖聽命出兵，然實懷二心。請發兵征討。”上以交趾既平，民方安業，不忍窮兵遠夷，但遣使諭之。

十二月，定牧馬法。

上以北京論户養馬，丁有多寡，不均。户部議：以丁計，請十五丁以下養一馬，十六丁以上養二馬。遷發爲民種田者，不論丁，七户養一馬。從之。

丙申，十四年正月。

北京、河南、山東饑，免逋賦，遣官賑濟。

饑民九十九萬九千三百八十口，給糧百三十七萬九千九百石有奇。

夏四月，祠祭郎中周訥請封禪，不許。

周訥上言：“今天下太平，四夷賓服，請封禪泰山，刻石紀功德，垂之萬世。”吕震亦言：“聖德昭格上下，宜如訥請。”上曰：“今天下雖無事，然水旱疾疫亦間有之。朕每聞郡縣上奏，未嘗不惕然於心，豈敢自謂太平？唐太宗且不爲封禪，爾欲處朕於太宗之下乎？”不聽。

五月壬辰朔，日有食之。

七月，錦衣衛都指揮僉事紀綱伏誅。

綱，臨邑人。上靖難過臨邑，綱叩馬請自效。上與語，悦之。及即位，累遷錦衣衛都指揮僉事，掌衛事，治詔獄。綱爲人陰狡駔獪，善逆鉤人意。上既從藩國起，不能無疑人有異心，喜綱深刻，寄耳目，詗察朝野向背。綱既得幸，益布私詗，日夜操切陰計，聞上。上大以爲忠，言無不入。而綱恃恩驕横，居處、服飾僭擬乘輿，受四方賂遺，及侵盗官物，奪民間子女、地宅，不可勝紀。擅作威福，以危法中人。有女冠陳氏者，有姿色，綱欲納爲媵，爲都督薛禄所先。綱、禄遇於大内，以钁擊禄首，腦裂幾死，禄噤不敢言。又道恚都指揮啞失帖木兒不避，誣以他事，捶殺之。朝中人人側目。久之，上稍悟，疏之。有中官發其奸，　上并其黨指揮僉事莊敬磔于市，籍其家，無少長咸謫戍邊。

八月，作北京西宫。

刑科給事中丁珏有罪，謫戍邊。

珏，山陽人，素無行，不爲鄉里所齒。珏積不平，值里社報賽，遂誣告里人聚衆爲妖言，坐死者數十人。法司言珏忠直，以爲給事中。恒伺察人小過，輒以上聞。因招權受賄，縱軼不法。母喪未期，起復，輒同衆人大祀齋宫，復與慶成宴。爲監察御史俞信等所劾，逮至行在。法司論以大不敬。上曰："朕素疑其奸邪，若悉行所言，左右無一人得全者，豈可以玷朝行？"遂謫戍。

九月，老人星見。

初令監察御史巡鹽。

京師地震。

月犯畢宿。

冬十月，上還京師。

十一月，復議營建北京。

先是，車駕至自北京，工部請擇日興工。上復命群臣議之，群臣知上意欲遷都，遂上疏曰："北京，乃聖上龍興之地，北枕居庸，西峙太行，東連山海，南俯中原，沃壤千里，山川形勝，足以控四夷，制天下，誠帝王之都也。比年聖駕巡狩，萬國來同，民物阜成，禎祥協應，天意人心昭然可見。乞早賜聖斷，敕所司擇日興工，以成國家悠久之計。"上從之。

召英國公張輔還京，以豐城侯李彬鎮守交趾。

十二月，《歷代名臣奏議》書成。

先是，上以璽書諭皇太子，命翰林儒臣采古名臣直言彙録，以便觀覽。至是成，上覽而嘉之，謂侍臣曰："致治之道，千古一揆。君能納善言，臣能盡忠不隱，天下未有不治。"遂命刊印，以賜皇太子、皇太孫及諸大臣。

以胡濙爲禮部右侍郎。

丁酉，十五年春，倭寇浙東。

二月，廢谷王橞爲庶人。

初，橞以啓門功，上於諸王中待之特厚。及之國，驕横不法，奪民田，侵公税，殺無罪人，造戰船、兵器，招匿亡命習戰陣。日與都指揮張成、宦者吴智、劉信等謀，踪迹詭秘，人莫知之。呼成爲師尚父，智、信爲國老令公。僞造圖讖，以爲己高皇帝十八子，與讖相應，傳播惑衆，製巧燈上獻，擇壯士入朝架燈。又選壯士，習音樂，與燈並上，欲乘隙爲變。長史盧廷綱屢諫，不聽，誣以罪，磔殺之。都督張興懼禍及，因奏事北京，白其狀。上未信興，過南京，啓太子曰："臣冒死上聞，上顧不信。願殿下憶臣言，他日得無連坐。"橞致書蜀王，爲隱語曰："德蒼時，不可言桓文之事；桓文時，亦不可言德蒼之施。"欲結蜀王爲援。蜀王切責，不聽。已而，蜀王子崇寧王悦燇得罪父，奔橞，橞因詭衆曰："往年我開金川門，出建文君。今在我宫中，我將舉事，爲建文君復辟。"事將發，蜀王上變告。上見蜀王疏，嘆曰："朕待橞厚，不宜有此。蜀王忠孝，又不宜欺我。張興嘗爲我言，我不忍信，今果然。"立命中官持敕諭橞，令遣悦燇還蜀。橞不意使猝至，不得已，就徵至京。入見，上以蜀王章示橞，橞頓首，自狀死罪。諸大臣廷劾橞，請寘之法。上曰："朕且令諸兄弟議。”至是，楚王楨等，各上議曰：“橞違《祖訓》，謀不軌，踪迹甚著，大逆無道，罪不赦。”上曰：“諸王奉大義，國法固爾。吾寧生橞?”乃削橞及其子賦灼、賦熗爲庶人，皆安置廬州，相繼卒。

三月，改封漢王高煦於安樂州，遂令之國。

初，上巡北京，高煦有異志，陰蓄壯士，造兵器，教水戰，僭用天子車服。上聞之，促駕還，召楊士奇問曰：“汝與蹇義在此，漢府事當悉知。如朕未知，汝輩慮有離間之罪；朕既知矣，復何慮?”對曰：“漢王始封雲南，不肯行。及改青州，又堅不行。今知朝廷將徙都，惟欲留守南京，此其心，路人知之。惟陛下早善處之，使有定所，全父子恩。”上默然。後數日，盡得高煦僭逆實迹。上怒，褫其衣冠，囚縶西華門内，條其罪數十事，且誅之。東宫泣涕，立救之，削兩護，誅其左右，徙封樂安，促即日行。上顧東宫曰：“安樂，去北京甚邇。即有變，可朝發夕擒也。”煦至安樂，怨望益甚。

上巡北京，皇太子監國。

夏四月丁巳朔，日有食之。

六月，建北京郊廟宫殿。

秋七月，瓦剌馬哈木死，封其子脱歡爲順寧王。

壽星見，百官請賀，不許。

册皇太孫妃胡氏。

九月，蘇禄國王巴都葛叭答剌來朝。

故吴王允熥卒。

允熥，懿文太子第三子。母妃常氏，開平王遇春女。建文中，封吴王。上即位改廣澤王，以罪免爲庶人。

冬十月癸未朔，日有食之。

遣禮部員外郎吕淵使日本。

十一月，以趙羾爲兵部尚書，巡督塞上，屯戍。

戊戌，十六年春正月，安南黎利反，鎮守總兵李彬遣兵討之，利敗走。

黎利，初從季擴爲金吾將軍，已束身來降，令爲土巡檢。至是，復反，自稱平定王，以弟黎石爲相國，段莽爲都督，聚衆肆出劫掠。李彬遣都督朱廣討之，利遁去。

三月，賜進士李騏等二百五十人及第出身有差。

姚廣孝卒。

追封榮國公，謚恭靖。

夏四月，吕淵自日本還，國王源義遣使奉表謝罪。

五月，《太祖高皇帝實録》成。

胡廣卒。

廣居官周慎，自處澹然，然性乏骨鯁，一意逢迎。在建文朝，對策斥親藩得擢爲第一。及事上，被恩遇，别無建明，惟有《聖孝瑞應》及《却封禪》兩頌而已。廣病篤時，有人投以詩，云："漢朝胡廣號中庸，今日中庸又見公。可惜天生兩奸宄，天教名姓正相同。"

六月，修天下郡縣誌。

遣禮部侍郎胡濙巡行江浙。

濙陛辭，上面諭曰："人言東宫所行失當，至南京可密察之。"濙至南京，日隨朝，凡見東宫善政，退即記之。留稍久，楊士奇疑之，曰："公命使也，宜亟行。"濙權詞謝之。至安慶，始以所見七事，密疏以聞。上覽之，大悦，自是不復疑東宫矣。

七月，贊善梁潛、司諫周冕下獄，死。

時，皇太子監國，有陳千户者貪暴，皇太子謫交趾立功。後念其舊，有軍功，宥之。或言陳千户不當宥，潛與冕預聞之，而不諫止。遂逮下獄，皆死獄中。

八月，老人星見。

冬十一月，亦力把力歪思弒其主納里失只罕而自立。

十二月，申嚴貪禁。

上諭法司曰："唐太宗惡官吏貪濁，有犯贓者，必寘於法，故吏尚清謹，民免於掊剋，貞觀之治所以爲盛。朕屢敕中外諸司，不許妄役一夫，擅斂一錢，而不才官吏恣肆自若，百姓苦之。繼今犯贓官吏，必論如法。"

武當山宫觀成。

山有七十二峰、三十六巖、二十四澗，峰之最高者曰天柱，境之最勝者曰紫霄。南巖上軼游氣，下臨絶壑，舊皆有宫。南巖之北，有五龍宫，俱爲祀神祝釐之所。元季兵毁。至是，悉新建之。五龍宫之東十餘里，名玄天玉虚宫，紫霄曰太玄紫霄宫，南巖曰太聖南巖宫，五龍曰興聖五龍宫。又即天柱峰頂冶銅爲殿，飾以黄金，範真武像於中。選道士二百人，供灑掃，給田二百三十七頃以贍之。凡爲殿觀、門廡、享堂、厨庫千五百餘楹。賜名太岳太和山，上親製碑文以記。

己亥，十七年。

六月，遼東總兵劉江大破倭於望海堝，封江爲廣寧伯。

先是，江請城望海堝以便瞭望。一日，瞭者言："東南夜有光。"江計寇將至，亟遣官軍赴堝上備之。翌日，倭以數百艘直逼堝下，登岸魚貫而前。江令犒師秣馬，略不爲意，使都指揮徐剛伏兵於山下，百户江隆帥壯士潛燒賊船，截其歸路，與之約曰："旗舉伏起，不用命者，以軍法從事。"賊至，江披髮仗劍，麾兩翼薄之，旗舉，伏兵盡發。賊大敗，死者蔽野，餘衆奔櫻桃園空堡内，我師追圍之。江令開西壁縱之出，因夾擊之，生擒數百，斬首千餘。間有脱走者，皆爲隆等所縛，無一人得脱。還營，將士請曰："明公見敵，意思安閑，惟飽士馬，及臨陣披髮，追賊入堡，不殺而縱之，何也?"江曰："窮寇遠來，必饑且勞。我以逸待勞，以飽待饑，固治敵之道。賊始貫魚而來，爲蛇陣，故作真武像以鎮之，雖愚士卒之耳目，亦可以作鋭氣。賊既入堡，有死而已。攻之彼必致死，未必無傷。縱其生路，即'圍師必缺'之意，此固兵法。顧諸君未察耳。"事聞，上賜敕褒之，進封江廣寧伯，世襲。將士升賚有差。先是，倭寇出没海上寇掠，北自遼東、山東，南抵閩浙濱海，無寧歲。及是，爲江所挫，寇害屏息者數年。

十一月，學士楊榮條奏《時政十弊》。

榮言十事，皆指斥府部、法司積弊。上覽而嘉之，密諭榮曰："卿言實切時弊，但卿爲心腹之臣，若進此言，恐群臣相猜疑。不若使御史言之。"於是使御史鄧真入奏，衆皆請罪。詔諸司即日悛改，怙終者不赦。

甘露降孝陵松柏。

朝鮮國王芳遠請老，命其子祹嗣王。

庚子，十八年春正月，以楊榮、金幼孜並爲文淵閣太學士。

二月，山東妖婦唐賽兒作亂，遣安遠侯柳升率兵討之。

賽兒，浦臺縣民林三妻，自稱佛母，詭言："能知前後成敗事。”往來益都、即墨間，煽誘愚民。奸人董彦果等率無賴子從之，擁衆五百餘人，據益都卸石棚塞〔九〕，出没剽掠。青州指揮高鳳領兵捕之，賊乘夜衝擊，官兵潰，鳳等陷歿。事聞，遣升討之。

山東都指揮衛青大破賊於安丘，賽兒遁。

柳升兵至益都，圍賊寨。賊遣人乞降，詐云：“食盡且無水。”升以東門舊有汲道，即往據之。夜二鼓，賊襲官軍營，都指揮劉忠力戰死。黎明，柳升始覺，分兵追捕，獲賊黨劉俊等男婦百餘人，賽兒竟遁，不獲。時，賊黨賓鴻率衆攻安丘，知縣張旟、縣丞馬撝集民夫八百餘人，以死拒戰。都指揮衛青備倭海上，聞安丘圍急，率千騎，晝夜兼行，奮擊敗之，殺二千餘人，生擒四千餘人，皆斬之。既而，升至，青迎謁，升怒其不待己，捽出之，青不爲屈。鰲山衛指揮王貴亦以兵一百五十人敗賊於諸城，盡殺之，賊悉平。

三月，逮柳升于獄，尋宥之。

刑部尚書吴中等劾升：“奉命征討，不即就道。及臨賊境，又不設備，致賊夜砍營，殺傷軍士。劉忠身先士卒，幾破賊壘。升忌其成功，不即救援，致忠力盡而死。賊得乘間遁去。升遣兵追捕，所過騷擾，升亦不問。衛青聞安丘圍急，晝夜兼行，遂敗賊衆。後三日，升始至，反忌青功而摧折之。人臣不忠，莫此爲甚，請治其罪。”上曰：“朕每命將遣師，必反覆告戒，俾圖萬全。今升方命失機，娼功忌能，罪不可宥。”遂下於獄，尋赦出之。

四月，廣寧伯劉江卒。

江驍果善戰，所向無敵，馭士卒，明紀律，有恩信。諸夷款塞者，綏輯備至。既卒，人咸思之。謚忠武。

五月，交趾左參政侯保、馮貴及黎利戰，敗，死之。

黎利剽掠郡縣，保率民兵於要害御之，不勝而死。貴能撫輯流民，歸附者衆，有土兵二萬餘人，皆勁勇習戰。中官馬騏疾之，奪其兵。及是，以羸卒數百遇賊，衆寡不敵，力戰而死。保爲政廉恕，貴有方略，其死也，人皆惜之。

湖廣衡州府同知方素易卒於獄。

素易，江西樂平人。洪武中，爲盱眙知縣，政廉恕，吏民戴之。遷金華同知，治行益著。永樂初，坐累，謫戍興州。未幾，驛召至京，以左通政奉命諭交趾叛寇陳季擴，還奏稱旨。復奉命往思州察田宗鼎罪狀，悉得其實。還，除湖廣衡州府同知，往捕桂陽府峒寇龍卯銘。衆詭言："卯銘已死。"素易不信。已而，果獲，送京師。有舖卒訴："年老惟一子，爲虎所噬。"素易爲文檄山神。明日，虎死道側。後有告衡州民匿谷庶人財者，上官併劾素易不舉，坐是死獄中，人多惜之。

秋八月丁巳朔，日有食之。

九月，北京宫殿成，遣夏原吉召皇太子詣北京。

欽天監上言："明年正旦吉，宜御新殿。"遂遣原吉召皇太子期歲抄〔一〇〕至北京。太子過滁，登瑯琊山，指示楊士奇曰："此醉翁亭故址也。"因嘆："歐陽修立朝正言，不易得，今人但知愛其文，知其忠者鮮矣。"十一月，過鳳陽，謁皇陵，周步陵旁，徘徊久而後去。耆老進謁，有知太祖龍興時事者，從容與語，賜勞優厚。過鄒縣，見民男女持筐拾草實者，駐馬問之，民對曰："歲荒，以爲食。"皇太子惻然。稍前，下馬，入民舍視，男女衣百結，竈釜傾仆，嘆曰："民隱不上聞至此乎？"顧中官，賜之鈔。而召鄉老，問其疾苦，輟所食食之。時，山東布政石執中來迎，責之曰："爲民牧，而視民窮如此，亦動念否乎？"執中言："已請停秋税。"皇太子[一一]曰："民餓且死，尚徵税耶？宜速發粟賑之，事不可緩。"執中請人給三斗，曰："與六斗。汝毋懼擅發倉，吾見上，當自奏也。"

定都北京。

十二月，皇太子、太孫至北京。

皇太子奏山東發粟賑饑事，上曰："善。昔范仲淹之子猶能舉麥舟濟其父之故舊，况百姓，吾之赤子乎？"

封薛禄爲陽武侯，擢工部營繕司郎中蔡信爲工部右侍郎。

論營建功。

辛丑，十九年正月甲子朔，御奉天門受賀。

上躬詣太廟，奉安五殿太皇、太后神主。命皇太子詣天、地壇，奉安昊天上帝、后土地祇神主。皇太孫詣社稷壇，奉安大社、大稷神主。黔國公沐晟詣山川壇，奉安山川諸神主。禮畢，上御奉天殿，受朝賀。

大赦。

改學士楊士奇爲左春坊大學士。

二月，虜酋阿魯台寇寧夏。

三月，賜進士曾鶴齡等二百一人及第出身有差。

夏四月，奉天、華蓋、謹身三殿灾。

詔求直言。

禁謗訕。

三殿灾，言者輒云："都北京，不便主事。"蕭儀言尤峻。上怒，殺儀，曰："吾與大臣密議數月，言遷都便。"於是，言官劾諸大臣。上令言官、大臣午門辨難遷都利害。都御史王彰罵言官："白面書生，不知大計。"上令左右問衆議云何，夏原吉曰："臺諫，職言路，且應詔陳言。臣等備員大臣，不能協贊大議。臣等萬死。"再問，對如初。上悦，兩釋之。

遣吏部尚書蹇義等巡行天下，安撫軍民。

禮部侍郎儀智致仕。

五月，出給事中柯暹、御史何忠、鄭惟桓、羅通等，俱爲交趾知州。

時，暹等建言切直，侵及工部尚書李慶等。慶等不能平，數請罪之。上曰："敬天，故求言。今罪言者，是逆天矣，可乎？"又曰："古之明主，皆奬直言，今汝請罪言者，是欲朕爲何如主？且彼所言汝等過失，若誠有，因而改之，豈不有益？若無之，於汝何損？今罪之，將重其名，而益成汝等之過矣。"慶等慚而退，然暹等竟出於外。

交趾總兵官李彬請分軍屯田，從之。

六月，西僧大寶法王來朝。

或請上親勞之。夏原吉曰："夷人慕義遠來，宜視以君臣之禮。且上如是，下必有甚焉，禮義從此大壞。"上曰："爾欲效韓愈耶？"他日，法王見便殿。上命原吉拜，原吉曰："王臣雖微，加於諸侯之上，況夷狄乎？臣一屈膝，有辱天朝，死不敢奉詔。"上笑曰："卿過侍郎楊勉之遠矣。"

七月，命右都御史王彰巡撫河南。

時，有告周王謀不軌者，上欲及其未發討之，以問彰。彰曰："未有迹，討之無名。"上曰："非爾所知，兵貴神速，彼出城則難爲力矣。"彰曰："以臣之愚，可不煩兵，臣足辨，然須奉敕乃可。"於是，以彰巡撫河南。既至，直造王府，王驚愕，延彰别室，問來故。彰曰："人告王反。"王驚跪。彰曰："朝廷已命丘太師將十萬兵繼至矣。彰以王事未有迹，故來諭王。”王舉家環哭不已。彰曰：“哭亦何益？今但速求所以釋上疑者。”王曰：“愚不知所出，願公教我。”彰曰：“能以三護衛獻上，則可無事。”王從之，彰馳驛以聞，上喜。彰出示：“護衛軍三日不徙者，斬。”不數日而軍散。

以段民爲山東左參政。

時，大索唐賽兒，逮山東、北京尼，先後幾萬人。民撫定綏輯，曲爲解釋，人始安。

八月辛巳朔，日有食之。

冬十月，阿魯台叛，數寇邊。

阿魯台數年生聚，蓄牧蕃富，遂桀驁，每朝使至，輒慢侮或拘留之，時時出没塞下爲寇。上嘗諭其使，還語阿魯台，竟不悛。至是，大舉圍興和，邊將以聞，上遂議親征。

赦黎利，以爲清化知府。

十一月，議北征。下户部尚書夏原吉、刑部尚書吴中於獄。兵部尚書方賓自殺，以李慶爲兵部尚書。

上命大臣議親征北虜。方賓言：“糧儲不足，未可興師。”上召原吉，問邊儲多寡，對曰：“僅給將士備御之用，不足以給大軍。且頻年師出無功，戎馬資儲，什喪八九，灾眚間作，内外俱疲。况聖躬少安，尚須調護，勿煩六師。”上不懌。既而，吴中入對，與方賓同。上益怒，召原吉，籍其家，與中皆繫内官監獄。於是，賓懼，自殺。時，吕震數乘間讒賓與原吉等爲憸邪。上命戮賓屍，將殺原吉等，楊榮力言其無他。上怒稍解，置不問。

壬寅，二十年春正月己未朔，日有食之。

二月，議北征饋運。

張輔等議，分前後運，前運隨大軍行，後運繼之。前運隆平侯信總之，尚書李慶、侍郎李昶爲之副；後運保定侯瑛總之，遂安伯瑛爲之副。各率騎兵千人、步兵五千人護行。凡前後運用驢三十四萬、車一十七萬七千五百七十三輛、挽車民夫二十三萬五千一百四十六人，運糧凡三十七萬石，並出塞分貯。

三月，阿魯台攻興和，守將王祥戰歿。

上發北京，親征阿魯台。

夏五月，上駐獨石大閲。

六月，上次威遠川，阿魯台進攻萬全。

開平報虜復攻萬全。上召諸將問計，皆曰："宜分兵還擊之。"上曰："此詐謀也，虜慮大軍徑搗其穴，故爲此牽制之計。然其衆不多，知大軍北行，必已喪胆，況敢攻城哉？不足慮也。"

秋七月，上次殺胡原，阿魯台北走，遂旋師征兀良哈，大破之。

上至殺胡原。前鋒獲虜，備言阿魯台所部聞大軍出，皆憂懼。其母及妻聞之，駡曰："天朝何負爾？必欲爲逆天負恩事？爾死固宜。使吾屬駢首俘囚，將無葬地，皆汝所貽禍也。"阿魯台盡棄其輜重於闊欒海，與家屬直北走矣。上曰："獸窮則走，然此黠虜，未當遽信。或挾詭謀，示弱以誤我，不可不備。"繼獲虜，亦如前言，驗之果信。乃召前軍還，收虜所棄駝馬，焚其輜重。上召群臣諭曰："朕非欲窮兵黷武，虜爲邊患，驅之足矣。將士遠來，亦宜休息。"遂命旋師。是夜，召諸將諭曰："兀良哈羽翼阿魯台爲逆，阿魯台遁，兀良哈近東塞，門庭之寇，當還師翦此虜。"乃簡部騎二萬，分五道，親授方略進擊。曰："兵貴神速，迅雷不及掩耳。"又曰："虜聞我師東，必西走，朕當邀擊之。"遂率精騎數萬，西至屈裂兒河，虜果驅輜重西奔，陷山澤中，遇大軍，倉卒逆戰。上麾騎兵張左右翼衝之，斬數百人，虜潰。上乘高望虜，虜復聚，急麾兵繞出虜右，又分兵渡河，斷其後。虜突而右，盡獲之。又麾兵繞出其左，令甲士持神機弩伏深林中，戒曰："虜過此，發。"虜果突而左，上麾騎士馳追之，虜驚走，至林中，弩競發，虜又潰，餘虜百騎團結甚堅，走且疾。上曰："必酋也。"率騎兵追奔三十餘里，擒其酋伯兒伯克等，盡收其人畜，焚其輜重。詢降虜，言東北深谷中，有虜千餘。令寧陽侯懋以騎兵五千追之。懋率精騎伏隘中，虜襲我輜重，方接戰，懋發伏夾擊，斬獲過半，凡獲虜牛羊十餘萬，盡賞諸將士。八月，次玻瓈谷，諸將擣兀良哈等，斬虜首千餘，俘其人畜，入喜峰〔一二〕。

九月乙卯，上還京。

逮尚書蹇義、吕震，大學士楊士奇下獄，尋釋之。

時，有譖義等輔導有闕者，遂下之錦衣獄。已而，釋之。

冬十二月，阿魯台弑其主本雅失里，自稱可汗。

癸卯，二十一年三月，蜀王椿薨。

王性敦厚孝友，循禮法，尤好學，讀書不懈，喜延接賢士大夫，絶聲色遊畋之好，在宗室中最賢。朝廷待之，視諸王特厚。卒，謚曰獻。

夏四月，瓦剌脱歡攻阿魯台，敗之。

五月，常山中護衛指揮孟賢等謀逆，伏誅。

時，上以疾多，不視朝，中外事悉啓皇太子處分。皇太子往往裁抑宦寺，黄儼、江保尤見疏斥。儼等日讒之於上，且素厚高燧，常陰爲之地，因僞造毁譽之言，傳播於外，謂上注意高燧以疑外人。欽天監王射成與孟賢厚，密言於賢曰："觀天象，當有異主之變。"賢遂起邪謀，與弟孟三及其黨馬恕、田子和、高正、陳凱等，日夜潛謀，連結近侍，圖就宫中進毒於上。候上晏駕，即以兵劫内庫兵仗、符寶，分兵執諸大臣。豫令高正僞譔遺詔，付中官楊慶養子，至期，從禁中出，廢皇太子，而立趙王爲帝。布置已定，正密以告其甥王瑜，瑜曰："此舅氏滅族之計。"力止，不從。瑜遂上變告。上覽僞詔，震怒，立捕楊慶養子，誅之。顧高燧曰："爾爲之耶?"高燧惴慄，不能言。皇太子爲之營解，曰："高燧必不與謀，此下人所爲爾。"上命文武大臣鞫治，群臣奏："賢等犯大逆，有實迹，當寘極典。"上曰："且先籍其家。王射成以天象誘人，速誅之。賢等更加窮鞫，毋令遽死。"遂下錦衣衛研治，并其黨悉誅之。升王瑜爲錦衣衛同知。

六月庚寅朔，日有食之。

七月，命安遠侯柳升、遂安伯陳瑛將中軍，武安侯鄭亨、成國公朱勇、英國公張輔、成山侯王通將左、右軍，寧陽侯陳懋將前鋒，從征阿魯台。

虜中降者言阿魯台將犯邊。上召諸將曰："虜以朕既得志，必不復出，故謀入寇。當將兵先馳塞外，以逸待勞，破之必矣。"諸將皆曰："善。"

胡濙進太和山祥瑞，吕震請賀，不許。

胡濙進《瑞光圖》及榔梅、靈芝，且奏："太嶽太和山頂金殿現五色圓光，紫雲周匝，不散。"又："山石産靈芝。"尚書吕震率百官進賀。上曰："朕創建太和山宫殿，上資福於皇考，下爲天下生民祈福，初非爲己。且朕德凉薄，不敢恃此爲祥。其勿賀。"

八月，上大閲，遂發京師。

冬十月，車駕次萬全，虜酋也先土干來降，封爲忠勇王，遂班師。

上至萬全，虜知院阿失帖木兒來降。言："阿魯台爲瓦剌所敗，部屬潰散。若聞天兵復出，疾走不暇，敢南向耶?"陳懋至飲馬河，北遇韃靼王子也先土干，率其妻子部屬來歸，封爲忠勇王，賜姓名金忠，遂班師。

十一月，上還京。

甲辰，二十二年春正月，逮朝覲官下錦衣獄，尋釋之。

朝覲官催徵不完及公事稽遲者，悉下獄。既而，釋之。

三月，賜進士邢寬等一百五十人及第出身有差。

上大閲，詔親征阿魯台。

初，金忠來歸，屢言："阿魯台弑主虐人，違天逆命。請發兵討之，願爲前鋒自效。"上曰："兵豈堪數動? 朕固厭之。"忠曰："如邊境荼毒何?"上曰："卿意甚善，但事須有名。文帝嘗言：'漢過不先。'姑待之。"至是，阿魯台寇大同，遂大閲北征。以柳升將中軍，陳瑛副之；張輔領左掖，朱勇副之；王通領右掖，徐亨副之；鄭亨左哨，孟瑛副之；薛禄右哨，譚忠副之；陳懋、金忠爲前鋒。

夏四月，詔皇太子監國。車駕發京師。

五月，畿南蝗。

浚縣知縣王士廉齋戒，僚屬耆民禱於八蜡祠，以失政自責。越三日，有烏萬數，食蝗殆盡。皇太子聞而嘉之，顧謂侍臣曰："此誠意所格。人患無誠耳，苟出於誠，何求不得?"

遣宦者伯力歌諭虜中部落。

上召楊榮、金幼孜至幄中，諭之曰："朕昨夜夢，有神告朕曰：上帝好生。如是者再，此何祥也，豈天屬意此虜乎?"榮對曰："陛下好生惡殺，誠格於天。此舉固在除暴安民，然火炎昆崗，玉石俱毁。惟陛下留意。”上曰：“卿言合朕意。豈以一人有罪，罰及無辜？”遣中官伯力歌及所獲胡寇齎敕往虜中，諭其部落，曰：“往者阿魯台窮極歸朕，朕待之甚厚，爾等所知。朕何負於彼？而比年以來寇掠不止。朕間者以天人之怒，再率師討之。如徇將士之志，奮雷霆之威，爾等豈復有噍類？朕體上帝好生之仁，亦猶冀其改而自新也。今王師之來，罪止阿魯台一人，其部下悉無所問。有能順天道、输誠歸附者，悉待以至誠。毋懷二三，以貽後悔。”

六月，上至答蘭納木兒河，虜遁，遂班師。

師次隰寧，獲虜諜者，言虜去秋聞朝廷出兵，挾其屬以遁。及冬，大雪丈餘，人畜多死，部曲離散。比聞大軍且至，復遁往答蘭納木兒河，趨荒漠矣。上曰：“然則，寇去此不遠。”遂命諸將速進。五月己卯，次開平，是日雨，士卒有後至霑濕者，上見之，指示諸將，曰：“士卒者，將帥所資以成功。若撫之至，則報之厚。古人有言：‘視卒如嬰兒，可與赴深溪；視卒如愛子，可與之俱死。’今方用此輩爲國家除殘，其可不恤？”丁亥，次武平鎮，召諸將諭曰：“古謂武有七德，禁暴除亂爲首。又謂止戈爲武，蓋謂止殺。非行殺也。朕爲天下主，華夷之人，皆朕赤子，豈間彼此？今罪人惟阿魯台，餘脅從之衆悉非得已。凡有歸降者，宜悉意撫綏，無令失所，稱朕體天愛人之意。”六月己未，至玉沙泉，命陳懋、金忠率師前進，至答蘭納木兒河，彌望惟荒塵野草，一虜不見，車轍馬迹亦多漫滅，還奏。上復遣張輔、王通等分兵大索山谷，周迴三百餘里，無所見。輔請：“願假一月糧，率騎深入，罪人必得。”上曰：“今出塞已久，人馬疲勞，虜地早寒，一旦有風雪之變，歸途尚遠，不可不慮，卿且休矣。朕更思之。”甲子，召輔諭曰：“昨日之言，朕思之，不可易也。古王者制夷狄之道，驅之而已，不窮追也。且今孽虜所存無幾，茫茫廣漠之地，譬如求一粟於滄海，可必得耶？吾寧失有罪，不欲重勞將士。朕志定矣，其旋師。”李慶等進曰：“王者之師，畏則舍之。今已窮虜穴，塞北萬里無虜迹。雖有數輩，如犬羊棲棲，偷生窮漠。陛下天地大德，寧盡殺之耶？”時，軍士乏食，楊榮請供御之贏盡給之，令軍中有餘者貸不足，入塞官倍償之。衆賴以濟。上悅，命亟班師。

秋七月，上崩於榆木川。

丁亥，次翠微岡。上御幄殿，憑几而坐，楊榮、金幼孜侍，上顧内侍海壽問曰：“計程何日至北京？”對曰：“八月中。”上頷之。既而，諭楊榮曰：“東宫涉歷年久，政務已熟，還京後，軍國事悉付之，朕惟優游暮年，享安和之福矣。”榮對曰：“殿下孝友仁厚，天下屬心，允稱皇上付托。”上喜，賜榮等羊酒而退。己丑，次蒼崖。上不豫，下令將士，嚴部伍，謹哨瞭。庚寅，次榆木川，上大漸，召英國公張輔受遺命，傳位皇太子，且云：“喪服禮儀，一遵太祖遺制。”辛卯，上崩。内臣馬雲、孟驥等，以六師在外，秘不發喪。密召大學士楊榮、金幼孜入議喪事。含歛畢，載以龍轂，所至朝夕上食如常儀。壬辰，次雙筆峰，大學士楊榮、少監海壽奉遺命，馳訃皇太子。八月壬寅，至京。皇太子聞訃，幾絶。即遣皇太孫出居庸，赴開平迎駕。時，京師諸衛軍皆隨征，惟趙府三護衛軍留京師，一時浮議籍籍，慮爲變，遂秘未發喪。皇太孫瀕行，啓曰：“出外有封章白事，非印識無以防僞。”皇太子曰：“渠言良是，但行急，製不及。”士奇曰：“殿下未踐祚，有事自應行常用之寶。東宫小圖書，可假之行此時之權。”皇太子即取付太孫，曰：“有啓事，以此封識。不久當歸汝，就留之。”又顧士奇曰：“大行臨御，儲位久未定，浮議喧騰，吾今就以付之，可絶浮議。”八月己酉，次雕鶚，皇太孫至軍中，始發喪。六軍號痛，聲徹天地。辛亥，入居庸關，文武百官縗服哭迎。壬子，及郊，皇太子、親王以下素服哭迎。至宮中，奉安仁智殿，加斂納梓宮。

上英武神授，决機應變，飆發川流，群臣莫窺其際。愛惜下民，屢蠲租賦，猶嗜儉朴，不喜紛華。嘗御便殿，裹衣袖敝，納而復出，侍臣贊美。上曰："朕非不知三公布被之譏，但念爲一身惜福，爲天下惜財。昔皇妣躬緝故衣，皇考見而喜曰：'勤儉如此，正可爲子孫法。'朕念之，不敢忘。"

山西民有言：介休出五色石，可爲器用者。守臣以聞。上曰："官府求一物，則萬民受一害。此石饑不可食，寒不可衣，累民何爲？"急斥之。

御近習嚴，不少假以詞色。嘗有中官私役應天府工匠，召府尹向寶責之，曰："汝爲京尹，當爲國愛民。宮禁小人，何畏而聽其私役？爾在朕左右尚如此，外郡縣吏當若何？"中官即付錦衣衛治之。初，政尚嚴，後漸濟以寬，至躬率六師，三□虜穴〔一三〕，光前代所未有也。

八月，皇太子即皇帝位，改明年元曰洪熙，大赦天下。

出夏原吉、吴中、楊勉、金問、黄淮、楊溥於獄，復其官。赦解縉妻子還鄉，以其子禎爲中書舍人。

初，文皇寵信解縉，手書蹇義等十人名，授縉評之。十人者，皆與縉厚善，縉具實對曰："義天資厚重，中無定見。原吉有德有量，不遠小人。劉俊雖有才幹，不知顧義。鄭賜可謂君子，頗短於才。李至剛誕而附勢，雖才不端。黄福秉心易直，確有執守。陳瑛刻於用法，好惡頗端。宋禮戇直而苛，人怨不恤。陳洽疏通警敏，亦不失正。方賓簿書之才，駔儈之心。"奏上。時，上在東宫，文皇以示。上曰："至剛，朕已洞灼，餘徐驗之。”上因問縉：“建文所用人如何？”對曰：“此皆洪武中人才，事往已不足論。”又問：“尹昌隆，王汝玉。”對曰：“昌隆，君子，而量不宏。汝玉，文翰不易得，惜有市心耳。”至是，上出縉奏，示楊士奇，曰：“今人率謂縉狂士，觀評所皆有定見也〔一四〕。”赦其孥還鄉，官其子禎。

夏原吉乞終母喪，不許。

上曰：“卿老成人，今國有大喪，正望共濟艱難，安得求去？卿有母，朕獨無父乎？如卿言，朕亦不當在此。”不從。

復設三公、三孤。

太師、太傅、太保，階正一品。少師、少傅、少保，從一品。上諭蹇義曰：“此皇祖之制也。皇考聖明天縱，可不置此官。予歷事未廣，不無望於傅保。卿等勉之。”遂加義少保，仍兼吏部尚書。

加英國公張輔太師。

加文淵閣大學士楊榮太常寺卿，金幼孜户部侍郎。以楊士奇爲禮部右侍郎兼華蓋殿大學士，黄淮爲通政使，武英殿大學士楊溥爲翰林院學士。

上以蹇義、楊士奇有輔導功，欲加秩，以語士奇。士奇對曰：“雖溥恩及下，然必先扈從征行之臣。昔漢文即位，首進宋昌，史以爲貶。臣兩人日在侍近，聖恩必不遺，但不應先及。”上從之，乃與楊榮等并進爵。士奇謝恩畢，聞惜薪司奏請：“歲例賦山東、北京棗八十萬斤，供宫中香炭用。”復入奏。時，蹇義、夏原吉奏事未退，上望見士奇，謂二人曰：“新學士來，必有奏，試其聽之。”士奇言：“恩詔甫下兩日，今聞惜薪司傳旨，賦棗八十萬，得無過多？”上喜，曰：“固知學士言有理，數日來，宫中叢脞，遽答之，不暇致審。”即命減四十萬。又顧蹇、夏及士奇曰："汝三人，朕所倚非輕，有事須盡言，庶幾輔朕不逮。"

汰冗官。

上諭吏部曰："古稱官不必備，惟其人。今過冗矣，且賢否、廉汙混淆無别，徒糜廪禄，何裨政理？其貪庸昏懦者悉罷之，自今宜精選勿濫。"

召漢王高煦赴京。

封保母金氏爲翊聖夫人。

九月，上皇考妣謚號。

皇考太宗體天弘道高明廣運聖武神功純仁至孝文皇帝，皇妣仁孝慈懿誠明莊獻配天齊聖文皇后。

命歷事監生還監進學。

中軍都督府奏："歷事監生七人，吏事皆治，請送吏部授官。"上曰："爲士，豈止習吏事而已？吏事，末也。誠能窮經博古，達於修己治人之道，於吏事何難？比士習日下，率逐末以圖進取，而昧于大經大法，故用之往往厲民而辱國。自今監生歷事考稱者，仍命還監進學，俾由科舉進，庶幾士有實用，官得其人。"時，六科辦事監生二十人滿，例應還監，願仍就六科辦事。上諭之曰："諸生不患無位，當圖所以無忝於位者，勿懷倖進之心。士有才德，使人求而用之，上也；而求用於人，下也。諸生宜立志，國家教育爾等，固將用之，無自汲汲。"時，六科給事中闕，諸生萌僥倖之心。上知之，故有是命。

召黄福還京，以兵部尚書陳洽兼掌交趾布、按二司事。

福在交趾，視民如子，勞來安輯，躬勤不倦。又戒郡邑吏，專意撫字，曰："新造之邦，新附之民，政令並宜寬簡。"中朝士遷謫至者，咸見温恤，問疾周貧，禮賢雪罪。兵民感悦，夷蠻欣附。中官馬騏怙恩肆虐，福數裁抑之。騏誣福有異志，文皇察其妄，曰："此君子不容於小人。"不問。及是，召福還。上曰："卿老成人，久勞於外，朕亟欲見卿。"福在交趾，凡十九年。及還，交人扶携走送，號泣不忍别。

加蹇義少傅，楊士奇少保，楊榮太子少傅兼謹身殿大學士，金幼孜太子少保兼武英殿大學士。

黜太常少卿周納爲交趾知府。

納永樂中請封禪，不許。未幾，丁憂。至是，來朝。上曰："此佞人，宜寘遠方，不可以玷朝班。"遂有是命。

嚴試歲貢。

禮部引歲貢生奏送翰林院考試。上召楊士奇等諭曰："百姓不得蒙福者，由守令匪人。守令匪人，由學校失教。歲貢中有不通故事、不明道理者，豈可授官？自今嚴考試之法，不論文詞工拙，但取明理適用者，則不學者不復萌僥倖之望，有嚮進之志矣。"

命襄城伯李隆守備南京。

交趾黎利復反，方政與戰於茶龍州，敗績。

弛西山樵采之禁。

上曰："古者，山林川澤皆與民共。雖虞衡之禁，取之有時，其實亦爲民，非公家專之也。京師軍民數百萬，薪非出山，何所取給？人君於民有父母之道，苟可惠民，皆當施之，况山澤天地所産以利民者。其居庸關以東，與天壽山相接，宜禁樵采，餘勿論。"

河决。

黄河泛溢，傷祥符諸縣禾稼。敕免今歲田租，仍遣都御史王彰往撫之。諭彰曰："下情鬱，不能上達久矣。凡可以利民者，悉奏之。各郡邑須周歷諮访，庶幾得民之情。"

禮部尚書吕震請即吉，不從。

震上言："今喪服已逾二十七日，請如太祖制，釋縗，易吉服。"震奏已，遂退，徧語群臣，且易服。楊士奇謂震曰："洪武有遺詔，未可援此例。且仁孝皇后崩，太宗縗服後仍白衣冠數月。今上於皇考乃遽即吉乎?"震厲聲曰："朝廷每事，爾獨爲異。"蹇義從旁解曰："渠言當理國家事，公不應偏執己見。"遂兼取二説上之，報可。明旦，上素冠麻衣絰出視朝，文臣惟學士，武臣惟英國公，如上服，餘皆從義等所定。朝退，上召蹇義、夏原吉及士奇等，諭曰："吕震昨奏易服，云皆汝等議定。時，吾已疑其非，但聽臣下易之。梓宫在殯，吾豈忍易?後聞士奇有言，始知震妄。士奇所執，良是。"因嘆曰："張輔知禮，六卿乃反不及?"又顧義曰："汝所折衷亦未當，然不必再以語人。群臣聽其便。"

漢王高煦至京。

罷光禄寺卿井泉爲民，誅寺丞蕭成、署丞王鼎。

時，泉奏：歲例請官往南京采用玉面貍。上曰："爾小人，不達政體。朕方下詔，悉罷不急之務，以體恤百姓，爾乃欲以飲食細故失大信耶?"御史遂劾奏："泉、成及署丞王鼎，赦後盗内府物，法當斬。"上曰："其罪當斬者，非止於盗内府物。在先帝時，欺天罔上，造僞旨，間朕父子，搆禍無辜。"立命斬成、鼎，免泉爲民。

出六科給事中李謙等三十五人，爲州縣官。

時，有上言在外之職，命以風憲官爲之。故有是命。

漢王高煦還國。

交趾都指揮陳忠與黎利戰於清化，敗。

賜蹇義、夏原吉、楊士奇、楊榮、金幼孜"繩愆糾繆"銀圖書。

諭曰："卿等皆先帝舊臣，朕嗣位之初，軍國務重，須協心贊輔。凡政事有闕，或群臣言之而朕未從，悉用此印，密疏以聞，毋憚再三。君臣之間，盡誠相與，乃不負祖宗付托之重。"因取五臣誥詞，親增二語云："勿謂崇高而難入，勿以有所從違而或怠。"曰："此朕實心，卿等勉之。"

阿魯台遣使入貢。

十月，革户部行用庫。

初，建行用庫，專市民間金銀。至是罷市，革之。

選東宫官屬。

安遠侯柳昇太子太傅，成山侯王通、陽武侯薛禄俱太子太保，吕震太子少師，夏原吉太子少傅，李慶太子少保，皆尚書如故。户部尚書郭資兼太子賓客，刑部尚書吴中、工部尚書黄福俱兼詹事，太僕寺卿郭敦爲户部左待郎，及吏部左侍郎郭進俱兼少詹事。改進名璡。升監察御史黄宗載、艾良俱爲詹事府丞。

賜衍聖公孔彦縉第於京師。

彦縉來朝，館民間。上聞之，曰："四夷朝貢之使至京，皆有公館。先聖子孫乃寓民家，何以稱崇儒重道之意?"遂命工部賜宅。

復徐欽魏國公。

南畿水灾，免田租。

立妃張氏爲皇后。

詔凡事皆公朝陳奏。

故事，視朝後諸司有急切機務，不得面陳者，具本於宫門投進。後訴私事、丐私恩者亦進題本，上惡之，悉禁止。

立皇太孫瞻基爲皇太子。

封皇子瞻埈爲鄭王，瞻墉爲越王，瞻墡爲襄王，瞻堈爲荆王，瞻墺爲淮王，瞻塏爲滕王，瞻垍爲梁王，瞻埏爲衛王。

詔求直言。

大理寺卿虞謙上言七事："其一用人，曰：用得其人則治道興，非其人則治道隳。人主之職，惟在擇人而已。其二興學校，曰：教育之道，本於師範，不在於備，而在得人。三曰：都察院，耳目綱紀之職，用以激濁揚清。今專俾治獄，非設風憲本意。四曰：今國用空乏，宜廣儲蓄，預爲備。五曰：北京八府之民困於養馬，宜分給無馬郡縣牧養，以蘇圻内。六曰：鈔法不通，由於出多而收少。今但多方收之，而不輕出，民艱於得鈔，則自流通。七曰：京師盗賊之多，宜於軍民、工匠，每十家編爲一甲，使互相覺察，有犯連坐。"上命議行之。謙數言事切直，上頗嫌其矯激。吕震、劉觀等遂奏其賣直沽名，請罪之。楊士奇云："古人有言：主聖則臣直。願陛下容之。不然進言者，將以言爲戒矣。"上不懌，免謙朝參。自是，言事者少。上召士奇諭曰："爾料事不虚，自免謙朝，言者不至。"遂命士奇就榻前草敕引過，令百官言事，毋以謙爲戒。因曰："朕有過，不難於改。雖一時不能容，然終知悔爾。知朕心，毋吝於言也。"

審録重囚。

大理寺奏决重囚。上曰："人命甚重，帝王以好生爲德。卿等理刑，宜贊輔德政，罔俾無辜含冤，傷國家和氣。昔法吏有於死獄求生者，天有顯報，不在其身，在其後人。卿等勉之。"遂命五府、六部、通政司、六科同三法司於承天門會審。又詔大學士楊士奇、楊榮、金幼孜至榻前，諭曰："比年法官酷濫，所擬大逆不道，多出於羅織煅煉，先帝數切戒之。故死刑至四五覆奏，而法司略不留意。自今凡審决重囚，卿三人同往，有冤抑者，雖細故，必以聞。"

免遠安王貴燮、巴東王貴烜爲庶人。

二人嘗誣告其父謀不軌。上曰："正風化，當自家族始。"遂并罪之。

增官軍月米。

上詔户部尚書郭資曰："往年百官軍士初扈從來，月給米五斗，可贍。今都於此，多有家矣，五斗不足。江南運輸固難，然百官軍士艱難尤甚。往往守義者困於饑寒，玩法者恣無忌憚。卿國之大臣，不可不爲遠慮。朕欲悉加給五斗，京倉儲積不乏用否？"資對曰："不乏。"遂命增給。

降大理寺卿虞謙爲少卿，升左評事楊時習爲卿。

先時，謙奏事，侍臣有言：當榻前密請旨，不當於朝班對衆敷奏，爲賣恩者。又有言：其屬官楊時習，先導之密陳，而謙不從者。遂降謙，而擢時習。

十一月，宥建文諸臣家族。

上札諭吕震曰："建文中，諸臣悉受顯戮，其家屬，初發教坊司、錦衣衛、浣衣局習匠，功臣家爲奴，今有存者，並宥爲民，給還田土。"又諭群臣曰："若方孝孺輩，皆忠臣，詔從寬典。"於是，天下始敢稱孝孺諸死義者爲忠云。

改大理寺卿楊時習爲交趾按察使，復虞謙大理寺卿。

初，謙降，楊士奇乘間言曰："外間皆云，時習無先導之言。時習，臣鄉人，亦親語臣無此言。今冒居卿位，慚懼不安。且謙歷事三朝，頗得大臣體。且今所犯，小過耳。"上曰："吾固悔之。"因問："時習何如人？"對曰："雖起於吏，然明法律，公正廉潔。"上曰："吾有以處之。"會吏部言交趾闕按察使，上諭尚書蹇義曰："左遷虞謙無過失，復其大理卿，改楊時習交趾憲使。"

定畿内軍士更番法。

張輔奏請近京官軍，更番於京師操備。上曰："古者務農講武，皆有定期，故兩不偏廢。今宜略倣此意，無廢屯種，令畢農事而後來，先農事即遣歸，庶不相妨。"

以《祖訓》賜諸王。

上謂侍臣："守成之主，動法祖宗，斯鮮過舉。《書》曰：'監於先王成憲，其永無愆。'後世嗣君，往往作聰明，亂舊章，卒至喪敗不救，可爲鑒戒。朕十餘歲侍皇祖側，親見作《祖訓》，屢經改易，而後成書。是時，秦、晋、周世子皆在。太祖閑暇，即召太孫及諸世子於前，分條逐事委曲開諭，皆持身正家治天下之要道。朕寤寐不忘。"侍臣對曰："陛下此心，即太祖之心也。"

召内官馬騏還京。

騏還，未幾，尋綸旨下内閣書敕，復往交趾，辦金銀珠香。内閣覆請，上正色曰："朕安得有此言？此奴曩在交趾荼毒軍民，卿等獨不聞乎？自騏召還，交人如解倒懸，豈可再遣？"然亦不誅騏也。

郭資進太子太師，致仕。

蹇義、夏原吉數言："資偏執妨事，且多病，請令致仕。"上曰："先帝初舉義，一切軍需皆資調度。朕時居守，竭誠輔佐，甚得其力。今出危履安，乃遂棄之，不忍。"問士奇曰："資委如何？"對曰："資强義，人不敢干以私。但偏執甚至，沮格恩澤，不流於下。”上問故，對曰：“詔敕數下，蠲免灾傷租税，資不聽開除，必責有司依歲額徵納，此其過之大者。”上乃命資致仕，仍復其家。

降江浙按察副使趙緯爲嘉興典史。

初，緯爲給事中，務掇拾人過失，以希進擢。至是，來朝。上曰：“此人尚在耶？懷蛇蝎之心，豈可復置當道？”遂降。

遣監察御史湯濙十四人分巡天下，考察官吏。

上諭之曰：“國以民爲本，民安則國安。比年牧守官不體朝廷恤民之意，侵削擾害，民不聊生，故遣爾等分行考察。然人才器不同，有專爲脂韋而政事不理，殃及於民者；有沉静不善逢迎，而爲政簡易，民悦之者；有虐於用刑，巧於取賄，而能集事者；有廉潔無私，謙謹自守，而政務不舉者。爾當明白具實以聞，無屈於勢要，無私於親故，詢之於衆，斷之以公，可也。”各賜鈔二十錠爲道里費。又諭之曰：“御史，朕之耳目，當副朕心。必先自治，乃可治人。若棄廉耻，違禮法，亦不汝貸。汝往，勉之。”

禁役屯卒。

上諭夏原吉曰：“古者寓兵於農，而不奪其時，所以民無轉輸之勞，而兵食足。漢之屯田，猶有古意。先帝立屯種法，用心甚至。但所司數以征繕擾之，既失其時，遂無所獲，以致儲蓄不充，勞民轉運。今後嚴禁衛所官，不許擅役屯卒。違者寘以法。”

命逮湖廣按察司副使舒仲成，尋止。

上監國時，仲成論事忤旨。至是，因吏部奏仲成他事，上命逮治之。楊士奇上疏曰：“向來小人得罪者多，陛下即位以來，皆以宥之。今又追理前事，則詔書不信矣。漢景帝爲太子時，召衛綰，稱疾不赴。即位，進用綰，前史韙之。”上覽疏喜，即罷治仲成，而獎諭士奇曰：“卿盡忠如此，朕復何憂？”

虜寇雲中，陽武侯薛禄擊敗之。

十二月，視牲南郊。

作觀天臺於禁中。

徙封韓王於平凉。

冬無雪。

諭吏部慎選師儒。

上曰：“師儒之職，欲其成就人才，古以模範稱。模範不正，所造器何由得正？比來國子生務實學者甚少，皆苟延歲月，以圖出身。固是學者志願卑下，亦由師範失職所致。每見選國子監官，皆循資格升之，不聞舉一道德老成之士，如何望太學得人？自後宜慎重其選。”

朝鮮國王李裪遣使入貢。

書各省都、布、按三司官姓名於奉天門西序。

上諭蹇義、李慶曰：“庶官賢否，軍民休戚所關。唐太宗書刺史之名於屏，朝夕省覽，聞其有善政，則各疏於下，故當時所用之人，皆思奮勵，致治太平。皇考亦嘗書中外官姓名於武英殿南廊，時一觀之。今五府六部之臣，朕朝夕接見，得詢察其賢否。若都司、布政司、按察司官，朕既不識其人，又不悉其姓名，雖或聞其賢否，久則易忘。人臣有善，而上忘之，誰肯自勉？有不善而上忘之，誰復自戒？如此，國家何以望治效？爾吏部、兵部具各司官姓名、履歷，揭諸西序。朕閒暇觀之，以考察其行事而黜陟焉。卿等更須留心，以副朕意。”

罷海子及西湖巡視官。

西湖受房山之水，流經城南，注海子，凡三十餘里，官常遣人巡視，禁民不得取魚而因緣爲奸者，其濱河之草及灌田之水皆禁。至是，上命罷之。

葬長陵。

封都督張昶爲彭城伯。

昶，后兄也。

是歲户口之數。

户一千六萬六千八百八十，口二千二百四十六萬八千一百五十。

校勘記

〔一〕“太子力解得留京師”，底本原作“上太子力解得留京師”，據谷應泰《明史紀事本末》卷二十七删“上”字。

〔二〕“李椅”，(清) 谷應泰《明史紀事本末》卷二十二、《明史》卷三百二十一《安南傳》作“李琦”。本書卷六宣德九年有“夏四月，李琦還自交趾”。後文不出校。

〔三〕“聰”，底本作“總”，據前文、(清) 谷應泰《明史紀事本末》卷二十二、《明史》卷三百二十一《安南傳》改。

〔四〕“統”，當作“鋭”。

〔五〕“開元馬市”，《明史》卷八十一《食貨五》：“永樂間，設馬市三：一在開原南關，以待海西；一在開原城東五里；一在廣寧。”

〔六〕“斂”，疑當作“歉”。

〔七〕“谷”，當作“峪”。

〔八〕“通潮”，《明史》卷八十五《河渠志三・運河上》作“河以通江湖”。

〔九〕“塞”，(清) 谷應泰《明史紀事本末》卷二十三、《明史》卷一百七十五《衛青傳》作“寨”。

〔一〇〕“抄”，當作“杪”。

〔一一〕“皇太子”，底本無“子”字，據前文、(清) 谷應泰《明史紀事本末》卷二十六補。

〔一二〕“喜峰”，疑當作“喜峰口”。

〔一三〕“三□虜穴”，原文如此，疑當作“三犁虜穴”。

〔一四〕“觀評所皆有定見也”，疑當作“觀所評皆有定見也”。《明史》卷一百四十七《解縉傳》作“觀所論列皆有定見”。

國史紀聞卷六

乙巳，洪熙元年正月壬申朔，上御殿，撤樂。

先是，吕震請："元旦受賀，作樂如大朝儀。"不從。震固請，上曰："山陵甫畢，忍遽即吉。朕旦日亦不欲出見群臣。"震曰："萬國之人遠朝新主，皆欲一睹天顔。雖聖孝誠至，亦宜勉徇下情。"上顧學士楊士奇等，曰："禮過矣。"對曰："誠如聖諭，必欲俯徇輿情，亦不宜備禮。"上從之，遂命群臣止行五拜禮，樂懸不奏。次日，召士奇等曰："爲君以受直言爲明，不受直言，則德日損；爲臣以能直言爲賢，不能直言，則忠不盡。若昨日從震言，今悔何及？賴卿等同心，遂免此失。自今遇朕行有未當，但直言之，毋以不從爲慮。"各賜鈔幣。

朝鮮遣使朝賀，貢方物。

加楊士奇兼兵部尚書，黄淮少保、户部尚書，金幼孜兼禮部尚書仍掌内制。

士奇、淮俱辭尚書俸，從之。榮、幼孜亦辭，以扈駕北征勞，不許。

罷朝覲官畜馬。

李慶言，今歲畜馬頗蕃，給軍外，尚餘數千。民間困弊，不可復散。今朝覲官皆集京師，請人給一馬，令牧之，准民間例。上令與蹇義、原吉議，皆從慶言。楊士奇力陳不可，曰："朝廷以禮徵賢，授方面守令，乃以畜馬役之，是貴馬而賤官矣。"上曰："慶誤朕，即當罷之。"已中止後兩日，士奇復奏，上曰："偶忘耳。"當即批出。午刻，御思善門，召士奇曰："朕豈真忘之？聞李慶輩交口妬爾。朕念爾孤立，慮爲衆所傷，故不欲因汝言而罷。今有名矣。”出一疏示之，乃陜西按察司陳智言：“按察司，所以肅庶官、貞百度，而令養馬，歲徵駒，與下民等，憲綱掃地矣。”上曰：“就據此草敕，止散馬。”士奇叩首曰：“古人有言：陛下知臣，臣不孤矣。”上曰：“繼今令有不便，惟密與朕言。李慶輩不識大體，不足語也。但皆先朝舊臣，未可遽退之耳。”

建弘文閣，以楊溥掌閣事。

上親書印授溥曰：“朕命卿左右，非止禆益學問，亦欲廣知民事，爲理道助。如有建白，以此封識進。”其同事則侍講王璡、五經博士陳繼、編修楊敬、給事中何澄，直日輪對。

著養馬令。

上諭李慶曰：“馬資於國用甚大，然當與民同利。民富，即國富也。漢文景時，閭巷有馬，千百爲群，蓋民生樂業，庶物咸殖，馬自蕃息。先帝嘗聽民間畜馬，然有司急于官馬孳息，故民不暇及其私。今宜寬恤之，凡養官馬者，三歲納一駒，著爲令。”

大祀天地於南郊，以太祖、太宗配。

赦。

詔二十八條：凡山場、園林、湖地、坑冶，原係民業者，聽民取之。四川茶課悉如洪武間例，徵納價、買民茶盡罷。

賜三公及六部尚書《天元玉曆祥異賦》。

上初得此書，示侍臣曰：“天道人事，原非二途。有動于此，必應于彼。朕少侍太祖，每教以慎修敬天，朕未嘗敢怠。此書言簡理當，左右輔臣亦宜知之。”遂命刊布，親爲之序。

詔：朝臣久者還鄉省墓，賜鈔有差。

公侯伯、一品、二品，賜鈔五千貫；三品，四千貫；四品，三千貫；五品，二千貫；六品、七品，一千貫；八品以下，皆五百貫。

日生左右珥，色赤黄，白虹貫之。

遣布政周翰、按察使胡概、參政葉春巡行南畿、浙江，察民利害。

二月，祭先農，耕籍田。

加國子祭酒胡儼爲太子賓客，致仕。

儼賦性朴諒，學問該博，然性少戇，不能委曲全交。初直内閣，同事者疾之，薦儼學行堪師表，遂改祭酒。儼在國學二十餘年，正身率教，士心翕然嚮慕。至是，以疾乞休，賜璽書加秩，致仕，復其家。

始頒各鎮總兵官印。

國初，立大都督，節制中外諸軍事。尋以權太重，設左、右都督，都督同僉事。洪武十三年，又以權專一，設中、左、右、前、後五軍都督府分領之。其錦衣宿衛親軍，不隸五府。若有征討之役，就中簡將，名“掛印將軍”。在外鎮守武臣原無掛印。至是，始頒各鎮總兵佩印：雲南征南將軍、大同征西前將軍、廣西征蠻將軍、遼東征虜前將軍、宣府鎮朔將軍、甘肅平羌將軍。後設薊州、淮安總兵，以在畿内，不得掛印稱將軍。

三月，以光禄署丞權謹爲文華殿大學士。

謹，滁州人。事母孝，母病，籲天求代。母卒，哀毁，盧墓三年。有司上其行，驛召至京。上曰：“能孝者必忠。忠孝之人，可任輔導。”遂升是職。

贈故兵部尚書劉儁爲太子太傅。

上謂吕震曰：“往劉儁從征交趾，陷賊不屈而死，禮官不言。婦人盡節于夫，且有旌典，况大臣捐軀爲國，可無褒恤乎？”遂贈官，謚忠愍。

五色雲見。

南京地震。

命外官滿三考者，聽給假省親省墓。

詔求直言。

除誹謗之禁。

上諭刑部尚書金純等曰："往法司以羅織爲功，能有片言涉及國事，遂論誹謗。中外相視成風，奸民嫁禍良善輒用此法，身家破滅，莫爲辨理。今覺此風又萌。夫治道，所急者求言，所患者以言爲諱。自今有告者，勿聽。"

趙王高燧之國彰德。

詔恤刑。

詔曰："朕恭承大統，爲生民主。夙夜思人命甚重，哀矜庶獄，惓惓在懷。夫刑以禁暴止邪，道民於善，豈專務誅殺哉？律令之制，罰之輕重，咸適厥中。顧執法之吏不能皆平，有虛飾其情，傅致死罪者，朕甚憫之。夫五刑之條，莫甚大辟，身首異處，斯已極矣。自今犯死罪，應凌遲者依律決，其餘罪止斬絞。法司毋得牽合傅會，以致冤濫。若一時過于嫉惡，律外用籍没及凌遲之刑，當再三執奏，三奏不允，至五奏，五奏不允，同三公及大臣執奏，必允乃已。文武諸司亦不許用鞭背等刑以傷人命，尤不許加人宫刑，絶人嗣續。有自宫者，以不孝論。且人之爲非，固有父子不相謀者。虞舜罰弗及嗣，文王之世，罪人不孥。自今惟犯謀反大逆者連坐，餘止坐其身，毋得一概處以連坐之法。違者必罰，不貸。"

以楊溥爲太常卿兼翰林學士。

以胡濙爲太子賓客兼南京國子監祭酒。

命征夷將軍榮昌伯陳智率師討黎利。

徙岷王楩於武岡。

夏四月，免山東、淮安、徐州田租。

時，有至自南京者，上問道路所見，對曰："淮、徐及山東境内，民多乏食，而有司榷徵方急。"上遽命楊士奇草詔蠲恤，士奇言："當令户部、工部與聞。"上曰："救民之窮，當如救焚拯溺，不可遲疑。有司慮國用不足，必争。卿勿言。"命中官具楮筆，促士奇書詔。詔已發，顧士奇曰："汝今可與户、工二部言，朕悉免之矣。"左右或言："地方千餘里，其間未必盡荒，宜有分别，庶恩施不濫。"上曰："恤民寧過厚，爲天下主，可與民寸寸計較耶?"

以戈謙爲都察院右副都御史，巡視四川。

時，有中官采木四川，貪横厲民。上聞之，召謙諭曰："爾素清直，其往爲朕窮治之。朕自知爾，勿懷疑畏。"賜鈔，遣之。

寧王權請改封，不許。

寧王言江西非其封國，請改封。上諭之曰："王叔受封於先帝，已二十餘年，朕不敢違。"

遣漢王高煦子瞻圻於鳳陽，守皇陵。

高煦使瞻圻在北京伺察朝廷事，潛遣人馳報，一晝夜六七行。上知之，顧益厚遇，倍加歲禄，賜賚萬計。先是，瞻圻憾父殺其母，屢發父過惡。至是，高煦悉上瞻圻前後覘報中朝事，又曰："廷議，旦夕發兵取安樂。"上召瞻圻，示之曰："汝處父子兄弟間，讒搆至此乎？穉子不足誅。"遣鳳陽，守皇陵。

賜皇太子"中正"圖書。

并以書諭之曰："中正，體用一也。不偏不倚，無過不及，天下萬善皆原於此。人以中正存諸内，則發於喜怒哀樂，無非道也；以中正施諸行，則形於動静云爲，無非德也。君人者，中天下而立，以正天下之表，可不敬於内，慎所發哉？故以中正成身，則身尊；以中正治家，則家齊。惟中正之人是親，則君子益進，小人益遠；惟中正之言是聽，則善道日開，讒諂日退。行賞以中正，則仁不濫而人皆懋功；行罰以中正，則刑不濫而人皆畏罪。以中正施政教，則治道可成而俗化可興；以中正施命令，則萬姓服從而四夷效順。爾懋敬之。"

南京地震，命皇太子謁皇陵、孝陵。

南京屢奏地震，群臣或請親王及重臣守之。上曰："非皇太子不可。"遂有是命。時，有星變，上問蹇義等曰："夜來星變，曾見否？"皆對曰："未見。"上曰："士奇當知之。"士奇對曰："臣愚，亦不能知之。"上曰："天命也。"嘆息而起。又明日，召義、士奇諭曰："朕監國二十年，讒慝交搆，心之艱危，吾三人共之。賴皇考仁明，得遂保全。"言已泫然，二人亦流涕。上曰："即吾不幸，後誰復知吾三人同心者？"遂出二印賜之，義曰"忠貞"，士奇曰"貞一"。

時，近臣有上言太平者，楊士奇進曰："流徙未歸，瘡痍未復，遠近民猶艱食，須休息二三年，庶幾人皆得所。"上嘉納之，因曰："朕與諸卿，相與出自誠心。去年各與'繩愆糾謬'圖書，切望匡輔。惟士奇曾封五章，餘皆無言。豈朝政盡無闕？生民果皆安乎？"義等頓首，有慚色。

乙卯，謁長陵。

己未，帝回宫。

夏五月，修《太宗文皇實録》。

下監察御史李時勉、羅汝敬于獄。

時，勉以時政違節，上疏言之。上怒，縛至便殿，命武士撲以金瓜，肋斷其三，曳出，不能言。時，汝敬亦以言事得罪，俱下錦衣獄。

諭吏部慎選御史。

上諭蹇義曰："御史，朝廷耳目之官，惟老成識治體者可任。新進小生遽受斯職，未達政體，而有可爲之權，遇事風生，以喜怒爲威福，以好惡爲是非，甚者貪穢無籍。賢人君子正直不阿，往往被其凌辱。小人阿順從諛，則相與爲膠漆。其於政事得失、軍民利病略不用心，安在其爲耳目也？自今須慎選擢。"既又嘆曰："都御史，十三道之表，如廉清公正，御史雖間有不才，亦當畏憚。今之不才者，無畏憚矣。其咨訪可任都御史者，以聞。"

庚辰，帝不豫，遣中官海壽召皇太子於南京。

辛巳，帝崩於欽安殿。

帝天性仁愛，洞知民隱。洪武中，太祖嘗召秦、晋、燕、周四世子入侍。一日，令上閲皇城衛卒，還奏遲，問："何後也？"對曰："旦寒甚，衛士方食，俟食既，乃閲，以故遲。"太祖喜曰："孺子知恤下人乎？"又令閲奏疏，獨取言及民瘼者上之。太祖喜曰："兒生長深宫，乃亦知民間疾苦乎？"嘗問："堯九年水，湯七年旱，當時百姓奚所恃？"對曰："恃聖人有恤民之政耳。"太祖又喜，稱善。

在東宫，爲漢、趙二王讒間，幾危者數，以妃有賢德，太孫英武，故得不廢。嘗泣曰："吾知盡子職而已，他不暇慮也。"及即位，恭儉慈祥，視民如子，蠲賑數下，嚴謹邊備，不勤遠略。邊將陛辭，每戒曰："民力罷矣，慎無貪功。虜至塞，驅之而已，毋爲首禍。違命獲功，吾所不賞。"屢敕法司，崇寬厚，戒深刻。然極惡贓吏，每曰："恤民必自去贓吏。"始重學校，嚴薦舉，知人善任，推誠不疑。樂聞直言，間有咈逆，旋即悔悟。雅志篤學，六經皆通，每事必問祖法。又曰："循祖宗之法者，當明祖宗之心。"嘗録太祖皇陵碑文，授諸子，俾知祖宗創業艱難。享壽四十八，崩之日，百姓如喪慈父。時，以皇太子未至，不發喪。

六月辛丑，皇太子至自南京。

皇太子至良鄉，宫中始發喪。皇太子至宫門外，披跣詣靈前，哭，盡哀，幾絶。

庚戌，皇太子即皇帝位，改明年元曰宣德。

大赦天下。

罷浙江參議王和、遠昱，陜西僉事韓善。

和等皆坐贓，遇赦，吏部奏擬還職。上曰："士大夫當務廉耻。古人不飲盗泉，蓋惡其名也。三人者皆貪汙，豈可復任方面?"悉罷爲民。

諭户部賑荒，先給後聞。

河南新安知縣陶鎔奏："歲荒民饑，欲待申報，而民命危在旦夕。先借倉糧給之，俟秋成還官。"上謂夏原吉曰："知縣所行良是。往見有司不體人情，苟有饑荒，必須申報，展轉勘實，賑濟失待〔一〕，民多饑死。鎔先給後聞，能稱任使，毋以專擅罪之。"

南京地震。

秋七月，尊皇后張氏爲皇太后，上大行皇帝謚號。

曰敬天體道純誠至德弘文欽武章聖達孝昭皇帝，廟號仁宗。

立妃胡氏爲皇后。

定會試分南、北取士例。

先是，仁宗與侍臣論科舉之弊，士奇對曰："科舉須兼取南北士。"仁宗曰："北人學問，遠不逮南人。"對曰："長才大器，多出北方，南人浮華少實用。請每百人南六北四，則人才皆入用矣。”仁宗曰：“北士得進，而北方學者亦感發興起。嚮緣無進用者，故怠惰成風。汝言良是。”命與蹇義、夏原吉計議以聞。議定未上，會晏駕。上嗣位始，奏行之。後復定南、北、中卷，以百名爲率，南北各分五名爲中卷。北卷則北直、山東、河南、山西、陝西；中卷則四川、廣西、雲南、貴州及鳳陽、廬州二府，徐、滁、和三州；餘皆南卷。

閏七月，修《仁宗昭皇帝實録》。

改文華殿大學士權謹爲通政司參議，令致仕。

謹質實，有操履，而文學非其所長，又年老故也。

八月，減織造。

工部奏：“内府供用羅紵九千疋，請下蘇、杭織造。”上以民力艱難，減其半。又言：“造御用器皿，物料不足，請市之民間。”上曰：“昔漢文帝服御、帷帳無文繡，史稱其賢。朕方慕之，以儉率下，器用皆從朴素，不事華靡。物料不足，取給内庫，毋擾百姓也。”

九月，葬獻陵。

冬十月丙寅朔，日有食之。

十一月，命平江伯陳瑄鎮守淮安兼都督漕運。

敕榮昌伯陳智、都督方政進兵討黎利。

陳洽奏：“黎利名雖求降，實則携二，招聚逆黨，日以滋蔓。望早滅此賊，以靖遐方。”上乃敕責陳智等曰：“黎利包藏禍心，已非一日。誤信人言，惟事招撫，延今八年，終不聽命，養成猖獗之勢，使忠臣罹害，良民被毒，是誰之過？敕至，急進兵，若來春捷報不至，責有所歸。”

十二月，南京地震。

瓦剌馬哈木立故元孽脱脱不花爲可汗。

馬哈木破阿魯台，欲自立，衆心不附。乃立脱脱不花爲可汗，居漠北。馬哈木居瓦剌。

宣宗章皇帝。

丙午，宣德元年春正月，金幼孜憂去，尋起復。

大祀天地于南郊。

封虜瓦剌捏烈忽爲賢義王，脱歡爲順寧王。

捏忽烈〔二〕，太平子。脱歡，馬哈木子。

二月，免邊軍歲辦柴炭。

初，都督府歲供柴炭役及邊軍。至是，陽武侯薛禄以爲言，上即命罷其役。

禮部上《籍田儀注》。

上觀之，謂侍臣曰："先王制籍田以奉粢盛，以率天下務農。天子、公卿躬秉耒耜，所貴有實心耳。人君誠念稼穡艱難，愛恤蒼生，使明德達于神明，則黍稷之薦不待親耕矣。誠輕徭薄斂，貴農重穀，禁止遊食，則人咸樂於耕稼，不待勸率矣。不然。三推、五推何益?"侍臣對曰："先王制禮有本有文，陛下言及此，宗社蒼生之福也。"

三月，陳智、方政與黎利戰於茶籠州，敗績。

以張瑛爲禮部左侍郎兼華蓋殿大學士，直文淵閣。

夏四月，吕震卒，以胡濙爲禮部尚書。

以成山侯王通爲征夷將軍，帥師討交趾，削陳智、方政官爵。

上視朝罷，御文華殿，蹇義、夏原吉、楊士奇、楊榮侍。上曰："《祖訓》有云：四方諸夷，限山隔海，僻在一隅，得其地不足供給，得其民不足使令。安南黎氏弑主簒國，毒害生民。太宗不得已，有吊伐之師，初意討平黎賊，即求前王子孫立之，蓋興滅繼絶之盛心也。而前王子孫戕殺已盡，乃徇土人之情，建郡縣，置官守，實非太宗本心。自是以來，交趾無歲不用兵，一方生靈荼毒已多，中國亦疲於奔走矣。皇考常念及此，爲之惻然。昨遣將出師，朕通夕不寧，誠不忍生靈無辜戕于鋒鏑之下也。今欲如洪武中，使自爲一國，歲奉職貢，以全一方民命，休息中國，如何？”義等皆未有對。上曰：“此固祖宗之心。”義、原吉對曰：“太宗平定此方，勞費多矣。今小醜作孽，何患不克？若以二十年之勤勞一旦棄之，豈不可惜？”上顧士奇、榮，曰：“卿兩人云何？”對曰：“陛下此心，固天地祖宗之心。交趾於唐虞三代，皆在荒服之外。當時不有其地，而堯、舜、禹、湯、文、武不失爲聖君。漢唐以來，雖常爲郡縣，叛服不常，喪師費財，不可殫紀。漢元帝時，珠厓反，發兵擊之，連年不定，有司議罷珠厓郡，前史稱之。元帝中主，猶能如此，况陛下父母天下，何用與此豺豕輩校得失耶？”原吉曰：“容臣等更思之。”明日，士奇、榮奏事畢，上曰：“昨所論交趾事，朕意定矣。卿兩人與朕同，第未可遽言耳。”

阿魯台、脱歡各遣使入貢。

命吏部慎選官。

上諭蹇義曰：“庶官賢否，關國家治亂。一事得人，則一事理；一邑得人，則一邑安。掌銓衡者以進賢、退不肖爲職，不可不慎。”

《外威事鑒》、《歷代臣鑒》二書成，頒賜群臣。

五月，審録罪囚。

上諭法司曰：“古者，孟夏斷薄刑，出輕繫；仲夏，拔重囚〔三〕，益其食。所以順時令，重人命也。祖宗時，每遇嚴寒、盛暑，必命法司審録囚繫。朕體祖宗之心，敬慎刑獄，冀不枉民。今天氣炎蒸，不分輕重悉繫之，非欽恤之道。即量罪輕重，區别之，務存平恕，毋深刻。”

七月，命六科給事中，凡内官傳旨，皆覆奏後行。

八月，漢王高煦反，上親征至樂安，執高煦以歸。

初，上自南京奔喪，高煦以兵邀于途，不及。及上即位，賜賚視他府特厚，凡有請及言朝政，皆曲徇其意。高煦逆謀益肆，是月壬戌遂反。立五軍，僞授指揮王斌等爲都督等官統之。部署已定，遣枚青潛入京，約張輔内應。輔暮夜縶青以聞。時，樂安人御史李濬家居，亦變姓名，間道詣京上變。上遣中官侯太賜高煦書，言：“枚青來言叔父督過朝廷，予不信。皇考至親惟二叔，予所賴亦惟二叔。小人離間，不得不敷露中懇。且傳播驚疑，恐有乘間竊發者，不得不爲之備。惟叔鑒之。”太至樂安，高煦盛陳兵見太，不拜敕，大言曰：“太宗信讒，削我護衛，徙我樂安。仁宗徒以金帛餌我，今又輒以祖宗舊制繩我，殊令人鬱鬱，豈能久居此？汝觀我士馬，豈不横行天下？還報上，急縛奸臣來，徐議吾所欲。”太懼，唯唯歸。上問：“高煦何言？”太對無所言。上曰：“太二心。”已而，從官具陳所見，上大怒。

高煦遣百户陳剛上疏，指斥朝廷，詞甚悖慢。又斥二三大臣夏原吉等爲奸邪，並索誅之。上嘆曰：“高煦果反矣。”議遣陽武侯薛禄討之，楊榮力言不可，勸上親征。上有難色，顧夏原吉，原吉曰：“往事可鑒，臣見諸將語臣兵事輒泣，臨事可知。兵貴神速，卷甲趨之，所謂先人有奪人之心也。”荣言是，上意乃决，遂下詔親征。張輔請曰：“高煦素怯，今所擁非有謀能戰者。願假臣兵二萬，俘獻闕下。”上曰：“卿誠足辦此，顧朕新即位，小人或懷二心，行决矣。”乙丑，命黄淮、黄福輔鄭、襄二王留守北京，蹇義、楊士奇及原吉、榮皆扈行，陽武侯爲先鋒，遂發京師。途中，馬上顧問從臣曰：“試度高煦計將安出？”或對曰：“樂安城小，必先取濟南爲巢窟。”或曰：“彼曩不肯離南京，今必引兵南去。”上曰：“不然，濟南雖近，未易攻；聞大軍至，亦不暇攻。護軍家在樂安，不肯棄此南走。高煦外多誇詐，内實怯懦，臨事狐疑，展轉不能斷。今敢反，輕朕少年新立，衆心未附。又謂朕不能親征，即遣將來，得以厚利餌之，幸成事。今聞朕行，已膽落，尚敢戰乎？至即擒矣。”已獲樂安歸正人，言：“高煦初聞陽武侯將兵，攘臂喜曰：‘此易與耳。’聞親征，始懼。朱恒，南京人，力言：‘宜引精兵取南京，得南京，大事可成。’衆不從曰：‘爾顧赴家，奈我輩何？’”上仍書諭高煦曰：“張敖失國，本之貫高；淮南受誅，始於伍被。今六師壓境，王能擒獻首謀，朕與王除過，恩禮如初。不然，大兵臨城，或以王爲奇貨，悔無及矣。”辛巳，上至樂安，諸將請即攻城。上不許，再諭高煦，皆不答。圍中人多欲執獻高煦者，高煦密遣人詣行幄，願假今夕，訣妻子，明旦出歸罪。上許之。是夜，高煦盡焚兵器及交通逆謀書。詰旦，將出，王斌等力止曰：“寧一戰死，無爲人擒。”高煦紿斌等復入宫，遂潛從間道出。見上，頓首言：“臣罪萬死，惟陛下命。”上令高煦爲書召諸子，赦城中，罪止同謀，脅從不問。執王斌等，令張本鎮撫，樂安改爲武定，遂班師。王斌等至京，皆伏誅，凡六百四十餘人。惟長史李默以嘗諫，免死，謫爲民。高煦免爲庶人，縶大内逍遥城。後上欲往觀，左右力止，不聽。及至，熟視久之，高煦出不意，伸一足，仆上于地。上怒，命力士舁銅缸覆之，積炭熾其上，須臾死。諸子并死。

九月，上還京。

遣駙馬都尉廣平侯袁容、左都御史劉觀諭趙王高燧。

上征高煦還，户部侍郎陳山迎至單家橋，遂言曰："趙王與漢逆謀，久矣。今宜以六師移之，否亦反側不自安。異日，復爲朝廷憂。"楊榮亦力贊上，楊士奇以爲不可。山又邀蹇義、夏原吉共請，上不忍，曰："先帝友愛二弟。漢王自絶於天，朕不敢赦。趙王反形未著，朕終不忍負先帝也。"高煦至京，又言："嘗與趙通謀。"上以漢庶人詞、群臣奏章遣容等持示王。王大懼，即獻護衛，且上表謝恩。

冬十月，復以李時勉爲翰林侍讀。

上怒時勉言戇，觸仁宗怒，令于獄縛時勉，面鞫，將殺之。尋又令王指揮縛時勉，即斬西市。王出，與先使者相左，時勉得至上前。上復憐時勉忠臣，能直言，立脱桎梏，復其官，升侍讀學士。

十一月，王通與黎利戰，敗績，尚書陳洽死之。

通引兵渡河，擊賊，戰寧橋。洽力言："賊狡，有伏誘我，不可出。"通不聽，遇賊，洽力戰不支，被執，不屈死之。事聞，上曰："大臣以忠殉國，一代幾人?"贈少保，謚節愍。

大學士黄淮罷。

淮以疾乞骸骨，許之。

平州知州何忠爲黎利所執，死之。

忠初爲御史，以言事出知平州，明惠有聲。黎賊侵圍鎮城，藩鎮詭與賊和，且請赦朝廷，遣忠同酋陳渭老表謝，而密請益兵征剿。至昌江，内使徐訓泄其謀，賊執忠，使降，且舉酒酌忠曰："能從我，同享富貴。"忠大駡曰："狗奴，吾天朝臣，豈食汝犬彘之食?"奮杯擲虜面，流血盈頤，遂遇害。

以沐晟爲征南將軍，柳升爲征虜將軍，帥師分道討黎利。黃福仍掌交趾布、按二司事。

柳升出廣西，保定伯梁銘副之；沐晟出雲南，興安伯徐亨、新寧伯譚忠副之。兵部尚書李慶參贊軍務。上令慶舉部臣中有才略者自助，慶舉郎中史安、主事陳鏞等十人偕行。

以張本爲兵部尚書。

以陳祚爲監察御史。

祚，永樂中爲河南右參議，以言事謫武當山佃户，躬自耕作，勞役者十年。至是，召爲監察御史。

丁未，二年春正月庚寅朔。

申明屯田法。

上謂侍臣曰："今海内無事，軍士量留守備，餘悉屯田，可省養兵之費。且軍士平日不習勞苦，遇有征調，畏難思避。使之耕種服勞，農隙習武，亦無驕惰之患矣。"

賜百官上元節假十日。

自是，歲以爲常，俾各得燕飲爲樂。

二月，以户部左侍郎陳山爲尚書兼謹身殿大學士，直文淵閣。

進張瑛禮部尚書。

黎利攻交趾城，王通擊敗之。

諸將言："宜乘勢亟擊。"通猶豫不决，賊衆復聚。

南京地震。

三月，戒群臣。

敕曰："惟爾群臣，執德以廉爲要，廉者法之公，而政得其平；治人以仁爲本，仁者施之厚，而下得其所。忠以奉國，敬以勤事。古之良臣，率由斯道，其勗之哉。"

時，有進《豳風·七月》圖者，上喜受之。顧侍臣曰："此見周公立國之本、周公輔成王之心。當時，君民相親如父子，此周之王業所以久也。"

上與夏原吉等語及古人信讒事，曰："讒慝之人，真能變白爲黑，誣正爲邪？聽其言若忠，究其心則險。是以舜堲讒説，孔子遠佞人，唐太宗以爲國之賊。朕於此輩，每切防閑，若萌必杜，不使奸言得入，枉害忠良。汲黯正直，奸邪寢謀。卿等亦宜爲法。"

一日，儒臣講《孟子》，上曰："伯夷、太公，皆處海濱而歸文王。及武王伐紂，太公佐之，伯夷扣馬而諫，所見何以不同？"對曰："太公以救民爲心，伯夷以君臣之義爲重。"上曰："太公之心在當時，伯夷之心在萬世，無非爲天下生民計也。"

上與侍臣論理兵經國之道，曰："宋太祖承五代分裂之餘，芟平諸國。太宗繼之，并有吴越，親下太原。當時，兵力足以混一，而幽薊之地終不能復，何也？"對曰："自石晋以關南諸郡賂契丹，飛狐以東重關復嶺爲虜所有。幽薊之南，平壤千里，蕃漢共之，用兵不易也。"上曰："御狄之道，守備爲先。彼得其險，已非我利。况當時契丹强盛，無可乘之機乎？然使宋之子孫，謹守憲章，恒如開寶、淳化之時，亦足以保有成業，乃熙寧至宣和，小人用事，國多弊政，遂致金虜之禍。高宗南渡，并中原而棄之，國勢陵夷，有其漸矣。"

上御文華殿，儒臣講《易》"觀大象"畢，上曰："古帝王有巡狩之禮，後世何以不行？"對曰："古之君臣，上下往來，以通禮意，至秦尊君抑臣，斯禮遂廢。"上曰："亦時勢不同也。舜當時，五載一巡狩。觀《虞書》所載，一年遍天下。後世人君，一出千乘萬騎，百姓供億，勞敝不堪。成周十二年一巡，已與虞時不同矣。况後世乎？朕以爲治貴有實效，巡狩之禮，考制度，觀民風，明黜陟，此其大略也。誠能體古帝王之心，選任賢良，撫養百姓，崇德報功，畢協至公，不患制度不一，民風不振。若以後世侍衛之衆，征求之廣，欲行時巡之禮，難矣。”

策士於奉天殿，賜進士馬愉等一百一人及第出身有差。

上既發策，退御左順門，謂儒臣曰：“國家取士，科目爲先，貴得真才，以資任用。古人取士於鄉，其行藝素定，朝廷復辨其官才，所以得人爲盛。後世惟考其文學，欲得真才，難矣。然文章本乎學識，有實學者，其言多剴切；無實見者，其言多浮靡。唐虞取士，亦嘗敷奏以言，况士習視朝廷所尚，朝廷尚典實，則士習日趨于厚；朝廷尚浮華，則士習日趨于薄。此在激勵之有道耳。爾等精擇之，朕將親覽焉。”

夏四月，晋王濟熿有罪，廢爲庶人，安置鳳陽。復濟熺爲晋王。

初，濟熿既陷濟熺，得嗣王。又誣承奉左徵佐濟熺爲逆，逮治京師。濟熿益驕横，百方幽苦濟熺父子。恭王有老媪，不能平，走訴文皇，立出左徵於獄，令馳召濟熺父子。時，濟熺囚空室已十年，而府中亦言左徵死矣。徵至，一府大驚。徵至空室，解濟熺縲絏，相抱大慟。濟熺見文皇，病憊甚。上惻然，不直濟熿。遂封美圭爲平陽王，俾奉父居平陽。恭王故有田在平陽，因與美圭。濟熿由是怨望，出悖語，又奪美圭田。美圭以聞，仁宗諭還之，濟熿不從。仁宗以書諭濟熿曰：“美圭父子困頓多年，《詩》曰：‘脊令在原，兄弟急難。’每用吟咏，感念無已。緬惟賢弟，同吾此心。”濟熿得書，不悛，益廣致妖巫，造呪詛。仁宗崩，不服喪。上即位，憐濟熺父子，時時問勞。濟熿自度罪不可解，遣人結高煦，謀不軌，擅取屯糧十萬給護軍，造兵器。上擒高煦，得濟熿與交通書。寧化王濟焕與内使劉信交發其奸逆狀，又言：“濟熿毒弑其母。”上召濟熿至，訊之，濟熿頓首伏罪，遂免爲庶人，屏之鳳陽，復濟熺爲王。

黎利陷昌江，都指揮李任、指揮顧福、劉順死之。

任等守昌江，前後與賊三十餘戰，輒破賊。賊益兵攻之，九閲月，糧盡，衆困，不能戰。賊梯登城，任猶率死士巷戰，不勝，與顧福皆自刎死。劉順及内宦馮智自經死。城中軍校不肯降賊，死者數千人。賊縱火焚民居，劫掠一空。

王通與黎利和，利上表，貢方物。

通自寧橋之敗，氣大沮喪。黎利致書請和，通以柳升師雖出，道路多梗，未能猝至，遂許利和，且許割清化等州地與利。按察使楊時習曰：“奉命征討，乃與賊和，棄地旋師，何以逃罪?”通厲聲叱之曰：“非常之事，惟非常人能之。汝何所知?”諸將不敢復言。利遣人進表及方物，通聞于朝。

五月，簡用罷黜庶官。

吏部上言：“自永樂十九年迄今，遣回庶官四千三百餘人，居鄉多不循分，持官府短長。請悉召至京，考驗才能，可用者以次序銓，否罷爲民。”從之。

和寧王阿魯台、順寧王脱歡各遣使入貢。

秋七月，逮顧興祖下獄。

黎利攻隘留關，興祖擁兵南寧，不救，城遂陷。逮興祖下獄。

以都督山雲爲征蠻將軍，鎮守廣西。

廣西溪洞猺僮叛服不常，歲殺掠吏民萬計。雲至鎮，嚴號令，公賞罰，每與賊戰，身先士卒，前後討廣源、柳潯、平樂、慶遠諸蠻，斬首萬餘級。自是，蠻夷畏服，嶺南無警。雲沉毅，善用兵，廉正自持，淡然儒素。帥府有老卒鄭牢者，鯁直敢言，雲呼試問曰：“世謂爲將者不忌貪，廣西饒珍貨，我亦可貪否？”牢曰：“白袍點墨，終不可湔。”雲曰：“人言土夷饋送，苟不納，彼疑且忿，奈何？”牢曰：“居官黷貨，國憲甚嚴，公不畏朝廷，畏夷人耶？”雲舉手謝曰：“教我，教我。”居廣西十餘年，始終操守不渝。

禁有司沮格詔令。

上御便殿，問侍臣曰：“聞朝廷下寬恤之令，或爲有司沮格，誠有之乎？”對曰：“亦間有之。”上曰：“治天下，以信爲本。朕每出一詔令，必預度可行可守而後發。不然，恐失信於民。而臣反沮格於下，不忠孰大焉？”侍臣對曰：“此實有司負陛下，請嚴禁之。”

九月，柳升遇賊於隘留關，敗歿。

升等師至隘留關，黎利具書遣人詣軍門，乞罷兵息民，立陳氏後。升受書不啓。時，賊於官軍所經處悉列柵拒守，升連破之，直抵鎮夷關，如入無人之境。升有矜色，史安、陳鏞言于李慶曰：“總戎驕矣。夷情譎詐，不可以屢敗忽之，安知不示弱以誘我？公宜力言之。”時慶病，强起與升言，升唯唯，實無戒意。至倒馬坡，獨與百騎前進，既渡，橋遽壞，後隊阻，不得進。伏兵四起，升中鏢死。次日，梁銘、李慶皆病死。崔聚率兵進至昌江，遇賊，死戰，軍潰，被執。賊大呼：“降者不殺。”官軍或死或奔，竟無降者。史安、陳鏞、李宗昉等皆死，惟主事潘原大脱歸。黄福爲賊所得，皆下馬羅拜，泣曰：“我父也，公向不北歸，我曹不至此。”福諭以順逆，賊不忍加害，乘以肩輿，贈之金，送出境。至龍州，悉以所贈歸之官。

逮浙江按察使林碩，尋宥之。

時，中官裴可立督事浙江，有湯千户者以賄結之，甚見寵信。因漁獵百姓，驅迫郡縣，無不承順。碩時初至，振舉憲法，湯俱不容，譖於裴。裴亦畏碩，遂奏：“碩誹謗，沮格詔旨。”上遣人逮碩至，親問之曰：“爾勿怖，但以實對。”碩言：“臣往爲御史，按浙江，小人多不便。臣今至浙未久，與中官亦無乖迕。惟左右舊不便臣者，設謀造詐，欲去臣，以自便耳。”上曰：“朕固未信。”即令馳驛復任，而降敕切責可立。

王通與黎利盟，棄交趾還。

柳升等既敗死，通大懼，乃集將士議，以城不可守，不若全師北歸。衆從之。乃與黎利約和，且爲利請立陳氏後於朝，遂棄交州城，引師還。

黎利寇陷諒江府，知府劉子輔死之。

子輔，廬陵人。初爲廣東按察使，坐累，左遷知諒江，撫民如子。時，寇熾甚，他郡皆陷。子輔與守將死守數月，食已盡，人無叛志。寇攻益力，遂破城。子輔見事不支，曰：“吾奉命守郡，郡亡與亡，義不可汙賊手。”遂自經死。一子一妾先子輔死，城中兵皆力鬬死，無一人降者。

十月，遣禮部侍郎李琦、工部侍郎羅汝敬立陳暠爲安南國王，詔文武將吏還。

黎利詭言：“故安南王三世孫暠，竄在老撾。今始求得之，乞立爲陳氏後。”并僞爲暠表請封，王通以聞。上會群臣議之，張輔曰：“此利譎計，不可從。將士勞苦數年，然後得之，當益發兵，誅此賊耳。”蹇義、夏原吉曰：“與之無名，徒〔四〕示弱於天下。”上又召楊榮、楊士奇問之，榮曰：“永樂中，費數萬人命始得此。至今勞者未息，困者未蘇，發兵之説必不可從。不若因其請而與之，可轉禍爲福。”士奇曰：“榮言是，求立陳氏後者，太宗之初心。求之不得，乃郡縣其地。數年來，兵民困於交趾之役極矣。此皆祖宗赤子，行祖宗之心，以保祖宗赤子，此正陛下盛德，何謂無名？”上曰：“汝兩人言正合吾意。論者不達止戈之意，必謂從之不武，但得民安，朕何恤人言？”遂遣琦、汝敬賫詔撫諭安南，册封暠爲王，使交趾官吏軍士各携家還。琦等未發，王通已狼狽而歸，委棄資仗不可勝計。而中國人多爲利閉留不遣，得還者止八萬四千六百餘人。

十一月，皇太子生，大赦。

十二月，遣科道官清軍。

南京户部尚書師逵卒。

逵起太學，歷御史、按察使，堅貞有風裁。靖難後，升兵部侍郎，改吏部，尋升南京户部尚書兼領吏部。文皇北巡時，嘗問：“仁宗南京群臣，孰廉？”對曰：“皆廉。”文皇曰：“從朕北來者，率好貨，惟師逵一人廉耳。”

以薛瑄爲監察御史。

瑄，河津人。幼穎悟，年十二能詩賦，及讀周、程、張、朱書，嘆曰：“此道學正脉也。”遂焚所作詩賦，潛心理學，至忘寢食。舉鄉試第一，登進士。至是，授御史。内閣楊士奇等令人邀瑄一識面，瑄曰：“瑄忝糾劾之任，無私交理。”一日，三楊於班行中尋識之，曰：“薛公見且不可得，況得而屈乎？”稱嘆不已。

以王驥爲兵部尚書。

戊申，三年春正月。

二月，立皇子祁鎮爲皇太子。

皇后胡氏遜居别宫，立貴妃孫氏爲皇后。

上召蹇義、夏原吉、楊士奇、楊榮諭之曰：“有一大事與卿等議，誠出不得已，然朕亦决矣。朕年三十未有子，中宫屢産而不育。日者言：中宫禄命不宜子。今幸貴妃生子，已立爲嗣，母從子貴，古亦有之。但今何以處中宫？”因舉后過失數事。義等唯唯，楊士奇亦不敢力争，但曰：“願善處中宫。”遂退后，居别宫，號慈静仙師，而立貴妃爲后。

封孫忠爲會昌伯。

后父也。

敕諭各部法司。

敕吏部者，有曰：“官不必備，惟在得人。今事不加多，而額外添注，紛紛倖位，苟禄偷安，可不釐正？吏員考滿，歲以千計，不分淑慝，一概受官，廉能幾何？貪鄙塞路，可不精擇？數詔求賢，期得真才，而或以親故，或以貨賂，徇私濫舉，可不覈實？”

敕户部者，有曰：“財賦，國之大計，出入有節，則國不至於空虚；調度有方，則民不疲於輪轉。京師充實，足以馭四方；郡邑充實，足以備荒歉；邊境充實，足以御外侮。比年遠近困於轉運，而京師不足。倉廪所儲爲奸盗藪，遣官催征，往往乘爲貪濁。商販之徒，阻滯鈔法。爾宜審之。”

敕禮部者，有曰：“學校所以興賢，必求實效；旌表所以勸俗，必求實行。”

敕工部者，有曰：“國家用度，皆出於民，過用於上，必過取於下。財匱民貧，何以爲國？凡所興作，審度緩急，爲之節制，以息民力，以紓國用；至若屯田水利，皆有成法。因循廢弛，罔聞實效，當修舉之。”

諭法司者曰：“比聞刑罰失當，或畏權豪徇其請托，或念恩怨因而復報，或弄刀筆輕重人情，或肆箠楚鍛鍊成獄，甚至貪圖賄賂，顛倒是非，以致無辜含冤，有罪幸免，此何心哉？明有國法，幽有神譴，爾其慎之。”

上御文華殿，謂侍臣曰：“朕觀先王治民，有本有末，制田里以給衣食，設學校以明教化，不幸而有頑慝者，然後刑之，蓋非得已。然觀肉刑，亦過於慘。”侍臣曰：“古人用肉刑，故人自愛而重犯法。至漢文帝除之，自是，人輕犯法。”上曰：“古人教民之道備，故犯法者少；後世教民之道失，故犯法者多，不係于肉刑之存否。舜法有流宥、金贖，而四凶之罪，止于流放竄殛。可見，當時被肉刑者必皆重罪。况漢承秦弊，挾書有律，若概用肉刑，傷殘者多矣。以不教之民，而遽斷其支體，刻其肌膚，亦所不忍。唐以笞、杖、徙、流、死爲五刑，亦良法也。文帝除肉刑，唐太宗觀《明堂針灸圖》，禁鞭背，皆後世仁政。文帝培漢之國脉，太宗肇啓唐祚，享國長久，有以哉。”

上與侍臣論歷代户口盛衰，曰：“漢尚[五]至文景，民庶大增。武帝征伐不息，十數年間，民數减半。隋文帝恭儉，大業之初，户口極盛。煬帝荒淫，役人以百萬計。丁男不足，役及婦人。由是，天下之民聚而爲盗。唐貞觀以後，户口日增，至開元極盛。安史之亂，遂至大耗。其盛也，本於休養生息；其衰也，必由土木兵戈。豈非恃其富庶，而不知警戒乎？漢武末年乃知悔過，煬帝遂以亡國，玄宗至於播遷，皆足爲後世戒。”

御製《帝訓》及《官箴》二書成。

三月，召蹇義、夏原吉、楊士奇、楊榮同遊西苑。

上召義等及翰林官十八人，從遊西苑萬歲山，許乘馬，中官導引，登山周覽，復泛太液池。上曰：“天下無事，雖不可流於安逸，而政務之暇，命卿等至此，以開豁心目，庶幾古人遊豫之樂。”賜宴，盡歡而罷。

賑山西饑民。

工部侍郎李新自河南還，言："山西民饑，流徙至南陽諸郡十餘萬，有司遣人捕逐，死亡甚多。"上謂夏原吉曰："民饑流移，豈其得已？仁人君子，所宜矜念。昔富弼知青州，飲食、居處、醫藥皆爲區畫，所活至五十餘萬。今乃驅逐，使之失所，不仁甚矣。即遣官撫綏，發廪賑之，有捕治者罪。"

四月，以黄福爲户部尚書。

時，諸大臣蹇義等多將順上意，惟福持正不阿。上命觀戲，曰："臣性不好觀。"命奕，曰："臣不能。臣幼時，父師嚴，止教讀書，不教無益之事。"上頗不樂。

裁冗員。

閏四月，王通、山壽、馬騏下獄，籍其家。蔡福伏誅。贈安南死事諸臣。

通至京，群臣交效〔六〕之，下廷鞫論。通喪師棄地，山壽曲護叛賊，馬騏激變藩方，皆論死，繫詔獄，籍其家。梁瑛、陳智、李安、方政、戈謙坐罪有差。蔡福守又安，被賊圍，福不戰，率指揮朱廣、薛聚、于瓚、魯貴、千户李忠降賊，教賊造攻具，攻東關。我兵九千餘人憤欲焚賊營，福又報賊，盡殲之。至和州城下，呼城中人出降，爲羅通大駡而去。至是，與廣等悉棄市。

群臣又劾："沐晟奉命與柳升犄角進兵，顧逗遛逾時，與升聲聞斷絶，賊得專力拒我。及聞升陷没，又不進援。乞寘之法。"上曲赦晟。

五月，作《酒諭》示百官。

時，郎官、御史以酣酒相繼敗，故作《酒諭》。

李琦、羅汝敬還自交趾。

黎利表言："陳暠病卒，乞自守國，俟命。"復遣羅汝敬諭利，訪陳氏後以聞。

下工部尚書吴中于獄。

中私以官物遣[七]太監楊慶作私第，甚弘壯。上登皇城樓遥望，見之，問左右，得實，遂下中獄。

秋七月，以顧佐爲右都御史。

上朝罷，召楊榮、楊士奇至文華門，曰："京師，端本澄源之地，朝臣貪濁，奈何?"士奇對曰："貪風，永樂末已有之，但至今甚耳。"上問："何如?"對曰："十五六年以後，太宗以疾多，不視朝。扈從之臣請托賄賂，公行無忌。"榮曰："當時貪者，方賓最甚。"上問："今日之貪，誰最者?"榮對曰："莫甚劉觀。"上撫掌，嘆曰："除惡務本，廷臣中誰可代觀者?"士奇曰："通政使顧佐，廉公有威。"榮曰："佐嘗爲京尹，剛稜不撓，勛戚斂戢。"上喜曰："顧佐乃能如此。"遂令劉觀巡閲河道，而升佐右都御史，令考黜不肖，湔滌奸弊。佐遂考覈御史，貪淫不律，嚴暟等二十人謫吏遼東；不達政體，李孟宣等九人降典史；老疾，馮斌等三人爲民。時不禁官妓，諸司朝退，群飲娼樓，喧呶狎褻，比入署，半已霑醉，曹務廢弛。佐奏革之，官常始肅。

召蹇義、夏原吉、楊士奇、楊榮同遊東苑。

上御殿，召義等與語政務，良久，曰："此中有草舍一區，乃朕致齋之所，非敢比古人茅茨不剪，然庶幾不忘儉朴。卿等可一觀。"觀畢，賜宴於東廡，盡醉而歸。

八月，皇子祁鈺生。

九月，上巡邊。兀良哈入寇，上出喜峰口，擊敗之，遂班師。

上御奉天門，召群臣諭曰："胡虜每歲秋高馬肥必擾邊，比來邊備不審何似？朕將親歷東北諸關，警飭兵備。卿等整士馬以俟。"乃命張輔、薛禄帥師，蹇義、夏原言、楊士奇、楊榮、楊溥等扈從，駙馬都尉袁容、隆平侯張信、尚書張本、都御史顧佐等居守。

八月丁未，發京師，駐蹕虹橋。召諸將諭曰："朕深居九重，豈不自樂？但朝夕思念保民，故爲此行。今道路所經，水潦之後，秋田無獲，朕念民艱，憫焉於心，爾將士敢有一毫擾民者，必戮不赦。"

九月庚戌朔，入薊州境。上覽郊原平遠，山川明秀，刈獲之後，頗有遺秉滯穗，喜嘆曰："使他處皆若此，朕何憂？"駐蹕薊州西，吏民朝謁，上進州官，諭之曰："此漢漁陽郡也，昔張堪爲政，民有'樂不可支'之歌，古今人不相遠，爾勉之。"又進其耆老，諭曰："今歲斯郡獨稔，無他虞，善訓子孫，務禮義廉耻，毋安於温飽而自棄也。"

辛亥，至石門驛、喜峰口。守將遣人馳奏："兀良哈率萬衆寇邊，已迫塞下。"上曰："天遣此寇投死，當急擊之。"諸將有請待後軍者。上曰："此出喜峰口，路隘且險，止容單騎，若候諸軍並進，恐失事機。朕以鐵騎三千出其不意，擒之必矣。"或言："三千未必足用。"上曰："兵在精與和，不在多。三千兵足矣。"乙卯，至喜峰，夜令軍士銜枚卷甲，馳四十里，至寬河，距虜營二十里。虜望見，以爲戍兵，悉衆來戰。上分鐵騎爲兩翼夾擊之，親射殪其前鋒三人。兩翼飛矢如雨，虜不能支，死者過半，餘悉潰走。上以數百騎直前追之，虜望見黄龍旗，知上在也，下馬羅拜，請降，皆生縛之，斬首其酋渠。分命諸將搜山谷，擣虜穴。忠勇王金忠及其甥都督把台請自效，或密言於上曰："虜，其類也，往則不復矣。"上曰："去留，亦任所欲耳。

朕爲天下主，豈獨少此二人？果其志欲去，雖朝夕置於左右，亦終去，寧能久縶之耶？朕待此二人厚，犬馬識豢養之恩，况人乎？彼當有以見報。”遂遣之，忠果獲虜而還。享廟期迫，群臣有言：“請待諸將捕虜未至者。”上曰：“事祖宗與待將士，孰重？孔子曰：‘吾不與祭，如不祭。’倘諸將更五日不還，亦可待耶?”遂班師。

上還京。

冬十月，敕蹇義、夏原吉輟部事。

上念二人春秋高，尚典劇司，非所以優老，乃令解部務，朝夕左右，討論治理。

命陽武侯薛禄、遂安伯陳瑛、武進伯朱冕鎮守薊州、永平、山海。

十一月，城獨石，遂棄開平。

國初，克元上都，設衛開平，置八驛，東四驛曰：凉亭、泥河、賽峰、黄厓，接大寧古北口；西四驛曰：桓州、威虜、明安、隰寧，接獨石。文皇四出塞，皆道開平、興和、萬全間，嘗曰：“滅此殘虜，惟守開平，則興和、大寧、遼東、甘肅、寧夏邊圉永無虞矣。”已棄大寧與虜，而興和亦廢，開平失援。至是，徙衛獨石，蹙國蓋三百里云。

十二月，令南京刑部侍郎段民考察京官。

己酉，四年春正月，兩京地震。

二月，羅汝敬還自交趾，黎利遣人貢方物。

襄城伯李隆獻騶虞。

隆獻騶虞二，云：“出滁州來安縣石固山，素質黑文，馴狎不驚。”胡濙請賀。上曰：“禎祥之興，必有實德，庶幾副之。朕嗣位四年，所任豈盡得人？民生豈皆得所？騶虞之祥，於德弗類。其免賀。"

三月，遣李琦諭黎利。

琦還，國人奏言：陳氏無後，利撫綏有方，得民心，乞令管國事，永爲藩臣，奉職貢。

夏四月，以郭璡爲吏部尚書。

時，二楊用事，欲奪吏部權，進退天下士。乃令三品以上京官，舉方面、郡守；五品以上京官，舉御史、知縣。由是，天下要職，吏部不得銓除，奔兢大作，嗜進之徒至行金錢請乞。尋有言其弊者，乃罷御史、知縣保舉例，而郡守以上薦用如舊。

戒諭寧王權。

上即位以來，寧王以大父行恣横不奉法，常請於封内選子女，上不許，重違其意，賜女婦八十四人。王又令省中官衣朝服，用天子儀仗，賀王元旦、千秋節。副使石璞聞於朝，罪其長史王堅。朝議定宗室將軍禄米視品，王抗言："宗室安得有品?"又言："靖江王府將軍，與諸王同班，異姓相見，當行君臣禮。"語多忿戾。上復書，大略謂："將軍、中尉有品，《祖訓》也，王不得違。洪武中，定靖江世子與百官相見禮儀具在，無行君臣禮之説。必如所云，是不知有君矣。天無二日，民無二王，尊尊親親，各有攸當。文武大臣咸謂王托此爲名，其意蓋未可量。予已悉拒群臣言。若復不謹，非獨群臣有言，天下皆將言之。是時，予雖欲全親親之義，不可得矣。"王又乞灌城田與諸子。上復與王書曰："灌城田，鄉民所賴以足衣食。庶子郡王，自有歲禄，若復奪民田，百姓失業，必歸怨朝廷矣。余不能曲從。"王得書，乃惶恐謝罪。

命工部尚書黄福同平江伯陳瑄經理漕運。

上以軍民每歲漕運勞苦，欲少蘇其力，使歲運不乏，命福與瑄議之。福至，上言："宜令江西、湖廣、浙江民運糧一百五十萬石，貯淮安倉。蘇松、寧國、池廬、安慶、廣德民運糧二百五十萬石，貯徐州倉。應天、鎮江、常州、太平、淮安、揚州、鳳陽及滁、和、徐三州民運糧一百五十萬石，貯臨清倉。山東、河南、北直隸府州縣糧，俱令運赴北京倉。"下群臣議，徐州倉增二十四萬石，臨清倉增七十餘萬石，漕卒令各衛撥補，餘俱依瑄所奏。

五月，初設鈔關。

六月，以郭資掌行在户部事。

秋七月，劉觀有罪，徙遼東。

時，御史連章劾觀父子受賕鬻獄諸不法狀。上怒，俱逮至京，命法司鞫之。法司按實，擬重辟。上召楊榮、士奇以奏示之，且曰："觀負朝廷，處重非過。"士奇對曰："觀誠有罪，但經事四朝，願姑屈法以全其生。"上曰："爲汝二人，曲貸其死，發爲邊吏。"榮曰："辱之過甚，與死等耳。"上曰："欲父子皆貸乎？"榮曰："子發戍邊，而令觀隨居，恩與法兩盡矣。"上從之。

户部上户口登耗之數。

上曰："隋文帝户口繁殖，財賦充足，自漢以來，皆莫能及。議者以在當世必有良法，後世因其享國不永，故無取焉，此未必然。隋文克勤政事，自奉儉薄，足致富庶，豈徒以其法哉？大抵人君恭儉，國家無事，則生齒日繁，財賦自然克[八]足矣。"

上幸文淵閣。

與楊士奇、楊榮論經史、咨政務，悉召諸學士及史官，賜鈔有差。

八月，楊溥憂去，尋起復，直弘文閣。

上嘗坐齋宫，召溥諭曰：“朕每念創業艱難，守成不易，夙夜惓惓。今幸百姓稍安，顧禍亂生于不虞，常爲憂惕。邇來群臣好進諛辭，令人厭聞。卿宜勉輔朕，直箴朕過。”溥頓首，言：“直言求之非難，受之爲難。”上曰：“然。”溥有母喪，上遣中官護行，葬畢，復召還。

十月，上幸文淵閣。

改張瑛爲南京禮部尚書，陳山專授内侍書。

上御左順門，遥見大學士陳山，問楊士奇：“山何如人？”士奇對曰：“山雖侍從陛下久，然其人寡學多欲，而昧大體，非君子也。”上曰：“然。趙王事幾爲所誤，朕已甚薄之。近聞渠於諸司日有干求，内閣政本之地，豈可令若人溷之？”蓋上初臨御，山及張瑛以東宫舊臣俱升内閣，二人行能鄙薄，不厭衆心，浸聞於上。遂調瑛南京禮部，山專教内竪，不復近左右矣。

禁差正官。

上巡近郊閲武，尋還京。

下户部郎中蕭翔等于獄。

給事中賈諒、張居傑劾奏：“户部郎中蕭翔等不理職務，惟日挾妓酣飲恣樂。”命悉下之獄。上謂夏原吉等曰：“飲酒，人之常情，朕未嘗禁。但君子當以廉耻相尚，倡優賤人，豈宜褻狎？近聞此風盛行，流而不返，大壞禮俗。卿等以朕此言徧諭之。”

十一月，誅千户臧清。

清殺一家三人，論死繫獄。欲解脱，而畏顧佐嚴明不可撓，遂教他囚誣告佐枉無辜，久淹不理。上曰：“此必有重囚教之，欲中傷佐，不治之，佐何以行法？”下法司訐，得實，立命磔清于市。佐自掌憲，宿弊盡釐，奸吏不便者遂摭佐過訴之朝，謂受隸金，私遣歸。上密以示楊士奇，曰："爾不舉佐廉乎？"對曰："誠有之。中朝官禄薄，僕馬薪蒭，咸資之隸，遣隸，隸得歸耕，官得資費，臣僚皆然，臣亦然，不獨佐也。"上嘆曰："朝臣之艱如此。"因怒訴者曰："朝廷用一正人，小人輒敢誣陷。"欲下法司治之，士奇曰："此末事，不足干聖怒。但付佐自治，恩法並行矣。"上召佐，以吏狀授之，且曰："此不足爲卿累，小人不樂檢束誣卿，卿自治之。"佐頓首謝，召吏示之狀，曰："上命我治汝，我姑貸汝，但改行爲善。"上聞之，喜曰："佐得大體矣。"

庚戌，五年春正月，太宗、仁宗兩朝《實録》成。

考察朝覲官。

朝覲官至京，吏部廉察賢否以聞。上命鄙猥無能者五十五人皆罷歸爲民，貪汙者二十五人發戍邊。

上與侍臣論前代官制，曰："唐虞建官惟百，夏商官倍，秦漢以下益增多，何也？"對曰："時世不同也。"上曰："唐虞建官，事簡民淳，不可比擬。唐太宗定内、外官七百三十員，去古未遠，亦足爲法。"對曰："心清則事簡，事簡則官可省，官省則民安。若國家多事，政務煩雜，小人倖進，冗食者多，欲百姓免於煩擾，難矣。"上曰："此誠確論。清心者省事之本，朕當勉之。"

有建言洪武、永樂中，法制有當更易者。上謂侍臣曰："自古帝王創業垂統，必有成憲，以貽子孫。子孫能謹守之，足以保天下。若自作聰明，或惑于小人而變更之，必生禍亂。如唐府兵，其制近古，後一變爲彍騎，再變爲方鎮，遂使武夫悍卒得專方面，唐遂以亡。宋之賦役，祖宗時皆有定制，其後變爲新法，民不勝擾。自是，朝政反覆，國事日非，卒致夷虜之禍。是皆可監。”

户部尚書夏原吉卒。

原吉度量寬弘，人莫能測。僚屬有善，采納不遺；有小失，必掩護。曰：“人才難得，一加譴責，則自沮矣。”吕震嘗詆原吉柔奸，及震爲子乞官，原吉顧稱：“震有守城功，宜與。”陳瑄靖難時，首欲殺原吉，後乃薦瑄總漕運。二人愧服。每朝廷行善政，或歸稱之，曰：“此天子之明，群公之力，吾何與焉？”凡奏章皆焚之，曰：“不可章吾直也。”嘗夜批文書，撫卷太息，筆欲下而止者再，妻問之故，曰：“此歲終大辟奏也，筆一下，生死决矣，是以不忍。”在户部數年，酌大體，略煩苛，以故數興大役，供餉贍給，而民不驛騷。卒，贈太師，謚忠靖。

二月，上謁陵。三月還京。

上奉皇太后，率皇后謁長陵、獻陵。駐天壽山。

太后召張輔、蹇義、楊士奇、楊榮、金幼孜、楊溥入見，曰：“皇帝數言卿等贊輔功。今國家清寧，生民無事，固祖宗垂佑，亦卿等之力。”輔等頓首謝。太后復曰：“卿等皆先朝舊人，自今更須協力，一心勉輔嗣君。”賜六臣白金、文綺。

上還，道中遥見耕者，從數騎往視之。下馬，從容詢其稼穡之事，因取所執耒耜三推。耕者初不知爲上也，既而，中官語之，乃驚躍羅拜。上顧左右，曰：“朕三舉耒，已不勝勞，况常事此乎？人恒言勞苦莫如農，信矣。”命耕者隨至營，人賜鈔六十錠。已而，道路所經農家，悉賜鈔如之。至京，御左順門，召蹇義等曰：“朕昨謁陵還，道昌平東郊，見耕夫在田。召而問之，知人事艱難，吏治得失，因録其語成篇。今以示卿，卿亦當體念不忘也。”所録語曰：

庚戌春暮，謁陵歸，道昌平之東郊，見道旁耕者，俛而耕，不仰以視。召而問焉："何若是之勤哉？"跽曰："勤，我職也。"曰："亦有時而逸乎？"曰："農之于田，春則耕，夏則耘，秋而熟則穫三者，皆用勤也。有一弗勤，農弗成功，而寒餒及之，奈何敢怠？"曰："冬其遂逸乎？"曰："冬，然後執力役於縣官，亦我之職，不敢怠也。"曰："民有四焉，若是終歲之勞也。何不易爾業，爲士、爲工、爲賈，庶幾乎少逸哉？"曰："我祖父皆業農，以及於我，我不能易也。且我之里，無業士與工者，故我不能知。然有業賈者矣，亦莫或不勤，率常奔走負販二三百里外，遠或一月，近或十日而返。其獲利厚者，十二三，薄者十一；亦有盡喪其利者，則闔室失意，戚戚不樂矣。計其終歲家居之日，十不一二。我事農而勤，苟無水旱之虞，歲入厚者，可以支二歲；薄者，可以給一歲。且旦暮得與父母、妻子相聚，我是以不願易業也。"朕聞其言喜，賜之食。既又問曰："若平居所睹，惟知賈之勤乎？抑尚他有知乎？"曰："我鄙人，不能遠知。嘗躬力役於縣，竊觀縣之官長二人。其一人，寅出酉入，盡心民事，不少懈，惟恐民之失其所也。而升遷去久矣，蓋至于今，民思慕之，弗忘也。其一人，率晝出坐廳事，日未昃而入，民休戚不一問，竟坐是謫去。後嘗一來，民亦視之如途人。此我所目睹，其他不能知也。"朕聞其言嘆息，思此小人，其言質而有理也，蓋周公所陳無逸之意也。厚遣之，而遂記其語。

下詔寬恤。

上御齋宫，召楊士奇諭曰："朕以春和，欲下寬恤之詔，蠲灾傷田租，是第一事。聞民間虧欠畜馬，所司追償甚迫，亦甚艱難，部官坐視而不言。"對曰："陛下念及此，生民之福。各部惟知督責下民，以供公家，故一切民瘼，蔽不以聞。今所當恤者，非止兩事。”因請免負欠薪芻，減官田租税，清刑獄，恤工匠，分别征派諸事，上悉從之。詔下，民大悦。

策士於奉天殿，賜進士林震等一百人及第出身有差。

上臨軒發策畢，退御武英殿，謂侍臣曰：“朕取士，不尚虚文，欲得忠鯁之士爲用，有若劉蕡、蘇轍直言抗論者，朕當顯庸之。”於是賦《策士歌》示讀卷官。

上御武英殿，偶與侍臣論漢以下創業諸君。侍臣言：“漢高帝之大度，唐太宗之英武，宋太祖之仁厚，不相上下。”上曰：“唐太宗、宋太祖，皆假借權力，襲取天下，太宗慚德尤多。漢高帝及我太祖，起布衣，光明正大，可比而同。然高帝除秦苛政，而禮文制度不修。我太祖剪除群雄，革元敝俗，申明中國先王之教，要爲過之。”

以熊概爲南京右都御史。

命陽武侯薛禄率師巡邊。

三月，加陽武侯薛禄太保。

禄爲將紀律嚴明，所過秋毫無犯，善憮士卒，臨陣赴敵，有進無退，故所向成功。巡邊至奇黄嶺，敗虜，盡斬之，獲其家口、孳畜，故有是命。

夏四月，加楊榮少傅。

上屏左右，問楊士奇曰：“楊榮家畜馬甚富，察之皆邊將饋遺，榮大負朕。”對曰：“榮屢從文皇北征，典兵馬，以故交諸將熟。今内閣諸臣，知邊將才否、邊塞遠近險易及虜情順逆，惟榮一人，臣等皆不及。”上笑曰：“朕初即位，榮數短汝，汝顧爲榮地耶？”士奇頓首曰：“願陛下以曲容臣者容榮。”上意乃解，然自是不專任榮矣。

命工部尚書黄福經理屯田，尋罷。

福言：“濟寧以北，衛輝、真定以南，瀕河多閑曠地，請役軍民十萬屯田，積穀以省漕粟。”下户、兵二部議，郭資、張本言：“沿河屯田甚便。鳳陽、淮安以北，及山東、河南、北直隸近河二百里，内通舟楫處，擇荒閑田，以五萬頃爲率，發附近軍民五萬人耕之，官給牛、器。但山東近年饑旱，流徙初復，宜先遣官行視，以俟開墾。”上從之，遣吏部郎中趙新等經理屯田，福總其事。既而，有言：“軍民各有常業，若復分田役，益勞擾。”事竟不行。

土魯番始入貢。

五月，以禮部郎中况鐘爲蘇州知府。

永樂中，鐘爲吏，吕震薦其才，授禮部主事，升郎中。時，郡守多缺，命廷臣薦舉堪任者，鐘在薦中，授蘇州，賜敕乘傳之任。鐘初至郡，佯不解事，諸吏抱案環立請判，鐘顧左右問吏，吏所欲行止，鐘輒聽。吏大喜，謂：“太守愚。”越三日，鐘乃召諸吏，詰曰：“某事宜行，若顧止我；某事宜止，若顧令我行。若輩受賕賣法，吾當爲百姓除賊。”縛諸吏拷掠，投庭下，死者數人。鐘又覈屬吏，斥貪墨庸懦者十餘人。一郡震悚，謂：“太守神明。”未幾，大旱，發倉賑濟，民得不困。初，永樂間，因轉輸道遠，糧長以一徵三，歲額二百七十萬石，加徵至八百一十萬，除正供及僦車船費，盡爲糧長乾没。鐘乃與巡撫周忱議，立收糧法，别立糧額，與糧長同收受，互覺察除，免舊徵三之一，以其二之一爲轉輸費，餘皆入濟農倉，爲經費本。累年逋賦及雜出供費，並代以餘米。上無廢事，下無横科，民大悦。每旱又輒發餘米賑，活數萬人。二十餘年積弊，不戮一人而盡除。民接遞終歲在官，不得負販。鐘叙差，歲不過三日，盡罷其在官者。置綱運簿防運夫侵盜，又制館夫簿防非理需索，綜理周密，簡約易行。鐘爲政專厲豪狡，拊善良。勢家恣犯法，立死杖下。寒門下士有行藝者，時時賑贍。有鄒亮者獻詩，鐘稱賞，欲薦于朝。會有以匿名書數亮過失揭府門者，鐘得書，笑曰："彼欲沮吾薦，正速成亮名耳。"遂奏亮才學可用，召試，授吏部司務，轉監察御史。

朝鮮獻海青。

使還，諭王禑曰："王國中多珍禽異獸，然朕所欲，不在此，後勿獻。"

追奪貪官誥敕。

六月，置萬全都指揮使司。

秋七月，陽武侯薛禄卒。

追封鄞國公，謚忠武。

撒馬兒罕貢龍馬，禮官請賀，不許。

龍馬産于西域，風鬃霧鬣，蒼然若雲，體質潔素，駿爽特異。禮部請賀，上曰："年豐民足，仁賢效用，四裔順服，乃爲上瑞。一獸之異，何足爲祥？"不許。

八月己巳朔，日有食之。

八月朔，日當食，陰雨不見。胡濙以爲即同不食，請率群臣上表賀。上不許，曰："人君所謹，莫大于天戒。日食，又天戒之大者，陰雨所蔽有限，京師不見，四方必有見者。比之不食，天可欺歟？朕方圖修省以答天意，其勿賀。"

令吏部舉廉吏。

上謂尚書郭璡曰："竇融以孔奮爲姑臧長，姑臧最富饒，奮廉潔自守，衆皆笑之，謂其身處膏脂，不能自潤。光武知之，及融率官屬入朝，即擢奮爲武都郡丞以旌之。夫激揚清濁，爲治之道，使清濁無別，何以勸懲？光武即位未幾，舉卓茂，又舉孔奮，東漢多循良吏，蓋由此也。今天下未嘗無潔士，卿亦爲朕甄别以聞，朕當旌之。若人有善而上不知，則爲善者怠矣。”

罷南京刑部尚書趙羾、侍郎余士吉。

南京御史張楷劾奏：“羾、士吉曠職縱奸。繫囚吴福金覆奏待决，乃詐死，相驗瘞之，後復出强劫。蘇州富民過達者，安港巡檢司利其財，誣爲盜，械送刑部，私賂獄官、獄卒，斃之于獄。羾等皆不察，請罪之。”上覽奏怒曰：“縱有罪，殺無罪，豈可恕也?”既又曰：“羾等歷事先朝，今老矣，其召之來，令都御史熊概兼理部事。”

九月初，設巡撫。以于謙爲兵部右侍郎巡撫河南、山西，周忱爲工部右侍郎巡撫南畿。

謙嘗按江西，平反冤獄，稱神明，民所不便，釐革殆盡。至是，河南、山西灾。上親書謙名，升侍郎，巡撫二省。謙遍歷梁、晋，問民疾苦，滌剔百弊，馬政、河防、民租、軍賦一經擘畫，遂爲規式。凡歷十八年，每議事入京，不持一物，兩省人皆尸祝之。

忱由越府長史薦升。先是，胡概用法嚴刻，忱濟以寬。吴中豪勢不納耗，偏累貧民。忱爲平官、民田加耗，民困始蘇。又從知府況鐘議，立水次便民倉收糧，加耗不過什一。又于糧長中差力産厚薄爲押運，視遠近酌量支撥，京、通正米一石支三，臨淮諸倉以次定支，爲舟檣剥轉費。支撥羨餘貯官倉，號“餘米”。米有餘，減耗，次年十六徵，又次年十五。後羨日多，備賑荒，及供公私費。時，軍民轉運，經年往返，失農業。忱議令江南軍民舟至淮安、瓜州水次，與江北運軍交兑，淮安一石加五斗，瓜州加五升。若未及江北，于本地兑者，加過江米。民甚便之。民間歲運馬草兩京，勞費不貲。忱請每束折銀三分。北京官俸舊赴南京支米。忱請于江南重額官田折納金花銀，每兩准米四石，官民便之。

嚴皚伏誅。

皚，初爲南京御史，數受賕。御史劉弘道奏黜之。皚賂劉觀，得復職。及顧佐代觀，劾皚，謫遼東。皚潛逃至京，造詞脅衆。佐復奏："皚蹤迹詭秘，將謀陷臣。"上命戮於市。

冬十月，上巡近郊，度居庸關，獵岔道，遂還京。

丙子，車駕發京師，駐蹕玉河，戒從行諸將曰："今農工雖畢，而禾稼在場。民間公私之費，皆出於此。其嚴禁官軍，勿擾民。違者以重刑處之。"至雷家站，召楊士奇等曰："唐太宗征遼，不常過此乎？"對曰："然。"上曰："太宗恃其英武，而勤遠略，此行所喪不少，後世之鑒也。"又問："此山崩於順帝時，人率謂元亡之徵，卿等以爲然否？"衆對曰："順帝自是亡國之主，雖山不崩，亦亡。"上曰："此言正合朕意。昔聖帝明王之世，未嘗無灾異，大抵國之存亡，繫君之仁與不仁而已。"壬辰，還京。

有獻《歷代年紀圖》者，上覽既，顧侍臣曰："唐之後，不五十年，天下五易主，生民之禍極矣。周世宗英武，足平定天下，而亦享年不久，何也？"對曰："帝王之興，自有天命，非人謀所及。"上曰："國家創業垂統，貴有根本。三代以下，若漢高帝除秦苛法，唐太宗革隋敝政，皆規模弘遠，所以傳世長久。若後周之主，稱兵爲逆，劫掠京城，曾無匡濟之功，室家先覆，而世宗以養子繼之，欲宗祀長久得乎？"

蓬星見。

閏十二月，含譽星見。

含譽星見于九斿，大如彈丸，色黄白，光輝，有彗。

辛亥，六年春正月。

二月，逮巡按江西御史陳祚下獄。

祚上言：“帝王之學，在於明理，明理在於讀書知要。陛下備有聖質，惜講學之功少有程度，於聖賢精微之藴、古今治亂之由，豈能周知？宋儒真德秀《大學衍義》一書，其言明白懇切，凡聖賢格言、古今實迹，無不備載。陛下欲致太平，舍此書不可。願於聽朝之暇，命儒臣講説，則知孰爲忠賢之可親，孰爲邪佞之當遠，古今若何而治亂，政事若何而得失，自必開廣聰明，增光德業，天下之民受福無窮矣。”上覽疏，怒曰：“朕不讀書，《大學》且不識，豈堪爲天下主？”逮祚至京，下錦衣衛獄，禁錮者五年。時，上方以博綜經史自負，祚遂觸怒云。

趙儼伏誅。

夏四月，有星孛於東井。

令四川總兵陳懷移鎮松藩。

五月，黎利遣人謝罪，貢方物。

六月，遣禮部右侍郎章敞詔黎利權署安南國事。

秋七月，上幸楊士奇第。

時，上頗好微行。一夕，以四騎至士奇第。士奇俯伏言：“陛下奈何以宗廟社稷之身自輕，擾擾塵埃，昏昧中誰識至尊？萬一變起，倉猝何以備之？”上笑曰：“思見卿一言耳。”語竟，還宫。明旦，遣太監范弘問士奇曰：“車駕幸臨，曷不謝？”對曰：“至尊夜出，愚臣迨今中心惴慄未已，豈敢言謝？”復遣弘問曰：“今天下平静，時一微行，何足過？堯不微行乎？”對曰：“陛下恩澤，豈能遍洽幽隱？萬一冤夫怨卒窺伺竊發，不可無慮。”後數日，邏卒獲二盗，嘗殺人，捕之急，遂私約，上幸玉泉寺，挾弓矢伏林莽中作亂。上乃嘆曰：“士奇言不虚。”賜白金、文綺。士奇入謝。上曰："愛朕莫如卿。自今朕不復微行矣。"

賜輔臣《招隱歌》。

上作《招隱歌》，賜蹇義，曰："古亦有《招隱詩》，然彼欲招隱者，與之俱遊；朕則意在招賢者而用之。彼所懷者，一己之私；朕所懷者，天下之公也。"

八月，忠勇王金忠卒。

忠勇健有智略，自歸順以來，歷事三朝，矢心竭力，至死匪懈。上嘗撫其背曰："朕之日磾也。"至是，卒，且[九]甚悼之，賜祭葬。

九月，熒惑犯南斗。

冬十月，上巡近郊，尋還京。

十一月，唐受伏誅。

十二月，宦者袁琦伏誅。

琦侍上久，因張威焰，肆貪横，私遣同輩于外，凌辱長吏，毒虐百姓，所得財賄，動以萬計。事露，上磔之于市，并誅其黨陳海等十人。

大學士金幼孜卒。

幼孜簡易沉默，温裕有容，不肯伐善争名疾革，家人請爲子求恩澤，正色曰："君子所耻。"謚文靖。

壬子，七年春正月朔，日有食之，免朝賀。

少詹事兼翰林侍讀學士曾棨卒。

棨，江西永豐人。永樂甲申廷對第一，讀中秘書。文皇時，召試，迅筆千言立就。摘群官隱僻事問之，應答如嚮。文皇賞嘆，寵異逾諸學士。數侍燕間，應制賦詩。有薦文士者，必問："得如棨否？"會修《永樂大典》《天下郡縣志》，爲副總裁，在館中三十年，名聞天下。卒，贈禮部左侍郎，謚襄毅。

二月，工部右侍郎羅汝敬總督陝西屯田河渠事。

三月，下寬恤詔。

上召楊士奇至文華殿，曰："憶五年二月，共爾齋宫，論寬恤事。今兩閲歲矣，民事不又有可恤者乎？"對曰："誠有之，只五年官田減租額一事，璽書已下，户部格不行，至今追徵如故。"上怒曰："是可罪也？"對曰："此循習之弊，永樂末年多如此。"上怒稍解，曰："今欲再下詔寬恤，必舉此爲第一。事如再格，朕必罪之。爾且言今日當寬恤者。"士奇言處流民、寬歲課、選吏員、舉才勇數事，又言："小民之不安，皆由有司之貪虐，請令風憲官考察奏罷。方面郡守皆要職，吏部往往循資格濫授，不免賢愚混進。宜令京官三品以上及布政、按察薦舉，若不職併罪舉者。"又言："唐虞之世，罰弗及嗣。今極刑之家，有賢子弟，錮不得進，宜弛其禁。"上悉從之。

夏四月，募商輸粟塞下。

山西進龍馬，禮官請賀，不許。

太原忻州民武焕家，馬生一駒，鹿耳、牛尾、肉文被體如鱗，咸以爲龍馬。守臣進之，胡濙請賀。上曰："二三年水旱告灾者踵至，朕方日夕憂勵，一獸之微，何足賀？其止之。"

令有司積穀。

巡按湖廣御史朱鑑言："洪武間，各郡縣皆置倉，貯官穀，多置萬餘石，少亦四五千石，遇有水旱、饑饉，以貸貧民。今有司以爲不急之務，倉廒廢弛，贖穀罰金，掩爲己有，深負朝廷仁民之意。乞令府州縣修倉廒，謹儲積，給貸以時。仍令布按二司、巡按御史巡察，違者罪之。"上諭户部曰："此祖宗良法美意，比由守令不得人，遂至廢弛，爾户部亦豈能無過？其如御史言，違者從監察御史劾奏。”

秋七月，置吕梁漕渠石閘。

初，陳瑄以吕梁上洪地陂水急，漕舟難行，奏准，令民於舊洪西岸鑿渠，深二尺[一〇]，闊五丈有奇，夏秋有水，可以行舟。至是，復欲深鑿，置石閘二。時其啓閉以節水，庶幾往來無虞。事聞，命附近軍衛及山東布政司，量發民工夫匠協成之。

揭《豳風圖詩》于便殿。

上燕閒，閲元趙孟頫所繪《豳風圖》，因賦詩一章，召翰林詞臣示之，曰：“《豳詩》，周公陳周家王業之由，以告成王，使知稼穡艱難，萬世人君皆當鑑此。朕愛斯圖，爲賦詩，欲揭于便殿之壁，使朝夕在目，有所儆勵。爾其書於圖之右。”

上登萬壽山，坐廣寒殿，召□林儒臣[一一]，與同覽山川形勢。既畢，上曰：“此元之故都也。世祖知人善任，使崇信儒術，愛養民力，故能混一區宇，以成帝業。再傳至武宗，政稍變更。仁宗繼之，恭儉愛人，孜孜爲治，遵世祖之法，足爲賢君。英宗果於殺戮，奸黨畏禍，遂搆大變。泰定以後，皆享祚不久。至順帝，在位既久，肆意荒淫，怠於政事，紀法蕩然，遂致失國。使順帝能長守世祖、仁宗之法，天下豈爲我祖宗所有？”又曰：“兹山、兹宇，順帝存日宴遊者也，豈不可感？”侍臣頓首曰：“桀紂之迹，殷周之鑒也。”上曰：“然。”

製《織婦詞》，示群臣。

上曰：“朕非好爲詞章。昔真西山有言農桑，衣食之本。爲君者，當詔儒臣以農夫、織婦耕蚕勤勞之狀作爲詩歌，使人誦于前。又繪以圖，揭于宫掖，布于戚里，使皆知民事之艱、衣食之自。朕所以賦此也。”

八月，以黄福掌南京户部事。

上在宫中覽福理漕運時言便民數事，出其章示楊士奇，曰："福所言皆智慮深遠可行。今六卿中，誰可匹者？"對曰："福受知太祖最先，大約爲人正直明果，才德兼備，有大臣體，六卿中鮮及之。福今年七旬矣。諸後進少年高坐公堂，理政事，出入輿馬，騶從揚揚。福先朝舊人，乃朝暮奔走道路，勞瘁不已，殆非國家優老敬賢之道。"上曰："非汝不聞此言。"士奇曰："南京根本重地，宜用福南京，緩急可倚。"上曰："然。"遂改福南京。

令京官三品以上舉文學才行之士。

上敕諭吏部曰："致治之方，用賢爲要；事君之道，薦賢爲忠。朕主天下，思惟負荷之重，必得賢才共圖治理，夙夜在念，寢食弗忘。嘗敕朝臣三品以上舉薦所知。又出示《招隱》、《猗蘭》之作，庶幾群臣咸知朕意。近惟一二廷臣有舉薦，其餘曠時積月，不舉一人。豈其無遺賢歟？抑今中外所用皆得人歟？蓋典銓衡者之怠也。孔子曰：'十室之邑，必有忠信。'況今天下之廣，生民之衆。爾吏部即令在京三品以上，衆議推舉有才行文學者以聞。"

釋故城縣丞陳銘，復任。

先是，上聞内官出使在外者多貪縱，爲民害。以太監劉寧清謹，命同御史馳往諸處，收所差内官資橐，并其人解送京。既還，道經故城。縣丞陳銘聞有内官至，不問所從來，輒奮前捽寧，手擊之。御史奏丞無狀，逮至。上曰："丞固可罪，然一時偏於所惡，其宥之。"待〔一二〕臣言："銘酗酒，擅擊朝使。陛下縱赦之，亦不可使復任。"上曰："朕既釋之矣，彼當因此改過也。"

十一月，白葛達國入貢。

天方默德那國入貢。

天方，舊名天堂。默德那國，即回回祖也。

十二月，修祖陵、孝陵。

癸丑宣德八年正月乙卯朔。

祀天地于南郊。

故事，朝後乃行。上不視朝，即行。既至，躬詣神厨，凡祭物一一閲視，諭太常寺曰："祭物固應精潔，典祭之官以虔誠爲本，宜秉寅清以率百執事，分毫無慢，庶幾神明歆享。"

張燈于内苑。

製作精麗，鋪張繁盛，命文武大臣及四夷朝貢使、京城百姓皆往觀。仍賜群臣宴苑中，楊士奇因獻《太平聖德詩》十章。

召張輔、蹇義、楊士奇、黄淮等十人，同遊西苑。

淮父卒，賜一品禮祭葬。赴闕謝，故預焉。

賜宴温州知府何文淵等于廷。

三月，策士於奉天殿，賜曹鼐等及第出身有差。

鼐，晋寧人。初舉鄉試，中乙榜，授代州學正，辭："年少不堪爲人師，願改别職。"得泰和典史。劇邑政繁，處之裕如，公暇益進學不倦。時以督部工匠至京，疏乞試，中會試第二。廷試，策問"羲禹河洛象數"，鼐對稱旨，上親擢爲第一，授翰林院修撰。

夏四月，南北直隸、河南、山東、山西饑，詔中外寬恤。

五月，四川盗起，命副都御史賈諒討平之。

六月，命平蠻將軍都督方政鎮守松藩。

秋七月，初置武驤、騰驤四衛。

八月，熒惑犯南斗。

遣官恤刑。

上以法司處決天下重獄但憑所具爰書，恐有冤抑，命遣官分往各省直，與外官詳審。若情有可矜、獄有可疑及不服者，復奏，與之辯理。

命黄福兼掌南京兵部事。

閏八月，彗出天倉。

海外諸國獻麒麟。

凡獻麒麟四，楊士奇等進頌。

景星見天門。

星見于天門，大如半月狀，光彩爛然。楊士奇上言："稽之載籍，云四氣和爲景星。文云天子至孝，任賢使能，法令清明，製作合天，四海歡悦，則景星見。又云德至于天，則景星見于天門。此皆聖德之實者也。"因進頌以美。

冬十月，平江伯陳瑄卒。

瑄闓爽英毅，稠人廣會，談論亹亹。公餘披閲載籍，喜近逢掖士，時相講議。善交際，能推利濟人。自浚通會河後專領漕運，擘畫周密，皆可經久，河渠之功，瑄爲第一。卒，謚恭襄。

十一月，命右軍都督僉事王瑜督理漕運。

先是，裏河民運率自僱舟，經年往復，多失農業。周忱始與平江伯議奏：民舟至淮安或瓜州水次，給脚價兑與江北衛所，衛所漕者出給通關還謝，軍民兩便。至是，参將吴亮言："浙江、江西、湖廣、江南船各回附近水次領兑，南京、江北船於瓜、淮領兑，其淮、徐、臨、德諸倉仍支運十分之四。浙江、蘇松等船本地方兑。不盡者，仍於瓜、淮交兑。江淮以北，如河南彰德府於小灘，山東濟南州縣於濟寧。其餘水次倣此。"是爲兑運。

十二月，致仕户部尚書郭資卒。

資，歷仕三朝，小心恭慎，嚴寒暑雨，必入署視事。卒之日，家無遺貲，幾不能葬。贈湯陰伯，謚忠襄。

日本國王源道義卒。

遣使吊祭。

甲寅，九年春二月，妖僧李皋謀反，伏誅。

令軍民運開平中鹽。

户部員外羅通奏："今運糧開平，每軍運一石，又當以騎士護送，計人馬資費，率以二石七斗致一石。莫若令軍民自運米至開平，中納鹽糧，舊例二斗五升減爲一斗五升。若商一人納米五百石，可當五百軍所運，且省行糧二百石。"從之。

二月，南京刑部侍郎段民卒。

民好古力學，精練吏事，廉平勁直，人不敢干以私。卒于官，貧不能喪。吴訥爲經紀，始克還云。

三月，命百官朝皇太子于文華殿。

交趾黎利死。

廣西總兵山雲奏："黎利死，長子狂妄，次子幼弱，奸臣黎問、黎察搆相仇殺，夷民驚懼。諒山土官阮世寧、七源上官阮公廷率衆避難來歸，願居廣西龍州及太平府上下凍州。"上敕諭雲曰："利本起微賤，因奏立暠，從人望。朕志在息民，遂詔罷兵，徐議立暠。利遽奏暠死，暠之死，利所爲也。朝廷即欲問罪，不忍毒民，令權署國事。多行不義，爲天所殛。爾戒飭邊兵，嚴謹守備勿忽。世寧、公廷可善撫之。"

夏四月，李琦還自交趾，黎利子麟遣人告喪。

五月，命行人郭濟、朱弼祭黎利。

七月，山西霍州學正曹端卒。

端，河南澠池人。篤尚理學，專志静修，座下足着處，兩磚皆窪。教人務躬行實踐，日事著述，有《四書詳説》《太極通書》《西銘釋文》《孝經述解》《性理文集》《儒家宗統譜》《家規輯略》《存疑録》等書。事父母孝，養志愉色。及遭喪，五味不入口，寢苫塊，始終不易。詣縣上書，請毁淫祠。年荒勸賑，存活甚衆。父信佛，端作《夜行燭》一書，與父誦之，父遂悔悟。其言曰："佛氏以空爲性，非天命之性，人受之中。老子以虚爲道，非率性之道，人由之路。"在霍庠十餘年，士子皆服從其教，循循雅飭，一於禮義。方岳不敢以屬禮待，至其郡，必敬謁之。後調蒲州學正，霍庠弟子伏闕上章請留，蒲庠弟子亦上章争之。霍州先上得允，後竟終于霍，一郡人罷市巷哭，其德化之感人如此。學者稱爲月川先生。

八月，以楊溥爲禮部尚書兼學士。

上御文華殿，溥等侍。上曰："朕念祖宗積德累善篤生。太祖繼天立極，創業垂統。太宗迅掃奸回，再安宗社。皇考恢弘治化，增高累厚，以固鴻業。朕承天位，夙夜不忘。記曰：先祖有美而不知，不明；知而不傳，不仁。是用撰述成詩，揭之坐上，朝夕覽觀，勉圖繼述，庶幾永保天命。今以賜卿等，當亦思祖宗開創之難，守成不易，盡心輔朕，國家安，卿等亦與有榮矣。"

上出御書《洪範篇》及御製序文示溥等，曰："所論或未當，卿等當直言勿隱。"楊士奇對曰："聖論，真得古人之精蘊。"上曰："朕在宫中，雖寒暑不廢書。"對曰："願陛下始終此心。"上笑曰："卿等亦常須直言。"

上與侍臣論兩晋，曰："晋武創業，不爲遠圖，樹立失宜，托付非才。况羌胡、鮮卑雜處内郡，不能先幾區處，以致國禍方殷，戎寇遽至。東晋僅能立國，逆臣接迹，朝政陵夷，尚傳數世，由賢人爲之用也。”又曰：“帝王維持天下，以禮教爲本。兩晋風俗淫僻，士習浮薄，先王禮樂教化蕩然掃地，豈久安之道？”

瓦剌脱歡攻殺阿魯台，遣使入貢。

河南、江西旱灾，敕諭巡撫撫恤兵民。

九月，張瑛復直文淵閣。

上巡邊，度居庸關，大獵。

上駐蹕洗馬林，楊士奇、楊榮等侍。上曰：“人君御世之權，何者爲重？”榮對曰：“命德、討罪，二者是也。”上曰：“二者天下之公器，人君特主之耳。若舜舉十六相，誅四凶，而天下悦，以天下之好惡爲好惡也。齊威王封即墨，烹阿，不以左右之好惡爲好惡也。故爵賞刑罰至公無私，然後能服天下。”士奇等頓首曰：“誠如聖諭。”

阿魯台子阿卜只俺來歸，以爲中府左都督。

冬十月，上還京。

遣禮部侍郎章敞諭黎麟，權署安南國事。

十二月，命監察御史巡視各倉。

先是，楊士奇言：“南方運糧至京，人力甚艱，而倉廪無關防，奸人盗竊動輒千萬。前者就執，後者復繼，恬無警畏。請命官巡察。”上從之。於是，京倉、通州倉、草廠、甲乙等庫、象牛羊等房錢糧，光禄寺各遣一人巡視。

上不豫，衛王瞻埏攝享太廟。

乙卯，十年正月，停采辦諸役。

敕工部：凡采辦、買辦及打造下西洋船并營造物料悉停罷，軍夫、匠役遣還，差出内官即時回京，采捕禽獸蟲魚花木等物悉皆停止，起集營造軍夫勿遣。

上不豫，百官朝太子于文華殿。

上崩于乾清宫。

時，皇太子方九歲，太后取金符入内，浮議頗有欲立襄王之説。楊士奇、楊榮與張輔入臨畢，請見皇太子，即叩首呼“萬歲”，群臣亦呼“萬歲”，浮議乃息。

皇太子即皇帝位，赦天下，以明年爲正统元年。

上大行皇帝謚號。

上尊謚曰憲天體道英明神聖欽文昭武寬仁純孝章皇帝，廟號宣宗，葬景陵。

尊皇太后張氏爲太皇太后，皇后孫氏爲皇太后。

册封弟祁鈺爲郕王。

吏部尚書蹇義卒。

義疾革，上遣中官范弘問所欲言，對曰：“犬馬之誠，惟望聖明敬守成憲，終始不渝耳。”言已而絶。義質實和易，處人有量，未嘗一語傷物。在吏部，考察明恕，不縱不苛。然性乏骨鯁，遇事脂韋，無所匡拂，善保禄位，榮寵終其身。贈太師，謚忠定。

釋御史陳祚囚，復其官。

命楊溥仍直文淵閣。

溥言：“聖帝明王，莫不務學。先帝在時，屢諭臣等勸學東宫，遺音尚在。乞早開經筵，預擇講官。必得言行端謹老成、達大體者數人供其職，及選宫中左右朝夕侍從之人，涵養本源，輔成德性。”太皇太后喜。

夏五月，以王驥爲兵部尚書。

加黄福少保，參贊機務。

留都文臣參贊機務，自福始。福每事先籌定，付襄城伯，而襄城伯亦敬信福。比視事，皆襄城伯處分，福不出一語。或以爲言，福曰："體當如是，且守備何嘗一事誤耶？"

六月，葬景陵。

七月，命司禮監太監王振偕文武大臣閲武於將臺。

振，大同人。初侍上東宫，及即位，遂命掌司禮監，寵信之，呼爲"先生"而不名。振遂擅權，作威福。時，輔臣方議開經筵，而振乃導上講武。於是，詔振偕諸大臣閲武將臺，集京營及諸衛武弁，試騎射而殿最之。隆慶衛指揮紀廣，故干振有私，振遂奏廣第一，超升都指揮僉事。

八月，命平羌將軍寧陽侯陳懋鎮守甘肅。

九月，修《宣宗章皇帝實録》。

以陳鎰爲右副都御史，鎮守陝西，兼督延寧邊備。

以徐晞爲兵部右侍郎，巡撫甘肅。

以黄宗載爲南京吏部尚書。

冬十月，以羅亨信爲僉都御史，練兵平凉。

校勘記

〔一〕"待"，疑當作"時"。

〔二〕"捏忽烈"，當作"捏烈忽"。

〔三〕"拔重囚"，《禮記注疏》卷十六《月令》、《吕氏春秋》卷五《仲夏紀》作"挺重囚"。

〔四〕"徙"，疑當作"徒"。（明）黄訓《名臣經濟録》卷十二王直《楊士奇傳録》："大臣有言，此黎利之譎，當益發兵，誅之。或以爲，與之無名，徒示弱於天下。”

〔五〕“尚”，據《明宣宗實録》卷之四十六當作“高”。

〔六〕“效”，疑當作“劾”。

〔七〕“遣”，據《明宣宗實録》卷之四十四當作“遺”。

〔八〕“克”，疑當作“充”。

〔九〕“且”，疑當作“上”。

〔一〇〕“尺”，《江南通志》卷五十九作“丈”。

〔一一〕□，底本漶漫不清，疑當作“輸”。

〔一二〕“待”，（明）王世貞《弇山堂别集》卷九十一作“侍”。

國史紀聞卷七

英宗睿皇帝

丙辰，正統元年春正月，上御經筵。

時，王振用事。考功郎中李茂弘語人曰："經筵進講，不過應故事，以飾太平耳。今日最可憂者，君臣之情不通，暌隔蒙蔽，必將有意外之患也。"遂抗章致仕去。

二月，命僉都御史王翺鎮守陝西。

三月，賜進士周旋等及第出身有差。

命兵部左侍郎柴車參贊陝西軍務。

先是，虜酋朶兒只伯擁衆入寇。鎮番副總兵劉廣往援，遇虜，不戰而退。虜隨逼凉州，廣閉門不出，虜大掠去。廣奏功徼賞。車劾廣罔上不法，請寘之法。詔械廣至京，下獄。又劾寧夏守將失律，罷之。朝廷嘉車執法，賜白金、文綺。

以鄺野爲兵部左侍郎。

夏四月，河北旱蝗。

遣工部侍郎邵旻督捕之。

五月，初設提學。

南北畿以御史，各省以按察副使或僉事，各一員，專敕責成，按臣不得侵越。

以薛瑄爲山東提學僉事。

瑄每臨諸生，親爲講解，諸生翕然愛敬，呼爲薛夫子。

六月，以陳智爲右都御史。

七月，徙封襄王瞻墡于長沙，淮王瞻墺于饒州。

九月，張瑛卒。

十月，上閱武于將臺。

上命諸將騎射，以三矢爲率，受命者萬餘，惟駙馬都尉井源三發三中。上喜，撤尊賜之。觀者私相謂曰："往年王振閱武，紀廣驟升三級。今日萬乘閱武，豈但一杯酒已耶?"然竟無殊擢。

十二月，命兵部尚書王驥巡視陝西諸塞。

先是，鎮守平凉都御史羅亨信與都督趙安，率岷洮等衛兵巡邊，遇虜，安與都督蔣貴聽都指揮安敬議，逗遛不行。亨信至其營責之，貴等以芻糧不繼爲解。亨信劾貴等老帥玩寇，侵剋軍餉，乞正罪以振軍法。上乃敕驥巡邊，整飭軍務，許以便宜行事。

丁巳，二年。

二月，以宋儒胡安國、蔡沉、真德秀從祀孔子廟庭。

太皇太后欲誅王振，上、諸大臣救之，乃止。

太后御便殿，召張輔、楊士奇、楊榮、楊溥、胡濙入見。上東立，輔等西立，太后各以温詞慰之，曰："卿等老臣，嗣君冲年，幸并力同心，共安社稷。"又顧上曰："此五臣，先朝簡任，俾輔後人。萬機皆當與計，非五人所贊成，不可行也。"頃，宣王振至，太后色遽變，曰："汝侍皇帝，起居不節，數導爲非，罪當死。"命左右斬之，女官加刃振頸。上跪，爲之請，諸大臣皆跪。太后曰："皇帝年少，豈知自古此輩禍人國家多矣。我聽帝與諸公宥振，此後不得再令干國事。"

夏五月，左都御史顧佐致仕。

佐考察，罷御史邵宗。宗九載滿，在吏部。上爲原宗詰佐，佐遂請老去。佐性嚴重，守正嫉邪，孤介獨立。入内直廬，屏坐小夾室，非議政不與諸司群坐，人皆敬憚，以故竟擠之。家居十餘年，卒。

六月，僉都御史魯穆卒。

穆自少攻苦食淡，力學篤行。嘗書座右曰："嚼得菜根，百事可做。"初爲福建僉事，理冤懲墨，人不可干以私。泉州有李姓者妻吴美，與富姻林私。李調官廣西，林令二僕從行，殺之道中，吴竟適林。李宗人訴之郡及按察司，皆受賂，反坐。十餘年未决，公一訊即明，超升僉都御史，召入臺。比入臺，請寄不行，問遺並絶。歷官三十餘年，家無餘貲，没不能斂。

秋九月，虜寇甘凉，王驥御却之。

驥至軍中，大會諸將，問將校："畏敵不畏軍令者，誰最甚？"皆曰："都指揮安敬。"驥立縛敬，斬轅門，三軍股栗。遂大閲士伍，養鋭待虜。未幾，把秃孛羅寇莊浪。驥遣都指揮衛榮，授以方略，擊敗之，俘獲甚衆。虜知有備，引去。驥以甘州兵冗，徒費芻糧，乃留五萬五千人戍邊，餘遣還，更番代上。于是，軍得休息，民省轉輸之勞。

以温州知府何文淵爲刑部右侍郎。

文淵守温州，廉靖寡欲，一郡大治，治行浙爲第一。宣宗下璽書褒之，增秩二級，守郡如故。至是，胡濙復薦文淵宜大用，故超擢是職。

戊午三月，以魏驥爲吏部左侍郎。

驥正道自持，不苟從俗。有進士未終制，求爲考功者，同官許之，驥曰："選法不可擅，又可上欺耶？"竟不與。

四月，《宣宗章皇帝實録》成。

進大學士楊士奇、楊榮少師，楊溥少保兼武英殿大學士，王直、王英並禮部左侍郎，李時勉、錢習禮爲翰林侍講。

王驥率諸將出塞，擊虜，大破之。阿台朶兒只伯走，死。

虜酋阿台朶兒只伯復入寇，驥選精騎二千授都督蔣貴，戒之曰："努力樹功名，不勝無相見。"貴感奮以往。虜尋又窺邊，驥曰："虜不大創，不退，使我罷于奔命。"諜知虜巢所在，復用蔣貴爲前鋒，驥與都督任禮等帥兵出鎮夷關，與貴期以狼心山舉火爲號，夾攻虜于梧桐林，虜潰走，復進兵至野孤心、青羊山，轉戰二千餘里，俘人畜數千。虜酋以數騎遠竄，尋死。

五月，江北大水。

淮揚被灾，鹽課虧少，上命巡撫周忱往視之。忱奏，令蘇州等府將撥剩餘米，每縣量撥一二萬石，運赴揚州各鹽場收貯，如數出給通關，准作次年預納秋糧。令竈户上納私鹽，照時價給米。於是，米貴鹽賤，官得積鹽，民得食米，上下賴之。

秋八月，順天貢院火。

翰林侍講學士曾鶴齡主試。初試之夕，場屋火，試卷多毁。有司懼罪，不敢言更試，惟欲請葺場屋以終事。鶴齡曰："必更試，然後滌百弊，以昭至公。不然，雖無私，此心亦欺。朝廷何惜一日之費，不成此盛舉哉?"具二説以進。命下，如鶴齡議。

冬十月，召王驥還京，兼大理卿掌兵部事，封蔣貴爲定西伯，任禮爲寧遠伯，趙安爲會昌伯。

貴起自行伍，能與士卒共甘苦。凡出戰，衣糧器械，不役一人，皆自齎負。及臨陣，當先搏戰，子弟士卒蟻附而前，以死向敵，用是取勝。但目不知書，短于謀略，必聽人指揮而後能成功。威振西陲，羌虜畏服。

升柴車兵部尚書，仍贊理陝西軍務。

車盡心邊務，數劾將佐欺玩，或怵以後患，車曰："吾敢愛身以誤國耶？"同事者多耽宴樂，忽大計。車遂斷酒肉，澹泊自處，燕會皆不與。凡有功賞，雖敕下，必覆驗而後行。岷州土官都指揮后能以家人冒功得升賞。車奏罷，能復請，上宥之。車反覆論其不可，曰："詐冒如能者，非一人，臣方按覆。今宥能，如餘人何？若無功而得官，捐軀死敵者何以待之？"詔嘉車忠誠，賜白金、文綺。

雲南麓川宣慰思任發叛。

十一月，以陳敬宗爲南京國子祭酒。

敬宗以師道自任，嚴立教條，痛革舊習，日勵諸生進學成德。時，關中楊鼎初發解，春闈不利，求入南監，從敬宗卒業。其爲士大夫所重如此。

己未，四年正月辛巳朔，大祀天地於南郊。

遣刑部主事楊寧往諭麓川思任發，不聽。

二月，楊士奇展墓歸。

士奇乞休，上不允。命歸省墳墓，差内使阮澹護行，賜璽書、金幣，曰："卿省墓畢即來，毋久戀鄉土。"士奇頓首謝。

三月，賜施槃等進士及第出身有差。

逮湖廣巡按御史陳祚下獄，尋釋之。

祚按湖廣，益持風紀，上言遼王滅絶天理，亂人倫數事。上怒，逮下獄，論死。未幾事露，王廢。乃宥祚，改南京雲南道御史。

夏四月，倭大寇浙東。

先是，日本入貢，不奉約束。宣宗諭使臣：後貢毋過三舟，使人毋過三百，刀劍毋過三千。續來貢如約束，受之。及源道義卒，遣中官雷春吊祭，嗣王遣使貢謝。自後，方物、戎器滿載而來，遇官兵，矯云入貢。貢即不如期，守臣幸無事，輒請俯順夷情。主客者爲畫可條奏，即復，許貢，云“不爲例”。嗣後再至，亦復如之。我無備，即肆出殺掠，滿載而歸。

宣德末年，海防益備，夷不得間，稍如約。遂許至京師，宴賞，市易，飽恣其欲。已而，備御漸疏。至是，大寇浙東，入大嵩、桃渚，官庾、民舍焚劫一空。驅掠少壯，發塚墓。束嬰兒竿上，沃之沸湯，視其啼，以爲樂。刳孕婦，視男女，屠毒最慘。流血成川，城野蕭條。於是，朝廷下詔備倭，命重師守要地，增城堡，謹斥堠，修戰艦，合兵分番屯海上，寇盜稍息。

楊士奇還京。

五月，黔國公沐晟率兵討思任發，都督方政戰死。晟旋師，至楚雄卒，子斌嗣。

方政與晟弟昂先進，晟繼其後。政等夜渡江，襲破賊柵，斬首三千餘級。政乘勝獨進，遇伏，力戰而死。時，春已半，晟慮瘴發不利，遂旋師，至楚雄暴卒。

重修京城九門。

文皇肇建北京，既作郊廟。將及城池，會有司未果。及是，詔修九門。工部侍郎蔡信揚言於衆曰：“役巨，非徵十八萬民不可，材木稱是。”上遂命中官阮安董其役，取京師營卒萬餘，停操而用之，厚其既廪，材木諸費一出公府。有司不預，百姓不知，而歲中告成。安能奉公恤下，且善經畫云。

以王質爲户部右侍郎。

質爲四川布政，有廉名。出巡惟蔬食，不食肉，蜀人呼爲“青菜王”。轉山東，嚴覈帑藏，節浮清隱，儲畜大充。又使人問民瘼，恤荒平賦，民甚德之。後爲刑部尚書。

以范理爲德安知府。

楊溥子自鄉來，道出江陵，理爲縣令，不加禮，溥深重之。

即薦擢爲德安知府，再擢貴州左布政使。或勸當致書謝，理曰："宰相爲朝廷用人，非私理也。"及溥卒，乃祭而哭之，以謝知己。

六月，京師大水。詔求直言。翰林編修劉定之上言十事。

一言號令之出，宜求大公至正，久而無弊，信賞必罰，不爲苟且。二言公卿侍從，宜時召見，俾承清問，因以觀其才能，察其心術，而進退之。三言降胡近處京畿，宜漸分其類，移置南地。四言宜以京官出任郡縣，使民得蒙循良之政。五言宜倣唐制，朝官升任之時，舉賢自代。六言武臣子孫宜習韜略。七言守令之官宜加詳察。八言安富恤貧。九言丁憂宜令終制。十言宜遏僧尼。皆切時弊，留中不下。

加蘇州知府況鍾、吉安知府陳本深禄正三品，仍知府事。

鍾在蘇州久，愈得民心，歲滿當去，軍民二萬餘人叩闕乞留。本深在吉安，治尚寬簡，未嘗任智用威，民自信服，尤折節下士。至是亦九載滿，郡人相率乞留。藩憲以聞，上從之，與鍾俱加俸，復任。後鍾卒於官，本深以老乞休去，兩郡之民皆尸祝之。

秋八月丙子朔，日有食之。

命僉都御史王翺巡撫四川，參贊軍務。

松藩番賊數入寇，用兵不效。翺至，專布恩信，招懷降附，出賜金市牛酒，慰犒番酋商巴等，酋感悦，盡邀各部落十八寨來歸，受約束，地方以寧。

九月，遣官修倉儲、水利。

楊士奇等上言："堯湯之世，不免水旱，而民不聞困瘠者，有備故也。高皇帝篤意養民，備荒有制。天下郡縣，悉出官鈔糴穀貯倉，以時散斂。又相其地，開陂塘，築圩壩，以備水旱，民安其業。歲久弊滋，豪滑侵漁，穀盡倉毁，水利湮廢，稍遇凶荒，民無所賴。守令漫不究心，事雖若緩，所繫甚切。請擇遣京官廉幹者，往督有司，凡豐稔州縣，各出庫銀平糴，儲以備荒。陂塘圩壩，皆令修復。郡縣官以此舉廢爲殿最，庶幾官有備荒之積，民無旱潦之虞。仁政所施，無切于此。"上曰："此祖宗良法美意也。"命户部急行之。

十月，廢遼王貴烚爲庶人。

十一月，造渾天璿璣玉衡簡儀。

降福建僉事廖謨爲府同知。

謨杖死驛丞，楊溥欲坐償命，楊士奇欲擬因公致死，互争不决，請裁于太后。王振因進言謂："溥與驛丞同鄉，士奇與僉事同鄉，皆有私意。償命過重，因公過輕，宜對品降職爲當。"太后韙之。自是，振漸摭内閣之過，而權歸掌握矣。

十二月，徙荆王憲於蘄州。

庚申，五年春正月甲辰朔，日有食之。

南京户部尚書黄福卒。

福秉心正直，義利介然，天下士大夫無識不識，皆知其爲君子。俸賜分贍姻族，卒之日，食無百緡〔一〕。後贈太保，謚忠宣。

召襄城伯李隆提督京營，以豐城侯李彬守備南京。

隆丰姿凝重，器宇宏遠，守南京數年，鎮以静定，最識大體。朝廷疑隆在留都久，得人心，召還京。始近聲妓，爲自安計，數年卒。自後代者數易，終莫能及。

二月，帝躬耕籍田。

命侍講學士馬愉、侍講曹鼐並直内閣。

時，王振專擅，欲去三楊。一日，謂楊士奇等曰："朝廷事賴三先生，然三先生亦年高倦勤矣，後當若何？"士奇曰："老臣當盡瘁報國，死而後已。"榮曰："不然，吾輩衰殘，無以效力，當擇後進可任者報聖恩耳。"振喜。翌日，即薦曹鼐、苗衷、陳循、高穀等，遂次第擢用。士奇咎榮發言之易，榮曰："彼厭吾輩矣，吾輩縱自立，彼能已乎？一旦内降片紙，命某人入閣，則吾輩束手而已。今四人竟是我輩人，當一心協力也。"士奇服其言。

大學士楊榮展墓歸。

三月，圻輔大旱。

四月，立存積、常股鹽法。

五月，倭寇浙東。

六月，召鎮守甘肅兵部尚書柴車還京，掌部事。

秋七月，少師、工部尚書兼謹身殿大學士楊榮卒。

榮明敏疏通，謀而能斷，濟險解紛，調停有術。文皇英武，群臣奏對少稱旨，獨喜榮，雖盛怒，榮一言輒霽威。屢從塞，運籌帷幄。閣中議事，衆論或窒難行，獨榮所畫無不中窽。故事，每歲秋内閣與諸大臣録囚，楊士奇訊之未了，榮片言即决。内行謹修，禄厚財豐，贍賑窮阨，貴賤賢愚皆歸心焉。然頗納饋遺，時議少之。展墓還，至武林卒。贈太師，謚文敏。

九月，封張昇爲惠安伯。

十二月，升廣西思恩州爲府，擢土官知州岑瑛爲知府。

瑛遇老僧于道，從者呵之，不避，詰其度謀，爲楊應能，自言曰："此非吾姓名，吾托此而逃者也。君侯獨不聞乎？自金川失守，大内火起，吾潛由地道出，由湖湘入蜀，歷滇閩至此，淪落江湖，垂肆拾年。今老矣，無能爲矣，行道傷嗟，君侯獨無憐憫之心乎？願送骸骨歸。”瑛大駭，聞之巡按御史，迎至藩堂。僧趺坐，自稱朱允炆，曰：“胡濙名訪張獵傷，實爲我也。”衆悚然，具奏乘傳至京。朝廷未審何人，以尚膳太監吴亮曾事建文，使往視。亮亦遲疑，僧曰：“汝非吴亮耶？不見四十年，應亦難辨。我舉一事，昔御便殿時，食子鵝，棄片肉于地，汝餂而食之，汝寧忘之耶？聞楊士奇尚在，能出一見否？”亮大感慟，復命。遂取入西内居之，卒葬西山，不封不樹。曾于途次賦詩曰：

流落西南四十秋，蕭蕭華髮已盈頭。乾坤有恨家何在？江漢無情水自流。

長樂宫中雲氣散，朝元閣上雨聲收。新蒲細柳年年緑，野老吞聲哭未休。

嘗題貴州金竺長官司羅永庵壁間詩曰：

風塵一夕忽南侵，天命潛移四海心。鳳返丹山紅日遠，龍歸滄海碧雲深。

紫微有象星還拱，玉漏無聲水自沉。遥想禁城今夜月，六宫猶望翠華臨。

又曰：

閲罷楞嚴磬懶敲，笑看黄屋寄曇標。南來瘴嶺千層迥，北望天門萬里遥。

款段久忘飛鳳輦，袈裟新换衮龍袍。百官此日知何處，惟有群鴉早晚朝。

辛酉，六年春正月己亥朔，日有食之。

以定西伯蔣貴爲征夷將軍，兵部尚書王驥提督軍務，宦者曹吉祥監軍，討思任發。

麓川本百夷，僻遠，不當中國一郡。王振欲立功異域，遂力主討議，楊士奇言："遠夷不足較，且爲耕守計。"振不聽，侍講劉球上言："帝王馭夷狄，不窮兵于小醜以傷生靈，惟防患于大敵以安中國。今北虜脱歡、也先父子併吞諸部，深謀入寇，而思任發依阻山谷，悔過乞降。議者乃釋豺狼以攻犬豕，舍門庭之近，圖邊徼之遠，非計之得也。臣愚以爲麓川僻陋，滅之不爲武，釋之不爲怯。願罷兵，專備北邊。"疏入，不報。遂大發兵十五萬，轉餉半天下，命驥等討之。驥奏舉廷臣有才略者太僕寺少卿李賁，郎中侯璡、楊寧等，隨軍贊畫。

二月，命僉都御史王翱鎮守陝西。

翱飭關隘，練士馬，選用將帥，三邊宴然。

大學士楊溥展墓，尋還朝。

四月，以王佑爲工部右侍郎。

佑諂事王振，遂得以部郎獵〔二〕超卿貳。佑美而無鬚，一日，振戲之曰："侍郎何無鬚?"對曰："阿父無鬚，兒子豈敢有鬚?"聞者唾之。

五月，户部尚書劉中敷罷，以王佐爲户部尚書。

中敷忤王振，故罷，而以佐代之。

六月，右都御史陳智免，以王文爲右都御史。

七月丙申朔，日食。

八月，以薛瑄爲大理寺卿。

初，王振問楊士奇："吾鄉誰可大用者?"士奇薦瑄，乃召爲大理寺少卿。至京不見振，振數問士奇："何不見薛少卿?"士奇謝曰："彼將來見也。"知李賢與瑄厚，令賢道意，瑄曰："厚德亦爲是言乎？拜爵公朝，謝恩私室，吾不爲也。"一日，會議東門，公卿見振皆拜，瑄獨立。振就揖之，自是銜瑄。

十月，奉天、華蓋、謹身三殿成。

三殿成，宴百官。故事，宦官不預外庭宴。王振怒曰："周公輔成王，我獨不可一坐乎？"上聞之，慼然，乃命開東華中門，詔：振由中出入。振至門外，百官皆候拜，振始悦。

十一月，定都北京。

永樂初，議遷都，設六部等衙門，各稱"行在"。十八年定都于北〔三〕，除舊在南京者加"南京"二字。洪熙初，仁宗欲都南京，復稱"行在"。至是，宫殿完，仍定都北京，復除，遂爲定制。

右都御史吴訥致仕。

訥，常熟人。少力學篤行，兼善醫。永樂末，舉醫生至南京。仁宗監國，以楊士奇薦，命教功臣子弟，尋拜監察御史，歷升副都御史。入臺十餘年，廉直自守，耻爲詭隨，昌詞義色，風采凛然。雖不察察爲明，而奸貪輩自摧阻消縮。至是，懇乞致仕。上嘉其賢，賜宴遣之。歸家，杜門著述，闡明理學。周忱造其廬，見湫隘，欲爲創第于城中。訥曰："訥素不愛繁華，且厭城市，何敢勞民傷財，以重吾不德耶？"忱乃止。

王驥進攻麓川，大破之，思任發遁去。

驥至雲南，大暑，衆請按兵。驥曰："賊方熾，毒吾民，進不可緩。敢阻軍者斬。"至金齒，分兵爲三道，徑擣上江。上江者，賊巢也。夾攻三日，不下。會大風，縱火焚賊柵，乘勢力戰，斬首五萬餘級。賊散走，保險拒守。驥益率兵深入，破連環七砦于沙水籠山，又破象陣于馬鞍山，賊死者十餘萬，思任發遁去。時，維摩賊韋郎羅者，僭王號。驥因移軍討之，以偏師抵其境，聲言大軍且至，賊潰散，郎羅逃于安南。傳檄諭之，安南人函首來獻，驥班師。

閏十一月，以李時勉爲國子祭酒。

時，勉在經筵，每進講必盡誠敬，冀有感悟。上亦傾聽，聞者莫不稱善，比之范純之。時，祭酒缺，衆推時勉，遂用之。諸生數千人，時，勉開導訓誨，各因其才。病不能醫、死不能喪、貧不能婚者，節省飡錢，力爲贍給。督諸生誦讀，寢興有常，燈光達旦，咿唔之聲不絶。恩義浹洽，若家人父子，教化大振。

壬戌，七年正月朔。

三月，賜進士劉儼等進士及第出身有差。

論平麓川功，進封蔣貴爲定西侯，封王驥爲靖遠伯，升郎中侯璡爲禮部右侍郎，楊寧爲刑部右侍郎。

命僉都御史王翺提督遼東軍務。

先是，虜寇遼東，出師御之，輒敗。朝廷以爲憂，乃命翺督軍務，得便宜從事。翺以遼左法令久弛，不復知有賞罰，以故虜至不敢戰，即戰亦不力。及諸將迎謁，責其玩寇喪師之罪，命將斬之，再三哀請乃已。於是，三軍股栗，莫敢不用命。逾月巡邊，自山海抵開原，培墉浚塹，五里爲堡，十里爲屯，烽燧斥堠，千里相望。簡閲行伍，汰老弱，賑貧乏，偶配鰥寡，遼人大悦。謂邊境空虛，乃因俗立法，詞訟細大皆收贖。在遼數年，得金穀牛馬數十萬，邊用充足。孫璟者，因漏關，鞭戍卒隨甲身死，其妻哭之亦死，其女哭之又死。他卒訴璟殺一家三人。翺曰："甲死以罪，妻死於夫，女死于父，非殺也。"令璟償其埋葬之費，璟得無罪，卒爲名將。

四月，大旱。

六月庚寅朔，日有食之。

吴中卒。

中在工部，多大營建，經畫條理，甚有心計。然性貪，家藏巨萬。卒贈茌平伯，謚榮襄。

秋七月，吏部尚書郭璡罷。

璡在吏部，嘗值旱蝗，侍臣言：“大臣尸位妨賢。”内批令自陳。諸大臣遂皆乞去，謝天遣。璡獨不可，曰：“主上冲年，吾輩皆先朝委任，受付托。一旦皆去，誰與共理？宜引罪，乞改過。璡老矣，官至冢宰，豈敢貪位？顧君臣恩義如此。”衆是其言，疏上，盡留諸大臣。至是，請老。璡秉銓十四年，名不及蹇義，然廉潔，務采實行，不用浮薄游譽之士。雖爲内閣所侵，能堅忍持正，自行其志。

九月，始置太倉銀庫。

冬十月，太皇太后張氏崩。

初，宣廟崩，太后即將宫中一切玩好之物、不急之務悉皆罷去。禁中官，不許差遣，詔凡事必關白幾行〔四〕。委用三楊，政在臺閣。數年來，海内休息，皆太后之力。王振即欲專擅，尚畏太后，及崩，振遂無所顧忌矣。

思任發復反，命定西侯蔣貴、靖遠伯王驥率兵討之。

先是，思任發竄入緬甸，大軍還，復出爲寇。上謂王驥曰：“勞卿再行。”發卒轉餉三十萬人，東南騷動。

十二月，以徐晞爲兵部尚書。

王振威權日盛，晞嘗先趨附，百計獻媚，宣言：“不事振者，且得禍。”於是，大臣、百執事并在外方面守令，無不重賄博振歡，舉朝多以翁父稱振，見即長跪。一夕，矯旨召兵科給事中蔣性中，至入門，遥見都御史陳鎰、王文跪燭影中，少頃，連喏而起。性中以爲上在，及至，乃振也。振向性中索遼東輿地圖，初不知所謂，後數日乃知，尚有御史見振不跪，振欲按圖求極惡地遣戍耳。其作威若此。

襄王瞻墡來朝。

癸亥，八年春正月，以王直爲吏部尚書。

以王英爲禮部左侍郎，馬昂爲刑部右侍郎。

調吏部左侍郎魏驥于南京。

驥直道自持，不苟徇俗。時，王振怙寵而驕，每出，雖六卿亦斂輿避。一日，驥遇之崇文門，不避，振銜之，譖于上。上御便殿，召驥至，問故。驥慷慨陳言：“臣不才，具位六卿。臣不足惜，朝廷名器可惜耳。”上是其言，温詞慰之。驥因力求去，遂改南。

二月，王驥敗緬人于蠻江，思任發遁去。

驥至金齒，檄緬甸送思任發軍前。緬人佯諾，不遣。驥曰：“緬賊黨，不可不加兵。”乃至騰衝，分五營，蔣貴及都督沐昂分督以進。緬人擁衆大至，驥密令貴率兵沿江而下，焚其舟數百艘，大戰一晝夜，賊潰。思任發又遁去，不可得，召班師。

夏四月，雷震奉天殿，詔求直言。

下大理寺少卿薛瑄于獄，尋宥之。

振憾瑄，欲殺之，會有獄夫病死三年，其妾欲嫁其私人王山。山，振侄也。妻在，持不可，遂誣妻毒殺夫，下御史獄，坐妻死。瑄辯其冤，三駁。都御史王文諂事振，嗾御史劾瑄受賄，故出人死，請廷鞫。振喜曰：“是固應死。”竟坐瑄死，繫獄。怡然讀《易》不輟，侍郎王禕伸救之，家人又乞代死，得免，歸田。

封元儒吴澄爲臨川郡公，從祀孔子廟庭。

從楊士奇請也。

立皇后錢氏。

瓦剌大師順寧王脱歡死，子也先嗣。

五月，升王翺爲副都御史，仍撫遼東，提督軍務。

畿内旱蝗。

六月甲申朔，日有食之。

宦者王振殺翰林侍講劉球。

球應詔上言十事：

一曰勤聖學以正心德。願視朝之暇，御經筵之日多，居宫苑之時少，數進儒臣，講求至理。二曰親政務以總權綱。願法祖宗成規，每聽朝罷，進大臣於左順門或便殿，親與裁决庶政，庶權綱有歸。三曰别賢否以親正士。願察内外之臣，賢者親之，不肖者遠之，則君子日進，小人日退。四曰選禮臣以隆祀典。今之太常，即古之秩宗。必得寅清端重、明習禮典者，然後可交於神明。宜選儒臣爲之，庶祀典克修。五曰嚴考覈以督吏治。近來吏無善政，民多失業。宜選公明、廉幹廷臣分行天下，考察文武官吏，黜奸墨，旌廉仁，庶人知勸懲，而吏治修。六曰慎刑罰以彰憲典。近法司讞獄，有奉敕減重爲輕、加輕爲重者，法司不敢執奏，訊囚之際多觀望以希合聖意，不能無枉。一切刑獄，宜從法司所擬，有不當者罪之。納贖亦非古法，且使貪者倖免而廉者蒙辜。宜令法司，今後文武之臣公罪許贖，其餘依律問擬，則刑罰中而憲典彰。七曰罷營作以蘇人勞。今京師營作已五六年，雖不煩民，而皆役軍。軍亦國家赤子，賴之御侮而赴鬭，豈宜獨役而不加恤？宜罷其工。八曰寬逋賦以憫民窮。近各處報災，乞减租税，而有司徒事虛文，民不沾惠，以致流徙益多。宜令户部，遇有報荒，即勘實，量減其租。安養流民，使不失業，使民窮有濟。九曰息兵威以重民命。麓川連歲用兵，死者十七八，軍貲爵賞，不可勝計。今瘡痍未瘳，又遣蔣貴從事緬甸，即得思任發以歸，不過獻諸廷、磔諸市而已。以一逋寇，而驅十餘萬無罪之人以就死地，豈不乖好生之仁哉？宜召貴還，全億萬生靈之命。十曰修武備以防外患。北虜入貢之人，歲增無減，包藏禍心，誠所難測，不可不預防之。宜遣給事中、御史，於在京及沿邊閲督操備，借工各廠及服役私家軍士悉就訓練，仍公武舉之令以求良將，定召募之法以來材勇，廣屯田之規、收中鹽之利，以厚儲蓄，庶武備無缺而外患可彌。

疏入，王振怒球言總權綱爲詆己也，欲置球死地不得。會翰林修撰董璘乞爲太常卿事神，下詔獄，而球疏中有言“太常宜用儒臣”，振私人錦衣衛指揮馬順喜謂振曰：“此可并殺球矣。”遂酷考璘，誣服，球與璘比，故先以言爲璘地。矯旨逮球，當朝捽球去，繫暗獄中，與董璘同處。順一日五鼓携小校排户而入，小校前持球，球知有變，大呼曰：“太祖、太宗有靈，汝何得擅殺我？”小校以持刀斷球頸，尚屹立，順舉足仆之，曰：“如此無禮。”遂支解之，包以蒲，瘞衛後。董璘匿球血裙數日，密歸球家，家人始知球死。小校本盧氏人，與耿九疇爲鄉鄰，因往來九疇家。後久不至，甚訝之。一日，求見九疇，視其黄瘠不類，惜之曰：“汝病乎？”小校吐實，且曰：“迫于順，不敢不行。比聞劉公忠臣，小人作此逆天理事，死有餘罪矣。”因慟哭，悔恨不已。未幾，死。球魂馮馬順子，數順罪。順不自安，誦經禳之。

七月，王振枷國子祭酒李時勉於國學門。

初，王振每至國學，司成設茗延款。至時勉獨否，振銜之，乃誣以細事，矯旨枷時勉於監門。諸生石大用等數百人號哭闕下，大用願以身代。會昌伯孫繼宗言于太后，太后爲上言之，乃知振爲也，即詔赦之。

八月，致仕太子賓客國子祭酒胡儼卒。

儼家食二十餘年，淡然自處，聚徒講學，方岳重臣待以師禮。沉潛理學，充養日粹，晚年益有得云。

十月，徙封鄭王於懷慶。

十一月壬子朔，日食。

宣德故后静慈先師胡氏卒。

甲子，九年春正月，新建太學成。上視學，謁先師。

二月，進曹鼐爲翰林學士。

自楊榮没，惟鼐明敏，議大事多取决于鼐。王振亦曲加禮敬。

三月，少師、兵部尚書兼華蓋殿大學士楊士奇卒。

士奇晚年，昵愛其子稷，有告稷過者，反疑之。稷益横無忌，至以私忿殺數人。被害者訴于朝，上以士奇故，不忍罪，付其狀于士奇，令自治。士奇卒，乃論稷于法，斬之。士奇通達國體，能持正，每曰："天下萬世之事，當以天下萬世之心處之。"受知三朝，計從言聽，密謀顯諫，弼益宏多。當時論相業者，以士奇爲首。但薦士必出其門，不能奬恬退，抑奔兢。有攻己者，即目爲浮薄，必欲斥逐。王振擅權，不能匡救，猶戀寵榮，死而後已，士論少之。

四月，命翰林學士陳循直文淵閣。

大旱，遣官禱雨於嶽鎮海瀆。

五月，命刑部侍郎楊寧參贊雲南軍務。

七月，兀良哈入寇，遣成國公朱勇率諸將分道出塞，擊之。

勇出喜峰口，由中路；左都督馬諒出界嶺口，由北路；興安伯徐亨出劉家口，由南路；都督陳懷出古北口，由西路。逾灤河，渡柳河，經大小興州，至全寧。遇福餘，逆戰，走之。次虎頭山，遇泰寧朶顔，又擊敗之。詔：加勇太保，亨進封侯，諒封招遠伯，懷平鄉伯，餘進爵有差。

命靖遠伯王驥經略延寧、甘肅邊務。

九月，城雲南騰衝。

時，有言騰衝險要，控阸蠻夷，宜城者。上敕楊寧城之。或曰："其地險惡多瘴，非時冒之，輒死，當徐計。"寧曰："我知奉命而已，遑恤其他。"即往相地，度工計財費，勉勵將士，使效力，越四旬而成。因建學舍，選生徒，訓農務學，以變夷俗。

十月丙午朔，日有食之。

乙丑，十年正月甲辰朔。

宴來朝官布政丁鎡等于禮部。

給事中鮑輝言："天下官來朝，宜敕吏部詢訪廉能、愷悌、治行超卓者，引赴御前，親加奬賞，待其考滿，舉擢薦用。"上從之。于是會舉丁鎡等廉能，賜敕諭，各賞衣鈔，宴于禮部。尋擢鎡爲刑部左侍郎，汝寧知府李敏爲應天府尹。

三月，賜商輅等進士及第出身有差。

《五倫書》成。

四月壬寅朔，日食。

召都御史陳鎰掌院事，命王文出鎮陝西。

鎰慈厚寬弘，悉民疾苦，不作聲色，耑務安輯。民信愛之，每入朝，必遮道送，不忍舍。比還，父老走數程歡迎。久旱，鎰禱即雨；雨久，鎰禱輒霽。民益親戴。比文代之，矯其寬，濟以猛，民雖陽畏而陰怨之。且水旱相因，邊事日作，無復昔時氣象矣。

五月，圻輔饑，遣大理寺右少卿李奎賑濟。

九月，命刑部侍郎馬昂參贊甘肅軍務。

先是，赤斤蒙古、罕東等衛番族恣肆剽掠，昂帥將士討之，盡得主名，斬之。及擒其僞初〔五〕王鎖南奔并妻子，械送京師。自是，番人不敢近邊。

十月，進曹鼐吏部左侍郎，陳循户部左侍郎，馬愉禮部右侍郎。

以苗衷爲兵部右侍郎，高穀爲工部右侍郎，仍兼學士并直文淵閣。

以錢習禮爲禮部右侍郎。

時，縉紳往賀，習禮曰："吾今任有司之職矣，何賀爲？"

丙寅，十一年春正月，始以内臣鎮守各省。

洪武中，宦官僅能識字，不解義理。永樂中，始令吏部聽選教官入内閣教書。至是，王振於内府開設書堂，選翰林官教，内官始多聰慧，知文義，任事權。凡各省鎮守，并督營掌兵及經理内外倉場，與提督營造、珠池、銀礦、市舶、織染等事，無處無之，爲害最鉅。

三月，降于謙爲大理寺少卿，仍巡撫。

于謙在梁晋久，上章舉參政孫原貞、王來自代。振素銜謙無饋遺，遂嗾言官劾謙擅舉自代，降大理寺左少卿，罷巡撫。河南、山西之民數萬赴闕乞留，復命巡撫如舊。

夏四月朔，日有食之。

倭寇浙西。

秋七月，少師、禮部尚書兼武英殿大學士楊溥卒。

自楊榮卒，士奇以子稷堅卧不出，溥惟一人當事，年髦勢孤，無所匡拂，後進者皆不能自樹。于是，内閣之柄悉爲王振所攘，生殺予奪，盡在其握，溥拱手受成而已。溥爲人質直，不尚機警，每議政決疑，與諸大臣争可否，能舍己從人，篤於操行，安貞履節。嘗曰："士君子一言一行，當幽明無愧。"卒，贈太師，謚文定。

丘濬云："一時賢相，稱三楊，韙矣。然當其時，南交叛逆，軒龍易位，敕使旁午，瀕泛西洋，曾無一語。權歸常侍，遠征麓川，兵連禍結，極于土木之變，誰實啓之？《春秋》責備賢者，其能逭哉？"

八月，下吏部尚書王直、侍郎趙新、曹義于獄，尋宥之。

時，有無賴不得志者，以選事誣直。言官交章論列，乃白其誣。

九月，以鄺野爲兵部尚書。

自徐晞附王振，部事皆振主之，晞惟阿諛受成。晞死，野代之，頗能自持。

十月，閲武近郊。

十一月，命襄城伯李隆帥師巡邊。

十二月，召楊寧還，命兵部侍郎侯璡參贊雲南軍務。

丁卯，十二年二月朔，日食。

國子祭酒李時勉致仕。

時勉之去，諸生涕泗，送者數千人，商賈爲罷市。

以蕭鎡爲國子監祭酒。

以于謙爲兵部右侍郎。

先是，謙丁父憂。詔起復，累疏，乞終制，不允。遣行人汪琰諭祭。營葬事畢，還朝，陛見，遂留京師。既而，復聞母喪，朝廷以邊事方殷，仍命起復。

夏五月，升王翱右都御史，仍提督遼東軍務。

六月，禮部右侍郎錢習禮致仕。

習禮好古秉禮，動有矩則，文章議論，士論宗仰。歸山十五年，卒，謚文淵。

秋七月，河決張秋、榮澤，命工部尚書石璞治之。

八月朔，日有食之。

冬十月，浙江處州賊葉宗留反，命僉都御史張楷討之

王振逮霸州知州張需下獄，謫戍。

霸州民多游食，需教之種粟、麥、桑、棗，令紡績，畜雞豚，民皆勤力，不一年，生理日滋。畿内蝗作，捕之有法。吏部侍郎魏驥巡視，至其地，異之，以其法下諸州縣，人皆便之。有牧馬者擾民，需笞之，領牧者譖于王振，遂捕需下獄，笞箠幾死，謫戍邊。

逮南京右都御史周銓及十三道御史，並下獄。

銓先督南京糧儲，諸御史嘗劾其貪暴，深憾之。及掌院事，置功過簿，督責諸御史，詰旦而言，日宴不輟。御史范霖、湯永等不能堪，乃合疏言銓不法事。詔徵銓詣獄，銓亦詣奏諸御史，俱逮至。未白，而銓忿，得心疾死。於是，諸御史或降，或謫，而霖、永以首建議獨得重罪。永亦忿死獄中。霖以恤刑得減死，出獄數日亦卒。

馬愉卒。

後贈禮部尚書，謚襄敏。

麓川思機發據孟養，叛。

思任發子也。

十二月，襄城伯李隆卒。

戊辰，十三年正月朔。

命靖遠伯王驥督軍務，都督宫聚爲總兵，率師討思機發。

二月朔，日食。

三月，賜進士彭時等及第出身有差。

四月，福建民鄧茂七反。

命都督劉聚爲總兵，陳榮爲副總兵，僉都御史張楷監軍事討之。

先是，柳葉按閩〔六〕，檄各郡縣，令鄉村各置隘門望樓，編鄉民爲什伍，設總小甲統之，防御寇盗，不從令者，聽總小甲究治。由是，總小甲各得自恣，號召鄉民，無敢違者。建昌人鄧茂七與弟茂八，皆編爲總甲，嘗佃人田，租外例有饋遺。茂七始倡其民革之，輸租遠者，又令田主自運。田主訴于縣，縣逮茂七，不至。下巡檢攝之，茂七拒捕，殺弓兵。縣聞于上，調官兵三百人與之格鬬，殺傷殆盡。懼討，遂刑白馬，歃血誓衆，舉兵反。他縣游民皆聚衆應之，烏合至十餘萬人。劫上杭，據杉關大掠。順流而下，攻邵武，掠庫藏。御史丁宣〔七〕發牌招茂七，茂七笑曰："吾從尤溪，取延平，據建寧，塞二關之人，傳檄以下八閩，誰敢窺焉？"殺使者，僭稱王，署官職，其勢益熾。

五月，命刑部侍郎薛希璉巡撫福建，提督軍務。

六月，命刑部侍郎楊寧巡撫江西。

時，閩、浙、廣東寇盗竊發，師征未寧。江右密邇三境，慮有侵軼，朝廷命寧巡撫。至則按視郡縣，當賊衝者，增修城垣，立柵以斷要路，團練鄉兵，賊入境輒擊斬之。賊聞風畏避，不敢犯。寧益鎮以簡静，暇則遍歷諸郡，崇奬學校，詢求民瘼，遠近威服。

七月，都督陳詔遇處州賊葉宗留，與戰，敗死。

八月，以魏驥爲南京吏部尚書，王英爲南京禮部尚書。

九月，命兵部侍郎孫原貞鎮守浙江，都御史軒輗爲巡撫。

十月，封宣府總兵楊洪爲昌平伯。

洪起行伍，有機變，然虜與中國和好，未大舉入寇，或有擾邊者，多不過百餘騎。洪用詭道掩殺，實未嘗對壘取勝也。

十一月，王驥等破思機發于孟養塞，思機發遁。

軍抵金沙江，賊柵西岸以拒。驥作浮梁，渡兵攻破之。乘勝進至孟養，賊斂衆，據鬼哭山及芒崖山等寨，皆攻拔之，斬獲無算。都指揮洛宣、翟亨等亦戰死。思機發竟遁去。大軍逾孟養，至孟那而還。

副總兵陳榮進兵攻鄧茂七，戰敗，死之。

十二月，命都督徐恭爲總兵官，工部尚書石璞提督軍務，帥師討葉宗留。

己巳，十四年春正月朔。

以寧陽侯陳懋爲征夷將軍，保定侯梁珤、平江伯陳豫爲副總兵，刑部尚書金濂參贊軍務，太監曹吉祥監督軍務，帥師討鄧茂七。

鄧茂七寇建寧，左參政張瑛戰敗，死之。

瑛初知建寧府，多善政，進參政，仍掌府事。至是，茂七寇城，瑛率兵拒戰，陷陣而死。

二月，鄧茂七寇延平，張楷、劉聚擊敗之，茂七死。

茂七率衆攻延平，楷以江浙、南京軍伏三面，而以福建軍素爲賊所易者出挑戰。賊蜂擁而前，伏起，合擊，大破之。茂七中流矢死。餘黨復推鄧茂七兄子伯孫爲主，據九龍山。楷等攻之，先遣選精兵二千伏山後，戒曰："明日賊必空寨來攻，若疾入其寨而據之。"比旦，賊視營兵少，果出寨攻我軍，山後軍已入其寨，賊失巢穴，因奔散。

貴州苗反，命總督軍務、兵部侍郎侯璡，副總兵都督方瑛率兵討之。

先是，麓川之役，朝議皆以爲不可，獨王振與王驥主之，盡調雲貴兵以行，連兵十年，將士多死，列衛空虚。苗獠乘間竊發，攻圍城堡，道路不通。驥與都督宫聚、張軏等先後擁師歸，所至人遮泣陳苗害，皆曰："吾征麓川寇，不受命殺苗也。"去之。苗前截後殪，我軍無復紀律，死亡數萬，軏等僅以身免。諸城被圍，歲餘乃解，饑死者大半，而東南騷動矣。至是，乃命璡等討之。

進工部侍郎周忱爲户部尚書，仍舊巡撫。

三月，以監察御史韓雍爲僉都御史，巡撫江西。

雍按江西有聲，吏民奏留一年，遂有是擢。時年方二十有八，曉暢民情，諳練吏治，釐奸布惠，恩威大著。

浙江僉事陶成招葉宗留，降之。

時，石璞等屯師日久，賊深入險阻，乘間倏出，官軍調集，又復遠遁，師老財費，莫能爲計。成請招諭之，乃從僕隸四五人，徑抵賊巢，諭以禍福，言辭懇惻。宗留等環聽，竦動悔悟，率其黨出降。惟陶得二殺使者，引餘黨遁入山中。

徐恭討浙賊，敗績。

四月，王驥擒苗虫富，檻送京師，伏誅。召驥還。

虫富僭稱剗天王，以驥爲平蠻將軍討之。至是獲之，送京師，伏誅。

五月，命侍讀學士張益直文淵閣。

六月，南京宫殿灾。

致仕少保、大學士黄淮卒。

寧陽侯陳懋執鄧伯孫，誅之，餘黨悉平。

懋等至建寧，鄧茂七已敗死。伯孫繼之，勢復熾。懋等仍揭榜招諭，立賞格，能自擒殺來降者，與斬敵同賞。於是，擒斬而降者相繼。有千户龔遂榮者，入尤溪山中，降其衆數千而還。賊將張留孫勇而健，善鬬，自茂七起事，恒倚仗之。遂榮乃爲書遺之，許其自新。諜者傳，致之伯孫。伯孫果疑留孫，殺之。由是，賊將人人自疑，棄伯孫來降。遂進兵沙縣，破貢川、陳山諸寨，伯孫就執。乃分兵解汀州之圍，八閩遂平。

命刑部侍郎薛希璉巡撫福建。

時，殘寇羅丕復起，希璉調兵討之。知賊黨迫脅者衆，遣人抵其壘，諭曰："若等皆平民，能自新，吾當上請，貰若罪。不然吾將殄滅之，無有遺乃已，爾無悔。"不日，降者數萬計。先是，有逃入海者，聞之，亦棄兵自縛，詣麾下，待罪，悉釋之，使歸田里。不服者，縱兵擊之，擒斬殆盡，閩寇乃平。以功升刑部尚書。

秋七月，熒惑入南斗

時，侍講徐珵知天文，私語其友劉溥，以不祥久之不退舍，曰："禍不遠矣。"遂命其妻孥南歸。

虜也先大舉入寇，王振奉上親征。

八月，我師敗於土木，上北狩。

先是，通使往來虜中，以好語啖虜。也先因爲其子求婚公主，通使謾應之，曰："爲若請，上已許矣。"也先大喜。是年春，遣人貢馬，爲納聘也。朝廷不知，答詔無許姻意。王振又減其賞賜、馬值。也先愧忿，遂大舉入寇，塞外城堡，所至陷没。乃遣駙馬都尉井源等四將，各率兵萬人御之。邊報狎至，王振遂勸上親征。命郕王居守，英國公張輔、成國公朱勇率官軍五十萬人從，户部尚書王佐、兵部尚書鄺野、學士曹鼐、張益等扈行。吏部尚書王直率群臣伏闕懇留，不允。

十七日，車駕發京師，出居庸，過懷安，至宣府。連日風雨，人情洶洶，井源等敗報踵至，王佐、鄺野請回鑾，不許。欽天監正彭德清斥振，曰："象緯示警，不可復前。倘有疏虞，陷乘輿于草莽，誰執其咎？"學士曹鼐曰："臣子固不足惜。主上係天下安危，豈可輕進？"振怒曰："若有此，亦天命也。"會暮有黑雲壓營，雷雨大作，振惡之，又聞前軍西寧侯宋瑛、武進伯朱冕全軍覆没。鎮守大同中官郭敬密言於振曰："虜勢猖獗若此，决不可前。"振始令班師大同。副總兵郭登請車駕從紫荆關入，庶保無虞，振不聽。還至狼山。虜迫且及，遣朱勇等率三萬騎御之。勇無謀，冒入鷂兒嶺，虜兩翼邀阻夾攻，殺之殆盡。駕至土木，日尚未晡，去懷來城僅二十里，衆欲入保懷來。振輜重千餘輛未至，留待之。鄺野再上章，請疾驅入關，而嚴兵爲殿，不報。又詣行殿力請，振怒曰："腐儒安知兵事？再妄言，必死。"野曰："我爲社稷生靈，何得以死懼我？"振愈怒，叱左右掖鄺出，遂駐土木。旁無水泉，人馬渴甚。次日，八月望，將啓行，虜已逼，不敢動。虜見我兵不動，乃佯退，遣使持書求和。召曹鼐草敕與和，遣二通事與虜使偕往。振急下令移營，南行未三里，虜復至，四面攻圍我師，行伍大亂，争先奔走，虜騎蹂陣而入，奮長刀砍我軍，大呼："解甲投刃者，不殺。"衆裸袒蹈藉，死者蔽野。宦侍、虎賁矢被體如猬。上與親兵突圍，不得出，虜擁以去。王振爲亂兵所殺，張輔、王佐、鄺野、曹鼐、張益等數百人皆死。其倖免者，蓬首赤身，逾山墮谷，连日饑渴，始得達關。兵甲輜重無算，盡爲虜所得。後二日，報至，京師大震。皇太后遣使，齎金珠、綺錦詣也先營，請還車駕。

八月，太后命郕王攝政，立皇長子見深爲皇太子。

太后集百官闕下，命郕王權總萬機，于午門南面見百官，啓事施行。時議洶洶，謂行且即真。翌日，乃立皇長子見深爲皇太子，時方二歲，郕王輔之。

夷王振族，籍其家。錦衣衛指揮馬順，伏誅。

郕王臨午門，百官劾王振擅權誤國之罪。王倉卒，未有處分。百官憤言："振罪惡滔天，陷上虜庭，傾危宗社，若不速正典刑，誅其族黨，何以慰安人心？"因慟哭，聲徹中外。王傳旨，籍振家。馬順叱百官，使退。給事中王竑憤起，捽順首，曰："馬順平昔助王振爲惡，禍延生靈。今日至此，尚敢廷辱群臣？"于是，衆争毆之，楸蹈分裂，頃刻而死，血洒殿廷。復索振所親信王、毛二長隨，廷中喧嘩，班行雜亂。王疑懼，起欲還宫。兵部侍郎于謙直前，掖止之，請命衛士擊殺二長隨謝衆怒，且諭群臣，順罪應死，擊死勿論，振當赤族，行奏太后加誅。衆乃定。朝退，王直謝于謙，曰："今日賴公鎮定，若百王直，何能爲？"王命陳鎰籍振家，振宅數處，重堂邃閣，擬于宸居，珍奇、寶玉、綺繡、金銀凡十餘庫，玉盤徑尺者十面，珊瑚樹高六七尺。磔振侄王山于市，族屬無少長皆斬，振黨彭清、陳宦等并伏誅。

以于謙爲兵部尚書。

逮宣府總兵楊洪、萬全左參將石亨，下獄。

上困于土木，或勸洪急發兵，衝虜圍，洪閉門不出，故逮。亨亦以不救駕，并下獄。

上出塞。

上陷虜中，惟校尉袁彬隨侍，也先欲謀爲逆。一夕，雷震所乘馬死，也先懼。其弟伯顔帖木兒又力勸之，乃止。也先奉上至大同城下，索金幣，約以賄至即歸駕。郭登閉門不納。上曰："朕與登有姻，何外朕若此？"登遣人奏曰："臣奉朝廷命守城，不敢擅啓閉。"竟不出。袁彬以頭觸門，大哭。廣寧伯劉安、給事中孫祥、知府霍宣同出見，上曰："虜欲歸我，情僞難側〔八〕，宜嚴爲備。"安等括公私萬餘金饋虜，請還車駕，虜笑不應。初虜來索賄，郭登曰："此給我耳，莫若以計伐其謀。"乃約壯士七十人，與之盟，令劫虜營，奪駕還。會有阻者，事不果。虜竟擁上去，出塞，至黑松林也先營。也先進酒，令其妻妾歌舞娱上，奉上居于伯顔帖木兒營。兩營相去十餘里，伯顔帖木兒事上甚恭謹。也先出獵，又以所獲來獻。

廣賊黄蕭養反，攻廣州。副總兵王清赴援，戰敗，死之。

蕭養，南海人。眇一目，有智。數坐强盗繫獄，所卧竹床忽生葉，同禁者曰："此祥瑞也。"因謀不軌，與囚十九人越獄出，遁入海，嘯聚群盗，旬日間，至萬餘人，遂圍郡城。官軍御之，輒敗。王清自高州引兵赴援，至沙角尾，舟膠淺水，有小艇載柴及鹽魚者奔迸，若避賊狀，近清舟，伏兵忽躍出柴中，擒清，盡殲其軍。賊擁清至城下，使呼城中降，清罵賊，遂遇害。蕭養僭稱東陽王，據五羊驛爲行宫，授僞官百餘人。

以金濂爲户部尚書。

九月，郕王即皇帝位，遥尊帝爲太上皇。

皇太后遣太監金英傳旨："皇太子幼冲，未能踐祚，理萬幾。郕王年長，宜嗣正統。"時議亦以時方多故，人心危疑，思得長君以彌禍亂。於是，文武群臣交章勸進，擇日行禮。郕王遂即位，改明年爲景泰元年。

以翰林修撰商輅、彭時并直内閣。

進陳循爲户部尚書，高穀爲工部尚書，仍兼學士。商輅、彭時並進侍讀。

以郕府左長史儀銘爲禮部左侍郎，右長史楊翥爲兵部右侍郎，審理正俞綱爲太僕寺卿，審理副余儼爲僉都御史。

出楊洪、石亨于獄中，總京營兵。

起薛瑄爲大理寺丞。

擢兵部郎中羅通、給事中孫祥並爲副都御史，分守居庸、紫荆關。

冬十月，也先寇大同，破紫荆關，都御史孫祥走死。

先是，遣都指揮李鐸至虜營，起居上皇。也先亦遣使請和，還車駕，詞甚慢悖，朝議未决。于謙曰："獨不聞社稷爲重，君爲輕乎?"遂上言："虜賊不道，氣滿志得，恐長驅深入，不可不預爲計。邇者，各營精鋭盡簡隨征，軍資器械十不存一，宜亟遣官募義勇，集民夫更漕卒，令悉隸神機營操練。"又："仍令工部理戎器，户部調芻糧，傳檄邊鎮，虜至，或擊其前，或襲其後，使虜首尾自顧不暇，必狼狽歸。"上悉從之。經畫粗定，而虜果入寇，經大同。郭登登城謂曰："賴天地、祖宗之靈，中國有主矣。”虜知有備，不敢攻。遂由廣昌破紫荆關，殺指揮韓清等，都御史孫祥走死。

以舉人練綱爲監察御史。

綱先上言：“虜勢猖獗，非直要求金帛，將效金人以汴宋待我也。我國家國富兵强，固非宋比。然求如種帥道[九]、李綱其人，亦未多見。乞遴選武臣，授以方略，俟虜深入，乃奮擊之。又敕邊將勒兵内向，要其歸路。設有倡爲和議，緩于武備，且請南遷以圖偷安者，即爲奸臣，宜即加誅，以爲衆戒。”上悦，遂有是擢。

召邊兵入援。

虜勢漸迫，尚寶司丞夏瑄請召邊兵，入捍京城，内外夾擊。乃召遼東、宣府各邊精兵入援。時，邊□□□，□□孤危，又見調兵赴闕，人心皇皇，紛□□□[一〇]。都御史羅亨信仗劍坐當門，下令曰：“出城者斬。”衆始定。城中老稚歡呼曰：“吾屬生矣。”因設策捍御，督將士誓死以守。

也先犯京師，焚三陵，于謙、石亨等御却之。

虜薄近郊，京師戒嚴。侍讀徐珵言天命已去，倡議南遷。于謙曰：“京師天下根本，宗廟、社稷、陵寢、百官、百姓、公私積聚皆在，一動則大勢盡去，宋家南渡之事可鑒矣。”因請斬言遷都者。太監金英亦宣言於衆曰：“死則君臣同一處死耳。有言南遷者，上命必誅之。”於是，衆心稍定。謙又奏：“盡移郭外人民入城，令虜所過堅壁，勿與戰。急散官軍通州糧百萬，盡入都城。壩上諸處尚有芻粟數萬，悉遣人焚之。”或請奏報，謙曰：“寇在目前，稍緩徒爲敵資耳。”上命謙及石亨營城北，都督孫鏜、刑部侍郎江淵營城西待虜。釋王通爲都督，升鴻臚寺卿，楊善爲副都御史，協守京城。也先擁衆至城下，石亨與戰，殺傷相當。也先遣使，索大臣議事，且索金帛萬萬計。廷議不能決，問于謙，謙曰："吾知有軍，他非所敢聞。"乃以通政参議王復爲禮部侍郎，中書舍人趙榮爲鴻臚寺卿，出朝上皇於土城廟。上皇密謂復等曰："彼無善意，宜急還。"二人歸。虜益四面剽掠，焚三陵殿寢祭器，逼宣武門。于謙督軍出德勝門，與戰，發大炮擊虜，死者無數。石亨單騎挺刃，突入虜陣，殺數人。亨侄石彪持斧佐之，諸軍踴躍，呼聲振天地，虜却而西。亨追戰城西，虜復却而南，亨追至彰義門，又敗之。都督孫鏜與虜戰城西，小却，諸將不相援，鏜急叩門求入，給事中程信監軍西城，不納，疏言："鏜小失利，即開門納鏜，虜益張，人心益危，宜趣鏜戰。"上立詔鏜還戰，信從城上鼓譟，發鎗礮佐鏜，虜乃退。陳循請下榜數道，諭："回達番漢，能擒斬也先來獻者，賞萬金，爵國公。"也先疑懼，而邊兵入援亦稍至。是月既望，也先遂出居庸關，伯顔帖木兒奉上皇出紫荆。石亨追敗于清風店，楊洪、范廣擊殘虜于固安，盡殲之。大同守將郭登聞京師被圍，議率所部并糾集義勇從雁門入援，先以蠟書馳奏，略曰："胡馬南驅，三關失險，賊流連内地，爲患非輕。欲悉起各處官軍民壯，入護内庭。京兵擊于内，臣兵擊于外，使賊有腹背受敵之虞、首尾不救之患。"且曰："忠臣切已，敢忘報國之心？成敗在天，不負爲臣之節。"奏至，虜已退，優詔答之。

分遣大臣鎮守邊關，副都御史沈固守大同，尚書石璞守宣府，僉都御史王竑守居庸，副都御史羅通守山西，副都御史朱鑑守雁門，都督王通守天壽山，平江侯陳像守臨清。

以何文淵爲吏部尚書。

以周忱爲工部尚書仍巡撫。

命兵部侍郎侯璡總督軍務，都督方瑛爲副總兵，討貴州苗。

十一月，京師解嚴。

時，大臣有奏，留邊將守城者。給事中葉盛上言："今日之事，邊關爲急。往者獨石、馬營不棄，則六師何以陷土木？紫荆白羊不破，則虜騎何以薄都城？邊關不固，縱守京師，不過保九門耳，如陵寢、郊社、田里生靈何？宜急遣固守宣府、居庸爲便。"從之。

論御虜功，封石亨爲武清伯，楊洪進昌平侯，加于謙少保、總督軍務，石彪都督僉事，餘升賞有差。

時以諸將士退虜，保都城，功在社稷，升賞頗溢。侍講劉定之上言："石亨、于謙等將兵御虜，未聞摧陷腥羶，迎回鑾輅，但迭爲勝負，互相殺傷而已。雖不足罰，亦未足賞。今亨爵通侯，謙升一品，豈不怠忠義之心乎？宜使亨等但居舊職，以崇廉耻。"羅通亦言："德勝之戰，近在都城，斬虜幾何乃升六萬六千有餘？"又言："腰玉珥貂者，皆苟全性命，忌能憎言。"于謙上言："德勝當先一萬九千八百八十人升一級，陣亡三千一百一十八人升二級，餘皆給賞而已。"且乞罷兵柄，上不許。

以都督董興爲總兵官，兵部侍郎孟鑑贊理軍務，討廣賊黄蕭養。

命僉都御史楊信民巡撫廣東。

信民初爲廣東參議，有惠政，恩信素孚于民。及是，聞信民至，民大喜。信民發粟賑濟，歸者益衆，賊黨漸散。

十二月，虜寇遼東，都御史王翺御却之。

虜寇甘州，都御史馬昂御却之。

尊皇太后孫氏爲上聖皇太后，母吴氏爲皇太后，立妃汪氏爲皇后。

都御史張楷下獄，放歸田。

葉宗留之亂，浙江三司官皆没，楷以撫賊班師，賊復爲亂，故罷。

命副都御史耿九疇清理兩淮鹽政。

九疇先以禮科給事中出爲運司同知，節儉嚴肅，無毫髮私，吏胥、豪勢凜凜不敢肆。丁内艱，鹽場數千人叩闕乞留。升都轉運使，嘗坐水旁，有童子曰："水清不若使君。"已而，被誣，逮下獄，得釋。至是，升副都御史，清理兩淮鹽法。

初令京府寄牧。

國初，官馬養於各苑馬寺、各監苑。永樂中，始以官茶易馬，養之民間，謂之茶馬。正統末，京師有警，乃選取以備軍資，養于順天府近京屬縣，謂之寄養騎操。及京師無事，寄養之馬不復散去，遂爲故事。每歲孳生、陪補之法，悉與各處茶馬無異。養馬之家，雖量免傜役，而陪補甚苦，圻輔之民始困。

校勘記

〔一〕"食"，疑當作"室"。

〔二〕"獵"，當作"躐"。

〔三〕"北"後疑脱"京"字。

〔四〕"幾"，疑當作"後"。（明）黄訓《名臣經濟録》卷三李賢《王振之變一》、（明）李賢《古穰集》卷二十八《雜録》："凡事白於太后然後行。"（清）谷應泰《明史紀事本末》卷二十九："事皆白太后，然後行。"

〔五〕"初王"，《明史》卷一百五十五《任禮傳》作"祁王"。

〔六〕"柳葉"，《明史》卷一百六十五《丁瑄傳》、（清）谷應泰《明史紀事本末》卷三十一作"柳華"。

〔七〕“丁宣”，（清）谷應泰《明史紀事本末》卷三十一同，《明史》卷一百六十五作“丁瑄”。

〔八〕“側”，疑當作“惻”。

〔九〕“种帥道”，（明）項篤壽《今獻備遺》卷二十三《練綱》作“種師道”。

〔一〇〕此句□爲底本字迹漫漶處，參考（清）谷應泰《明史紀事本末》卷三十三辨識。

國史紀聞卷八

庚午，景泰元年春正月，上皇在塞北。

上皇書至，索大臣往迎，命公卿集議，廷臣因奏請遣官。上謂：“必能識太上皇帝者，始可行。”事遂寢。

宦者單增有罪下獄。

時，增恃寵驕縱。都給事中林聰率科道上疏，暴其罪惡，且言群邪趨媚，若往年之事王振，不急治必蹈覆轍。上命逮增下獄，尋釋之。

内閣彭時憂去。

命副都御史軒輗鎮守浙江。

軒天性廉介，清修苦節。初爲浙江按察使，四時一布袍，蔬食不葷。故舊經過留飯，惟一肉，或殺雞。人驚異曰：“軒廉使殺雞爲客，大破費。”丁外艱歸。至是，乃起爲巡撫。

虜寇大同，郭登擊敗之。

初，虜既退，登上疏言：“醜虜雖回，離邊不遠。傳報有云：‘黄河已凍，且向延綏。青草復生，再侵京闕。’事雖未信，情亦可推。乞開誠待下，側席求賢。擴天理，克人欲，以成聖學之功；親君子，遠小人，以收天下之望。”又傳虜欲犯京師，登以京兵新選，不可輕戰。又疏曰：“今日之計，可養鋭，不可浪戰；可用智，不可鬬勇。此謂知彼知己，可守則守。淶、易、真、保一帶，皆當堅壁清野，京兵分據，犄角安營，以逸待勞，以主待客，勿求僥倖，務在萬全。此謂‘不戰而屈人兵，善之善者也’。”

至是，虜入大同境，登率兵躡之，行七十里，至水頭，日暮休兵。夜二鼓，虜營十二自朔州掠回。登召諸將問計，或言："虜衆我寡，莫若全軍而還。"登曰："今去城百里，一退，人馬疲倦，賊以鐵騎來追，殲矣。"即按劍起曰："敢言退者，斬。"徑薄虜營。天漸明，虜以數百騎迎戰。登躍馬先馳，射殺二人，手刃一人，諸軍乘之，遂大破其衆，追奔四十餘里，至栲栳山，斬虜二百餘，奪還人馬、器械萬計。是役也，登以八百騎破虜數千，爲一時戰功第一。

令生員納粟、上馬入監。

天城衛吏賈斌進《忠義集》。

斌上疏言："漢桓帝權歸宦豎，唐文宗受制家奴，宋徽、欽聽用閹寺，皆馴致敗亡。太上皇失位去國，亦由此輩。今皇上肇登寶位，宜法高皇帝，以爲治事無大小，必經宸斷。閹人專備灑掃，不許竊柄，凡阿諛者，必斥之。端本澄源，謹終如始，則天下一新矣。臣於歷代直諫盡忠守節之士與恃寵宦官，撮其尤者，録成四卷，名曰《忠義集》。伏乞刊布，臣僚必能觀感，以興起其忠義之誠，而宦者亦不得縱奸宄之私矣。"事下禮部，胡濙覆奏："斌言雖足采，然章皇帝《御製臣鑑》已行頒給，足爲勸戒，所編不必刊布。"且言斌擅自離役，發回原衛。

閏正月，京師烈風晝晦。

命鎮朔大將軍石亨、都督范廣率兵出大同、宣府，尋召還。

二月，進苗衷兵部尚書兼翰林學士。

贈劉球爲翰林學士，謚忠愍。

以兵部右侍郎俞綱直文淵閣，尋出理部事。

以孫原貞爲兵部右侍郎，參贊浙江軍務。

封郭登爲定襄伯。

初開經筵。

寧陽侯陳懋知經筵事，内閣陳循、苗衷、高穀同知經筵事。江淵、商輅及侍郎儀銘、俞山、俞綱祭酒蕭鎡、侍讀學士劉鉉、諭德趙琬，皆經筵官。進講，每講畢，命中官撒金錢于地，令講官拾之，以爲恩典。時，高穀年陸拾餘，俯仰不便，無所得，他講官，常拾以貽之。識者病其褻媟。

三月，虜奉上皇至大同，分道入寇。

虜入蕎麥川、偏頭關，都督杜忠擊敗之。復奉車駕至大同，大掠蔚朔，分寇宣府諸城而去。宣府遊擊楊俊上言："也先妻孥輜重在哈剌莽，去宣府僅數百里，健兵屯沙窩，去邊尤近。今各邊宿兵不下數十萬。臣愚以爲，險阻之處量留守御，其餘壯勇各選謀勇將官統率，西附代州，東附永平，結營操練。更選京營騎兵，令大臣統率，至宣大會合邊兵，列營堅守，爲正兵。其永平兵赴獨石，代州兵赴偏頭關，沿邊按伏，爲奇兵。部署既定，或拘絶虜使，以激其怒；或檄數叛逆，以正其罪。彼必來侵，我正兵堅壁清野，坐觀其變。密遣奇兵，日夜倍道，擣其巢穴，使彼前不敢進，後不能顧，必可得志。虜或急還相救，我乘其奔潰，奇兵夾攻，立致摧敗。此實成功取勝之機，失今不治，臣恐他日之患猶有甚于今日者。"

事下兵部議，于謙言："興兵舉事，係社稷安危。如楊俊所言，萬一我軍出境，賊與我牽制，别分犬羊由間道乘虚四散剽椋，是自散守備，非萬全計。國家之害，非止北虜，東南寇盜未除，河南流民又聚，豈可輕内重外，更不思患預防？夷狄之性，利於疾速，不能持久，去來如風雨，聚散如蜂蟻。得利則鴟張，失勢則鼠遁。若欲糾兵涉遠，出儌倖之謀，撩奸凶之虜，將卒不相知，號令不相統，臣愚未見其可。”上從謙議。

致仕國子監祭酒李時勉卒。

喜寧伏誅。

宦者喜寧，本胡種，從上皇北征，土木之變，遂降虜，盡以中國虚實告之。虜前後入塞，犯京城索賂，皆寧爲畫計。上皇謂：“不誅寧，還未有期。”乃與袁彬謀，遣寧傳命入京，令卒高磐與俱，密書繫磐髀間，令至宣府與總兵官，計擒之。既至城下，參將楊俊出，磐出書與俊，因抱寧大呼，遂縛寧，送京師，誅之。自寧誅，虜失嚮導，稍稍厭兵矣。

四月，董興大破廣州賊黄蕭養，誅之。

興率兵討廣寇，天文生馮軾隨行。至中道，夜半聞雞鳴，興問曰：“此何祥也?”對曰：“雞不以時鳴，由賞罰不明。願公嚴軍令。”經清遠峽，有白魚入舟中，軾曰：“此逆賊授首之兆也。”時，蕭養聚舟千艘，勢甚張。衆欲請益兵，軾曰：“兵貴神速，若復請兵，則緩不及事。以所徵兩廣、江西狼兵破此寇，猶摧朽耳。”興從之，率官軍至大洲頭，與賊遇，果大破之。蕭養中流矢，被擒，伏誅，餘黨悉平。後封興海寧伯。

大同參將請遣使赴虜議和，不許。

許貴奏言：“虜欲求和，宜遣使報之，以紓邊患。”下兵部議，于謙言：“曩遣李鐸、岳謙往使，財賂方入穹廬，虜騎已至關口。繼遣王榮、王復又往，不得要領而還。今日之事，理與勢皆不可和。何者?中國與虜有不共戴天之仇，和則背君父而違大義，此理不可和也。醜虜貪而多詐，萬一和議既行，而彼有無厭之欲、非分之求，從之則不可，違之則速變，此勢不可和也。宋澶淵之役，契丹屢爲中國摧沮，既盟之後，朝廷常歲輸銀幣三十萬。迨徽、欽北狩，岳飛輩屢敗金師，及秦檜一主和議，既割土已與之，又輸幣以賂之，甚則降去尊號，含垢忍耻，無所不至，卒之人心解體，國勢陵夷。援古證今，和義[一]之不足恃也，明矣。爲今之計，莫若選將練兵，相機戰守。虜議譎詐，和議必不可恃。"遂止。

虜入雁門關。

時，遣五將率兵三萬，分屯真、保、易、涿、通五路，以楊俊統之。以都督劉安率兵五千，巡守各城。

五月，虜入河曲，圍代州。

虜酋阿剌遣使貢馬請和，不許。

虜酋阿剌遣人貢馬請和，邊臣留之懷來，以聞。廷議遣太常少卿許彬譯虜使情僞，彬言："虜果欲議和罷兵，且奉還上皇。"奏至，召陳循等至文華殿，諭曰："也先背逆天道，遮留上皇，讐不共天，奈何言和?"循等頓首，請賞虜使，且好語諭阿剌，緩其詐謀。上曰："善。"乃厚賜虜使，敕諭阿剌，言："也先違天犯順，譎詐反覆，聚衆塞上，意在脅持，義不可從。阿剌必欲和好，待瓦剌諸部落北歸，議和未晚。"

處州賊陶得二寇武義，浙江按察副使陶成御戰，死之。

得二先已招降。既而復叛，率衆攻武義。武義無城，惟設木栅。賊大至，或勸成稍却以避其鋒。成不可，麾兵與戰，自辰至申，勝負未決。俄而，城中火起，兵遂大潰，成策馬突陣，死之。事聞，贈左參政，諭祭，配享胡大海廟，廕其子。

立團營。

于謙以京兵分隸五軍、神機、三千諸營，不相統攝，每遇調遣，選摘湊撥，號令不同，將士素不相識，難以赴敵。乃議選三大營馬步軍一十五萬，分爲十營，每營各以都督總領，常令操練，以備調用。即于三大營總兵内選二人爲提督團營總兵官，文臣提督以兵部尚書。

南京禮部尚書王英卒。

英豪俊豁達，不屑曲檢，然直諒，好規人過，以故三楊皆不善，不相援引云。

都督楊俊論死，尋宥之。

俊先守獨石，土木之變，棄城逃歸，馬營、龍門等八城，皆不守。及守宣府，又以私怒杖殺都指揮陶忠。既至，廷臣交劾其罪，論死，繫獄。尋釋之，降都督僉事。

侯璡破貴州苗，加璡兵部尚書。

貴州新添、平越、清平、興隆等衛圍困已久，城中食盡，普定圍尤急。璡自雲南選善射者爲前鋒，自將至普定，疾戰，矢下如雨，賊大敗，圍解。遂趨貴，副總兵田禮以兵來會，盡解諸衛之圍。克隆里、甕城、柴塘諸寨，道路始通。上加璡官尚書。

城固原。

六月丙戌，虜奉上皇復入大同。

虜酋阿剌遣使請和，以李實爲禮部侍郎、羅綺爲大理少卿，使虜。

也先使其知樞密院阿剌爲書，遣参政完者脱歡等五人赴京請和。群臣請奉迎上皇，不報。次日，上御文華殿，論大臣曰："朝廷因通和壞事，故與虜絶。而卿等屢以爲言，何也？"王直對曰："上皇在虜，理宜迎復。乞遣使，勿貽異日悔。"上不悦，曰："朕本無意大位，若曹共贊成之，今奈何異議？"于謙對曰："天位已定，孰敢他議？惟君臣大義，兄弟至情，自當遣使奉迎。"上意始釋，從謙言。上退。群臣出文華門，太監興安匍匐而呼，曰："孰堪使者？有文天祥、富弼其人乎？"衆未答，王直頰赤，厲聲曰："是何言？臣皆王臣，惟皇上使，敢弗行乎？"安語塞。時，李實任禮科都給事中，上命興安傳旨："欲遣使虜中，如何？"對曰："實雖才識不周，朝廷多事之秋，安敢愛死？諒亦不辱君命。"興安復命，遂升實禮部右侍郎，爲正使，羅綺右少卿，爲副使，使虜中。敕書既下，止言報禮，不及迎復。實請内閣白之，遇興安，詬曰："爾奉簡書行事，他何與焉？"實遂與虜使偕行。七月中，至虜營，反覆辯析。也先意屈，引見。上皇居皮帳，薦地而寢，惟袁彬一人侍。上皇曰："我當日非爲遊畋而出，乃爲天下生靈計，不意被留在此，實王振輩所陷。"因問："聖母及上安否？"泫然泣下。又問舊臣數人，曰："在此逾年，始得見卿。"實曰："陛下昔日錦衣玉食，今服食粗惡若此。"因極言陛下寵信王振太過，以致傾危國家，有今日蒙塵之禍。上曰："振未敗時，無人肯言，亦朕不能燭奸，悔何及矣。"實等便欲迎上皇還。也先曰："敕書内只言講和，未言迎駕。上皇在此，又不可爲我輩用〔二〕，止一閑人，留之無用，我終還之，但求千載美名耳。然必須大臣來迎，乃可。"因與實等約，以八月初旬爲期。過此不至，即來擾邊。實等辭上皇，將還。上皇袖出書三封，令實齎還上太后并上，再三叮嚀迎復，曰："我得還，願守祖宗陵寢。不然，即爲匹夫，亦勝在窮廬也。"實受命，與虜使右丞把禿偕還。

普化可汗請和，遣右都御史楊善、工部侍郎趙榮使虜。

普化可汗遣使皮馬黑麻來議和，文武大臣懼虜詐，莫敢往報。楊善慨然請行。或爲善危，善曰："上皇在虜廷，食君禄者，於心何安？此人臣效命之秋也。"中書舍人趙榮亦請往，高穀壯之，解金帶贈榮，曰："子忠義人也。"乃以榮爲工部右侍郎副善，偕虜使往。胡濙言："上皇蒙塵已久，宜即附善等進服食。"不報。

李實還，請迎上皇，不許。

實遇楊善、趙榮於懷來，以虜情告之，俾善爲辭全始終。實等至京，上問："也先何言?"實悉陳前説，致上皇旨，且言虜欲還上皇意真，宜即遣使。上曰："俟楊善至，議之。"虜使把秃奏："求迎駕大臣。"上不許。王直、胡濙等上言："往者普化、阿剌遣人議和，皇上不吝一介。今也先悔禍，專使行成，竟不一報，適啓戎心，後患無已。"不聽，下大臣議。李實復奏言："也先與臣期約，迎上皇。臣言歸朝請旨，未敢擅定。也先言：'正使即未遣，須先遣人，同我使來報，不然勿謂吾失信。'遂令諸小酋收還塞上部落。臣過懷來，見官軍出郊芻牧，虜言可信。臣復命，日蒙召對，詳述虜情。近在廷大臣累疏未允。伏望俯從群言，别遣材智大臣，往迎上皇，雖虜情變詐不測，亦可塞彼無詞。不然，直在彼，曲在我。猶豫趦趄，過期失約，彼此相疑，和議不成，則上皇終不可入，干戈終不得息，邊鄙終不得寧。"疏入，復下大臣再議。遂遣虜使把秃等還，與也先敕言："送還上皇，果出誠心，即令楊善等奉迎還京。"竟不遣使。御史畢鸞等、翰林檢討邢讓，皆上疏争之，不報。

兀良哈寇山西，鎮守山西副都御史羅通、鎮守雁門副都御史朱鑑御却之。

八月，楊善、趙榮奉上皇還。

楊善等至虜營，也先甚喜，即許送上皇還。其下有欲拘留使臣，俟再遣使至，乃還上皇者，也先曰："吾業已許之，若此，則失信于中國矣。"因問善曰："上皇還，乃復位否?"善曰："天位已定，難再更矣。"也先曰："堯舜當日如何?"善曰："堯讓位于舜，今日兄讓位于弟，事正相同。”其平章昂克問善：“以何物贖帝?”善曰：“太師此舉，萬代瞻仰，豈謂利乎?”也先曰：“都御史言是，吾只欲垂名後世耳。”次日，也先設宴餞上皇，自彈琵琶，妻妾奉酒，善等侍立。也先曰：“都御史坐。”善曰：“雖居草野，不敢失君臣禮。”也先稱羨。上皇發虜中，也先率衆頭目羅拜而別，伯顏帖木兒率兵護送，至野孤嶺，痛哭别去，仍令五百騎送至京師。

下千户龔遂榮於獄。

上皇已入塞，朝廷猶以虜情多詐爲疑，禮部議奉迎禮未定。榮投書于學士高穀，大略謂：“上皇之出，非遊畋無益，爲宗社計耳。今都人一聞駕旋，無不踴躍，則人心未厭上皇也。奉迎禮當從厚，主上宜避位，懇辭，而後受命，否則貽譏青史。”穀袖其書，入朝，以示廷臣。王直曰：“此所謂禮失而求之野。”胡濙欲封進，感動上心。王文曰：“匿名文書，不得言。”遂止。于是，給事中葉盛、程信、林聰等上疏白其事，請按問。上詰大臣：“書從何得?”皆云：“得自高穀。”穀云：“得之道路。”榮恐累穀，遂詣闕，自言：“書本出自臣手，冀感動，無它腸耳，死無悔。”遂下錦衣衛獄，尋會赦得釋。

遣商輅迎上皇於居庸關。

上皇至懷來，百官集闕下，議奉迎儀。王文忽厲聲曰：“來，孰以爲來耶?黠虜豈足信?彼不索金帛，必索土地，患方大耳。”衆素畏文，皆相顧，莫敢發一言。既退，胡濙曰：“一人言安足從?”卒具儀注上之，請備法駕迎安定門外。上傳旨：“虜不可信，遠迎恐墮虜計。上皇入京，朕迎東安門，百官從朕，勿紛更。”遣商輅迎上皇于居庸關。上皇勞輅，曰：“朕還京，願居閒。卿爲朕草書，致上。”且諭百官勿郊迎。

上皇至京，入居南宫。

上皇至京師，自東安門入。上迎拜，上皇答拜，相持而泣。各述授受之意，推遜良久，乃送上皇入南宫。百官隨至南城，請朝見。上皇曰："朕辱國喪師，有玷宗廟，何顏見群臣乎？"不允。升賞瓦剌使者有差。

内閣苗衷致仕。

以刑部右侍郎江淵兼翰林院學士，直文淵閣。

命保定伯梁珤、右都御史王來率師征湖貴苗寇。

侯琎卒後，苗勢愈熾。王驥不能定，奏言："久在南裔，身染瘴毒。乞還。"朝廷乃以珤等代之。先是永樂間，邊虜來降者，安置河間、東昌間，生養蕃息，驕悍不馴。也先入寇之時，乘機煽動，幾至變亂。至是，于謙奏："遣其有名號者，厚與賞犒，隨征苗寇。"事平，遂奏留於彼。於是，數年積患，一旦頓消。

石亨、楊洪分道巡邊。

鎮守雲南兵部尚書侯琎卒。

琎方督諸軍搜剿殘賊，時，暑雨方盛，疫癘大作。琎得疾，舁歸普定，卒。

九月，改江淵户部右侍郎，進商輅翰林學士。

冬十月，改王驥爲南京兵部尚書，總督機務。

十一月，以副都御史羅通協贊京營軍務。

封宣府總兵都督朱謙爲撫寧伯。

普化可汗、也先並遣使貢馬。

南京吏部尚書魏驥、南京國子監祭酒陳敬宗並致仕。

驥入賀至京。陳循，驥所取士也，請曰："先生雖位冢宰，然未嘗立朝，願少待之，事在吾輩而已。"驥正色曰："君爲輔臣〔三〕，當爲天下進賢，不得私一座主。”循有愧色。驥謂人曰：“循，柄國大臣，乃以朝廷事爲己私事，安得善終？”

敬宗，初以九載考績入京，王振素慕敬宗，欲一見之，托周忱道意。敬宗曰：“余忝爲人師，而干謁閹宦，他日無以見諸生。”周知不可動，謂振曰：“陳祭酒善書，若以求書爲名，先之禮幣，彼必報謝。”振然之，遣人致綵段求書《程子四箴》。敬宗爲書之，而返其幣，竟不往見。爲祭酒十八年，不遷，士大夫益高其風節。至是，與驥并乞休去。

以沐璘爲都督同知，鎮守雲南。

十二月，禮部尚書胡濙請明年正旦，百官朝上皇於延安門，不許。

荆憲王請朝上皇，不許。

革提學憲臣。

辛未，二年春正月，上皇在南宫。

命僉都御史王竑總督漕運。

竑先除奸墨，略無寬假，貪吏聞風遁去，閭閻豪右相戒，毋敢犯法，一時吏民畏如神明。

二月，以薛瑄爲南京大理寺卿。

時，蘇松饑，民貸粟富民不得，遂火富人居，竄海中。王文即訊，坐謀反。瑄抗章辯之，獲免。時，金英使南京，還日傾城出餞，獨瑄不至。英謂人曰：“南京好官，獨薛卿一人耳。”御史劉孜言：“瑄粹學飭躬，進無所求，退無所累，實君子之儒，不宜置之閑遠。乞召入館閣，講學輔導，必有稗益。”上曰：“内閣本朕簡任，非人所得薦。”不許。

調兵部右侍郎文曜爲吏部右侍郎。

文曜媚附于謙，每待漏，必附謙耳語。朝退亦然，行坐不離。時以文曜爲于謙妾，内議患其黨比，乃調曜吏部。時，又有兵部侍郎王偉，謙所薦也。偉乃伺謙過，密奏之。上任謙方專，召入，以偉奏授。謙出，偉問："聖諭何事？"謙笑曰："吾有過，君言之，未必不從，何忍至此？"偉惶愧。

翰林學士周叙請群臣面陳政務，不報。

叙上疏曰："臣職叨班行，伏見永樂、洪熙、宣德三朝臨御，大班既退，百官即于午門次第輪對，君臣相與商確政務，罄盡所言，人懷畏憚而事機不泄，成密勿廟堂之美。自正統來，王振擅權，獨立在傍。於是，輔弼近侍不得召對，亦不敢盡言，以釀成今日之禍。宜令群臣依舊制論對，庶得吐露肝膽，而事機不泄于外。"疏入，不報。先是，上皇北狩，叙在南宫，貽王竑書曰："昔在先朝，嘗仰望東里先生，然迹其舉錯，究其底裏，士大夫公論不容掩也。《易》曰：知幾其神乎？《書》曰：慎終如始。竊思三楊輔治之初，一幾也。不深思遠慮，身任其責，惟陽斂陰施，掩人耳目，雖曰自保，其實誤國，故致今日之禍。此時先生與諸君子輔政，又一幾也，宜鑒覆轍，爲宗社生靈久遠之謀。失今不圖，噬臍何及？"竑服其言。

三月，賜進士柯潛等及第出身有差。

文選郎中李賢上《正本十策》，命書座右。

賢上《正本十策》曰：勤聖學，顧箴儆，戒嗜欲，絶玩好，慎舉措，崇節儉，畏天變，勉貴近，振士風，結民心。大略言："朝政闕遺，有司利弊，生民休戚，中外進言已詳，然有關于上之身心者或略。臣以爲陛下一身，國家天下之本；而心，又一身之本也。正其本，萬事理。惟陛下之心既正，則國家天下之事可以次第推行。乞留中以時省覽。"詔付外。既而，給事中李侃以灾異上疏謂："賢言忠，宜采納。"乃復取奏入，命翰林繕寫，置諸左右。禮部尚書楊寧見其奏，嘆息，謂賢曰："吾讀'崇節儉'一事，殆欲下淚也。"時，上頗事聲色奢侈，嘗以銀豆、金錢撒地，令宫人、宦侍争拾，爲鬨笑。編修楊守陳賦《銀豆謡》，甚有規諷。未及上，京師傳之。

都御史王來討平湖廣苗寇。

來至湖廣沅州，考圖定策，勉諸將以忠義，以官軍九萬八千分爲五道，督之前進。至貴州重安江，賊首韋同烈聚衆八萬，據江拒敵，連戰，大破之，斬首三千餘級。官軍與苗人旗幟雜出，賊勢窮蹙，奔遁，相蹈籍、溺死者甚衆。乘勝長驅，搗其巢穴。韋同烈與僞帥紀歌兒走香爐山。山壁立千仞，來四面圍之，絶其糧道，賊大窘。生擒韋同烈等，械送京師，餘黨數萬并東西苗蟲悉撫寧之。

江淮饑。

徐、淮諸郡大饑，死亡不可勝計。王竑經晝救濟，至忘寢食，發官廪及勸富人輸粟賑之，盡竭。獨廣運倉所儲尚富，然有内臣及户曹主之，竑欲先發後聞，主者不可。竑曰："民窮至此，吾恐相煽爲盜，貽憂朝廷。若不亟發，即有變。吾當以爾謝衆怒，而後請罪于朝。"主者不敢阻，乃大發以賑。近者飼以粥，遠者給以米，流徙者給以糧，病者醫，死者葬，鬻者贖還。前後全活二百二十九萬餘人，民大安。謡曰："生我者父母，活我者巡撫。"先是，初上聞報，驚曰："奈何？百姓其饑死矣。"後得竑奏，大喜曰："好御史，不然，饑死我百姓矣。"

關中饑，遣左都御史陳鑑賑之。

五月，命江淵巡視淮徐諸郡。

六月朔，日有食之。

秋七月，以尚書石璞兼大理卿，總督軍務，轉餉獨石。

冬十月，浙江、福建盗平，進孫原貞爲兵部尚書，鎮守閩浙。

原貞於浙奏立宣平、雲和、景寧、泰順四縣，福建立永安、壽寧二縣，地方以寧。

巡撫江南工部尚書周忱致仕。

忱宇量恢弘，才識通敏。每會計，視地豐凶、事緩急爲張弛。有善謀者，雖卑賤，破去崖岸，開心咨訪。性尤機警，錢穀巨萬，一屈指無遺算。爲册曆記日所行事及陰晴風雨，有告報，輒按據詰訊，人莫能欺。嘗議事入京，道遇中官，敕辦膠萬餘觔，促還治，忱不應。至京上言："京庫貯牛皮，歲久腐朽，請出煎膠歸，市皮還庫。"工部索兵仗數百萬，計水磨盔，非遲歲月不可，乃沃以錫，旬日畢辦。應事之敏，類如此。初至蘇松，逋賦七百九十萬，逾年盡完。羡米充溢，每歲凶，即發以賑。及一切織造、軍需、修葺、供應之費，皆取給焉。民不知役，官不科斂。至問報饋遺，亦取之此。客遊其地者無虚日，人人得其歡心。在江南二十二年，人戴之如父母，前後理財者，皆莫能及。

以李賢爲兵部右侍郎。

時，詔議備邊長策，賢上言："虜所以敢輕中國者，恃其弓馬之强而已。臣觀今日之拒馬木，止能拒馬不能避箭；挨牌止能避箭，不能拒馬。中國長策，惟有戰車，若用得其法，虜弗能當也。臣觀車制，四圍箱板，内藏人，下留銃眼，上開小窗，長一丈五尺，高六尺五寸。前後左右，横排鎗頭。每車前後占地五步，若用車一千輛，一面二百五十輛，約長四里，欲行則行，欲止則止，謂之有脚之城。内藏軍馬輜重，以此御敵，使馬不得衝陣，箭不得傷人。虜若近前，火炮齊發，奇兵繼出。邊備長策，莫善於此。"遂升兵部右侍郎。

廷杖中書舍人何觀。

觀奏言："大臣王直、胡濙等，正統中皆阿附權奸，不宜在左右。"及言"北虜來朝，宜驅置於南方。"下科道看議以聞。吏科給事中毛玉爲奏稿，謂："觀誣陷大臣，擅開邊釁，宜正罪。"林聰、葉盛皆勸玉易稿，不從。盛曰："朝廷大開言路，未嘗罪一言者，雖罪觀，猶令我曹看議，蓋甚盛德也。君獨不念劉球之事乎？球之死，人至今以王振、馬順爲恨，此諸君所觀見也。雷霆之下，萬一不測，是我曹成朝廷不容直言之名。且君亦言官，獨不爲他日地乎？"玉意解，乃稍易數語，奏上。詔令錦衣衛杖觀，調外任。

十一月，命昌平侯楊洪總兵鎮守宣府，僉都御史李秉總督邊儲、參贊宣府軍務。

十二月，進陳循少保、文淵閣大學士，高穀少保、東閣大學士。

以禮部左侍郎王一寧、國子監祭酒蕭鎡並兼翰林學士，並直内閣。

禮部尚書胡濙請令百官朝賀上皇萬壽節於延安門，不許。

改禮部尚書楊寧爲南京刑部尚書。

壬申，三年春正月，上皇在南宫。

以刑部侍郎耿九疇鎮守陝西。

先是，陳鎰與王文更出鎮陝西。至是，文當出代鎰，不欲行，諷諸御史，奏留内臺，乃以九疇出鎮陝西。疇至，除弊屏貪，威望大著。先是，巡撫多部、寺、司堂上官，文移不得輒下。按察司按察，亦不肯受約束。疇奏，得徑下。又邊將請增臨洮諸衛戍兵，下疇議，言："邊城士卒不爲少。將官能嚴紀律，精練習，勤撫恤，絶侵漁，養鋭氣，一可當百。加以賞罰明信，人人自奮。不然徒冗食耳。"竟不增戍。

河決沙灣，命王文行視河道。

二月，也先攻破普化可汗，遣使獻捷。

也先勢强盛，欲爲可汗，數攻普化。至是，大破普化衆，普化率十餘騎遁去，也先盡收其妻妾、人畜。遣使獻良馬二疋奏捷。命宴其使，賜紗幣。

進内閣江淵吏部左侍郎，蕭鎡户部右侍郎。召左都御史王翱掌院事。

翱在遼左數年，虜入塞，輒敗之，威名大著，邊境寧謐。至是，召還。

三月，彭時復爲翰林侍讀。

時求終繼母喪，忤旨，故起復，不得入内閣。

有星孛於畢。

命右僉都御史李秉參贊宣府軍務。

秉抵任，請銀三萬兩，買牛給軍民耕種，秋成償價，軍民樂業，邊餉充足。時，北虜以剽掠男婦易米。朝議，每大口米一石，小口米五斗。虜不從。秉曰："是重物而輕人也。每口與米一石。"總兵官以爲礙例，秉曰："何忍使我赤子爲夷人也？專擅之咎，吾任之。"悉如數與之。後聞，上嘉之。

夏四月，命都督孫安鎮守獨石，以葉盛爲山西參政，協贊軍務。

先是，獨石、馬營等八城遇虜失守，殘毁未復。議者欲棄之，于謙曰："棄之，則不但宣府、懷來難守，京師不免動摇。"

乃薦安，授以方略，仍命盛贊其軍。盛至，列利害爲八條以進，次第行之，與安率兵度龍門關，且戰且守，八城復完。盛又請官銀五千兩，買牛千餘頭，摘戍卒不任戰者，俾事耕稼，歲課餘糧于官，凡軍中買馬置器、勞功恤貧諸費，皆取給于是。盛在獨石五年，邊人賴以歡給。

置東宫官。

胡濙、王直爲太子太師，陳循、高穀、于謙爲太子太傅，王文、何文淵爲太子太保，江淵、王一寧、蕭鎡爲太子少師，商輅兵部左侍郎兼左春坊大學士。

五月，廢皇太子見深爲沂王，立皇子見濟爲皇太子；廢皇后汪氏，立妃杭氏爲皇后。

上欲易太子，恐大臣不從。先以利啖内閣，人賜金五十兩，銀倍之。陳循等遂有逢迎意。時有廣西都指揮黄玹者，思明土知府堈庶兄也。堈老，子鈞襲。玹謀奪嫡，令其子糾心腹卒數千，夜入府，殺堈父子，滅其家。玹時守潯州，佯不知，聞報，驚哭仆地，急捕賊。堈遇害時，有僕福童藏屏處，識玹子，并識其左右，走訴憲司，總兵武毅聞于朝。玹大懼，謀于侍郎江淵，遣千户袁洪走京師上奏，請易太子，疏曰：“往年，上皇陷虜庭，寇至都門，幾危社稷。不有皇上，臣民何歸？今逾二年，皇儲未建，惟人心易摇，多言難定，争奪一萌，禍亂不息。皇上即循遜讓之美，復全天叙之倫，恐事機叵測，反覆靡常。語曰：‘天與弗取，反受其咎。’萬一羽翼長養，權勢轉移，委愛子于他人，寄空名于大寶，階除之下變爲冦讐，肘腋之間自相殘蹙，陛下此時悔之晚矣。乞早定大計，以一中外之心，絶覬覦之望。”疏入，上大喜，曰：“萬里外有此忠臣。”亟下廷臣會議。王直、于謙等相顧，莫敢發言。久之，司禮監太監興安厲聲曰：“此事不可已。如以爲不可者勿署名，無得首尾持兩端。”群臣皆唯唯署議。惟王直持筆有難色，陳循從臾之署。給事中李侃對衆灑泣。于是胡濙等上言：“父有天下，必傳于子。陛下膺天明命，中興邦家，統緒之傳，宜歸聖子。黄竑奏是。”制曰：“可。”遂立見濟爲皇太子，更封皇太子見深爲沂王；廢汪皇后，立見濟母杭妃爲皇后。大赦天下。

先一日，陳儀仗奉天門，有顛男子執挺直入，擊香亭，大呼曰：“先打東方甲乙木。”諸内使急縛之下，詔下錦衣獄。先是，上欲易儲，語太監金英曰：“七月二日，東宫生日也。”英叩頭曰：“東宫生日，是十一月初二日。”上默然，蓋英所言，謂上皇長子也。

升黄竑爲都督。

命李賢、姚夔等巡行天下，考察庶官。

秋七月，命左都御史王翺總督兩廣軍務。

時，蠻寇兩廣，副總兵董興、武毅觀望，不肯戰。巡撫侍郎揭稽、李棠不相統，賊益熾。于謙請用翺總督軍務，總兵以下悉聽節制，事權始一。蠻聞翺來，大懼。翺至，略兵威，推誠御侮，蠻酋信服，寇盜悉平。

罷兩廣守將董興、武毅，以副總兵翁信、陳旺代之。

罷四川巡撫李匡，以提督松番兵備侍郎羅綺及總兵都督徐海整飭四川邊務。

王一寧卒。

贈禮部尚書，謚文通。

殺御用監少監阮浪。

浪侍上皇南宫，其下王堯飲錦衣指揮盧忠家。忠見其佩刀非常制，知爲上皇所賜。遂醉以酒，解之，上變告，南宫欲復皇儲，令浪以佩刀遺忠求外應。堯與浪義子趙縉皆磔死。浪入詔獄，炮烙煆煉，苦楚備至，卒死獄中。上既殺浪，猶窮治不已。忠慮禍，請卜者全寅筮之。寅以大義叱之曰："是大凶兆，死不足贖。"忠懼，乃佯狂爲風狀。學士商輅力言："盧忠狂妄，不可信，傷骨肉情。"後竟誅忠，乃已。

八月，熒惑晝見。

命副都御史年富巡撫大同。

九月，南京兵部尚書王驥致仕。

冬十月，以王文爲吏部尚書兼翰林學士，直文淵閣。

文與中官王誠結爲兄弟，謀入內閣。嘗私以語高穀。穀亦忌陳循寵任，思間之，乃疏請增閣臣。上令內閣自推舉，循舉蕭維禎，穀舉文。奏上，果用文。

召征苗總督都御史王來還京。

改鎮守侍郎爲巡撫都御史。

時議以鎮守侍郎與巡按御史不相統屬，文移往來，多窒礙難行，故改爲巡撫都御史。國初，歲遣監察御史巡按方隅，或大災重患，乃遣廷臣行視，謂之巡撫，迄事而止，無定員也。宣德中，以關中、江南等處地大而要，命官更代巡撫，不復罷去。正統末，南方盜起，北虜犯邊，於是內省邊隅徧置巡撫官矣。

也先請通使。不許。

也先遣人貢馬，請通使往來。下兵部議，于謙言："臣職兵戎，知戰而已。若賊渝盟，敢爲悖逆，當肅將天威，往正其罪。遣使事，不敢預議。"

上曰："正統中，緣使臣往來搆釁，幾危社稷。勿遣使。"時，也先使每至京幾千人，出入驕恣，毆守衛，掠人財物，至欲騎入長安門。稍稍約束，即彎弓持刀相向。通事都督昌英每好語阻之，不聽，輒侮罵。使貢在朝，時，入塞捕掠人畜。將官請勦，又以通好故，恐貪功啓隙，不欲與戰。虜益驕，東結朶顔，西交哈密，脅結赤斤蒙古，往往窺塞下。

十一月己未朔，日有食之。

癸未，客星見輿鬼。

癸酉，四年春正月，上皇在南宫。

吏部尚書何文淵罷，以王翱爲吏部尚書。

御史練綱等交章劾文淵：“專權鬻爵，選用非人。侍郎項文曜，陰險奸邪，比之文淵，情罪更甚。請下法司治罪。”遂罷文淵。上命舉稱任者，綱等言：“王翱，嚴公峭直。年富，操履端方。薛瑄，持正不阿。此三人者，惟陛下擇而用之。”於是，召翱爲吏部尚書。翱嚴加考察，公銓注，抑奔競，杜請托，一時任使，並稱得人。

改耿九疇爲副都御史，仍鎮守陝西。

時，有旨買羊角，爲上供燈。九疇上疏曰：“昔宋神宗買浙燈，蘇軾諫止。今買羊角製燈，毋乃類是。《書》曰：‘不矜細行，終累大德。’乞停罷。”上遂止。

三月，左遷吏科都給事中林聰爲國子監學正。

聰抗直敢言，屢劾權要，諸大臣多不悦。又將論王文，而言先泄，文欲中傷之。會聰甥選教官，聰爲求善地，文選出其手書，文嗾御史王溥劾之，會官廷議，擬大臣專擅選官，律論死，廷臣附會，無敢違者。胡濙謂文曰：“給事，七品官也，而擬大臣；囑托，公事也，而擬選官。二者于律合乎？且人臣以宿憾而欲殺諫官，無乃不可。”遂拂衣出，曰：“此疏吾不預，公等自爲之。”遂罷。濙歸，卧病不朝，數日。上使太監興安問疾，濙曰：“老臣無疾，前者議事驚悸不安爾。”安問：“何爲？”曰：

"諫官有小罪，而欲殺之，此所以驚悸也。"安以聞，詔原聽。

右都御史洪英致仕。

英考察浙江官吏，秉公直。被黜者妄訴之，且加謗毁。朝廷不察，勒令致仕。人多惜之。

以軒輗爲副都御史，巡撫浙江。

夏五月，歲星晝見。

王文憂去，尋起復。

增定各省鄉試取士額。

順天、應天先一百名，今各增三十五名。浙江、福建先六十名，江西先六十五名，湖廣先五十五名，河南先五十名，山東先四十五名，今各增三十名。廣東先五十名，四川先四十五名，陝西、山西先四十名，廣西先三十名，今各增二十五名。雲南先二十名，增十名。

六月，詔求直言。

秋七月，也先弑其主普化可汗，自立。

也先攻敗普化，奔兀良哈依沙不丹，沙不丹殺普化。也先遂盡殺故頭目苗裔，自立爲田盛可汗。

八月，召大同總兵郭登還朝。

登初至大同，士可戰者不滿數百，馬僅百餘匹，堡塢蕭條，甲兵朽鈍。登修城繕兵，撫循士卒，吊死問傷，衆皆感奮。不數年，馬至萬五千匹，精兵數萬人。又以己意，設爲攪地龍、飛天網，鑿深塹，覆土木，人馬通行，如履實地。賊入圍中，令人發其機，自相撞擊，頃刻十餘里皆陷。鎮守内臣陳公忌之。會姚都指揮發陳奸贓二十事，陳益疑登。巡撫沈固言鎮守不和，乞更調。上乃詔陳還，諭登留鎮。登憤邊事未戢，弊政猶存，思得公廉有爲者相與共事，上疏曰："往者承平日久，人心驕逸，官無廉耻，故肆貪婪，釀成污濁之風，致有夷狄之禍。”又曰：“虜雖請和，變態豈能預度？倘或渝盟，則大同一鎮首先受敵。及今無事之時，若不早爲措置，一旦賊至，又似前日，束手無措。中國受侮已深，邊事豈容再壞？虜既退，欲大興屯田，苦民力困乏，牛種俱無，疏乞官爲措置。”未幾病，召還京。

命兵科給事中鄭林練團營軍士。

林見營軍無統制，每出征，人馬多雜沓致死，劾其操練無法。朝議遂以委林。林既受命，乃以軒轅破蚩尤陣法教閱軍伍，具疏繪圖以進，曰：“臣通考古今陣法，莫有過于黄帝破蚩尤之陣。黄帝按井田作陣法，大軍居中，專主旗鼓。八節旋繞，悉聽指揮。若正北受敵，則東北、西北二陣爲奇兵，張左右翼以援之。若正南受敵，則東南、西南二陣爲奇兵，張左右翼以援之。其正東、正西及四隅受敵，亦如之。所謂常山之蛇，擊其首，則尾應；擊其尾，則首應；擊其中，則首尾俱應者也。古之名將知此法者，惟太公望、孫武子、韓信、諸葛孔明、李靖諸人而已，吴起以下莫能知也。其名之曰天、地、風、雲、龍、虎、鳥、蛇八陣者，則諸葛孔明也。一大陣之中，固有八陣；而小八陣之中，亦各有八陣。大陣則法伏羲八卦，小陣則法文王六十四卦，所謂陣間乎陣、隊間乎隊者也。若夫造遁甲有九星，開八門用三奇者，則又黄帝命風后爲之也。蓋聖人以神道設教，使人莫知其所以然也。大將居于玄武之位，而北嶽則常山蛇也，故曰常山蛇陣。”自此隊伍始整，其法後莫能易。

宦者阮安卒。

安，交趾人，清苦介潔，善謀畫，尤長于營建，修北京城池、宫殿并諸司廨宇，大著勞績。平生所受賜予悉佐公費，不私一毫。

九月，以薛瑄爲大理卿。

太子太保左都御史陳鎰致仕，卒。

以蕭維禎、羅通爲左右都御史。

冬十月，也先遣使入貢。

也先遣使貢馬，自稱大元田盛可汗。上以書示禮官，會議答書。吏科給事林聰、徐正言："也先不敢輒稱可汗，使覘中國，若從其稱，長縱逆賊。乞賜敕，曉以禍福，如稔惡不悛，聲罪致討。"安遠侯柳溥亦言："也先弑簒，所謂亂臣賊子，人人得而誅之。若從其僞稱，是與其弑主也。答書宜仍稱瓦剌太師，否則，絶其使，興師致討。"并下廷議。議言："自古王者不治夷狄。也先稱大元田盛大可汗，固不可從。若可汗，乃隋唐以來北狄酋長之常稱，非中國所禁。朝廷答賜敕書，宜稱爲瓦剌可汗，稍示羈縻。"禮部郎中章綸又言："'可汗'二字，在中國固爲夷狄酋長之常稱，在夷狄則爲帝號。也先弑主僭稱，名實大舛。今若因而稱之，不宜。"給事中盧祥、李鈞、路壁等亦以爲不便，欲仍稱太師。上曰："也先雖桀驁，亦能恭順朝廷，宜如議稱瓦剌可汗。"也先弟賽因孛羅魯王諸酋亦遣人貢馬，自是稍出入東西塞上爲寇，不復深入。也先新立，恐諸部不從，亦欲與中朝通好，貢市往來。然數年賞賜虜費，亦不下百萬計。

十月，以徐有貞爲左僉都御史，治張秋河。

先是，河溢滎陽，自開封城北經曹、濮以入運河，至兖州沙灣而决，濟、汶諸水從之入海。會通河遂淤，漕運艱阻，先後遣石璞、王永和、王文相繼治之，皆績弗成。至是，命廷臣舉可治水者，以有貞名。上遂用之。

有貞，即珵，以倡南遷議，爲金英所鄙，不得進用。乃賄結陳循，循教以更名，無使内家知，庶朝廷忘前議，薦可允。乃更今名。

命右副都御史馬昂總督兩廣軍務兼巡撫。

十一月，皇太子見濟卒。

虜寇遼東。

十二月，瓦剌諸酋並遣人貢馬。

甲戌，五年春正月，上皇在南宫。

遣平江侯陳豫、大學士江淵撫安山東、河南。

二月，恒陰。

王竑上疏言："去年正月，山東、河南及徐、淮之境大雪異常。夏、秋雨水，人民廬舍漂蕩，麥稻渰没，顛連流徙。邇者新春，風雨連月，寒沍倍冬，不識天意何在。嘗觀《易·泰卦》：《彖》曰：内陽外陰，君子道長，小人道消。《否卦》：《彖》曰：内陰外陽，小人道長，君子道消。蓋陽爲君子，陰爲小人。今方春陽長，其候類秋冬，是陰盛陽微，殆食禄者，君子少而小人多故也。然小人之行，豈懦而無用，鈍而不敏，訥而無言，愚戇而冒犯天怒者乎？必其欺詐若誠敬，便佞若忠鯁，大貪若廉，大奸若愚，即《書》所謂'静言庸違'，孔子所謂'色厲内荏'者是也。伏望皇上念祖宗社稷之重，上天咎徵之戒，進君子，退小人，俾忠良者任政，奸邪者屏處，庶幾人事修而天變可回。然欲知君子小人，又本於聖德之明睿。伏望日親講臣，俾陳二帝三王與祖宗列聖養心修德之要，以清出治之源，則邪正莫逃天鑑矣。"上嘉納之。

詔求直言。

南京大理少卿廖莊應詔上疏言："往者，上皇被留虜庭，皇上撫有萬方，屢降詔書，以鑾輿未復、虜讐未報爲言。皇上之心，即堯親九族、舜徽五典之心也。賴郊廟神靈、皇上勝算，迎歸上皇於南宫。臣遠，臣未知皇上于萬幾之暇，曾時朝見以叙天倫之樂、敦友愛之情否也。臣伏睹上皇即位之初，册封皇上，奄有大國，每遇正旦、冬至，令群臣見皇上於東廡，上皇友愛如此。伏望篤親親之恩，時時朝見上皇于南宫，仍令群臣時令亦得朝見，以慰上皇之心。如此，則孝弟刑於國家，恩義通於神明，灾可彌而祥可召矣。然所係之重，又不特此。太子者，天下之本。臣愚竊以爲，上皇諸子，皇上之猶子也。宜令親近儒臣，誦讀經書，以待皇嗣之生，使天下臣民曉然知皇上有公天下之心。蓋天下者，太祖、太宗之天下。仁宗、宣宗之繼體守成者，此天下也。上皇之北征，亦爲此天下也。今皇上撫而有之，必能念祖宗創業之艱難，思所以係屬天下之人心矣。近年，日食、星變、地震且陷，山崩、水溢，灾異疊見，非止霜雪不時而已。臣切憂心，以爲彌灾召祥之道，莫過於此。”留中不報。

三月，賜進士孫賢等及第出身有差。

畿内饑。

順天、河間民饑，命刑部侍郎周瑄賑之。二郡連被水灾，素無蓄積。瑄條上八事：一裁冗官，二停徵税，三增軍士糧如舊，四免追逋課，五罷供應柴炭夫役，六皇莊湖泊之利恣民采取，七減價招商中納鹽糧，八借水次倉粟。上悉從之。

夏四月朔，日有食之。

新建隆福寺成。

車駕擇日臨幸，已夙駕除道。太學生楊浩等上疏言：“陛下即位之初，首幸太學，海内之士聞風快睹。今又棄儒術而重佛教，豈有聖明之主事夷狄之鬼而可垂範後世者耶?”章綸亦言：“佛者夷狄之法，非聖人之道。以萬乘之尊，臨非聖之地，史官書之，傳之萬世，實累聖德。”上覽疏，即日罷行。

太學生姚顯又言："王振竭生民膏血，修大隆興寺，窮極壯麗，車駕不時臨幸。夫佛本夷狄之人，信之得禍，梁武帝足爲前車之鑒。請自今凡内臣所修寺院悉毁之，以備倉廒之用，勿復興，作萬世之法也。"時不能用。自正統至天順，京城内外建寺二百餘區，大臣、諫官不言，而二生言之，一時嘆服。

五月，下監察御史鍾同、禮部郎中章綸于獄。

方易儲時，同每獨坐，深思泣下。已而，懷獻太子卒，同與綸入朝待漏，言及儲位事，相對流涕，同諷禮部，請復沂王東宫。胡濙縮首咋舌，曰："作死。"同遂上疏，請立沂王，以固宗社，并陳時政闕失。綸亦上疏，陳修德彌灾等十四事，内言："上皇君臨天下十四年，是天下之父也。皇上曾親受上皇册封，是上皇之臣也。上皇嘗詔傳位於陛下，是以天下授陛下也。皇上於朔望日及節旦，宜率群臣朝上皇延安門，以叙同氣之情，以極尊崇之道；復后汪氏於正宫，以正壼儀；復沂王于儲位，以定國本。"及言"内臣不可干外政，佞臣不可假威福，後宫不宜盛聲容"，語皆激切。上覽疏，大怒，并同逮繫詔獄，逼綸引大臣及通南城狀，體無完膚，竟不承兵部。進士楊集以書上于謙，略曰："奸人黄玹進易儲之説，迎合上意，本爲脱禍計耳。公等國家柱石，乃戀宫僚之賞，而不思所以善後乎？脱二人死杖下，公坐享崇高，奈清議何？"上必欲殺二人，會天大風，黄霧四塞，乃止。

謫給事中徐正戍遼東。

正請召見便殿，屏左右，言："今日臣民有望上皇復位者，有望沂王嗣位者，陛下不可不慮，宜出沂王於所封，增高南城，伐近城高樹，宫門之鎖以鐵錮之。"上怒，謫戍鐵嶺衛。

六月，加王文少保、東閣大學士。

秋七月，纂修《宋元綱目》。

兵部尚書儀銘卒。

改李賢爲吏部侍郎。

賢爲《君監録》，擇其中善可爲法者二十二君，每君擇取最切要者三四事，集爲録，上之。上覽畢，問中官王誠曰："此欲何爲?"誠對曰："欲陛下學此數君耳。"乃頷之。

十二月，謫福建巡按御史練綱爲邠州判官。

時，福建官臺山民聚爲盜，綱聚兵捕其渠魁，而釋其脅從。按察使楊珏奏綱縱盜，當道亦多忌綱，遂謫綱。適遭父喪，自是遂不復出矣。

乙亥，六年春正月，上皇在南宫。

命太監班佑鎮守兩廣。

太監鎮守始此。

馬昂征廣東瀧水猺賊，破之，升左都御史。

猺賊趙音旺作亂，合諸山叛猺大肆殺掠。昂調廣西狼兵及獞人，同官軍直抵賊巢，斬獲甚衆。

逮南雄知府劉實下獄。

實初爲庶吉士，未嘗投足權門，自陳才薄親老，乞教職。後升金華同知，以廉操直節著聲，擢爲順天治中。召修《元史》，筆削任心，無所咨承屈遜。見他人書不合己意，輒大笑，聲徹陛閣間。聞者驚愕，相戒勿以藁示。出爲南雄知府。南雄當嶺南孔道，商税巨萬，前守輒盈饜，推其餘餌過客，得其歡心，且爲游譽。實至，存税十一繕郡學，補張九齡大庾嶺松，不私一錢。未數月，中官使嶺外，至南雄，意欲重賄不得，輒苛辱實。郡人擁實出，中官去。至韶，韶人爲言："南雄守且驛奏索賂辱太守事。"中官懼，急傳馬馳奏："實抗命毁敕，大不敬。"詔逮至京，下獄。獄中上書言：“臣蒙恩仕官三十年，不以妻子自隨，餐粗衣敝，欲爲國家愛養小民，不忍勞費。以是觸忤天使，無所逃罪。”上不復更窮治。不數日，竟卒獄中。實生平清介，甘心貧窶，人比之范丹、李及云。

夏四月朔，日有食之。

六月，以朱熹後梃世翰林五經博士。

秋八月，杖南京大理少卿廖莊、御史鍾同、郎中章綸於闕庭，同死杖下。

時，廖莊以母喪赴京，領勘合，陛見。上因念莊往年疏與鍾同、章綸復儲意同，遂縛三人，午門前杖一百。莊謫定羌驛丞，同、綸復禁獄中。同卒，死掩圜土，莫敢收葬。

丙子，七年春正月，上皇在南宫。

調工部尚書石璞爲兵部尚書，以江淵爲工部尚書。

時，于謙病，在告朝廷欲得一人協掌兵部。淵在内閣，與同官不相能，欲求出補兵部。王文與商輅密擬内批，調璞于兵部，而以淵代璞。淵不之知，旨出，淵大恚，失望。

四月，徐有貞治河工成。

初，有貞受命治河，自東北徂西南，逾濟、汶，沿衛及沁，循河，道濮、范，究源流，度地行水。上疏曰：

臣聞平水土，要在知天時、地利、人事而已。夫水之性，可順以道，不可逆以湮。禹之行水，用兹理耳。方今治者，往往反是，治所爲難。臣循覈河理，自雍而豫，出險之夷，水勢已肆；又由豫而兖，土益疏，水益肆。而沙灣大洪口，適當其衝。於是决焉，而奪濟、汶入海之路以去，諸水從之而洩，隄以潰，渠以淤，潦則溢，旱則涸，此漕運所由阻也。然欲驟而湮之，則潰者益潰，淤者益淤。今惟宜先疏水勢，勢平乃治其决，决止乃浚其淤，多爲之方，以時節宣，俾其後出溢涸之患。必如是，乃可有成。

報可。有貞乃作壩埽、牐渠，隨宜先後之。牐以制水，渠以分水。渠起金堤、張秋，逾百里至大豬潭，越范暨濮，又上數百里，經澶淵以接河、沁，用平水勢。勢隨平，命渠曰廣濟，牐曰通源。渠有分合，牐有上下。凡河流傍出不順者堰之，堰有九，長袤皆萬丈。於是，水不東衝沙灣，更北出濟漕。河治既成，緒乃作大堰，其上楗以水門，繚以虹隄。堰之崇三十有六尺，厚十之，長百之。門廣三十有六尺，厚倍之。隄之厚如門，崇如堰，而長倍之。用架濤截流，栅木絡竹，實之石而鍵以鐵，蓋合木金火土以平水性。水性平，乃浚漕渠數百里，復作牐于龍灣、魏灣，凡八，積水過丈，則泄之，皆通古河以入于海。

三年而河成。始議者，欲發京軍疏河，有貞奏蠲瀕河民馬牧庸調，專役河防，省兵費，紓民力。上從其言，不中制，卒得成功。是役也，聚而間役者四萬五千人，分而常役者一萬三千人。用木大小十萬，竹倍之，鐵斤十有二萬，錠三千，絙八百，釜二千八百，麻百萬斤，荆倍之，藁秸又倍之，而用石與土不可勝計，然用官糧僅五石云〔四〕。

夏五月，進陳循華蓋殿大學士，高穀、王文並謹身殿大學士，蕭鎡户部尚書，商輅兼太常卿，倪謙、吕源左、右春坊大學士。

以宋儒周惇頤孫冕世翰林五經博士。

秋八月，徐有貞升副都御史，還朝。

賜陳瑛、王倫爲舉人。

大學士劉儼、侍講黄諫爲順天考官。陳循子瑛、王文子倫俱不中式。循等遂劾儼、諫閲卷不公，請如洪武間罪劉三吾等例，重開科考試。上令翰林院覆閲試卷，高穀懼儼等禍不測，具白其情，且曰："大臣子與寒士並進，已不可，況又不安於命，欲構考官，可乎？"由是，儼等得釋，特旨賜瑛、倫舉人。

禮科給事中張寧上言："陳循、王文，職居輔弼，秖爲私謀，不恤國體。昔宋范質爲相，從子昇求遷秩，質戒之曰：'爾曹當閔我，勿使增罪累。'韓億爲相，其子雖舉進士，不就廷試。比之循、文賢否何如？沈文通登進士第一，馮京第二。時，以貴胄不可先寒酸，乃進京而退文通。比今試卷已落，而求與中卷比對者，得失何如？臣聞用法不可太寬，太寬則犯之者可倖免而不知懼；施恩不可過當，過當則得之者以爲易而不知感。循等假公濟私，要君杖下，罪狀已彰，人心共怒，若又待之以寬，施之以恩，則愈無忌憚矣。乞正其罪，罷歸田里。王倫、陳瑛仍發回原籍讀書。"不報。

九月，湖廣苗叛，命兵部尚書石璞率兵討之。

奸民李珍、魏玄冲爲苗向道，引之寇掠，作讖文以誑民，湖湘間諸不逞者相率從之，民大擾。命璞提軍往剿。璞以計生擒珍、玄冲，檻送京師。苗平，還治部事。

冬十二月，削寧王護衛。

韓雍劾王不法并論府僚。上遣大臣即訊，奪王護衛，罪諸官僚。

校勘記

〔一〕"義"，據（明）于謙《忠肅集》卷一當作"議"。

〔二〕"輩用"，底本漫漶不清，參考（清）谷應泰《明史紀事本末》卷三十三辨識。

〔三〕"正色曰君爲輔"，底本漫漶不清，參考《明史》卷一百五十八

《魏驥傳》、清《御批歷代通鑑輯覽》卷一百四辨識。

〔四〕“五石”，疑當作“五萬石”。（明）黄訓《名臣經濟録》卷五十徐有貞《敕修河道工完之碑》作“然其用糧於官，以石計僅五萬而止焉”。

國史紀聞卷九

英宗睿皇帝

丁丑，天順元年春正月，上不豫。徐有貞等迎上皇復即位。

上有疾，不視朝數日。儲位未定，人心洶洶，皆謂："上皇子宜復位。"惟王文有異意，揚言於衆曰："今只請立東宫，不知朝廷之意在誰。"李賢問學士蕭鎡，鎡曰："既退矣，不復再也。"十一日，百官集闕下，會奏："聖躬不寧，内外憂懼，乞早建元良，以安人心。"蕭維禎舉筆曰："我更一字，乃更'早建'爲'早擇'。"奏上，不允。傳旨，待十七日視朝。胡濙復會百官請復儲位，推商輅草疏，略曰："天下者，太祖、太宗之天下，傳之於宣宗。陛下，宣宗之子；沂王，宣宗之孫。以祖宗之天下傳之於孫，此萬古不易之常法。"約俟上出，合詞懇請。石亨知上疾必不起，與張軏、楊善，内官曹吉祥、蔣冕等謀奉上皇復辟，以問太常許彬，彬曰："彬老矣，無能爲也。盍圖之徐元玉？"亨等遂與有貞謀，爲飛語，摇惑人心，謂："于謙、王文矯取金牌符敕，迎襄世子矣。"又曰："上令内官張永等收捕諸武臣掌兵者矣。"又佯言："聞虜騎且薄都城，當以兵入内，備非常。"吉祥遂矯稱得太后懿旨，言："天子疾大漸，殆弗興。天位久虚，上皇居南内，於今八年，聖德無虧，天意有在。亨等其率兵以迎。"十六日，軏等會有貞宅，有貞升屋覽乾象，曰："事在今夕，不可失矣。"因與家人訣曰："事成社稷之福，不成家族之禍。"遂往會亨、吉祥，收諸門鑰。夜四鼓，開長安門，納兵千餘人，宿衛官軍驚愕，不知所爲。有出入者，兵輒叱止之。時，天色晦冥，軏等惶惑，有貞趣行大言："時至矣，勿退。"薄南宫城，毁垣壞門而入。上皇方秉燭坐，問曰："爾等何爲?"衆俯伏，合聲："請陛下即位。"共掖登輦，有貞前導。忽星月開朗，上皇顧問："卿等爲誰?"各以姓名對。時，群臣候早朝，待漏闕下。忽南宫呼噪震地，相顧失色。須臾，鐘鼓鳴，上皇御極矣，群臣遂入賀。

大赦。

逮王文、于謙下獄。

石亨等言："謙等交通中官王誠、舒良諸用事者，謀迎立外藩。"遂并逮下獄。

以徐有貞兼翰林院學士直内閣，復進兵部尚書。

逮内閣陳循、蕭鎡、商輅、刑部尚書俞士悦、工部尚書江淵下獄。

以其知王文等謀也。

以許彬爲禮部左侍郎，薛瑄爲禮部右侍郎，并兼翰林學士直文淵閣。

初，石亨等謀迎復，邀彬共事事，彬曰："此社稷功也，第彬老矣，毋能爲也。"乃薦有貞，亨輩遂與有貞合謀成功。至是，亨、有貞薦彬於上，又以瑄素爲衆望所歸，故並用之。

以李賓爲大理寺卿。

論迎復功，進封石亨爲忠國公，張軏爲太平侯，張輗爲文安侯，楊善爲興濟伯，並世襲。

軏、輗皆張輔弟也。軏尋改名賜。

石彪封定遠伯，充大同副總兵。

石亨以奪門功，諸從弟子侄及義壻、養子得官錦衣都指揮、指揮者三十三人，千户、鎮撫者二十一人，其諸竄名奪門冒功者四千餘人。亨矜功恃寵，日與曹吉祥在上左右，竊弄威權，進退大臣，凌侮公卿，人皆側目。

以袁彬爲錦衣衛指揮僉事。

殺少保、兵部尚書于謙及王文，籍其家。陳循、江淵、俞士悦、項文曜謫戍。蕭鎡、商輅、王偉除名。王直、胡濙、高穀並落傅保，致仕。

徐有貞等嗾言官誣劾于謙等竊金符，迎外藩。勘金符故在禁中，别無顯迹。石亨等言雖無顯迹，已有此意。及廷鞫搒掠，王文反覆力辯。于謙獨不言，曰："事已至此，辯之何益?"給事中尹旻衆中發驚〔一〕大言，曰："此二奸臣當誅。"蕭維禎恨王文排己入閣，遂文致獄案，謂："謙等大逆，當族。"獄上，上猶豫良久，曰："于謙有功國家。"有貞曰："不殺謙，今日之事無名。"上意乃决，遂命斬谦、文及范廣、王誠等于市，籍其家。陳循等戍邊，蕭鎡等削籍爲民。

初，景帝以于謙有社稷功，推誠倚任，獨握朝綱。謙殫忠爲國，勞怨不避。事有不如意，輒撫膺曰："此一腔血，竟灑何地?"廉清方正，一錢不私，力辭賜第，止宿直房，食無兼味，衣無絮帛。謙常病，上遣中官視之，見邸寓蕭然，還報，上特敕上方供資用。藥須竹瀝，上親幸萬壽山，伐竹取瀝畀之。或言："謙柄用太過。"上意益堅，群猜遂起。徐有貞常求謙薦爲祭酒，謙言于上，上曰："有貞心術奸險，成均首善地，恐壞人才。"遂不用，而有貞不知謙之薦己也，反銜之。石亨負功而驕，謙數裁抑之，亦恨謙。故二人必欲殺謙。謙死之日，天日驟變，陰霾蔽空，天下人聞之，無不流涕，爲之語曰："鷺鷥冰上走，何處尋魚嗛。"籍其家，無長物，惟上賜衣甲而已。子冕，戍龍門。

奪郭登伯爵，以爲南京都督府僉事。

命王翱掌吏部事，楊善掌禮部事，王驥兼兵部尚書掌兵部。

以趙榮爲工部尚書。

二月，廢景皇帝，仍爲郕王，歸西宫。皇太后吴氏復爲賢妃，皇后汪氏復爲郕王妃。

湖廣苗平，召兵部尚書石璞還京。以總兵官南和伯方瑛鎮守湖貴。

贈故御史鍾同大理左寺丞。

上謂："鍾同忠貫金石。"贈大理寺丞，官其子啓爲知縣。啓上疏，請同遺骸，得出圜土歸葬。時，同殁已久矣，血漬臂間，洗出倍鮮好。後謚恭愍。

召廖莊爲南京大理左少卿。出章綸于獄，以爲禮部右侍郎，擢國子學正林聰爲僉都御史。

以軒輗爲刑部尚書，調蕭維禎爲南京左都御史。

以耿九疇爲右都御史。

命吏部右侍郎李賢兼翰林學士，直内閣。盧忠、徐振伏誅。

癸丑，景泰帝崩于西宫。

葬以王禮，謚曰戾。妃嬪俱賜帛，令自盡以殉。

景帝故后汪氏出居王府。

景帝崩，上欲令汪妃殉。李賢曰："妃雖立爲后，即遭廢棄，況幼女無依，尤可矜憫。"上惻然曰："卿言是。朕以妃少，不宜居内。"初不計其母子之命，乃令出居舊府，原侍宫人悉隨之。

逮大同巡撫副都御史年富下獄，尋致仕。

富在大同舉廢政，革科徵，抑豪横，廣屯田，軍功爵賞，必覈無濫。先爲襄垣王遜熚所誣，富請老。户部言："富廉威，爲奸豪所忌，不可許。"景帝敕王："守法度，勿得汙風憲大臣。"又爲卒吴淮所誣，謂侵郭總兵，坐其上。于謙上議言："穰苴布衣，監莊賈軍，以軍法誅賈，卒破秦晋。裴度御史中丞，督淮西諸大帥平蔡。我朝近日左都御史王翺、右僉都御史鄒來學皆坐總兵上，以軍令出翺等故也。淮妄言沮軍法，宜究主者。"事遂寢。富嘗按参政林厚，坐厚法，厚反誣富。景帝曰："厚怨富執法公廉。朕以邊事付富，終不以一人言疑富。"厚卒削官。富又按分守内臣韋力轉貪虐，力轉亦誣富。巡按御史爲雪富誣狀，事得已。是時，石彪倚亨勢驕横，礙富方嚴，遂危法中富，逮於獄。上素知富，李賢又力爲解，得致仕。

罷諸邊督鎮巡撫。

漕運都御史王竑除名，安置江夏。

石亨□□□也〔二〕。

三月，賜進士黎淳等及第出身有差。

開薊州運河。

何文淵卒。

先是，景泰易儲之詔既下。文淵告人曰："詔語天祐下民，作之君；父有天下，傳之子，我所屬對也。"既歸鄉里，又屢以告郡邑親識。及上復位，文淵恐及禍，遂自縊死。

以陳汝言爲兵部尚書。

汝言附石亨、曹吉祥輩謀奪門，故亨薦用之。及理部事，益附權宦，表裏爲奸，招權納賄，都司、邊將多出其門。有不結納者，即中傷之。

夏四月己巳，復立元子見深爲皇太子。

封徐有貞爲武功伯兼華蓋殿大學士，掌文淵閣事。

襄王瞻墡來朝。

土木之變，襄王兩上疏，慰安皇太后，乞命皇太子居攝天位，郕王盡心輔政。急發府庫募勇士，圖迎復。疏至，景帝已立八日矣。至是，得疏於宫中。上覽之感嘆，手敕召王入朝，禮待甚隆。王辭歸，上送至午門。王伏地不起，上曰："叔父欲何言?"王頓首曰："萬方望治如饑渴，願陛下省刑薄斂。"上拱手謝曰："敬受教。"

山東饑。

上發内帑銀三萬，遣林聰賑之。有司又請，上問閣臣曰："可從否?"李賢曰："可。"徐有貞怫然曰："不可發銀賑民。里胥滋弊，民無實惠。"賢曰："弊誠有之，然民方待哺，不可不救也。"上從賢，增四萬兩，有貞不悦。後上謂賢曰："增銀賑民，有貞不然卿言，其謬如此。"

釋河南按察使王概于詔獄，命復任。

概居官清勁，鋤豪撫善，有恩有威，被誣下獄。會襄王入朝，上問官吏賢否，王言："臣過河南，百姓遮道訴廉使王概冤，且言：'請奏帝，還我王廉使。'"上即命宥概，還任。

五月，追復王振官，立祠祀之。

方上陷虜中，言官劾王振擅權誤國，有言其降虜爲虜用者。至是，振黨以聞，上大怒，曰："振爲虜所殺，朕親見之。"追責言者過實，皆貶竄。詔復振官，刻木爲形，招魂葬之。建祠於智化寺北，賜額曰"旌忠"。

進李賢吏部尚書，許彬、薛瑄禮部左侍郎，以沈固爲户部尚書。

六月，禮部左侍郎兼翰林學士薛瑄致仕。

瑄見石亨等竊弄威權，嘆曰：“君子見幾而作，不俟終日。”遂引疾，求致仕去。

逮内閣徐有貞、李賢，都御史耿九疇及御史楊瑄等下獄，降謫有差。

有貞初與石亨比，及當國，欲立功名自異，漸相左。李賢旁助有貞，用人行政稍持正，左右遂不能堪。曹吉祥亦以迎立功與國政，而不通文墨，恐權歸司禮，力贊上凡事須經内閣，意欲籠絡附己。已而引用私人，有貞、賢多裁抑之，吉祥不悦。時，御史楊瑄印馬圻内，民群訴亨、吉祥奪民田，瑄露章劾之。上喜瑄敢言，命吏部籍瑄名，且大用瑄。又糾十三道御史，班劾曹、石。給事中王鉉知之，潛告亨，亨疑有貞、賢嗾之。初，亨與吉祥争寵，不相能，及是，遂合，頓首訴上，言：“奴輩萬死一生，迎復皇上。内閣專權，交通言官，必欲陷奴輩死地，使無噍類。”因伏地哭不休，上意動。瑄等彈章入，大怒，召諸御史詣文華殿，俾誦彈章，詰之。瑄與御史張鵬、周斌且誦且對，歷陳亨、吉祥罪狀甚悉。遂下諸御史，并逮耿九疇及有貞、賢于詔獄。逼瑄誣引大臣，刑甚慘酷，數瀕死，卒一語不他及。理刑者文致瑄坐死，掌道者謫戍，餘貶斥。會京城大風，雹，壞屋拔木，走正陽門下馬牌於郊外，乃得從末減，瑄戍遼東鐵嶺，餘調除有差，於是，臺臣一空。降有貞爲廣東參政，賢福建參政，九疇江西右布政使。

以李賢爲吏部左侍郎。

賢之降，迫于曹、石，非上本意。上欲留之，謂王翱曰：“李賢不可與有貞同去。”翱不喻，請改賢南京，謂可避禍也。上曰：“南京遠。”即用爲吏部侍郎。亨、吉祥聞賢留，愕然。

顧上意屬賢，亦無可奈何。

命通政司參議兼侍講吕原、贊善兼修撰岳正並直文淵閣。

原在正統時曾侍上經筵，上素知之。王翺薦正有宰相材，召見文華殿，正神采秀發，上甚喜，顧謂曰："内閣許彬老矣，不足恃也。朕今用汝，努力爲國家。"正頓首謝，出，赴閣。至左順門，遇石亨、張軏，愕然曰："何以至此?"正不對。亨、軏忌正才名，比入見，上曰："朕今日擇一閣臣，甚佳。"二人佯請："爲誰?"上曰："岳正，但官小耳。須與吏部侍郎兼學士。"二人因奏曰："陛下欲升正，甚易。姑試之，果稱職，未晚也。"上默然。蓋亨輩以事非己出，故撓之耳。

以程信爲太僕寺卿。

信爲四川參政，入賀。録景泰間進言者，升信太僕卿。信案故事，理營衛馬。三營大將石亨等疏言："太僕苛急，請馬隸兵部。"信言："馬政隸兵部，則馬登耗太僕不得聞。即有警，馬不給，請以責兵部。"上是信言復歸太僕。

秋七月，承天門灾，下詔修省，大赦。

復逮徐有貞下詔獄，除名，安置金齒。

時，有竊造封事，詆毀朝政者，假給事中李秉彝名上之。命逮秉彝，拷訊無驗。亨等因譖有貞怨望，使所親馬士權爲之，而滅其迹。上遂遣官校捕有貞於途，收士權，俱下錦衣衛獄。拷掠瀕死，士權終無所言，乃取有貞誥券示法司。刑部侍郎劉廣衡等遂劾奏："有貞詐撰制文，竊弄國柄，自謂治水希踪神禹，敢以定策貪冒天功，大不敬，無人臣禮當斬。"會灾變，得宥，編發金齒爲民。士權，泰州人，博學有氣節，寓京師教授，游縉紳間，與有貞厚善，故亨輩擠之。有貞出獄，感其義，以女許婚其子。既而，曹、石敗，有貞自金齒歸，負盟，士權亦無言。時論皆重士權之義，而薄有貞云。

調直内閣許彬爲南京禮部左侍郎。

彬年老無爲，故調。尋坐累，降陝西參政。

刑部尚書軒輗致仕。

輗以曹、石怙權侵官，乃請老。上曰：“昔浙江廉使考滿，歸家，僅二竹籠，是汝乎？”輗頓首謝。又曰：“卿年未老，可再用乎？”輗又頓首，以疾辭。上知不可强，賜金爲道路費，輗即日就道。

降岳正爲欽州同知，尋謫戍肅州。

上嚮用正，時時召見。正感知遇，鋭意功名，在上前陳説洒洒，知無不言。欽天監湯序因灾異請去奸臣。上問正，對曰：“奸臣無主名，即求之，人人自危。”匿名書事起，曹吉祥請上榜購告捕者，官三品。正與吕原見上曰：“爲政有體，朝廷豈可自榜購募？秦始皇杜諫，下妖言誹謗令，竟不聞過以亡國。願以爲戒。”事遂止。正又乘間言：“曹、石驕横，不早制，恐禍起肘腋。”上頷之，曰：“已諭。”正退，即徑造石亨所，諷令罷兵歸第，不然，上將有疑心。亨、吉祥因詣上，免冠請死，具道所由。上曰：“無之。”且召正，責其漏言。正對曰：“臣觀二家，必有悖叛之誅。即今罪狀未著，臣欲全君臣共難之情，故令早自爲計耳。”上不悦。承天門灾，正草詔，歷數時政闕失，奸邪蒙蔽，詞甚切直。亨輩因造飛語，聞于上，謂：“正草詔出，時時對人言：此非上意，我欲諷上改過也。正賣直沽名，訕謗君父。”上怒，遂内批，降正欽州同知。正過家辭母，留數日。兵部尚書陳汝言曹，石黨也。嗾邏者以别事中之，逮詔獄，拷掠，謫戍肅州鎮夷所。或語之曰：“公犯未信而諫之戒矣。”正曰：“子謂我諫官耶？我當道如是耳。”正既去，上嘗念之，曰：“岳正倒好，只是大膽。”傳至戍所，正乃題其畫像，曰：“岳正倒好，只是大膽。惟上念哉，必當有感。如或赦汝，再敢不敢？臣嘗聞古人之言，蓋將之死而靡憾也。”

釋建庶人居鳳陽。

初，建文帝少子文圭，靖難後幽之中都。上憐庶人無罪，久繫禁，欲寬之。李賢贊曰：“堯舜心也。”有諫阻者，上曰：“有天命者，任自爲之。”遂出之鳳陽，歲給薪米，聽婚娶，出入自便，與奴婢三十人給使令。庶人入禁時，纔二歲，至是出，不識牛馬。

復謫前御史張鵬、楊瑄，戍廣西。

先是，鵬、瑄戍遼東，遇赦還。或謂宜詣曹、石謝，庶免後禍。二人不從，故復謫。詔辭嚴峻，曰：“逃則殺之。”命錦衣林千户押行，二人同械，朝夕不保。時，李秉巡撫南畿，遇之途，哭不能起，命左右出之，二人不肯，曰：“死則死耳，不敢累公。”秉曰：“何傷？朝廷有責，吾自當之。”即詣林千户，懇求寬其繫，且解帶遺之爲道里費，二人得不死，至戍所。

復以李賢爲吏部尚書兼翰林學士，直文淵閣。

時，推吕原在閣。石亨等薦私人參議盧彬、太常少卿王謙，上不聽，與吏部王翺謀，仍復賢内閣。

命左都御史馬昂巡撫山西大同。

八月，謫南京都督僉事郭登戍甘州。

初，上陷虜庭時，也先以復駕爲名，逼京師。于謙使人謂之曰：“賴宗廟社稷之靈，中國有君矣，駕可勿復。”及至大同，郭登言亦如之。上銜之，故謫。

以劉廣衡爲刑部尚書。

以御史林鶚爲鎮江知府。

上命吏部選内外官爲郡守，陛辭日，親諭勞賜燕，給道里費，遣之。鶚至郡，汲汲興除利害。鎮江漕河孔道，往經孟瀆險，議鑿河，自七里港引金山上流，通丹陽，避孟瀆。鶚言："迂遠多石，又壞民廬墓，請按京口閘、甘露壩故迹，稍疏浚通舟，春夏啓閘，秋冬度壩，道里近，功力省，又不損民壞地，利甚便。"竟從鶚言。

禁武臣輒入内廷。

石亨竊權干政，出入禁廷無忌。上厭之，謂李賢曰："總兵官豈可無故入内廷？"令左順門閽者："今後非召宣，不得輒納總兵。"一日，上登翔鳳樓，見亨新第極偉麗，顧問恭順侯吴瑾、撫寧伯朱永曰："此何人居？"永謝不知，瑾曰："必王府。"上笑曰："非也。"瑾頓首曰："非王府，誰敢僭如此？"上不應，顧内臣裴當曰："汝聞若言乎？亨横，睚眦中傷，人莫敢告耳。"

九月，命太常寺少卿兼侍讀彭時復直文淵閣。

起年富爲左副都御史，巡撫山東。

太常寺少卿兼侍讀學士掌院事劉儼卒。

儼學力沉潛，立身修潔。贈禮部侍郎，謚文介。

召左都御史馬昂掌都察院事。

冬十月，遣行人曹隆聘江西處士吴與弼。

與弼，編修吴溥子，甘貧力學，名聞四方，從游者甚衆，足不下樓者二年。石亨覺上厭疑，又知衆不容己，問計于門客謝昭。昭倣張觷教蔡京招楊龜山故事，令亨薦與弼，收士望。石亨因誦與弼之高於李賢。賢爲草疏薦之，留中數日。上問賢曰："與弼何如人？"對曰："與弼，儒者高蹈。古昔明王，莫不好賢下士，徵聘隱逸。陛下若行此，實聖朝盛事。"上乃命賢草敕，加束帛，遣使聘之。

十一月，陳汝言下獄死，籍其家。

言官高明等交章劾汝言怙勢亂法，贓賄狼籍，逮繫獄。汝言死獄中，籍其家，金帛充仞。上令陳於大内廡下，召大臣入視，曰："景泰間，任于謙久，籍没，無餘物。汝言未期，何得賂之多若是耶?"時，上怒甚，色變，石亨等皆俛首不敢對。初，于謙之死，皇太后不及知，後知之，備爲上言謙匡濟功，及迎立外藩之誣，上始疑之。久之，察迎立事無狀，每詰亨等，皆對曰："臣亦不知，乃徐有貞向臣言耳。"於是，上深銜亨輩，待時而發，有貞金齒之行，而亨輩俱不免者，皆由于此。

也先爲其下所殺。

也先荒於酒色，又殘忍，諸部不悦，稍解散。也先忿其平章哈剌謀叛己，欲攻之，恐不勝，乃召哈剌子飲酒，中以鴆。哈剌子嘔吐，覺，走出，嚙指血染箭，令其僕告哈剌。哈剌陽不知，益敬順也先。也先以哈剌畏己，防稍解。哈剌伏衆，伺也先出獵襲之。也先猖狂戰，敗走，從二騎遁。道中饑窘，至一婦人所乞漿，婦人飲之酪，遂去。夫歸，婦言狀，疑其爲也先，急追及殺之。諸部遂分散，而孛來瘸王子爲雄。

十二月，進彭時、吕原並翰林學士。

張賜卒。

賜貴州征苗還，于謙劾其失機，不可用，自是恨謙。既奪門復辟，謀殺謙，以謙信任范廣，并誣殺之。廣既死，賜一日遇諸塗，爲拱揖。左右問之，曰："范廣過也。"歸家，發病死。

戊寅，二年正月。

尊皇太后孫氏爲聖烈慈壽皇太后。

上謂李賢曰："朕居南宫七年，危疑之際，實賴太后憂勤保護，罔極之恩，欲報無由，欲倣前代尊上徽號，何如?”賢頓首曰：“陛下舉此，莫大之孝也。”於是，上太后徽號曰“聖烈慈壽太后”，兄繼宗廕會昌侯，子孫數十人皆授官。左右又有爲其次兄求進秩，上謂李賢曰：“外戚孫氏一門富貴亦足矣，復希恩澤，以爲慰太后心，不知太后正不以此爲慰。比者授其子弟官。時，數請方允，且不樂者累日，曰：‘有何功於國家? 濫授禄秩，如此物盛必衰，一旦有干國憲，吾不能救。’”賢曰：“此足以見太后盛德。”因問：“祖宗以來，外戚不與政。向爲侯者與政，不審太后知乎?”上曰：“太后正不樂此。初爲内廷近侍惑以關防之説，至今猶悔。”賢曰：“侯爲人醇謹，後不可爲例耳。”上曰：“然。”

皇太子出閣講學。

以馬昂爲兵部尚書。

虜酋孛來寇陝西，總兵安遠侯柳溥御之，敗績。

哈剌既殺也先，孛來尋殺哈剌，而立小王子爲可汗，已又弑小王子。來寇邊，溥御之，輒敗。御史劉濬劾溥，溥行賄得釋，反謫濬。已而，虜大熾，關中大震，乃召溥還。上謂曰：“溥爲主將，畏縮如此，不治何以儆衆?”遂罷太傅，勒令閑住。

二月朔，日有食之。

閏二月，起韓雍爲大理寺右少卿，尋復右僉都御史。

天順初，謫景泰用人，雍調山西副使。未幾，致仕。至是，起用之。

四月，復設各邊督鎮巡撫。

初，石亨以文臣提督軍務，武官不得自逞，因請罷之。未幾，邊徼騷然。上召李賢，謂曰：“自各邊革去巡撫，軍官貪肆，士卒罷弊。朕初復位，奉迎之人紛紛以此爲不便，今乃知其謬也。卿與吏、兵二部議，舉才能者用之。”遂用浙江布政白圭遼東，山東布政王宇宣府，僉都御史李秉大同，監察御史徐瑄延綏，山西布政陳翌寧夏，陝西布政芮釗甘肅，俱以京官巡撫。上曰：“武人所以惡文臣者，只因不得遂其私耳。在任者悉召還。”馬昂以貴州有兵事，速請一人往，召以白圭贊理貴州軍務，而以程信巡撫遼東。

以葉盛爲右僉都御史，巡撫兩廣。

時，兩廣盜起，廷議舉有才望者往撫之，遂用盛。盛方丁父艱，家居，乞終制，不允。初，廣東鹽例不出境，歲久，鹽積商困，往往賄守關者，潛過廣西市利。盛至，知其弊，以聽之則法壞而利歸於商，禁之則商滯而利歸於關津，乃請鹽商入米餉邊，聽出境販鬻。於是，公私兩利。

以崔恭爲左副都御史，巡撫南畿。

恭初爲萊州守，有廉明聲。升湖廣布政，盡革諸弊。時，劍利流民相殺，恭曰：“急則大變。”下令流民願附籍者聽，否俟秋成遣歸，衆遂定。調江西，發庫宜乾没銀五十萬〔三〕。制役法，民一歲任勞，九年得逸。至是，巡撫南圻，所至進耆老，詢利害，爲興革，復儀真漕河及常鎮河，程工贍廩，民不告勞。

令吏部左侍郎孫弘守制，以姚夔爲吏部侍郎。

弘，石亨鄉人也。初爲太僕少卿，冒奉迎功，升工部侍郎。亨又薦爲尚書，上調弘吏部，曰：“再升當爲尚書。”亨怏怏曰：“即尚書，何不可？何再耶？”上不能堪。及是，弘聞喪。上謂李賢曰：“孫弘豈勝吏部？宜令守制。吏部乃人物權衡，廷臣中誰可任者？”賢曰：“無逾姚夔，夔有大臣度。”遂用夔。上一日密謂賢曰：“石亨輩干請招權，奈何？”賢曰：“惟獨斷可以革之。”上曰：“非不自斷，從之則悦，不從意便怏然。”賢曰：

“若理果不可，是亦難從。君權不可下移，誠能獨攬，彼之勢自消，趨赴者漸少矣。”上頷之。

布衣陳真晟詣闕上書，不報。

真晟，漳州人，初習舉業，嘗應試福州，聞有司防察過嚴，無待士禮，走歸。棄舊業，務聖賢踐履之學，以敬爲主，嘗曰：“《大學》‘誠意’爲鐵門關，‘主一’二字乃其玉鑰匙也。”至是，詣闕上書。其書首采程氏學制；次采朱子論説；次作二圖。一著聖人心與天地同運；次著學者心法天之運；次言立明師、補正學、輔皇儲、隆教本數事。書未上，先疏乞召見陳説，不報。及書上，下禮部議，竟寢。歸，聞吴與弼名，欲就正之。貨其家，直得五金。携兄子一人行，戒之曰：“我死即瘞于道，題曰‘閩南布衣陳真晟墓’。”至江西，張元禎止之宿，叩其學，大加稱許，曰：“濂洛之學，自有真傳，如與弼者，不可見，亦不必見也。”遂還鎮海，尋卒，年六十四。

五月，徵處士吴與弼至京，入見，命爲左諭德，固辭，尋遣還鄉。

與弼將至，上問李賢：“與弼當授何官？”賢曰：“宜授宫僚，輔導東宫。”又曰：“與弼至，宜館次供張，召見顧問。”上頷之，命與弼爲左諭德。及見上文華殿，力辭不受職。上曰：“久聞高義，特聘至，何不受官？”與弼對曰：“微臣草茅賤士，少嬰病疾，屏處山林，非有高世之行，不意聲聞過情，誤塵薦牘。蒙聖明過聽，天書束帛，賁及草茅，不勝感愧，力疾趨闕，謝主上厚意。臣今年六十八矣，衰朽之人，實不堪世用。”上曰：“宫僚亦優閑，不必辭。”與弼辭益力。于是，賜文幣、廪餼，遣中使送至館。上顧謂賢曰：“此老非迂闊者，務令就職。”與弼三辭後，稱病篤。賢叩其意，與弼以敕書以伊傅之禮聘之，却授館職，故不拜。賢曰："如此亦固矣。朝廷致敬盡禮待先生，初無不承權輿之意，必欲如傅説爰立作相亦難。既稱衰病，若當大任，勢不能行，人反失望。不如且就宫僚，果有建明，大拜未晚。"與弼終不受，力求歸山。賢言於上，上曰："果爾，亦難强留。"賢曰："此朝廷盛事，幸始終恩禮。"上首肯曰："既以行人聘來，還以行人送歸。與璽書，令有司繼粟，終其身。"與弼感激，乃條上十事，然皆經生常談，無過人者，遂辭歸。既歸，益矜肆，無復故態，羅倫常投詩嘲之。後與弟訟，囚服詣府庭，太守張璝驚，禮之。張元禎移書責之，有曰："當上告素王，正名討罪，豈容先生久竊虛譽，爲名教中罪人？"至跋石亨族譜，稱門下士，識者尤鄙之。

六月，雲南總兵沐璘卒，以沐瓚爲都督同知，鎮守雲南。

七月，以宣城伯衛穎鎮守甘肅。

瀧水猺鳳弟吉作亂，葉盛討擒之。

初，猺賊鳳廣山恃險出没爲寇，官兵不能制。廣山死，其子弟吉繼之，益猖獗，爲〔四〕稱將軍，劫掠鄉村，攻圍城邑，殺害人民，不可勝計。盛調兩廣大軍，水陸並進，斬箐伐木，開山通道，直搗其巢，斬首三百餘級，擒弟吉，檻送京師，餘黨潰散。

南京刑部尚書薛希璉卒，以耿九疇爲南京刑部尚書。

上念九疇去非其罪，召還，陛見，憐其老，以爲南京刑部尚書，曰："遂卿優閑。"

九月，命副都御史林聰捕江淮群盜。

江淮鹽徒横行劫掠，道路爲梗，上遣聰捕之。聰設法擒渠魁，戮數人，脅從用輕典，盜以寧息。

冬十月，孛來寇延綏，守將張欽御敗之。

帝獵南苑。

苑在京城南二十里，方一百六十里。苑中有按鷹臺，臺傍有三海子，皆元之舊也。本朝稍增治之，闢四門，繚以周垣，飛走盈内，籍海户千餘守視。自永樂來，搜獵于此，以講武事。是日，上親御弓矢，命勛戚武將應詔馳射。既畢，賜酒饌，以所獲分賜從臣而歸。

十二月，左都御史羅通致仕。

己卯，三年春二月，以山東左布政陸瑜爲刑部尚書。

李賢所薦也。賢再入閣，石亨與有力，而賢終不悦，慝怨，接殷勤。亨見賢日信用軋己，上寵顧漸衰，益恨賢。及是，見賢薦瑜，不次擢，遂揚言賢納瑜賂，爲先容，冀以感賢。朝士紛然，謂必不用瑜，賢且得罪。及瑜至，上竟用之，群誹始息。

建州夷酋董山叛降朝鮮。

董山潛結朝鮮，受僞制，爲中樞密使。遼東巡撫程信調得其制書，疏請，乘其未發，先詰之，可伐其謀。上遣給事中往朝鮮，錦衣譯者往建州，兩酋初不肯承。出制書示之，皆驚服，謝罪。

石彪有罪，下獄。

彪凶暴貪狡，既陷年富，益恣肆，數侮總兵。總兵不能堪。遂爲流言，誣彪有異志。上疑之，欲召彪還。彪又令大同人保己爲總兵，上益怒，或又曰："彪結死黨，必欲留據大同，爲石亨外援。"遂逮繫詔獄。

禁文武大臣、科道官往來交通。

初，石彪事發，言官密奏，即有泄於彪者。上召李賢曰："群臣黨惡如此，不可不戒。"賢曰："誠如明旨。"上乃敕諭百官："今後文武大臣無故不許往來，近侍官不許造大臣私宅，錦衣衛官亦然。”于是，朝廷肅然，交通之弊始息。

四月，以王概爲右副都御史，巡撫陝西。

時，歲荒，老弱流移。概檄所司，設法鳩集，停逋負，民恃以無恐。

致仕南京國子監祭酒陳敬宗卒。

七月，下工部右侍郎翁世資於獄，謫衡州知府。

内織染局奏：“上供文綺乏，當下蘇松，織造七千疋。”世資言：“東南民力竭矣。宜樽節以蘇疲困。”與尚書趙榮、左侍郎霍瑄議，減其半。二人有難色，世資曰：“儻得罪，世資自當之，不以相累也。”疏入，上怒。推主議者，遂逮世資下獄，謫衡州。

九月，石亨罷兵歸第。

上初復辟，石亨輩屢在上前矜迎駕奪門功，上亦惑之。一日，從容與李賢言及，賢曰：“迎駕則可，奪門則不可。況郕王不諱，天命、人心咸屬陛下，何必奪門？且内府門豈可奪？‘奪’之一字，何以示後世？賴天靈助祐，幸而成事。萬一郕王左右先覺，亨輩不足惜，不審置陛下於何地？”上曰：“然彼時何以自解？方悟此輩非爲社稷計，不過圖富貴而已。”賢曰：“臣彼時極知此舉之非，亦有邀臣與謀者，臣不從。臣愚謂郕王果不起。文武群臣請陛下復位，安用如此勞擾？誰貪天功邀求升賞，又孰敢招權納賂者？”上曰：“善。”由是薄亨。亨生男未彌月。上令亨負兒入見，喜摩其頂曰：“虎子也，善撫之，朕行與卿結姻。”上意欲寵亨，且探亨意。亨不諭，曰：“不敢，臣兒無福。”上笑而頷之，命左右取金鎖繫兒項，賜封鎖定侯。亨頓首謝，負出。上益疑亨。及石彪事敗，言官交章劾亨，遂罷兵柄，勒令歸第。

孛來寇大同。

虜寇大同，總兵官李文避不敢出，虜直抵雁門、忻、代，殺掠人畜，烽火達於京師，民大擾。遣都督顔彪、馮宗統兵屯紫荆、倒馬以備之。虜既大獲利，去而復來。敕兩都督提兵出雁門，虜始退。

冬十月，南内離宫成。

庚辰，四年春正月，宴朝覲官布政賈銓等十人於禮部。

以布政蕭晅爲禮部尚書，賈銓爲副都御史，巡撫山東。

二人皆以卓異舉者。

起年富爲户部尚書。

初，吏部舉賈銓。上問李賢，賢曰："銓貌不稱名。年富執法不撓，可居此職。"上頷之。左右不悦富者甚衆，謂賢曰："上不喜此人，不宜再舉。"一日，上召賢曰："户部非年富不可?"賢曰："此人不悦者衆，愈足見其賢。"上曰："國計所關，豈顧私情不悦者哉?"遂召用之。富經理財賦，莅以勤廉，不動聲色，而出納適節云。

致仕大學士高穀卒。

上復辟，閣臣皆流放竄殛，惟穀以忠謹及嘗請迎駕，致仕。既歸，杜門不接賓客。有問及朝政者，輒不應。官至台鼎，家業蕭然，身没未幾，子孫貧窶。成化初，姚夔言："穀端亮有守，始終不渝。"得贈太保，謚文毅。

二月，誅石彪。逮石亨下獄，死。

亨既歸第，有怨望語，遂有告亨謀不軌者，言："亨門下有瞽指揮童先者，嘗教亨舉大事，於袖中出妖書曰：'惟有石人不動。'亨信之，與所親盧旺、彦敬謀曰：'大同人馬甲天下，我撫之素厚。若以石彪代李文守大同，北塞紫荆關，東出山東，拒臨清，絶餉道，則京城可不戰而困矣。’”上聞之，即日縛彪棄市，逮亨繫獄，斃之獄中，籍其家。法司請瘞亨屍，上問李賢，賢請盡法斬首。上念亨功，不從，令瘞之。亨，粗豪無機巧，威名震主，不知斂戢，招權納賄，凌上虐下，故及于敗。法司又請究亨黨冒功升秩者。上問賢曰：“此事恐驚動人心。”賢曰：“此輩方不自安，若令自首免罪，自帖然矣。”從之。於是，冒功者四千人盡首改正，人心皆快。

三月，賜進士王一夔等及第出身有差。

召軒輗爲左都御史，總督南京糧儲。

輗致仕去，上思之，復召用。輗嚴毅，遇人無賢否悉峻拒，不得接。歲時詣禮部拜表慶賀，屏居一室，撤燭，朝服端坐，寂無一言。鼓嚴，出行禮，禮畢，竟御肩輿歸。僚儕聞輗來，輒避去，不樂與處。南武庫郎沈琮嘗言：“留都大臣，惟輗及魏驥廉平俊偉，不務文飾云。”

逮遼東巡撫副都御史程信下獄，調爲南京太僕少卿。

遼東總兵董興倚曹吉祥，姻昵指揮夏霖恣不法。僉事胡鼎發霖奸贓四十事，信以狀聞。詔錦衣指揮郭英逮霖，籍其家。英得霖貨，末減霖。寇深遂劾信惑外臺官，瀆聖聽。詔詰信，不肯引咎，徵下詔獄，調南太僕少卿。

五月，靖遠伯王驥卒。

驥沉毅恢宏，有文武材，遇事立斷，用法嚴明，故能成功。然麓川之役，阿附王振，勞敝中國，多殺無辜。晚年石亨用事，又相依倚，不無訾議云。

秋七月乙未朔，日有食之。

南京刑部尚書耿九疇卒，以蕭維禎爲南京刑部尚書。

九疇孝友純至，居官清正，平生無他嗜好，公退焚香讀書而已。好善疾邪，别白太過，以故與衆寡合，累遭讒困。卒，謚清惠。

八月，虜酋孛來寇大同，總兵李文御之，敗績。

九月，寧夏總兵都督張太敗北虜於東壩。

冬十月，帝閲列侯諸將於西苑。

命僉都御史韓雍巡撫大同。

雍陛辭，上召至文華殿，賜鈔，諭之曰："善爲朝廷守北門。"雍精悍闊達，有智略，時出己意經畫，防守城堡，部署將校，糾奸蠹，練士伍，逾年戎政大修，虜不敢近塞。

十一月，虜寇莊浪，副都御史芮釗御却之。

虜寇涼州急，釗率輕騎馳赴涼州，與總兵畫策守戰，時出奇兵擣虜營。虜知不可近，乃分部屬散掠莊浪諸虜〔五〕。釗分兵追剿，所向克捷。虜勢屈，乃遁去。是時，虜出没邊境幾一載，而城守無虞，居人不致流散者，釗之功居多。

閏十一月，以崔恭爲吏部右侍郎。

掌欽天監事禮部侍郎湯序有罪，下獄。

時，月食，欽天監失於推算。上謂李賢曰："月食，天變之大者，而欽天監推算不精，失職矣。"因言："湯序，凡有灾異，必隱蔽不言；天文有變，則曲爲解説。朝廷正欲知灾異，以警戒修省，而序乃隱蔽如此，豈臣下盡忠之道？"賢曰："序若此，罪可誅也。"上乃收序下獄，降爲太常少卿。

釋徐有貞，歸田。

上與李賢、王翱論人才高下，因曰："若徐有貞，才學亦難得，當時有何大罪，爲石亨、張軏所陷？如後世議何？可釋歸田。"有貞始得還鄉，卒於家。有貞，短小精悍，博學多能，天官地利，兵法水利，陰陽方術，無不通曉。然心險毒，好傾軋人，以故不得善終。

辛巳，五年春正月，以廖莊爲南京禮部侍郎。

夏四月，以程信爲刑部右侍郎。

五月，江南、北大水。

六月，孛來寇河西，總兵仇廉御之，敗績。命懷寧伯孫鏜、兵部尚書馬昂率師往御。

孛來寇河西，圍困城堡，日久不退。仇廉率兵自蘭縣渡河，與莊浪合兵，虜邀擊之，廉敗還。虜益猖獗，大肆殺掠，官軍莫敢與敵，關中震恐。於是，以昂總督軍務，鏜爲總兵官，率京營兵萬七千、河南山東兵六萬征之。

秋七月，曹吉祥、曹欽反，率兵犯闕，殺恭順侯吴瑾。懷寧伯孫鏜、尚書馬昂討平之，吉祥、欽伏誅。

吉祥在正統、景泰間，常領兵征苗，麾下多韃官。吉祥結恩惠，收爲爪牙，竄名奪門中，皆升峻職。及石亨敗，盡革諸冒功者，此輩爲吉祥曲庇如故。吉祥初以迎駕功，一門弟侄俱得顯官，又賣官鬻獄，黷貨無厭。上積厭吉祥凶横，稍疏抑之。吉祥憤，輒懷異志。又見石亨誅，益不自安，遂與其侄昭武伯欽，都督鐸、鏞，指揮鉉謀爲不軌。會馬昂、孫鏜出師西征，將以詰旦陛辭。欽等與吉祥約，殺昂等，奪其兵，入内爲變。吉祥誘禁兵爲應，所結番將都督伯顔、也先等數十人，各以部兵從，期會已定。恭順侯吴瑾及都指揮完者秃亮聞其謀，漏二鼓，詣長安門告變。上急令叠石塞諸禁門，召中官，急縛吉祥。至四鼓，賊兵合番漢五百騎直抵禁城，遂殺錦衣衛指揮逯杲及左都御史寇深。吴瑾率兵御之，戰死。執李賢於朝房，刃傷其首。欽要賢奏赦，賢即爲草疏，自門隙投入。欽見門不啓，縱火焚門，適大雨，火滅。比明，詔會昌侯孫繼宗統諸兵討賊。孫鏜先登力戰，諸將分道逆擊，馬昂以精兵殿。工部尚書趙榮聞變，亦大呼市中，率數百人往會之。欽退屯東安門，鐸以衆接戰。自辰至午，敗鐸，斬之。欽中流矢，創甚，還駐東大市街。鉉以百餘騎往來馳突，官軍環結不動，自相枕籍。鏜斬先潰者以徇，督戰益急，追斬鉉。欽懼，率百餘騎攻朝陽門，欲出奔，不克。諸軍進薄之，殲其衆。鐸爲亂兵所殺，欽匿其家眢井中，伯顔、也先等縋城遁，遣兵追之，皆獲。是晚，上御午門朝百官。下伯顔、吉祥、也先等御史獄，伏誅。仍棄鐸市，磔欽屍，籍其家，賞將士。餘黨並落職，流嶺南。

八月，進孫鏜爲懷寧侯，馬昂、王翱、李賢並加太子少保，完者秃亮爲都督。

追封吴瑾梁國公。

諡忠壯。

命兵部侍郎白圭、副都御史王竑出河西，分道御虜。

孫鏜、馬昂會曹欽反，不果行。河西羽書紛至，李賢乃薦圭與竑分道御虜。比至，虜已得利引退，遂班師。竑仍督漕巡撫。

以大理卿李賓爲右都御史。

寇深死。上令廷議擇人，衆舉蕭維禎。上曰："此人，吉祥曾力薦之，非端士也。"李賢曰："大理卿李賓，年雖少，容止老成，久典刑名，可當此任。"遂升賓右都御史。

詔天下。

李賢言："曹賊就擒，此非小變，宜詔天下，罷一切不急之務，與民休息。"又言："自古治朝未有不開言路者，或設敢諫之鼓、誹謗之木以導之，或旌擢賞勞以勸之。聖帝明王，其惓惓求言若此者，惟恐不得聞其失也。惟奸臣惡人，攻己必欲塞之，以肆其非。由是，覆宗絶祀，陷于大僇而不悟矣。”上曰：“此吉祥、石亨輩實爲之。今宜列之詔書，使知朕意。”先是，御史張鵬、楊瑄以言，自此言路始開。

赦岳正還鄉。

曹、石敗，上因思正言，謂李賢曰：“向岳正固嘗言之。”賢因請曰：“正有老母，使得生還，幸甚。”乃命釋爲民。

甘肅總兵宣城伯衛穎破西番于涼州。

都督毛忠爲番虜所圍，穎提兵往救，全師而還。

九月朔，日有食之。

十二月，巡撫兩廣副都御史葉盛，同都督顔彪討平兩廣諸蠻。

大藤賊弗靖，盛督官軍、土兵分道夾攻，破石門、紫荆等寨七百餘處，斬三千餘級，餘衆潰，寇盜悉平。

壬子，六年春正月，虜共立脱思爲可汗，始入河套。

孛來稍衰，其大酋毛里孩、阿羅出與孛來相仇殺，而立脱思爲可汗。脱思，故小王子從兄也。於是，毛里孩、阿羅出、孛羅忽三酋始入河套。河套三面阻黄河，土肥饒，可耕桑，切近陝西榆林堡，東至偏頭關，西至寧夏幾二千里，南至邊，北至黄河，遠者八九百里，近者二三百里，即周之朔方，秦所取匈奴河南地，漢之定襄郡，赫連勃勃、趙元昊所據以爲國者也。唐三受降城在套北黄河之外，元東勝州在受降城東。國初，虜遁河外，居漢〔六〕北，延綏無事。正統以後，浸失其險，虜始渡河犯邊。鎮守都督王禎始築榆林城，創沿邊營堡、墩臺二十四所，歲調延安、綏德、慶陽三衛官軍分戍，而河南、陝西客兵助之，列營積糧，以遏寇路。景泰初，虜犯延慶，不敢深入。至是，諸酋掠我邊人，以爲嚮導，因知河套所在，駐牧其中，遂爲邊境剥膚之害矣。

二月，復設提學憲臣。

三月，罷陝西屯兵。

陝西管糧参議尹旻奏言："虜退河開，士馬衆多，人民轉輸困極，請乞罷兵。"議者懼後有警，難之。李賢言："兵出在外，可暫不可久。暫則壯，久則老。且虜時窺邊，安能保其不來？若慮其來，不可罷兵，更無休息之時。今陝西人民困極，芻餉不繼，宜暫令諸軍還。俟有虜警，再調未晚。"上從之。

六月，下國子祭酒劉益于獄。

九月，皇太后孫氏崩。

謚曰孝恭章皇后。

少傅、吏部尚書致仕王直卒。

直器宇宏偉，性端重，寡言笑。在吏部，留意人才，干請杜絶。歸田後，嘗謂人曰："西楊不與予共事内閣，出理部事。當是時，不能無憾。然使不出部，丁丑正月，當坐首禍，能免遼陽之行乎？"卒贈太保，謚文端。

以户部侍郎張睿爲尚書，督糧儲。

上從容問李賢曰："今六卿庶皆得人，但慮王翺老矣。"又曰："年富亦不易得。"賢對曰："繼翺吏部，非此人不可。"上曰："朕意亦如此。刑部陸瑜甚佳，李賓、趙榮亦可。惟禮部石瑁稍文弱。"賢曰："瑁不滿人望，宜令致仕。"上曰："且留之，恐後來者，未必過瑁。"一日，奉天門奏事，瑁失儀，上謂賢曰："瑁動止粗疏，豈堪禮部？户部侍郎張睿可代之。"瑁即上疏乞休。上見疏，又不忍，曰："瑁篤實，豈可因小失而退？"仍留瑁，而睿升尚書，督糧儲如故。

十月，以項忠爲右副都御史，巡撫陝西。

忠爲陝西按察使，有惠政，得民心。歲饑，不待奏報，輒發粟賑濟，全活數萬人。丁母喪，陝人數千赴闕乞留，詔奪情復任。至是，徵爲大理寺卿，陝人復詣闕乞留。乃改右副都御史，仍撫其地。

十一月，學士吕原卒。

原温恭儉約，不苟取予。曹、石用事，原與岳正密言于上，二人覺之，反中傷。正去，原以謹厚得留。與李賢共事，賢通達，見事立斷，原濟以持重。至是，以憂去，抵家卒。贈侍郎，謚文懿。

虜寇寧夏，守將張泰擊敗之。

虜酋毛里孩等寇固原，還至黄河大壩，掘渠水灌寧夏城。時，寧夏精騎調援延綏，泰募義勇三千人，付其子翊，至壩與虜背河而營。夜半虜渡河，敗之。翌日，使善泅者浮水罵虜，虜以爲水淺，悉衆渡河。翊半渡擊之，前驅者盡溺水中，斬獲數百，追出賀蘭山外而還。

癸未，七年正月。

以白圭爲工部尚書。

二月，以陳文爲禮部侍郎兼翰林學士，直文淵閣。

石瑁致仕，以姚夔爲禮部尚書。

會試場屋灾。

焚死舉子高潔、胡黼等千餘人。

夜，空中有聲。

李賢上言：“無形有聲，謂之鼓妖。上不恤民，則有此異。惟陛下憫念元元，一切不便於民者悉皆停罷，則灾變可彌。”上嘉納之。

三月，以尹旻爲吏部右侍郎。

四月，大理寺卿王宇卒。

宇洗冤雪枉，平反甚多。卒之日，囊篋罄然。

五月己丑朔，日有食之。

召巡撫陝西副都御史王概爲大理寺卿。

時，讞奏者多深刻爲名，概獨持明允，濟以長厚。諸所參駁會文切理，法吏轉相傳録，以爲規式。

七月，追謚宣宗廢后静慈仙師胡氏爲恭讓章皇后。

宣宗晚年，追悔廢后事，嘗曰："此朕少年事。"欲復后位號，不果。至是，孝恭皇太后既崩，錢皇后爲上言："胡后賢而被廢，其死也，人畏太后，殯葬皆不如禮。"勸上復其位號。上以問李賢，賢曰："陛下此念，天地鬼神實臨之。臣愚以爲陵寢享殿神主，皆如奉先殿之式，庶幾稱陛下之孝，不然徒爲虚文。"上即命舉行。

八月，再會試天下舉人。

致仕少傅、禮部尚書胡濙卒。

濙平易寬和，自奉淡泊。居官敬謹，立朝幾六十年，爲尚書三十餘年，恩榮始終，世莫與比。但過於畏慎，少風節，與時委蛇。宣德易后，景泰易儲，濙職司宗伯，無所匡救，未免保身之意重云。卒年八十九，贈太保，謚忠安。

下錦衣衛指揮袁彬于獄，尋釋之。

時，都指揮門達有寵，司緝察，兼問刑，權傾中外，横恣羅織，遣官校遍行郡縣詗刺，所至騷動，道路側目，人莫敢言。惡袁彬質直不阿，自計得進言於上者，惟李賢與彬而已，謀排去之，乃使邏卒摭彬陰事數十上之。上欲法行，不以彬沮，諭之曰："從汝逮問，但要活袁彬，還我彬。"既下獄，達拷掠，欲置之死。有漆匠楊暄者，憤然不平，上疏言："昔者駕留虜庭，獨彬以一校尉保護聖躬，萬死一生，備嘗艱苦。今卒然付獄，中外共駭。乞御前審録，彬死無憾。”并條達不法二十餘事，擊登聞鼓以進。上令達逮問，達逼暄，使誣李賢主使。暄懼拷死於獄，乃陽諾曰：“此實李閣老教我爲之，但我言於此，無證人不信。不若請廷鞫，我對衆言之，彼無辭。”達信之，遂以聞。上命法司訊於午門，暄大言曰：“天日在上，我死則死耳，何敢妄指正人？此實門指揮教我。”達失色，計沮。彬遂得釋，調南京。暄亦免。

九月，以韓雍爲兵部右侍郎、王越爲副都御史，巡撫大同。

雍入議事，上奇雍貌，升兵部侍郎，謂李賢曰：“代雍者，必如雍乃可。”賢薦王越。及至陛見，上又喜，曰：“將材也。”遂用之。

十月，兩廣盜起，命都督顔彪率兵討之。

十一月，葉盛、顔彪率兵討廣賊，平之。

廣西流賊多入廣東爲害，而兩廣守將頡頏自異，故瀕年不成功。盛請革兩廣鎮將，立總鎮於梧州，居中調度，則賊可平。衆韙其策，而不果行。盛不得已，請益兵。上乃命顔彪率兵赴之。盛與彪協議，破賊砦八百，擒斬數萬人而還。

甲申，八年春正月庚午，上崩於乾清宫，罷殉葬。

上不豫，命中官牛玉執筆，口占使書，處置后事：“一、東宫即位，百日成婚；二、定后妃名分；三、勿以嬪御殉葬；四殯殮器服悉從儉。”書畢，玉付内閣，使潤色之。玉持示李賢、彭時，皆警愴，曰：“何遽至是？所言關大體，非上英明，不能及此。止殉一事，尤高出古今，真盛德事也。”十七日，上崩。

上復辟後，厲精求治，章奏皆自裁决。信用李賢，用人行政，必與商確。嘗謂賢曰：“朕每日五鼓起，拜天畢，省章奏已，謁奉天殿後視朝。朝退，復覽章奏，始還宫。暇則讀書，不敢少逸。”又曰：“朕於服食，未嘗揀擇去取，即着布衣，人不以爲非天子也。”戒左右驕佚，嘗以南城事爲言，曰：“朕即位以來，未嘗一日忘在南城時。爾曹何敢自肆？”初雖寵任曹、石，而旋燭其奸，立見疏遠，簡拔忠直，一時閣部大臣多得其人。

皇太子即皇帝位。

尊皇后錢氏爲慈懿皇太后，貴妃周氏爲皇太后。

上即位之明日，命議上兩宫徽號。中官夏時倡言：“錢后久病，今當只尊上生母周貴妃爲太后。”李賢曰：“天子新即位，四海顒望，宜遵遺詔，庶幾順天理，服人心。景泰初事例不可法。”彭時曰：“此言是也。朝廷所以服天下，惟在正綱常。若只尊所生，恐損聖德。”夏時入，請命，少頃出，傳仁壽宫旨，曰：“子爲帝母，當爲太后，豈有無子而稱太后者？宣德自有例。”彭時曰：“今日事與宣德時不同。胡后曾上表讓位，退居别宫，故正統初不加尊號。今日名分固在，豈得不尊？若阿諛順從，是萬世罪人也。中宫已無子，何所利害而爲之争？所以不敢不極言者，欲全皇上聖德，非有他意。若推大孝之心，則兩宫同尊爲宜。”衆皆然之，夏時再入請命。良久，出，曰：“得上再三勸諭，已俞允矣。”將草詔，彭時執筆，曰：“正宫須加二字，不然無别。”乃於錢后加“慈懿”，而貴妃止稱太后。是日，同議者懼忤内旨，有後患，皆隱默不言。惟李賢開端，彭時極力繼其後，卒能挽回。

下侍讀學士錢溥獄，謫順德知縣。降兵部侍郎韓雍爲浙江參政。

溥，正統時進士，浮躁嗜進。時，王振訪可教内書者，或薦溥，試《薔薇露》詩，大加稱賞，特授檢討，累遷侍讀學士。溥所教内侍，後多用事。溥與陳文鄰，内侍每來謁溥，必邀文共飲。及英廟大漸，太監王倫伴讀東宫，來謁溥。文意必召己，竟不召，乃使人密伺之。倫言："上不豫，東宫納妃如何?"溥言："當以遺詔行事。"已而，内閣草詔，李賢當秉筆，文起奪其筆，曰："無庸，已有草之者矣。"遂言溥、倫定計，將逐賢，以溥代之，而以韓雍代兵部尚書馬昂。賢怒，遽以聞。乃下溥獄，謫外。雍亦坐貶。

二月，上大行皇帝尊謚曰法天體道仁明誠敬昭文憲武至德廣孝睿皇帝，廟號英宗。

葬裕陵。

錦衣衛都指揮門達有罪，下獄，謫戍南丹衛。以袁彬掌衛事。

言官劾達欺罔故殺諸大罪數十，謫戍烟瘴，召袁彬復職。彬仍餞達於郊，不念往事，時以爲長者。達卒死戍所。

加李賢少保兼華蓋殿大學士，陳文吏部左侍郎，彭時吏部右侍郎。

三月，復前修撰岳正，御史楊瑄、張鵬官。

起副都御史李秉，巡撫宣府。

賜進士彭教等及第出身有差。

西番寇甘肅，總兵衛涇、巡撫都御史吴琛擊敗之。

先是，西寧番酋扒沙巴哇等七族作亂，命涇等討之。涇與琛將甘、凉、蘭、鞏等衛官軍三萬五千人，分五路以進，至駱駝山，俘斬七千餘人，獲牛馬二萬有奇。

編修張元禎請行三年喪，不報。

五月，大風，雹，拔木，壞郊壇。

户部尚書年富卒。

富剛正朴忠，言不輕發，廉静寡欲，遇事敢爲，臨利害，不少變氣節，才識爲時推重。謚恭定。

以李賓爲南京兵部尚書。

以兵部尚書馬昂爲户部尚書。

時，言者交章劾昂不職，故調之。

以王竑爲兵部尚書，李秉爲左都御史。

復定襄伯郭登爵，鎮守甘肅。

六月，禮部左侍郎兼翰林學士致仕薛瑄卒。

瑄學貴踐履，暗然自修，一言一動，悉中矩矱；辭受取與，必揆諸義。出處大節，光明峻潔，於富貴利達泊如也。接人無大小衆寡，一以誠待之。接引後學，惓惓以復性爲教。其言平易簡切，不爲穿鑿奇僻之談。晚年游心高明，默契道妙，有不言而悟者。著《讀書録》二十卷。卒贈禮部尚書，謚文清。

七月，立皇后吴氏。

八月，御經筵。

給事中張寧請經筵講《大學衍義》，從之。

修《英宗睿皇帝實録》。

懷寧侯孫鏜奉朝請。

時，革奪門功，鏜亦在其中。上念鏜有功國家，止令歸第。

九月，廢皇后吴氏。

令審囚勿會内閣。

冬十月，立皇后王氏。

詔言："先帝臨御之日，常爲朕簡求賢淑，已定王氏，育於別宫，以待期矣。不意内臣牛玉偏徇己私，朦朧奏請，將已退吴氏册立。禮成之後，朕觀吴氏德不稱位，何以表宫闈而相祭祀？不得已，請命母后，廢黜吴氏，仍遵先帝成命，册立王氏爲皇后。明正牛玉之罪，免死，謫居南京。”

調巡撫兩廣僉都御史葉盛巡撫宣府。

盛在兩廣，與丘濬不合。丘每毁之，言：“盛貪功，掩殺無辜。”進士張廷綸放誕，不修行檢，素不爲盛所禮。進謁李賢，因言盛譏摘賢詩文，賢銜之。他日，錦衣指揮貴湯〔七〕盛稱盛文學之美，且云：“置之政府，於先生無忝。”賢憮然曰：“與中笑我，乃爲入閣地邪？”及盛議事至京，給事中張寧等合議舉盛，宜入内閣。賢沮之。調盛大同。盛至鎮，修屯堡，墾荒田，補戰馬，邊備大振。

革太平侯張瑾、興濟伯楊宗等爵。

時，有内直將軍訴，天順初因入直迎駕而升，非冒功者，今一切褫職，非法意。上念其久於役，特復之。而以迎駕奪門升者，紛然入訴不已。李賢言於上曰：“自石亨輩此舉之後，人以得富貴之易，貪利者惟幸有事，宜早治之。”上即命兵部按其事，以迎駕奪門升者，自太平侯而下，俱奪爵。

初立宫中莊田。

擢束鹿知縣盛顒爲邵武知府。

顒初爲御史，以論石亨謫知束鹿。豪右聞其來，相戒曰：“是嘗劾石總兵者，不可犯也。”顒至，變搏〔八〕擊爲撫循，吏畏而民安之。未幾，丁内艱去。民留之不可，候其服闋，相率詣闕，奏乞顒再任，從之。顒至，不復用刑法，有争訟者，諭之以理，輒叩頭不復辯。鄰邑訟久不決者，上官委顒，折以片言，各心服去。邑介真、保二府間，四境之民，聞風趨赴郊外，有荒落地，遂聚以成市，人因名爲清官店。至是，以卓異升知邵武。

逮南京六科給事中王徽等下獄，並謫遠州判官。

先是，王徽、王淵以内臣用事，勢甚張，在朝無敢公言者，徽乃率同官上言五事，其一曰“保全内臣”，言宜遵祖宗舊制，内臣無使預政。否則，如王振、曹吉祥輩怙寵擅權，事敗之日，雖全之，不可得也。近有無耻大臣，與之結納，或行叩頭之禮，或有翁父之稱，因而鬻獄賣官，擅作威福。宜嚴交結之禁，凡大小政事悉斷自宸衷，則天下睹清明之政，而宦豎亦不陷刑戮之禍矣。上嘉納之。

至是，徽等復上言：“牛玉罪重罰輕，請明刑憲，以正朝綱。”數玉大不韙之罪四，乞寘諸法。因詆斥李賢附阿權豎，籠絡縉紳，中藏奸僞，外務掩飾。疏入，中官惡之，摘其語以激怒上，皆逮下獄。科道交章論救，乃俱謫判遠州。

十一月，以高明爲南京都察院僉都御史。

時，南中臺憲稍弛，百司多自恣。明振風紀，明法令，痛斥庶官之貪暴者，南都肅然。

召定襄伯郭登提督京營。

大臣薦登有文武才，故召用之。

十二月，命定西侯蔣琬鎮守甘肅。

校勘記

〔一〕“發蹤”，底本漫漶不清，參考（明）于謙《忠肅集》卷末附録于冕《故明少保兼兵部尚書時特進光禄大夫柱國太傅謚肅愍于公行狀》辨識。

〔二〕“石亨□□□也”，（清）谷應泰《明史紀事本末》卷三十六：“石亨忌竑，嗾言官論其犯闕也”。《明史》卷一百七十七《王竑傳》：“石亨、張軏追論竑擊馬順事，除名，編管江夏。”

〔三〕“發庫宜乾没銀五十萬”，《明史》卷一百五十九《崔恭傳》：“有廣濟庫官吏乾没五十萬。”（明）項篤壽《今獻備遺》卷三十二《崔恭》：“有廣濟庫者，庫官吏乾没五十萬，盡發其奸贓。”

〔四〕“爲”，疑當作“僞”。

〔五〕“虜”，疑當作“處”。

〔六〕“漢”，疑當作“漠”。

〔七〕“貴湯”，據《名山藏》卷六十五當作“吕貴、湯胤績”。

〔八〕“搏”，當作“摶”。

國史紀聞卷十

憲宗純皇帝

乙酉，成化元年春正月，有星孛于天市。

赦陳循、江淵、俞士悦及王文子宗彝、于謙子冕，並還鄉。

二月，彗星見。

躬耕藉田。

上祀先農畢，釋祭服，秉耒三推，三公九卿以次而耕。既畢，賜宴而回。

天雨黑黍于襄陽，地震，有聲。

兩廣蠻作亂，以趙輔爲征夷將軍，韓雍爲左僉都御史，率兵討之。

時，兩廣鎮將怯懦，無方略。諸蠻復叛，四出殺掠，所至丘墟。王竑奏言："峽賊稱亂久矣，皆由守臣以招撫爲功，譬之驕子，愈惜愈啼，非撻之不止。浙江左參政韓雍有文武才，若以討賊屬之，可逭南顧之憂。"於是，升雍僉都御史，與輔討之。廣東按察使夏塤〔一〕上言："兩廣連歲用兵，未見成功。猺獞逼脅平民，進則驅之，以當矢石；退則殺之，以紓怨憤。自用兵不已，供費日繁。臣恐外患未除，内變將作。宜慎選守令，撫綏招集，俾見在者懷恩而固守，被脅者聞風而來歸，則賊勢自孤矣。"疏下兵部議，時是其言。

以王恕爲副都御史撫治荆襄。

時，南陽豪民争礦，殺人。恕至，獲其巨魁，餘黨悉散遣歸農。俄内艱去。會鄖襄盜起，旋起復用。

北虜酋求遣使往來。不許。

三月，加吏部尚書王翱太子太保。

進陳文爲禮部尚書。

帝幸太學，釋奠先師。

四月，以張寧爲汀州知府，岳正爲興化知府。

先是，王徽等〔二〕劾李賢獲罪，寧會六科申救，忤賢意。賢欲薦岳正爲南祭酒，正不應，忌正者遂僞爲正劾賢章示賢，賢銜之。會兵部清黄官缺，九卿合薦，寧堪任僉都，正堪任兵部侍郎。賢假歷練之説阻之，各升知府。時論譁然，不平。

命副都御史楊濬巡撫荆襄。

荆襄流民劉千斤反，以撫寧侯朱永爲總兵官，兵部尚書白圭提督軍務，率兵討之。

初，北方流民聚襄鄧山中，凡數十萬。錦衣千户楊雄使河南，策其必反，上疏言："流逋之衆宜選良吏賑恤，漸圖所以散遣之。願占籍者聽。"不報。至是果反，推劉千斤、石和尚爲主，僞署官職，攻劫郡縣，西至漢沔，東及蘄黄，北入南陽，勢甚猖獗。乃命永等率兵討之。

五月，兵部尚書王竑致仕。以王復爲兵部尚書。

竑正色立朝，遇事敢言，多内批，不報。嘆曰："大臣以道事君，不可則止。吾可以行矣。"遂引疾歸。

六月，韓雍會諸將于南京。

雍至南京，諸軍畢會，議進兵方略。或曰："方今兩廣殘破，盜賊蜂起，譬之烈火燎原，無復緩急。宜分江西兵及達軍，由庾嶺入廣東，大軍由湖廣入廣西，隨在逐之，俟其團結，乃合諸兵圍困，此萬全計。”雍曰：“不然。兵法有云萃于中堅，先其難之謂也。大藤峽爲賊巢穴，舍此不圖，而趨其末，未見其能濟。苟全師至彼，南可援高、廉、雷，東可應南韶，西可取柳慶，北可斷陽洞諸路，勢如常山蛇，動無不應，舉無不克，何煩于逐？叔敖曰：‘寧我薄人。’志曰：‘先人有奪人之心。’薄之也。兵貴拙速，不尚巧遲。今併力擣其腹心，元惡既擒，餘必投刃而解矣。”諸將曰：“善。”乃合軍兼程而進，遣偏師擊破會陽洞，戮不用命者指揮李英等四人，軍威大震。

秋七月，起程信爲兵部侍郎。

廣東副使毛吉御賊，死之。

廣寇數萬。流掠郡縣，吉與知縣王麒率兵討賊，奮不顧身，皆死之。初，吉出軍時，給軍餉千兩，委官余文司之，費止十三。文憫吉死難，以所餘密授其僕，俾爲喪具。一夕，僕之婦忽出中堂，據正席坐，舉止如吉狀，顧左右曰：“請夏憲長來。”舉家驚惶，急走報夏。頃之，夏至，揖而言曰：“吉受國恩，不幸死于賊，固無餘憾。但余文以所遺官銀付我家人，雖官府無所稽考，我負汙辱於地下矣。願亟還官，毋汙我。”言畢，忽仆地。少頃，婦蘇。事聞，加贈，以褒其忠。

兩畿、河南、山西、湖廣、江西、浙江大水。

户部言：南畿、江浙水旱相仍，歲運京儲四百萬石。今罹灾傷，優免數多，來歲兑運不足。請以淮浙鹽廣募商人於淮徐、德州水次倉納米，俟來歲分撥官軍支運，庶民不困於凶年，而國用亦無所損矣。制可。

八月，沐琮嗣封黔國公，鎮守雲南。

九月，虜寇榆林，寧遠伯任禮、巡撫都御史項忠御却之。

御史魏瀚等言："自古備邊之策，不過練卒擇將，廣儲畜，修城池，利甲兵而已。邇者，虜寇長驅，動以萬數，沿邊殺掠。兵部以乏兵召募，示弱於虜。今京師軍士不下三十餘萬，或占役於私家，或借工於公府；或買閑而輸月錢，或隨從而備使令。其操練者大率老弱，不勝甲胄，且馬多羸瘠，器非犀利，使之折衝御侮，安能嬰鋒挫鋭？況今之爲將帥者，雖曰用勛戚，取人望，而身任安危，忘家徇國，爲陛下效力輸忠者，未之見也。請責總兵官簡練營軍，毋沿玩習。仍命給事中、御史各一人，不時嚴查。設有賣放占役，即以白簡從事。然大要尤繫於兵部之得人。今尚書王復質實有餘，應變不足，處此多事，未見其濟，更宜圖之。"上曰："復任未久，難責近效。頃官軍分十二營團操，情弊多端，轉加廢弛。今還歸三營，如舊訓練，差給事中、御史不時查點。若仍前弊，即參奏究處。"

冬十月，定哈密、諸夷朝貢例。

姚夔上議言："哈密近爲乩加思蘭殘破，人民潰散，不時來貢，動以千百，貪饕宴賜，道路疲於供億。合令歲一入朝，不得過二百人。乩加思蘭五十人。其土魯番亦力把力等，或三年、五年入貢，經哈密者，依期同來，不得過十人。宜敕陝西守臣嚴加防範。"從之。

進内閣彭時兵部尚書。

項忠開龍首、鄭白二渠成。

關中水泉鹵，故有龍首渠久湮廢。忠奏："開渠三十里，民便之。"涇陽鄭白渠，亦久廢，忠募工疏鑿，灌田七萬頃。

十一月，承天門成。

升南京刑部右侍郎廖莊爲刑部左侍郎。

韓雍督諸將攻破大藤峽，賊平。

雍破修仁、荔浦諸峒，進至潯州。諸將問計，皆曰：“大藤峽天險，密菁重崮，守備堅固，莫若屯兵四圍，且戰且守，以待其斃。”雍曰：“峽山寥廓，岐徑紛披，六百里間，安可圍也？且屯兵久，彼鈍我衰，賊若睥睨衝突，患且不測。今新破府江，勇氣百倍，峽賊聞之，亦已落膽，因而乘之，可立破矣。”遂分兵數道，四面攻之，别遣兵斷其歸路。賊悉力拒扼，雍督兵仰攻，皆殊死戰，呼聲震山谷，縱火焚其岩寨。賊潰入九層樓諸山，絶厓懸壁，人所難到。賊發大石强弩，並下如雨。雍誘使大發，遣人潛陟絶頂，覘賊發竭，舉礮爲應。自卯至未，賊力竭，忽礮震，大駭。雍率健卒，緣木攀蘿而升，沿山奮擊，連數日夜，俘斬四萬一千有奇，盡降其餘黨。先是，峽中有大藤如斗，延亘兩崖，諸蠻蟻渡。至是，斬之，改名斷藤峽。置藤縣千户所，控要路刻石紀功而還。

丙戌，二年春正月，令三品以上京官薦舉堪任布、按二司官者。

二月，李賢憂去。

三月，賜進士羅倫等及第出身有差。

倫對策引程伊川語：“人主一日之間，接賢士大夫之時多，親宦官宫妾之時少。”執政欲節其下句，倫持不可，直聲震于時。

論平蠻功，封趙輔爲武靖伯，升韓雍左副都御史，提督兩廣軍務兼理巡撫。

復故少保、兵部尚書于謙官，遣使致祭。

上在東宫，知謙勛績。謙之死，事起倉卒，上不及救。後每念及，常爲嘆息。即位初，謙子冕訟冤，還其没産。至是，復謙官，遣使致祭。有曰：“先帝已知其枉，朕心實憐其忠。”聞者感嘆。

升鎮守荆襄王信爲都指揮同知。

石和尚、劉千斤僭逆，荆襄震驚。信度房陵險要，自率數十騎往據之，調集民兵，不滿千人。賊四千餘衆突至，圍攻之，主帥逗遛不援。信多張旗舉火，晝夜不息，歷四旬餘。間以死士出城五六里舉火礮，賊以爲援兵至，驚，潰走。乘潰追，斬六十級。

江淮饑，人相食，命副都御史林聰賑之。

聰請鬻兩淮没官鹽二萬引，船料鈔暫改收米，以備賑濟。又請發松江府糧十萬石。皆從之。

選延綏土兵。

巡撫延綏盧祥言："營堡兵少，而延慶民驍勇，習虜敢戰，若選爲土兵，練習調用，必得其力。"兵部覆奏，請御史往選。於是，延安之綏德州、葭州，慶陽之寧州、環縣，皆選民丁之壯者，編成什伍，得五千餘人，量免户租，委官訓練。由是，土兵盛强，毛里孩連年入寇，皆却之。

四月，倭寇浙東。

五月，李賢起復。降修撰羅倫爲福建市舶副提舉。

時，朝廷據楊溥故事，起復李賢。賢入京，倫詣賢私第，告以不可。復上疏曰：

> 大臣起復，綱常風化之所繫，天下後世之所觀，陛下將爲國家植綱常，爲萬世立民極者也。欲正大綱，莫先於明人倫；欲明人倫，莫先於孝。孝者天之經也，地之義也。國而非此，不可以爲國；家而非此，不可以爲家；人而非此，則禽獸矣；中華而非此，則夷狄矣。故先王制禮，子有父母之喪，君命三年不過其門，所以教孝也。古者求忠臣於孝子之門，誠以居家孝，故忠可移於君。爲人臣者，未有不孝於

親，而能忠於君者也；爲人君者，未有不教其臣以孝，而能得其臣之忠者也。請以宋事言之，仁宗嘗起復富弼矣，弼辭曰：‘何必遵故事，以遂前代之非，但當據《禮經》，以行今日之是。’孝宗嘗起復劉珙矣，珙辭曰：‘身在草土之中，國無門庭之寇，難冒金革之名，以私利禄之實。’二君卒從其請，史册書之，以爲美談。自是而後，無復禮義。史嵩之欲援例起復爲丞相，王黼起復爲執政，陳爲中起復爲宰相，賈似道起復爲平章，蒙譏當時，遺笑後世。臣乞陛下以宋爲鑒，使賢終制，此臣之願也，亦賢之分也。又何必違先王之《禮經》，拘先朝之故事哉？朝廷舉措，大臣出處，天下觀之，史筆書之，清議雖不行於朝廷，天下以爲何如？公論雖不行於今日，後世以爲何如？誠不可不懼也。臣見比年以來，朝廷以奪情爲常典，縉紳以來〔三〕復爲美名。食稻衣錦之徒接踵廟堂，據禮守經之士寂寥無聞，不知于先朝之故事何所據耶？昔富弼有母喪，韓琦言起復非盛世事，而富公竟不可奪；史嵩之遭父喪，大〔四〕學生攻之，至數百人，嵩竟終制。今大臣起復，群臣不以爲議，且從而爲之辭，所以豫爲己地也。大臣既無忌，群臣復何慚？群臣既有例，大臣復何辭？今之大臣固韓琦、富弼之罪人，今之群臣又太學生之罪人也。貪利忘親，上下成風，率天下之人，爲無父之歸。臣不忍聖明之世，風俗之弊，綱常之壞，一至於此也。天子者，以孝治天下者也；大臣者，佐天子以治天下者也。欲孝行於天下，必先行於大臣。臣願陛下不惑群議，斷自聖衷，許令李賢依富弼、劉珙故事守制，脱有兵革之事，亦從墨衰之制。將見朝廷既正，則天下自正；大臣既行，則群臣自效。綱常由是而正，人倫由是而明，風俗由是而厚，士心由是而純矣。

疏入，賢怒，力辭。内批，降倫提舉。御史陳選等交章留倫，謂倫所言天理人情之至，乞宥之，以開言路，不報。王翺引文彦博故事勸賢留倫。賢曰："潞公市恩，歸怨朝廷。吾則不敢。"倫雖貶而士論重之。自是，臺諫少起復者。

白圭、朱永討荆襄賊，平。

圭至南陽，分兵爲五路。圭與永由南漳入湖廣，總兵李震以土兵來會。劉千斤等迎戰，適永病，圭督諸軍擊破之。賊退入巢穴，憑險拒守。圭命裨將率兵千餘，由間道出賊後，焚其營，而自以大軍臨之。賊方出戰，顧其營火起，遂駭散，自相蹂籍，死者無數。斬首數萬級，生擒劉千斤等，獻俘京師，伏誅。惟劉長子、石和尚脱走。

敕陜西巡撫項忠、總兵楊信總兵河套。

李賢等奏："胡虜之衆，不當中國一大郡，連歲擾邊，輒得利去。河套原非虜穴，今毛里孩據其中，出没不常。古云：不一勞者，不永逸。今欲安邊，必須大舉後可。乞令兵部會議，進兵搜剿，掃清醜類。又，秋禾方熟，虜必入掠，延綏、鄜慶一帶，宜推選武將一人，統精兵萬人守之，庶有備無患。"於是，王復等議以爲大舉搜套，必主將得人。大同總兵楊信，舊鎮延綏，習知地利，宜召還京，面受成算。上從之，召信還，乃遣信與項忠協謀征剿河套。安遠侯教讀戴仲衡上言："用兵事宜，大略謂兩軍交戰，生死定於呼吸。彼摧堅執鋭之士奮不顧身，何暇斬級，此其功最爲上也。今論功者，反以首級驗功升賞，有當先破敵者不録，所以士無鬪志，惟圖幸取首級，往往坐是而敗。乞稽國初舊例，以當先者爲奇功，生擒者次之，斬首者又次之。如此，則人以進死爲榮，而虜不難滅矣。"奏入，下兵部議。王復以爲難行，奏言："擒斬者有實可驗，而當先者無迹可憑。以是爲功賞之差，不免有濫報之弊。近如凉州奏功，生擒斬首者僅及三十，而奮勇當先者乃至千餘，豈足憑信?”上是之，仲衡言格不行。

秋七月，命副都御史滕昭總督漕運，巡撫江北。

八月，命征虜將軍宣城伯衛潁鎮守遼東。

以邢讓爲國子祭酒。

九月，建州酋董山叛，寇遼東。

冬十月，毛里孩寇延慶，都御史項忠、彰武伯楊信御却之。

朱永等執賊首石和尚，餘黨悉平。

石和尚、劉長子復聚衆千餘，流劫巫山、大昌間。諸將率兵襲其後，賊計窮力屈，指揮張英招劉長子縛石和尚詣軍門降。諸將忌英功，誣英匿賊賄，捶殺之。劉長子竟以俘獻，與石和尚同磔于市。

十一月，命兵部尚書王復整飭陝西邊備。

復奏:“臣奉命整飭延綏、寧夏、甘凉邊備。東自黄河岸府谷堡，西止定邊營接寧夏花馬池，東西縈紆二千餘里，内多險隘，境外臨邊，無有屏障，止藉墩臺、城堡爲守御。舊城堡二十五處，參差不齊，道路不均，遠至百餘里，近或五六十里。兵馬屯操，反居其内；人民耕牧，多在其外。遇賊入境，傳報倉卒，調兵策應，事已無及，不過虚聲應援。及西南直抵慶陽等處，相離五六百里，烽火不接。北面沿邊一帶，墩臺疏闊，難以瞭望。臣與鎮撫等官計議，府谷等十九堡，俱係極邊要地，必增置移易，庶幾可守。又於安邊營起，每二十里築墩臺一座，共二十四座，接慶陽。定邊營起，每二十里築墩臺一座，共十座，接環縣。俱於附近官軍量撥守瞭。北面沿邊一帶，空遠者添墩臺一座，共三十四座。隨其形勢以爲溝墻，必須高深，足以阻賊來路。因其舊堡，廣其制，必須寬大，足以積芻粟，容客兵。庶幾墩臺稠密，營堡聯絡，而緩急易於策應，可以遥震軍威矣。”從之。

追封董仲舒廣川伯，胡安國建寧伯，蔡沈崇安伯，真德秀浦城伯。

論平荆襄功，進朱永撫寧侯，李震興寧伯，加白圭太子少保。

十二月，刑部左侍郎廖莊卒。

莊在景泰時以諫言獲罪，直聲震天下。然好剛使氣，人有過，輒面斥之，人不能堪，已則釋然。晚節稍弗逮，識者惜之。贈尚書，謚恭敏。

以太常少卿兼侍讀學士劉定之直文淵閣，收恤貧民。

姚夔奏：“京城多疲癃残疾之人，扶老携幼，呻吟悲號，足干天地之和。昔文王發政施仁，必先鰥寡孤獨。伏望特敕五城御史，查審收入養濟院，時給薪米。查流來者，亦暫收之，俟春和，量與行糧，遣還原籍，有司一體存恤，務令得所。此亦調攝和氣之一端也。”

大學士李賢卒。

賢在英廟時，眷注最專，言無不入。上在東宫時，有讒于英宗者，英宗疑之。一日，不豫，卧便殿。召賢密諭曰：“今庶事初定，而大者反摇，奈何？”賢頓首伏地，曰：“此國本也。”英宗曰：“然則必傳位太子乎？”賢又頓首，曰：“宗社之福。”英宗立命召上至，賢掖上曰：“謝謝。”上抱英宗足泣，遂爲父子如初，讒不得行。以故上即位，益信任賢。而賢以謫王淵、王徽，抑岳正、張寧，遂不滿于清議。及奪情起復，貶斥羅倫，士論益少之。賢明敏，練政務，所薦用文武大吏多得其人。顧不屑爲小廉曲謹，頗以賄聞。于謙之死，賢與有力焉。卒贈太師，謚文達。

丁亥，三年春二月丁酉朔，日食既。

三月，召商輅，復兵部左侍郎兼翰林院學士，仍直文淵閣。

山都蠻叛，以襄城伯李瑾爲總兵官，進程信爲兵部尚書提督軍務，討之。

先是，四川、貴州山都掌蠻叛，兩鎮守將不相上下，兵久無功。朝議遣大臣督戰，科道官在軍中者，忽告捷得賞。未幾，諸蠻又叛，據大壩山箐險，破合江以上九縣。乃進信尚書督軍，與瑾發川、廣、雲、貴、播州兵討之。

四月，封太后弟周壽爲慶雲伯，周彧爲長寧伯。

後數月，壽進爵爲侯，諸子弟皆受錦衣指揮。壽受奸民李政等投獻慶都、清苑、清河地共五千四百餘頃，彧受魏忠投獻景州、東光縣地一千九百餘頃，作爲莊田，民甚苦之。

復團營，命白圭提督操練。

六月，雷震南京午門。

召羅倫爲南京翰林院修撰。

秋七月，吏部尚書王翺致仕。

八月，虜入榆林塞孤山，守將湯胤勣戰敗，死之。

《英宗實録》成。

以周洪謨爲南京國子祭酒。

九月，以葉盛爲禮部右侍郎。

虜破開城縣，知縣于達教死之。

冬十月，以武靖伯趙輔爲總兵官，左都御史李秉提督軍務，率師討董山，平之。

董山糾衆入寇，遣秉與輔及都督王瑛率番漢軍五萬討之。山降，送京師，放歸廣寧。秉曰：“山不可宥，請誅山。”分軍爲三道，期會進剿。朝鮮亦遣將率兵萬人，遏其東走。兵擣賊巢，虜遁，俘斬千人，班師。

程信、李瑾討山都掌蠻，平之。進信兼大理卿。

信至永寧，分軍三道，自督大軍入金鵝池，四川軍由戎縣，貴州軍由芒部，雲南軍由普市入，期會大壩。進至李子關、渡船鋪，賊恃險拒敵，飛梭、下壘石如雨，我軍發神鎗勁弩，賊却。攀崖上，順風舉火，焚其龍背、豹尾二寨。賊退保大壩，貴州軍已躋其後，四川、雲南軍角其左右，賊驚散，不支。連破諸寨，斬首五千，擒二千餘。賊復走入天井、水磨二洞，洞幽暗，不可入。塞洞，圍守月餘，賊死幾盡。九姓上獠附賊，乘還師撲剿，又大捷。請移瀘州衛渡船鋪控諸蠻，分山都掌故地隸永寧、芒部。更大壩爲太平川，立長官司，轄熟夷。論功，升信兼大理卿。初，信之南征也，制詞官殺皆得專斷，迄班師，信不輒殺一人。曰：“刑賞，天子大柄。以閫外事不易集，假大臣，懾衆人耳。即幸事集，輒自專非分，必有奇禍。”時服其言。

命副總兵都督韓斌防守遼東。

以江西左布政使林鶚爲南京刑部左侍郎。

鶚在江西，一時僚貳往往用己意，出入於法，鶚據律多所平反。廣信奴民妄稱天神夏尚書等，遠近驚疑。鶚榜喻之，戮其魁，事遂解。歲饑，奏減田租十五萬，禁樂户買良家女爲娼，遏嶺南洞寇，不使入境。一時稱良，方面者必首歸焉。

十一月，致仕少保、吏部尚書王翱卒。

翱清心寡欲，端方剛直，循守禮法，一毫不苟。典銓日，門無私謁，明於知人，進賢惟恐不及，恩怨一不介意。嘗曰："吏部豈報恩復仇之地耶?"歷任五十餘年，第宅服食，不改於舊。上特命有司起第縣西。公餘退宿朝房，非朔望、令節謁先祠，不入家門。没後，家無餘貲，人謂其清白之節，不愧古名臣云。贈太保，謚忠肅。

翰林修撰章懋、黄仲昭、檢討莊昶杖闕下，調外任。

時，内庭將以明年上元張燈，命詞臣賦詩。懋謂昶、仲昭曰："國家無事，海宇治安，内庭然燈，朝士踏歌，傳之史册，恐爲聖明之累，吾輩合諫。"於是，三人同上疏曰："今者張燈之舉，陛下孝養兩宫，將以備耳目之娱，奉其歡心。然大孝養志，不在玩好。况川廣弗靖，遼東離亂，北虜包藏禍心，江西湖廣大旱，數千里民不聊生，此正宵旰焦勞，不遑暇食，兩宫母后同憂之日，陛下當不暇爲此。至於翰林以論思代言爲職，雖供奉文字，然鄙俚不經之詞豈宜進於君上？若不取法聖賢，而曲引蘇軾、宋祁爲比，自取侮慢，罪復何辭？若曰此微事耳，不足累聖德，是殆不然。《書》曰：'不矜細行，終累大德。'又曰：'不役耳目，百度惟貞。'若此事不止，他日甚於此者將無所不至，不可以細微而不之謹也。昔舜之止漆器，禹之惡旨酒，漢文之停露臺，聖賢之君兢兢若此者，正以欲不可縱、漸不可長故耳。願陛下停罷燈火，省此冗費，以活流離之民，賞勞役之士，則干戈可息，灾旱可消，國家享太平無疆之休矣。"疏入，上怒，杖三人闕下。左遷懋臨武知縣，仲昭湘潭知縣，昶桂陽判官。朝論稱爲"三君子"，又與羅倫稱"翰林四諫"。

以李秉爲吏部尚書。

十二月，下刑部郎中彭韶于獄中，尋釋之。

長寧伯周彧冒賜額，奪真定、武强縣民田，敕韶即按頃畝。

詔至，繞田周視，徑歸上疏自劾，曰："昔田文使馮歡收債於薛，歡顧折券，矯賜薛人。文顧稱善，以其能市義於民也。臣按真定田，自祖宗來，許民開種，即爲恒産，不復起科，以勸力農。往年太監韓諒奏討武强縣無糧地五百餘頃，英宗不許。後因廣寧侯莊客擾民，方將前地減輕起科，誠非得已。今或又飾詞請求，有司不敢執奏。臣按視之田誠有餘，然地有高下，水旱不時。潦則𪊲薄汩淹，旱則高阜枯槁，取彼益此，必須數畝之地，僅得一畝之入。今若按畝而量，餘皆奪爲閑地，則仰事俯育且無所資，田租、力役復何所出？臣知其非死則徙耳。戚里之家，錦衣美食，豈可與民争尺寸之利？臣誠不忍履畝，奪小民衣食之資，附益貴戚，謹待罪闕下。"疏入，逮下詔獄，科道官交章論救，得釋。先是，詔論僉都御史張岐倖進下獄，方釋，復職。至是，復下獄，直聲震一時。

後或及翊聖夫人劉氏復討武邑、通州、武清縣地，共九百餘頃，户科給事中李森等言："或溪壑之欲無窮，畿内之地有限。小民賦税衣食皆出于此，一旦奪之，何以爲生？且入本朝來，百年于兹，民生日衆，安得尚有不耕之田？名曰'求討'，實則强占。伏望仍以田與民爲業，今後敢有投獻奏求者，治以重罪，則豪强畏法，小民被惠，宗社之幸也。"上是其言，令待勘報區處。

禮部會議景泰廟號，不許。

荆門州學訓導高瑶上言："己巳之變，先帝既已北狩，皇上方在東宫，虜騎迫於都城，宗社危于一髮，使非郕王繼統，國有長君，則禍亂何由而平？鑾輿何由而返？及先帝復辟，貪天工者〔五〕，遂加厚誣，使不得正其終，歲時祭祀，未稱典禮。乞敕禮官集議，追加廟號，以盡親親之恩。"事下禮部，群臣皆不敢議，復請上裁。

左庶子黎淳奏曰："高瑶建言，欲加郕王廟號。臣惟當時陛下既已立爲皇太子，則異時當居天子之位。乃群臣又立親王爲天子，則所立之皇太子將何爲哉？若曰主少國疑，四方多事，成王之時，姬旦何不遂取天位？若曰神器久虚，不可無人，共和之際，周召何不共分姬室？特以君臣有定分，天經地義截然而不可易也。此事處置已久，人心已定。若誤聽瑶言，一加廟號，必將祭告太廟，改易舊制，而行祔廟承祧之禮；必將遷啓梓宫，改造山陵，而加珠襦玉匣之典；必將追贈皇太后、皇后之稱；必當盡復當時所用之人。所行之事，臣未見其可也。陛下昔爲皇太子，名正言順，郕王乃敢廢之，易以己子，至使先帝久遭幽閉。此非郕王所自爲，當時館閣大臣陳循等貪圖富貴，從諛爲之也。至郕王有疾，陳循自合迎請先帝復位，乃率群臣奏乞，早選元良，正位東宫。當時皇太子見在，欲選何人？陛下即位之初，群邪寒心，及見取回商輅，復職内閣，然後欣然自以爲得計，私竊效慕，希求進用。彼小人者，但欲得官，豈顧貽患？臣謂高瑶此舉，非欲尊禮郕王，特爲群邪進用之地。此必有小人主使之者，不然彼草茅疏遠，安敢妄言？上誣先帝之明，使後世視爲口實，議者豈可隱忍曲從，而煩陛下之議哉？"

疏入，上曰："景泰事已往，朕不介意。加廟號，亦不必行。"

虜酋乩加思蘭入大同塞，以撫寧侯朱永爲平胡將軍，帥師御之。

以李孜省爲上林苑監丞。

孜省，江西人，爲吏犯赃，巡按御史楊守隨逮問充戍。逃至京師，以符水賁緣入禁中，得幸，授太常寺丞，與禮部侍郎萬安相結。守隨還朝，劾孜省罪惡，不宜典郊廟之祀。命改上林苑監丞。

以林聰爲右都御史。

戊子，四年春正月，召章懋爲南京大理寺左評事，黄仲昭爲右評事，莊昶爲南京行人司副。

時，六科給事中毛弘等上言："元霄張燈，誠皇上奉兩宫之孝心。章懋等因事納諫，蓋以天下灾荒、北虜窺伺，無非欲皇上常存敬畏，制治保邦耳。古人有言：君明臣直。今懋等敢言直諫，實由皇上聖明。既不容其言，又改調外任，於從諫之美不無少妨。"章上，遂改調南京。

二月壬辰朔，日有食之。

虜乩加思蘭殺阿羅出，力〔六〕滿都魯爲可汗。

三月，改户部右侍郎楊璿爲右副都御史，撫治荆襄流民。

夏四月，陳文卒。

文忮懫貪圖，羅倫之貶，文有力焉。及代李賢秉國鈞，益恣意，不顧名節。縱子大通賄賂，人皆醜之。卒，謚莊靖。禮部主事陸淵之奏："莊靖，美謚，陳文何以當此？迹文平生，貪穢彰著，生既逃于重罰，死又竊夫美名，殊失勸善懲惡之典，乞更惡謚以服天下之心，以爲將來之戒。"御史謝文祥亦以爲言。上曰："文生前，不言其過，恩典已行，而始言之。"不允。

固原土達滿四反，據石城。

國初元年，凉萬户把丹率衆歸附，其部落散處開城諸縣，以畜牧射獵爲生。天順末，虜酋孛來、毛里孩内侵，把丹孫滿四與其黨李俊等有北徙意，乘時劫掠，藏匿逋逃。事覺，有司捕之急。會參將劉清、守備馮傑復逼索各土達賄，土達怨之，滿四遂糾衆反。石城者，四面俱山，高數十仞，西山嶺平，可容數千人，最險峻，四入據之。劉清領兵與戰，不利。陝西鎮撫遣都指揮邢瑞、申澄率軍往捕，戰於城下，申澄死之，邢瑞遁，官軍大潰，遠近震駭。

五月，京師大旱。

敕陝西副都御史陳价、總兵寧遠伯任壽、寧夏總兵廣義伯吴琮、延綏副都御史王鋭、參將胡愷會兵討滿四。

六月，都察院左僉都御史張岐有罪，除名。

岐以壽寧侯兄夤緣躐躋，巡撫遼東，朘虐邊軍，爲戍卒所奏。遣給事中鄧山按之，得實，遂除名。

慈懿皇太后錢氏崩。

太后孝謹不妬。初，英宗北狩，太后每夜焚香籲天，倦則卧地，因損一股。泣過多，又損一目。與景帝汪后情好甚篤，及英宗復辟，待之始終盡禮。至是，崩。上迫於周太后，不欲附葬山陵，詔大臣議。彭時曰："此一定禮，無可議者。梓宫當合葬裕陵，神主當祔廟。"中官夏時曰："不可。慈懿無子，且有疾，不宜入山陵。"時曰："太后母儀天下近三十年，豈可别葬？此事關係非小，一或乖禮，何以示天下後世？"因謂同列曰："吾輩當力争，不可使主上有失德。"已，上御文華殿，召内閣諸臣入，問曰："慈懿太后葬禮當如何？"時對如前。上曰："朕豈不知？但與周太后有碍。"商輅曰："外議洶洶，若不合葬，則人心不服，且於聖德有損。"劉定之曰："孝子從義，不從令。雖聖母有言，亦不可從也。"上默然良久，曰："合葬固是孝，若因而失聖母心，亦豈得爲孝乎？"時曰："皇上大孝，當以先帝之心爲心。先帝待慈懿太后始終如一，今若安措於左，虚其右，以待後來，則兩全矣。"上頷之。時等退而上疏，言附葬附廟，所以全先帝夫婦大倫。皇上母子深恩，因引漢文帝合葬吕后、宋仁宗合葬劉后故事，且言夫有出妻之理，子無棄母之道，關係綱常，不可有失，貽譏萬世，言甚懇切。下禮部議，姚夔奏言："宜如内閣議。"太后不從。夔乃帥百官，伏文華門，上疏言："陛下當守祖宗成法，遵先帝治命。若今日之禮稍失，則違先帝之心，損母后之德，不得爲至孝。若母后猶持不從，則當以大義斷之。"因伏文華門，痛哭不起。聲徹大内，上乃力請，太后從百官議，群臣始退。

七月，降御史謝文祥爲南陵縣丞。

張岐敗，文祥以岐乃姚夔所薦，因劾夔濫舉。詔下文祥于獄。夔奏："此臣不明之罪，乞貸文祥，仍乞罷歸田里，以謝言路。"不允。御史楊琅等言："文祥小臣，不足惜。所惜者，朝廷大體。乞曲賜保全，以昭納諫之美，作敢言之氣。"詔文祥徇私植黨，竟降縣丞。

有星孛于台斗。

任壽等討滿四，敗績。

時，寧夏兵先至，陳价與吴琮不俟延綏兵，自固原急趨石城。未至十里許，賊數千迎降。卒馮信言于陳价曰："賊雖誠僞叵測，然我軍勞頓，且乏水，不可與戰。姑從之，退兵，徐議攻討。"吴琮叱曰："兵已至此，豈可退?"遂麾兵進，賊先遁去。至城，驅牛羊數千在前，精壯後繼。時，尚無兵甲器械，各執木挺而鬭，官軍遂敗。任壽、吴琮退保東障，遺失軍資、器械以千計。士卒有被圍者，盡棄之而歸，賊勢益盛。

逮陳价、任壽、吴琮、劉清、馮傑下獄。

命副都御史項忠總督軍務，都督同知劉玉爲總兵，以馬文升爲副都御史巡撫陝西，會討滿四。

八月，京師地震，有聲。

月犯房宿。

册宫人萬氏爲貴妃。

萬氏侍上于東宫，譎智善媚。至是，册爲貴妃，專寵，居昭德宫。妃父貴授都督同知，兄通爲錦衣衛都指揮，通妻王氏出入掖庭，權勢薰灼。萬安認爲同宗，與劉吉皆附之。朝士希進者，群趨其門。

九月，命左副都御史王恕巡撫河南。

時，兩河旱蝗，恕上疏曰："蝗雖天灾，實關人事，良由臣失職所致。况河南瀕年水旱，加以荆襄盗起，軍勞征調，民困轉輸。今歲買辦物料，多于往年，民何以堪？伏望罷臣，别選賢能代理。尤望陛下去奢崇儉，除祭祀、軍需之外，一切不急之務、無益之事悉從停止，庶天意可回而灾沴可弭矣。"

彗星見。

時，萬妃專寵，儲嗣久虚，進退大臣，多出中旨。彭時乃因星變上言："外庭大政，固所當先；宫中根本，尤爲至急。望正名均愛，廣繼嗣，爲宗社大計。"又言："如黜陟人才，皆宜斷自聖衷，不可專委旁近。庶權歸朝廷，人無希幸。"上優詔答之。科道官魏元等亦言："陛下春秋鼎盛，震宫尚虚，豈可以宗廟社稷之大一付於愛專情一之所，而不求子孫衆多，以固國本安民心？"又言："四方水旱，民困日急，不蒙省救，視爲泛常。是猶子訴饑寒，而父母若不聞，彼若棄父母而不顧，則何以處之？乞罷征税，發内帑，遣官賑濟。"又言："過信僧徒，費無限之貲財，建無益之齋醮。西番札實巴等又加以法王名號，賞賚無節，出入乘輿，導用金吾。乞發回本國，仍敕寺觀不得請建醮修齋。"又言："兩京大臣多奸貪蒙蔽之徒，勿謂其位高而不忍遽去，勿謂先朝舊臣而暫且寬容，宜令自裁，以全大體。"上是其言，詔："宫中事，朕自處。其餘，所司即擬行之。"

馬昂致仕。

御史胡深等劾昂："不學無術，妨政害民，結納勢要，廣開賄門。四方水旱，賑濟無策。乞罷斥，以弭灾變。"昂上章乞休，遂罷。

吏科給事中程萬里請復河套，不許。

萬里言："毛里孩久不朝貢，往來宣府、大同間，其情叵測，萬一有變，驚擾畿内。臣愚意有可敗者三：距我邊方纔二三日程，是彼爲客而我爲主，以客就主，以逸待勞，一也。自恃强衆，併吞諸部，志滿氣盈，驅馳不息，人馬疲勞，二也。比來邊報，見賊烟火，有一二百里者，有三五十里者，散逐水草，兵力四分，三也。爲今之計，宜選京師騎兵一萬，宣府、大同各一萬，每三千人爲一軍，驍將十人統之。密使人探虜所在，出其不意，晝伏夜行，擣其巢穴，破之必矣。宜及其未發，早爲之所。欲戰則圖方略，欲守則飭兵力。無祇憑文移，致誤大計。"詔下兵部，會廷臣議，謂："毛里孩自前歲朝貢後，不復犯邊。今無故興師，遠涉沙漠，非萬全計。請敕沿邊守臣，但戒嚴以備。"從之。

京師地震。

十月，命考察兩京官。

以地震、星變故也。

進内閣彭時吏部尚書，商輅兵部尚書，劉定之禮部左侍郎。

御史林誠以星變劾輅不職，并及景泰中易儲事，輅力求退。上怒曰："唐太宗用王、魏，朕用輅，何不可？"輅又力請宥言官，上喜曰："輅真大臣。"誠得不問。

以楊鼎爲户部尚書。

伏羌伯毛玉攻滿四，戰死。

玉同諸將攻石城，滿四以衆逆戰，佯敗。玉麾衆乘之，賊扼險，官軍不能進，墮崖死者甚衆。玉遂被害，劉玉亦中流矢，官軍退不可止，項忠斬一千户以殉，衆始定。時有星變，占者以爲應在秦州。忠曰："《兵法》云：禁祥去疑。昔李晟討朱泚，熒惑守歲，卒以成功。况此小醜，何憂不克？"賊城中無水，忠斷其汲道，夜出者輒擒之，賊日困。朝廷慮師淹歲月，欲益兵。忠已定平賊計，謂："京軍怯，不諳戰，益之無補。"馬文升曰："不益兵，萬一賊不能平，誰任其咎？第請濟師，若賊破，即止之。"忠如其言，奏上。時廷議，已請遣撫寧伯朱永帥京軍四萬往矣。上覽忠奏，召兵部議，程信曰："事急矣，行不可緩。"彭時、商輅曰："賊若四出攻劫，誠可慮。今入山自保，我軍圍守甚堅，若釜魚阱獸，不久成擒。觀忠布置，賊不足憂也。"程信忿其言不行，出危言曰："忠若敗，内閣不得辭其責。"時力持，兵卒不遣。

十一月，彗滅。

項忠、馬文升擒滿四，進忠右都御史，文升左都御史。

忠等與賊相持久，降者漸衆。忠乃以二卒自隨，抵賊寨，曉以禍福。於是，脅從之衆相率來降。有楊虎貍者，驍勇有謀略，滿四倚爲腹心，夜出被執，忠叱命斬之。虎貍乞命，乃撫其背，許以不死，解所束金鈎賜遣之，約爲内應。虎貍誘滿四出戰，爲官軍所擒，餘衆遂潰，斬首七千有奇，俘獲二千餘人。忠自圍賊，日披堅立陣前，督諸軍攻戰，雖矢石如雨，不避。文升勸其持重，忠曰："奉命討賊，久無成功，雖死所甘。"時論偉之。

十二月，虜索羅忽、乩加思蘭入榆林塞，遂入寧夏塞，大掠環慶，至于固原。

己丑，五年正月。

任壽、吴琮、陳价俱謫戍，劉清、馮傑伏誅。

命禮部侍郎葉盛、都給事中毛弘勘南京考察官。

南京吏部侍郎章綸、都察院右僉都御史高明考察庶官，二人各徇意見。綸獨上章奏，罷九十六人，言官交章劾綸。上乃命盛與弘即按之。盛還奏言："明與綸偏執已見，不能誠心商確，致乖察典，宜逮問。"上釋，不究。

吏部尚書李秉致仕。以崔恭爲吏部尚書，尹旻爲吏部左侍郎，葉盛爲吏部右侍郎。

秉質直任意，與崔恭、尹旻兩侍郎不相能。有御史康永韶者，素附秉，以星變合諸言官，乞汰京官，并劾商輅、姚夔等。馬昂竟罷去。時謂秉主之，諸大臣遂忌秉。是年，朝覲黜退者衆，又多大臣姻黨，兩侍郎時時於人前短秉。於是，給事中蕭彦莊誣劾秉任情行私大罪十有三，具言其暗結御史，附己專權。下廷議，兩侍郎唯唯，不復置辨，但曰："二人嘗言之，奈不聽何?"法司竟議秉衒直沽名，顛倒選法，遂落秉太子少保，令致仕。仍訐問彦莊秉所結御史主名，彦莊以劉璧、吴遠、馮徽對，蓋璧等嘗言推舉，當歸吏部也。彦莊時劾山西布政丘陵，陵亦愬訐："彦莊使山西，怒不趨承，故誣劾，報私怨。"刑部主事亦訐奏永韶，遂俱下獄。諸御史又疏言："大理卿王概謀入吏部，彭時爲之内主。彦莊，概姻家。彦莊劾秉之疏，概所授也。"時不自安，稱病。商輅欲弭衆口，請用崔恭爲吏部，旻轉左代崔，盛代尹。彦莊等俱謫官。

二月，設固原衛。

項忠奏言："固原地方千里，水草豐茂，畜牧蕃多，内爲土達巢穴，外爲北虜藩籬。守城惟一千户所，軍少勢孤，是以滿四陸梁，捍御無策。州北三百餘里，有西安廢城，虜每由此出入。宜於此設一衛一所，以扼其要衝。"事下兵部議，從之。

滿四伏誅。

閏二月，月犯昴宿。

日變白，土霾四塞。

興化知府岳正致仕。

正在興化節財愛民，修水利，廣儲蓄。至是，入覲，乞致仕，許之。

三月，賜進士張昇等及第出身有差。

夏四月，逮正一真人張元吉下獄，論死。

元吉凶淫貪暴，專恣不法，前後殺人數多，莫敢控訴。諸生蔡讓因巡按趙敔發策詢民瘼，備陳元吉過惡。敔不敢問，元吉益無忌憚。其族人張留焕赴闕訐奏，遣官勘實。械元吉至京，廷鞫具服。刑部尚書陸瑜等言："張氏遠祖道陵主張玄教，其言無稽，天豈有師？繆崇其號，子孫傳爲故事，至援漢張良以爲所自出。迨宋以來，以真静先生等號，猶未有品級。胡元入主中國，始有封爵三品。我朝革去天師之號，止稱真人。延至于今，子孫争襲，致成仇隙。今元吉所犯，律當凌遲。其妻子當流。且其先世無功於國，無補於世，宜絶其廕封，以扶植正教，仍籍其族而徭役之，無令印行符籙以惑世誣民。"奏上，論死，繫獄。後赦之，謫戍邊。

五月，以禮部左侍郎萬安兼翰林學士，直文淵閣。

安體貌魁碩，眉目如畫，外若寬恕長者，而内深刻刺骨。與同年李泰深相結，泰，中官李永昌猶子也。時，内閣議欲用泰，泰推安曰：“子先爲之，我不患不至。”故安得先入。未幾，泰暴死。

六月癸丑朔，日有食之。

以禮部尚書姚夔爲吏部尚書。

河決開封。

八月，禮部左侍郎兼翰林學士劉定之卒。

定之襟懷坦夷，操履修潔。與人交，色温氣和，一於自下。至論事，則根據義理，略無沮忌。居内閣，再進密疏，皆援古證今。卒贈禮部尚書，謚文安。

九月，南京翰林院修撰羅倫致仕。

孛羅忽、乩加思蘭寇延寧、固原。

十二月，無雪。

彭時上疏言：“自古旱灾，皆因下民愁苦，感動天變。近日，光禄寺買辦、各城門抽分，掊尅太甚。而獻珠寶者倍估增直，規取府庫，以萬民膏血充奸佞囊槖。伏望懲革，以惠生民。”

庚寅，六年春正月，升韓雍右都御史，提督兩廣軍務兼巡撫。以平江伯陳鋭爲征蠻將軍，充總兵官，鎮守兩廣，開府蒼梧。

時，韓雍以憂去，兩廣賊勢復張。僉事陶魯言：“兩廣地勢，猶一人之身，今軍政分而爲二，以是賊入寇掠，無人任其責者。乞敕大臣總督兩廣，如馬昂、葉盛、韓雍故事，庶事禮歸一。”巡按御史龔晟亦言：“宜立總府於梧州，簡命大臣，兼制兩廣，則事統于一而責有所歸。”兵部覆議，宜如魯等所請。乃起復雍右都御史，總督兩廣軍務，兼理巡撫。雍奏乞終制，上曰：“兩廣用人方急，難拘常例。”不允。

河南地震。

三月，京師雨霾，晝晦。

夏四月，陰霾四塞。

命户部尚書薛遠行視漕河。

時，江南糧運不至，遠奉命往視，至則滌泉源，浚河流，漕以克濟。

五月，京畿大水。

六月戊申朔，日有食之。

秋七月，皇子生於西宫。

初紀妃得幸，有娠。萬貴妃知而恚之，百方苦楚，胎竟無恙。妃稱病，出居安樂堂，托以痞報。至是，誕育。妃少乳，太監張敏使女侍以粉餌哺之，護視惟謹。

以右副都御史王越總制延綏三邊軍務。

九月，命總制陝西軍務副都御史王越、總兵武靖侯趙輔帥師搜河套，尋還。

自虜據河套，邊人大擾，乃令王越總關中軍務，議搜河套，復東勝。越奏言："河套水草甘肥，虜酋孛羅忽、癿加思蘭等糾率醜類，居套分掠，出入數年。雖嘗沮于我師，然未經挫衄，終不肯退。欲得一威望素著者統制諸軍，往圖大舉。"朝廷從其議，以武靖侯趙輔充總兵官，搜河。未幾，輔以疾還，搜套亦不復舉。

冬十月，毛里孩、乜烈忽寇陝西，總兵劉聚擊却之。

荆襄流民反，命都御史項忠討之。

時，大旱，荆襄流民入山者九十餘萬，劉千斤餘黨李鬍子復聚衆爲亂。上命忠帥師討之。

辛卯，七年春正月，罷江南民運。

初，漕法，民運至淮、徐、臨、德四倉，官軍轉運於津、通二倉，往返經年，民多失業。宣德間，周忱議："民運至瓜州、淮安，給脚價兑與官軍，是爲兑運。"至是議："罷兑運，令官軍徑赴江南水次交兑，民加過江船費，遠近有差。"自是，民不苦累。

京師饑，發太倉粟平糴。

京師米價騰躍，富民因閉糴，以要厚值。彭時奏請，將太倉米平價發糶，而權貴之家反因而射利。户部侍郎陳俊請凡糶以升斗計，滿石以上者閉不與。貧民始得沾惠。

二月，復設九江、蘇州、杭州三府鈔關。

命彰武伯楊信帥師巡邊。

時，輔臣有請興十萬之師，以楊信爲總制搜河套者。兵部尚書程信言："河套地廣遠，無水草，興師十萬，則饋運加倍。自古御戎，來者拒之，去者勿追，此不易之法也。"既而，楊信亦止請三萬人巡邊御敵。朝廷乃與信二萬人，令巡邊，而罷搜套之議。朱永以套虜未退，議戰守二策，其略曰："今虜賊數萬在邊，我軍堪戰者止可一萬，而又分散防守，何以御敵？宜於京營、大同、宣府、寧夏、陝西等處，量調軍馬數萬，期三月内俱至榆林，聽臣調度，相機審勢，擣其巢穴。此戰之策也。若軍馬饋餉一時未辦，宜慎固封守，嚴督沿邊居民，無事則分哨耕牧，有警則舉號避藏。仍令隄備官軍各守城堡，同候會兵截殺。此守之策也。"事下兵部，白圭等以"馬方瘦損，供餉不敷，勢難進剿，請命諸將慎爲守御，以圖萬全"，上從之。

項忠討荊襄賊，平之進左都御史。

忠遣人持榜入山諭降，若負險不服，縱兵剿，不赦。凡遣還鄉者四十萬人，俘斬二千人，編成者萬餘人。忠復率官軍，移營竹山諸處，分路撫捕。時，流民有自國初入山，生子孫，占籍應役，未嘗從賊者，兵刃之下，無分玉石，死者枕藉山谷。其編戍湖貴者，多死，棄屍江滸。時，有作《平荆襄碑》以紀其功者，或曰：此其墮淚碑也。後給事中梁璟等劾忠濫殺殃民，詔不問。

三月，有星孛于天廟。

禮部侍郎邢讓、國子祭酒陳鑑、司業張業並除名。

國子監舊有會饌椒油錢鈔，輸納者多後期，師生不得時給，出監則委而去之，致有餘積，相循以爲公用。讓前爲祭酒，任意費之，不立案稽考。迨遷禮部，鑑代其任，亦復如故。及是，助教葉時等訐典簿王允，發其事。讓等各上奏申辨〔七〕，科道交章劾之，詔逮讓等下刑部置對，遣官覈實，凡鈔三十三萬六千五十八貫、錢一百四十九萬九千餘文，俱無歸者。讓等以監守自盜，坐斬，贖爲民。王允充戍。

六月，以程信爲南京兵部尚書，參贊機務。

秋七月，命右都御史林聰巡撫大同。

九月，南京吏部尚書致仕魏驥卒。

驥端方廉静，身不勝衣，言不出口而清德雅望爲海内達尊。家居二十餘年，布袍糲食，不治生産。病革，遺書付其子冠，勿擾鄉里。營墳墓已，有司得請如例葬祭，冠以遺言力辭，從之。賜謚文靖。

十一月，立皇子祐極爲皇太子。

萬貴妃所生也。

彗出軒轅。

内閣彭時上疏言：“修省之要：一罷佛事；二謹命令；三請退朝之暇，延接大臣，面議政事；四重官賞，節刑獄；五聽受直言；六戒勵有司，奮厲事功；七清理三營草場，減退勢豪莊田，嚴有司掊剋之禁。”上優詔答之。時，廷臣因天變陳言，皆謂：“上下不交，請召閣臣面議機政。”彭時亦爲中官言之。諸内臣恐發其私，乃詵時等，言：“初見上情未浹洽，不宜多言。俟再見，乃可。”時等諾。已上御文華殿，召時等入見。時言：“天變可畏。”上曰：“朕已知之。”時又言：“昨御史建言，減京官隸輿俸，外議洶洶，武弁更多怨望，急宜復舊，以安衆心。”上曰：“然。”萬安遽呼“萬歲”，與時等頓首，趨出，自後不復召見矣。中官反謂人曰：“常言上不召見，及見，無一嘉謀讜論，止呼‘萬歲’而已。”一時轉相傳笑。

遣吏部右侍郎葉盛行視河套。

時議大舉搜套，驅虜出河外，沿河築城堡，抵東勝，徙民耕守其中。敕盛往議方略，盛上言：“搜河套，復東勝，未可輕議。宜增兵守險，可爲遠圖。宜令守臣峻削邊垣，增築城堡，收新軍以實邊，選土兵以助守便。”上從之。未幾，王越言：“虜退日久，邊患稍寧。宜遣罷戍卒，臣暫還京。”遂與盛同召還。

十二月，皇太子薨。

謚曰悼恭。

命刑部侍郎王恕總理河道。

恕上開河事宜，言：“徐州河道，南臨大江，北抵長淮，别無泉源，止藉高郵、邵白諸湖積水接濟。湖面雖與河面相等，而河身高于湖身，每旱，湖水消耗，則河水淺澀，不能通舟。若將河身浚深，則湖水自來，雖遇乾旱，亦無淺阻。”又云：“高郵湖堤岸，磚砌三十餘里，每西風大作，波濤洶涌，船觸之輒碎，失亡不可勝計。而堤岸之外，地勢頗下，若再浚之深闊，壘土以爲外隄，將内隄原閘三座改爲通水橋洞，接引湖水，於内行舟，可免風濤之患。又，雷公、句城、陳公塘俱有漢唐以來古迹，若每塘修放水、減水閘二座，潦不致衝决塘岸，旱得以接濟運河，誠爲便計。”

彗星見。

上以星變避正殿，徹樂。諭德謝一夔上言五事：“一曰正宫闈，以端治本；二曰親大臣，以詢治道。三曰開言路，以决壅蔽。四曰慎刑獄，以廣好生。五曰謹要費，以足財用。”多人所難言者，上怒斥之。

禁官司科罰。

左都御史李賓奏言：“外官聽訟，罰人財物。暫寄官庫，終歸〔八〕囊橐；假立文簿，虚作支銷。昔唐臣陸贄有言：建官立國，所以養民；賦人取財，所以資國。今舍法而取財，既非所以養人；罰物以營私，又非所以資國。不禁則貪風愈盛，末流之弊將不可言。宜令依律問擬，勿得科罰，以爲民害。”從之。

壬辰，八年春正月。

三月，賜進士吴寬等及第出身有差。

以余子俊爲副都御史巡撫延綏。

子俊至延綏，相度邊地，盡得其要害、險塞。乃廣榆林城，增三十六營堡，請盡釐陝中人伍籍詭落、及罪謫南戍子孫不習風土者，實榆林衛。又請建學，立官師，擇俊子弟教之。俗多棄地，不圃藝，子俊教之樹蔬果。開界石外地，興屯田，歲得糧數萬石。自是，榆林始爲重鎮。

子俊又上疏言：“陝西三邊，惟延慶爲内地。國初逐出北虜，遠遁河外。至正統初，渡河犯近塞，始於沿邊創營堡，築墩臺。天順以來，虜入河套，駐牧其中。自是，虜顧居内，而我列屯守御反在其外。臣以爲宜於沿邊一帶墩臺空處，築邊墻，立砦堡，綿引相接，以爲保障便。”報可。於是，東起清水營紫城砦，西至寧夏花馬池，塹山湮谷，東西二千里。每二三里間，爲對角敵臺崖砦，連比不絶，空處築墻，如新月狀，以偵敵避射。凡爲堡十有二，崖砦八百一十有九，小墩七十有八，大墩十有五，兩月成。自是，虜不敢輕出入矣。

四月，自二月不雨，至於是月，運河涸。

秋七月，隴州大風、雨雹。

雹巨如牛者五，長七八尺，厚三四寸[九]，六日方銷。州之北山吼三日，斷成溝，長半里[一〇]。

修隆善寺。

工完，升工匠三十人爲文思院副使，寫碑官爲尚寶寺少卿。工科都給事中王詔等言：“頻年天變於上，而星妖見；地變於下，而江海溢。或炎夏霜降，或平地阜出，或雨雹傷稼。夷狄侵邊，將士暴露，加以水旱相仍，瘟疫流行，軍民疾苦，日甚一日。正宜汰冗官，去冗食，以節國用、救荒凶，乃濫升官爵如此，彼西征北伐捐軀命之人，將何以酬之？伏望斷自宸衷，追寢前命，則名器不濫而國體正矣。”不報。

陸瑜致仕。

虜寇平凉、臨鞏，巡撫都御史馬文升擊敗之。

追至黑水口，擒其平章鐵烈孫，斬首二百。尋命升總制陝西軍務。

八月，哈密人殺忠順王孛羅帖木兒，王母弩溫答力理國事。

九月，虜寇固原，馬文升擊却之。

虜寇韋州，至固原好水川。文升檄諸路兵，伏湯洋嶺。虜至遇伏，驚遁，盡棄輜重，擒斬二百餘級。

十一月，定襄伯郭登卒。

登文武兼才，秉禮好學，多謀善斷，仗義殉國，忠誠不二。卒贈侯，謚忠武。

癸巳，九年春正月。

二月，吏部尚書姚夔卒。

夔偉丰姿，善議論，豪俊慨慷，遇事立斷，但闊達，不拘小節，薦引知交，頗通饋謝，時論少之。贈太保，謚文敏。

以尹旻爲吏部尚書，王概爲刑部尚書。

時議以王概代姚夔，商輅亦薄旻，屬意于概。旻懼，百方經營。適輅以妻喪在告，旻亟通中官覃勤，乘間奏旻爲人望所歸，中旨用旻吏部。尋升概刑部尚書。

三月，北畿、山東饑，人相食，命巡撫賑之。

以葉盛爲吏部左侍郎，陳俊爲吏部右侍郎。

山東晝晦。

夏四月辛酉朔，日有食之。

免山東田租。

五月，進商輅户部尚書，萬安禮部尚書。

南京吏部侍郎范理卒。

理居官清慎，凡事精慮而力行，一以興利爲主，所至有惠政，去後皆祠之。

六月，北畿、河南大水。

延綏徙鎮榆林。

七月，土魯番據哈密。

土魯番速擅阿力〔一一〕欲以哈密掠赤斤諸夷，王母不從，遂入哈密，虜王母，遺番離散。

遣高陽伯李文右、通政劉文規復哈密，不克。

哈密既爲土魯番所併，其部落散居苦峪，累求救援。兵部言："哈密乃西域咽喉，若棄而不救，恐赤斤蒙古、罕東諸衛亦爲土魯番所脅，則我之藩籬盡削，而邊患無已時矣。"下廷議，謂："宜及賊勢未盛，遣使諭赤斤諸夷，曉以大義，俾知唇亡齒寒之勢。下敕詰責土魯番，使悔過自新，庶可散其奸謀。縱哈密不能自存，亦足以堅各衛内嚮之志。"因舉文等習知夷情，宜委以西事，遂遣之。文等至甘肅，集番兵數千，駐苦峪，不敢進，謬言不見土魯番而還。阿力遂輕中國，益侵擾邊境。

南京兵部尚書程信致仕。

信在南京，因天變與六卿合議，上言興利除害三十餘事，多見諸行。至是，力疏乞休，賜敕還鄉。

八月，王越率兵出塞捕虜。

越諜知虜他掠，遺老稺守廬帳，乃選精騎萬人，自出塞，齎七日糧，晝伏夜行，每二舍伏兵數百人，使行休。四日，至虜帳，縱兵擊殺，斬首二百級。比虜歸，悉力來追我軍。越結陣徐行，殿者力戰。及前，虜再遇伏，知有備，引還。

逮給事中韓文等，於文華殿考訊，尋釋之。

文與梁璟、王詔等會劾王越邀功啓釁，因薦李秉、王竑可當大任，語頗涉兩宫。上怒，逮至文華殿考訊之。詔頓首曰："臣等愚，觸忌諱。然犬馬之誠，實惟爲國。"上怒解，乃釋之。

十月，虜寇廣寧。

上閲列侯諸將于西苑。

公侯而下皆騎射，英國公張懋三發三中，上大喜，賜金帶一束。尋命掌中軍都督府事，提督軍營。

十一月，修《宋元綱目》。

十二月，暫停徵馬。

兵部言，北圻、山東、河南水旱，民間馬宜停徵。上曰："馬政固國家急務，但歲歉民貧，救死不贍，喪彼得此，將安用焉？議是，凡灾傷地，皆暫停之。"

甲午，十年正月。

二月，罷支運爲改運。

淮、徐、臨、德四倉支運糧七十萬石，改就水次兑與軍船，名爲改兑。

三月，免江北、兩廣田租。

以水旱灾故也。

吏部左侍郎葉盛卒。

盛博學宏才，文武兼濟，崇道義，尚名節，言動思效古人。居家孝友，莅官清慎。公退，手不釋卷，考古辨〔一二〕疑，殆忘寢食。生平慨慕范希文，惜未柄用，不究其略。卒，謚文莊。

起致仕都御史林聰掌南京都察院事。

先是，掌院事者制諸御史，使緘默以悦權倖。及聰掌院，諸御史時有彈劾，當事者厭之，謂不能鈐其屬。聰曰："己既不言，而又遏人使不言，誠非聰所能也。"

四月，以朱英爲都察院左副都御史，巡撫甘肅。

英至鎮，條上安邊十策，皆切中事機。下所司議行之。

召王越還掌院事，加太子少保。

八月，刑部尚書王概卒。

謚恭毅。

命定西侯蔣琬提督團營。

九月癸丑朔，日有食之。

免蘇、松、常、鎮四府田租。

以水灾也。

以項忠爲刑部尚書。

以原傑爲左副都御史，理院事。

十月，滿魯都寇宣大。

十一月，虜寇臨鞏。

致仕兵部尚書孫原貞卒。

十二月，罷湖廣淘金。

時，内供日侈，賞賜無節，帑金漸乏，乃于湖廣、寶慶等府開金場二十餘處淘金，歲役夫五十五萬有奇。武陵民死于蛇虎、大水者無算，僅得金三十五兩。守臣奏："所得不償所失，請罷金場，有司以贖銀易金進用。"從之。

提督兩廣軍務右都御史韓雍致仕。

雍開府梧州，承制專决，盡法繩下，不貸大吏，謗議遂起。鎮守内臣黄沁忌雍束縛不得肆，嗾人上書誣雍："坐視猺賊出没，匿不以聞，以致滋蔓，流劫郡邑。"上遣使即訊雍，乃引疾乞歸。

以李孜省爲禮部侍郎，掌通政司事。

孜省時受密命，察百官賢否，書小帖以所賜圖書封進，其寵眷至此。

乙未，十一年正月。

二月，以項忠爲兵部尚書，董方爲刑部尚書。

三月，賜進士謝遷等及第出身有差。

少保、吏部尚書兼文淵閣大學士彭時卒。

時，端慎嚴密，外和内介，立朝三十年，公退，未嘗以朝事語子姓。每遇大政，持正不阿，清約自守，不取非議。終歲止一二宴會，生平無聲色之好。卒贈太師，謚文憲。

四月，進商輅文淵閣大學士，以吏部侍郎劉珝、禮部侍郎劉吉並兼翰林學士，直文淵閣。

五月，皇妃紀氏徙居永壽宫。

紀妃有子，生六年矣。上念之，而慮萬貴妃妬，不得召見。已張敏厚結貴妃宫監段英，乘間言之，貴妃驚曰："何不早令我知?"遂言于上，召見昭德宫。上見皇子岐嶷，大喜，因感動泣下。貴妃留皇子宫中，自撫之，而徙紀妃于永壽宫。一時中外聞之，且喜且懼。上命内閣擬名，文武諸大臣遂具奏："請立爲皇太子。"上曰："儲貳事重，姑俟皇子稍長行之。"時，衆議欲請皇子與母同處，恐激萬貴妃怒，有不測。商輅因獨對，進言曰："皇子聰明岐嶷，國本攸繫，天下歸心，重以昭德宫貴妃撫育保護，恩逾己出，百官萬民皆謂貴妃賢哲，近代無比。但外議皆謂皇子之母因病别居，久不得見，揆之人情，誠爲未順。伏望令就居近宫，皇子仍令貴妃撫育，俾朝夕接見，庶得遂母子之至情，愜朝野之公論。"上頷之。

月犯明堂中星。

金星晝見。

逮陜西巡按御史熊繡，謫爲清豐知縣。

繡按陜，守法徇公，推賢嫉惡。布政于璠納賂事敗，棄官遁。繡追之急，璠遂遣子誣繡他事。逮至京，卒無驗。璠落職，璠所親當路力主謫繡，陜民訴寃於朝者數百人。

六月，皇妃紀氏薨。

紀妃飲萬貴妃觴，遂病。上止遣醫一視之，不復治療。至是，薨。外議藉藉，皆謂卒于鴆也。商輅引李宸妃故事，得贈淑妃，殯葬，悉如禮。

秋七月，朶顔三衛夷人請開馬市，不許。

以右副都御史張鎣巡撫大同。

鎣至大同，斬首虜，奪兵械，築城浚濠，清理屯種。虜酋乩加思蘭知有備，請入貢。具奏，許之。

八月，浚舊通惠河。

九月丁未朔，日有食之。

十一月，立皇子祐樘爲皇太子。

十二月，復郕王帝號。

商輅嘗因召見，從容言及景帝監國事，曰："郕王有社稷功，宜復帝號。"左右聞者皆泣。上亦泣下，遂下詔，尊爲恭仁康定景皇帝。

丙申，十二年春正月，南京地震，有聲。

以王恕爲副都御史巡撫雲南。

雲南鎮守中官錢能怙勢貪縱，遣其麾下指揮郭英，取捷徑，往安南求賂。凡朝廷遣使往來安南皆出廣東，未有由雲南者，於是安南君臣駭愕。久之，欲因間啓途，遣一酋以兵尾其後。將近邊，英紿其酋，請先白守關者，因脱歸，邊吏戒嚴，安南兵始去。事聞，朝議籍籍，謂英引外夷窺邊，乃遣恕巡撫其地。恕至，即令按察使捕英治之，英懼，赴井死，没其寶石於官。械其黨至京師，誅之。恕上言："昔交趾鎮守非人，致一方陷没騰衝啓釁，致麓賊叛逆。今日之事殆又甚焉。"且勸不寶異物，凡草木禽獸寶玩，宜一切拒絶。在雲南，凡閲月，疏二十上，直聲動天下。

虜酋乩加思蘭寇宣府。

二月乙亥朔，日有食之。

命副都御史原傑經略鄖陽。

荆襄、唐鄧一帶，皆長山大谷，綿亘千里，爲流逋窟宅。劉千斤、李鬍子因之爲亂，雖次第討平之，而死者不可勝計。有司又日驅逐，迫令出境，人心離怨。祭酒周洪謨憫之，乃著《流民説》，略曰：昔東晋時，盧松之民，流至荆州，乃僑置松滋縣於荆江之南。陝西雍州之民，流聚襄陽，乃僑置南雍州於襄水之側。其後松滋隸於荆州，南雍併於襄陽，垂今千載，寧謐如故。前代處置流民，甚得其道。今若設州縣以撫之，置官吏，編里甲，寬徭役，使安生樂業，則流民皆良民矣，何以逐爲？右都御史李賓深然其説。至是，流民復集，賓乃援洪謨説上之。報可，遂遣傑。

加商輅太子少保、吏部尚書，萬安户部尚書。

三月，命副都御史朱英總督兩廣軍務，兼理巡撫。

兩廣用兵以來，諸將貪功，每有小寇，輒張大聲勢，覬用兵博升賞。英知其弊，下令撫綏猺獞，各安生業，約束將士，寇來自守，不許輒進兵。諸峒岷有倡亂者，購首惡誅之，餘黨釋不問。

六月，巡撫遼東右副都御史彭誼致仕。

誼在遼十年，嚴武備，實倉廩，鎮静有威。自小黑山之捷，虜遠遁不敢近塞，東方以寧。時，鎮宦横徵諸衛，誼下令，凡移文不經院者皆覆請，違者以軍法從事。虐焰頓息，邊人德之。

秋七月，皇第二子生。

母曰宸妃邵氏。

命兵部右侍郎馬文升整飭遼東軍務，尋還京。

時，滿都魯、乩加思蘭聲言入寇，警報甚急，乃命文升往備之。文升至遼，繕城堡，利甲兵，練軍士，選精壯。虜知有備，遂不敢入。

京師黑青[一三]見。

京師忽有黑氣，壯若狐狸，夜入人家傷人。遍城驚擾，日暮皆張燈，持刃自防，事聞，禁中命設法捕之，旬餘乃息。商輅因變異上言弭灾八事：一番僧國師，不得重給符券；一四方常貢外，勿受玩好；一許諸人直言；一分遣使者録囚理冤；一停不急營造；一實三邊軍儲；一守關隘；一增置雲南巡撫。上優詔答之。

八月，罷宫中玉皇祠。

時於宫北建祠，祀玉皇。輅上言："皇上爲此，無非欲爲母后祝釐，爲萬民祈福，但稽之古禮未協。昔傅説之告高宗曰：'黷於祭祀，時謂弗欽。禮煩則亂，事神則難。'况天者至尊，無對事之之禮，宜簡不宜煩，可敬不可瀆。今乃别立玉皇之祀，并用南郊禮樂，非祀典所載，于義不經。伏望停罷，勿爲褻瀆，庶天心昭鑒，可變灾爲祥矣。"疏入，上即命毁其祠。

土魯番速擅阿力請入貢，許之。

阿力遣使赤兒米即致書邊臣，飾其攻滅哈密之罪，言："王母已死，城郭人民與金印俱存，朝廷遣一介諭之，即獻。"邊臣以聞。下兵部議，言："速擅阿力蕞爾小夷，誇詐無憚，屢遣使臣遊説搆亂，宜先究治其使，徐興問罪之師。但自古中國之馭夷狄，視若禽獸，不足與校。况哈密夷衆，流亡之餘，存者無幾，縱使得其城池，猝難興復。宜暫用羈縻之術，以俟可乘之機。乞行甘肅守臣曉諭土魯番，前後所遣使者，量加賞勞，護之出境，益戒嚴以戒不虞。"詔可。既而禮部復言："宜俯順夷情，許其入貢。"從之。

九月，妖人李子龍伏誅。

子龍，本姓侯，名得權，易州人。幼爲狼山廣壽寺僧，稍長，游少林，遇術士，推其命，當大貴。又遇道人，授與妖書，云："關中長樂李氏，母孕十四月，生男子龍，紅光滿室，白蛇盤繞。"得權奇其説，遂更名子龍，蓄髮。往來真定間，交結無賴少年，與道士方守真入京，館匠卒楊道仙家。道仙故出入内府，得權因得與諸寺人交，以邪術煽動之，皆爲所惑。太監韋含妻以養子女鮑石等引雜宦竪入内，登萬歲山臨望，憩御床，莫之譙呵。諸内竪不得志者，皆敬禮之，冀非望。已爲錦衣衛刺事旗校所發，執得權下獄，韋含自殺。諸閹見含死，皆展轉求解脱，獨得權甘就戮。自言享受非分，備陳所歷，皆人不能到。李賓、王越恐有污衊，急呵止之。獄具，得權及楊道仙、鮑石等皆伏誅，餘黨遣戍。

增孔子籩豆、佾舞之數。

先是，祭酒周洪謨上言，宜加孔子王號，祭用天子禮樂。禮部尚書鄒幹以謚號、器數不足爲孔子重輕，議仍舊。至是，洪謨復言："孔子自唐開元封爲文宣王，被以衮冕，樂用宮懸，已用天子禮樂矣。今服冕仍天子之禮，佾舞止諸侯之樂，以禮論樂，則樂不備；以樂計禮，則禮爲僭。宜增籩豆十二，佾數八，與冕服相稱。"上從之。

十月，京師地震，有聲。

以陳鉞爲副都御史巡撫遼東。

鉞爲光禄寺少卿，與中官相結。會山東灾傷，營内旨，特升左布政使。抵任，不飭名檢，務厚殖，又苛刻，人不能堪。巡撫牟俸素裁抑之，鉞恚甚。至是，巡撫遼東，益恣情朘削，蕩無紀綱。

南京禮部侍郎章倫致仕。

刑部侍郎林鶚卒。

鶚秉禮植義，造次必恭慎，事母盡孝，交游不苟。歷官二十餘年，家無益産，篤行清節，人莫能及。時年五十，譽望出諸卿右，衆冀大用，卒之日，皆悼惜之。贈尚書，謚恭肅。

十一月，原傑撫定荆襄流民，設鄖陽府及湖廣行都司。

傑至荆襄，徧歷深山窮谷，宣朝廷德意，延問流民，皆願附籍。傑於是大會湖、陝、河南三省撫按藩臬，合謀僉議，籍流民得十二萬三千餘户，皆給閑田，令開墾，以供賦役。建置郡縣以統之，遂割竹山之地，置竹溪縣；割鄖津之地，置鄖西縣；割漢中、洵陽之地，置白河縣；升商縣爲商州，而析其地爲商南縣；析唐縣、南陽、汝州之地，爲桐柏、南召、伊陽三縣，使流寓土著，參錯以居。又即鄖縣城置鄖陽府，以統鄖及竹山、竹溪、鄖西、房、上津六縣之地。又置湖廣行都司及鄖陽衛於鄖陽，以爲保障之計。經畫既定，乃上言："民猶水也，水性之就下，猶民之秉彝好德也。曩脅從之黨，豈皆盗耶？設若置立州縣，簡任賢能，輕徭薄賦，先結其心，佩犢帶牛，漸化其俗，則荆榛疆土入貢版圖，反側蒼生安枕閭里，撫安之策，莫良於此。"因薦鄧州知州吴遠爲鄖陽知府，諸州縣皆選才賢任之。

以吴道宏爲大理寺少卿，撫治鄖陽。

原傑慮新設郡縣漫無統紀，薦御史吴道宏有撫馭才，堪代己。上遂用道宏。自是荆襄之間，帖然安堵。上加傑功，以璽書勞之。

以原傑爲右都御史。

十二月，以倪謙爲南京禮部尚書，錢溥爲南京吏部左侍郎。

二人皆屢被彈章。至是，以中旨用之。

周洪謨升禮部右侍郎，仍掌國子監事。

以耿裕爲刑部右侍郎。

命巡撫延綏副都御史余子俊移鎮陝西。

丁酉，十三年春正月。

置西廠。

自李子龍誅後，上鋭意欲知外事，顧近侍汪直猾黠，乃命選錦衣官校善刺事者百餘人，置廠於靈濟宫前，號西廠。縱之出入，分命各校，廣刺督責，大小政事，方言俚語，悉采以聞。時，福建指揮楊曅以殺人逃匿京師，其姊夫中書董璵托錦衣百户韋英營解。英正欲從直刺事而無由，即潛報直，謂曅東楊之孫，家資巨萬，造惡百端，嘗納生人於棺焚之。事露，乃挾數千金入京行賄，將欲招納亡命下海，謀不軌。直大喜，馳發官校掩捕。曅至，鞫之，搜得一單，皆饋遺當道者。直入奏，出追所挾金，考掠無完膚。曅妄言寄頓其叔武選主事仕偉家，直即于兵部縛仕偉，拷掠如曅，并逮訊其孥。三日，曅死于獄中。復遣英飆馳至閩，籍曅家。英勢鴟張，所過横暴，有司畏其威，皆入重賄。

續編《宋元通鑑綱目》成。

二月，山陰涌血。

日本國入貢。

夏四月，進商輅謹身殿大學士，萬安太子少保，劉珝户部尚書，劉吉禮部尚書。

改右都御史原傑爲南京兵部尚書。

吏部擬滕昭、翁世資爲南京兵部，上皆不從，特命傑。時，傑將入都，王越忌，沮之，遂有是命。

汪直執太醫院，左通政方賢、院判蔣宗武、禮部郎中樂章、行人張廷剛、刑部郎中武清、浙江布政劉福，並下西廠獄。

章、廷剛以使安南還，武清以勘事還，福以起復，直并執下獄，索賄已，釋之，無敢言者。

五月，罷西廠。

汪直自開西廠，數起大獄，散遣官校，分布天下，所至羅織，臣民重足而立。商輅等上言："近日伺察大煩，政令大急，刑綱太密，人情疑畏，洶洶不安。蓋緣陛下委聽斷於汪直，而直又寄耳目於群小，如韋英、王英輩，自言親承密旨，得專與奪，同惡相濟，殘毒善良。"因條直大罪十，且言："自設廠來，中外騷然，臣工不安於位，商賈不安於市，行旅不安於塗，庶民不安於野，若不早除，必有意外之變。一旦禍興，卒難消彌，國家安危未可知也。"疏入，上怒，曰："一内豎，安能危天下乎？"命中官懷恩傳旨，詰責甚厲。輅曰："朝臣〔一四〕無大小，有罪皆請旨收問，直敢擅執繫三品以上京官。大同、宣府北門鎖鑰，守備一日不可缺，直一日械數人。南京祖宗根本重地，留守大臣，直敢擅自收捕。諸近侍，直敢擅易置。直不黜，國家安得不危？"劉珝、劉吉亦相繼言："直擅竊威福，濁亂朝廷，直不可一日容。"懷恩還，奏上，乃命革西廠。初，輅等將上疏，王越早朝遇劉吉、劉珝，曰："汪直行事儘公。商公在事久，恐直持其短長。二公入閣未久，又借直力，何故亦論列乎？"珝曰："不然。吾輩言事爲朝廷，非爲身計也。直果公，朝廷用公卿大夫亦何爲？天下後世謂此爲何等時耶？"越語塞，慚而退。

兵部尚書項忠除名。

汪直掌西廠時，一日，忠遇諸途，既過始覺，追，下輿，謝過，直不爲禮。既而，辱忠於朝。王越垂涎代忠，復毁短之。直日捃拾忠陰事，將中傷忠。忠約九卿疏直過惡，尹旻不從。忠遂具草，令郎中姚璧持詣諸部僉名，而送稿於尹，俾收以自別，尹即潛報直。疏入，會商輅疏亦上，上撤廠，還直司設監。直泣奏："此非外臣意，實黄賜、陳祖生所嗾。"且中以他事，遂調二人南京。時，有千户吴綬者，先在楚軍撓法，忠逐之。附直用事，直薦鎮撫司問刑，遂與直謀，誣忠受黄賜請托，賜弟指揮賓躐升都司。下廷訊。吴綬乘間搆忠，欲置死地。忠廷辯慷慨，不少屈。衆知直意，無敢違者。獄成，竟除忠名。姚璧降調。璧，姚夔子。尹旻素與夔不合，遂調璧廣西思明府同知。居數年，以滿歸，卒。

六月，南京兵部尚書原傑卒。

傑有經濟才，而樂聞直言，推誠待物，故所至成功。

復西廠。

御史戴縉九年滿，不遷，覬倖進，乃假灾異上言："近年灾變薦臻，皇上諭大臣同加修省，未聞大臣進何賢，退何不肖，亦未聞群臣革何弊，進何謀猷。惟太監汪直緝捕楊曄等之奸、高崇等之貪，奏釋馮徽等冤抑之囚，皆允合公論，足以服人而警衆。伏望推誠任之，仍設西廠。"御史王億亦言："汪直所行，不獨可爲今日法，且可爲萬世法。"上悦。於是，直復開西廠，詷察益苛，人不堪命，勢焰薰灼。王越首趨附之，殷勤托心腹。尹旻偕諸卿貳，欲詣直結歡，屬越爲介，及門，尹私問越曰："入當長跪乎？"越佯愠曰："安有跪人六卿？"越先入，旻陰伺之。越叩首出。旻入即跪，諸卿從之，直大悦。既出，越尤旻，旻曰："吾特效人耳。"

以戴縉爲尚寶司少卿。

縉欲都御史，及是命下，悻悻不樂。

大學士商輅加少保，致仕。進萬安文淵閣大學士。

輅見汪直復用事，遂請老。萬安又從旁擠之，輅遂致仕，安得首相。

户部尚書薛遠、刑部尚書董方、左都御史李賓並致仕。以王越爲兵部尚書兼左都御史，掌都察院事。

汪直嗾御史馮瓘等排異己者，令諸大臣各自陳。於是，方、遠、賓相繼引去。越得爲兵部。馮瓘亦升大理寺丞，以其首爲鷹犬也。

以翁世資爲户部尚書，林聰爲刑部尚書，余子俊爲兵部尚書。

京師雨錢。

秋八月，以陳俊爲户部尚書。

滿魯都、乩加思蘭入貢。

滿魯都、乩加思蘭遣使貢馬駝五千。時，乩加思蘭以女妻滿魯都，欲代滿魯都爲可汗。恐衆不服，又欲殺滿魯都，而立斡赤來爲可汗。滿都魯知之，索斡赤來，乩加思蘭匿不與，遂相讐殺。

冬十一月，浙江大雷雨，虹見。

戊戌，十四年春正月，考察天下朝覲官。

福建右布政鍾清、浙江按察使劉釪、江西按察使趙敔皆以清正爲中外所推，俱以不謹罷。士論不平。釪，鈺〔一五〕仲子也。

二月，皇太子出閣講學。

皇太子出閣，詔簡儒臣爲東宮官。時，有東宮内侍覃吉，識大體，通書史，輔導東宮經書，皆口授，動止悉導以正，暇則論説吏治、民情、農桑、軍務，至宦者專權蠹國諸弊，悉直言之，曰：“吾老矣，安望富貴？但願天下有賢主耳。”上嘗賜東宮皇莊五，吉極言不當受，曰：“天下山川，皆主所有，何以莊爲？徒勞民傷財，爲左右之利而已。”竟辭之。皇太子嘗誦佛經，見吉至，即棄去，携《孝經》。吉跪請曰：“主得無誦經乎？”曰：“讀《孝輕》耳。”其見重若此。每東宮出講，必使左右迎請講官，左右或不悦，吉曰：“尊師重傅，禮當如此。”

賜進士曾彦等及第出身有差。

進萬安吏部尚書、謹身殿大學士，劉珝、劉吉並太子少保、文淵閣大學士。

以彭韶爲廣東左布政。

三月，皇太子冠。

以王恕爲南京兵部尚書，參贊機務。

建州夷叛，寇遼東，命兵部侍郎馬文升往撫之。

建州諸夷久欲爲董山復讐，邊將久索其賄，遂怨叛，糾合入寇。巡撫陳鉞掩降虜爲己功，又附汪直開邊釁，出塞襲殺諸虜。于是，東夷大譁，懼，入塞殺掠吏民，羽書狎至。時議欲以大官餌之，文升曰：“官不足以釋其忿，且生邊患，宋李繼遷事可鑒。當遣大臣往撫之。”中旨遂用文升。汪直恃寵倖功，陰主越議，欲與文升俱。文升謝絶之，疾馳赴鎮，直深以爲恨。

致仕南京翰林修撰羅倫卒。

倫慷慨樂善，遇事敢言，以救時行道爲急，於富貴利達澹如也。既辭疾歸，結茅居金牛山，取給隴畝，不受饋遺。友人或贈之衣，行遇乞人死于途，即解衣覆之。客晨至，留飯。其妻語其子曰：“瓶粟罄矣。之傍舍干之。”比舉火，日已近午，曠然不以爲意。與學者講求性道，終日不倦。卒四十八，學者稱爲一峰先生。正德中，追謚文毅。

上杭盜起，以高明爲左僉都御史率兵討之，尋引疾歸。

明奉敕，許便宜行事，力疾而行。至則先揭榜諭之，賊恃險不服，乃進兵，擣其穴，俘四百餘人，誅首惡四十，餘悉輕宥之。海濱民矯令募亡命，爲不軌，明慮興大獄，止坐妖言誅之，衆遂定。明即上疏乞休，納符敕去。嘗曰："孔戣三宜去，司空圖三宜休。吾無才，一宜退；有病，二宜退；親老，無兄弟，三宜退；及治盜徵，宜再起；賊平疾作，宜再退。"自稱五宜居士云。

六月，命宦者汪直經略遼東邊務。

初，通事王英欲撫東夷，會遣馬文升，不得遂。至是，聞文升招安有緒，復勸汪直往，而己佐之，謀攘文升功。直入奏，得請，賜旗牌，從百餘騎往。

貴州總兵吴經請征普定蠻，不許。

普定諸蠻出没劫掠，經請大發湖廣、雲南兵擊之。經，吴綬兄。余子俊以綬故，欲從其請。上曰："兵凶戰危，豈可輕動？蠻夷爲患，在防御得宜耳。若大發兵，恐首惡未得，徒傷無辜。况貴州山菁茂密，縱使兵至，豈能得志乎？"但敕巡撫相度緩急奏聞。

秋七月，兵部右侍郎馬文升撫定建州諸夷。

文升至遼，召各衛酋長，宣示璽書，使知朝廷意，示以禍福，皆聽命。其以無辜掩殺者，給牛、布慰之，諸夷悦服。惟海西陽聽撫，陰謀入寇。文升諜知之，伏兵敗其衆。海西夷懼，亦降，遼事遂定。居無何，汪直至，諸夷已解散。直恚無功，忌文升。文升知其意，曰："公既至此，招安即公功也，吾何敢專？"

直揣知事不易，乃與文升俱歸。

浙江按察使楊瑄卒。

瑄在浙力振憲度，察吏奸，聽斷無留獄。禁官署，毋蠶桑，争民利。婦女毋入寺觀，隳風俗，築定海、捍〔一六〕海塘，爲百世利。甫半載病，病亟，寮佐往問，尚與論築海塘法、浚西湖之利，無片言及私。卒年五十四，不及大用，人皆惜之。

九月，以嘉興知府楊繼宗爲浙江按察使。

繼宗在嘉興，止携一蒼頭、書一篋，蕭然如旅舍。興學勸士，憫農賑灾，夙夜不懈。民有事詣府，和顔曲問，盡得其郡中諸奸豪及善良狀與民所疾苦，爲調劑興除。有孔御史者，挾威凌有司，輒杖殺人。繼宗榜通衢曰："孔御史撻人至死者言府。"孔見之，避去旁郡。嘉興當江南孔道，中官往來者多索金錢、布絹。繼宗取庫金市布、絹入饋，曰："金錢、布絹在也，幸與印券附案，他日磨勘。"中官咋舌，不敢受。藩臬皆敬憚之。滿九載，民遮道扶携，不忍舍去，爲立生祠祀之。及升按察使，益著丰裁，墨吏望風解綬去。鎮守内臣横，供給日費萬錢，繼宗一符下杭，盡革去。未幾，以内艱去任，悉以廨舍中器物付有司，一毫不以自隨。篋中惟貯《大明律》、書數卷、衣數襲而已。

冬十月，加萬安太子太保。

己亥，十五年正月，以王恕爲兵部尚書兼副都御史，巡撫南畿。

恕持正用法，不假貸，屬吏多忌之。尹旻附中官意，改恕巡撫。

起薛遠爲南京兵部尚書，參贊機務。

給事中趙侃、御史王濬等交章劾遠："潛入京師，貪緣復用。南京根本重地，參贊軍國重務，遠豈堪此？况以奔競而起，臣竊恐效尤，而來者接踵矣。乞罷遠。”弗從。

二月，復遣宦者劉倜鎮守江西。

三月，升吴道宏爲僉都御史，仍撫治鄖襄。

四月，都察院右都御史韓雍卒。

雍洞達凱爽，篤于孝友，與人交，有信義，不爲崖谷。臨戎決策，迅若發機。江西、嶺南並留惠澤。及爲黄沁所搆，歸，鬱鬱不樂，家居僅四年，卒，卒時年五十三。謚襄毅。廣人立祠祀之。

京畿大水。

五月，直隸常州府地震，有聲，生白毛。

六月，逮兵部侍郎馬文升下獄，謫戍重慶。

文升撫夷遼東，陳鉞厝置乖方，文升多所更變，約束不得動，銜恨文升。會汪直至遼，鉞戎裝遠迎，望塵伏諂，除道飾厨，供帳鮮備，賄托僕從，狐媚曲至。文升獨與直抗禮，奴視其左右。左右多讐鉞，詆文升。鉞乘間讒文升於直，直亦終以東行無功，銜文升。既還，遂誣奏文升啓邊釁，謂女直諸虜皆由文升禁不與易農器，故屢寇塞上。上惑直言，就遣直及刑部尚書林聰即訊。直謬致恭敬，深自結納於聰。聰亦畏直，不敢爲異，上報盡如直言。遂下文升于錦衣獄。文升上言：“寔禁鐵器，非農器也。”吴綬承直意，附會成獄，竟謫戍。

逮巡撫江南副都御史牟俸、侍講學士汪朝宗下獄，謫調。

初，俸巡撫山東，陳鉞爲布政，不相能。及汪直巡邊，鉞以諂諛見喜，乘間短俸。直還，遣校尉刺俸事，坐賄累萬。俸適以議事至京，遂捕逮下獄。朝宗，俸姻婭也。亦并逮，拷訊慘酷。行賕，吴綬諷令俸故吏代輸，僅半。俸竟戍鎮遠衛，而朝宗調廣東提舉。俸卒死戍所。俸爲江西按察使時，陷知府許聰于死，公論非之。至是獄竟，人皆知其爲汪直所誣，而無恤其冤者。中官又傳上旨詰責科道，謂俸貪婪，馬文升開邊患，科道官相容隱，緘默不言，可自陳狀。於是，給事中李俊、御史王濬等五十餘人合詞請罪，詔廷杖，人二十。時，文升、俸謫不以罪，俊等莫敢論列。及承詰責，冀以巽辭獲免，竟被杖云。

以戴縉爲右都御史。

加工部尚書萬祺太子少保。

先是，皇太子出閣，六卿皆加保傅。祺時理易州山廠不與，竟夤緣得之。祺起吏胥，理柴炭細事，而位加保傅，大臣不敢執正，言官亦無敢言者。

七月，遣汪直行邊。

九月，户部尚書楊鼎罷。

南京兵部尚書程信卒。

信才雄氣果，顧沉思不輕發。少力耕，養父母。及貴，無所紛華，花鳥、古玩不接于目，割田五百畝爲義莊，贍姻族。卒贈太子太保，謚襄毅。

十月，陳鉞請討建州夷，命汪直監軍，撫寧侯朱永總兵，率師襲之。

陳鉞既陷馬文升，復以邊功要説汪直。于是，僞報虜酋伏當加欲糾三衛入塞，請出師討之。下兵部議，余子俊言："御戎宜先守備，建州邊衛，祖宗特羈縻而已，不深治也。今其罪狀未著，遽伐之，非祖宗初意。必不得已，請遣重臣節制，相機戰守。"汪直不聽，言于上，命朱永總兵，己爲監督，生殺升賞，悉得便宜從事。

十一月，滿魯都殺乩加思蘭，併其衆。

汪直襲建州夷，破之。

時，建州夷六十餘人入貢，遇直于廣寧。直誣以窺伺，掩殺之。兵至建州，虜不意大軍猝至，壯者逃匿，惟俘斬老弱，焚廬舍而還。軍興，士馬耗費，遼左儲蓄一空。

十二月，建州夷寇遼東。

建州女直以復仇爲辭，擁衆深入遼陽、清河諸堡，殺虜男婦，皆支解，或舂炙以洩其忿，焚掠不可勝計。邊將皆斂兵自保，不敢與戰。陳鉞方冒功，圖升賞，匿不以聞。於是，遼地騷然，屯堡屏迹，弗克耕耨矣。

南京吏部尚書崔恭卒

恭寬平坦易，愛惜人才，獎拔後進，惟恐不及。卒贈太子太保，謚莊敏。

論建州功，加汪直俸，進朱永保國公，擢陳鉞右都御史。

官旗升者二千八十餘人，賞者一千五百餘人。

以陳鉞爲户部尚書。

以王宗彝爲僉都御史，巡撫遼東。

建州之役，宗彝以郎中督餉，論功升太僕少卿。及是，汪直聞虜欲復讐，故用宗彝代越，彌縫後事也。

庚子，十六年正月，命汪直監督團營。

大學士劉吉奪情起復。

吉有父喪，詔起復視事。吉僞上疏求終制，而陰托外戚萬喜言于上，固留之。侍講陳音與書，勸其力辭，不答。

二月，滿魯都寇榆林。

以劉昭爲工部尚書。

三月，命宦者汪直、保國公朱永、尚書王越，率兵出塞襲虜，破之。封王越爲威寧伯。

直喜事開邊，聞榆林有警，遂薦王越、朱永，相與統兵而西。未至榆林，虜已出塞。越曰："受命討虜，無俘獲，何以班師?"與直等議，潛師出塞，至威寧海，與虜戰，斬首四百而還。直之出也，撫臣皆鎧甲戎裝，迎謁二三百里，蒲伏道左，一如僕隸。直還奏捷，歲加禄米；越賜誥券，封威寧伯，世襲。御史許進等奏請："越如王驥、楊善例，仍掌都察院事。"從之。提督團營如故。

兵科給事中孫博請革東、西二廠，不報。

博上言："東、西二廠緝事旗校，多毛舉細故中傷大臣。旗校本厮役之徒，大臣乃股肱之任，豈旗校可信，反有過於大臣?縱使所訪皆公，亦非美事，一或不實，所損實多。乞禁革。"奏入，上曰："博不諳事，姑恕之。"

六月，福建長樂平地山起。

秋七月，逮遼東巡按御史强珍下獄，謫戍。

珍劾遼東總兵侯謙、前巡撫陳鉞失機隱匿諸罪。事下兵部，余子俊覆議，請旨，詔罰俸。給事中吴原等言："陳鉞等啓釁冒功，失機匿罪，以祖宗法度爲不足畏，生靈血肉不足惜，不忠不仁，莫此爲甚。情重法輕，公論未愜，請重懲，爲人臣欺罔之戒。"御史許進亦以爲言，且謂："陳鉞如宋黄潛善、賈似道，罪不容誅。"上是諸臣言，以事已處分，不復問。陳鉞怨王越不阻諸御史彈己。汪直巡邊還，鉞迎五十里，訴珍奉越風旨見劾，直怒。尋，王越亦出迎，直拒不見，即遣人馳赴遼東，同王宗彝審勘虜情。宗彝阿直意，誣珍妄奏，遂械珍赴京。直拉珍入内，酷刑拷逼，使引越，珍不服。下錦衣獄，廷鞫，無敢爲珍辯者，竟謫戍遼東。

占城請討安南，不許。

安南累歲侵擾占城，占城遣使入奏，請討之。汪直遂獻取安南策。職方郎中陸容上言："安南臣服中國已久，今事大之禮不虧，叛逆之形未見，一旦以兵加之，恐邊釁一開，遺禍不細。"直意不止。復傳旨，索永樂中調兵食籍。時，劉大夏亦在職方，故匿不與。徐以利害告子俊，力言沮之，事乃寢。

朝鮮請改貢道，不許。

朝鮮貢使苦爲建州女直遮劫，請改貢道，出鴨緑江，中官有朝鮮人爲之地。事下部議，劉大夏曰："朝鮮貢，自鴉鶻關，由遼陽，經廣寧前屯，而後入山海，迂回三大鎮，此祖宗微意。若自鴨緑江抵前屯、山海路大徑，恐貽他日憂，不可從。"遂不許。

逮陝西巡撫副都御史秦紘下獄，尋釋之，命巡撫河南。

紘初爲南京御史，劾中官，忤旨，降北黄驛丞。薦知雄縣，又禁中官捕獵，被誣，禍幾不測，民數千走擊登聞鼓訟冤，得調。歷升副都御史，撫陝西。時秦府旗校肆横，苦軍民，紘悉擒治，不少貸。王不能堪，訐紘凌辱親藩。上怒，逮紘詔獄，命内臣尚亨籍其家，止得黄絹一疋、故衣數事。亨還，言紘贫狀。上親閲其貲，嘉嘆良久，立釋紘，且賜鈔萬貫，旌其廉，命巡撫河南。會汪直出巡，他巡撫率屈禮，紘獨與抗，密疏："直多帶旗校，擾地方。"直還，上問各省撫臣賢否，直獨稱紘廉能。上出紘疏示直，直頓首伏罪，益稱紘賢不置。上益重紘。

八月，升國子祭酒丘濬爲禮部右侍郎，仍掌監事。

濬博學强記，時士爲文以奇怪相高，不可句。濬主考，凡怪詞險語悉棄不録。掌太學逾十年，師道尊嚴，論者謂"無愧李時勉”云。

冬十月，余子俊憂去，改陳鉞爲兵部尚書。

遣户部員外郎官廉勘覈東宫莊田。

時，景州獻縣阜城民田萬頃界接東宫莊，管莊内侍欲冒占，民訴于朝，乃遣廉偕御史、錦衣官往勘。内侍密遣人要廉曰：“田如歸我，講讀官可得也。”廉曰：“以萬人之命易一官，吾弗爲也。”至則徧集居民，指陳故迹，盡歸於民。同事者懼獲罪，廉曰：“我户部也，有害吾獨當之，諸公何憂？”既命下，皆從所擬。

辛丑，十七年正月。

威寧伯王越率師出寧夏御虜，却之。

擒斬百餘。

二月，免山西田租。

以周洪謨爲禮部尚書。

以翁世資爲户部尚書。

湖廣守將王信撫定諸蠻，以爲都督同知，總督漕運。

信在湖廣，嘗上疏言：“湖廣諸蠻，雖腹心之蠹，實無能爲。但我軍奸黠之徒，利其竊發，可以邀功，激之使變耳。今但選精鋭，常加隄防，其患自息。荆襄流逋，本意逃避徭役，長子老孫，已成家業，濫加誅殺，非惟死及無辜，抑恐致傷和氣。南畝之農，無所蓄積，斂獲未竟，餱糧已空；機杼纔停，布縷何在？求免饑寒不可得也。乞選廉仁守令，大加存恤。濫升官員無慮千百，無一矢之勞，冒崇階之賞，乞查勘削奪。三司方面所以折衝御侮，承宣激揚者也，當公以格物，廉以律已。至乃端本澄源，則在朝廷而已。”所部指揮劉斌、張全智勇過人，力薦於朝，且云：“英俊之士，處心剛正，寧肯抑心低首、奔走媚求？若不曲加攬訪，則志士沉匿，任用何能廣乎?”永順、保靖二夷，世相爲仇，信諭以威福，尋解，不爲亂。靖州、武岡諸蠻久不靖，守臣議剿之。信巡邊面諭，犒以牛酒，且詰其順逆故，皆稽顙曰：“累歲苦守將徵索，故作亂。今將軍待我如此，我輩尚敢反耶?”升都督同知，總理漕運。即日上道，語人曰：“荷國厚恩，未能報稱，此行當以江水洗滌肺腸，少盡區區耳。”

南京及江北、山東、河南同日地震，有聲。

以徐博爲禮部右侍郎。

三月，賜進士王華等及第出身有差。

夏四月，敕司禮太監懷恩同三法司審録囚徒。

六月，以何喬新爲副都御史，巡撫山西。

喬新奏：“緣邊軍民，往往潛出境外伐木捕獸，猝遇虜寇拘執，冀得免死，遂用爲嚮導，侵犯邊境。設有桀黠不逞者，如匈奴之於衛律、趙元昊之於張元，其爲邊患可勝言哉?宜嚴立禁防，若守關將卒故縱出塞，俱謫戍炎方，庶奸人知警，邊防戒嚴。”奏上，從之。

西番進獅子。

西番撒馬兒罕進獅子二，至嘉峪關，奏遣大臣往迎。事下兵部，陳鉞欲從其請。職方郎中陸容不從，草奏言：“獅子雖奇獸，然在宗廟，不可以爲犧牲；在乘輿，不可以備驂服。無用之物，當却之。如或憫其重譯而來，則當聽其自至。若以一獸之微，而遣大臣迎三千里之外，寧不貽笑於後世耶?”周洪謨亦力言不可遣官。事遂寢，止遣中官迎之。

秋八月，虜寇大同。命汪直監軍，王越爲征西前將軍，鎮守大同，御之。

真定縣學教諭余正己上言曆法，下獄。

正已上言："曆象授時，乃敬天勤民之急務。後世曆法失差，由不得古人隨時損益之常法也。臣竊以經傳所載，日月行天之常度，本曆元以步算，又以陰陽虧盈之理求之，以驗今曆。謹詳定成化十四年戊戌十一月初一日己丑子正初刻合朔，冬至，日月與天同會於斗宿七度。至三十三年丁巳十月初一日戊辰酉正初刻合朔，冬至，日月與天復同會於斗宿七度。所謂氣朔分齊，是爲一章者也。今將一章十有九年七閏之數，冬至、月朔、閏月、節氣、年、日、月、時，逐月開坐，編成一册上進，請敕欽天監精加考訂，從宜造曆，頒布天下。"事下禮部，周洪謨會掌欽天監事，童軒與正已參考講論，竟日不能决。洪謨因奏："正已止據邵子《皇極經世書》及歷代《天文志》推算氣朔，又祖述前代術家評論歲差之意，言古今曆法俱各有差。曾不知與天合，雖差而可。今正已膠泥所聞，輕率妄議，請下法司治罪。"詔下正已錦衣衛獄。

冬十月，詔余子俊爲户部尚書。

嚴遼東馬市之禁。

先是，陳鉞撫遼，奏開馬市於開原、廣寧。朶顔諸夷，每月兩市。後通事劉海、姚安稍侵牟之，諸夷懷怨，寇廣寧，不復來市。鉞懼罪，乃奏言："初立馬市，非資外夷馬爲中國用，蓋以結朶顔之心，撤海西之黨。今宜申嚴禁例，每市監以文武大吏，有侵尅者，重罪之，庶毋激變之患。"詔可。

十二月，户部尚書翁世資致仕。

壬寅，十八年正月。

虜寇大同。命户部尚書余子俊總制軍務，帥師御之。

虜馬亦思因寇大同，報威寧之怨也。邊將與戰，失利。命子俊統京營兵御之。子俊分兵戍守要害，虜遂引去。師還，加太子太保。

山西巡撫副都御史何喬新敗虜于灰溝，召爲刑部左侍郎。

三月，江南飢。

時，南畿灾荒，而織造采使日增，進貢禽鳥花木，使者絡繹不絶。恕乃上疏曰："臣聞古聖王投珠抵璧，却千里馬，焚雉頭裘，非不知珍奇之可貴也，恐因而妨政廢事，失天下心，爲社稷計耳。今當饑荒之餘，軍民困弊，陛下正宜裁冗費，却貢獻，禁奢侈，慎爵賞，輕徭役，惜民力，以收天下之心。夫何織造旁午，貢獻絡繹？奔侈之風競起，倖進之門大開，遂使爵賞冗濫，名器混淆，徭役繁興，財力日屈，欲斯民之不貧且盜得乎？伏望敦崇節儉，一切不急之務、無名之賞悉從停止。禽鳥、花木、珍奇、玩好之類，詔四方勿復來獻。則人心安，而社稷有無疆之福矣。"

時，又遣國子生湯棨取常州段銓家古書，盧岐僧院取刻絲羅漢觀音。恕又上疏曰："帝王之學，與韋布不同。韋布之人，多聞强記，將以待聘，故其學貴博。帝王者，身兼治教之責，爲億兆主，其學不在博，在乎知要。'《詩三百》一言以蔽之，曰：思無邪。'若能思無邪，雖不讀《詩》亦可也。陛下若於清燕之時，取《書》之《二典》、《三謨》與《説命》《無逸》諸篇讀之，復取漢、唐書有關於治亂成敗者，三二策涉獵之，儘可以開廣聖心，資助化理，何必徧求諸家之書而觀之乎？至於佛老之説，誕妄不經，惑世誣民，爲正道之害，尤非帝王所當留意也。"疏入，皆不報。

妖人王臣伏誅。

臣幼爲人奴，以妖術惑衆。嘗遊江陰，干諸大姓，不納。後入京，因内援得見幸，以爲錦衣千户。上命中官王敬往江南搜寶玩、珍奇，臣與俱，大張威焰，所至凌轢官吏，網詈士民，江南玩器、書畫、金寶搜括殆遍。匿不與者，立毀其家。所納賄，以數十萬計。江陰諸大姓以舊憾受毒更慘，東南騷動。王恕疏其罪狀于朝，請亟誅之，以安人心。上乃遣官，械二人下錦衣獄，戮臣于市，傳首江南，敬發戍南京，中外稱快。

復罷西廠。

時汪直在大同。科道交章奏："西廠苛察紛擾，大傷國體。"内閣萬安亦謂宜罷。上乃罷西廠，中外忻然。

五月己巳朔，日有食之。

八月，命僉都御史王濬撫治鄖襄。

刑部尚書林聰卒。

聰恂恂和易，身若不勝衣。遇事否可，能持大義。晚年乃更爲謙厚，未免浮沉云。卒，謚莊敏。

九月，滿都魯可汗死。亦思馬因立把秃猛可爲可汗。

金星晝見。

冬十一月，汪直有罪，罷。奪王越伯爵，編管安陸。吴綬謫戍邊。陳鉞、戴縉並除名。

直用事久，竊弄威福，勢傾中外，阿附者立致顯榮，觸忤者即遭禍譴。有中官阿丑者，善詼諧，每於上前作戲，能譎諫。一日，丑作醉酗狀，旁一人佯曰："官人至。"酗如故。又曰："駕至。"亦如故。已曰："汪太監至矣。"驚迫屏息。傍人曰："駕至不懼，而懼汪太監，何也？"曰："吾知有汪太監，不知有天子。"丑復作直持雙斧趨蹌而行，或問故，答曰："吾將兵，惟仗此兩鉞耳？"問："鉞何名？"曰："王越、陳鉞也。"上微哂焉。自是疑直，寵漸衰。

御史徐鏞等劾直：“欺國弄權，與王越、吴綬、戴縉等結爲死黨，大肆羅織，中外寒心。天下之人但知有西廠，而不知有朝廷；但知畏直，而不知畏陛下。又聽陳鉞誣執建州貢夷，請兵征剿，傾竭糧餉，侵盜府庫。未及班師，夷人大舉報怨，屠害軍民，鉞等反冒升賞。王越又與直密謀，出塞掩殺老幼，妄報大捷，使北狄積憤，招結醜類，大擾邊陲。邊民横罹鋒刃，致勞九重宵旰之憂，而直等若罔聞知。其罪不容于死，乞明正典刑，籍其家，以爲奸臣結黨弄權、擅開邊釁之戒。”上納其言，下廷議，覆奏：逐直并其黨，竄斥皆盡。中外莫不快之。

十二月，進萬安太子太傅、華蓋殿大學士劉珝太子太保、謹身殿大學士劉吉太子太保、武英殿大學士。

癸卯，十九年春正月。

命刑部左侍郎何喬新巡邊。

時，亦思馬因擁衆寇大同，殺邊將，紫荆、居庸告急，敕喬新巡邊。喬新遣諜覘虜營，聲言擣其巢，虜懼，不戰遁。時，山西饑，人相食，即命喬新賑贍，得便宜行事。喬新請内帑淮鹽銀及鬻祠部僧道牒，得粟數十萬石，分部賑恤。又僦饑人疏渠，出粟償直，全活甚衆。

二月，復項忠官。

汪直既敗，上察忠枉，乃復其官，予致仕。

以職方郎中劉大夏爲福建參政。

大夏居職方，虜數寇大同，邊帥失律，中外震恐，調發戰守無虚日，皆倚重之。時，兵部右侍郎缺，中官有欲薦大夏者，遣人致意，大夏巽詞謝之。吏部議以太僕卿處大夏，大夏私語所知曰：“京堂，固人所欲，但吾做秀才時，見郡縣長吏政不平，恨不得身代之。今幸登朝，不一親民，非素志也。且曹郎出，非郡守，即二司，官階崇重，何爲不可？但恐人負官耳。”乃升大夏福建參政。海防久弛，大夏至，造哨船，葺倉計儲，立收支法，寨設一館，往來督察。不半歲，海道肅然。

三月，南京禮部侍郎致仕章綸卒。

贈禮部尚書，謚恭毅。

夏四月，降陝西巡撫鄭時爲貴州參議。

鄭時上言保國利民五事，曰：盡誠敬，以回天意；明義理，以杜妖妄；減進貢，以蘇民困；息傳奉，以抑僥倖；重名器，以待有功。辭多切直，上怒，謫。時，陝西軍民送者塞塗，流涕不忍别，若失父母。

起馬文升爲左副都御史，巡撫遼東。

汪直、陳鉞既敗，文升枉得雪，詔復其官，致仕。遼東巡撫王宗彝亦以直黨降，乃起文升代之。

秋七月，調廣東左布政使彭韶于貴州。

韶在廣鎮守，内臣顧恒歲假貢獻，求索多方，民不勝擾。韶上言：“自古明王不寶遠物。廣東民力竭矣。守臣以此事上爲恭，不知彫傷國本，爲害反大。”市舶内臣韋眷請以均傜，餘剩六十户隸舶司，爲造辦之需。韶又疏其矯稱進奉，私庇富豪，輒亂舊章，妄開新法。民間力役，更無曠丁；籍上均傜，豈有餘户？又劾珠池監丞黄福采捕禽鳥，騷動雷廉。又劾錦衣鎮撫梁海，本廣州人，往來傳道輒稱貢儀，水陸舟車，飲食帳帷，百方横索，所過蕭條。海，中官芳弟。芳見疏，大怒，且中傷韶，言韶每事邀名方命。上直視芳，不應。芳懼，伏地。調韶貴州。

九月，授舉人陳獻章爲翰林院檢討，予告。

獻章，廣東新會人，正統十二年舉人，屢上禮部，不第。乃棄舉業，從吴與弼講伊洛之學。彭韶薦之，召至京，令就試吏部，辭疾不赴。越數日，赴試。至部，復以疾辭，卒不就試。時年五十六，懇辭，乞終養，疏曰："臣母以貧賤早寡，俯仰無聊，殷憂成疾，老而彌劇。使臣遠客異鄉，臣母之憂臣日甚，愈病愈憂，愈憂愈病，憂病相仍，理難長久。臣又以病軀憂老母，年未暮而氣則衰，心有爲而力不逮。乞歸養。"特授翰林檢討，予告歸。至南安，知府張弼問出處，曰："康齋以布衣爲石亨所薦，以故不受職。求觀秘書，冀得開悟主上。惜時相不悟，以爲信然。言之上，令受職，然後觀書，殊戾康齋意，遂决去。獻章以聽選監生薦，又疏陳始終願仕，故不敢僞辭釣虚名。或受或不受，各有攸宜爾。"後竟不復起。

十月，以張鎣爲刑部尚書。

虜入宣大。

十二月，罷傳奉官。

時，諸閹用事，無耻嗜進者，皆夤緣近倖獻珍玩，輒得卿寺、郎署爵秩，謂之傳奉官。京官止一千□百，而傳奉官乃至八百人，名器冒濫，賈竪、技藝之流皆濫朝參。於是，給事中王瑞等言："爵賞，乃天下之公器，自古帝王所以驅策群臣、制馭四海者也。祖宗朝設官分職，各有定員，惟有功德才能者授之，初無倖進之路。今恩典内降，厮養賤夫，市井童稚，皆得以夤緣而進，名器之濫，一至于此。伏乞革罷，以杜絶倖門。"御史張稷等亦言："比年以來，末流賤技多至公卿，屠狗販繒亦居清要。有不識一丁而濫授文官，不挾一矢而冒任武職者。望明正其罪，以警後人。"奏入，上納之。下吏部核勘，降黜數十人，遂罷傳奉官。

甲辰。二十年春正月，京師地震。

二月，以侶鍾爲副都御史，巡撫保定。

改南京刑部右侍郎盛顒爲左副都御史，巡撫山東。

三月，賜進士李旻等及第出身有差。

處士胡居仁卒。

居仁，餘干人。少遊舉子業，稍厭之。既從吴與弼遊，盡棄舊學，慨然以古人自期。其學以忠信爲本，以力行爲要。因以"敬"名齋，動静語默，造次未嘗少違，對妻孥如賓客。執親喪，哀毁逾節，三年不入寢室。家貧甚，鶉衣簞食，處之泰然。曰："以仁義潤身，以讀書潤屋，足矣。"排異端，振流俗，高風振于江南。淮王請講《周易》，以師禮待之。卒，年五十一。所著有《敬齋録》、《居業集》。

四月，以楊繼宗爲右僉都御史，巡撫順天。

以陳俊爲南京吏部尚書。

復以王恕爲南京兵部尚書，參贊機務。

以彭韶爲副都御史，巡撫江南，總督糧儲。

召兩廣督撫右都御史朱英還，掌院事。

英在兩廣專務勞來，撫輯約束將士，不得輒進兵。諸峒岷〔一七〕有倡亂者，購首惡誅之，而釋其脅從，遣復業。一切征需供饋蠲省節縮，十去其五，户口生息。上手敕褒嘉，召回，掌院事。

五月，進大同總兵周璽爲都督僉事，鎮守三關。

先是，虜酋亦思馬因入寇，璽分兵三千守懷仁。寇入塞，中軍失利，璽還兵内援，夜忽值虜，勢鋭甚，璽勵將士曰："今日之事，有進無退。退則無遺類矣。"於是，衆争奮死戰。璽臂中流矢，拔鏃，督戰益急。會救至，虜退。上嘉其勇，遂有是命。

逮大同總兵都督許寧、巡撫僉都御史郭鏜、鎮守太監蔡新下獄。

以虜入塞，不能御也。寧降指揮同知，鏜降知縣。

秋七月，河北、燕南大饑，分遣大臣賑恤之。

八月，逮刑部主事林俊、後府經歷張黻下獄，謫官。

時，妖僧繼曉以秘術因梁芳干上，出入禁中，被殊眷，尊爲法王，賜美姝十餘，金寶不可數計。又請建永昌寺，費鉅萬，毀民居，人心怨憤。於是，俊上疏言："今灾異迭興，兩京地震，陵寢摇動，日月繼蝕，饑荒半天下，人民流徙，填委溝壑，拯救無策，可爲流涕。而妖僧繼曉，乃請内帑數萬建佛寺。臣按繼曉本一儉狎小人，曩以邪術蠱楚府，事敗罹罪，竄身京師，誤蒙聖眷，五尺之童皆爲切齒。敢復肆無忌憚，惑亂聖聽，以有用之財，供無益之費。陛下聰明神智，乃蹈梁武覆轍，虧損聖譽，蠹壞至治，工役不息，人怨日興。臣謂不斬繼曉，禍未可言。然縱之者，梁芳也。芳傾覆陰狠，引用邪佞，排斥忠良。輔之，驟得美官；觸之，動遭竄逐。欺罔如趙高，奢僭如石崇。數年之間，假進貢買辦爲名，盜祖宗百餘年府藏殆盡。今内外百官以及閭井，皆痛心饑民之死，欲食梁芳、繼曉之肉。然卒不敢進言於陛下者，所惜者官，所畏者死爾。使臣復不言，則陛下終不悟，天下後世謂陛下何如主？臣等何如人？臣誠不畏死，惟陛下裁察。"上覽疏大怒，下俊錦衣獄。後府經歷張黻上疏論救，併逮赴獄，事且不測。司禮太監懷恩叩首力争，曰："祖宗朝未有殺諫臣者，殺俊將失天下心，奴不敢奉詔。"上大怒，曰："汝與俊合謀訕謗，不然，俊安知宫中事？"提硯擲恩，恩免冠伏地號泣，曰："奴不能復事左右矣。"趨出，至東華門，使人謂典詔獄者，曰："俊死，若等不得獨生。"乃歸卧邸中，稱中風，不能起。上怒解，命醫治疾，屢使勞問。俊得不死，謫雲南姚州判官。黻謫知州。初，俊之草疏也，自分必死，區處家事，其妻不敢諫，其友勸止之，不從。通政閲其疏曰："君能言人所不敢言，吾輩愧死。然雷霆之下，恐有不測，惟君再思之。"俊曰："吾思已三，寧云再也?"置疏於案而去。及廷杖，大呼曰："臣赤心爲國，死即死耳，安用杖?"時萬安附中官，諫官皆不敢言。俊獨慷慨上疏，直聲震海内。

九月丁酉朔，日有食之。

十月，虜入大同，命定西侯蔣琬、總督、尚書余子俊，帥師御之。

琬等至大同，出野口門，虜已徙帳而北，出臨大邊，耀兵而還。上言："虜益遠，邊輸益困，請班師。"許之。何喬新與劉珝書曰："竊聞戰不可數，戰數則民疲。北虜憑陵中國久矣，邊將懷奸，不肯横身以御敵，每虜寇小入，輒張大以聞。朝廷遽出京軍以征之，成功則同受升賞，僨事則有所推委。此邊將之奸謀也。數年來，京軍凡幾出而幾戰乎？京軍出，則虜退；京軍歸，則虜來。是虜得亟肆其疲之之術也。不知朝廷置邊閫果何爲乎?使京軍疲於奔命，而宿衛單弱，供饋煩苛，得無可慮乎?"珝不能用。

冬十一月，封罕慎爲忠順王，入哈密。

土魯番阿力死，子阿黑麻稱速壇未壯。守臣請乘間封罕慎嗣忠順王，入哈密。罕慎貪賤，國人怨之。西域諸夷貢使往來者，苦其要索。

馬文升升右都御史，總督漕運，巡撫江北。

韋瑛伏誅。

瑛自罷西廠，調外任，爲萬全衛百户，欲邀功希起用，乃僞爲妖言，誣巫人劉忠興等謀不軌，走告監軍中官張善。善使人助瑛，捕獲忠興等，加以毒刑，皆誣服，聞於朝。復遣官即訊，得其情。上曰："瑛曩罪當死，僅薄謫，而稔惡不悛若此，亟斬之，仍梟首示衆。"其黨論罪有差，被誣者皆釋。

乙巳，二十一年春正月，星隕有聲。詔寬恤，求直言。

給事中李俊等言："今近倖干紀，大臣不職，天變之來率由于此。國初，近侍皆有定制，今或一監設太監一二十員，或一事參内官五六七輩，或分布藩郡，或總領邊疆，或援引憸邪，或投獻奇巧，如梁芳、韋興、陳喜輩，難以數計。大臣如殷謙、張鵬、艾福、杜銘、李本、劉俊、張鎣、田景暘、張宣、尹直、李温輩，或老懦無爲，或清論不愜。皆所以虧聖德、損至治而招天變者。其間方士道流，如李孜省、鄧常恩、繼曉輩，尤中外所切齒。乞皆罷斥，庶天變可回。"

復林俊爲南京刑部員外郎，張黻爲南京左府經歷。

先是，俊、黻既貶。王恕上疏言："陛下過聽妖僧，大興土木，營建佛寺，將以求福利也。三代以前無佛法，而曆數綿長；三代以後信佛法，而運祚短促，則佛之無益於世，明矣。今都城内外，佛寺不知幾千百區，又復營搆，毁民居，耗國用。舉朝皆知此舉之非，而不敢言，獨林俊言之；亦皆知林俊所言之是，而不敢言，獨張黻言之。今皆置之於法，人將以言爲諱，設有奸邪誤國，陛下何由而知之？願復俊、黻官以慰天下。"不報。至是，以星變，梁芳等恐言者及之，乃乞中旨，復二人官。

謫工部主事張吉、中書舍人丁璣、進士敖毓元。

張吉等應詔陳言，皆疏斥李孜省、僧繼曉等罪惡，勸上親賢圖治，修德遠邪，慎選大臣、臺諫，斥佛老，惜名器，以弭天變。疏入，俱留中。尋以他事謫吉景東府通判，璣普安判官，毓元臨西縣丞。户部主事周軫，兵部郎中崔升、蘇章亦皆上疏，言："星變乃閹豎干政，妖僧蠱惑，庇邪佞，逐忠良所致。乞除元惡以快人心，減内臣以清朝政。"皆不報。時言者頗及宫闈秘密。上怒，因書上言六十餘人姓名於屏，擬升則絀其級，不則遠惡地。於是，吏部不敢擬升焉。

放僧繼曉歸田里。

繼曉自知罪重，恐禍及，乞歸養母，并乞空名度牒五百道。許之。詔命母終仍出供職。御史汪奎等言："繼曉結梁芳，營建佛寺，又給與度牒五百。一牒可售數金，當此凶荒，留賑饑民，不猶愈於與妖僧乎？乞治梁芳之罪，追還繼曉，斬首都市，以謝天下。"詔革繼曉爲民，追還所領度牒。

加南京兵部尚書王恕太子少保。

恕應詔上言："洪武、永樂年間，官有定員，朝無倖位。是以賢能在職，食之者寡。近年以來，無功而升、無能而進者，日多一日。工藝之人、逋逃之流、邪術之輩，各尋蹊徑，得美職而服章服者充滿朝市，虚糜廩禄，虧損名器，非所以勵賢能、勸有功也。"又言："林俊以言事謫官，尋蒙收召；繼曉以左道惑衆，亦被放逐。此足以彰陛下日月之明。然諸司中，如俊直言遷謫者尚多；邪奸之徒，豈無後繼曉而行術者？乞將言事被謫諸臣悉令復職，挾持邪術者，禁不得入京希求進用。如此，則正人進而宵小遠矣。"不報。

以張苗爲南京通政使。

時，星變，黜傳奉官。御馬太監張敏請馬坊傳奉者得勿黜，持疏謁懷恩，恩大聲曰："星變專爲我輩亂國，今甫欲正法，汝又壞之耶？天必殛汝矣。"敏素驕貴，被恩折辱歸，憤恨死。其侄太常寺丞張苗，傾貲上獻，乞求爲侍郎。上以苗起承差，不可，乃授南京通政使。

二月，德王請業南旺湖。不許。

以湖開漕渠也。

三月，泰山屢震。

時，椒寢漸繁，李孜省左道交納，頗有易樹之意。劉珝密疏言：“國本不可摇動。”會欽天監奏言：“泰山震動，應在東宫。”事乃已。

閏四月，調順天巡撫楊繼宗外任。

繼宗執法不阿貴戚，内宦莊田繡錯，圻内有侵占民田者，繼宗悉奪還民。以是，宦戚皆怨，思中傷之。會治中陳翼謁繼宗，怨繼宗不加禮，遂誣訐繼宗，諸閹又從中搆之。乃調繼宗爲雲南按察使。

以彭韶爲副都御史，巡撫順天。

韶應詔陳言“漸不克終”者四事：内臣貢獻，貴妃加於中宫，陛下又褒賞其家，幾與先帝后家等，一也。内臣日增歲益，數以萬計，利源兵柄，多付其手，作奸犯科，一切不問，所請輒從，二也。四方貢獻，珍奇充溢，通番航海，勞擾百姓，三也。六卿大夫並加師保，諸寺監兼領高官，及其休去，月廩歲輿，徧施凡鄙，四也。疏入，不報。時，被命召爲大理卿。奏上，遂改撫順天。

五月，廣東大水。

左布政陳選馳奏灾傷，未報，遂便宜發粟賑之。

七月，太子少保、右都御史朱英卒。

八月己卯朔，日有食之。

九月，大學士劉珝致仕。

珝素薄萬安。時時對客駡安：“負國無耻。”安聞，積恨，與劉吉搆以飛語，假俳優中傷之。珝遂乞致仕。

逮陳鉞下獄，尋釋之。

鉞既罷，家居。寡嫂孤侄，苦其凌轢，赴京訴鉞在軍中，隱匿金寶、美女諸不法事。逮至，下獄。鉞揚言曰：“金銀、子女信有之。然當時皆分饋當事，我有其餘耳。”諸大臣曾受其饋者聞之，皆極力營解，遂得釋。

十二月，進劉吉户部尚書、謹身殿大學士。

以彭華爲吏部侍郎兼翰林學士，直文淵閣。

天順中，華爲編修，坐冒餼除名。李賢救解，得免。迨李孜省得幸，華附之，又與萬安深相結。一時正人斥逐，華力居多，乃得入閣。

丙戌，二十二年春正月。

二月丁酉朔，日有食之。

兵部尚書余子俊致仕。

子俊在宣大欲推榆林法，修兩鎮邊垣，而工役浩煩，怨謗紛起。科道交章劾子俊：“昧時宜，急功利，趨凋弊之民，興城堡之役，邊備空虛，群情嗟怨。”且言：“邊防之險，不在地利，而在人心；朝廷之憂，不在四夷，而在百姓。今疲中國以事邊境，重手足而輕腹心，不能保邊，而適以擾邊；不能安民，而適以困民。”疏入，上命工部侍郎杜謙往勘。謙還，奏：“子俊在邊未及二年，費官銀一百五十餘萬，糧二百三十萬，雖給士馬，築墩臺，造兵器，皆出公用，然亦勞民傷財，不爲無罪。”上乃革宮保，勒令致仕。

三月，虜入開元塞。

五月，以馬文升爲兵部尚書。

吏部尚書尹旻致仕。翰林侍讀尹龍除名。

昱善劉珝，而與萬安不協。安數欲去昱，輒爲珝所沮。珝既去，安欲引尹直入閣，昱不可。安遂托李孜省譖昱於上，復嗾所親科道張雄、陳孜等劾昱掌銓鬻爵，苞苴公行。其子龍竊弄父權，其門如市。詔逮龍廷訊，坐除名。昱勒令致仕。昱在吏部，多以美秩私鄉人，凡所推舉，先權要而後冷散，人多怨之，卒以此敗。

逮廣東左布政陳選，道卒。

先是，廣東市舶太監韋眷奏："乞均徭，餘户六十人辦方物。"選執不與。番人馬力麻販海上，詭蘇門答剌國貢使，韋眷貪其利，不問。選發其僞，逐之。撒馬兒罕遣使貢獅，得厚賜中人，護行至南海。又欲航海，市獅滿剌加國徼賞。選上言："西旅貢獒，召公進諫；越裳獻雉，周公致規。不惟防玩好之漸，實以杜窺伺之萌。乃者珍禽奇獸徵求外夷，奸貪憑籍因緣爲利，勞罷中國，貽譏外域，恐爲聖明之累。"事竟止。番禺民王凱附韋眷，出海通番，怙勢殺人。知縣高瑶執之，搜没番貨鉅萬，選上其狀於朝。眷積怨選每事裁抑，遂誣選黨比高瑶。上怒，遣刑部員外李行即訊。行畏眷，不敢異。眷復賄選所黜吏張褧，令誣選。褧曰："死即死爾，安敢以私憾陷正人？"大呼，爲選白冤。行等羅織，無所得，乃文致成獄，坐徙。奏上，詔奪選官，逮赴京。士民數萬人號泣遮留。至南昌，病卒。

張褧乃上書，爲選訟冤，曰：

> 臣聞周公元聖，而四國之謗乃至上疑於君；曾參大賢，而三至之言不免摇惑其母。是豈成王之不明？參母之不親哉？凡以口能鑠金，而毁能銷骨也。竊見廣東布政使陳選，素崇正學，夙抱孤忠，孑處群邪之間，獨立衆憎之地。太監韋眷，通番敗露。知縣高瑶，按法持之。選移文嘉奬，以激貪懦，固監司之體也。眷恨選發其奸私，遂穢衊清節，熒惑

聖明。勘官李行承眷頤指，鍛鍊成獄，竟無佐驗。臣本小吏，以詿誤觸法，爲選罷黜，寔臣自取，非選有加於臣也。眷乃妄意臣憾選，以厚賄啖臣，令扶同陷選。臣雖胥徒，亦知廉耻，安敢欺昧本心，顛倒是非？眷既知臣不可利誘，乃囑行等逮臣於理，彌日拷掠，身無完膚。臣甘死籲天，終無異口。行等乃依傍眷語，文致其詞，劾選矯制發粟，意在侵欺；曲庇屬官，將圖報謝。是毁共姜爲夏姬，詬夷齊爲盗跖也。本年嶺外地震水溢，漂民廬舍，屬郡交牒報灾，老弱張口待哺，而撫按藩臬若罔聞知，選獨抱隱憂，食不下咽，謂展轉行勘，則民命垂絶，其何能待？所以便宜議賑，志在救民，非有他也。選素剛正，不堪屈辱，乃爲勘官凌侮，憤懣成疾，旬日而殂。李行幸其就死，不爲醫療，又潛遣養子密以選死報眷。小人佞毒，交結權倖。司徒之屬，要在詰奸刑暴，安取此輩爲也？夫選砥節奉公，横罹讒搆，君門萬里，孰諒其冤？臣以罪人擯斥田野，秉耒自給，百無所圖，敢冒死披陳甘心鼎鑊者，誠痛忠廉之士銜屈抑之冤，長讒佞之奸，爲聖明之累也。

奏入，不報。第以他事罷眷鎮守。

選自少沉静端慤，立志以聖賢自期。潛修篤行，不求人知。終身儉約，無異寒素。之官廣東，止乘一驢出都門，嘗曰："居此官，必盡此職；行此事，必盡此心。"所至有德政，南畿、河南、廣東皆立祠祀之。

七月，致仕大學士商輅卒。

輅在政府，每遇大議，能持正。馬文升嘗曰："我朝賢輔，當推商公。楊文貞、李文達，莫或先也。"卒，謚文毅。

八月，以耿裕爲吏部尚書。

以夏寅爲山東右布政使。

寅嘗疏論國家之勢在離合，合則安，離則土崩。今兩京並建，其勢宜常合以制天下。徐州，地連山東，饑民無聊，宜亟賑恤。臨清，乃南北咽喉，或暫梗，爲害不小。宜選大臣鎮守二州，訓兵屯田，示天下形勢。廷議是之。爲出金四萬賑徐州，命都御史鎮臨清。

寅平生誠心直道，無黨援。自筮仕郎署三十年，爲副使十六年，未嘗以淹屈降志。嘗語座客曰："君子有三惜：此生不學，一可惜也；此日閑過，二可惜也；此身一敗，三可惜也。"時謂名言。

九月，令南京兵部尚書王恕致仕。

恕累疏直諫，忤上意，中官梁芳輩又纔毁不已，累上章乞休。會侍郎馬顯乞休，即顯疏批曰："留都民饑，尚書王恕老髦，無策拯濟，同顯致仕。"工部主事王純奏曰："王恕累上封章，直陳時事，陛下每優容之。及以年老求去，則蒙慰留。今一旦勒令致仕，群情驚駭。昔莊助論汲黯於漢武帝，帝以爲古社稷之臣，如黯近之。臣竊見一時大臣，遇事敢言無逾恕者。妄意以恕爲社稷之臣，則恕之去就，豈容不言？乞召還，以竟其用。"上以純出位妄言，命杖之，謫爲思南府推官。

調兵部尚書馬文升於南京，參贊機務。

時，貴州都匀黑苗弗靖，守臣倚内援，請發黔、蜀、湖廣兵會討。文升持不可，奏遣官勘之，果無他虞。忌者譖内旨，調文升南京。

以尹直爲户部左侍郎兼翰林院學士，直文淵閣。

十月，調吏部尚書耿裕於南京禮部。

裕秉銓清慎，請寄不行，忤權貴意，故調。

以李裕爲吏部尚書，徐溥爲左侍郎，倪岳爲右侍郎。

復建大永昌寺。

先是，建寺於西市，已有成緒，繼曉被譴，寺亦隨廢。至是，梁芳請更擇地建之，得故廣平侯袁瑄宅。時，瑄家已失侯，瑄妻因獻宅而托芳請襲侯。芳言於上，許之。大興工役，民心益怨。

進萬安少傅兼太子太師，劉吉少保兼太子太傅，彭華禮部尚書，尹直兵部尚書並太子少保。

懷恩嘆曰："四人柄國，朝廷可謂無人矣。"

淮北、山東大饑。

命副都御史賈俊鎮守臨清。

十二月，召余子俊爲兵部尚書。

冬無雪。

丁未，二十三年春正月，萬妃卒。

妃，山東諸城人。父貴，爲掾吏，謫居霸州。妃選入掖庭，侍上於青宮。上即位，遂專寵。吴后之廢，實由於妃。及王后正位中宫，每優容之。妃機警嫵媚，善迎合上意，六宫希得進御。錢能、覃勤、汪直、梁芳、韋興輩皆厚事妃爲内主，假借貢獻，横攘民財，擅作威福，弄兵鬻爵，海内怨憤。孝穆皇太后以妃故，遜居西内，數年而崩。至是，妃卒。上震悼，輟朝七日，葬天壽山西南。弘治初，言者籍籍不已，欲追廢妃，籍其家，賴孝宗仁厚，置不究云。

調應天府丞楊守隨爲廣西南寧府知府。

初，守隨爲御史，嘗論劾李孜省竊柄亂政。孜省銜之，及守隨來朝，乃讒於上，以中旨調外任。

三月，加李孜省工部尚書，仍掌通政司事。

彭華致仕。

賜進士費宏等及第出身有差。

夏四月，尊皇太后周氏聖慈仁壽皇太后。

五月，京師大旱。

六月，雷震南京午門。

上杭盜起，命副都御史王繼巡撫福建。

秋七月，進萬安少師。

八月庚辰，上不豫，命皇太子暫視朝於文華殿。

己丑，上崩於乾清宫。

九月壬寅，皇太子即皇帝位。

改明年元曰弘治。

上大行皇帝謚號。

曰繼天凝道誠明仁敬崇文肅武宏德至孝純皇帝，廟號憲宗。

大赦。

奪番僧領占竹誥敕，遣還四川。

給事中韓重、御史陳穀等劾稱：“法王領占竹等，俱以西番腥膻之徒，污中華禮義之教，錦衣玉食，前擁後訶，熒惑聖明，擅作威福。獻頂骨數珠，進骷髏法碗，以穢污之法，冒升賞之榮。罪惡深重，宜正典刑，以絶異教。”詔奪封誥、印敕，遣還四川光相寺。

冬十月，尊皇太后周氏爲聖慈仁壽太皇太后，皇后王氏爲皇太后，立妃張氏爲皇后。

丙子，有星飛流亘天，求直言。

時，有大星飛流，起西北亘東南，光芒燭地，蜿蜒如龍蛇，人畜皆驚，乃下詔求言。庶吉士鄒智應詔上疏，極論陰陽之理，言："内閣爲天下政本，宜進君子，退小人。今閣臣萬安，持禄怙寵，殊無厭足；劉吉附下罔上，漫無可否；尹直挾詐懷奸，全無廉耻，世之所謂小人也。留之必不能輔君德，修朝政。賢人將觀望而不敢來，群邪且盤結而不肯去。上危社稷，下禍蒼生，宜放歸田里。致仕尚書王恕，托志忠勤，可任大事；尚書王竑，秉節剛勁，可寢大奸；都御史彭韶，學識醇正，可決大疑，世之所謂君子也。用之則君德必開明，朝政必清肅。賢士拔茅而來，邪人望風而去。利社稷，福蒼生，亟宜徵召，簡置左右。然君子之所以不進，小人之所以不退者，大抵宦官陰主之。昔漢元帝嘗任蕭望之、周堪矣，制於弘恭、石顯，則不得行其志。宋孝宗嘗任陳俊卿、劉珙矣，間於陳源、甘昪，則不得盡其才。李林甫、牛仙客與高力士相爲犄角，而玄宗之朝政不清。賈似道、丁大全與董宋臣相爲表裏，而理宗之國勢不振。君子小人進退之機，未嘗不在於此曹之盛衰也。願陛下鑒既往，謹將來，大彰英斷，總攬乾綱，所以待宦官者，一以高皇帝爲法，則君子可進，小人可退，而天下之治出於一矣。"疏入，不報。

除進士李文祥爲咸寧縣丞。

文祥慷慨負才氣，見浮沉世事者，輒大駡之。獨與鄒智及御史湯鼐等十餘人友善，高自標榜。萬安、孫弘璧與文祥同年。安欲令文祥附己，使弘璧延款於家，屬題畫鳩。文祥援筆立就，末云："春來風雨尋常事，莫把天恩作己恩。"安銜之。適詔開言路，文祥上疏言："帝王爲政，恃權與法。權不可使近習分，法不可使小人玩。祖宗建立卿貳，分理萬機，任專責重，事無掣肘。頃者權移宦侍，賞罰任其喜怒，禍福聽其轉移，摧挫言官，濫授冗秩。阿順者驟遷，違忤者遠竄。朝野寒心，道路側目。譬如心腹之癰，不早圖之，爲禍不小。望密訪渠魁，明彰國憲，則體統正而近習不得分矣。祖宗律令，各有科條，服色、器用，等威有辯。頃法司斷獄，惟徇己私，不恤國憲。豪横者，雖重罪亦寬假；貧弱者，雖小嫌必鈎鉅。惠及奸宄，養成惡俗，豪家僭王侯之居，富室擬公卿之用。紀綱盡廢，體統蕩然，奇技淫巧，漸成上侵。宜申明典章，使執法之吏一遵成憲，貴倖必懲，豪强罔赦，則禮度明而小人不敢玩矣。"又言："王竑、王恕孤忠勁節，宜置之公輔；林俊、王純直言敢諫，宜列之諫垣。其大臣小臣中有尸素無耻者，皆宜罷遣。"又言："古聖主懸鼓設木，自求謗議。言之縱非其情，聽者亦足爲戒。宜廣求直言，霽威優禮。言切而理愜者，必引導以盡其情；識寡而辭拙者，亦含容以嘉其意。"語甚切直。疏入，召詣左順門，傳旨詰責疏中"中興"、"再造"等語，以爲不祥。文祥從容辯對而出。萬安遂擬旨，令吏部除文祥繁難歷練，因補縣丞。

以何喬新爲南京刑部尚書，楊守陳爲吏部右侍郎，彭韶爲刑部右侍郎，張悦工部右侍郎。

葬茂陵。

詔議祧廟。

自德祖至英宗，九廟已備，及憲宗山陵畢，神主將升祔，於制當祧廟，乃下禮部，集群臣議。禮部侍郎倪岳議，以爲論者欲祧德、懿、熙、仁四廟，而太祖百世不遷，是知尊太祖，而不知太祖之尊其祖也。昔周既追王太王、王季，又上祀先公以天子之禮。國家自德祖以上，無可復推，則德祖視周后稷，太祖、太宗視周文、武，皆百世不祧。懿祖而下，當以次祧遷。今憲宗升祔，當祧懿祖，宜於太廟寢殿後，别建藏祧主之所，如古夾室之制。每歲暮合享，則奉祧主仍居舊位，以應古祫祭之制。

吏部侍郎楊守陳上言：“《禮》：天子七廟，祖有功而宗有德。故凡號太祖者，即始祖也。始祖必配天，若商、周之稷、契，皆有功德，不獨原本統也。宋僖祖及我德祖，可比商報乙、周亞圉，非契、稷比。議者言見宋儒嘗取王安石説，遂使七廟既有始祖，又有太祖。始祖既以配天，又不正南向之位，名與實乖，非禮。今憲廟升祔，請并祧德、懿、熙三祖。自仁祖以下爲七廟，異時祧盡，則以太祖擬商、周契、稷，而祧主藏於後寢，祫禮行於前廟。時享則尊太祖，祫祭則尊德祖。各不失尊，庶無悖禮。”禮官議，非是。上卒從部議。

召太監懷恩於鳳陽，掌司禮監事。

懷恩，在憲廟時能直諫，常嫉其儕輩所爲。汪直之逐，恩有力焉。時，梁芳、韋興以淫巧禱祠蠱上心，耗内藏，累代所積一空。一日，憲廟指示之，曰：“帑府罄竭，皆爾二人爲之。吾不與汝計，後人必有與汝計者。”蓋指東宫也。二人懼甚，客爲芳畫曰：“今上鐘愛興王，不如勸上易儲。是昭德無子而有子，興王無國而有國，公可保富貴於無窮，寧只脱禍也?”芳善言於昭德，乘間言之憲廟，且曰：“事在懷恩。”憲廟召恩，微露其意。免冠叩首曰：“奴死不敢奉命。寧陛下殺恩，無使天下人殺恩也。”憲廟不懌而罷，出懷恩鳳陽，易儲事亦寢。至是，上念恩忠，乃召還。

召王恕爲吏部尚書，尋加太子太保。

恕至京，鄒智語之曰：“公宜先請見君，歷陳時政闕失，庶其有濟。拜官以後，不復得望清光矣。”恕善其言，而不能用。

十一月，尊謚母淑妃紀氏爲孝穆皇太后，祔葬茂陵，詔議享禮。

禮部侍郎倪岳議：“姜嫄爲帝嚳次妃，后稷之母。《周禮·春官》：‘大樂之職，歌仲吕，舞大濩，以享先妣。’蓋祀姜嫄也。在宋則元德、懿德有别廟之享，章獻、章懿有奉慈之建，每歲五享，四時薦新上食，並同太廟。今孝穆皇太后神主，宜於奉先殿傍别立廟，歲時祭享，悉如太廟奉先殿之儀。”上從之。

時有縣丞徐頊上疏：“請究皇妣薨逝之由，以復不共之讐。當時診視太醫方賢、吴衡俱宜逮治。”下禮部議，覆請逮萬安戚眷曾出入宫闈者究訊，萬安、劉吉故比萬氏，懼甚。尹直曰：“此事宜寬解，若興大獄，株連蔓引，非先帝意。”安等喜曰：“公言是也。”乃擬旨，以爲流議難憑，已之。

萬安罷，以吏部左侍郎兼翰林學士徐溥直文淵閣。

安柔媚傾險，與萬貴妃兄弟、僧繼曉、李孜省深相結納，以姻寵眷，力援同黨，排斥異己，舉朝側目。上在東宫，稔聞其奸邪。憲廟崩，内竪於宫中得疏一小篋，皆房中術也。悉署曰：“臣安進上。”遣懷恩持至閣，曰：“是大臣所爲乎？”安慚，不能出一語。已科道交章劾之，上復令懷恩持彈文示安。安長跪乞哀，猶無去意。恩就摘其牙牌，曰：“請出矣。”安始惶遽，歸第。初，安久在内閣不去，人或微諷之，答曰：“安惟一死報國。”及被黜在道，猶看三台星，冀復用也。其無耻如此。

改南京兵部尚書馬文升爲左都御史，耿裕爲南京兵部尚書，參贊機務。

十二月，尹直罷。進劉吉少傅兼太子太師、吏部尚書，徐溥禮部尚書、文淵閣大學士，劉健爲禮部右侍郎兼翰林學士，直文淵閣。

以丘濬爲禮部尚書，掌詹事府事。

虜寇甘凉、蘭犂。

李孜省下獄，死。

以黄孔昭爲南京兵部右侍郎。

孔昭先爲文選郎，持衡清慎，留意人才，常曰："國家之用才，猶農家之積粟。粟積於豐年，乃可以濟饑；才儲於平時，乃可以濟事。自頃人矯激沽名，以閉門謝客爲高，天下人才何由知之?"故每公退，客至輒見，詢訪有得，必書於册，量其才，隨其地望，參之輿論薦用，各當其才。如是者十五年，始終一節，不少變。升右通政。至是，升南京兵部右侍郎。

以林俊爲雲南按察司副使。

滇俗崇釋信鬼，鶴慶玄化寺稱有活佛。歲時士女會集，動數千人，争以金塗佛面。俊按鶴慶，命焚之，得金數百兩，輸之官。毁諸淫祠三百六十區，撤其材，葺學宫。

召總督漕運都御史李敏爲户部尚書，何喬新爲刑部尚書。

兵部尚書致仕王竑卒。

竑剛正嚴毅，嫉惡如仇，孤忠大節，紳庶共仰，惜未能盡究其志云。

命保國公朱永提督團營。

校勘記

〔一〕"夏塤"，《明史》卷一百五十九《夏壎傳》作"夏壎"。

〔二〕"等"，底本字迹漫漶，參考（明）項篤壽《今獻備遺》卷二十三辨識。

〔三〕"來"，據《明史》卷一百七十九《羅倫傳》、（明）羅倫《一峰文集》卷一《奏疏》、（清）黄宗羲《明文海》卷四十九羅倫《扶植綱常疏》當作"起"。

〔四〕"大"，同前作"太"。

〔五〕"天工"，《明史》卷一百六十四《高瑶傳》作"天功"。

〔六〕“力”，疑當作“立”。

〔七〕“辦”，疑當作“辯”。

〔八〕“歸”，底本字迹漫漶，參考清《欽定續文獻通考》卷一百三十六、清《欽定續通典》卷一百十一辨識。

〔九〕“寸”，據《明憲宗實録》卷一〇六疑當作“尺”。

〔一〇〕“里”，底本無，據《明憲宗實録》卷一〇六補。

〔一一〕“速擅阿力”，底本原作“鎖擅阿力”，據後文改。

〔一二〕“辦”，疑當作“辨”。

〔一三〕“青”，疑當作“眚”。

〔一四〕“廷”，據（明）何良俊《四友齋叢説》卷七《史三》當作“臣”。

〔一五〕“銶”，當作“球”。《明史》卷一百六十二《劉球傳》：“球二子，長鉞，次釪。”

〔一六〕“捍”，底本字迹漫漶，參考（明）項篤壽《今獻備遺》卷二十三辨識。

〔一七〕“岷”，疑當作“泯”。

國史紀聞卷十一

孝宗敬皇帝

戊申，弘治元年春正月，命右都御史屠滽總督兩廣軍務兼巡撫。

以何喬新爲刑部尚書。

起前給事中賀欽爲陝西參議，辭，不就。

欽，廣寧人，自少沉篤好學，舉進士，爲户科給事中。見陳獻章講學，遂絶用世意，解官去，執弟子禮事獻章。及是，薦授參議，以母病上疏懇辭，且陳四事：一曰資真儒以講聖學。謂今日急務，莫先于講學，而經筵勸講之官，所謂師友之臣，當訪求真儒以充其任，不宜以俗儒濫厠。二曰薦賢才以輔治道。謂陳獻章天性高明，學術純正，宜以非常之禮起之，或任内閣，俾參大政；或任經筵，使養君德，不宜棄之林泉。三曰遵祖訓以處内官。謂内府監、司、局、庫諸官載之《祖訓》，不過職洒掃供奉、關防出入而已。近年如王振、舒良、牛玉、汪直、梁芳輩，或陷主虜庭，或動摇國本，或賄易后妃，或邀功啓釁，或引用左道，或導進淫巧，陷君誤國，蠹政殃民，昭昭在人耳目。宜鑒已往之弊，絶方來之禍。内不可使掌奏牘、預大政，外不可使守地方、握兵權。四曰興禮樂以化天下。謂陛下即位之初，罷黜浮屠妄誕之邪術，舉行朱子喪葬之禮，而頽敗之俗尚仍其舊，禮讓之化未行，淫穢之風日甚。乞申明正禮，革去教坊俗樂，則風俗自美，民心自善。疏入，報聞，允欽辭。

以鄭時爲都察院右副都御史，撫治鄖陽。停止生員、吏典上納例。

王恕奏言：“永樂、宣德間，天下亦有灾傷，各邊亦有士馬。當時未行開納事例，軍民不聞困弊。邇來少有灾傷，守土官止圖目前分寸之利，不爲國家長久之計，輒奏開生員、吏典納糧納銀等例。此例一開，雜進者多，以致正途淹遲，選法壅滯。又况雜途所進多頑鈍無耻之徒，今日既知以財進身，他日豈肯以廉律己？欲不貪財害民，天下治安，何由可得？宜悉停止。”從之。

閏正月，修《憲宗實録》。

詔舉異才。

二月，帝耕籍田。

禮畢，宴群臣。優人出狎語，馬文升厲聲曰：“新天子當知稼穡艱難，豈宜以此瀆亂宸聰？”即斥去。二御史以糾儀下獄。文升言：“即位初，不宜輒罪言官。”得釋，時論韙之。

致仕太子少保、南京吏部尚書陳俊卒。

俊孝友廉介，沉毅簡直。在南户部，能按典則制國用，節財數十萬。卒，謚康懿。

以許進爲僉都御史，巡撫大同。

進在憲廟時爲御史，有風裁。有道士，以黄白術干湖廣總兵李震，不售，誣總兵謀不軌。汪直欲以爲功，逮震百口至京，煅煉成獄。進獨發其奸，磔道士于市。後震懷金謝，進叱却之。轉山東按察副使，屢斷疑獄，發奸如神。有武弁子挾數金，同儒生飲肆中，夜弁子被殺，無主名。有司疑同飲生，酷訊誣服。進疑之，念必酒肆中人，托他事徧取商曆閲之，見酒家市布數十，價稍厚，乃武弁子死次日也。進曰：“得之矣。”一訊，遂服。嘗監試鄉闈，同事者欲私一貴介，進厲聲曰：“天下事廢盡公道，獨此事存耳。公欲壞之耶？”言者慚阻〔一〕。至是，巡撫大同，數條邊事，戎政修明，北虜懾服。

以秦紘爲左副都御史，總督漕運。

紘先爲户部侍郎，忤權貴，降廣西參政。王恕重其剛正，特薦起之。

三月，帝視太學，謁先師。

起用降謫主事張吉、王純，中書舍人丁璣，進士敖毓元、李文祥。

吉等並以言事遠謫。南京吏部主事儲瓘上言：“五人者，既以直言徇國，必不變節辱身。今皆棄之蠻烟瘴霧之鄉，與死爲伍，情實可矜。若寘之風紀論思之地，言論風采，必有可觀。”上可其奏，皆得召還。

追贈故少保于謙太傅，謚肅愍，建祠祀之。

給事中孫需等言：“謙有社稷功。”遂有是典。

初開經筵。

少詹事楊守陳上《講學勤政疏》，略曰：“陛下御極以來，屏棄珍玩，放遠奇邪，登用正人，聽納忠諫，躬覽章奏，持此不倦，可幾堯舜。然正始猶易，保終實難。若内養弗深，外資弗博，鋭志少懈，欲心漸滋，有初鮮終，可爲深慮。伏願遵祖宗舊制，開大、小經筵以講學，御早、午二朝以聽政。經筵，必擇端介博雅之儒進講。未明，輒賜清問，必待聖心洞悟而後已。午朝政事，令群臣口奏略節，面領裁斷。軍國重務，則召大臣從容面議，仍許諫官對仗糾駁。大抵一日之間，居文華殿之時多，處乾清宫之時少，使賢才常接于耳目，視聽不偏于左右，則欲寡而心清，惑祛而理徹，内外交修，始終如一，以致盛治，易于反掌。若但如近日講學、視朝故事，凡百題奏，皆付宦寺批答。臣恐積弊未釐，後患難測，不但如前所慮而已。”上嘉納之。

王恕亦奏言：“正統以來，每日止一朝。臣下進見議事，不過片時。主雖神聖，豈能盡察？不過寄聰明于左右，左右之人豈能盡識大臣之賢否？或得之毀譽之口，或出于好惡之私，未免以直爲枉，以枉爲直。願日御便殿，召諸大臣咨詢治道，謀議政事，非惟可以識大臣才品，亦可以啓沃聖心，而進於高明矣。"

夏四月，天壽山大風，雨雹。

萬安、尹直敗，劉吉阿結科道，昏夜款門，祈免彈劾。又建言掌科道官，當不次超遷。諸言官喜其柔媚，遂無劾吉者。左庶子張昇因天變上疏，言："天意示警，由輔佐非人所致。劉吉與萬安、尹直同惡相濟，安與直以次罷遣，惟吉偃然獨存，恐言官發其奸，遂欲超遷科道，柔佞取悦，無所不至。自是科道無復肯言，而群臣靡然附之。陛下方日御經筵，虚心聽納。吉以患失鄙夫爲講官領袖，臣與之旋進旋退，實切汗顔。先時，貴戚萬氏依憑宫闈，凶焰熏灼。吉與締姻，請托公府，賂入私門。李林甫之蜜口腹劍，賈似道之牢籠言路，吉實合而爲一。"因數吉十罪，請亟譴斥，以回天意。疏上，御史魏璋等阿吉意，交章劾昇。左遷昇南京工部員外郎。

六月癸巳朔，日有食之。

僧繼曉伏誅。

給事中林廷玉言："妖僧繼曉罪惡貫盈。雖已斥逐，然盗竊賞賚，家資鉅萬，日擁美姬自娱。元惡漏網，非所以昭法典、示鑒戒。"上納其言，遣使捕之。時繼曉居湖廣，猶猖縱。左布政使黄紱曰："繼曉以妖術，故不離上左右。今得罪避出，名掃墓，實逸賊。"乃檄武昌府館之後堂，無令得出入。俄使者至，檻送京，伏誅。

虜把禿猛可可汗死，阿歹立伯顔猛可爲可汗。

成化中，北虜瓦剌獨强，小王子次之。二種反復相殘，並陰結朵顔，伺我塞下。即貢馬，亦相繼往來。恐中國左右，以故雖深入，自相猜，不能久留内地。未幾，滿都魯衰弱，而把秃猛可王屢遣人貢馬。及是，把秃猛可死，弟伯顔猛可代，爲小王子。虜中以王幼，恐太師專權，遂不復設太師。伯顔猛可及其酋長與瓦剌酋亦遣人貢馬。許進貽書猛可，言通貢之利。猛可憚進威名，奉約謹，貢使至塞，皆下馬，脱弓矢，入館。進亦嚴兵待之，邊患少紓。

秋七月，禁奪情起復。

王恕奏言："三年之喪，所以報本。古聖人緣情制禮，萬世不易。高皇帝酌古定制，凡文職聞父母喪，悉令守制，所以教之孝也。守制止於二十七月，所以示之有終也。今乃有奪情起復者，貪禄位之榮，虧忠孝之節，污玷聖治，敗壞士風。乞著爲例，今後非身任金革，勿得奪情。違者，以匿喪論。"制曰："可。"

八月，詔議孔廟從祀。

禮科給事中張九功請罷荀况、馬融、王弼從祀，進祀薛瑄。

少詹事程敏政亦言："馬融爲南郡太守，以貪濁免官，髡徒〔二〕朔方。代梁冀草奏，殺忠臣李固。劉向喜神仙方術，嘗上言：黄金可成，鑄作不驗。所著《洪範五行傳》最爲舛駁，使箕子經世之微言，流爲術家之小技。賈逵不修小節，附會圖讖，以致貴顯。王弼倡爲清談，以亂晋室，所注《易傳》祖述老莊。何休《春秋解詁》黜周王魯。戴聖治行不法，身爲贓吏。王肅以女適司馬昭，輔成篡逆。杜預守襄陽，數饋遺洛中貴要。伐吴之役，因斫瘿之譏盡殺江陵之人。爲吏不廉，爲將不義。此數人者，皆得罪名教，宜罷祀。鄭衆、盧植、鄭玄、服虔、范寧五人，雖無過舉，然所行未能窺聖門，所著未能發聖學，宜祀于鄉。孔子弟子，見於《家語》者七十六人。而司馬遷《史記》所載，多公伯寮、秦冉、顔何三人。文翁成都廟壁所畫，又多蘧瑗、林放、申棖三人。公伯寮愬子路以沮孔子，乃聖門蟊螣。而孔子稱瑗爲夫子，决非及門之士。林放雖嘗問禮，然《家語》《史記》俱不載諸弟子之列。申棖、申黨，宋刑[三]昺以爲一人。宜存棖去黨，祀瑗於衛，祀放於魯，而罷公伯寮、秦冉、顔何。洪武中，用行人司副楊砥議，黜揚雄，進董仲舒。荀况、揚雄實相伯仲，而况以性爲惡，以禮爲僞，以子思、孟子爲亂天下，其併黜况。尚有可議者二人，文中子王通、宋儒胡瑗是也。兩人師道之立，百世如新，宜加封爵，祀于學宫。子雖齊聖，不先父食。今顔、曾、子思配享堂上，而父坐廡下，非所以明倫也。若以爲論傳道之功，則自古及今，未有外人倫而言道者，恐諸賢冥冥之中不享非禮之祀。宜别立祠祀啓聖公，而以顔無繇、曾點、孔鯉、孟孫氏配，而以程父珦、朱子父松從祀。"下廷議。倪岳言："馬融、王弼之徒，立身不無可訾。然自秦以來，六經煨燼，賴諸子抱遺經專門講授，經以復存。今之經傳，尚多引用其説，何可盡廢？"於是，從祀咸仍其舊云。

八月，以楊繼宗爲僉都御史，巡撫雲南。

九月，以户科都給事中陳壽爲大理寺丞，尋調南京光禄少卿。

壽在科，閲宣大，巡牧馬草坊，中官不法者，抗章劾之，請置諸法。又極論萬貴妃兄弟及梁芳、繼曉輩怙寵撓國是，被逮繫詔獄，尋得釋。上即位，上封事指斥貴近，無所忌避。及遷大理，爲忌者所指摘。王恕疏救之，稱其正色敢言。劉吉擬旨，竟調南京。

冬十月，禮部尚書周洪謨致仕。

洪謨在禮部，嘗言："《書》蔡氏傳'璿璣玉衡'。非是，以故占步不合，乞更定。"又言："西番烏思藏合諸族入貢徼賞，逾舊額，歲益至三四千人。河西諸番復詭烏思藏族，益不可詰。請視倭夷例，給與符二十道，每貢書使名及貢物，識以金印，至闕驗納，否則斥去。"成化末，月當食不食。衆議宜賀。謨言："陰盛，故不可賀。"竟不賀。至是，以疾致仕。

以兵部郎中陸容爲浙江參政。

容在職方時，邊報旁午，章奏日三四上，皆中肯綮〔四〕。事下九邊，邊人驚服。中官李良典御廄，爲指揮王欽、梁宏乞升都督僉事，上許之。容上疏，極論都督武官極品，不宜授無功。良招權市恩，當正典刑。疏兩上，事竟寢。上登極，上疏論八事曰：儲養台輔，教導勛戚，愛惜人才，久任巡撫，經理武衛，選練禁兵，均平鈔法，慎重會議。言多懇切。劉吉柄國，謂容侵官，銜之。容以望宜内遷，竟出爲參政。容至浙，尤有聲。既竟以考察去位，士論憤惜。容有經濟大志，于經史、百家及禮樂、兵刑之制無不通曉。著述甚富，有《式齋稿》、《菽園雜記》等書。

調南京給事中方向等外任。

上初召王恕，南京科道舉恕入相。上曰："朕用蹇義、王直故事委恕，若有謨議，亦無不從。"劉吉深銜之。恕在吏部，裁抑僥倖，褒獎名節，甄拔淹滯，中貴無敢以私干。吉每有所軒輊，恕亦倜倜，不輒撓。南京守備蔣琮與南京科道相訐奏。吉報前恨，擬旨，給事中方向等貶謫殆盡。琮自如恕言，宫府一體，不宜異同。不報。

召南京兵部尚書耿裕爲禮部尚書。

以黄紱爲副都御史，巡撫延綏。

紱至延綏，劾貪懦將卒，撫恤士卒。一日，出見川中飲馬婦，尺布蔽下體，嘆曰：“我爲巡撫，令健兒貧至此，何面目臨其上?”歸，急發餉金三月。軍中感泣，願盡死。時有詔汰僧尼，紱悉以尼配無妻軍士。後去延綏，有携子女拜送路傍者。

十二月，土魯番殺忠順王罕慎，復據哈密。

阿黑麻言：“罕慎非脱脱族，安得王哈密?”欲殺罕慎，畏，未敢發。乃好語求爲聯姻，罕慎信之。阿黑麻至哈密，誘罕慎結盟，遂殺罕慎。

己酉，二年二月，兵部尚書余子俊卒。

子俊嘗曰：“大臣事君，當隨事盡力。凡有建樹，即近且小，亦必爲百年之計。”又曰：“大臣謀國，遇有大利害，當以身任之。豈得養交市恩，爲遠怨自全之地?”卒，贈太保，謚肅敏。

中書舍人吉人下獄，削籍，謫兵部主事李文祥爲貴州興隆衛經歷。

文祥既召還，授兵部主事。居十餘日，會吉人以言事下獄。有希劉吉意媒孽文祥者，言文祥前疏，妄議輔政。遂并逮詔獄，降爲衛經歷。未幾，進表南還，至商河城，曲河決，溺死，時年三十，人皆惜之。

逮御史湯鼐及壽州知州劉槪、庶吉士鄒智于獄。

先是，鼐以印馬詣内閣，會敕言：“新政之初，公等柄國，鮮所匡益。”萬安謬謝曰：“我輩竭力贊襄，奈上不從何?”鼐退，即以其語劾之，謂：“安等歸過于君，無人臣禮。”疏留中，已安、直俱罷。吉深銜之，使門客徐鵬啖御史魏璋以殊擢，使伺鼐。鼐家壽州，知州劉槪與書言：“嘗夢一人牽牛陷澤中，鼐提牛角出之。人牽牛，象國姓，此國勢瀕危，賴公復安之兆也。”鼐出書示客。璋即劾之，謂其妖言誹謗，并連及鄒智，俱下詔獄。智囊三木，僅餘殘喘，神色自若，獄官苦訊，無所屈。書詞曰："智與鼐等來往相會，或論經筵，不宜大寒大暑輟講；或論午朝，不宜一事兩事塞責；或論紀綱廢弛；或論風俗浮沉；或論生民憔悴，無賑濟之策；或論邊境空虚，無儲蓄之具。"議者欲處以死。王恕疏救之。刑部侍郎彭韶辭疾，不判。徐溥亦力言："吾輩不可使朝廷有殺諫臣名。"乃獲免，左遷廣東石城吏目。毅然就道，衣結履穿，幾不能存。親識饋遺，堅却不受。鼐與槪俱謫戍河西。大理評事夏鍭上言："臣伏見主事李文祥、庶吉士鄒智、中書舍人吉人、御史湯鼐，皆以言得罪。夫言官無流竄之禍，則不足以彰其譽，罪愈重則名愈高。是言者之得罪，雖罹目前之禍，亦成身後之名，俱非人主之福耳。人主若能容之，則名固歸于人主矣。此實大學士劉吉誤陛下。吉之奸，不減萬安、尹直，陛下豈可聽之?"疏奏，留中，遂謝病歸。

以左都御史馬文升爲兵部尚書。

召總督兩廣右都御史屠滽還，掌院事。

太常寺請復傳升官，不許。

太常寺掌寺事、禮部尚書劉岌奏："缺官供祀，乞復司樂徐啓端等。"王恕上言："先時奔競無耻之徒，夤緣内竪，傳升京職至以千數，名器大壞，物議不平。陛下嗣位之初，首罷傳升，人心痛快。今劉岌復爲徐啓端等陳乞，是爲傳升官立赤幟也。用一人，則數千人將接踵而至。朝廷清明之政，從此壞矣。宜明正其罪，以戒將來。"事遂寢。

三月，以吏部右侍郎楊守陳兼詹事府丞，掌府事。

命刑部侍郎彭韶巡視浙江。

時，浙江不靖，敕韶巡視。韶劾罷不職守臣，誅其巨魁，事遂定。户部言鹽法阻壞，即敕韶理鹽法。韶上疏，備陳竈户之苦，繪圖以獻。

以張悦爲吏部侍郎。

悦，華亭人。少凝静，篤學力行。居官，奉職守法，以不欺爲本。由刑部郎提學浙江，始糊名校士已，嘆曰："我且自疑，人誰信我?"請托，屹不爲動。上初即位，諸大臣率求去。悦時爲工部侍郎，獨不可，曰："更新之始，正當竭忠報國，豈忍言去?"尋改禮部。至是，改吏部。王恕重悦，深相倚信。

以秦紘爲右都御史，總督兩廣軍務兼巡撫。

四月，以鄧廷瓚爲副都御史，巡撫貴州。

廷瓚，巴陵人。初爲淳安令，有惠政。不求赫赫名，終九載無知者。巡撫張鵬始識之，薦知梧州。母憂去，起補程番。程番在萬山中，夷獠雜處，難治。廷瓚悉心規畫，敷政公平，夷皆服悦，田不逾界，市不二價，四境晏然。累官山東布政。至是，貴州黑苗叛，乃以廷瓚爲巡撫。

五月，河決汴城，入淮。復決黄陵岡，入海。

以右副都御史戴珊撫治鄖陽。

改刑部侍郎彭韶爲吏部左侍郎。

六月，京師大水，詔録囚徒，求直言。

八月，土魯番入貢。

阿黑麻遣使入貢，詭言罕慎病死，國亂。求爲哈密王，且請通使。馬文升議："遣使和好，雖北虜未有。且阿黑麻自有分地，難復主哈密。至入貢，則有常例，在所不拒。請下璽書切責。"阿黑麻怒，謀欲勒兵近塞要求。其酋牙蘭曰："哈密去吾土千餘里，敵國輻輳，遠出已難，況又近塞乎?今既殺其國王，則夷漢之心皆怒。若合謀并進，非我利也。不如乘勢還城、印以款之，再圖後舉。"阿黑麻以爲然。

以周經爲禮部右侍郎。

以孔鏞爲田州知州。

鏞平生以忠信自勵，所至有聲績。至田州纔三日，峒獠倉卒犯城，郡兵盡調發，衆議閉門守。鏞曰："空城豈能支？祇應諭以朝廷恩威，庶自解耳。"衆難之，鏞曰："此吾城也，吾當獨行。"衆諫阻，不聽。請從以土兵，又不聽。單騎，令二人控而前。賊遮馬問故，鏞曰："我新太守也。當至爾峒，有所言。"既至，賊露刃出迎。鏞下馬，立其廬中，顧賊曰："我乃爾父母，當以禮見。"賊羅拜。鏞曰："若曹本良民，迫於饑寒，圖救死耳。前官不察此，動以兵相加。我今奉朝命來，作汝郡守，視汝猶子，不忍戕害。汝若能從我，當宥汝罪。以穀帛賚汝，爾後無復劫掠。若不從，可殺我。官軍來問罪，汝無遺類矣。"衆錯愕，曰："誠如公言。公誠能相恤，請公終任，不敢犯。"鏞曰："我餒矣。"索食。食已，復曰："暮矣，當即宿此。"賊皆驚。鏞酣寢，達旦，曰："吾歸矣，爾等能從往取粟帛乎？"鏞出峒，賊數十騎從。及城，止送者門外，取穀帛從城上投與之。賊謝而去，迄鏞終任，不復出。

十月，吏部右侍郎楊守陳卒。

守陳性恬澹，官五品十六年，泊然自處，未嘗求進。當事有欲援之者，使所親喻意，守陳謝却之，曰："吾嫠婦也，守節三十年。今老矣，豈白首而改耶？"嘗被命教内豎，多貴幸用事，與守陳同事者，率因之進取，守陳獨無所藉。嘗言："國可滅，史不可滅。靖難後不紀建文君事，遂使當年朝政及死事諸臣皆湮没不傳。及今搜采，猶可補國史之缺。景帝已復位號，而《英宗實録》猶書'郕戾王附'，是宜改正。"草奏欲上，以病不果。卒，贈禮部尚書，謚文懿。

命州縣選民兵。

天順初，令招募民壯，官給鞍馬、器械，免糧五石，户二丁人，以資供給。至是，令州縣選精壯民兵，年二十以上、五十以下者。州县七八百里者，每里二名；五百里者，每里三名；三百里者，每里四名；一百里以上者，每里五名。四時操練，遇警調遣，官給行糧，餘如天順年例。

十二月甲申朔，日有食之。

庚戌，三年正月。

致仕大學士劉珝卒。

珝美丰容，善談論，秉心不疑，直亮無矯飾。卒爲萬安所排，不得行其志。卒，贈太保，謚文和。

二月，封后父張巒爲壽寧伯，尋進爲侯。

三月，賜進士錢福等及第出身有差。

四月，河決原武，遣户部左侍郎白昂治之。

河決原武，支流爲三，一決封丘金龍口，漫于祥符、長垣，下曹、濮，衝張秋長堤；一出中牟，下尉氏；一氾溢于蘭陽、儀封、考城、歸德，以至于宿。瀰漫四出，不由故道，禾盡没，民溺死者衆。議者請遷河南藩省，以避其害。左布政徐恪力言其不可，乃止。命昂往治之，昂舉南京兵部郎中婁性協治。乃築陽武長堤，以防張秋，引中牟之決以入淮，浚宿州古汴河以達泗，自小河西抵歸德飲馬池，中經符離橋一帶，皆浚深廣，又疏月河十餘，以殺其勢，塞決口三十六。由是河入汴，汴入淮，淮入泗[五]，以達于海，水患稍息。昂又以河南入淮，非正道，恐不能容，乃復自魚臺歷德州至吴橋修古河隄。又自東平北至興濟鑿小河十二道，引入大清河及古黄河以入海。河口各作石堰，相水盈縮，以時啓閉焉。

六月，伯顔猛可入貢。

秋七月，以謝鐸爲南京國子祭酒。

鐸上“修明教化”六事，曰：擇師儒，慎科貢，正祀典，廣載籍，復會饌，均撥歷。其“正祀典”曰：“孔廟從祀之賢，萬世瞻仰所繫。楊時息邪放淫，承孟氏之傳，啓晦翁之派，雖晚節一出，不克盡行其言，而力闢新經，足衛聖道。乃不得預從祀之列，臣竊惑焉。吴澄生長於淳祐，貢舉於咸淳，受宋之恩已如此其久。爲國子司業，爲翰林學士，歷元之官乃如彼其榮。迹其所爲，曾不及洛邑之頑民，何敢望首陽之高士？乞升時斥澄，庶於公論允愜、世教有補。”不報。

八月，以侣鍾爲副都御史巡撫江南，總督糧儲。

九月，撒馬兒罕貢獅，却之。

内臣韋眷誘撒馬兒罕道南海貢獅。倪岳上言：“海南通占城、真蠟、暹羅諸國，非西域貢道。宜斥還，勿納。”上從之。

閏九月，命副都御史王繼巡撫陝西。

十一月，有星孛于天津。詔求直言。

彭韶上言“正近侍、慎官爵、厚根本、減徭役”四事。“正近侍”曰：“内官出入左右，言語輕重，能爲禍福，人所畏憚。今軍餉、匠作，盡付其手，虚名實支，誰能詰之？凡有章奏，先允後下，該部承行，不復審處。及至犯法，多從寬宥。第宅逾制，服食奇侈，聲勢移人，望風震懾，於斯極矣，亟宜懲戒。”又言：“午朝奏事煩瑣。大政，願陛下執要。午朝惟議經邦急務。餘事關六曹者，令所司開列，御左順門，同輔臣面議可否。既不廢午朝之典，又可率作群臣。”

倪岳上言“減齋醮，省供應，罷營繕”等八事，大略言當今財匱民貧，宜務節儉，以爲天下先。又宗室分封日增，額外設官愈濫，民安得不困？宜以時裁約。上悉嘉納。

十二月，以林瀚爲國子祭酒。

以張敷華爲副都御史，巡撫山西。

敷華，安福人。方毅坦直，負時名。初參議浙江，有礦盜，衆議用兵，敷華力主撫。執渠魁數人，餘黨解散。遷湖廣布政，會大飢，給粟散粥，高值來商，民以不困。至是，巡撫山西，未幾憂去。服闋，仍補任。請增解池鹽課，給藩禄。又請太原北可車行者，致米大同給軍，邊餉以充。

以樊瑩爲平陽知府。

瑩先任松江，有善政。母憂，去官。上初即位，詔天下舉異才。南京工部侍郎黄孔昭以瑩應詔，稱其明慎廉潔，堪任臺憲。王恕聞之，喜曰："薦人當如是矣。"將驟用之，未果。乃起知平陽。

辛亥，四年正月。

禁胡服、胡語。

刑部尚書何喬新上言："京師首善之地，尚仍勝國遺習，胡服、胡語未能盡革。乞下令禁止。"從之。

三月，何喬新致仕，以彭韶爲刑部尚書。

喬新在刑部，執法嚴毅，權貴請托，一切不得行。時，御史鄒魯横，欲躐得大理丞。喬新薦用其屬郎中魏紳，魯恨之。會喬新外家與鄉人訟，魯遂誣喬新得金錢，與行賂，輒下上其手。劉吉素銜喬新，從中主之。喬新引咎辭位，遂下諸根連人詔獄窮治，無實迹。喬新竟不安其職，請老去。

兩廣總兵官、安遠侯柳景，總督、右都御史秦紘並下獄，景奪爵，紘致仕。

景在鎮貪暴不法。紘劾其狀，逮景下刑部獄。刑部鞫景，奸贓巨萬，抵景法，褫其爵。景摭他事誣紘，紘亦被逮，坐免。景贓方入八百兩，援壽寧侯爲請，忽内降蠲旨。彭韶上言："景贓十未及一，特恩蠲宥，贓既可免，他日爵位亦可營復。爵位既復，遂可營求征鎮。奸回藉口，良善解體，非國家之利也。"不聽。

以戴珊爲刑部右侍郎。

夏四月，南京國子祭酒謝鐸致仕，以章懋爲南京國子祭酒。

起右副都御史鄧廷瓚提督貴州軍務。

六月，南京工部侍郎黄孔昭卒。

孔昭讀書窮經，志潔行修，沉静自守，嬉謔不見于容。張悦稱其"重如山，不依勢以動；介如石，不逐物以移"，殆近之矣。嘉靖中，贈禮部尚書，謚文毅。

七月，以右副都御史韓文巡撫寧夏。

北虜遣使貢馬。

秋八月，《憲宗實録》成。進劉吉少師、華蓋殿大學士，徐溥太子太傅、户部尚書、武英殿大學士，劉健禮部尚書、文淵閣大學士。

九月，皇長子生。

劉吉罷。

時，上欲封后弟伯爵，命吉撰誥券。吉欲賂，乃言："必盡封二太后家子弟乃可。"上怒，使中官至其家，勒令致仕去。初，吉屢被彈章，仍進秩，人稱"劉綿花"，謂其愈彈愈起也。或告吉，以爲出自一老舉子。吉因奏："舉人三次不中者，不許會試。"至是，吉出城，兒童、走卒群指之曰："綿花去矣。"舉人會試禁限亦除。

以周經爲吏部侍郎。

冬十月，以禮部尚書丘濬兼文淵閣大學士，直内閣。

濬上《時政疏》，曰："成化間，彗星三見，徧掃三垣，地無慮五六伯震。邇者彗見天津，地震、天鳴無虚日。且異鳥三鳴於禁中。考諸經史，天變莫大於彗孛，在三垣、三台尤重；地變莫大於震動，在京師、邊防爲急。矧禽鳥動物，得氣之先。《春秋》二百四十二年，書彗孛者三，地震者五，飛禽者二。今乃屢見於二十五、六年之間，變不虚生，必有其應，天人相與，甚可畏也。臣願體上天仁愛，念祖宗基業，端身以正本，清心以應務。謹好尚，勿流於異端；節財費，勿至於耗國；公任用，勿失於偏聽；禁私謁，以肅内政；明義理，以絶神奸；慎儉德，以懷永圖；勤政務，以弘至治。庶可以回天災，消物異，帝王之治可幾也。"《疏》凡十餘萬言。

十一月，興王徙封安陸。

改南京户部尚書黄紱爲南京都察院左都御史，起秦紘爲南京户部尚書。

秦紘既罷，給事中張九功等屢疏，言："紘去，非其罪。請召紘。"不報。王恕上言："柳景已蒙恩宥，而獨不及紘。殃民者見原，袪害者得斥，賞罰無章，何以服人心、勵將來？且紘廉直忠正，有大臣之節，宜從公論召還。"上乃改紱都察院，而以紘代紱。

錦衣衛都指揮使朱驥卒。

驥少貧，以父任爲百户，落魄不爲人所知。常給事于謙門下，謙奇其貌，以女妻之。謙死，坐累戍邊。成化初，得還，累遷都指揮使，掌衛事。驥性寬厚，涉書史，通大義，爲政不苛。

時，重妖言禁妖人。真惠僞書惑衆，爲邏者所發，株連數百人，皆當坐死。驥曰："首事者獨惠耳，愚民何辜?"得減戍。有衛卒偵其鄰人傳示妖書者，發其事，覬賞。驥斥之曰："此妄耳。"取書焚之。凡制獄下錦衣衛者，所司輒以巨杖厲威，驥獨否。憲宗嘗命撻忤旨者，或譖其用小杖。上怒，遣中使詰責。驥具以實對，卒不易。治錦衣二十餘年，時論賢之。

封皇太后兄王源爲瑞安伯，弟清崇善伯，濬安仁伯。

壬子，五年春二月，封陝巴爲忠順王，入哈密。

馬文升言："哈密有回回、畏兀兒、哈剌灰三種，共居一城，不相下。北山又有小列禿、野乜克力數種强虜，時擾哈密。必得元遺孽嗣封，理國事，庶可懾服諸番，興復哈密。不然，西邊未得休息。"乃立定安王族孫陝巴爲忠順王，令頭目奄克孛剌、阿木郎輔之，入哈密。陝巴非忠順裔，土魯番不服。

三月，立皇長子爲皇太子，大赦。

録開國功臣後。

詔曰："太廟元祀功臣，皆佐太祖平定天下，有大勛于國家。今其子孫不霑寸禄，夷于氓隸，朕甚憫焉。其予爵位，俾奉先祀。"於是，開平王常遇春曾孫復、寧河王鄧愈玄孫炳、岐陽王李文忠支孫濬〔六〕、東甌王湯和玄孫紹宗，俱授南京錦衣衛指揮使。誠意伯九世孫瑜，處州衛指揮使。先是，景泰中，録基七世孫，與顔、孟二氏後並爲翰林院五經博士。至是，給事中吴仕偉言："誠意伯功臣，其後不當爲博士。"乃改是職。

夏四月，命巡撫貴州副都御史鄧廷瓚提督軍務，鎮遠侯顧溥爲總兵官，討貴州蠻，平之。

黑苗久叛，勢益猖獗，守臣告急。上命廷瓚與溥討之。廷瓚始招撫之，不從，決策征剿。兵至其地，號令嚴明，將士用命，斬首六千，俘二千，寇平。廷瓚奏言：“都勾、清平舊設二衛所，屬九長官司。其人世禄驕縱，稔惡釀患，致夷人侵地劫貨、狂逞無忌四十餘年。軍疲于戍守，民困于轉輸。今幸黨惡削除，非大更張，不能保境安民。”條上十一事，下兵部議，始設都勾府一，獨山、麻哈州二，清平縣一，更設流官與土官兼治，苗患始息。

六月，廢荆王見潚爲庶人，徙置武昌。

見潚在國驕縱不法，上遣駙馬蔡震、都御史戴珊召至京，并其長子祐柄降庶人，遷置武昌。

秋七月，河决張秋。

八月，張鑾卒，追贈昌國公，命其子鶴齡襲封壽寧侯。

始開鹽商納銀例。

國初，鹽課俱于各邊開中，鹽一引輸粟二斗五升。富商大賈自立堡伍，出財招游民，墾邊地，藝菽粟。歲時屢豐，粟賤，至每石僅易銀二錢。至是，户部尚書葉淇，淮安人，鹽商皆其親舊，與淇言：“商人輸粟二斗五升，支鹽一引，其實止銀五分耳。而赴邊上納，有遠涉之苦。若更法，納銀運司，即高其值，商亦樂輸，所入必倍。”淇然之，言于大學士徐溥。溥與淇善，力主其説，遂變法。商人中鹽，輸銀運司，解户部，分發各邊，鹽一引課銀四錢二分，獲利數倍于昔。而赴邊輸粟之法遂廢，邊地日以荒蕪，粟價騰踴，餉漸不足矣。

癸丑，六年春正月，詔考察被黜官未及三載者悉復任。

時，吏部考察，當黜者幾二千人。丘濬以爲非唐虞九載三考之法，亦非祖宗舊制，乃請“凡歷官未三載者，且復任。任雖經一考，非貪酷顯著者，且勿斥。”一時不肖者皆喜。自是，貪殘吏日肆矣。

二月，以韓文爲副都御史，巡撫湖廣。

三月，以劉大夏爲副都御史，治張秋決河。

以衢州孔彦繩爲世襲〔七〕翰林五經博士。

賜進士羅欽順等三百人及第出身有差。

旱，求直言。

六月，吏部尚書王恕致仕。

恕在吏部，持正不肯徇人，丘濬忌之。太醫院判劉文泰素出入濬家，援例求進，事下吏部，恕格不行。文泰因憾恕，訐奏恕"變亂選法"。恕上疏自劾，上留恕，下文泰于獄，降御醫。恕力求去，遂致仕。時謂文泰之奏，濬陰囑之。於是，言官交章劾濬娼嫉妨賢，乞賜罷黜。上不聽。

改禮部尚書耿裕爲吏部尚書，加太子太保。以禮部侍郎倪岳爲禮部尚書。

秋七月，兵部尚書馬文升請改北嶽于渾源州。

文升上言："自舜封十二山，恒爲北嶽，在今大同府渾源州。三代而下，歷秦、漢、隋、唐，俱于此山致祭。至五代，失河北宋有天下，未能混一，遂祭北嶽于曲陽。俗傳有飛來石之説，蓋宋建都於汴，而真定在汴北，是亦不得已權宜之道也。我朝因循，未曾釐正。今渾源州北嶽廟址猶存，故老猶能傳識。請北嶽於此致祭，庶數百年缺典正於今日。"下禮部議，尚書倪岳言："北嶽祀于曲陽，歷漢至今二千餘年，不可輒改。"上從之，事遂寢。

南京右都御史黄紱致仕，以張悦爲南京左都御史。

刑部尚書彭韶致仕。

韶在刑部，執法不阿，左右及戚畹皆不悦。徐溥亦忌之，遂辭疾，乞致仕去。

京師大雨雹。

八月，以白昂爲刑部尚書，周經爲吏部左侍郎，吴寬爲吏部右侍郎。

冬十月，土魯番侵哈密，執陝巴以歸。命兵部侍郎張海、都督侯謙，經略哈密。

時，諸番索陝巴犒賜不得，阿黑麻又恨阿木郎剋減賜物，掠其牛馬，遂入哈密，殺阿木郎，虜陝巴及金印去。丘濬謂馬文升曰："哈密事重，須公一行。"文升曰："方隅有事，臣子豈敢辭勞？但西域賈胡慣窺利，不善騎射。古未有西域能爲中國大患者，徐當静〔八〕之。"諸大臣亦言文升不可去朝廷。請敕張海及侯謙行視經略。海至河西，遣使諭阿黑麻，令歸陝巴、金印。阿黑麻不報。海乃修加〔九〕峪關，捕哈密黠夷通阿黑麻者二十餘人，戍廣西，而請絶西域貢。

甲寅，七年正月。

興王之國安陸州。

二月，河復决張秋，遣平江伯陳鋭、宦者李興同劉大夏治之。

大夏既受命，循河上下千餘里，相形勢，察利害，乃集山東、河南二省守臣上議曰："河性湍悍，張秋乃下流襟喉，未可輒治。宜於上流分導〔一〇〕南行，復築長堤御横波，且防大名、山東之患。候其循軌，而後决可塞也。"疏上，報可。工方興，張秋東隄復决九十餘丈，奪運河，水盡東流，由東阿舊鹽河入于海。糧運愆期，訛言騰沸，謂河不可治，宜復元海運。或謂陸輓雖勞，無虞。乃復命興等往。于是，河南巡撫徐恪上疏曰："河決張秋，長奔入海。上厪聖衷，敕大夏治之。功雖略施，力猶未竟。不意伏流潰溢，遂爾中止。或者以黄陵岡之塞口不合，張秋之護隄復壞，遂謂河不可治，運道不可復，至有爲海運之説者，似以一噎而廢食。夫黄陵岡口非終不可塞也，以修築隄防之功多，疏浚分殺之功少，河身淺隘，水無所容，故其湍悍之勢不可遽回耳。今宜多發丁夫，用力疏浚。一浚孫家渡口舊河，下至南頓，使之由泗入淮，以殺上流之勢；一浚黄陵岡賈魯舊河，下至梁進口，使之由徐入淮，以殺下流之勢。水勢既殺，則決口可塞，運道可完。但既疏之後，不能保其不復淤；既塞之後，不能保其不復決。論事者必從而訾其後，此任事之臣畏首畏尾，而不敢竟其策也。倘百年運道一旦阻絶，舍逸就勞，出易入難，民力必有大不堪者。計其所費，比之今日之修河，又不知其幾萬倍也。成大事者，不惜小費；就遠圖者，不計近功。伏望斷自宸衷，早賜裁決。幸甚。”

下山東按察副使楊茂元于獄，謫長沙府同知。

茂元上疏言：“官多則民擾。治河既委劉大夏，又遣李興、陳鋭，事權分而財力匱。乞召還興、鋭，專委大夏。”且謂：“水，陰氣也。其應爲宫闈、爲夷狄，宜戒后戚，防邊患。”疏上，興等銜之，誣奏茂元爲妖言，逮下錦衣獄。廷臣交章論救，乃謫長沙同知。茂元，守陳子也。

論貴州平蠻功，顧溥加歲禄，鄧廷瓚升右都御史。

三月己卯朔，日有食之。

張海、侯謙還，下獄。

上以海、謙無功，不俟命輒還，逮下錦衣獄，謫海山西參政，謙閑住。

以右副都御史熊繡巡撫延綏。

夏四月，閉加〔一一〕峪關，絶西域貢。

通事王興言："罕東及野乜乞里計夷怨土魯番次骨，可撫而用之。西域諸國方倚互市爲利，若閉關謝西域，毋與通，彼必歸怨阿〔一二〕黑麻。如是則土魯番之勢孤，自保不暇，安能有哈密？"馬文升然其計，乃上言："阿黑麻恃其桀悍，輕中國，不大創不戢。請安置其使寫以滿速兒等于閩廣，閉關，絶西域貢使，歸怨土魯番，以離其黨，而後可圖也。"上從之。

五月，宣府、山西、河南晝星隕。

秋七月，以許進爲僉都御史巡撫甘肅。

時，哈密事急，求可任經略者。馬文升乃薦進，遂用之。

八月，加徐溥少傅、吏部尚書、謹身殿大學士，丘濬少保、户部尚書，劉健太子太保，並兼武英殿大學士。

虜寇陜西。

乙卯，八年春二月，大學士丘濬卒。

濬穎悟絶人，無書不讀。自少至老，手不釋卷，尤熟國家典故。政事可否，反覆與大臣、言官争是非，即未必一一中適，然不肯媕婀取悦。好議論，上下千古，時出意見，矯衆論，能以辨博濟其説，人莫能難。如論秦檜，稱其於宋有再造功，范仲淹生事，岳飛未必能恢復，皆怪詭可駭。其絶元正統，斥許衡不當仕元，皆正論也。卒，贈太傅，謚文莊。所著有《大學衍義補》諸書行于世。

以禮部侍郎李東陽兼侍講學士，少詹事謝遷兼侍讀學士，並直文淵閣。

張秋堤成，召劉大夏爲户部右侍郎。

大夏發丁夫數萬，於黄陵岡南，浚賈魯舊河，分殺水勢。又於孫家渡口，别開新河一道，導水南行，由中牟至穎〔一三〕州，東入于淮。又浚四府營淤河，由陳留至歸德，分爲二派：一由宿遷縣小河口，一由毛〔一四〕州渦河，會於淮。築長堤，起河南胙城，經滑、長垣、東明、曹、單諸縣，盡徐州，長三百六十里，五旬而事竣，河始安流。乃召大夏，入爲户部右侍郎。

占城請討安南。不許。

時，占城爲安南侵擾，請賜詰問。下廷議，徐溥、李東陽上言："《春秋》：'王者不治夷狄。'安南雖奉正朔，修職貢，然負險恃固，積歲已久。使臣若往，小必掩過飾非，大或執迷抗命。若置而不問，損威已多；即問罪興師，貽患尤大。宜勿聽。"乃止。

土魯番酋阿黑麻自稱可汗，復入哈密。

阿黑麻復入哈密，自稱可汗，大掠罕東諸夷。諜言："以萬騎攻肅州。"報至，文升曰："彼虚聲挾我也。土魯番至哈密數程，中經黑風川。哈密至苦峪又數程，皆無水草。貢使往返，皆載水而行。我但謹烽火，明斥堠，整兵以俟。彼至肅州，我以逸待勞，縱兵出擊，必使匹馬不返。"已而，阿黑麻西去，令頭目芽蘭以二百餘人據哈密。芽蘭機警，有勇力，能併開六弓。一宿十徙，雖親近亦不得知。哈密人畏服之。

太子太保、吏部尚書耿裕卒。

裕在吏部，薦進賢才，務協輿論，愛憎毁譽，莫能淆奪，守正律身，干謁斷絶。即内降斜封，封章抗議，杜塞倖門。與父九疇世守清修，不營産業，約儉蕭然，無異寒素。卒，贈太保，謚文恪。

三月乙酉朔，日有食之。

改右副都御史韓文巡撫河南。

夏四月，改張敷華巡撫陝西。

時，有妖僧據山中爲逆，朝議且用兵。馬文升曰："張都御史能了此，不煩兵也。"不數日，敷華果授計山中父老，縛妖僧至。

以閔珪爲南京刑部尚書。

五月，東南諸省大疫。

六月，上杭盜復起。

秋七月，西北諸省大旱。

八月朔，日有食之。

命副都御史金澤總制江西、湖廣、福建軍務，撫安群盜。

九月，以張悦爲南京吏部尚書。

以屠滽爲吏部尚書。

時推馬文升居首，而内旨予滽，人多異之。

孝陵灾。

冬十月，南京地震。

十一月，陝西、貴州地震。

甘肅巡撫許進、總兵劉寧、副總兵彭清帥師襲哈密，克之。土魯番遁。

初，進至甘肅，知指揮楊翥有機略，識夷情，乃假事遣之哈密。盡得土魯番要領，還，曰："此賊黠甚，必用陳湯故事，乃可得志。罕東入哈密有捷徑，從此進兵，不十日可至。若掩其不備，必成擒矣。"進曰："善。"乃上用兵方略于朝。馬文升從中主之，報可。進又諜知小列秃與土魯番世仇，因與結好，使斷土魯番後，而厚撫罕東，諸夷皆願效死。已而，小列秃果與土魯番相讐殺，土魯番大敗。進曰：“此機不可失也。”乃與劉寧、彭清定議，調集番漢兵數千，冒雪出關，行二千餘里，直擣哈密。芽蘭乘駿馬遁去。兵抵城下，酋首撒他兒拒守，我師攻克之，斬首六十餘級，餘散走。獲已故忠順王陝巴妻女及都督罕慎、牛馬三千有奇。時有哈密人八百登臺自保，將帥貪功，欲盡馘之。進曰：“我輩奉命出師，當務安輯，妄殺一人，尚恐遠人不服，况八百乎？且得其城而屠其人，其誰與守？”不從。初議由間道襲之，後爲雪阻，乃出大路，乏水草，行不能疾，是以芽蘭詗知先遁，斬獲無幾，然亦威加西域矣。

論哈密功，升許進爲左副都御史，劉寧爲左都督，彭清爲都督僉事。

馬文升言：“進等兵雖抵哈密，然未獲芽蘭，首功亦少，徒取空城，無益邊事。獨軍士遠征勞苦，宜升賞。”上念邊臣出塞有功，故皆進秩。

十二月，河南、江西大震電。詔求直言。

時，中官李廣以燒煉齋醮得幸于上。户部主事胡爟乃上言：“地震之類，灾之小者也。西北旱熯，父子相食，東南饑疫，骨肉流離，此大變也。陛下深居九重，左右蒙蔽，未之知耳。今李廣、楊鵬引用劉良輔輩，以左道惑亂聖心，齋醮縻費，差遣在外，如虎横行，吞噬無厭。士大夫昏夜乞哀于宦官貴戚，交相賄托，不以爲耻。言官有所舉劾，瞻前顧後，苟且塞責，陰盛陽微，灾異曷由弭乎？乞用臣言，則邪妄斥而陰慝消矣。”疏入，不報。

大學士李東陽等請停齋醮燒煉，不報。

東陽等上言：“我祖宗，自洪武至天順間，面召儒臣，諮議政事。今朝參外，不得一覲天顔。經筵日講，成就君德，裨益治道。今每歲進講，不過數日。夫人君之心，必有所繫，不繫於此，必繫於彼。正士既疏，則邪説乘間而入。近有以齋醮燒煉進者，此乃異端惑世之術，聖王所必禁也。宋徽宗崇信道流，卒使乘輿播遷，社稷傾覆。至若燒煉，其禍尤慘，金石之藥，性多酷烈，一入腸腑，爲禍百端。唐憲宗藥發致疾，雖杖殺方士柳泌，竟亦何益？今上清龍虎宫、神樂祖師殿及番經廠皆焚毁無遺，神如有靈，何不自保？天厭其穢，亦已明甚。矧熒惑失度，太陽無光，天鳴地震，草妖木異，四方奏報，殆無虚日。伏望嚴早朝之節，復奏事之規，勤講學之功，優接下之禮，遠邪佞之人，斥誣妄之説，太平之業可保矣。”不報。

時又命内閣撰《三清樂章》，徐溥與東陽等復上疏曰：“天子祀天地，夫天至尊無對，故禮以少爲貴，祭不過南郊，時不過孟春。漢祀五帝，儒者非之。况三清乃邪妄之説，謂一天之上有三大帝，乃以李聃居其一，是以人鬼列於天神，非禮也。至於郊祀樂章，有皇祖舊製。臣等誦習儒書，邪説俚曲，尤所不習。且學士之職，原以謀議政事，講論經史，弼正闕失，非欲其阿諛順旨以取容悦也。”疏入，上納之。

以張悦爲南京兵部尚書，參贊機務。

以樊瑩爲南京工部侍郎。

丙辰，九年春正月，追封宋儒楊時爲將樂伯，從祀孔子廟庭。

從大理寺卿程敏政之請也。

三月，賜進士朱希周等三百人及第出身有差。

土魯番酋阿黑麻復據哈密。

阿黑麻復襲破哈密，留撒他兒守之。撒他兒見哈密殘破難守，乃移駐剌木城。阿黑麻還，又爲小列秃所敗。

夏四月，以周經爲户部尚書，侶鍾爲吏部侍郎。

經在吏侍時，諸大臣以灾異上言，屬經草疏，請早視朝，勤聽政，節侈費，省遊幸，止貢獻，斥樂戲。而"斥樂戲"一事，語尤切直，頗傳踪迹此疏出誰。耿裕曰："疏名首吏部，裕實具草。"經曰："疏草本出經，即有罪，罪經，尚書無與也。"至是，升户部尚書。守正不阿，凡諸王請河湖税錢，皆執不與。中官出南京織造者，請長蘆鹽八千引，粥〔一五〕于兩淮，仍準給淮鹽價銀二萬兩；織造浙江者，請諸竹木税，皆執不與。上説經言，并停織造。大同缺戰馬，文升請出太倉銀市馬，經曰："糧、馬各有司存，《祖訓》'六部不得相壓'，兵部輒侵户部官，非《祖訓》。"上是經言，更命太僕銀市馬。給事中魯昂言："國用不足，請盡括諸省税役金錢輸太倉。"經曰："國用不足，宜儉於國，不宜浚於民。織造、賞賚、齋醮、土木費益廣不節，乃欲括天下財盡歸京師。給事中言非是。"中官傳旨，取太倉銀三萬兩爲燈費，經又執不肯發。内靈臺奏，增洒掃卒，當給月廪。經再疏，竟不與。

改倪岳爲南京吏部尚書，以徐瓊爲禮部尚書。

下六科給事中龐泮等、十三道御史劉紳等于獄，尋釋之。

時，武岡知州劉遜以事忤岷王，王詰奏于朝，上怒，差官校往逮。龐泮、劉紳等上疏論救。上大怒，并逮泮等繫獄。御史張淳差還，耻不得與，即上疏申救。太僕少卿儲巏上言："陛下即位以來，明目達聰，虚心納諫。狂直者，每賜優容；詆忤者，未嘗斥逐。聖德昭彰，已十年矣。今因事而舉六科、十三道盡下之獄，竊爲陛下惜也。夫科道官乃朝廷耳目，凡國家之利害、生民之休戚、時政之得失、百官之邪正，皆得言之。是以祖宗建是官，必選直亮敢言之士，一言之善，即賜施行，雖不當者，亦不加罪，所以養其敢言之氣，使之扶持正論，消沮邪謀。若摧折之、囚繫之，中人之資，守道徇義者少，趨利避害者多。彼知緘默觀望、持禄保位而已，他日脱有大利害、大闕失，誰復爲陛下言者？由是論之，摧辱言官，蓋非人主之利也。伏望鑒其愚忠，沛發明詔，不日赦之。天下幸甚。”内閣徐溥等亦極力救之，泮等得釋。

六月，改樊瑩爲副都御史，巡撫湖廣。

秋七月，以戴珊爲南京刑部尚書，張敷華爲刑部右侍郎。

命左副都御史許進巡撫陝西。

冬十月，尹直上《賀萬壽聖節表》及《太子承華箴》，却之。

十二月，以順德知縣吴廷舉爲成都府同知。

廷舉任順德，潔己愛民，減賦息訟。都御史屠滽檄至，督府與之，言甚温。廷舉請命。屠欲爲順德權璫修家廟，答曰：“守土官非奉舊例新恩，一夫不敢役，一錢不敢用也。”遂辭出，屠令他邑成之。市舶中官給銀買葛，即用之買二葛，曰：“奉此爲式，如不中，請還金。且葛，雷産也。”中官怒，取金去。

御史汪宗器惡廷舉，曰：“彼專抗上官，市己能者。”會廷舉毁淫祠，以其材作土堤、書院、賢館及修學宫。御史按而會其直，木、竹碎屑俱列斤兩。鄉大夫二子犯盗，並論死。廷舉生其少子，標其户曰：“盗後。”少子改行，乃泣愬曰：“公念先人廉直，故存後。今盗其門，大爲先人辱，請就死。”乃爲撤之。御史即捕盗，令自首賂〔一六〕，盗曰：“盗死分也，不敢誣廉令。”加以嚴刑，不易口。廷舉囚服梏手，日詣訟所，鄉大夫群泣，訴廷舉無私盜狀。御史大慚，命釋之。屠滽入爲吏部，遂遷廷舉成都同知，廷舉爲令十年矣。

丁巳，十年春正月，命修《大明會典》。

上以累朝典制散見無統，乃敕徐溥等修之。以官職、制度爲綱，事物、名數、儀文、等級爲目，類以頒降群書，附以歷年事例，使官各領其屬，而事皆歸於職，以備一代之制。

虜火篩入寇，敗官軍於神木。

火篩者，脱羅干之子，小王子部落也。狡黠，善用兵，威劫諸部，日强盛跋扈，小王子不能制，遂爲邊患。

二月，虜火篩入寇，大敗官軍于大同。

三月，帝御文華殿，召輔臣議政事。

經筵罷，上命中官常泰至内閣，召徐溥、劉健、李東陽、謝遷。溥等倉卒，不知所爲。至文華殿，上曰："前。"取諸司題奏付溥等，曰："與先生輩議。"溥等擬議批詞，以次陳奏。上覽畢，或更定二三字，或删去一二語，應手疾書，略無停滯。溥等見上英明，恐不能稱旨，頓首請曰："疏中事煩者，臣請至閣中詳議。"上稍不懌，賜茶而退。自天順後三十餘年間，嘗召内閣，不過一二語，此舉遂爲曠典云。

起都御史王越，總制三邊軍務，經略哈密。

先是，越奪爵，謫居安陸。弘治改元，越上疏訴冤，詔放還，尋復官，致仕。至是，虜數入塞，哈密未定，兵部推西邊總制數人，皆不當上旨，最後推越，遂用之。時，皆以越因内援云。

夏四月，湖廣左布政兼廣東按察副使陶魯卒。

魯，廣西鬱林人。以父成死事，廕新會丞。適猺賊流劫雷、廉諸郡，勢熾甚，將及新會。魯率民築城浚隍，置堡寨，相聯絡，誓死以守。賊至，不能克，遁去。歷知縣、同知，擢按察僉事，專治盜賊。九載滿，進副使，又進左布政使，撫治兩廣，人稱爲三廣公。魯前後平盜甚多，平山後盜，置從化縣；平陽江盜，置恩平縣；平新寧、平水盜，置新寧縣；平廣西潯梧、荔浦府、江田州諸盜。擒斬共數萬計，皆親冒矢石，身被數十創。魯行兵有機略，進兵期會，檄裨將，封緘甚固，署其上曰："某日發。"及發，乃知，即數路并合。賊不及備，坐而待殪，故所向有功。常宴客，樽俎未撤，擒賊已至，人詫其神。爲兩廣保障，垂四十年。及卒，朝廷嘉其功，廕其子世襲錦衣千户。

五月，京師風霾，各省天鳴、地震。詔求直言。

秋七月，以兵部左侍郎李介兼僉都御史，提督宣大軍務。

時，宣大諜報虜謀入寇，上命武臣練京兵，待報而發。諭旨謂宜用文臣往，遂遣介。介病新愈，即上道。至，則虜已退。介徧歷營堡，策勵將士，稽鎮兵匿役者萬餘。又募丁壯萬五千人，訓練待用。將領有弗任者，易置之。所上議前後不絶，事未盡行，而疾甚，未幾，卒于宣府。

八月，上御平臺，召輔臣議政事。

召陜西巡撫都御史許進爲户部右侍郎。

土魯番酋阿黑麻請歸陜巴於哈密。

阿黑麻送陜巴還哈密，使其兄馬黑上書言："西域諸國不得貢，皆怨阿黑麻。今悔過，乞許與諸國入貢。"及請還寫亦滿速兒等。文升言："此虜挾詐，俟陜巴、金印至甘州，寫亦滿速兒等乃得還。"

以孔鏞爲副都御史巡撫貴州。

有清平衛部苗阿溪者，桀驁多智數，養子阿剌膂力絶人，由是雄視諸苗，數煽亂。鏞至，以計擒之，諸苗遂靖。

九月，壽寧侯張鶴齡請河間民田，不許。

張氏有河間賜田數百頃，請并旁近民田千餘頃，且乞畝加税二分。周經言：“河間地多沮洳，比因久旱，貧民就耕退灘。一遇淫潦，便成溝壑，即欲加税，貽害無窮。且王府賜田畝税二分，而此獨加之，人將謂朝廷待外戚與宗親異矣。又聞茂陵妃家亦有私田，與民田比，一切奪之，彼何以爲生?”疏三四上，事竟寢。後雄縣有以退灘地獻爲東宫莊者，上念經言，擲其奏，抵罪。一時，戚畹貴幸有所陳請，經一裁以法，皆斂不得肆。

十月，北虜犯甘肅。

十一月，下禮部郎中王雲鳳于獄，謫知陝州。

李廣權傾中外，雲鳳應詔陳言，請斬廣以弭灾變。廣恨之，會上郊壇還。廣誣雲鳳鴐後騎從，遂逮，謫。

加王越少保兼太子太傅。

越出賀蘭山後，襲虜，斬百餘級，故有是命。

火篩寇宣大，命侍郎許進督軍，侍郎劉大夏轉餉御之。

火篩屢寇大同、宣府，乃命許進督軍備之，大夏轉餉。大夏受命，瀕行，周經謂曰：“北邊芻粟，半屬京貴子弟，公素不與此輩合，此行剛且取禍。”大夏曰：“處天下事，以理不以勢；定天下事，在近不在遠。俟至彼圖之。”既至，召問父老，得其要領。一日，榜通衢云：“某倉缺糧幾何，每石給官價若干。境内外官民客商家願輸者，米十石以上、草百束以上皆聽。即中貴子弟，不禁也。”不兩月，蓄積有餘。蓋往時糴買法，糧百千石、草千萬束者，方聽，以致中貴子弟争相爲市，轉買邊民糧草續運，牟利十五。此法立，有糧草家皆得告輸，中貴子弟即欲收買，無所得，遂爲邊儲長利云。

戊午，十一年二月，進内閣大學士徐溥少師兼太子太師，劉健少傅兼太子太傅，李東陽、謝遷並加太子少保，兵部尚書馬文升加少保兼太子太傅，吏部尚書屠滽、刑部尚書白昂俱太子太保，户部尚書周經、禮部尚書徐瓊、工部尚書徐貫、左都御史閔珪並太子少保。

春三月，皇太子出閣講學。

馬文升上言："太子，國之儲貳、天下根本，宜擇老成純謹之士，以資啓沃，不宜雜以浮薄之流，恐虧損聖德。"上嘉納之。

以吴寬爲吏部右侍郎。

户部侍郎劉大夏致仕。

下監生江瑢于獄，尋釋之。

監生江瑢奏言："劉健、李東陽杜絶言路，掩蔽聰明，妬賢嫉能，排抑勝己，急宜斥退。"健、東陽疏言："近日言官指陳時弊，并劾奔競交結、乞恩傳奉等官，言多可采。而乃漫無可否，概下施行，自祖宗朝至今，未有此事。皆臣等因循將順，苟避嫌疑，不能力贊乾剛，俯從輿論，别白忠邪，明正賞罰，以致人心惶惑，物議沸騰，草野之下，其言乃至於此。乞罷。"上不許，下瑢詔獄。健等又上疏力救，瑢得釋。

夏六月，有熊入京城。

西直門有熊入，守衛者不之覺。馬文升言："野獸入城，非宜。乞嚴武事，以備盗賊。"兵部郎何孟春謂同列曰："熊之爲兆，既當備盗，亦須慎火。"未幾，城内多火灾，禮部毁焉。或問孟春："何以知之?"春曰："余不曉占書，曾記宋紹興中，有熊自至永嘉城下。守高世則謂其倅趙允緡曰：'熊於字"能火"，郡中宜慎火燭。'果延燒官民舍十七八。余憶此事而云耳，不意其驗也。"

秋七月，少師兼太子太師、吏部尚書、華蓋殿大學士徐溥致仕。

溥在相位數年，因事納忠，隨才器使，屢遇大獄，委曲調劑，保全善類，其功爲多。至是，以目眚乞休，章數上，許之。

八月，復封陜巴爲哈密忠順王。

初，王越出河西，取陜巴至甘州，令哈密三種都督回回寫亦虎仙、畏兀兒奄克孛剌、哈剌灰拜迭力迷失佐陜巴。奄克孛剌，罕慎弟也，恨土魯番，亦與陜巴不協。越以罕慎女也先主剌妻陜巴，以結好於奄克孛剌。至是，復封陜巴爲忠順王，放寫亦滿速兒等西歸。時，哈密三種人久苦土魯番，不願還。馬文升請許半留肅州，往來自便。

冬十月，乾清、坤寧宫災。詔求直言。

大學士李東陽等上疏曰："近年以來災異頻仍，内府火災尤甚。或以爲天道茫昧，變不足畏，此乃慢天之説；或以爲天下太平，患不足慮，此乃誤國之言；或以齋醮、祈禱爲弭災，此乃邪妄之術；或以縱囚釋罪爲修德，此乃姑息之計。熒惑聖聽，莫此爲甚。蓋賄賂公行，賞罰失當，紀綱廢弛，賢否混淆，工役繁興，軍民困憊，下情不達，上澤不宣，愁嘆之聲上干和氣，災異之積，正此之由也。"上嘉納之。

宦者李廣有罪，自殺。

廣爲上建毓秀亭于萬歲山，甫成。上少女殤，會清寧宫炎，宫中皆咎廣。太皇太后怒曰："何物李廣，致此灾禍，使累朝所積一旦灰燼耶?”廣懼，飲鴆死。上意廣有秘書，遣左右即其家索之，無所得。得一納賄籍，中載“饋黄米若而人，饋白米若而人”，計數百萬石。上不解，顧左右曰：“廣食幾何？受如許米?”對曰：“黄、白，即金、銀隱語也。”上乃悟貪，遂籍廣家。言官請出籍按問。納賂者懼甚，皆夜赴壽寧侯求解。編修羅玘言：“不可暴其名，羞朝廷。宜令諸大臣自陳，坐他事罷斥。”事雖寢，而姓名已傳于外，上卒以漸逐之。

十一月，南京户部尚書秦紘致仕。

己未，十二年春正月，忠順王陜巴還哈密。

陜巴至肅州，畏番虜，不肯出關。守臣遣將率兵護行。又令斤赤〔一七〕蒙古諸番防護，至哈密。

二月，虜寇宣府，都御史馬中錫敗之。

三月，賜進士倫文叙等三百人及第出身有差。

起張元禎爲翰林院學士。

元禎養病，家居九年，召起之。

夏四月，逮掌詹事府、禮部右侍郎程敏政、給事中華昶、林廷玉下獄。

先是，敏政與李東陽主考會試。敏政預搆策目，其門人江陰徐經伺得之，以語其友唐寅，事頗泄。及發策，果如經言，衆大譁。華昶因劾敏政“受賄鬻題”。詔下昶獄，命東陽覆閲試卷。既揭榜，同考官給事中林廷玉復疏“敏政閲卷可疑”六事，亦與敏政並下獄。廷鞫，經言：“素出入敏政門，從其家僮購得之。”遂黜經及唐寅等十餘人，令敏政致仕，調昶南京太僕典簿，廷玉海州判。敏政尋憂憤，卒。

五月，以張敷華爲右都御史總督漕運，巡撫江北。

六月，闕里先師廟灾。

以傅瀚爲禮部侍郎兼翰林院學士，掌詹事府事。

以雍泰爲副都御史，巡撫宣府。

泰，咸寧人，成化五年進士，授吴縣令。吴濱湖，湖漲輒没田數千頃。泰爲作堤捍水，民利之，號雍公堤。任滿，召爲監察御史。吴人當舊令行，多致饋，泰一錢不受。爲御史，巡鹽兩淮，竈丁貧而鰥者幾二千人，比代，皆以鍰金爲完室。歷浙江布政使，浙勢豪鬻販私鹽，鄉人效尤，幾至千輩，盗竊横行。泰先捕勢家人抵罪，於是群盗悉平。至是，擢副都御史，巡撫宣府。有參將李稽者，李東陽侄也，恃援不法。部下狀其惡，泰具草將劾之，稽跪堂下，願受責，圖自新。泰曰："此亦軍法也。"縛下，杖之，三軍股慄。東陽卒以此銜泰，言官遂劾泰擅辱將官，罷歸。

以吴寬爲東宫講讀官。

寬進講，閑雅詳明，意存規諷，至治亂邪正安危之際，尤反覆開導。時，宫中侍豎不欲太子近儒臣，數假事間講讀。寬率宫僚上疏曰："東宫講學，自寒暑風雨、朔望令節之外，一歲不過數月，一月不過數日，一日不過數刻，况又間有推移，時或罷歇。古人八歲出就外傅，欲離近習、親正人也。庶人且然，况有天下者乎？借曰習讀於内，終不若就傅於外，親近儒臣，講習治道，所得爲多也。"上嘉納之。

升國子祭酒林瀚爲吏部右侍郎，謝鐸爲禮部右侍郎，掌國子祭酒事。

鐸上言四事：一正祀典。請立叔梁紇祠，配以顔路、曾皙、孔鯉，以正人倫。而黜吴澄從祀，以明其事元之非。二重科貢。謂各省考官，皆御史所辟召，職分既卑，權衡無預，以外簾專去取之權，關節交通，僥倖雜進。必差京朝官二員，以爲主考，庶私弊可杜而真才可得。三革冗員。請天下附郭縣，皆視京府歸併府學。四塞捷徑。謂納馬納粟，大開旁徑；鬻爵賣官，前史所鄙，豈盛世所宜有？况彝倫之堂，竟爲錢虜交易之地。今日所輸，行將取償于異日。願嚴塞其途。疏下禮部，傅瀚力詆鐸言罷吴澄爲謬，所奏四事遂皆寢。

秋七月，增築北邊。

時，朶颜虜勢日猖，武備積弛。順天巡撫洪鐘建議增築邊墻，自山海關界嶺口起，西北直抵居庸，延亘千餘里，繕城堡二百七十，悉城沿邊諸縣。自是，緩急有備。

九月，致仕大學士徐溥卒。

贈太傅，謚文靖。

冬十月，虜寇榆林、寧夏、大同。

采珠于廉州。

珠池费銀一萬七千兩有奇，獲珠不償所費。

十一月，上高王宸濠嗣封寧王。

宸濠，寧康王覲錫庶子。其母馮針兒，故娼也。弘治八年，封上高王。至是，覲錫卒，無嫡，宸濠嗣王。宸濠，輕佻無威儀，好弄喜兵，嗜利徇色，瀆亂無禮，凌虐宗室，諸宗人皆患苦之。

十二月，南京兵部尚書張悦致仕。

庚申，十三年春正月，虜火篩寇威遠，遊擊王杲御之，敗績。

以林俊爲南京都察院右僉都御史，提督操江。

夏四月，命平虜將軍平江伯陳鋭提督軍務，户部侍郎兼僉都御史許進率師御虜。

帝御平臺，召大學士劉健等議政事。

五月甲寅朔，日有食之。

彗星見。

吏部尚書屠滽、户部尚書周經、禮部尚書徐瓊、刑部尚書白昂、工部尚書徐貫並致仕。

時，大臣皆以星變自劾，乞休。惟馬文升不允。滽、昂加太子太傅，經、瓊加太子太保，并賜璽書，馳驛歸。惟經之去，人皆惜之。

召南京兵部尚書倪岳爲吏部尚書，改右都御史佀鍾爲户部尚書，升掌詹事禮部右侍郎傅瀚爲禮部尚書，改左都御史閔珪爲刑部尚書，升工部左侍郎曾鑑爲工部尚書。

總督兩廣軍務兼巡撫左都御史鄧廷瓚卒。

廷瓚鎮兩廣，以安静爲治，不事瑣瑣。屬吏有賢者，輒薦舉之；或不職，特去一二太甚者。奏除諸冗吏，曰："禄俸出于民，不易，徒費無益。"於群蠻結以恩信，兵不輕出，出則成功。鬱林川、雲罏、大桂諸種作亂，次第討平。歲饑盜起，廷瓚捕斬首惡及其黨二百餘人，餘悉解散歸農。廷瓚雅量廓如，莫窺其際，至所設施，動中機宜，人亦莫能及。卒，贈太子少保，謚襄敏。

起劉大夏爲右都御史，總督兩廣軍務兼巡撫。

分遣文武大臣守關。

邊報日急，京師戒嚴。乃命都督李澄守潮河川，張晟居庸關，襄城伯居鄜紫荆關，王宗彝黄花鎮、天壽山及居庸、白羊關，史琳倒馬關。

六月，改南京刑部尚書戴珊爲左都御史，加兵部尚書馬文升少傅，刑部尚書閔珪太子太保。

河決曹、單。

秋七月，虜寇榆林。

陳鋭罷還，許進致仕。

鋭恇怯，遇虜不敢戰，嬰城自保。于是給事中柴斤劾鋭與進老師玩寇。遂罷鋭，進亦勒令致仕。吏部尚書倪岳上《備邊事宜》言：

自虜酋毛里孩、阿羅出、孛羅忽、乩加思蘭據河套，數年之間，大爲邊患。蓋緣河套水草甘肥，易於駐牧；内地道路曠遠，難於守御。是以榆林、寧夏、延鄜、慶原諸路，皆其寇掠之處。擁衆長驅，遠者逾千里，近亦不下數百里。沿邊諸將，或嬰城自守，或擁兵自衛。輕佻者挫衄，怯懦者退縮，既不能折其前鋒，又不能邀其歸路，使虜進獲重利，退無後憂，出没不常。西邊騷動，上廑廟慮出師，而四年三舉，迄無寸功。或高卧而歸，或安行以返，乃析圭儋爵，優游朝行，輦帛輿金，充牣私室。且軍旅一動，輒報捷音，賜予濫施，官爵輕授。然究其實，殺傷我士卒，悉匿不聞；掇拾彼器械，虚張勝狀，甚至濫殺被虜平民，妄稱夷人首級；未嘗敗虜，輒以奔竄爲言；原無斬獲，乃以鈎搭爲解。乃夫功籍所載、賞格所加者，非私家子弟，即權門厮養；而骨委戰塵、血膏草野者，非什伍之卒，即征行之民，誰復知之？良可悼也。况京營之兵，素號輭怯，平居不習披堅執鋭之勞，有事安望斬馘執俘之用？臨陣退縮，反隳邊兵之功；望敵奔潰，久爲虜人所侮。此宜留鎮京師，以壯根本。顧乃輕發出御，以褻天威。且延綏去京師遠，宣大去京師近，彼既有門庭之逾〔一八〕，此當爲陛楯之嚴。頃兵部建議，宣大兵援延綏，相去既遠，往返不時，人心厭於轉移，馬力罷於奔軼。況聲東擊西，虜人之常；批亢擣虚，兵家之算。精鋭盡調於西，老弱乃留於北，萬一此或有警，彼未可知，首尾受敵，遠近俱患，豈計之得乎？臣又聞軍旅之用，糧食爲先。今延綏兵馬屯聚，芻粟之費，日賴資給，乃以山西、河南之民任飛芻輓粟之役，仰關而西，跋涉千里，夫運而妻供，父輓而子荷，道路愁怨，井落空虚。幸而至也，束芻百錢，斗米倍值；不幸遇賊，身已虜矣，他尚何計？轉輸不足，則有輕齎；輕齎不足，又有預徵。嗚呼！水旱不可先知，豐歉未能逆卜，如之何其可預徵也？至立權宜之法，則令民輸芻粟以補官。然媚權貴、私親故者，或出空牒而授，而倉庾無升合之入；又令民輸芻粟而給鹽，然恃豪右、專請托者，率占虚名而鬻販，商賈費倍蓰之利。官給日濫，鹽法日沮，而邊儲之不充如故。又朝廷出帑藏以給邊者，歲十餘萬，山西、河南之民輸輕齎於邊者，歲亦不下數十萬，銀日積而多則益賤，粟日散而少則益貴。而不知者，遂於養兵之中，寓養狙之智。或以茶鹽，或以銀布，名爲准折糧價，實則侵剋軍儲。典守者，又陰懷竊取，巧爲影射，背公營私，罔上病下。朝廷有縻費之虞，士卒無飽食之日，兵何由而振也？由是觀之，賊勢張而無弭之之道，兵力敝而無養之之實。徒委西顧之憂於陛下，誰爲分憂、盡力者乎？今建策者紛紜不一，有謂復受降之故險，守東勝之舊城，則東西之聲援易通，彼此之犄角易制。是非不善也。第二城廢棄既久，地形險易未知，況欲復城河北以爲守，必須屯兵塞外，以爲援助。然以孤軍涉荒漠之地，輜重爲累，饋餉甚艱。虜或佯逃潛伏，抄掠於前，躡襲於後，曠日持久，軍食乏絶，進不得城，退不得歸，一敗塗地矣。其有奮敵愾之心、馳伊吾之志者，率謂統十萬衆，裹半月糧，奮揚威武，掃蕩腥羶，使河套一空，邊陲永靖。是亦一策也。然帝王之兵，以全取勝。今欲鼓勇前行，窮搜遠擊，乘危履險，僥倖萬一。運糧遠隨，則重不及事；提兵深入，則孤不可援。況其間地方千里，綿亘無際，既無城郭之居，亦無委積之守。彼往來遷徙，以罷我於馳驅；掩襲衝突，以撓我之困憊。虜未成擒，我必大創，亦敗道也。至有欲圖大舉以建奇功者，謂東剪建州之衆，北除朶顔之徒，乘勝而西，遂平河套。若是，將使戎狄生心，藩籬頓壞，遺孽難盡，邊釁益多，誠爲無策。甚者至謂，昔以東勝不可守，既已棄東勝，今之延綏不易守，不若棄延綏，兵民可以息肩，關陝得以安枕。夫一民寸土，皆受於祖宗，不可忽也。向棄東勝，故今日之害中〔一九〕於延綏，而關陝騷動；今棄延綏，則他日之害鍾於關陝，而京師震驚。此實寡謀，故爾大謬。以臣論之，不若即古人已用而有成，及今日可行而未盡者，舉而措之，其爲力也少，其致功也多。曰重將權，以一統制而責成功；曰增城堡，廣斥堠以保衆而疑賊；曰募民壯，去客兵以弭患而省費；曰明賞罰，嚴間諜，以立兵紀而覘賊情；曰實屯田，復漕運，以足兵食而紓民力。

其“實屯田，復漕運”略曰：

今天下軍衛，雖有屯田，率事虛文，無補於用。關陝漕河久廢，芻粟之費，陸運尤難。故民力雖竭，而邊儲弗豐，有由然也。臣愚以關西之地，廣衍饒沃，第因人罹兵凶而移流，地多廢棄而荒穢，餉兵之民苦於重役，坐食之卒耻於爲農，故人力不勤，地力不盡。今宜變而通之，使自食其力，盡驅在邊兵民，耕沿邊空地，牛具、粟種官爲貸之，歲田之入，什一取之，則游手之人無所容，久廢之地無不墾矣。至於漕運，尤爲易行。今關陝所需，皆山西、河南所給，而三方之地，俱近黄河，其間雖有三門、析津、龍門之險，然昔漢唐糧餉，由此而通，即今鹽船木筏往來無滯，且以今户部所計，山西米豆必令運貯潼關衛及陜州諸倉，其諸州衛地皆瀕河，可通舟楫，踵往古迹而行，免當今陸運之害，公私之利，奚啻萬萬也？况今河道，潼關之北數十里，接運漕河〔二〇〕，可通陜西及鳳翔、鞏昌。渭河西流數十里，接連洛河，可通延安及北上源可通邊堡。渭河西流三百餘里，接連涇河，可通慶陽。又龍門之上舊有小河，徑通延綏。倘加修浚，必可行舟。此宜簡命水部之臣，示以必行之意，相度地形，按求古迹，某處無險可以水運，某處可避險，可以陸運，某處立倉以備倒運，某處可以造船以備裝運。淤塞悉加導滌，漕河務在疏通，無憚一時之勞，而失永久之利。如是，則不但三方之困可紓，雖四方之物無不可致矣。

以王鏊爲吏部右侍郎。

以王軾爲南京户部尚書。

九月，以秦民悦爲南京兵部尚書，參贊機務；林瀚爲南京吏部尚書。

以右僉都御史陳壽巡撫延綏。

冬十一月，虜寇偏頭關。

命工部左侍郎史琳兼僉都御史，經略邊關。

時，虜寇猖獗，朝廷方命將出師，廷議舉琳提督軍務。已而，報稍緩，乃命先赴宣大，會計馬兵、芻糧。虜退，還京。

十二月，火篩入河套。

辛酉，十四年春正月，地震。火篩寇榆林。

馬文升上言："地道主静，動則失常。考之古典，地震乃臣不承君、夷狄不承中國之兆。歷代固有地震，未有震於元旦者，此非常之異，古今不多見者也。陝西四鄰番虜，而延慶二府又密邇河套，地震未已，而胡虜入寇，夷狄侵淩中國之兆亦已明矣。火篩梟雄桀黠，往往以計敗我軍，其志非小。今海内民困財竭，兵弱將懦，此正安内攘外之時、修德弭灾之日。伏望陛下祗畏變異，痛加修省，行仁政以安養小民，重臺諫以廣開言路，節有限之金錢，罷無益之齋醮，止傳奉之官，禁奏討之地。宗社幸甚。”上嘉納之。

二月，以保國公朱暉爲征虜將軍，右僉都御史史琳提督軍務，帥師御虜，至河套而還。

虜寇延綏，巡撫都御史陳壽御，却之。

時，虜數入邊鎮，城晝閉，道塞不通。壽分兵爲十路，各屯要害，使相應援。壽躬擐甲胄〔二一〕爲將士先，與虜戰，擊却之。已而，火篩糾諸部大至，先以百餘騎常〔二二〕我師。諸將請赴之，壽曰：“虜衆，未可當也。”自出帳，擁數十騎，據胡床麾指，如無事者。虜望見，疑有伏，遂引去。時，有諷壽注子弟名戰籍中冒功者，壽曰：“吾子弟皆不諳騎射，將誰欺乎？”竟不許。

六月，減光禄寺内臣供辦。

光禄寺之設，供奉内府御膳及外夷宴享而已。成化以來，增食内臣二百餘員，常貢不足，責鋪户代辦，而官不給值，市井囂然。劉大夏以爲言，即下令裁減，歲省銀錢八十餘萬。

六月，起章懋爲南京國子監祭酒。

懋致仕，家居二十餘年，杜門静修，足迹不入城府，四方士子執業問難。公卿臺諫累疏薦起之，以父喪力辭，聽終制赴官。

七月，火篩寇大同。

廣東提學僉事宋端儀卒。

端儀，莆田人。雅志理學，嘗編《考亭淵源録》，稿未就而卒。

秋八月，火篩寇固原。罷總兵官恭順侯吴瑾，以武安侯鄭英代之。

火篩入花馬池，至固原，大掠人畜，殺吏民。吴瑾不能御，罷還。以鄭英代瑾。自後虜寇關隴，輒由花馬池矣。

九月丙子朔，日有食之。

冬十月，太子太保、吏部尚書倪岳卒。

岳在吏部，釐正品類，獎恬抑躁，不恤恩怨，干謁消沮。或勸岳公别白賢不肖太過，且召怨撓沮，不得行志。岳曰："冢宰職固如是。"馬文升嘗言："宇内財力大耗，獨蘇松折糧銀稍輕，請少增以足國用。"岳曰："東南民力且竭，又復重之，萬一生變，誰執其咎?"事得寢。岳父謙，南京禮部尚書，嘗奉命祀北岳。敬母姚夢绯袍神人入室而生，因以名岳。偉幹豐頤，目光炯然，望之若神。才學識量，時莫能及。卒，贈少保，謚文毅。

以樊瑩爲南京刑部右侍郎。

起户部尚書秦紘兼左都御史，巡撫陝西。

十一月，以王繼爲南京兵部尚書，參贊機務。

以右都御史張敷華掌南京院事。

張敷華振揚風紀，約束諸御史，無敢緣法爲市。崇大體，慎廉隅，介持特嶄然。時與林俊、章懋稱"南都四君子"〔二三〕云。

壬戌，十五年春正月，禮部尚書傅瀚卒。以張昇爲禮部尚書。

以盧龍衛指揮胡震分守通州。

震夤緣内旨得用。御史劉玉言："陛下即位之初，首革傳奉以清仕途。邇來倖門復啓，孫伯堅等以傳奉列文階，金琦等以傳奉任武職。傳奉不已，繼之内批，始則王寧乞備倭登州，今胡震又以分守通州矣。且王寧夤緣之初，兵部科道猶盡言争之，曾幾何時，胡震踵其故智，而向之争者遂不復争。可見聖志稍移，將讜言不復聞而百職廢矣。”不報。

二月，以山西提學僉事王鴻儒爲副使，仍督學校。

鴻儒在晋久，以陶養爲本，文藝爲末，正己率人，科條簡約，生徒請益，因材開發，終日不倦，士子翕然嚮慕之。上嘗與劉大夏論人才，曰："藩臬中若王鴻儒者，他日大用才也。"

三月，賜進士康海等三百人及第出身有差。

四月，以羅欽順爲南京國子監司業。

夏五月庚午朔，日有食之。

秋七月，改開城縣爲固原州，設總制府，以秦紘總制陝西三邊軍務。

成化以前，套虜未熾，平凉固原之間，猶爲内地，所備靖虜一面耳。自火篩入掠之後，遂爲虜衝。於是，改開城爲固原州，而以固、靖、甘、蘭四衛隸之，設總制府、參遊等官，屹然一巨鎮矣。

以右副都御史孫需巡撫河南。

時，河溢且嚙汴城，而饑民流移載道，需令築堤，予傭值，趨者萬計。堤成，饑復濟，公私便之。

八月，致仕兵部尚書項忠卒。

忠明果倜儻，練達吏事，曉暢軍務，直言正色，不屑詭隨。家居二十六年，卒。贈太子太保，謚襄毅。

九月庚午朔，日有食之。

虜入大同塞。

以樊瑩爲南京刑部右侍郎。

户部尚書侶鍾罷。

鍾子受賄鬻法，御史陳茂烈劾之，遂罷。

冬十月，以楊一清爲副都御史，督理陝西茶馬。

一清，雲南人，徙家丹徒。年八歲，以奇童薦入翰林，爲秀才。既成進士，文名益著，多結交海内豪俊。歷陝西、山西提學，所識拔李夢陽、吕柟輩皆一時名士。累遷南太常卿。時，陝西馬政廢壞，劉大夏薦一清才可使，遂升副都御史，督茶馬兼鹽法。清至，條上茶鹽、屯牧事宜，請重行太僕、苑馬官，嚴私禁，盡籠茶利于官，以致諸番，番馬大集。益開善水單地，起城堡、廬舍，河隍、涼固間，雲錦成群，馬政大舉。

致仕南京兵部尚書張悦卒。

悦平居謹畏和平，無疾言厲色，至臨事，卓有定見，不以恩怨利害動其心。嘗謂人曰："古之聖賢，其過人遠甚。凡所猷爲皆公無私，故事業光明俊偉。今之人去聖賢遠矣，每事竭其公忠猶恐不及，况復濟之以私乎？"或言："有讀書不善作官者。"笑曰："此正不善讀書耳。"初王恕去，衆望屬悦。或言内未有爲之地者，悦直視不答，其人慚而退。性素清約，終始一節，爲縉紳表率者四十餘年。卒，謚莊簡。

命御史王哲巡撫江西。

哲所至恤民隱，作士風，表先賢祠墓。鎮守怙勢凌侮縉紳，至匿盗不以聞，莫敢誰何。哲首劾其不法數事。上切責鎮守，璽褒哲。時天旱，乃行縣，親録繫囚，出當原者數百人。翌日，雨。民有女奴逃，其讐指爲故殺，獄成。哲復訊，察有冤色，密訪女奴所在，得之，民得不坐，時稱神明。

十一月，雲南晝晦。命南京刑部侍郎樊瑩考察雲貴官吏。

雲南晝晦五日。上遣瑩考察雲貴諸吏，見罷遣千餘人。户部主事席書上言："致灾之由，係朝廷不係雲貴，在大臣不在小臣。"條上時事千餘言，不報。

發保定京操軍回衛團練。

先是，上召劉大夏問："天下衛所，軍士何如？"對曰："貧與民同，安能養其鋭氣？"上曰："諸軍居有月餉，出有行糧，何故貧？"對曰："江南困于糧運，江北困于京操，此外猶有不能盡言者。"時，上欲于近圻團操士馬，以衛京師，以問大夏，對曰："京西、保定獨設都司，統五衛，祖宗意恐亦如此。"上遂將保定班軍萬人發團操。有造飛語帖宮門誣大夏者，上曰："宮門豈外人可到？必内臣忿不得私役軍士耳。"時，修清寧宮，旨下兵部，役軍萬餘人。劉大夏請減十五，監工者訴于上。上令中官語内閣擬旨，詰責大夏。劉健曰："惜軍，兵部職也。近劉尚書每以老辭，温旨勉留。尚請未已，若詰責，彼且歸矣，更于何處得此人？"中官以其言入告，上欣然如大夏議。

以樊瑩爲南京刑部尚書。

十二月，致仕刑部尚書何喬新卒。

喬新剛介寡與，居官清慎，勇于任事，不避嫌怨。性好讀書，自少至老，手不釋卷。聞人有異書，輒假録之，藏書至三萬卷。著述甚富。卒後，林俊疏其文行政節，宜贈謚，得謚文肅。喬新，文淵子也。

甘肅副總兵魯麟棄官歸。

麟本夷種，自先世歸附，居莊浪之西，其部落在大同者甚衆。麟結嬖近，求爲總兵，不得，遂棄官歸大同，有不臣意。上召劉大夏，問："何以處麟?"對曰："亦聽其歸耳。"上曰："恐彼恃部落爲亂，奈何?"對曰："聞麟貪酷，失士心，去其兵權，無能爲矣。"麟竟怏怏病死。

癸亥，十六年春正月，《大明會典》成。

凡一百八十卷。

二月，進劉健少師兼太子太師、吏部尚書、謹身殿大學士，謝遷太子太保、禮部尚書、武英殿大學士。吴寬進禮部尚書兼詹事府事。

進太常寺卿崔志端禮部尚書，仍掌寺事。

志端，起樂舞生，聲洪度雅，擢太常贊禮郎，馮内援累遷太常卿。至是，進尚書，追贈父祖皆如其官，廕侄，承祖爲鴻臚序班。科道累章彈之，不動。

三月，命都察院右僉都御史林俊巡撫江西。

以陳壽爲南京都察院副都御史。

夏五月，京師大旱。

命提督陝西馬政副都御史楊一清兼理茶馬鹽法。

貴州苗叛，以南京户部尚書王軾兼右副都御史，督兵討平之。

苗米魯，普安土知州妻也。知州死，魯主州事，殺其庶子，欲自襲夫職。鎮巡官不許，且欲正其罪。魯遂反，囚鎮守内臣，殺文武藩臬、官兵，勢甚熾。事聞，命軾統湖廣、四川、廣西、雲南及貴州諸路漢土官軍共十餘萬，討平之，斬首五千餘級。加軾太子太保。

六月，以韓文爲南京兵部尚書，參贊機務。

先是，南京諸卿與守備中官議事，多遜避，不發一言，或探其意，嚮爲可否。文謂："天下事有理與法，吾惟以無私處之，可拱默爲避禍計耶？"遇事輒昌言不避。時，水旱相仍，民饑死者衆。文移文户部，欲預支三月糧以平糴價，所司以未得命爲辭。文曰："救荒如拯焚，民命在旦夕，能忍死以待耶？即得罪，吾以身任之。"竟發米十六萬石，民賴以安。

冬十月，前南京兵部郎中婁性上所編《皇明政要》四十篇。

詔建寺于朝陽門外，尋罷。

劉健等上言："前代人主信佛，莫如梁武帝，卒饑死臺城。信老，莫如宋徽宗，至囚斃虜地。本以求福，反以致禍，觀諸往事，可爲明鑒。我祖宗相傳以治天下，堯舜周孔之道而已。浮屠異端，蠹財惑衆，何關於治？欲造佛塔，非所以垂後世。"又令撰真人杜永祺誥命及封號，健等復言："誥命，朝廷所以奬賢勵能，雖卿士大臣，必待秩滿考最乃頒給。況祖宗廟號不過十六字，親王及文武大臣有功德者，謚號止一二字。此輩何賢何能，謚號至十八字？流布朝野，傳聞後世，其謂之何？"疏入，俱罷之。

改張元禎爲太常寺卿兼翰林院學士。

十一月，陳壽爲南京副都御史。

甲子，十七年春二月，哈密人逐陝巴，而以真帖木兒守哈密。

陝巴嗜酒，掊剋國人，其下患苦之。頭目者力克哈等因迎阿黑麻次子真帖木兒守哈密。陝巴棄城走沙州。真帖木兒，罕慎外孫也，年十三，不肯行。哈密人曰："陝巴走，哈密城空，恐爲野乜克力所據。"真帖木兒始至剌木城，因入哈密。

監察御史陳茂烈乞終養，許之。

茂烈，先世瑞安人，戍籍興化。髫年喪父，繼戍役，勵志邁俗，晝入公署，夜歸讀書。祖母憐其孱弱，亟止之，乃韜燈默誦不輟。年十八，慨然嘆曰："善學聖人者，莫如顔、曾。顔之克己，曾之日省，豈非學之法歟?"作《省克録》自考。又曰："儒者有向上工〔二四〕，詩文直土苴耳。"爲吉安府推官，持大體，開至誠，信孚上下。考績歸，至淮，乏寒具，凍幾死，所知以敝裘覆之。及拜御史，袍服朴素，乘牝馬，若不知爲風憲臣者，而風裁凛然。劾罷侣鍾，又劾崔志端，不動，遂以母老年乞終養。疏略曰："臣生十三年，父不幸早喪。母張撫育劬勞，孤苦成立。母今年七十有七矣，慈闈衰邁，夕照如飛。君恩猶可再酬，母年不可多得。况臣無嗣，又無兄弟，一母一子，各天一涯。臣既思母，則報國之心亂；母復思臣，則保身之心微。伏望陛下憐臣母子孤苦，放臣終養。"上憫其情，特許之。既歸，力供甘旨。短床敝席，身自治畦，一蒼頭給薪水，出自執小油蓋。妻子服食粗糲，皆人甚不堪者，茂烈處之泰然。

三月，太皇太后周氏崩。

初，成化中，孝莊錢太后崩，彭時等議合葬裕陵。時已言周太后萬歲後，祔葬、祔廟如孝莊。至是，太后崩，上尊謚曰孝肅貞順康懿光烈輔天承聖睿皇后，與孝莊同制。已而，劉健等覺其誤，乃上疏言："成化初，事有難處，臣子委曲將順，當再議。"詔禮官議，不决。一日，上御便殿，召健等，出示裕陵圖言：孝莊太后玄堂與英廟皇堂隔數丈，不相通。因曰："此大非禮，當釐正。"健曰："此事臣等初不知，今欲釐正。仰見皇上聖孝，高出前古。"上曰："卿等焉得知此?皆内臣所爲。内臣識道理者幾人?昨見成化間彭時、姚夔輩奏章，先朝大臣忠厚爲國如此。"因論祔廟之禮，健等奏曰："昔年奏議，已定孝莊太后居左。今大行皇太后居右，合祔裕陵，配享太廟。臣等何敢輕議?

其實，漢以前惟一帝一后，唐始有二后，宋亦有三后並祔者。”上曰：“二后已非，若三后尤爲非禮。事必師古，末世鄙褻之事，不足爲法。宗廟事關係綱常，豈可毫髮僭差？太皇太后鞠養朕躬，恩德深厚，朕何敢忘？但一人之私情耳。錢太后乃皇祖册立正后。祖宗以來，惟一帝一后，今若並祔，壞自朕躬，後來雜亂無紀極矣。且孝穆太后，朕生母，止尊爲皇太后，别祀于奉慈殿。朕意欲奉太皇太后於仁壽前殿，他日奉孝穆太后于後殿，歲時祭享，一如太廟，何如？”東陽曰：“陛下言及孝穆太后，尤見大公至正之心，可以服天下矣。”上曰：“此事甚難，行之則理有未安，不行則違先意。朕思之，夜不能寐。先帝固重，而祖宗之制尤重。卿等其善圖之。”因悲不自勝，健曰：“容臣等詳議以聞。”出與廷臣會議，吴寬曰：“《魯頌》姜嫄閟宫，《春秋》考仲子之宫，皆爲别廟，漢唐亦然，至宋乃有並祔者，其禮已謬。然皆諸帝繼室，生前作配，非後世子孫追尊，所生之比。惟李宸妃没，仁宗傷痛，乃追尊祔祭。雖出至情，實爲非禮，豈可爲法？”衆是寬言，定議上。上曰：“大義與深恩並行不悖，朕心始安矣。”改稱孝肅太皇太后，祀奉慈殿。于是，中外翕然，稱合禮云。

以李傑爲宣大總兵。

傑因戚畹干上，求爲宣大總兵。上命内臣李榮語劉大夏用之，榮曰：“大夏得傳帖且執奏，肯聽奴口語耶？”上默然。一日，朝罷，獨召大夏，授一帖，啓視之，乃李傑姓名也。退至部，語同列曰：“此非將材，豈堪爲大帥？”翌日，竟别推，上内批用傑。傑至鎮，無幾被劾，還。上謂大夏曰：“悔不用卿言，李傑果敗事。”上嘗謂大夏曰：“政事可否，每欲召卿議，又以非卿部事而止，後有當行罷者，以揭帖啓朕。”大夏謝不敢，曰：“先朝李孜省可戒。”上曰：“卿與朕論國事，豈孜省比？”對曰：

"臣下以揭帖密進，朝廷以揭帖顯行，何異前斜封墨敕？陛下宜遠法帝王，近法祖宗，事之可否，外付府部，内咨内閣可也。"又問："天下何時可太平？朕何時得如古帝王？"對曰："求治，不宜太急。凡用人行政，召内執政大臣面議，得當而後行之，太平可致矣。"上稱："善。"

以右僉都御史劉洪巡撫四川。

松茂番夷作亂，上以洪諳戎務，改巡四川，賜璽書，俾專征討。洪申嚴號令，躬率將士捕剿，且宣布德意，示以禍福。於是，諸夷斬首惡納款，疆埸遂清。

夏閏四月，闕里先師廟成。

遣大學士李東陽祭告。及還，以所見天灾民瘼上奏，詔議行之。

六月，加秦紘太子太保。

召秦紘爲户部尚書，尋致仕。

時，革總制，召紘還部，紘力求致仕，許之。

秋七月，虜寇大同。

先是，歸正人報虜有異謀，兵部請遣廷臣守邊關。於是，遣右副都御史閻仲宇守宣大，通政司參議熊偉守居庸。已而，虜入大同，殺守望卒。上怒，召内閣劉健等，曰："墩軍皆我赤子。朕爲天下主，何可聽虜屠戮，不一問罪？當出京軍，擇將帥知兵者一大創之。"劉健曰："陛下垂念赤子，誠宗社之福。但兵危事，未易輕動。"李東陽曰："邊事固急，京師尤重。近聞北虜與朵顔交通，潮河川、古北口去京師一日耳，而我顧軍遠出大同，非策。少待其定，徐議所向耳。"上曰："兵未即出，但須搜簡以待。"皆頓首曰："善。"中官苗逵貪邊功，猶請出師。上復召劉大夏問之，大夏力言："不可。"上曰："文皇時，頻年出塞逐虜，未嘗失利，今何不可？”對曰：“文皇時，將士皆經百戰，足制虜。然丘福稍違節制，數萬甲兵盡陷沙漠。今承平日久，兵將庸疲，恐師出無益，徒煩擾邊民耳。”上憮然曰：“朕幾誤計。”師遂不出。

左都御史戴珊乞致仕，不許。

珊掌院務，持風紀，細大必嚴。時，上親鞫大獄，諸司震悚。珊從容應對，每有開析，天威頓霽。上知珊清慎，時召見咨詢，輒移晷刻。至是，引疾求退，優詔勉留，命醫賜食，復面加慰諭，珊不覺泣下，上亦爲動容。一日，珊私懇劉大夏曰：“珊老病子幼，萬一客死異鄉，不瞑目。公受知主上，獨不爲我一言乎？”大夏議事畢，因以爲言，上曰：“語珊，朕以天下事推誠付托，猶家人父子，太平未兆，何忍棄朕而歸？”大夏出，傳上語，珊泣曰：“吾不得生還矣。”

掌詹事府事、禮部尚書吴寬卒。

寬温粹含弘，好古力學，於權勢營利澹如也。在詞林久，衆望其柄用。謝遷屢言於劉健，健輒曰：“我且去，用之未晚。”終不聽。人意寬無少望，寬怡然曰：“吾初願不及此。”人益賢之。卒贈太子少保，謚文定。

掌國子監事禮部侍郎謝鐸致仕。

改都御史楊一清巡撫陝西。

八月，令京官六年一考察。

令禮部禁服色。

虜寇環慶、平鳳。

九月，上御暖閣，召輔臣議政。

上召輔臣入，袖出大同總兵官吴江奏，授劉健，曰：“江奏，欲臨陣以軍法從事。若許之，恐邊將啓妄殺之漸。”健曰：“軍法自應如此，兩軍相持，退者不斬，則人不效死，何以取勝?”上曰：“雖然，亦不可輕許。”李東陽曰：“既奏請而不許，恐號令從此不行矣。”上曰：“善。”

冬十月，虜入花馬池塞，命陝西巡撫楊一清經略邊務。

召南京兵部尚書韓文爲户部尚書。

劉山伏誅。

召樊瑩爲刑部尚書。

命太常寺卿兼學士張元禎掌詹事府。

元禎嘗上疏，請經筵，講《太極圖》、《西銘性理》諸書，東宫講小學、《孝經》。上忻然嘉納，急索《太極圖》觀，曰：“天生斯人，以開朕也。”且將大用。竟不果。

乙丑，十八年春正月，召劉大夏、戴珊入對，各賜白金。

二人對畢，上各賜白金二鎰，曰：“朕聞朝覲日，文官避嫌，有閉户不與人接者。卿二人雖開門延客，誰復以賂通乎?以故賜卿二人。”又曰：“勿朝謝。公卿知之，且懷愧懼。”上每有大政，輒召大夏及珊，密語良久，左右不得聞。一日，大夏對久，不能起，上命李榮掖而出之。榮請曰：“吾輩在供事掖庭多闕失，幸先生隱惡揚善。”大夏曰：“主上聖明，何敢輕肆毁譽?且我於公，蹤迹疏遠，公於上前顧數稱我，何也?”榮曰：“當朝大臣，獨公一人，榮何敢蔽賢乎?”

廣西思恩土官岑濬作亂，兩廣都御史潘蕃討平之。

初，田州知府岑溥子：長猇，次猛。以失愛弑溥[二五]，爲其土目黄驥、李蠻所誅。而驥、蠻尋有隙，驥以猛奔梧州。督府奏請襲官，納之田州，慮李蠻拒命，乃檄思恩知府岑濬以兵衛猛。

比至，李蠻拒不納，驥復以猛奔思恩。鄧廷瓚檄濬歸猛，濬不從，乃以兵徵之。濬始釋猛，督府納之田州。猛因與濬搆隙。濬攻陷田州，殺李蠻，猛走免。濬僞以族子洪守田州。都御史潘蕃疏濬罪，詔發湖兵一萬討之。濬敗死，夷其族。蕃因上言："宜改流官，變其俗。"從之。岑猛徙爲福建平海千户。

二月，南京刑部尚書樊瑩致仕，改張敷華爲刑部尚書。

三月，賜進士顧鼎臣等三百人及第出身有差。

户部主事李夢陽上書，下獄，尋釋之。

時有旨，令百官條奏時政得失。於是，夢陽應詔上疏，曰：

臣聞人君不患其世無直言之臣，而患己之不能用其言；人臣不患其言不得上聞，而常患人君者聞之而不樂也。蓋直言之臣，秉性朴實，不識忌諱，睹事積憤，誠激於中，義形於詞，故其言剴切而無回互，藥石而鮮包藏，是以爲君者不樂聞也，即聞之，不樂行也。夫明君英主則不然也，謂其言剴切，非爲身也；藥石，非規名也。於是，道之使言，言可行也。於是，措之於行。是故天下無壅蔽之奸，上無過舉之政，故治化浹洽而百姓受福矣。臣竊伏思，陛下則真明君英主也。何以知之？陛下法祖宗者至矣，敬天地者蔑以加矣，飭躬勤，勵延問，若不給矣，乃猶曰：政理未新，讜言未聞，惓惓焉若失之，欿焉恒不自安也。乃於是下詔布誠廣路，諭之以悉心，誘之以樂聞，惟恐知之者不肯言，言之者不肯盡，豈不出於尋常者萬萬乎？臣故曰陛下真明君英主也。然治化不浹洽，百姓不受福，何也？意者病與害爲之，而陛下弗察也，又其漸不可長焉。夫天下之勢，譬之身也。欲身之安，莫如去其病；欲其利，莫如祛其害；欲令終而全安，莫如使漸不可長。今天下之爲病者二，而不之去也；爲害者三，而不知袪也；爲漸者六，而不使不可長也。乃顧汲汲曰：是奚不安也？奚不利也？奚不令終而全安也？是何異於不藥而求病愈？於戲，其可畏也哉！夫易失者，勢；難得者，時。今睹可畏之勢，而遇得言之時，使仍緘默退縮，以爲自全苟禄之計，是懷不忠而欺陛下耳。臣謹據所見，昧死開坐，惟陛下矜察哀憐，俯賜觀覽焉。

二病：一曰元氣之病。夫元氣之病者，何也？所謂有其幾，無其形，譬患内耗，伏未及發，自謂之安，此乃病在元氣。臣竊觀當今士氣頗似之，故曰元氣之病。夫孔子曰："邦有道，危言危行。"今人不喜人言，見人張拱深揖，口吶吶不吐詞，則目爲老成；又不喜人直，遇事圓巧而委曲，則以爲善處。是以轉相則傚，翕然披靡。爲士者口無公是非，後進承訛踵弊，不復知有言行之實矣。如此，尚得謂之不病乎？且大臣者，庶官之表而民之望也。今大臣則先不喜人言，又惡人直。夫諫官，得之以風聞言事者也。今大臣被彈劾，則率廷辯以求勝，語人曰："我非要作官，但要屈直明白耳。"及直矣，又恬然作官，此何理也？往大臣有親之喪，服除，非詔不起。今大臣服除，自起矣。如此，尚得謂之有禮義廉耻耶？夫無禮義則佞人進，乏廉耻則國無防。佞人進，則因循互相欺詆；國無防，則紀綱不張。臣竊謂此等不治，必積漸不可救藥，故曰四夷未侵，百姓未離，刑政未墜，疆土未蹙，而國危主憂，此所謂元氣之病也。二曰腹心之病。夫腹心之病者，何也？攻之則難攻，不攻則亡身者也。臣竊計今事勢，内官者腹心之病也。夫内官者，陰性而狼貪，其地逼近又朋比難剪，臣故以爲腹心之病。夫倉廠場庫，錢穀之要也，今皆内官主之。陛下以此輩爲忠實可用耶？抑例不可廢也？夫例誠不可廢，每處置一二輩，足矣。今少者五六輩，多者二三十輩，何耶？且夫一虎十羊，勢無全羊，况十虎而一羊哉？今有司摘發其奸，幸陛下洞見其情實，外議僉曰："是必不赦，不且竄斥。"今數月矣，猶閣而不行。夫人情，莫不遮於潛而玩於彰。彼未摘發其奸，尚有嚴心，今其奸業摘發之矣，不置之法，又不竄逐。彼何所憚而不爲乎？昔人有言："宦官有罪不可赦，有缺不可補。"言難除也。今皇城之内，通内籍者幾萬人焉，亦多矣。陛下又敕禮部，選年十五以下净身男子五百名，將安用邪？夫人情，孰不欲富貴？今田野小民，無故猶閹割親兒，以希進用，矧今有詔則有名？嗚呼，此其禍可勝道哉？夫滅絶人類，則必戕天地之和；戕天地之和，則灾害必至；灾害至，則五穀不熟，人民離散，天道乖於上，人心怨於下。而陰性狼貪之徒無忌妄行於中，而國不危者，鮮矣。臣故曰内官者，腹心之病也。今陛下誠於此時拔廉直，奬忠鯁，斥無耻。大臣進盧扁之佐，則必轉病而爲安，厭禍以爲福。且陛下何難於此而不爲也？今議者必曰彼曾不指實某忠、某直、某爲無耻，泛言難行。然不知上者風也，下者草也。拔一君子，則君子進，即有小人相率而化於善矣。且人不幸而有疾，擇醫而治之者，爲愛身也。今有司摘發其奸，是亦國之醫耳。若一切閣而不行，是醫能治之，而上弗肯使也。且陛下何難於此而不爲也？今誠欲腹心安，莫如剷内官之權。欲剷内官之權，莫如有罪不赦，有缺不補。《傳》曰："治未病，不治已病。"今固已病也，而猶不治，是可惑也已。

三害：一曰兵害。夫兵害者，何也？臣以爲冗食而無補，空名而鮮實也。夫强本，所以弱枝也。今在京之兵，以衛計之，七十有餘，分爲三營：一曰神機，二曰三千，三曰五軍。蓋帶甲控弦者數十萬焉，意固欲强本也。然至正統已已纔數十年耳，拔之乃僅得十二萬焉，亦寡矣。於是，有十二團營之名。團營至今，又纔數十年耳，日者遣將北伐，拔之不滿三萬焉。然其腰鞬、弓刀不全也。騎士則先牽露骨馬，又旋求鞍轡等。夫兵數不減於前，食之者增也，一旦而狼狽若此，何也？官不恤其軍，豪勢多占，使遠者逃，近者潛，職司不以報，糧籍不開除。又壯丁各營其家，老弱出而應點，宜其食之者增而用之者寡矣。臣故曰兵害者，冗食而無補，空名而鮮實也。夫騰驤四衛者，今非所謂内兵耶？外官既不與稽其數，征役又不選用其丁，故其人率富豪而氣驕。夫内官者，陰狡而狼貪者也。以富豪氣驕之人而率之，以陰狡狼貪之徒兹其害，可忍言哉？且夫錦衣衛，爪牙之司也，今内官之家人子弟官之；團營，兵之精也，内官參之；内兵又其專掌之。陛下乃何獨而不爲之寒心耶？古人有言曰："官惟賢，賞惟功。"今團營把總、號頭等，孰非内官之私人乎？彼其家人子弟，抑孰非詭托冒官也？乃遂令布列要地爲爪牙乎？諺有之曰："萌芽不伐，將折斧柯。爝火不撲，燎原奈何？"言貴豫也。陛下誠於此時查往年李玉事例，仍置總兵官，使參掌内兵，又禁團營把總、號頭等，自今不得置其私人。乃於是命諸左右曰：其詭托冒官自首者聽，但罷免不問。如此，則威立而恩亦流。所謂銷患於未形，計之上也。二曰民害。夫民害者，臣以爲歛重而民貧，又貪墨在位，恩不下流也。臣聞惟智者而後起家，夫人未有無所藉而生者也。今百姓賢智不一二，愚蠢者十常七八。然又苦有司者不知恤也，歛之不問貧富，役之不問勝否，曰是爾職焉矣。是故富者剥削，貧者稱貸。稱貸之不足，則必鬻子；鬻子而不足，則必逋竄。一旦棄父母、捐親戚，背鄉離井，愁怨之聲上干天和，則必有水旱、風雹之灾。逋者不還，居者縲絏而牽連，則必有無辜暴露之屍。臣故曰民害者，重斂使之也。夫内府供用，有常數也，宜有常簿焉。今油蠟、皮張諸料等，較之弘治初年，費且十倍於前，此何也？蓋下者效上者也，取贏者未有不羡者也。今既十倍於前，則工、户二部科派必又倍矣。下之州縣，必又倍矣。百姓輸納又有稱頭等，必又倍矣。又經内官必有賄賂，是益又倍矣。於是，民日貧而斂日積，當道不苦言以聞，有司乘其機而肥其家。如此，而猶望其治，是真却步以求前耳。陛下前固嘗降詔旨存問矣，然簿數不減昔也，科派不省，稱頭如故，賄賂公行無憚，此所謂空名而實禍也。臣故曰貪墨在位，恩不下流者，此也。三曰莊場畿民之害。臣伏觀洪武某年詔曰：直隸拋荒田地，聽民開墾，永不起科。夫民墾之矣，不可謂非其田矣。而今皇親之家，聽無賴子投獻主，使謂非其田也。請之朝廷，朝廷亦謂非其田也，率即賜之。皇親家既奉天子命爲己有，乃輒遂奪其田土，夷其墳墓，毁其房屋，斬伐其樹木。於是，百年土著之民，蕩産失業，拋棄父母妻子，千里之内舉騷然不寧矣。夫皇親，與國同休戚者也，而禄非不豐，貴非不極也。乃秖以區區之田，損害赤子，動摇根本，如此，是不欲與國同休也耶？嗚呼，亦甚矣！昔魯廄焚，孔子見之，但曰："傷人乎？"蓋貴人賤馬也。今薊州牧馬草場，與百姓争阡而競畝，尺分而剖之。臣竊悲也，是何？賤人而貴馬也。夫草場數千頃地，今三遣官矣。百姓年年坐勾攝，轉相牽連，妨廢本業，耽閣其生理。男不秉耜，女不上機，賣男鬻女，弱者轉而死泥塗者，過半矣。嗚呼，是何賤人而貴馬也？臣雖未嘗睹其始末，竊計今事勢，萬無百姓侵官之理，設有之，所辦亦官租耳，非若皇親之家占之爲己有也。今據勘牒四至與民争者，止十之一二耳。臣謂宜置而不問，且百十年土著之民，一旦逐之使去，陛下忍爲此耶？夫王畿，天下之本也。今以數十百頃之地，失黔首之心，傷陰陽之和，臣固知陛下不忍矣。陛下幸哀憐，聽臣愚計，敕户部查景泰六年勘官馮謹〔二六〕奏内事理，以前項田土仍給民徵租，但以空閑草地牧馬便。

六漸者：一曰匱之漸。夫匱之漸者，何也？臣以爲兵連然耳，然又苦浪費。今各邊用兵，以將則庸，以卒則罷，糜財而無功，曠日而損威。而錢穀吏俛首供給，莫敢誰何，稍有不繼，則軍吏托以自解。是故，倉廩不足，不曰兵糜之也，曰是錢穀者之誤之也。錢穀者不曰己誤之也，曰是無米而求粥也。於是，始有和買之議矣。和買而不足，於是有㐌運之例。㐌運而又不足，於是乞内帑之銀。臣始至户部，大倉庫銀尚百七十餘萬，今銷耗且過半矣。然而，乞者未已也。由是積漸而不止，雖欲不匱，烏可得矣夫？今疆土不蹙於前也，又鮮大寇，非有若匈奴、突厥者也。竭天下之力以供邊，而日猶不足，此其故何也？糜財而無功，曠日而損威者爲之也。夫錢者，泉也，言流也。散於上，則聚於下；公家削，則私室盈。今京城内外，千觀萬寺，亦熾矣。顧又不止，彼左右侍臣，孰非造寺者也？動孰匪以鉅萬計？諺曰：十入一出。今彼鉅萬出，則其入不止於鉅萬，明矣。夫上惟風，下民惟草。今方春氣和，耒耜在野。陛下乃不發倉廩助不給，賑不足，顧徧察寺觀，敕給費修葺之，是導民以奉佛也，彼以鉅萬入者，又何憚而不造寺也。夫智者察微，今貨入而歸私室矣，又出而造寺觀矣。設卒有水旱之驚，兵甲事興，内取則已匱，外歛則民窮，臣不知陛下計所出矣。故曰又苦浪費者，此也。二曰盜之漸。夫盜之漸者，何也？臣以爲其幾在民窮。夫盜者，非不知法當死也。彼以爲往固無食矣，今盜而得食，即死不猶逾於餒乎？往固無衣矣，今盜而得衣，即死不猶逾於凍乎？往有租調官司之轄矣，今盜而得自由，不猶逾於追繫鞭笞之苦乎？夫天下無智愚、强弱舉俛首捧心以事我者，以有法維之，且畏死也。今既死而逾於凍餒、追繫鞭笞之，則彼何所不至耶？故以臣之愚，竊計今事勢，非但憂盜，將必有大患。大患者何？所謂有亂之機，無亂之形也。夫今天下無不臣之邦，四夷無不庭之國，百官奉職，筐篚歲至。太倉有紅腐之粟，武庫之兵朽而不用，又無方二三千里水旱之災也。然而，嘯聚殺人、劫縣燒村、剽掠婦女者，日相聞也。假如不幸而有方二三千里水旱之災，武庫乏兵，太倉竭粟，百官不奉職，夷狄外侵，海内有警，則事勢又何如矣？故曰有亂之機，無亂之形。嗚呼，此亦可寒心矣！臣謂宜趁此急選良有司恤饑賑寒，以安民心。又密令整飭城池、軍馬，以伺緩急之變。夫安不忘危，霸者之略；有備無患，聖王之政。况今承平日久，民不知兵，萬一有慮外之警，有如平原、睢陽之倫乎？臣故曰計今事非但憂盜，將有大患者，此也。三曰壞名器之漸。夫壞名器之漸者，臣以爲黜陟失制也。夫明王懸爵賞以待天下之賢，將以奉天而理民也。故曰五服有章，自天命之，示非我也。又曰爵人於朝，與衆共之，明至公也。是以古之英君寧捐百萬之費，而靳一郎之拜，其意亦謂此耳。而今乞官者官，乞廕者廕，黜其父者陟其子，黜其祖者陟其孫，臣不知陛下計所出矣。夫廕者，所以報功，又示勸也。今黜者既陟其子孫，則有功者何勸焉？是以高其爵不足以勵，糜其賞不足以風，夤緣鑽刺之風既行，而廉耻名節之士遂寡。且陛下何利於斯而爲之也？夫大學士萬安前侍先皇帝，醜穢彰露。陛下踐祚之始，嘗令内官逼脱其牙牌，逐之去矣。今而廕其子爲丞，臣不知報耶，勸耶？且陛下何利於斯而爲之耶？夫薰蕕同器，不知有薰；廉汙並賞，孰肯爲廉？陛下若謂天下之大，何吝此一官？則所謂敝袴之藏、繁纓之惜，皆非邪！惟名與器，不可以假人。臣故曰壞名器之漸者，黜陟失制也。四曰弛法令之漸。夫弛法令之漸者，臣以爲舛與玩爲之也。夫舛莫大於縱罪，玩莫大於長奸。昔者，舜爲天子，其父瞽瞍殺人，孟子以爲士師執之，爲舜者但宜竊負而逃。蓋法者，公之天下、受之祖宗者也。掌於士師，士師不得而專也；出於天子，天子不得而專也。是故，士師可以執天子之父，而爲舜者不可私其親。曩者，犯人王禮擅搶夷僧貨物，損辱國體，傳笑外邦獄案已具，法所不赦也。陛下何從而赦之耶？以爲無罪，則固已追償其貨直矣；以爲有罪，未聞罪而赦之者也。有罪而赦之，是縱罪也。縱罪則奸長，奸長則政舛，政舛則民玩，民玩則令慢，令慢則法弛，此古之所大忌，而今之所甚忽也。夫忌莫大於刑，忽莫大於私，何則？刑天討也，公天道也。王者不私其天，故罰一人而千萬人懼。諺曰：勿謂尺五後且不補。臣故以王禮之赦，爲弛法令之漸。五曰方術眩惑之漸。夫方術眩惑之漸者，臣以爲去之不力，則誘之必入也。夫自古帝王享國長久者，畏天而憂民也，非以奉佛也。康健少疾者，清心而寡欲也，非以事仙也。且陛下獨不見梁武、唐憲乎？梁武帝奉佛最謹，然罹禍最慘。唐憲宗事仙又最謹，然年又最短。此其明效大驗，彰彰可考者。而今創寺、創觀、請額者，陛下弗止也。比又詔葺其圮廢。臣不知陛下乃何所取於彼而爲之也？夫真人者，太虚無爲之名也。今酒肉粗俗道士，陛下敬重之如神，尊爲真人。又法王、佛子等，並肩輿出入，珍食衣錦。陛下踐祚，詔曰：僧道不得作醮事，煽惑人心。堂堂天言，四海誦焉。夫陛下神心睿姿，不减於前也，乃今復爾者，臣固知有誘之者也。夫去之不力，則誘之必入，譬若鋤草不盡，反滋其勢。陛下奈何去之不力，而反使之滋也？夫誘者必曰其道妙，又其法靈。今天變屢見於上，百姓嗷嗷於下，邊報未捷，倉庫匱乏，信如真人、國師道足以庇，法足以祐，陛下何不遂一試之？且彼能設一醮，噀一法，使天變息而嗷嗷者安乎？此固必無之事，而陛下不察，反聽其誘。此臣之所以日夜悲心者也。六曰貴戚驕恣之漸。夫貴戚驕恣之漸者，臣以爲其防决也。夫水防惟土，國防惟禮，水决則潰，禮决則陵。昔者高皇帝制皇親，則令曰：皇親之家，不得與政。臣嘗伏讀嘆息，以爲聖王不易之論。及退而考夫頒禄列爵，則又使大貴而極富；已又考其器度、田奴，則又不使逾也。臣於是又嘆曰：是所謂禮之防也。夫皇親，與國至戚也，不宜有間。今顧制禮以防之者，臣以爲此固保全而使之安也。今陛下至親，莫如壽寧侯；所宜保全而使安者，亦莫如壽寧侯。乃顧不嚴禮以爲之防，臣恐其潰且有日矣。夫下僭〔二七〕則上陵。今壽寧侯招納無賴，網利而賊民，白奪人田土，拆人房屋，强擄人子女，開張房店，要截商貨，而又占種人鹽課，横行江河，張打黄旗，勢如翼虎，此謂之不僭，可乎？僭則陵，陵則逼，大逼則法行。且今側目而視，切齒而談，孰非飲恨於壽寧者也。夫川潰則傷必衆，萬一法行，陛下雖欲保全而使之安，得乎？臣竊以爲宜侯〔二八〕今慎其禮防，則所以厚張氏者至矣，亦杜漸剪萌之道也。

疏入，壽寧侯遂論夢陽斬罪十大，指謂訕母后，以疏中張氏指名，而后母金夫人日泣訴上前。上不得已，下夢陽詔獄。召内閣問曰："李夢陽言事若何？"劉健輒對曰："此狂妄小臣耳。"

上默然良久。謝遷曰："夢陽雖狂，然其心無非爲國。"上曰："然。"會科道官交章入救，而掌詔獄牟斌參曰："原情應詔論法亦違，其壽寧所論夢陽十罪，悉置不入。"金夫人猶在上前泣訴，求重刑。上怒推案出，竟從輕罰，止奪俸三月。他日，上幸南宫，二張入侍宴，上獨召壽寧語，左右不得聞。第遥見壽寧免冠，頭觸地請罪，蓋上以夢陽言切責之也。後劉大夏獨對。上問大夏："近日外議云何？"曰："近釋李夢陽，中外歡呼，聖德如天地。"上曰："夢陽指斥戚畹。朕不得已，下詔獄。比奏上，朕試問：'左右云何？'皆曰：'付錦衣衛杖而釋之。'朕知此輩得旨，即斃之杖下，以快中官之怒，使朕負殺直臣名，不忠如此，朕故徑釋之。"大夏頓首，謝曰："此堯舜之仁也。"時，刑部尚書閔珪讞大獄，忤旨。大夏曰："大臣執法，不過效忠朝廷，珪所爲無足異。"上問："古亦有此乎？"大夏曰："臣幼讀《孟子》，見舜爲天子，皋陶爲士師，瞽瞍殺人，臯陶亦執之而已，似無可深責。"上頷之，卒從珪議。

夏四月，上御暖閣，召輔臣議政事。

上召劉健、李東陽、謝遷至暖閣，出數疏，一一商確。内有言錢法窒碍者，健曰："此須自朝廷始，如賞錫折俸之類，皆用官錢，乃可行耳。"謝遷曰："私錢不禁，則官錢不行。昔年曾禁私錢，不二三日，濫行如故。"上曰："何故若此？"對曰："有司奉行不至耳。"健因曰："今國帑不充，邊儲空乏，正公私困竭之時，造錢一事，最爲緊要。其餘若屯鹽茶，皆理財之務，不可不講也。"東陽曰："鹽法尤重，今已壞盡。各邊開中，徒有其名。商人無利，皆不肯輸矣。"上問其故，健等因極論戚畹、諸王奏討之弊，且曰："國初，茶馬法初行，歐陽駙馬販私茶數百。太祖曰：'我纔行一法，乃壞之。'遂寘極典。此等故事，人皆不敢言。"上曰："非不敢言，乃不肯言耳。"明日，降旨云："祖宗設鹽法，以濟邊儲，係國家要務。近來廢弛殆盡，商賈不行，開中雖多，全無實用。户部其查議以聞。"於是，中外稱慶。時上勵精思治，益明習機務，眷念民瘼，欲盡革諸煩苛弊蠹。每召閣臣面對，促膝密談，若家人父子者，若不得聞。諸閹大懼，竊從屏隙窺，第聞上數大稱善。至上語及宫中事，毅然欲創抑盡奪近侍權，復高皇帝舊。健等見上體清癯，太子未壯，恐一旦禍起，不可測，未敢輕動。未幾，上暴病，外議籍籍，以爲禍本有所起云。

五月，上不豫。庚寅，顧命輔臣。辛卯，上崩于乾清宫。

上不豫，令中官戴儀召内閣劉健、謝遷、李東陽至寢殿。上便服，坐榻中，令健等前至榻下，上曰："朕承祖宗大統，在位十八年，今甫纔三十六耳。乃得此疾，殆不能興。"健等曰："陛下違和，安得遽爲此言?"上曰："朕自知之，天命不可强也。"掌御藥太監張瑜勸上進藥，不答。上曰："朕爲祖宗守法，不敢怠荒天下事，每勞卿等。"因執健手曰："東宫生十五年矣，尚未選婚。社稷事重，可急舉行。"又曰："東宫聰明，但年幼，好逸樂。卿善輔之。"健等頓首曰："臣等敢不竭股肱之力。"上呼左右曰："授遺旨。"上口授，令戴儀即榻前書之，復慰諭健等，令退。越一夕，上崩。

壬寅，皇太子即位，大赦。

詔以明年爲正德元年。

六月，上大行皇帝謚號。

建天明道誠纯中正聖文神武至仁大德敬皇帝，廟號孝宗。

虜寇大同、宣府，命保國公朱暉爲總兵官，右都御史史琳提督軍務，出師分道御却之。

秋七月，加劉健左柱國，李東陽、謝遷並少傅兼太子太傅。

起許進爲兵部左侍郎，提督團營。下宦者張瑜，太醫劉泰、高廷于獄。

給事中邊貢言："瑜等侍疾不謹，致先帝奄忽上賓。"請寘之法。於是，並逮下獄，命太監李榮即訊。榮承内意，欲輕坐。大理寺楊守隨泣曰："先帝梓宫在殯，臣子哀痛方殷。君父之事，誤與故同，例以《春秋》許世子之律，豈宜輕宥?"榮默然。

八月，尊皇太后王氏爲慈聖康壽太皇太后，皇后張氏爲皇太后。

遣宦者王瓚、崔果南京、浙江織造。

瓚等討長蘆鹽一萬二千引，變易物料。李夢陽言於尚書韓文曰："今新政之初，此端不可開。"文執奏，止與六千引。上問内閣："户部何不全與?"劉健對曰："内臣裝載官鹽，夾帶數多，沿途騷害，且壅滯商課。先帝末年，鋭意整理鹽法，此正今日急務。"上不悦，曰："天下事，豈盡壞於内官?即如十人中亦有三四人可用者。卿等自知之。"言至再，健等退，復具揭帖力請如户部議。上不得已，從之。

九月庚子，恒星晝見。

起周經爲南京户部尚書。

致仕户部尚書秦紘卒。

紘，單縣人。剛毅廉介，歷官四十餘年，提兵南北，位列上卿。所居僅蔽風雨，妻孥菜羹麥飯，不改其舊。及卒，家無餘貲，未幾子孫貧乏，不能自存。贈少保，謚襄毅。

冬十月，虜入花馬池，陷清水營。

建皇莊。

成化來，始有皇莊，然不過數處而已。至是，創建皇莊七處，後至連州，跨邑三百餘處，畿内之民，於是愈困。

易鎮〔二九〕守内臣。

上初即位，東宫舊侍馬永成、谷大用、劉瑾、張永、魏彬、羅祥、丘聚、張興等用事，與上同卧起，宴遊，時號八黨。劉瑾，通文墨，熟世故，而性剛狠，謀竊國柄，屢於上前言："弘治間，朝權俱爲司禮監内閣所持，朝廷虚名而已。如鎮守内官，皆司禮監官舉用，納賄不訾，若籍司禮太監家，可得金寶數萬。天下鎮守别用一番人，使各以重賂上謝，不猶逾於賄司禮監乎？"上以爲然。於是，盡易鎮守内臣。新用者，各入重賄，及出，肆意誅求，無所忌憚矣。

十二月，修《孝宗皇帝實録》。

翰林編修何塘請修史職。

塘上疏言：臣以菲薄待罪史官，伏睹内外百司各有職守，而史官獨若無所事者。朝參之餘，退安私室，於國家政務無分毫補益。猶且月受俸錢，日支廪給，既失官守之職，難逃尸素之譏。臣考古者王朝列國皆有史官，掌記時事。我祖宗設修撰、編修、檢討，謂之史臣，俾司紀録，法古意也。太祖時，劉基條荅天象之問，上悉以付史館。太宗時，王直以右春坊、右庶子兼記注，凡聖政聖訓之當書者皆録之，以備纂述。由是推之，史官之職，在國初猶未失也。不知因循廢墜，始於何時，沿襲至今，未克修舉。方〔三〇〕山陵既畢，政治維新。伏望遵祖宗所已行，修史職於久廢，敕令修撰、編修、檢討番直史館。凡陛下之起居，臣工之論列，政事之因革弛張，大臣之升降拜罷，皆令即時紀録。止用據事直書，不須立論褒貶，藏之篋櫝，以待纂述。史職既修，國典斯備，上則聖君、賢臣、嘉謨、嘉猷，不至有所遺落；下則憸夫、小人，懼遺萬世之譏，亦有所懲戒，不敢縱恣爲惡。公則明朝廷無虚譽之官，私則使人臣免素餐之愧。或謂館閣所以儲才，不必責以職守。臣竊謂養才之道，當使之周知天下之務，方可以備他日之用。今諸人於國家政事初不聞知，雖欲練習，其道無由。若令史館供職，庶因紀録之間，得以練習政體，他日任用，不至疏脱，是於修職之中，實寓養才之意。上、下所司知之。

左都御史戴珊卒。

珊，浮梁人。耿耿不苟合，而洞達無城府。奉職守法，不爲物撓。歷仕四十餘年，家無餘貲。卒，贈太子太保，謚恭簡。

以張敷華爲左都御史。

虜入固原。

虜數萬騎入寧夏，直搗固原，關中大震。時，楊一清在平涼，總兵曹雄駐兵瓦亭驛，隔絶不相聞。一清率帳下五千人，晝夜兼行，趨會曹雄，議方略，嚴守備，張疑兵以脅虜。虜聞一清至，移侵隆德。我軍連發火炮，響應山谷，如數萬人。酋長疑大兵至，遂北走。

校勘記

〔一〕“阻”，疑當作“沮”。

〔二〕“徒”，（明）程敏政《篁墩文集》卷十《奏考正祀典》作“徙”。

〔三〕“刑”，疑當作“邢”。

〔四〕“棨”，疑當作“綮”。

〔五〕“汴入淮，淮入泗”，《明史》卷八十三《河渠志二》、（清）谷應泰《明史紀事本末》卷三十四作“汴入睢，睢入泗，泗入淮”。

〔六〕“濬”，《明史》卷一百二十六《李文忠傳》作“璿”。

〔七〕“襲”，底本闕，據《明史》卷二百八十四《孔彥繩傳》補。

〔八〕“静”，（清）谷應泰《明史紀事本末》卷四十作“靖”。

〔九〕“加”，同前作“嘉”。

〔一〇〕“導”，同前卷三十四作“道”。

〔一一〕“加”，同前卷四十、《明史》卷三百二十九《哈密衛》作“嘉”。

〔一二〕“阿”，底本作“可”，據前後文改。

〔一三〕“穎”，疑當作“潁”。

〔一四〕“毛”，據《明史》《河渠志》當作“亳”。

〔一五〕“粥”，（明）李東陽《懷麓堂集》卷八十一《明故光禄大夫太子太保禮部尚書致仕贈特進右柱國太保謚文端周公神道碑銘》、（明）項篤壽《今獻備遺》卷三十四《周經》作“鬻”。

〔一六〕“令自首賂”，（明）崔銑《洹詞》卷十二《吴尚書傳》作“令自首賂知縣，乃毁門表，不即理前事”。

〔一七〕“斤赤”，當作“赤斤”。

〔一八〕“逾”，《明史》卷一百八十三《倪岳傳》、（明）倪岳《青溪漫稿》卷十三《論西北備邊事宜狀》作“喻”。

〔一九〕“中”，同前作“萃”。

〔二〇〕“接運漕河”，同前作“接連渭河”。

〔二一〕“胃”，當作“胄”。

〔二二〕“常”，疑當作“當”。

〔二三〕“南都四君子”，《明史》卷一百八十六《張敷華傳》：“與吏部尚書林瀚、僉都御史林俊、祭酒章懋，稱‘南都四君子’。”

〔二四〕“儒者有向上工”，（清）黄宗羲《明儒學案》卷九《御史陳時周先生茂烈》作“儒者有向上工夫”。

〔二五〕“以失愛弑溥”，（清）谷應泰《明史紀事本末》卷五十三作“虓以失愛弑溥”。

〔二六〕“馮謹”，同前當作“馮譁”。

〔二七〕“僭”，同前作“替”。

〔二八〕“俟”，同前作“及”。

〔二九〕“易鎮”，底本字迹漫漶，據後文辨識。

〔三〇〕“方”，（明）何瑭《柏齋集》卷一《史職議》作“方今”。

國史紀聞卷十二

武宗毅皇帝

丙寅，正德元年春正月，以副都御史楊一清總制三邊軍務。

一清疏言：

陝西各邊，延綏城堡據險，寧夏、甘肅河山阻隔，虜雖侵犯，爲患猶淺。惟花馬池至靈州一带，地里寬漫，城堡稀疏，兵力單弱。一或失守，虜衆躝入，犯我環慶，寇我固原，深入我平鳳、臨鞏。其間漢土雜處，倘兵連禍結，内變或因之而作，根本動摇，誠非細故。此所謂膏肓之疾、腹心之害也。成化初年，北虜在套，彼時未有邊墻，恣肆出入。已而，寧夏巡撫徐廷璋修邊墻二百餘里，開浚溝塹。延綏地方邊墻壕塹，又得巡撫余子俊修浚完固。北虜知不能犯，不復入套者二十餘年。世平人玩，邊備稍疏，墻日薄，溝日淺。弘治十四年，大虜由花馬池入，戕破内郡，虜人得志，始蔑我邊墻，爲不足畏矣。連年擁衆而入，我軍動輒失利，攻陷清水營，殘破花馬池，上厪宸慮，敕臣經理。臣宦陝有年，虜情邊事頗嘗究心，但頻年荒旱，倉廪空虚，饋餉不繼。虜賊動號數萬，倏聚忽散。未至而廣徵士馬，則徒費芻糧；既至而調兵應援，則緩不及事。縱使大兵既集，務速則彼或不來，持久則我師先老，恐終無伐其深入之謀，沮其方張之勢。嘗聞防邊之計，莫危於戰，莫安於守。臣自環慶直抵靈州，邊城臺堡，躬親閲視，廣集衆思，兼收群策，參酌損益，始有定論。大要有四：修浚墻塹以固邊防、增設衛所以壯邊兵、經理寧夏以安内附、整飭韋州以遏外侵。當務之急，莫先于此。但關中財匱民勞，修邊之役，人多異議。然利害有重輕，關係有大小，大事可成，則小費不足計；遠效可圖，則近怨不足恤。此臣區區之忠也。今之河套，即周朔方，唐張仁願築三受降城，置烽堠千八百所，自是突厥不敢逾山牧馬，朔南無寇，歲省費億計，減鎮兵數萬，受降遠在河外。古之舉大事者，未嘗不一勞而後永佚，類如此。受降，據三面之險，當千里之蔽。正統以來，侵失其險，舍受降而衛東勝，已失一面之險。又輟東勝以就延綏，則以一面之地，遮千餘里之衝。遂使河套沃壤爲虜甌脱，巢穴其中，深山大沙，勢顧在彼，而寧夏外險反南備河。此陝西虜患所以相尋而莫之能解也。兹欲復守東勝，因河爲固，東接大同，西接寧夏，使河套方千里之地歸我耕牧，開屯田數百里，用省内運。不然，則陝西用兵殆無虚日，八郡之人疲于奔命，民窮盜起，禍將何極？及今整飭延綏、寧夏一帶邊防，賊來有以待之，雖非上計，猶愈于無策。醜虜聞知，或數十年未敢輕犯，我得休養生息，東勝之地未必終不可復也。

下兵部議，敕一清經理。一清又請靈州大鹽池增課一萬五千引，小池增三萬引，新舊共五萬一千三百三十七引，歲課銀二萬七千六十餘兩，給固原、慶陽買馬。詔從之。

以蔡清爲江西提學副使。

清，晋江人，禮部主事。請告家居，修行名著。升江西提學，既履任，崇師儒，重德行。以道義教學，激勸不怠，士風大變。江西相沿賀寧王壽，皆具朝服。清至，以爲不宜全用覲君之服，獨去中蔽膝，寧王怒。又三司官舊用朔望日朝寧王，而於次日謁孔子。清力語三司，先謁孔子，次朝王，王益怒。林俊巡撫江西，曾論王不法，寧王憾之。其左右因言："清與俊厚。"於是，寧王怒不可解，力求清短，造蜚語，傳謗京師。寧王一日宴三司，故設機械，誚清不工詩文。清言："朝廷方面官，豈容藩王輕侮？"據理直對，無所屈，遂引疾歸。

右都御史史琳卒。

天鳴，地震。

二月，修《孝宗敬皇帝實録》。

以儲瓘爲左僉都御史，總制南京糧儲。

三月，隕星如月。

夏四月，吏部尚書馬文升致仕，以焦芳爲吏部尚書。

中官王瑞以大婚禮奏用書篆儒士七人，有旨令瑞考選。文升言："方杜倖門，不可。"瑞誣文升拒命，上怒。諸大臣力爲辯，得白。時，兩廣缺總督，文升推兵部侍郎熊繡。繡不樂，因憾文升，謀諸李東陽，將去文升，以劉大夏代之。乃諷其鄉人御史何天衢，屢疏論文升。文升遂力求致仕，先後二十一疏，乃允。吏部侍郎焦芳，與司禮太監李榮同鄉，又善劉瑾，借二人援，遂代文升。

改南京吏部尚書林瀚爲南京兵部尚書，參贊機務。

瀚因灾異陳十二事，首曰"隆大孝以先天下"，言："先帝奄忽上賓，陛下親承付托。惟任大臣，而不改先帝所倚用；立大政，而不易先帝所貽謀；斥遠近習，力體先帝親賢遠佞之方；不假貴戚，力行先帝割私任公之法；戒飭邊備，常若先帝不忘夷虜；節省財費，常若先帝不忘生靈。事無鉅細、無内外，惟倣先帝所已行者而力行之，則大孝之寔通于天下矣。"其餘集群議以決大政，改州治以奉陵寢，崇儉德以裕財用，省虚費以蘇軍民，增貢舉以進人才，修武備以御寇盗，省匠役以蘇民困，節工役以省財用，清吏役以革宿弊，清馬政以防欺蔽，大優容以廣言路，皆剴切無忌諱。

五月，以王瓊爲副都御史總督鹽法，以彭澤爲真定知府。

六月辛酉，雷震郊壇門、太廟、奉天殿。

内閣劉健等上疏曰："陛下邇來視朝太遲，免朝太數，奏事漸晚，游戲漸廣。夫奢侈玩戲，非所以崇儉德；彈射釣獵，非所以養仁心。鷹犬狐兔，田野之畜，不可育于宫廷；弓矢甲胄，戰鬥之象，不可施于禁籞。正人不親，直言不聞，而此數者交雜于前，臣寔憂之。今六月中旬，風雨飄蕩，雷霆震驚正殿、太廟，天壇禁門摧折燒毁，天心示警，患禍將至，惕然省悟，側身修行，庶可回天意、慰民心。"不聽。健等復上疏自劾，曰："先帝顧命惓惓，以陛下爲托。臣等痛心刻骨，誓以死報。邇地動天鳴，五星凌犯星斗，晝見白虹貫日，群灾疊異，併在一時。歷觀載籍，徧閲古今，未有如此而不亂者也。陛下即位之初，詔書一布天下，延頸想望太平，而朝令夕改，變易殆盡。憂在于民生國計，則若罔聞知；事涉于近倖貴戚，則牢不可破。以一二人之私恩，壞百年之定制；而不顧以一二人之讒邪，違滿朝之公論。而不恤臣等叨居重地，徒擁虚銜，或旨從中出，略不預聞；或衆所擬議，徑行改易。使臣等進退無據，寢食靡寧。若委顧命之名，而不盡輔導之寔，竊禄苟容，既負先帝，又負陛下，後世其謂臣等何？伏乞早賜罷斥。"詔慰留之。

以孔子裔孫孔彦繩爲五經博士。

秋七月，彗星見參井，掃太薇垣。

太白經天。

八月，立皇后夏氏。

大角、大火摇動。

九月，兵部尚書劉大夏致仕，以許進爲兵部尚書。

陜巴死，子拜牙即嗣忠順王。

冬十月，霾霧四塞。

命太監劉瑾掌司禮監，提督團營。罷大學士劉健、謝遷。

劉瑾等日導上狗馬鷹兔，舞唱角抵，出入無節，游戲市井。給事中劉蒞、陶諧等相繼論劾，不報。户部尚書韓文，每朝退言及輒泣下。李夢陽説文曰："公爲國大臣，義同休戚，徒泣何益？"文曰："奈何？"夢陽曰："比言官交劾諸内侍，章下閣，持之甚力。公誠及此時率諸大臣死争，事或可也。"文掀髯改容曰："善。即弗濟，吾年足死矣，不死不足以報國。"遂令夢陽具疏，合諸大臣上言曰：

臣等待罪股肱，伏睹朝政日非，臨御漸晚，仰窺聖容，日就清癯，皆言太監馬永成、谷大用、張永、羅祥、魏彬、劉瑾、丘聚等，置造巧僞，淫蕩上心。或擊毬走馬，或放鷹逐兔，或俳優雜劇，錯陳于前；或導萬乘之尊，與外人交易，狎暱媟褻，無復禮體。日游不足，夜以繼之，勞耗精神，虧損至德。遂使天道失序，地氣靡寧，雷異星變，桃李秋花。考厥占候，咸非吉祥。此等細人，惟知蠱惑君上以行私，而不思赫赫天命，皇皇帝業，在陛下一身。今大婚雖畢，儲嗣未建，萬一游宴損神，起居失節，雖齏粉此輩，何補于事乎？昔高皇帝艱難百戰，取有四海，列聖繼承，傳之先帝，以至陛下。先帝臨崩顧命之語，陛下所聞也，奈何姑息群小，置之左右，使濁亂天下，虧損聖德乎？竊觀前古，閹宦誤國，其禍甚烈。今永成等罪惡既著，若縱而不治，將來無所忌憚，爲患非細。伏望陛下奮剛斷，割私愛，明正典刑，以回天地之變，消禍亂之萌。

疏入，上驚泣，不食，諸閹大懼。初，閣議持言官章不肯下，諸閹業已窘，相對涕泣。會諸大臣疏又入，上遣司禮監八人詣閣議，一日三至，健等益持議不肯下。八人中有王岳者，亦東宫舊侍也，素剛直，頗惡其儕所爲，獨是閣議。明日，召諸大臣至左順門，太監李榮手諸大臣疏，傳上諭曰："諸大臣愛君愛國言良是。第奴儕事上久，不忍即置之法。幸少寬之，上自處耳。"衆錯愕，莫敢出一語。惟韓文曰："今海内民窮盜起，水旱頻仍，天變日增。上始踐祚，輒棄萬幾，游宴無度，狎暱群小，文等何忍無言?"榮曰："上非不知，第欲寬之耳。"吏部侍郎王鏊曰："倘上不處，奈何?"榮曰："榮頸有鐵裹耶？敢壞國事?"持疏復入。是日，瑾等業自求南京安置。閣議猶持不從，上言："此數人罪大惡極，得罪祖宗，非陛下所得宥。"且言："人君之於小人，若不知而誤用，其失猶小，天下尚望知而去之。若知而不去，人心危疑，被其離間，必爲亂階。今永等情罪彰露，陛下業已知之，尚欲留置左右，邪正之勢，必不兩立，禍亂之機，將自此始。乞早正典刑。"上不聽。健等因上疏求去。王岳與司禮太監范亨、徐知〔一〕亦密言于上，廷臣劾奏，不可不從。上不得已，允之。會晚，待明發，捕瑾等下獄，而焦芳以閣議泄于瑾。瑾等夜繞哭上前，以頭觸地，訴："王岳等内外交通，欲殺奴婢。"上色動，瑾曰："若待旦，瑾等不得見天顔矣。"上怒，收岳等下獄。瑾又曰："狗馬鷹兔，何損萬幾？今廷臣敢譁者，司禮監無人耳。有則惟上所欲爲，誰敢言者?"上立命瑾掌司禮監，兼提督團營，丘聚提督東廠，谷大用提督西廠，張永等並司營務，分據要地，各遣官校巡察。王岳、李榮、范亨、徐知〔二〕，並竄南京。先是，瑾等嘗屢言内閣專權納賄。上久信之。至是，遂令劉健、謝遷致仕，李東陽獨留。閣議時，健嘗推案大哭，遷力助之，惟東陽不出一語，故得不去。健、遷瀕行，東陽祖餞，欷歔而泣。健正色曰："何用哭爲？使當日出一語，則與我輩同去矣。"東陽默然，有慚色。初，舉朝共攻瑾等，必欲誅之。獨許進謂人曰："此曹得疏斥幸耳。大激，恐有甘露之變。"既而，果然。

劉瑾殺太監王岳。

岳既竄南京，瑾恨之不已，遣人追至臨清，縊殺之。

下户科給事中劉蒞于獄。

蒞上疏，極陳時政，言權奸擅政，聰明壅塞，弊政日滋，民窮財匱。凡數千言，皆剴切無諱。劉瑾怒，矯旨下詔獄。

下刑科給事中吴翀、山西道御史劉玉于獄。

翀、玉皆上疏，請留劉健、謝遷，俱下獄。

以吏部尚書焦芳兼文淵閣大學士，吏部左侍郎王鏊兼翰林院學士，並直文淵閣。

芳性險愎，始附尹旻。旻敗，芳以侍讀講學士謫桂陽州同〔三〕。復累遷至尚書，阿附劉瑾。劉健等相繼斥罷，瑾遂引芳入閣，表裏爲奸。凡變紊成憲，驅斥忠直，杜塞言路，酷虐軍民，皆芳導之。鏊，李東陽所薦也。

以許進爲吏部尚書。

十一月，杖欽天監五官監候楊源于闕下。

先是，源上疏言："占候得大角及心宿中星動摇，天璇、天璣、天權星不明。乞安居深宫，絶游獵，罷弓馬，毋輕出入。除内侍寵倖，罷游逸，遠小人，節賞賜，止工役，親元老大臣，講習書史。"疏下禮部。禮部言：源言深切時弊。源復疏言："十月末，候得連日霾霧交作，爲衆邪之氣，陰冒于陽，臣欺于君，小人擅權，爲叛上。”引譬甚力。劉瑾怒，矯旨謂源假天象妄言禍福，杖闕下。源，瑄之子也。

罷户部尚書韓文及其子士聰、士奇，皆削籍。

劉瑾恨文，日伺其過。會有納銀内府者，有僞，以文不能防奸，矯旨罷職。復陰遣邏卒伺于途。文乘驢宿野店而去。户科給事中徐昂論救，坐除名。文子高唐知州士聰、刑部主事士奇皆削籍。

謫降李夢陽爲山西布政司經歷，罷之。

以韓文疏，夢陽作也。

罷左都御史張敷華。

敷華凝重端介，不爲詭隨。劉瑾惡之，矯旨勒令致仕。

以顧佐爲户部尚書，劉宇爲兵部尚書。

起致仕吏部尚書屠滽爲左都御史。

進李東陽少師兼太子太師、吏部尚書、文淵閣大學士。

命劉瑾剖决天下章奏。

上悉以章奏付瑾剖斷。瑾初猶送内閣票旨，李東陽不敢逆瑾意，事無大小，必取裁于瑾後敢票擬。瑾益恣肆，遂用門客張文冕代筆于私宅，票旨奏行。府部諸官白事者，填滿其門。自科道部屬以下，見瑾皆長跪。京朝官出入者，朝見畢，赴瑾見辭，以爲常。惟瑾自建白本，則送内閣票旨，東陽必加稱美，有“公明”、“正直”等語，議者鄙之。

逮南京科道。

南京六科給事中戴銑、十三道御史薄彦徽等出疏：“乞黜權閹，正國法。留保輔以安宗社。”劉瑾大怒，矯旨遣官校，俱逮繫。

杖兵部主事王守仁于闕下，謫爲龍場驛丞。

戴銑等被逮，守仁上言：“臣聞君仁則臣直。銑等職居司諫，以言爲職。其言而善，自宜嘉納；如其未善，亦宜包容，以開忠讜之路。乃今下令拘囚在廷之臣，莫不以此舉爲非。然莫敢爲陛下言者，懼陛下以罪銑等者罪之。非惟無補于國，徒彰陛下之過舉耳。則自是而後，雖宗社危疑之事，陛下孰從而聞之？且萬一官校督束過嚴，銑等在道或致失所，遂填溝壑，使陛下有殺諫臣之名。伏願追收前旨，俾仍舊供職。”疏入，劉瑾大怒，廷杖五十，謫龍場驛丞。守仁至錢塘，恐不免于禍，乃乘夜浮冠履水上，佯爲投江，而輕舟入武夷山中，將遁去。或曰：“公有親在，恐爲累。”乃赴龍場。

南京副都御史陳壽除名。

戴銑等被逮，壽連疏論救。瑾怒，矯旨械赴京，罷其官。

吏部左侍郎張元禎卒。

元禎，南昌人，癯然纖弱，而崖岸弧峭，剛勁之氣不可屈。勤學嗜古，多所獨得。與陳選、羅倫、陳獻章以道學相砥礪，名高一時，不竟其用云。

丁卯，二年春正月，逮尚寶司卿崔璿、按察司副使姚祥、主事張偉下獄。

劉瑾方張威，適璿等各以京朝官馳驛，爲邏卒所緝，并逮下獄。璿、祥枷于長安門，偉枷于通州。内閣諸大臣連上章申救，始釋之，皆謫戍邊。

以都御史曹元巡撫陝西。

元，瑾之親也。

閏正月，廷杖南京科道戴銑、薄彦徽等二十餘人，并吕翀、劉蒞，皆除名。

南京兵部尚書林瀚罷。

南京科道被逮，瀚獨餞之，且欲上章申救。瑾聞之恨，勒科道招詞連瀚，誣爲黨，矯詔降浙江左參政，尋勒令致仕。

二月，罷禮部尚書張昇，召王瓊爲户部右侍郎。

以李傑爲禮部尚書。

三月乙亥朔，日有食之。

以楊廷和爲南京户部右侍郎，劉忠爲南京禮部右侍郎。

上御經筵，詹事楊廷和、學士劉忠講畢，獻規諷語。上不懌，謂劉瑾曰："經筵講書耳，何多文詞也。"瑾與廷和等皆舊東宫官，詭奏曰："二人當逐之南京。"遂皆遷南京侍郎，若遠之，實升之也。忠謂廷和曰："此行須别瑾否?"廷和曰："瑾所爲若此，再見之，人將以我輩交瑾矣。"忠然之。而廷和弟廷儀爲兵部郎，諂事瑾，密爲廷和解。瑾遂厚廷和，而疏忠。

南京國子祭酒章懋謝病歸。

懋任滿三載，疏引年。不待報，歸。復三疏，始得請。時，劉瑾擅權，名卿多遭斥辱，懋獨先幾而去云。

劉瑾矯詔，榜奸黨于朝堂。

大學士劉健、謝遷，尚書韓文、楊守隨、張敷華、林瀚，郎中李夢陽，主事王守仁、王綸、孫槃、黄昭，檢討劉瑞，給事中楊禮敬、陳處、徐昂、陶諧、劉蒞、艾洪、吕翀、任惠、李光翰、戴銑、徐蕃、牧相、徐暹、張良弼、葛嵩、趙士賢，御史陳琳、貢安甫、史良佐、曹蘭〔四〕、王弘、任諾、李熙、王蕃、葛浩、陸昆、張鳴鳳、蕭乾元、姚學禮、黄昭道、蔣欽、薄彦徽、潘鏜、王良臣、趙祐、何天衢、徐珏、楊璋、熊倬〔五〕、朱廷聲、劉玉，凡五十三人。見任者，皆勒令致仕。

刑部尚書閔珪致仕。

敕鎮守宦官得預刑名、政事。

各省直鎮守内臣請敕，如巡撫預刑名諸政。劉瑾從之，令内閣撰敕增入。由是，中官挾勢虐侮官吏，剥奪民財，莫敢誰何矣。

夏四月，逮巡撫江南、右都御史艾璞下獄，編管南海。

先是，勛戚徐俌受無錫奸人投獻土田，民訟之朝。下璞勘，悉以還民。俌賂劉瑾，遣官覆勘，承瑾旨，乃悉歸俌，且劾璞前勘非是。瑾矯旨，逮璞詔獄，訊之。璞不屈，曰："實民田也。"瑾怒，箠之，幾死除名，全家徙南海瓊州。

罷禮部尚書李傑，復以張昇爲禮部尚書，尋亦罷。

時，晋府鎮國將軍表槺賂劉瑾，求封爲郡王，傑持不與。瑾銜之，罷去。復起張昇代之，尋以忤瑾罷。

復寧王宸濠護衛。

寧府自景泰革護衛。至是，宸濠陰懷不軌，輦金銀無算賂劉瑾，得復護衛如故。

五月，以楊廷和爲南京户部尚書，劉忠爲南京禮部尚書。

以雍泰爲左副都御史提督操江。

召總督兩廣右都御史熊繡掌南京都察院事。

獵内苑。

上日在内苑，與幸臣厮養、射獵、擊刺、泛舟遊戲。李東陽上疏曰："今歲自端陽後，金鼓、炮火聲徹都邑，厩牧厮役，紛充禁廷。大臣畏忌不敢言，小臣震懾不敢諫，不知祖宗分職設官，朝廷縻禄養士，將焉用之？昔漢司馬相如諫：擊熊豕，以爲軼群之獸，輿不及還轅，人不暇施巧，非天子所宜近。薛廣德諫御樓船，以爲乘船危，從橋安，聖主不乘危。伏望鑒古道以端好尚，視朝加早則炎暑不浸，進善有時則元氣日盛。”不聽。

六月，以劉宇爲兵部尚書。

宇，瑾之黨也。

罷南京吏部尚書王華。

華，守仁父。瑾恨守仁，故移怒于華，矯旨罷之。

秋八月，黄河清。

慶雲見翼軫分野。

世宗生于興邸。

以屠滽掌都察院事。

一日，審録重囚，疏中多“劉瑾傳奉”字，瑾大怒。滽率其屬請罪，諸御史長跪堦下，瑾且張目叱之，皆伏地，不敢仰視，久乃得釋。

總制陝西三邊都御史楊一清罷。

時，發帑金數十萬，使一清築邊垣。一清經畫方就，工始興，而劉瑾有所望于清，不如意，大怒。一清遂引疾歸，工亦罷。

杖欽天監五官監候楊源于闕下，謫戍肅州，道卒。

源復疏言：“自今年來，占候得火星入太微垣帝座之前，或東或西，往來不一。宜思患預防，以杜亂萌。”意指劉瑾也。瑾大怒，罵源曰：“爾何官，亦學爲忠臣乎？”矯旨，杖三十，謫戍肅州。行至懷慶，卒于河陽驛，妻斬蘆伏屍，葬之。

加焦芳少傅兼太子太傅、謹身殿大學士。

王鏊少傅兼太子太傅、武英殿大學士。

加吏部尚書許進、兵部尚書劉宇並太子太保。

九月，升雍泰爲南京户部尚書，尋罷。

劉瑾以泰爲同鄉人，欲親用泰。泰不應，遂斥泰去，而諸所嘗薦泰者，皆獲罪。泰歸居韋曲，日焚香讀書，與鄉人論穡事，絶口不及朝政。

冬十月，以楊廷和爲户部尚書兼文淵閣大學士，直文淵閣。

廷和既去南京，上忽問："楊學士安在?"楊廷儀聞之，因以重賄結劉瑾，乃召廷和入閣，參預機務。南京尚書入閣，自廷和始。

十一月，革各省巡撫。

劉瑾以天下巡撫官非舊制，盡罷還，惟邊方及漕運如故。并革兵備憲臣。

逮各邊巡撫及管糧郎中至獄。

故事，各邊糧芻，三年遣科道官各一人查核。劉瑾素知召商中納積弊，因科道回奏："有糧粗惡、草浥爛者。"票旨：逮繫各巡撫管糧官下獄，責令倍償。商值未給者，皆停不與。由是，商賈困弊，邊儲愈乏。

十二月，以劉忠爲南京吏部尚書。

以費宏爲禮部右侍郎。

雲南夷酋阿木作亂，巡撫都御史吴文度率兵討平之。

刑部尚書屠勛致仕。

戊辰，三年春正月，考察天下朝覲官。

罷黜不職者二千餘人。内有荆州知府賄劉瑾，中旨留用。許進争之，不得。瑾又令每布政入銀二萬兩，皆貸之富室。及還，取償于民，掊剋數倍。

逮李夢陽下錦衣獄，尋釋之。

劉瑾恨夢陽不置，復假他事，械至京，下獄，將置之死。翰林修撰康海與夢陽皆關中人，負才名，不相下。瑾素慕海，欲招致之，海不應。夢陽内弟左閏玉謂夢陽曰："子殆無生路矣，惟康君可以解之。"夢陽曰："吾與康子素不相能，今死生之際始托之，獨不愧于心乎？"左曰："勿爲匹夫之諒也。"夢陽乃以片紙書數字曰："對山救我，惟對山爲能救我。"對山，海别號也。左持詣海，海曰："是誠在我，我豈敢吝惡人之見，而不爲良友一引手乎？"遂詣瑾，瑾倒屣曰："先生何以况〔六〕臨？"海曰："昔高力士爲李白脱靴，公知之乎？"瑾曰："知之。"海曰："今李夢陽之才高于李白。而公必欲殺之，何也？"瑾曰："即當斡旋之。"海遂與痛飲達曙。夢陽得釋，而海因與瑾密，遂罹清議矣。

以王瓊爲吏部右侍郎。

二月，南京國子監祭酒章懋致仕。

三月，賜進士吕柟等三百五十人及第出身有差。

時，焦芳子黄中廷試，欲得大魁，而衆論取吕柟爲第一，黄中居二甲首。芳謂翰林院編修顧清等抑之，言于劉瑾。改清爲各部曹，而授黄中檢討及劉宇之子仁爲庶吉士。已而皆擢編修。

下御史徐禎于獄，杖殺之。

禎初知江陰縣，以治行第一徵爲御史，差長蘆巡鹽。劉瑾求餘鹽銀，禎弗與，瑾銜之。及禎復命，候闕下。適遇瑾出，不爲禮。瑾即矯旨，逮下錦衣衛獄，杖六十，戍肅州，竟死于獄。

逮前總制三邊都御史楊一清下獄，尋釋之。

劉瑾以一清修邊大費，無成功，逮下獄。一清迫，有所居間，而李東陽、王鏊亦力救之，乃得釋。

四月，南京國子監司業羅欽順除名。

開武舉。

致仕太子太保、吏部尚書王恕卒。

恕清忠勁節，負海内重望，性好學，年九十餘矣，猶考論著述，言動必揆矩矱。嘗曰："我垂年方理會學問。"卒，九十三，贈太師，謚端毅。

逮御史王時中下獄，謫戍遼東。

正德初，時中嘗抗疏論劉瑾，瑾銜之。時中按宣大時，劉宇爲總督，嘗爲貪吏關説，時中不從，宇又譾之瑾。遂矯詔逮時中，枷于法司前三月，謫戍遼東鐵嶺衛。時，瑾威箝朝臣搜索瑕疵，逮械無虚日。給事中安奎、御史張彧以稽餉不清，御史劉孟以到任延緩，皆枷之通衢。于是，人人自危，重足而立。王鏊謂瑾曰："士可殺，不可辱而殺之，吾何顔而復立于此乎？"瑾不悦。

封宦者馬永成、谷大用等八人父，皆爲都督。

五月，南京右都御史熊繡致仕。

劉瑾逮京朝官三百餘人下詔獄，尋釋之。

時，早朝丹墀匿名書，上命取觀之，乃言劉瑾輩亂政事也。下殿徧詰，朝班中無有應者。瑾疑出朝臣手，乃分五品以下官三百餘人，跪午門前，自辰至午不釋。時，酷暑暴烈，日中死者十餘人。至暮，悉械繫詔獄究訊，竟無踪迹。李東陽奏言："此必一人陰謀所爲，同朝諸臣，倉卒拜起，豈能知之？"乃得釋。

逮前户部尚書韓文下錦衣獄，尋釋之。

瑾憾韓文不已，矯詔械繫至京，下獄，欲殺文。會有投匿名書者，乃不果殺。坐贖米，先後二千石，罄家不能償，皆稱貸以給，乃放歸。

七月，吏部尚書許進致仕。

進不媚事劉瑾，然亦不能與抗。先是，文選郎缺，進已有推舉，而故選郎張綵與焦芳善，芳言于劉瑾，逼進易之。而進終不悦綵，綵遂構進于瑾。劉宇亦欲代進爲吏部，乃托瑾私人朱瀛乘間言于瑾曰："許尚書佯爲恭謹，外示抗直。如雍泰，平昔剛暴，朝廷屢斥不用。今欺公，舉用之，却又揚言于外曰：'公因泰同鄉用之。非吏部本意也。'"瑾方怒泰不置，又入綵言，遂出中旨，勒進致仕，尋除名，并其子檢討誥、編修讚俱調外任。

致仕南京刑部尚書樊瑩卒。

劉瑾誣瑩守松江時裁減上供布，逮至京，罰米五百石，奪其官。瑩歸，尋卒。瑩潔己好修，侃侃自樹，交遊稀寡，人皆敬而憚之。瑾誅後，乃復官。贈太子太保，謚清簡。

以劉宇爲吏部尚書，曹元爲兵部尚書。

秋八月，進楊廷和少保兼太子太保。

逮前兵部尚書劉大夏、南京刑部尚書潘蕃下錦衣衛獄，謫戍。

大夏爲兵部時，孝宗召見，嘗言："劉宇小人，不可用。"大夏亦言："宇在大同，私畜馬，饋遺權貴。"中官李榮爲解，得免。宇聞之，恨。至是，言于劉瑾："籍劉尚書家，可得數萬金。"會岑猛怨潘蕃，奏降，圖還田州，納賄劉瑾。瑾檢岑猛獄詞，乃大夏議覆，遂矯詔以岑猛爲田州同知，逮大夏、潘蕃至京，下錦衣衛獄，將坐以激變土官罪死。王鏊曰："岑氏未叛，何名激變？"集大臣議，都御史屠滽亦曰："大夏無死罪。"瑾怒，乃與劉宇謀，坐大夏輕議夷人遷徙，與蕃俱發戍。瑾初擬廣西，焦芳曰：“是送二人歸也。”乃戍肅州。大夏出都，觀者如堵，父老涕泣，有焚香密禱願生還者。

以張泰爲南京户部尚書，遂罷之。

泰素清貧，以南院都御史入賀聖壽，以土葛遺瑾，瑾銜之。會吏部推泰户部尚書，瑾遂矯旨，令升職致仕。

調翰林院學士張芮爲鎮江府同知，修撰何瑭〔七〕爲開封府同知。

芮見瑾長揖不拜，瑭亦抗直不屈于瑾，遂皆調外。

罷各邊年例銀。

户部奏發各邊年例銀。劉瑾謂：“祖朝無此例，此户部與巡撫通，盗内帑耳。”顧佐不敢執奏，遂盡罷之，邊儲大困。

九月，禁奏灾異。

冬十月，四川盗起，副都御史林俊巡撫四川兼贊理軍務，督兵討之。

十一月，禮部侍郎、掌國子祭酒謝鐸致仕。

十二月，前江西提學副使蔡清卒。

清，晋江人。明經博學，志潔心醇，飭躬勵行，動準古人。嘗曰：“善愛其身者，能以一生爲萬載之業，或以一日遺數百年之利。不知自愛者，以其聰明際盛時、忝名器，徒就一己之私，如入寶山空手回也。”因忤寧王，謝政家居。劉瑾從人望，起爲國子監祭酒。朝命及門，而清已卒矣。

己巳，四年春正月，以邵寶爲右副都御史總督漕運，尋致仕。

劉瑾擅權，公卿多出入其門。寶無所通，瑾銜之，數撼以危言。寶不爲動，乃勒令致仕。

以王鴻儒爲國子祭酒。

以洪鍾爲工部尚書。

追奪纂修《會典》官梁儲等升職。

弘治間，李東陽等纂修《大明會典》成，皆進職。瑾以爲壞祖宗制，妄雜以新例，悉追奪之。吏部尚書兼學士梁儲降爲侍郎，左庶子毛澄、左諭德傅珪等皆降職。惟李東陽如故。

二月，刑部尚書王鑑之致仕。

三月，户部尚書顧佐致仕。

以儲瓘爲户部左侍郎。

以錢殲爲户部尚書。

殲附瑾，不次用之。

夏四月，少傅兼太子太傅、户部尚書、武英殿大學士王鏊致仕。

鏊見劉瑾驕恣日甚，濁亂天下，流毒縉紳，而焦芳專事媕阿，比周爲惡，無可奈何，居常戚戚。劉瑾謂鏊曰："先生居高位，何自苦乃爾?"鏊曰："求去耳。"瑾怒，欲重傷之。鏊三上章乞歸，遂致仕去。

以王雲鳳爲國子祭酒。

王鴻儒爲祭酒未久，以忤劉瑾，致仕去。時，雲鳳家居，張綵從人望起之。雲鳳被命，欲堅辭，執政者撼以危語。雲鳳父司徒佐曰："吾老矣，汝置我何地?"雲鳳乃不得已，就道。既至，無所饋。瑾怒，欲中以禍，尋乞養病歸。

五月，逮廣東僉事吴廷舉下獄，謫戍。

時，鎮守廣東中官潘忠恣横，廷舉劾其大罪二十。忠亦誣奏廷舉，逮訊，無驗，坐以"枉道還家"，謫戍雁門。

《孝宗敬皇帝實録》成。

進焦芳少師兼太子太師、吏部尚書、華蓋殿大學士，復梁儲吏部尚書兼學士。

梁儲尋改南京吏部尚書，劉瑾惡其不附己也。

調翰林坊局官爲部屬。

劉瑾惡諸翰林，《孝廟實録》成，例該進秩，瑾吝不與。或嗾之曰："文士不習世故。"乃改侍讀徐穆、編修汪俊等十餘人皆爲部曹。

清理各邊屯田。

劉瑾既罷各邊年例，邊儲大匱，乃議修舉屯田，遣御史胡汝礪等分詣九邊，履畝清核，以增故額，完積逋者爲能，否則罪之。于是，各邊僞增虚額，誅責租賦，人不堪命矣。

六月，以石瑶〔八〕爲南京國子祭酒。

進吏部尚書劉宇少傅兼太子太傅、文淵閣大學士，入閣辦事。

以張綵爲吏部尚書。

秋八月，遣榮王之國。

榮王祐樞封國常德，尚留京師。劉瑾有逆謀，不欲王在肘腋，乃與張綵謀，逐王就國。

九月，遣御史甯杲、殷毅、薛鳳鳴捕畿内盗。

時，畿内盗起，群聚刦掠，有司不能制。劉瑾乃遣甯杲于真定，殷毅于天津，薛鳳鳴于淮陽，專職捕盗。鳳鳴至歸德，與守備會飲，歌舞爲樂。瑾邏卒奏之，降爲弓兵。毅在天津，稍斂戢。惟杲立什伍連坐法，盗賊捕獲，無虚日。中官張忠侄張茂爲盗主藏，杲親捕斬之，啖其心。瑾以爲能，升杲僉都御史，仍專捕盜。

閏九月，奪平江伯陳熊爵。

先是，熊總督漕運，劉瑾索金錢，不得，銜之。使邏卒日伺其事，竟坐“多買田宅，侵民利”，謫海南衛，奪其誥券。

下刑部侍郎陶琰于獄，罷爲民。

陜西遊擊徐謙以私憾訐奏御史李高。謙，瑾黨也，又厚賂瑾，欲中高以危法。上命琰往按其事，琰據法直高。瑾怒，遂矯詔下琰于獄，禁固逾月，罰米百石，削籍去。

冬十月，虜寇寧夏，總制尚書才寬御之，敗死。

罷南京禮部尚書孫需。

以張憲爲南京禮部尚書，尋罷。

瑾惡憲不附己，月餘，勒令致仕。

十二月，虜亦不剌、阿爾禿厮掠西寧諸番。

亦不剌者，小王子丞相也。小王子與火篩仇殺，火篩死，復以他事怒亦不剌，欲殺之。亦不剌懼，率所部萬餘西走，掠凉州，攻破安定王等族，諸番苦之。别部阿爾禿厮與亦不剌合矣。

庚午，五年春正月，命刑部尚書洪鍾兼左都御史總制軍務，討四川群盜。

時，四川保寧盜劉烈聚衆作亂，僭稱王，侵掠陜西漢中。又有藍廷瑞、鄢本恕、廖惠等，皆僭王號，衆至十萬。巡撫林俊督兵捕，諸賊遂入湖廣、鄖陽等處，皆被劫掠。乃復命鍾督陜西、川、湖三省兵討之。

户部左侍郎儲瓘致仕。

劉瑾專横日甚，公卿皆奔走瑾前，如僕隸。瓘愧憤，引疾求去。李東陽與瓘善，得致仕。

致仕禮部右侍郎謝鐸卒。

鐸篤誠孝友，孤介廉直，好善嫉邪，屹屹自樹，非其書不讀，非其友不交。生平多所著述。卒，贈尚書，謚文肅。

二月，進楊廷和吏部尚書、武英殿大學士。

以兵部尚書曹元兼文淵閣大學士。

正德中，入閣不由翰林者三人：楊一清以才望，劉宇、曹元皆阿附劉瑾，得之。

以劉宇爲吏部尚書兼翰林院學士，掌詹事府事。

出太監張永於南京，不果行。

時，劉瑾專政，而張永亦得幸，不肯爲瑾下。瑾慮永軋己，一日，伺間讒永于上，請出永南京。奏既可，即榜諸禁門，毋内永，迫令就道。永覺之，直趨至上前，訴："奴無罪，瑾害奴，欲寘死地。"上召瑾至，語不合，永即攘臂毆之。上令谷大用等置酒和解。自是，永與瑾釁遂成矣。

三月，致仕禮部尚書周經卒。

經，陽曲人。初在翰林幾三十年，編摩校閱，有文章名。及掌邦計，秉正執法，屹然有古大臣風。卒，贈太保，謚文端。

夏四月，慶府安化王寘鐇反，殺總兵官江漢、巡撫都御史安惟學。

寘鐇者，慶靖王曾孫也。見劉瑾擅權，毒亂天下，遂起逆謀，告生員孫景文曰："日者言我有帝王骨相。"覡王九兒降鸚鵡神，妄言禍福，每見寘鐇，呼"老天子"。寘鐇益冀望非分，陰養壯士，與都指揮何錦、周昂，指揮丁廣等謀反。會大理寺少卿周東度田寧夏，倍益頃畝，畝索厚租，誅責甚急，人心怨憤。景文謂寘鐇曰："殿下欲圖大事，此其時矣。"寘鐇乃置酒大會撫鎮、總兵諸官。巡撫安惟學辭，不至。總兵江漢及鎮守太監趙弼至，伏甲殺之。遂走行臺殺惟學及周東，放獄囚，焚官府，劫庫藏，奪河舟。大索慶諸王、將軍金帛萬計。召其黨平虜城千户徐欽引兵入城，僞造印章、旗牌。又令景文爲僞檄，以誅閹瑾爲名，言："瑾蠱惑朝廷，變亂祖法，屏棄忠良，收集凶狡，阻塞言路，括斂民財，籍没公卿，封拜侯伯，數興大獄，羅織無辜，散遣官校，脅持遠近。張綵、劉璣、曹雄、毛倫文臣武將，内外交結，意謀不軌。今特舉義兵，清除君側。凡我同心，並宜響應。"傳布邊鎮，以錦爲討賊大將軍，昂、廣左右副將軍，景文軍師，張欽先鋒將軍，魏鎮等七人都護，朱霞等十一人總管，剋期渡河，關中大震。

五月焦芳免。

芳以老病乞休，遂致仕。

以涇陽伯神英爲平胡將軍。

起右都御史楊一清提督軍務，命太監張永總督軍務，帥師討寘鐇。

寧夏遊擊將軍仇鉞執寘鐇，檻送京師，逆黨悉平。

時，鉞陷賊中，京師訛言："鉞從賊。"興武營守備保勛故與賊聯姻，亦遂疑勛爲外應。朝議用勛爲參將，鉞爲副總兵，討賊。勛上言："臣母及妻子俱在賊中，臣義不顧家，恨不飛渡黄河，食賊肉，以謝朝廷。"鉞亦稱病卧，陰結壯士，候保勛等兵至，從中發爲應。俄有蒼頭没河，潛入城言："河東兵已大集，屯河上，焚兩壩，埽捲，河舟盡入泊東岸矣。"鉞喜，嗾人謂賊："宜急守渡口，防決河灌城，遏東岸兵，勿使渡河。"錦果率都指揮鄭卿等三千人出覘渡口，留周昂守城。昂問鉞病，鉞伏蒼頭，候昂入，殺之。即披甲跨馬，一呼諸游兵壯士皆集，鉞帥楊□[九]等百餘人，即趨安化府，殺朱霞、孫景文[一〇]等，擒寘鐇及其子台溍。錦、廣走，追擒賀蘭山外。

召神英帥師還命，楊一清安撫寧夏。

張永、楊一清至陝，賊已就擒。寧夏人訛傳："京兵且至，將大誅戮。"人心洶洶。一清恐激變，疏乞召還京兵。又榜示："朝廷止誅首惡，不究脅從。"人情乃安。時，逆黨繫者千餘人。一清分别情罪，多湔雪。奏上，悉允。

六月，命楊一清總制陝西三邊軍務。

京師旱霾。

秋七月，四川威茂地震，有聲如雷。

四川賊破通江縣，巡撫林俊擊敗之。

八月，寘鐇伏誅。

張永械寘鐇、錦、廣等至京，繫寘鐇于諸王館，錦、廣等下錦衣衛獄，廷鞫，伏誅。弟寘錫，坐黨，廢庶人。

將軍鼒材俘至京，既論死，後山僧大于和尚者富財，淩同類，同類毆之，和尚憤曰："我皇帝家人也。"衆異其言，聞于朝。逮至京，下刑部獄。和尚曰："我安化府鼒材也。"衆不能辨。安化宫人左寶瓶在浣衣局，召驗和尚。寶瓶叱曰："此鼒材殿下。"得免死，送高墻，竟不能知代鼒材死者誰也。

劉瑾伏誅。

初，張永與楊一清同討寘鐇，相得歡甚。一清知永與劉瑾有隙，一日，嘆息謂永曰："藩國亂易除，國家内變不可測，奈何？"永曰："何謂？"一清曰："公豈能一日忘情？顧無能爲公畫策者耳。"因促膝，書一"瑾"字，永曰："瑾日夜在上旁，上一日不見瑾，不樂。今其黨附已成，耳目廣矣，奈何？"一清曰："公亦天子信幸臣，今討賊不付他人，付公，上意可知。公若班師入京，詭請間語寧夏事，因極言瑾凶狡亂政，陰謀不軌。

上悟，必誅瑾，柄用公。公反瑾所爲，吕强、張承業及公，千載三人耳。”永曰：“即不濟，奈何?”一清曰：“他人言濟不濟，未可知，公言無不濟者。萬一上不信，即涕泣請死上前，不死瑾手。得請，即行事，無緩須臾。機事一泄，禍不旋踵。”永勃然曰：“老奴何惜餘年，不報主乎?”及獻俘入京，如一清策。因與其黨張雄、張忠白上，袖出疏，指瑾大罪十七事，皆一清草也。上猶豫未即决，永泣曰：“少遲，奴輩齏粉矣。上將安之乎?”上乃可其奏，下令捕瑾。時，漏下已三鼓。瑾方熟寢，禁兵排闥入，瑾急披衣起，謂家人曰：“事可疑矣。”趨出户，遂被執，付内獄。明發，暴瑾狀，下廷訊，坐謀反，凌遲死。諸被害者，争取其肉啖之。家屬無少長，悉誅。籍其家，黄金一萬斤，銀二千萬斤，玉帶四千一百餘束，衮袍八，金爪龍四，蟒衣四百餘襲，牙牌二櫃，穿宫牌五百，金牌三十，盔甲三千，寳玉器皿不可勝紀。其黨楊玉等伏誅。

張綵下獄死。

綵在吏部，諂事劉瑾，托腹心共謀議。故事，吏部推用大臣，必關白内閣。綵以爲事權在瑾，内閣不得預，不以聞，李東陽等銜之。及瑾被繫，亦捕綵下獄。綵在獄中上疏，盡發東陽阿附劉瑾諸事。東陽怒，坐與劉瑾謀逆罪死。綵病死獄中，仍暴其屍，家屬流嶺南。

劉宇、曹元免，焦芳除名。

宇、元皆以附劉瑾罷。言官因追焦芳罪狀，乃與子黄中並除名。先是，土官岑濬没入家口，有妹殊色，芳求于瑾，納爲妾。後芳卧病，黄中烝焉。聚麀之耻，天下嗤之。

奪神英涇陽伯爵，復陳熊平江伯。

初，神英以總兵官歷寧、延、宣、大四鎮，累官署都督，無戰功，以金竇萬計賄劉瑾，得封伯爵。至是，瑾敗，乃追奪。陳熊廢不以罪，得復爵。

論平寘鐇功，封仇鉞爲咸寧伯。

命魏彬掌司禮監事。

劉瑾雖誅，而政權仍在内臣。彬既掌司禮監，馬永成等傳旨，凡朝廷大政，皆與彬議。彬等遂專恣無忌，濁亂朝綱，賞罰乖宜，盜賊蠭起，而天下不勝煩擾矣。

革寧府護衛。

罷工部尚書畢亨，起曾鑑爲工部尚書。

畢亨請毁劉瑾祖墳，且云："内臣修墳非例，宜悉罷。"魏彬大怒，曰："文官修墳，豈洪武初例耶？"遂矯旨，勒亨致仕。

以楊一清爲户部尚書。

封張富爲泰安伯，張容爲安定伯，魏英爲鎮安伯，馬山爲平凉伯，谷大玘爲永清伯，朱德爲永壽伯。

李東陽上言："旬月之間，二難交作，悉底平定，皆太監張永等之功。"故永兄富、弟容，魏彬弟英，馬永成弟山，谷大用弟大玘及上義子德，並封伯，給誥券世襲。而東陽及楊廷和各廕一子尚竇司丞。南京御史張芹疏言："東陽當逆瑾擅權亂政時，屈身阿附，稱功頌德。及瑾誅，又攘功受賞，不顧名節，無大臣禮，"東陽引疾辭，不許。

復劉健、謝遷、许進、韓文、劉大夏、楊守隨、林瀚、張敷華官，致仕。

九月，進楊廷和少傅兼太子太傅、謹身殿大學士，劉忠少傅兼太子太傅，梁儲少保兼太子太保，並武英殿大學士。

以王瓚爲南京國子監祭酒。

以羅玘爲南京禮部右侍郎。

復給事中湯禮敬、御史陳琳等官。

給事中湯禮敬、陳霆、徐昂、陶諧、劉蒞、艾洪、吕翀、任惠、李光翰、戴銑、徐蕃、牧相、徐暹、張良弼、葛嵩、趙士賢，御史陳琳、貢安甫、史良佐、曹閔〔一一〕、王弘、任諾、李熙、王蕃、葛洪〔一二〕、陸昆、張鳴鳳、蕭乾元、姚學禮、黄昭道、蔣欽、薄彦徽、潘鏜、王良臣、趙祐、何天衢、徐珏、楊璋、熊卓、朱廷聲、劉玉，皆劉瑾所斥逐也。

以前副都御史陶琰總督漕運，巡撫江北。

琰單車至鎮，廉得諸倖豎豪滑者，悉裁以法，權勢斂手。淮安爲南北孔道，貢使往來，求索無厭，常廩之外，一毫不少假。

十月，以費宏爲禮部尚書。

起儲瓘爲户部左侍郎。

以羅欽順爲南京國子監司業。

致仕吏部尚書許進卒。

進有經濟大略，尤諳國家典故，議政决機，片言立斷。歷典劇要，勛望有赫。晚忤劉瑾，幾陷不測。瑾誅，乃免于禍。卒後，贈太子太保，謚襄毅。

掌詹事府事、禮部尚書兼學士白鉞卒。

鉞重厚寬簡，不事苛屑，遭時難展，韜迹遜避，卒亦不失乎正。

起章懋爲南京太常寺卿，辭不赴。

以傅珪爲吏部右侍郎。

十二月，以王守仁爲南京刑部主事。

致仕参議賀欽卒。

欽既致仕，家居，鄉人服其行，皆尊事之。劉瑾括田，義州人驚擾，聚衆且爲亂。欽以禍福諭之，遂定。欽平生不務博覽，惟讀五經、四書，静思默會，反身實踐。晚更好《易》，究心象數，手不釋卷。既卒，鄉人祠之，學者稱爲醫閭先生。

尊太皇太后王氏爲慈聖康壽太皇太后，皇太后張氏爲慈聖皇太后。

辛未，六年春正月，以喬宇爲南京禮部尚書。

巡撫四川、都御史林俊討江津盗，平之。

盗曹甫僭順天王，攻津江〔一三〕，殺僉事吴景。林俊聞報，馳赴，乘元旦賊不設備，乃夜半銜枚趨其寨，聚火焚之。賊奔竄，斬甫并其黨八百餘人，焚死者甚衆，餘盗悉平。

以楊一清爲吏部尚書。

以孫交爲户部尚書。

以李夢陽爲江西提學副使。

二月，起致仕副都御史邵寶爲户部右侍郎。

三月，賜進士楊慎等三百人及第出身有差。

慎，廷和子也。

夏四月，江西盗起，命右都御史陳金總制軍務，右副都御史俞諫提督軍務，討之。

江西諸郡盗賊蠭起，贛賊犯新淦，執参政趙士賢。靖安賊據越王嶺碼磁寨，華林賊破瑞州，既而，撫州、東鄉、饒州、桃源洞諸處盗大發。金等奏調廣西、田州、東蘭等處狼兵，合征之。

以章懋爲南京禮部右侍郎，辭。

大學士劉忠省墓歸。

時，張永幸用事，大臣事永復如瑾。忠獨持重，不少抑。永令其黨廖鵬來謁，忠遇以僕禮，又却其饋，永不悦。忠遂乞休，未允。主會試出院，即乞省墓。上召李東陽至暖閣，摘《會試録》中瑕疵語，欲罪忠。東陽爲解，得免。忠即日陛辭。

五月，致仕太子太保、兵部尚書劉大夏卒。

大夏直亮公忠，通達國體，歷官藩臬，所至愛民如子，民亦愛如父母。晚年受知孝廟，竭忠盡瘁，知無不言，多所匡益。生平廉潔，恬淡于功名富貴，子孫福澤泊如也。嘗曰："居官以正己爲先，所謂正己，不特當戒利，亦當遠名。"卒贈太保，謚忠宣。

日本遣寧波叛民宋素卿來貢。

六月，總制尚書洪鍾、四川巡撫林俊，陝西巡撫藍章合兵討四川盗藍廷瑞。

洪鍾至四川，與林俊議多不合，軍機牽制，不速進。藍廷瑞等招集散亡，勢復振，攻破營山縣，殺僉事王源。洪鍾乃會林俊、藍章，督川、陝、湖廣、河南四省兵，分路進討。賊見官兵四集，窮蹙求招撫，鍾許之。賊猶四出劫，鍾乃以計擒其渠魁四十餘人，餘黨遂潰，漸漸招降幾千數。捷聞，加鍾太子少保，俊右都御史，章副都御史。

畿輔盗起，命惠安伯張偉爲總兵官，副都御史馬中錫提督軍務，帥師討之。

畿輔賊楊虎、劉六等聚黨起兵，攻掠文安，獲生員趙燧。燧有勇力，好任俠，爲賊所得，因降之，爲賊畫策，分兵四掠。時，承平日久，民不知兵，郡縣望風奔潰。楊一清建議，請大出師征討。于是，遣偉、中錫往。中錫書生，偉紈袴子，皆不知兵。京兵又素不簡閲，識者知其無成功。

流賊大掠山東、河南。

賊分兵爲二，趙燧、楊虎、邢幸掠河南，劉六、劉七、齊彦名掠山東，所至州縣殘破，放獄囚，掠子女、金帛，勢猖獗。馬中錫欲效龔遂事，招撫解散，故遍檄諸路，賊過令毋追捕，且給飲食，若聽撫，待以不死。賊聞之，稍止。中錫駐兵德州，劉六等來謁，中锡開城撫之。劉六欲降，劉七曰："今政柄在内臣，能以保我輩乎?"潛使人入京，探諸中官，無招降意。又輦金寶饋權倖，求赦，不得，遂復肆劫掠。中錫，故城縣人，賊至故城，戒令勿焚劫中錫家。由是，謗議騰沸矣。

七月，以陳壽爲南京刑部尚書，尋致仕。

四川巡撫、都御史林俊致仕。

俊在四川，躬督官兵，廣設方略，芟平群盜。時，宦官用事，每征討必以其子弟、私人詭名兵籍，冒功升賞。俊一切拒絶，不許。權幸忌之，且與洪鍾議不合，遂乞歸。疏上，内批許致仕，科道交章保留，不從。俊歸蜀，人號哭追送。未幾，兩川逋寇方四、任鬍子及麻六兒等復熾，殘破蜀地。逾年不能定矣。

改兵部尚書王敞掌通政司事，以何鑑爲兵部尚書。

時，流賊日熾，敞束手無策。言官論敞不職，遂改敞，以鑑代之。

逮張偉、馬中錫下獄。

言官交章劾偉、中錫出師無功，玩寇殃民，遂逮繫論死。中錫竟死獄，偉革爵，閑住。

九月，倭寇浙東。

十月，流賊破冀州。

賊破棗强縣，知縣段豸死之。

劉六等以二千騎屠棗强，刦倉庫、獄，殺燒慘毒，官民、吏商死者莫計。知縣段豸死之。

命太監谷大用總督軍務，兵部侍郎陸完提督軍務，以伏羌伯毛鋭爲平賊將軍，帥師討賊。

馬中錫等既逮，中官遂謂："此事非書生所能辦。"乃以谷大用爲總督，與陸完、毛鋭帥師討賊。又調宣府遊擊將軍許泰、却永，大同總兵張俊、遊擊江彬，各領兵從征，俱聽大用節制。

逮山東巡撫都御史邊憲、真定巡撫都御史蕭翀下獄，除名。

以憲等不能御賊，逮下獄，除名。且著爲令，凡州縣官被賊攻破城池，比邊將失守例，罪死。

賊大掠淮徐、河南。

先是，許泰敗賊于景州，却永又敗之阜城，趙燧奔蒙山。副總兵李瑾戰敗，賊勢復熾，破靈山衛及日照諸縣，引而南攻徐州，不下，至宿遷。淮安知府劉祥率兵迎賊，衆潰溺無算，祥被執，縱還。遂渡河攻靈璧，知縣陳伯安出戰，被執，不屈，燧釋之。轉而攻永城、夏邑、鹿邑、虞城、歸德州，悉破。河淮南北官吏望風奔遁，諸將利虜掠，戰不力，賊勢日盛。燧妄欲舉大事，設五軍，分二十八營。楊虎死，遂推劉三爲奉天征討大元帥，燧更名懷忠，稱副元帥，其餘各署爲號。

以燕忠爲大理寺卿。

擢山東樂陵知縣許逵爲武定兵備僉事。

逵，固始人。由進士令樂陵，期月，令行禁止。時，流賊勢熾，逵預築城浚隍。又使民各築墻，高過屋檐，開墻竇如圭，僅可容一人。家令一壯丁執刃，俟其竇内。餘丁皆入隊伍，設伏巷中。洞開城門，賊至，旗舉伏發，盡擒斬之。又募死士千人，人持大挺，隨賊嚮往，迎擊人馬。賊俱不敢入境。撫按上其功，故有是命。

十一月，少傅兼太子太傅、吏部尚書、武英殿大學士劉忠致仕。

忠抵家，上疏乞休，遂許之。

京師地震。

流賊復還霸州，京師戒嚴。

賊聞谷大用等駐兵臨清，擁衆復還霸州，聲言以十二月朔，車駕出郊宫省牲，舉兵犯蹕。時，兵部尚書何鑑未寢，報至即叩闕奏聞，復下令嚴守諸門。又召良涿、通州守備，各率士馬營近郊，以防不虞。布置已定，上使中官問鑑："駕可出否?"對曰："駕當早出，以安人心。"翌日，車駕出，薄暮乃還。賊知有備，遂西奔掠真、保諸府，攻陷城邑數十。鑑度賊非東向臨清，必西奔彰德，乃移文促陸完督軍分道追襲。至彰德，賊方圍湯陰，聞官軍至，遁去。許泰、馮禎等追敗之。渡河，陷溺死者無算。

十二月，命右副都御史彭澤提督軍務，以咸寧伯仇鉞爲平賊將軍，討河南群盗。

賊破上蔡、西平，知縣霍恩、王佐死之。復破裕州，同知郁采死之。

賊攻上蔡，恩拒守，力不支，城破，不屈被杀。至西平，王佐力戰，被執，駡不絶口，賊支解之。復破裕州，郁采亦不屈死。僉事孫盤齎詔撫賊，燧復書有曰："群奸濁亂海内，誅殺諫臣，屏斥元老。乞皇上斬群奸以謝天下，因斬臣以謝群奸。"燧所過州縣，有以金帛贈遺者，即斂兵不攻。

以禮部尚書費宏兼文淵閣大學士，直文淵閣。

加楊一清少保兼太子太保。

以傅珪爲禮部尚書。

楊一清方得時名，善招援士大夫，陰樹黨，通饋遺。珪數規其失，一清不能堪，遂越次升珪禮部，實遠之也。李東陽婿爲儀制郎，前尚書以東陽故遇之厚，恣其所爲。珪乃按其廢法事，數笞其吏胥，郎遷他曹避去。時，上方好佛，自名大慶法王，外廷無敢諫者。會番僧奏討腴田千頃，爲大慶法王下院。珪佯不知者，劾僧曰："法王何爲者？至與尊號並列，大不道，當誅。"有詔不問，田亦竟止。優臧賢有寵，頗能軒輊榮辱人，縉紳或趨附之，因請改牙牌製。珪不可，召老優更事者，詰曰："爾優敢亂祖宗法，爾寵可常保否？果爲此，爾禍無既矣。"優乃戢而聽命。

以孫需爲南京工部尚書。

以蔣冕爲吏部右侍郎。

壬申，七年春正月，黄河清。

升提督軍務、兵部侍郎陸完爲右都御史。

劉六等雖擁衆數萬，然多脅從之徒，其親信善戰者不及千人。官軍每追及，賊驅脅從良民與官軍對敵，并棄所掠財帛，奔逸而去。官軍争取財帛，及斬獲脅從首級，甚至屠戮平民，前後報功萬計，而真賊無一獲者。大用等復帶權勢子弟，僕從數多，縻費廪餼。自出師，芻糧犒賞，至費太倉銀二百餘萬兩，府庫爲之虚耗。

毛鋭遇賊于真定，敗績，召還。

鋭衰老怯懦，所領京軍萬餘，皆未經戰陣。鋭至真定，遇劉七等，與戰，大敗。適宣府遊擊許泰兵至，救援，鋭僅以身免，失其所佩將軍印。徵回京師，以與谷大用同事，不問失律喪師之罪，但罷歸第而已。

致仕少師兼太子太師、吏部尚書馬文升卒。

文升性介特，寡言笑，舉止嚴謹，修髯偉貌，望之爲異人。立朝五十餘年，以身殉國，不避艱險。凡有大議，衆莫敢决，文升至，一言而定。雖位極人臣，名聞夷夏，退然不敢自居。至于值事變，臨利害，屹然如山，不可摇奪。卒年八十五，贈太師，謚端肅。

遣宦者陸誾督諸軍討賊。

禮部尚書傅珪致仕。

誾以陸完等討賊無功，乃立監鎗名，謀出統軍。下廷議，衆觀望不决，珪奮然曰："今兵老民疲，直以冒功者多，失將士心。今賊在郊圻，民囂然思亂，禍旦夕及宗社。吾輩死不償責，諸公尚首鼠唯唯，將何待乎？"議罷，疏上，竟遣誾傳旨，令珪致仕。

江西南昌府知府李承勛擊破華林寨賊，平之。

時，副使周憲討華林賊戰死，賊勢大熾。總制陳金檄朝廷，贈憲官，謚忠愍，仍旌其子孝烈。乃命給事中黎奭往勘，李承勛督兵剿之。勛招降健賊黄奇，約爲内應。勛帥壯士五百人，夜銜枚入賊壘，斬首三千級，餘衆奔潰，賊遂平。移兵擊碼瑙寨、東鄉賊，皆平之。

二月，賊掠襄陽，遂破泌陽。

趙燧等率衆十三萬，騎五千，轉掠襄、鄧，攻破泌陽，大學士焦芳僅以身免。燧盡發其先世塚墓，焚遺骸，取芳衣冠被庭樹，歷數其惡，命劍士斮之，曰："吾恨不得手誅此賊，以謝天下。"進攻鈞州，不克，賊黨聲言："欲屠城。"燧以馬文升家在圍中，引衆去之。

三月，總兵馮禎與賊戰，敗没。

彭澤遣兵擊賊于西平，大敗之。

夏四月，賊掠徐邳，官軍大破之。

劉六、齊彦名等，自河南轉掠徐邳，官軍與戰于古縣集諸處，破之，俘斬千餘，諸酋渠殆盡。彦名等獨挾三百餘騎潰圍而逸，馳至河西務，京師發兵捕之。又復越臨清而南，往來飄忽，如蹈無人之境。

以王雲鳳爲右僉都御史，巡撫宣大。

夏五月，江夏擒趙燧。

燧爲寧夏官軍所遏，轉掠至六安。官軍復追，擊敗之，其下多散亡。燧初爲諸賊畫策，據臨清，斷餉道，以窺京師。所過毋擄掠，攻下州縣，即分兵守之。諸賊本起群盗，志在子女、金帛，不從。至是，燧知事不成，乃削髪，詐爲僧，欲投江西。至武昌軍，爲卒趙成所執，檻送京師，伏誅。

閏五月，賊殺湖廣巡撫馬炳然。

劉六等奔湖廣，炳然將赴官，遇，被執。脅使降，不從，遂遇害。

賊犯鎮江，官軍御之，敗績。

賊沿江東下，入鎮江，官軍御之，敗績。賊遡流而上，犯九江、南康，又東下掠常州，凡往來三過南京，官軍不敢遏。

八月，賊泊狼山，官軍剿平之。

賊劉三、劉六、邢老虎等相繼死，止餘劉七、齊彦名，勢益衰，聚舟泊狼山之下。忽颶風大作，晝夜不息，賊舟皆解散飄墮，乃登山團聚。副總兵劉暉率官軍攻之，劉七勢急，赴水死，彦名爲宣府兵張鑑所殺，餘黨盡殲之。劉六等本起烏合，躪中原殆遍，城陷者什三，死者什五，僵尸遍野，幾致動摇。朝廷命將出師，調發無虚日，卒鮮成功。幸大風覆舟，乃就撲滅，蓋亦徼天幸云。

論平賊功，封谷大寬爲高平伯，陸永爲鎮江伯，仇鉞進封咸寧侯，陸完加太子少保，回院掌事。

大寬，大用弟。永，誾弟。其餘冒功升授都督、錦衣都指揮、千百户者，凡千餘人。

冬十月，進楊廷和少師兼太子太師、華蓋殿大學士，梁儲少傅兼太子太傅、謹身殿大學士，費宏太子太保、武英殿大學士。

召邊將江彬等率兵入京師。

江彬，蔚州衛指揮使，凶狡不可測，從張俊征流賊，頗有戰功。班師入京，賂錢寧，得見上。上喜彬機警，留侍左右，賜國姓，爲義兒。彬因言："京軍不習戰，請調遼東、宣府、大同、延綏四鎮精兵各三千人衛京師，而以京軍出戍，春秋更番。"上下内閣議，李東陽等力陳其不可，不聽。促令擬旨，東陽復陳十不便，不報。竟以中旨行之。

十月，命右都御史陶琰總軍務事，巡視兩浙。

群盜未平，故敕琰總軍務。至則劉六已殘滅，桃源賊已聽招撫，人心甫安。而瀕海諸郡，颶風毁堤三百里，居民漂溺以萬數。琰即親按其地，出帑銀賑救，築堤捍水，自蕭山至餘姚，凡五萬餘丈，水患遂息。

南京吏部右侍郎羅玘致仕。

十一月，李東陽致仕。

東陽柄國久，值權倖亂政，嘿嘿無所匡救，脂韋阿從，保全禄位，公議薄之。

建鎮國寺于大内西城。

以王鴻儒爲南京吏部右侍郎。

以王守仁爲南京太僕寺少卿。

十一月，洪鍾罷，以右都御史彭澤總制四川軍務。

蜀盜麻六兒等久未平，巡按王綸劾鍾縱寇殃民，故罷，而以澤代之。

十二月，虜亦不剌殺阿爾倫可汗，走西海，虜中立阿不孩爲可汗。

妖人李五以幻術惑延安愚民，劫縣殺人。

致仕巡撫應天副都御史艾璞卒。

璞，南昌人。生平孝友，立朝持正，侃侃不少阿。爲劉瑾中，禍瀕死，播遷。及瑾誅，衆望召用，其卒也，人皆惜之。

癸酉，正德八年春正月，以儲巏爲南京吏部侍郎。

巏見諸佞幸用事，力請改南。未幾，卒。巏淳行清修，與人無競，而自守介然，交遊稀寡，數起數辭，有難進易退之節云。

二月，真帖木兒還土魯番。

甘肅守臣請歸真帖木兒，乃令哈密三都督奄克孛剌、寫亦虎仙、滿剌哈三送真帖木兒西還。三都督至哈密，奄克孛剌不肯行，寫亦虎仙、滿剌哈三送至土魯番，因留不還。

四月，起副都御史陳壽巡撫陝西

時，陝西兵荒之後，軍民疲敝，而鎮守中官廖堂横甚，椎剥無厭。楊一清以壽忠鯁，輕去就，起之田間。壽至，堂歛戢，不敢復肆。

以孫需爲南京刑部尚書。

設皇店。

五月，以陸完爲兵部尚書。

北虜寇大同。

虜五萬騎由大同入犯寧武關，山西震動，守臣請調他鎮兵戍大同者還守關。兵部議："寧武三關所以蔽山西，而大同以蔽寧武也。若專守寧武，是自撤藩籬，非計。大同兵不宜動，而別調内地兵戍寧武。"從之，遣仇鉞總兵，出御虜，與戰於沙河，失亡多，以捷聞。未幾，虜退，召還。

官軍敗桃源盗于裴源。

江西桃源賊用兵歷年，費以萬計，終不能平。参政吴廷舉單騎入賊營，招降，爲賊所留，勒以兵，不爲動。久之，伺得賊中要領，誘左右有謀勇者，執其酋以出。總制俞玉〔一四〕檄諸路兵進剿，敗之裴源。賊窮欲降，按察使王秩欲受之。議者以賊反復，不可信，欲乘兵威撲滅，殺來降者，賊復大亂，四出劫掠。副使胡世寧上言："平賊之策，惟剿與撫。今處置失宜，恩威倒施，賊益無忌憚。惟舊撫者不剿，再叛者不撫，新起者必撲滅于微。持此，庶安輯之效可尋，崩解之患可息。不然，民窮財盡，兵連禍結，恐江西之患，不止于群盗也。"

夏六月，户部尚書孫交致仕。

以王瓊爲户部尚書。

桃源盗平。

賊自裴源之敗，逾饒、信，奔掠徽、衢。應天、浙江、江西三省兵夾攻之，殺戮始〔一五〕盡，餘黨悉平。

八月，以石珤爲南京吏部右侍郎。

巡撫宣府王雲鳳致仕。

拜牙即叛降土魯番，滿速兒遣人據哈密。

拜牙即淫暴，欲與奄克孛剌叛中國，從土魯番。奄克孛剌不從，奔肅州。拜牙即棄城走土魯番。滿速兒令火者他只丁與寫亦虎仙入哈密，取金印。哈密諸酋請遣人守哈密，巡撫趙鑑謬謂：

"滿速兒忠義，令火者他只丁等守城有勞。"使使遺土魯番諸酋金幣。使者至哈密，滿速兒率衆亦至，分據剌木等城。真帖木兒又言："河西大饑窘，人死亡且半。甘州城南黑河可引灌城。"于是，滿速兒日夜謀侵甘肅。自是，西邊多事矣。

冬十月，虜入宣府塞。

以都督朱寧掌錦衣衛事。

中官錢能養子也。喬[一六]捷儇巧，上絶愛幸之，賜國姓，養爲義子，令領錦衣衛事。諸詔獄、緹騎、刺奸，悉隸屬焉，權傾中外。

十二月，河南左布政使楊子器卒。

子器，慈溪人。初舉進士，爲縣令，即有異政。歷官所至，輒以賢能著聞。

贈誠意伯劉基太師。

甲戌，正德九年正月，乾清宫灾。

楊廷和請上避殿，下詔罪己，求直言。因上疏，勸上早朝宴罷，深居簡出，勤日講，通言路，還邊兵，革内市，罷皇店，出番僧，省工作，減織造，凡十餘條皆剴切。上不省。

御史張士隆應詔上言："陛下前有逆瑾之横，後遭薊盜之亂，不知警悟，方且興居無度，暱近匪人，積戎醜于禁中，戲干戈于卧内，徹夜燕遊，窮極土木。盜伏而虜發，民竭而兵罷，禍機之畜[一七]，皆不知也。宜痛懲前弊，急爲改圖。"

中書舍人何景明上言："聖躬單立，皇儲未建，后妃不得常御，公輔不得通謁，乃日與邊軍並出入，番僧義子同起居，皆今日創見，前朝所未聞也。夫甲馬馳騁之場，何如廣厦細旃之上？市井戎醜之類，何如談經論道之儒？樂彼厭此，臣所未喻。"皆不報。

總制都御史彭澤討平四川群盜。

二月，上始微行。

上微服，直近倖朱寧、張鋭等馳騎從，與遊畋、射獵，自稱朱壽，出入無節。北抵黄花鎮諸處。

改張燦爲南京兵部尚書。

以王守仁爲南京鴻臚寺卿。

三月，賜進士唐皋等四百人及第出身有差。

復寧王護衛，屯田。

宸濠驕横僭侈，潛蓄異志。術士李自然又妄言濠有天子骨相，濠益喜。南昌致仕都御史李士實數與濠交歡，結爲婚姻。安福舉人劉養正僞談道學，矯情不仕，頗曉天文兵法，濠延致之，與士實俱爲謀主。因相與計議，大事必借兵力，圖復護衛。知錢寧、臧賢方幸用事，乃行萬金賂錢寧，而與賢深相結，輦金數萬寄賢家，分賄諸要地人。費宏，江右人也，揚言于朝，曰："寧王金滿長安矣。若從其請，如虎而翼，江西將無噍類。"而兵部尚書陸完故與宸濠善，又受錢寧指，遂援《祖訓》言："當復寧王護衛。"楊廷和亦入宸濠饋，不令宏知，擬旨竟復之。

五月，大學士費宏罷。

先是，錢寧欲交歡宏，會寧誥贈三代，乃具百金、飲器，遣所親賫夜饋宏。宏却之，寧恚。既又以議寧王護衛發其私，遂譖宏于上，言："宏私其故人子黄初及第。"且曰："乾清宫灾，草詔歸咎朝廷。"一日，忽傳旨詰責宏，宏引咎乞歸，遂并其從弟編修寀皆罷。

以靳貴爲文淵閣大學士，直文淵閣。巡撫延綏、僉都御史吴世忠乞致仕，許之。

六月，以孫需爲南京吏部尚書，喬宇爲南京禮部尚書。

以都御史陶琰總督漕運兼巡撫江北。

七月，虜寇大同、宣府。

八月，命右都御史彭澤總督軍務，經略哈密。

滿速兒既據哈密，遣使遺甘州守臣書，索金幣萬計，并求還城池、金印，不則入犯甘肅。總制鄧璋請如張海故事，差重臣督師往經略。廷議遣彭澤往。給事中王江言："兩帥並置，事權不一，宜罷遣。"不聽。

江西右布政鄭岳除名，提學副使李夢陽罷。

宸濠既復護衛，益驕横。岳先爲按察使，每執法裁抑之，宸濠大恨。時，李夢陽爲提學，宸濠慕夢陽才名，折節下之。久之，夢陽墮其術中，不知也。夢陽與巡按江萬實以事相訐，奏遣大理寺燕忠勘訊，下夢陽獄，論罷。會宸濠修夙憾，誣陷鄭岳，亦罷爲民。岳素與夢陽不相能，遂疑夢陽傾之，夢陽自此不振。

秋八月辛卯朔，日有食之。

九月，謫編修王思爲嶺南驛丞。

思上疏，指斥佞倖，忤旨，杖闕下，謫爲驛丞。尋以杖傷卒。

十一月，致仕南京户部尚書雍泰卒。

泰家居，族黨有犯，必以是非直告有司曰："無以泰故屈法。"縉紳無行誼者，雖造請，拒不見。生平寡言笑，奉身儉約，不取非義。許進嘗曰："雍世隆與華嶽争高。"年八十卒。

冬十一月，加吏部尚書楊一清少傅兼太子太傅。

時，給事中王昂劾一清秉銓不公，詔謫昂。一清持之，上章自効，乞留昂，不聽，竟謫爲休寧縣丞。王雲鳳家居，貽一清書曰："山中屢聞讜言，一疏人尤傳誦。昔不聞唐介初貶，數月即復殿中侍御史。今王昂既不獲還，推薦超升，在公筆端。每恨李文達近稱賢相，然羅倫淪落以死，岳正坎坷終身，而極貪如陸布政，反得峻擢。今文達貴勢安在哉？用舍之間，士風之繫，扶持正人，則士風振；奬進邪人，則善類沮。竊恐奔趨富貴利達者，相見輒稱功頌德，乞憐希進，直亮之言無由上達。僕以古人功業望執事，故敢布其愚。"一清得書，爲之悚然。

乙亥，正德十年春正月。

二月，以楊廉爲南京禮部右侍郎。

三月，大學士楊廷和憂去。

四月，以喬宇爲南京兵部尚書。

閏四月，以楊一清爲武英殿大學士，直内閣，張永、錢寧援之也。

以陸完爲吏部尚書。

以王瓊爲兵部尚書。

慶陽伯夏儒卒。

儒循禮畏法，子姓、臧獲皆遵約，不敢恃恩澤爲驕縱，門庭闃然，時稱其賢。

以楊廉爲南京禮部右侍郎，羅欽順爲南京吏部右侍郎。

以石珤爲禮部右侍郎。

召彭澤還掌院事。

澤至甘州，以繒綺二千、白金器皿貽土魯番，說使和好。滿速兒喜，許歸金印、城池。澤即奏哈密事定。甘肅巡按御史馮時雍奏言："土魯番未聞請罪，嘗數侵西邊，哈密城、印猶未歸，復遣使講和，大開溪壑，後來之變，難以逆睹。"下兵部議，陸完可其奏。王瓊代完，覆請留澤甘肅，靳貴從中主之，竟爾還。

兀良哈入馬蘭峪塞，參將陳乾戰死。

成化以來，兀良哈雖陽順陰逆，時通北虜犯邊，然未敢大爲寇。弘治中，守臣楊友、張瓊出塞掩殺，邊釁遂起。累入侵掠，動稱結親北虜，以恐喝中國。諸部惟朶顔花當最詭，其子把兒孫驍勇善戰。至是，結北虜入馬蘭峪塞，參將陳乾御之，爲虜射死。順天巡按急發兵，伏虜歸路，邀擊，斬六千級，奪還虜獲甚衆。

五月，以陳壽爲南京兵部右侍郎。

壽去陜，軍民數千人泣送于途，擁肩輿，不得行。

六月，命兵部侍郎陳玉提督軍務，都督桂勇爲副總兵，帥師討兀良哈。

玉至，兵未出塞，虜遣使請貢馬，謝罪，遂班師。

秋七月，浙江左布政使方良永致仕。

朱寧以鈔二萬發浙江諸郡，易白金三萬兩。良永上疏言："今四方群盜甫息，瘡痍未瘳，浙東西諸郡自冬徂春雨雹爲灾，待哺之民嗷嗷千里，而寧復朘其膏脂以填溪壑？臣若隱忍不言，則民心傷矣。民心傷，則國本摇，是不可爲寒心乎？且朱寧藉寵以來，陛下之賜予無算，四方之饋遺不貲，篋笥之中，必不少此，何乃病狂喪心負恩賊民？伏乞陛下割私愛，明正典刑，已領鈔銀盡給還民，則民怨猶可慰解。如置之不問，日復一日，尾大不掉，必肆無厭之欲，蠶食天下，陛下于時，悔之晚矣。"疏入，寧頗懼，乃委過其下，遣衛卒追所發鈔，而以銀還民。時，寧怙寵恣横，舉朝無敢言者，獨良永攻之，寧憾之不置。良永遂三上疏，乞休去。

八月，起僉都御史王雲鳳清理兩浙鹽法，尋致仕。

以毛紀爲禮部尚書。

虜入固原、平凉。

十月，以孫燧爲副都御史巡撫江西。

時，宸濠逆謀漸著，陰蓄亡命，結江湖群盗，劫掠郡縣，所得金帛悉輦京師賂權倖，内外拮[一八]搆，莫敢誰何，生殺自恣，藩臬諸大吏皆屈首屏息，不敢逆其意。朝議遣才節大臣鎮撫其地，備非常，乃屬燧。燧聞命嘆曰："投我艱危地，當死生以之。"止携二家僮，入南昌。

冬十月，逮江西副使胡世寧下獄，謫戍。

世寧在江西，見宸濠益横無道，乃發憤上言："寧王自復護衛以來，威焰日張，剥害遍及窮鄉，官司受其鈐轢，禮樂政令漸不出自朝廷。乞簡才望大臣，假以便宜，潛備意外之變。更戒王恪遵《祖訓》，奉持常憲，止治國内事，勿撓有司務，則宗室有磐石之固，九重舒南顧之憂矣。"疏入，宸濠大懼，遍賂朱寧、蕭敬、張鋭等，及兵部尚書陸完、都御史石玠，坐世寧誹謗妖言離間罪，必欲殺之。世寧先已升福建按察使，乞休，未得，歸抵家。巡浙御史潘鵬附宸濠，挾上旨捕世寧甚急。時李承勛爲按察使，匿世寧，變姓名，間道歸命京師，得不死。下錦衣獄，再經冬，世寧獄中三上書言："寧濠必反。"言官徐文華輩交章論救，得减死，戍瀋陽。

十一月，以王鴻儒爲吏部右侍郎。

十二月癸丑朔，日有食之。

丙子，十一年春正月。

二月，虜寇榆林。

夏四月，安南陳暠弑其主賙。

賙懦弱，群下擅權，虐政亟行，人不堪命。陳暠及其子昇作亂，殺賙。莫登庸推賙弟譓爲主，暠奔據掠山〔一九〕。

五月，風霾大旱。

六月，加王瓊太子太保。

虜寇大同，命兵部侍郎丁鳳總督軍務，總兵劉暉帥師御之。虜突入白羊口，大掠而去。

七月，虜寇宣府，總兵潘浩御之，敗績。

浩再戰，再敗，指揮朱春、王唐戰死。虜遂入宣府，殺掠無算。浩追奪散官，諸將罰治有差。

致仕大學士李東陽卒。

初，劉瑾欲害楊一清，東陽力救，得免。一清深德之。至是，東陽病劇，一清偕梁儲就問之，東陽奄奄垂絶矣，若有所欲言者。一清知其意，慰之曰："國朝文臣未有謚文正者，請以謚公，可乎？"東陽于榻上頓首，曰："荷諸公矣。"未幾卒。

加梁儲少師兼太子太師、吏部尚書、華蓋殿大學士。

八月，大學士楊一清致仕。

一清以灾異自劾，因極陳時政得失，中有"讒言可以惑聖聽，匹夫得以摇國是。禁庭雜介胄之夫，京師無藩翰之托"等語，上弗省。而錢寧、江彬輩聞之，不悦。于是，爲蜚語于上前，譏刺一清。會有諸生朱大周奏訐一清陰私事，極其醜詆，一清遂乞骸骨歸。

以蔣冕兼文淵閣大學士。

寧王宸濠殺南昌衛指揮戴宣。

宣升守備，濠怒進謁遲，杖殺之，没其産。

九月，土魯番復據哈密，侵肅州。守將芮寧御之，敗没。

初，彭澤遣使土魯番，未還，澤即歸闕。甘肅巡撫趙鑑亦遷操江，李昆代之。滿速兒使寫亦虎仙持金印來索幣。昆止與雜幣二百，且質其使，令還忠順王哈密。滿速兒興怒，遂復據哈密，大入爲患。芮寧御之，戰没，亡七百人騎。滿速兒抵肅州城下，僞請和，而陰約其諸降夷及夷使入貢者爲内應。兵備副使陳九疇廉得其情，收繫箠殺之，嬰城自固守，而使使通瓦剌，擣其巢，破三城。滿速兒狼狽歸。

九月，以王守仁爲左僉都御史巡撫南贛、汀漳。

十一月，以黄珂爲工部尚書。

十二月，監察御史陳茂烈養親卒。

先是，吏部以茂烈貧，不能養母，奏改爲晋江教諭，資其禄，不就。既又奏給月米，又辭，曰："陛下隆孝里之化，長清白之風，下逮微臣，亦荷收恤。第念臣家素貧寒，食本儉薄，故臣母自安于臣之家，而臣亦得以自遣其貧。古人行傭負米，皆以爲親，臣之貧尚未至是。臣母鞠臣，守貧居寡，艱苦備至，臣雖勉盡心力，未盡涓滴之恩。且母年已八十有六，來日恐無多，返哺之情，固欲自盡，資養月米，心實不安。"奏上，不允。茂烈以母年九十，未有嗣息，日夜爲憂，方抱疾，而母卒。强起，號慟寢地，疾轉亟，卒。林俊爲治殮具，都御史王應鵬薦茂烈"廉約如石守道，而所養獨醇；孝行如徐仲車，而所處猶困"。詔表宅里曰"孝廉"，恤其家。林俊嘗曰："陳君穎悟既深，充養益粹，隱衷質行，可對天地，真管寧、黄憲之流也。"

丁丑，正德十二年正月。

上獵于南海子。

三月，加兵部尚書王瓊少保兼太子太保。

賜進士舒芬等三百五十人及第出身有差。

四月，靳貴罷。

初，辛未會試，貴奴鬻題，受千金。事發，坐奴罪。是科，貴方以病在告，忽稱愈，復出典試，衆益疑。言官群醜詆之，貴遂乞骸骨去。

畿内饑，命都御史李鉞賑濟。

以禮部尚書毛紀兼東閣大學士，直内閣。

五月，以毛澄爲禮部尚書。

六月己巳朔，日有食之。

以王鴻儒、廖玘爲吏部左、右侍郎。

以顔頤壽爲都察院左副都御史。

逮左都御史彭澤、甘肅兵備副使陳九疇下獄，並除名。

初，土魯番之逼肅州也，哈密貢使失拜烟答在圍中，九疇疑其爲變，亦箠殺之。至是，其子馬米兒黑麻入貢至京，上書訟冤言："澤、九疇激變番夷，致啓邊釁。"下兵部議。王瓊故與彭澤有郄，劾澤、九疇欺罔，遂并逮下獄，詔廷鞫。禮部尚書毛澄議，以爲大夫出使于外，苟有利于國家，專之可也。王瓊厲聲曰："納幣虜庭，失信夷人，致貽後患，于國家利乎？不利乎？"先是，彭澤恨朱寧亂國，每語人曰："吾恨不手刃此賊。"王瓊輒以語寧，且曰："吾爲君致澤來，君私察之。"一日，招澤過其第，匿寧屏後，故激澤罵寧，寧大銜之。比奏上，遂罷澤及九疇爲民，李昆降參政。

七月，加蔣冕太子太傅兼武英殿大學士，毛紀太子太保兼文淵閣大學士。

以許逵爲江西按察司副使。

王守仁請提督軍務，許之。

是時，江西上流山溪中劇盗四出劫掠，焚官府，縱獄囚。廣東、湖廣、江西諸撫臣相觀望，久之，積至數十萬。宸濠輒與賊通，曲護賊。守仁知宸濠有逆意，乃三疏，請提督軍務，名討賊，實防濠也。王瓊素知守仁，覆奏，許之。守仁日夜練兵教射，不數月，得精兵數萬人。

八月，上幸昌平，遂出居庸關，至宣府而還。

時，邊將江彬、許泰、劉暉及指揮神周、李琮皆冒國姓，稱義子，屢導上出宫，遊戲至居庸，將獵塞上。巡按御史張欽諫閉關，三上疏諫，不聽。遂出關，至宣府，大起宫殿，號“家裏”，迷留忘返。百官屢請回鑾，不報。

八月，以吴廷舉爲副都御史，賑濟湖廣。

貴州清平苗反，命湖貴巡撫都御史秦金、鄒文盛合兵討平之。

九月，上獵大同。陽和城雨雹，星隕。

虜寇大同，上率諸將擊之。虜引去。

上至陽和，聞虜入塞，親部署諸將御虜。總兵王勛遇虜于應州，被圍。上督兵援之，虜少却。會暮，休營。明日，虜來攻，自辰至酉，戰百餘合，虜引而西，追至朔州，會大風黑霧，晝晦，上乃還。是役也，乘輿幾危，賴諸軍死戰，得免。南京給事中孫懋上言：“自江彬進用以來，蠱惑聖心，遊衍驅馳，廢棄萬幾。去年，導陛下幸南海子，幸功德寺，幸昌平，流聞四方，已駭人耳。今又導陛下出居庸，且抵塞上，致引虜深入，使各鎮之兵未集，强虜之衆沓來，幾何不蹈土木之轍哉？若彬在，一日不除，國之安危未可知也。”不報。

提督南贛都御史王守仁討横水盜，平之。

初，横水賊天鳳與贛南諸賊雷鳴聰、高文煇等相結，盤據千里，荼毒三省，累年征之，不能定。守仁將進討，與僚佐議曰：“諸賊爲患雖同，事勢各異。以湖廣言之，則桶岡爲賊咽喉，而横水、左溪爲之腹心。以江西言之，則横水、左溪爲賊腹心，而桶岡爲之羽翼。今不先去腹心之患，而欲與湖廣夾攻桶岡，進兵兩寇之間，腹背受敵，勢必不利。若先破横水、左溪，移兵以臨桶岡，勢如破竹矣。”衆曰：“善。”守仁乃親帥兵，自南康入，直擣横水，出賊不意，賊驚潰，遂破其巢。乘勝進攻左溪，斬首三[二〇]千數，俘獲倍之。餘賊奔桶岡。

十一月，召少師兼太子太師、吏部尚書、華蓋殿大學士楊廷和，仍直文淵閣。

廷和服闋，梁儲請起之。既至，儲遜廷和居己上，人多其能讓。

提督南贛軍務都御史王守仁平桶岡賊。

守仁既破左溪，進兵桶岡。桶岡天險，四山壁立，中盤百餘里，林谷幽阻，止有小徑可入。守仁曰：“賊已據勝地，難與争利，當以計取之。”乃先遣人諭以禍福，賊方議降，猶豫未即决。守仁督諸軍乘其懈而擊之，賊遂潰，俘獲二千有奇，斬馘千餘，破巢三十，脅从者悉釋之，餘黨悉平。

加兵部尚書王瓊少傅兼太子太傅。

十二月，以王廷相爲四川提學僉事。

閏十二月，巡撫湖廣都御史秦金討郴桂猺賊，平之。

上還京。

封江彬爲平虜伯，許泰爲安邊伯。

論應州御虜功也。

戊寅，正德十三年正月。

上復出居庸關。

提督南贛軍務都御史王守仁平浰頭賊。

初，諸盜中惟浰頭賊酋池仲容最黠，聞桶岡、左溪已破，不自安。陽納款，實圖緩師，且僞言："爲龍川新降民盧珂等所逼，治兵自保，非敢抗王師也。"守仁知其詐，故好撫之。會盧珂來告變，守仁佯怒杖珂，繫之獄，以安仲容，且下令休兵歸農。仲容喜，率其酋四十人來謁，守仁伏甲殪之。即發兵，擣其巢，衆無主，遂大潰，俘斬無算。守仁因奏立安遠、和平二縣，控扼要害，諸賊藪盡爲治境，數年大害，一旦蕩平。

二月二日，太皇太后王氏崩。

上尊謚曰孝貞純皇后。

上還京。

上復出居庸關。

三月，上還京。

遣使迎番僧。

時，烏思藏安傳國中有童子，記生前事，以爲活佛。上遣使迎之，所至騷騷。南京兵部尚書喬宇、巡撫江北叢蘭各上疏諫上，不報。南京御史陳有年亦諫，上怒，逮下獄。喬宇復疏救，得釋。

夏四月，上至昌平，謁六陵，遂獵于密雲。

上以太后梓宮將祔葬，因親詣天壽山，祭告六陵，遂遊幸黄花鎮、密雲諸處。

五月己亥朔，日有食之。

上還京。

秦王請益封地，不許。

秦王惟焯三上疏，請關中屯田爲牧地。錢寧輩皆入王賄，請上許之。兵部引《祖訓》執奏，上不聽，促令内閣草敕。楊廷和、蔣冕稱疾不出。梁儲曰："皆引疾，如國事何？"草制曰："昔太祖皇帝著令，藩封不當益地。土地既廣，將多畜士馬，奸人誘爲不軌，不利宗社。今王請求懇篤，朕念親親，畀地于王。王得地，宜益謹侯度，毋收聚奸人，毋多養士馬，毋聽狂人誘爲不軌，危我社稷。是時，雖欲保全親親，不可得已。王其慎之。"上覽制，駭曰："若是可虞，其勿與。"事遂寢。

六月，江西大水。

起右副都御史鄧璋，巡撫甘肅。

秋七月，上出居庸關，歷宣府，至大同。

虜寇寧夏塞，入花馬池，大掠秦隴。

小王子死，阿爾倫嗣立，爲太師亦不剌所弑。阿爾倫二子長卜赤，次乜明，皆幼。阿著稱小王子，未幾，死。衆立卜赤，稱亦克罕，猶可汗也，然亦稱小王如故。

八月，上在大同。

九月，上在大同。

十月，上自偏頭關渡河，幸榆林。

江彬等扈從，矯令邊官獻虎豹犬馬，索金錢萬計。所至縛辱官吏，縱放死囚，强奪民婦女，莫敢誰何。

十一月，上在榆林。

十二月，上在榆林。

時，上巡遊不已，儲嗣尚虚。禮部尚書李遜學等議，欲建儲。居守朱寧陰通宸濠，謀入寧世子。梁儲厲聲曰："皇上春秋鼎盛，建儲未宜輕言。萬一有他，吾輩伏斧鑕矣。"王瓊亦力助儲言，議遂寢。

命僉都御史張潤巡撫順天。

己卯，十四年春正月，上在榆林。

二月，上還京。

上自稱總督軍務威武大將軍、太師、鎮國公、朱壽。下詔南巡。

上自稱威武大將軍，以江彬爲副將，南巡，命内閣草敕。楊廷和等諫言："人君爲天之子，四方萬國皆其臣妾，何爲假'將軍'、'國公'名號？無故貶損，天地易位，冠履混淆，自古及今，未之有也。時出巡遊，久不視政，人心危疑，奈何又復爲此？萬一宗藩之中，或援引《祖訓》，指此爲言，陛下何以應之？恐朝廷之上，禍亂從此起矣。"疏入，不省。于是，廷和稱疾不出。上御便殿，召梁儲，面促草詔，儲對曰："陛下爲天下主，奈何自貶損，與臣下同？臣草敕，是以臣名君，臣不敢奉命。"上大怒，按劍曰："不草敕，伏此劍。"儲免冠，頓首流涕，曰："臣逆命，罪當死。死則死耳，終不敢草。"良久，上乃擲劍，起。

三月，兵部郎中黄鞏等伏闕，諫止南巡，俱下獄，杖闕下，謫降、除名有差。

上將以三月壬子東巡，祀岱宗，歷徐、淮、吴越，浮漢，入楚，登武當。時，宸濠蓄逆謀，朱寧、蕭敬等皆與交通，江彬又握兵柄，在上左右，人情洶洶，恐一旦禍起，不可測。將相大臣多從諛，不敢諫。武選郎中黄鞏曰："上巡遊本起江彬誘惑，彬方席寵擅權，無敢斥言者。吾不可舍彬，爲支語。"乃上疏曰：

陛下臨御以來，祖宗之紀綱、法度一壞於逆瑾，再壞於佞倖，又壞於邊帥之手，至是，蕩然無餘矣。天下知有權臣，而不知有陛下；寧忤陛下，而不敢忤權臣。亂本已成，禍變將起，陛下弗知也。陛下近日無故自稱爲“威武大將軍”、“太師”、“鎮國公”，遠近傳聞，莫不驚疑。夫陛下自稱爲公，誰則爲陛下者？天下不以陛下事陛下，而以公事陛下，天下皆公之臣，而非陛下之臣也。古之天子，亦有號爲“獨夫”，與欲爲匹夫而不可得者，切爲陛下懼焉。陛下始時遊戲，不出大庭，馳逐止于南内，論者猶謂不可。既而幸宣府，幸大同，幸榆林，所至費財動衆，州縣騷然，至使民間一夫一婦不能相保。陛下爲民父母，何忍使民至此？虧損聖德，貽譏萬世，陛下自視爲何如主也？近復有南巡之命，南方之民，争先挈妻子以避去者，流離奔踣，敢怨而不敢言。奸雄窺伺，待時而發，變生在内則欲歸無路，變生在外則望救無及。陛下斯時悔之晚矣。伏望深惟往事之非，翻然悔悟，下罪己之詔，與民更新。罷南巡，撤宣府行宫，示不復出。散邊軍以歸卒伍，斥不御之女，各還其家。雪既往之謬舉，收已失之人心，如是則尚可爲也。至江彬，臣但見其有可誅之罪，而不見其有可賞之功。今乃賜以國姓，封以伯爵，托以心腹，付以提督京營之寄，此養亂之道也。彬外挾邊帥，内擁兵權，騎虎之勢，不亂不止。天下之人皆欲食彬之肉，彬不誅，天下之亂必自彬始，陛下亦何惜一彬以謝天下哉？陛下春秋漸高，前星未耀，祖宗社稷之依，懸懸乎無所寄，方且遠事觀游，屢犯不測，此危道也。陛下徒知收置義子，布滿左右，獨不能預建親賢，以承大業乎？宜于宗室中，遴選親賢一人，養於宫中，以繫四海之望，待誕生皇子之後，俾其出就外藩，如此則繼體有人，國本以固，實宗社無疆之休，惟聖明其留意焉。

車駕員外郎陸震方具疏欲上，見鞏疏，即毁其草，願同署名以進。疏既入，二人自分必死。翰林修撰舒芬亦率同寮上疏曰：

> 邇者，陛下駕巡西北，六師不攝，四民告病，哀號之聲，上徹于天，傳播四方，人心震動。今聞南巡，衢路之民，莫不逃竄，萬一群聚嘯呼，爲禍不細。尚有痛哭泣血不忍爲陛下言者。江右有親王之變，大臣懷馮道之心，以禄位爲故物，以朝署爲市廛，以陛下爲奕棋，以除革年間事爲故事也。特無人以此言告陛下耳，使陛下得聞此言，雖禁門之外，亦警蹕而出，安肯輕褻而漫遊哉？

於是，進諫者皆懷疏集闕下。吏部尚書陸完阻之曰："主上聞諫者，即欲引刀自裁，諸君且休矣。"衆相顧而退，獨吏部員外夏良勝、禮部員外萬潮、太常博士陳九州〔二一〕疏入。明日，吏部郎中張衍慶、禮部姜龍、兵部張鳳、刑部陸俸、行人余廷瓚、大理寺周叙等，各聯疏入，俱不報。醫士徐鏊獨以醫諫。上大怒，逮諸上言者百三十有三人，俱下獄，跪午門外五日。舒芬等一百七人，各杖三十。疏首調外任，餘奪俸半年。黄鞏等六人各杖五十，徐鏊邊戍。鞏、震、良勝、潮、九州〔二二〕俱爲民。林大輅、周叙、余廷瓚俱杖五十，降三級，調外。餘十七人，俱杖四十，降二級，調外。朝士忠鯁者，斥逐一空。陸震竟死杖下，同死者主事何遵、劉校、林公黼、行人司副余廷瓚、行人詹軾、劉槪、孟陽、李紹賢、李惠、王翰，刑部照磨劉珏，凡十二人。

京師風霾，晝晦，水溢。金吾衛指揮張英肉袒疏諫，死闕下。

諸言官既杖謫，天色陰霾，京師晝晦，人心驚駭。公卿被唾罵，擲瓦礫，晨夕出入，不敢待辨色，至請命禮部禁言事者，通政司遂格不受疏。宫城内南海子水溢四五尺，折橋下鐵柱。金吾衛指揮張英憤曰："是大變明驗也，駕出必不利。"乃肉袒挾兩囊土數升，持諫疏當蹕道跪哭諫，不允。即拔劍自刎，血流滿地。侍衛人縛送詔獄，問英："囊土何爲?"曰："恐污帝廷，洒土掩血耳。"殞命獄中。後至嘉靖初，禮部主事仵瑜上疏曰："正德間，給事中、御史挾勢凌人，趨權擇便，交遊貴俠，飲宴園亭，凡朝廷大闕失、群臣大奸惡，緘口閉目，不復救正。一時犯顔敢諫，視死如歸，或拷死廷闕，或流竄邊隅者，皆郎中、員外、主事、評事、行人、庶吉士等官。"又："張英本一武夫，入諫就死，行道悲傷。諸給事中、御史揚揚出入，若罔聞知。今幸聖皇馭極，褒恤忠諍，此輩更無面目復立清明之朝。"章下吏部，寢。

四月，以王鴻儒爲南京户部尚書。

福建福州軍亂。

福州軍進貴、葉元保等因月餉不足，遂糾衆作亂，欲殺布政伍符，不得，乃閉城門，勒部伍大肆劫掠，刻期將攻延平。有卒姚壽、鍾通等，率衆突入其營，諸賊倉卒，不知所爲。貴縊死，元保就擒，餘黨解散。

五月，遣駙馬都尉崔元、都御史顔頤壽、宦者賴義戒諭寧王宸濠。

宸濠逆謀益急，妃婁氏累泣諫，不聽。大集群盜凌十一、閔廿四、吴十三等數千人爲羽翼。又與李士實等謀密舉事，恐以反名，人心不服，伺宫車一日宴駕，大位未定，乘變即起。乃分布奸黠，水陸孔道，詗中朝事，萬里傳報，浹旬往返。踪迹大露，朝野皆知宸濠旦夕必反。巡撫孫燧日夜防備，托御寇爲名，料理兵食事甚悉。城進賢、南康、瑞州，請重九江、湖東兵備權，便徵發。又恐宸濠一旦起，劫會城兵器，假討賊，盡出之外府。嘗嘆曰："即賊起，吾不滅賊，賊必以吾處分故速滅。"按察副使許逵勸燧先發後聞，燧不可，曰："如此，使賊反有名。"燧七疏，密言宸濠必反。盡爲宸濠伏途諸奸所得，即達，又爲諸權倖盜致宸濠所，索金璧謝，不得上聞。宸濠居母喪，矯情飾禮，要燧舉賢孝。燧欲緩其謀，爲奏於朝。是時，江彬寵日隆，張忠與錢寧有隙，常欲借彬以傾寧。及燧奏至，上覽之，駭曰："保官求遷，保藩王欲何爲耶?"忠因乘間言："朱寧與臧賢交通寧王，謀不軌，奏内稱王孝，譏上不孝；稱王早朝，譏上不朝。"上疑之，詔捕治宸濠詗奏事者，諸奸匿臧賢家複壁中，竟不可得。於是，御史蕭淮等合辭言："寧王包藏禍心，招納亡命，反形已具。宗社安危，在於呼吸，宜逮其黨。"疏入，江彬、張忠等，又力贊上。楊廷和以復寧王護衛由己，恐禍及，乃請如宣德間諭趙王事，遣駙馬崔元等戒宸濠，使改過，仍削其護衛。廷和又議令兵部發兵觀變。王瓊曰："此不可洩。近給事中孫懋等請選兵備江右，留中日久，第如議行之，可耳。"廷和默然。

加王瓊少保兼太子太師。

六月，宸濠反，巡撫副都御史孫燧、按察副使許逵死之。

初，戒諭寧王詔下，京師喧傳，謂"遣官逮宸濠也。"寧府偵卒徐華馳報宸濠。值宸濠生日，方宴，得報大驚。宴畢，密召劉養正曰："詔使北來，且用蔡震擒荆王故事，奈何?"養正曰："事急矣。發不可緩。旦日各官謝宴，可就執之，因而舉事。"乃夜集壯士，伏府中。及旦，各官入，宸濠立露臺，曰："太后有密旨，召我監國。"燧毅然曰："安得有密旨? 請一觀。"宸濠曰："孝宗爲李廣所誤，抱養民間子，天祚暗移，我祖宗不血食者，十四年於兹矣。汝等不知耶?”燧曰：“安得妄言?”濠曰：“不須多言。我往南京，汝宜從我乎?”燧怒，張目直視，厲聲曰：“天亡二日，國亡二主。”宸濠叱左右縛燧，許逵大呼曰：“孫巡撫，朝廷大臣，反賊敢擅殺耶?”宸濠并縛逵。逵且縛且駡曰：“賊今日殺我，明日朝廷碎汝萬段。”因顧燧曰：“早從我言，當不至此。”宸濠令賊衆推至惠民門外，逵駡不絶口，賊以劍斫其項，屹立不動，與燧俱被害。時，烈日中忽陰曀慘淡，城中男女無不流涕。宸濠遂執鎮守太監王宏、巡按御史王金、户部主事馬思聰、金山，布政胡濂、參政陳果〔二三〕、劉棐、參議許效濂、黄宏，僉事賴鳳、指揮許金、白昂，并械繫於獄。思聰、宏俱不食死。宸濠乃僞置官屬，以劉吉、涂欽、萬鋭等爲太監，李士實爲太師，劉養正爲國師，王春爲尚書，凌十一等爲都指揮，參政王綸、季斆，僉事潘鵬、師夔，布政梁宸，按察使楊璋，副使唐錦，俱從賊。許逵父家居，聞江西有變，殺一巡撫、一副使，即爲位易服而哭。人問故曰：“副使必兒也，吾兒素尚忠義，今必死賊手矣。”

宸濠兵攻陷南康、九江，知府陳霖、汪穎及兵備副使曹雷俱棄城走。

宸濠令閔廿四、吴十三等帥五萬餘人，奪官民船萬餘艘，順流攻南康。知府陳霖遁走，城遂陷。進攻九江，知府汪穎及兵備副使曹雷亦遁。九江人開城門納賊兵。宸濠復遣使四出報降，至進賢，知縣劉源清斬其使，嬰城固守。

睿聖獻皇帝崩。

秋七月，宸濠自率兵攻安慶，知府張文錦、守備都指揮楊鋭、指揮崔文御却之。

宸濠議僭大號，改年順德。李士實、劉養正勸至南京正位，然後改元。士實遂與養正造僞檄，指斥朝廷，謂上以莒滅鄫，高皇帝不血食。建寺禁内，雜處妓女、胡僧。玩弄邊兵，身衣異衣，至於市井屠販、下流賤品之事，靡不樂爲。棄置宗社、陵寢，而造行宫於宣府，稱爲"家裏"。黷貨無厭，荒遊無度，東至永平，西遊山陝，所過掠民婦女，索取贖錢。又常懸都太監牙牌，稱"威武大將軍"。又謂既奪馬指揮妻，稱馬皇后；復納山西娼婦，稱劉娘娘。原其爲心，不能御女。又將假此以欺天下，抱養異姓之子，如前所爲也。宸濠乃留宜春王拱樤、典寶萬鋭等守南昌。自帥舟師順流而下，欲直趨南京。經安慶，知府張文錦、都指揮楊鋭、指揮崔文集衆誓死固守，令軍士登城大罵之。宸濠怒，遂駐師，攻安慶。城中守御甚嚴，數日不能克。以潘鵬安慶人，令鵬遣家人持書入城諭降。楊鋭手斬之，支解其屍，投城下。張文錦族誅鵬家，賊勢大沮。

提督南贛都御史王守仁起兵討宸濠。

宸濠反時，守仁方將勘事福建，至豐城聞變，且知宸濠追急，易服駕漁舟急走臨江。知府戴德儒聞守仁至，延之入城。守仁曰："臨江，居大江之濱，密邇南昌，不如吉安。"又以三策籌之，曰："賊若出上策，出不意直趨京師，則宗社危矣。若出中策，趨南都，大江南北，未可保也。若出下策，但據南昌，此成擒耳。"守仁又恐宸濠兵出，諜言受密旨，知宸濠將反，令兩廣、湖廣、南京、江浙各命將出師會討，以疑宸濠，使不敢出南昌。又致李士實家屬，謬托腹心，密語之曰："吾只應敕旨，且聚衆者也。寧王事成敗未可知，吾安得遂進兵乎？"宸濠得諜，果疑，遲回數日始發。守仁至吉安，上疏告變，與知府伍文定謀傳檄四方，暴宸濠罪狀，檄列郡起兵勤王。又遣人密書與李士實、劉養正及閔廿四、吴十三等，若約爲内應，而既發，故令人洩賊黨常所過處。賊黨以告，宸濠速獲之，遂疑士實等，士實等勸宸濠去安慶，直進南京，否則出蘄黄，趨京師，宸濠遂不聽。

王守仁攻復南昌。宸濠解安慶圍而還，守仁逆戰于鄱陽湖，大破擒之。

守仁既傳檄諸郡，於是，袁州知府徐璉、臨江知府戴德孺、贛州知府邢珣等各以兵至，大會於樟樹鎮。衆請先援安慶，守仁曰："今南康、九江，皆爲賊勢，若越二城而援安慶，時回軍死鬭，是腹背受敵也。莫若先破南昌，傾其巢穴，賊失内據，衆心摇動，必狼狽而歸，可一戰擒矣。"皆曰："善。"守仁遂引兵趨南昌。師至城下，城中驚潰，一鼓克之。擒拱樤、萬鋭等，及宸濠子三哥、四哥，宫眷縱火自焚。宸濠聞南昌急，解安慶圍而退。諸將以賊勢强盛，請堅壁以待其至。守仁曰："賊勢雖强，未逢大敵。今進不得逞，退無所歸，勢已消沮。若出奇擊惰，不戰而自潰矣。"乃遣伍文定、邢珣等分道併進。乙卯，與賊迎于黄家鎮，擊敗其前鋒。丙辰，復戰，官軍少却，文定立炮石間，火燎其鬚，督諸兵殊死戰，奮斬賊首吴十三，賊乃敗走。宸濠退保樵舍，聯舟爲方陣，盡出金寶犒士。丁巳，守仁令以小舟載荻，乘風縱火焚之，賊大亂，諸軍乘之，遂執宸濠及其子大哥，并李士實、劉養正、劉吉、王綸等，婁妃投水死，擒斬三千餘級，死者無算。濠既被擒，泣曰："紂用婦言亡，我不用婦言亡，悔何及矣。"初，京師聞宸濠反，諸大臣驚懼，不知所爲。王瓊曰："有王守仁在，何憂？旦夕成擒矣。"卒如瓊所料。

南京户部尚書王鴻儒卒。

鴻儒，南陽人。博聞多識，學有體要，明習國家典故，待物開誠，和而有禮。不問人私，而人亦不敢干以私。嘗曰："惟誠與直能濟國事，趨名者益趨利，于社稷生民無益也。"卒，謚文莊。

逮陸完、蕭敬、錢寧、臧賢下獄，尋赦敬。

言官劾完等交通逆濠，并逮下獄。已，罰蕭敬白金二萬兩，赦出之，仍掌司禮監。

致仕南京吏部右侍郎羅玘卒。

玘致仕家居，宸濠重玘，欲招致之，以百金爲壽。玘聞之，先一夕逃去，家人莫知其處，人高其誼。至是卒。

八月，帝親討宸濠，大學士梁儲、蔣冕，邊將江彬、許泰扈行。

上初聞宸濠反，諸邊將在豹房者，各獻擒濠策。上亦欲假親征南遊，而太監張忠等見錢寧事敗，又欲因此邀功。於是，上自稱都督軍務、威武大將軍、總兵官、太師、鎮國公，下詔親征。廷臣力諫，不聽。行至良鄉，守仁捷音已至。上不發，使至南京奏聞。

九月，致仕南京兵部尚書林瀚卒，贈太子太保，謚文安。

九月，上至南京。

時，江彬、許泰輩先率兵至南昌，嫉王守仁，即造蜚語，言："守仁始與宸濠通，既聞六師出，乃擒濠以脱罪。"欲并執守仁爲功。守仁覺之，遂發南昌，親獻俘。彬等遣人邀之，謂："當縱濠鄱湖，俟上親與戰，而後奏凱論功。"守仁不聽，至杭州，與張永遇。守仁謂永曰："江西之民，久遭濠毒。今經大亂，繼以旱灾，又供京邊軍餉，困苦既極，必逃聚爲亂，奸黨應之，恐遂成土崩之勢。于時始興兵定亂，不亦難乎？"永深然之，徐曰："吾此行，爲群小在君側，欲調護聖躬，非爲掩功來也。但將顧上意，猶可挽回。萬一逆之，徒激群小之怒，無救於事。惟公籌之。"守仁信其無他，乃以濠付永。永爲上備言守仁功，張忠等譏遂不得入。已而，守仁還南昌，忠等使北軍嫚駡唐突，欲借以起釁。守仁略不爲動，顧厚撫北軍，問勞有加。人人感悦，曰："王公待我厚，安可犯之？"群小計卒不行。

命都御史王守仁巡撫江西，以伍文定爲江西按察使，邢珣爲右參政。

冬十月，上在南京。

十一月，上在南京。

十二月，上在南京。

以鄧璋爲南京户部尚書。

庚辰，十五年春正月，上在南京。

上在南京，欲就舊壇大祀天地。梁儲言："南北配位不同，且典章不可紊。"乃止。時，江彬等統邊軍數萬扈從，彬恃恩跋扈，無人臣禮，奴視公卿，潛懷不軌。喬宇爲南京兵部尚書，每事稍裁抑之，彬不敢甚肆。一日，彬索各城門鑰，宇曰："守備者，所以謹非常。城門鎖鑰，孰敢取，亦孰敢與？雖天子詔，奈何？"竟不與。彬每假中旨有所求，宇必請面奏，彬計不行。彬導上遊牛首山，三宿不返，禁衛軍夜大呼譟，彬懼，乃還。

彗星見。

三月癸丑朔，日有食之。

上在南京。

夏四月，上在南京。

五月，上在南京。

江西大水。

以副都御史李承勛巡撫遼東。

六月，上在南京。

秋七月，上在南京。

八月，上在南京。

上駐蹕南京久，復欲遊蘇杭，泛江浙、湖湘，登武當，而後還畿内。郡縣供給繁難，梁儲、蔣冕力請回鑾，泣跪行宫門外，自未至酉。中使傳諭，得報，乃起。

閏八月，上至鎮江幸靳貴宅。

冬十月，上班師還。

以王瓊爲吏部尚書。

禮部主事鄭善夫請改曆元。

善夫奏言："今歲及去年三次月食，臣皆同欽天監官登臺觀驗。初虧、復圓，時刻分秒多不合占步。蓋天道幽玄，其數精微，以人合天，誠亦未易。歲差之法，晋虞喜定以五十年差一度，久而驗之，弗合也。何承天以百年，劉焯以七十五年，僧一行以八十三年，久而驗之，又弗合也。許衡、郭守敬定以六十六年有餘，似已密矣。今據法推演，仍又不合。天道豈易言哉？且如定歲差之法，積四期餘一日，以一日分加於四期，故二至之時，只争絲忽，此所宜定也。又如定日之法，一日百刻，而變爲九百四十分者，以氣朔有不盡之數難分也。凡月三十日，二氣盈四百一十一分二十五秒，一朔虚四百四十一分，積虚盈之數以制閏，故定朔必視四百四十一分前後爲朓朒，只在一分之間，此又所宜定也。如日月交食，惟日食爲最難測。月食分數，惟以距交遠近，别無四時加減，蓋月小，暗虚大，月入暗虚而食，故八方所見皆同。若日爲月體所掩而食，則日大而月小，日上而月下，日遠而月近，日行有四時之異，月行有九道之異，故旁觀者遠近自不同矣。如北方食既，南方才半虧；南方食既，北方才半虧。故食之時刻分秒，必須據地定表、因時求合而後准也。如正德九年八月朔日食，曆官報食八分六十七秒，而閩、廣之地遂至食既，其時刻分秒安得而同？今按交食以更曆元，時分刻，刻分分，分分秒，極精極細，及至於半秒難分之處，亦須酌量以足者也。若皆半秒，積以歲月，則躔離朓朒皆不合矣。漢、宋以來，皆設算學，與儒藝同科，稱四門博士，九章之法大明，故定差法，更曆元，每得其人。我朝算法既廢，而占天之書國法所禁，官生之徒明理實少。必須明理，然後數精。方今海内儒術之中，固有天資超邁、究心天人之學者，使得盡觀秘書，加以歲月，必能上按往古，下推未來，庶幾曆元可更也。”不報。

十二月，上至通州。

宸濠及其逆黨拱樤等伏誅。

起胡世寧爲湖廣按察使，尋升右僉都御史，巡撫四川。

辛巳，十六年春正月，上還京。

起費宏少保、户部尚書，仍直文淵閣。

以石珤爲禮部尚書兼翰林院學士，掌詹事府。

以羅欽順爲吏部右侍郎。

二月，浚白茅河。

三月，上不豫。

上寢疾豹房，諸大臣皆不得見，獨内侍及諸義子在左右。行人張岳請日令大臣二人侍疾，防意外之變。不報。

丙寅，上崩於豹房。皇太后遣大學士梁儲等迎興獻王長子嗣位。

上崩，無嗣。慈壽皇太后與楊廷和等定議，憲宗次子興獻王長子倫序當立，乃以遺詔遵《祖訓》兄終弟及之義，遣儲及吏部尚書毛澄、内臣韋霦迎取嗣位。

江彬伏誅。

時，彬握重兵，蓄異志。楊廷和恐其爲變，乃請皇太后以計誘彬入，伏壯士西安門内執之。下制，暴其罪，厚賞所部邊卒散遣歸鎮。下彬錦衣獄，論死，磔于市。籍其家，黄金七千斤，白金二十餘萬斤，珍寶不可勝計。

夏四月，興世子至京，即皇帝位。

梁儲等至安陸，奉上金符，上受之。四月壬午，辭興獻王墓，慟哭不能起。從官皆泣。次日，發安陸。瀕行，聖母曰："吾兒此行，負荷重任，毋輕言。"上曰："謹受教。"藩邸扈從諸臣、長史袁宗皋等，凡四十餘人，所過約束不擾，諸王府供饋悉謝不受。癸卯，至京，駐驛城外行殿。楊廷和令儀制郎余才具儀，請由東安門入居文華殿，百官上箋勸進，擇日登極。上命即從行殿受箋，由大明門入，日中登極，詔天下，以明年爲嘉靖元年。

校勘記

〔一〕"徐知"，《明史》卷一百八十一《劉健傳》、卷三百四《宦官·劉瑾傳》、(清) 谷應泰《明史紀事本末》卷四十三作"徐智"。

〔二〕"徐知"，同上。

〔三〕"同"，《明史》卷三百六《焦芳傳》作"同知"。

〔四〕"曹蘭"，(清) 谷應泰《明史紀事本末》卷四十三同。《明史》卷二百二《周期雍傳》、卷三百四《宦官·劉瑾傳》作"曹閔"。

〔五〕"熊倬"，(清) 谷應泰《明史紀事本末》卷四十三同。《明史》卷三百四《宦官·劉瑾傳》作"熊卓"。

〔六〕"况"，疑當作"見"。

〔七〕"何瑭"，底本作"何塘"，據後文、《明史》卷二百八十二《何瑭傳》改。

〔八〕“石瑶”,《明史》卷一百九十《石珤傳》作“石珤”。

〔九〕“楊□□□”,(清)谷應泰《明史紀事本末》卷四十四作“楊真”。

〔一〇〕“孫景文”,底本作“係景文”,據前文改。

〔一一〕“曹蘭”,(清)谷應泰《明史紀事本末》卷四十三同。《明史》卷二百二《周期雍傳》、卷三百四《宦官·劉瑾傳》作“曹閔”。

〔一二〕“葛洪”,《明史》卷二百二《周期雍傳》、卷三百四《宦官·劉瑾傳》、(清)谷應泰《明史紀事本末》卷四十三作“葛浩”。

〔一三〕“津江”,當作“江津”。

〔一四〕“俞玉”,《明史》卷一百八十七《俞諫傳》、(清)谷應泰《明史紀事本末》卷四十八“俞諫”。

〔一五〕“始”,疑當作“殆”。

〔一六〕“喬”,疑當作“矯”。

〔一七〕“畜”,《明史》卷一百八十八《張士隆傳》作“蓄”。

〔一八〕“拮”,疑當作“結”。

〔一九〕“掠山”,《明史》卷二百《張岳傳》、(清)谷應泰《明史紀事本末》卷二十二作“諒山”。

〔二〇〕“三”,底本字迹漫漶,據(明)項篤壽《今獻備遺》卷三十八《王守仁》辨識。

〔二一〕“陳九州”,《明史》卷一百八十九《夏良勝傳》、(清)谷應泰《明史紀事本末》卷四十九作“陳九川”。

〔二二〕“九州”,同前作“九川”。

〔二三〕“陳果”,《明史》卷一百十七《寧王權傳》作“陳杲”。

附録：《國史紀聞提要》

《欽定四庫全書總目提要》卷四十八《國史紀聞提要》

《國史紀聞》十二卷，明張銓撰。

銓，字宇衡，沁州人，萬曆甲辰進士，官至監察御史，巡按遼東。天啓元年大兵破遼陽，殉節死。贈兵部尚書，謚忠烈。事迹具《明史·忠義傳》。是編起元至正十二年明太祖起兵濠州，迄於武宗之末，編年紀載，有綱有目。名曰《紀聞》者，銓自以職非史官，不得見實録記注，僅取各家之書，討論異同，編次成帙，所謂"得之傳聞而不敢據以爲信也"。書成於萬曆庚戌，至天啓甲子始刊行之，徐揚先爲之序，其子道濬又重爲校訂云。